대 만 단 교 회 고

중화민국
리 포 트
1990-1993

대 만 단 교 회 고

중화민국
리 포 트
1990-1993

초판 1쇄 인쇄 2022년 3월 21일
초판 1쇄 발행 2022년 3월 25일

지은이   조희용
펴낸이   윤관백
펴낸곳   도서출판 선인

등 록   제5-77호(1998.11.4)
주 소   서울특별시 양천구 남부순환로 48길 1(신월동163-1) 1층
전 화   02)718-6252/6257
팩 스   02)718-6253
E-mail   sunin72@chol.com

정가   30,000원
ISBN 979-11-6068-701-9 93340

대 만 단 교 회 고

중화민국 리포트

1990-1993

조희용 지음

도서출판 선인

머리말

　중화민국과 외교관계를 단절한 지도 어언 30년이 되어 간다. 우리나라는 1992년 8월 24일 중화인민공화국(People's Republic of China: PRC)과 수교하면서 중화민국(Republic of China: ROC)과 외교관계를 끊었다. 중화인민공화국과 중화민국이 모두 공식적으로 '하나의 중국'을 표방하고 있었으며 당시 국제사회의 어느 나라도 양측과 모두 외교관계를 갖고 있지 않았기 때문에 한국으로서는 국력과 국익을 고려해서 외교관계를 어느 일방과 가질 수밖에 없다는 현실하에서 그간 외교관계를 유지해 왔던 중화민국과 외교관계를 단절하고 중화인민공화국과 외교관계를 수립하게 되었다.

　1948년 대한민국이 독립한 지 73년이 지난 현재, 돌이켜 보면 중화민국과 외교관계를 유지해 온 43년의 기간은 남북한이 분단된 상황에서 한국이 독립국으로서 자립하기 위해 미국을 비롯한 국제사회의 지지와 지원이 절실했던 시기였다. 그 기간 중 중화민국은 1971년까지 유엔 안보리 상임이사국으로서 한국을 전폭적으로 지지하는 맹방이었으며 그 이후에도 한국과의 관계를 중시하여 왔다. 1980년대 들어서서 국제정세의 변화에 따른 한국의 북방외교 전개로 양국 관계가 정치 외교적으로 다소 불편해진 경우가 있었으나 경제통상 및 인적교류에서는 여전히 상호 간 주요 상대국으로서 기본적으로 선린 우호 관계를 유지하여 왔다. 그러던 중 냉전 구조 해체라는 국제정세의 지각 변동 추세 하에 1988년 서울 올림픽을 계기로 헝가리를 비롯한 동구 사회주의 제국과의 수교, 소련과의 수교, 남북한 유엔 동시가입을 배경으로 남북한 관계 및 한반도 주변국 간의 관계 개선 동향이 가속화되면서 한중 수교와 이에 따른 한·중화민국 관계 변화 가능성이 주목되었다.

나는 1988년 가을 서울 올림픽이 끝난 후부터 외무부 동북아2과(중국과)에서 중국 업무를 담당한 후, 주일본대사관 근무에 이은 두 번째 해외 공관으로 1990년 2월부터 1993년 2월까지 주중화민국한국대사관에서 1등서기관으로 근무했다. 1992년 8월 24일 중화민국과 외교관계 단절 시점에 현지에 근무하고 있던 소수의 한국 외교관 중 한 명이었다. 외교관의 기본 업무는 주재국과의 우호 증진을 통해 우리 국익을 최대한 확보하는 데 있다. 중화민국에 파견되어 외교관의 본업인 양국 간 우호 협력관계 증진 활동을 하던 중, 전쟁이나 쿠데타가 아닌 평상시 외교관계 단절이라는 상황을 맞이하여 착잡하고 안타까운 심정으로 마지막 6개월간 후속 업무를 수행했다.

이 책은 내가 2015년 퇴직하고 지난 36년간 외교관 생활을 정리하는 과정에서 1990년부터 3년간 중화민국에서 외교관으로 근무하면서 겪은 경험을 중심으로 당시 상황을 정리한 것이다.

외교관은 기본적으로 매일 읽고 듣고 말하고 쓰는 직업이다. 외무부 본부에서나 해외공관 근무 시 이른 아침부터 신문과 다양한 보고서를 읽고, 상대방(본부에서는 상사, 동료, 외국에서는 주재국 외교관을 비롯한 정부 인사 등) 얘기를 듣고, 내 의견이나 우리나라의 입장을 한국어나 현지어(現地語) 또는 영어로 전달하고, 활동 보고서를 쓴다. 또한 외교관으로서 항상 본인의 충분한 지식, 정보의 부족함을 알면서도 일단 한국 정부의 방침과 외무부 본부 지시에 따라 우리 입장을 전달하고 상대방을 설득하는 노력을 한다. 그리고 상대국 입장을 최대한 객관적으로 관찰하고 양국 간 교량 역할로서 한국의 국익을 최대한으로 확보하기 위해 본부의 정책 수립 과정에 도움이 되도록 정세와 함께 정책 건의를 지속적으로 보고한다. 나는 외무부 입부(入部) 초기부터 운 좋게도 훌륭한 선배, 상사들과 함께 일하면서 배운 덕분에 외교관의 기본 업무를 일상으로 정착시키는 데 큰 어려움이 없었다.

외교관은 대부분 어느 나라에 근무했던 간에 이임 후에도 그 나라에 대해 계속 관심을 갖게 되고 그 나라의 번영은 물론 우리나라와의 양자 관계가 더욱 호혜적 관계로 발전되기를 바란다. 더욱이 중화민국 근무 후 20여 년간 중국, 미국, 필리핀, 스웨덴, 캐나다 등 여러 나라에서 외교관 생활을 계속하면서도 중화민국과의 단교 시 현장 경험은 그 어느 때 업무보다도 엄중하고 특이한 것이었기 때문에 가끔 되돌아보곤 했다. 중화민국이라는 나라와 친절한 친구들은 늘 마음 한구석에 자리를 잡고 있었고 뭔가 그들에게 마음의 빚이 있다는 느낌을 지울 수 없었다. 당시 상황의 전모가 궁금했고 한국 정부의 여러 정책 결정 과정을 좀 더 알고 싶었고, 그런 가운데 나 자신이 제대로 외교관으로서 역할을 했는지도 되돌아보고 싶었다.

당시 나의 개인 기록과 자료, 이후 관계자 증언 등 관련 서적, 언론 보도 등을 살펴보고 1990년-1993년 중화민국 근무 기간 중 양국 관계가 어떠했는지, 단교 전후에 무슨 일이 있었는지, 그리고 대사관에서 어떻게 대응했는지 등을 정리해 보기로 하였다.

다행히도 중화민국 근무 이후 주상하이총영사관, 주중국대사관 근무를 거치면서 중국 관계 업무를 계속하게 되고 1998년부터 1년간 동북아2과장으로서 중국, 대만 업무를 같이 할 수 있는 기회를 얻게 되면서 당시 상황이나 정책 결정 과정을 제한적으로나마 확인할 수 있었다. 아울러 한중 수교교섭에 참여한 이상옥 외무장관, 첸치천(錢其琛) 외교부장 등의 한중 외교관 회고록과 구술사, 인터뷰 및 중화민국 첸푸(錢復) 외교부장의 회고록 등이 출판되어 여러 사실을 상호 점검하며 당시 상황을 살펴보고 나름대로 전체 그림을 그릴 수 있었다. 그리고 이미 지나간 일로 별 소용없는 시도이기는 하나, 우리 국격과 국익을 위해 당시 한국이 실제로 취한 조치와 비교하여 취해야 했을 조치에 관해 생각해 보았다. 우리의 대만 관계에는 물론, 대중국 외교를 비롯한 전반적인 외교에 참고가 되기 바란다.

2022년 1월

조희용

제3부 **주중화민국대사관 근무
(1991년 8월 – 1992년 8월)**

제4부 단교 이후 (1992년 8월 25일 – 1993년 2월)

제5부 한·대만 간 비공식관계 수립 (1993년 7월)

제6부 단교를 둘러싼 주요 쟁점 검토

▌일러두기

1. 1992년 8월 24일 단교전에는 대만의 호칭을 "중화민국", "자유중국"으로 표기했고, 단교 후에는 "대만"으로 표기했다.

2. 주체 입장에 따라 중국, 대만에 관한 호칭은 여러 호칭을 그대로 표기하였다.
   · 중국 입장: 중화민국(대만)을 항상 "대만"으로 호칭.
   · 대만 입장: 자신을 "중국"으로 호칭하는 경우도 있으며, 중국은 "중국대륙" 또는 "중공"으로 호칭함.

3. 인물의 직책은 당시 직책으로 표기하였다.

4. 외국인 인명이나 지명은 국립국어원 표기법에 따르는 것을 원칙으로 했으나 현지어 발음에 가깝게 표현하였고, 우리에게 익숙한 한자는 우리말 한자음으로 표기(예:북경,상해)하였다.

5. 단행본·정기간행물·신문에는 겹낫표(『 』)를, 논문·성명서·합의서 등에는 홑낫표(「 」)를, 방송프로그램에는 홑화살괄호(〈 〉)를 표기했다.

서론

한·중화민국 단교 직전 정세 및 3국 입장

한국은 중화민국과 중국이 공히 '하나의 중국' 원칙을 공식적으로 견지하고 있는 상황에서 중화민국과 43년간 외교관계를 유지하여 왔다. 한중 간 관계 개선은 1983년 5월 5일 중국 민항기 납치사건부터 점진적으로 진행되어 왔으며 한·중화민국 관계와 중·북한 관계에 지속적으로 일정한 영향을 미쳐 왔다.

특히 1988년 2월 노태우 대통령 취임 후 적극적인 북방정책 추진으로, 동구 모든 나라와 수교하고 1990년 9월 한·소련 수교와 1991년 9월 남북한 유엔 동시가입 후에는, 동아시아 국제정세가 한중 수교에 유리한 방향으로 전개되었다. 남북관계 개선과 함께 주변 강대국의 남북한 교차 승인이 이루어 질 수 있는 여건이 조성되었다. 남북 대화와 함께, 한중 간 민간 대표 사무소 설치 등 한중 간 교류가 확대되고, 북한의 IAEA에의 핵안전협정 비준 통보와 함께, 북한·일본 간 수교교섭 전개, 북한·미국 간 참사관급 대화 채널 운용과 고위급 대화 개시 등으로 한반도에서의 냉전 구조 해체에 일정한 진전이 있었던 시기였다.

한국은 1983년 이래 중국과의 관계 개선을 계속 추진하면서 관계 정상화를 조속 실현시키겠다고 공개 표명하여 왔다. 1971년 중국의 유엔 가입과 중화민국의 유엔 탈퇴 이후, 1990년 현재 137개국이 '하나의 중국' 원칙에 따라 중국과 외교관계를, 28개국이 중화민국과 외교관계를 맺고 있었다. 1991년 9월 남북한 유엔 동시가입 때에는 이미 100여 개국이 남북한과 동시에 외교관계를 갖고 있었다.

한중 수교는 한국이 중국과의 관계 정상화를 계속 추진하던 중, 중국이 1992년 4월 한국에 수교교섭을 제의하고 양국 간 협상 결과로 이루어진 것이다. 국제정치 현실상, 한국이 1992년 당시 중국과 수교 협상 시 '하나의 중국' 원칙을 받아들이지 않았다면 수교는 이루어지지 않았을 것이다.

당시 이러한 객관적 현실하에, 먼저 한중 수교에 따른 한·중화민국 단교 직전의 중화민국, 중국, 한국의 입장을 살펴본다.

1. 중화민국 입장

중화민국 측은 한국 측에 대해 각종 계기에 한국의 중국과의 관계 개선 입장은 이해하나, 한·중화민국 간 지역적인 관계, 역사적 전통 우의 또는 경제 무역상의 호혜관계 등을 고려하여, 기존의 공식 외교관계를 계속 유지하기를 강력히 희망한다는 입장을 지속적으로 표명하였다.

리덩후이(李登輝) 총통은 1992년 5월 장옌스(蔣彦士) 특사 편에 전달한 노태우 대통령 앞 친서에서 "대한민국이 북방정책을 추진하며 적극적으로 중국대륙과 관계를 개선하는 과정에서 한국과 중화민국 양국 국민 간에 다소의 틈이 생긴 것도 사실"이라고 하면서 "다행히 양국 정부와 국민 모두가 전통 우의를 소중히 여기고 우호 협력관계 증진에 부단히 경주하고 있다"고 평가하고 "대한민국의 북방정책이 어떻게 발전하든 양국 간의 장기적인 전통 우방관계에는 어떠한 영향도 미쳐서는 안 된다"는 입장을 표명하였다.

한중 수교를 현실적으로 막을 힘이 없다는 현실하에 내심으로는 이 중승인이 가장 바람직하다고 보고 '하나의 중국' 원칙이라는 공식 입장 과는 달리, 한국의 이중승인 가능성에 대한 기대를 표명하고 한국 측에 어떠한 상황이든 지속적으로 외교관계의 유지 입장을 표명하였다. 국제 사회에서 이중승인의 전례가 없으며 중국이 쉽게 받아들일 것으로 예상 하지 않으나, 중국이 한국과 수교하면서 북한과 단교할 리가 만무하니 결국 2개 한국을 인정하는 셈이 될 테니 한국이 중국에게 2개 중국을 주 장할 수 있는 유일한 나라라는 논리를 국내 언론이나 입법원 토의에서 내세우고 있었다. 첸푸(錢復) 외교부장은 1992년 5월 장옌스 특사 방한 시 이러한 입장을 한국 측에 전달하라고 수행하는 장샤오옌(章孝嚴) 외 교차장에게 지시했다. 장 차장은 방한 중 이와 같은 입장을 노창희 외무 차관에게 제의하였으며, 이에 대해 노 차관은 분명한 답을 하지 않았다.

중화민국 측은 이러한 이중승인 입장을 한국 국회, 언론계, 학계 등 의 친 중화민국 인사들에게도 꾸준히 전달하였으며 이러한 의견에 동 조하는 한국 학자들의 한국 내 기고 등이 대만 언론과 입법원내 토론에 소개되곤 했다. 첸푸 외교부장은 단교 후 "이중승인에 관해 한국 정부 에 공식 제기한 바 있느냐?"는 언론의 질문에 대해 "장옌스 특사 방한 시 한 번 제시했으나 한국 측 반응은 없었다"고 답변한 바 있다.

아울러 이중승인이 가장 바람직하나 중국의 압력으로 어렵다면 외교 관계를 격하한 준공식관계라고 할 수 있는 영사관계로의 전환 가능성에 도 기대했던 것으로 보인다. 중국과 외교관계를 갖고 있던 라트비아와 1992년 1월 영사관계 수립에 고무된 중화민국외교부는 1992년 초에 이러한 희망을 대만 언론에 흘린 바 있다. 한국 측에 영사관계로의 조 정 문제에 대해 공식 제기한 적은 한번도 없었다. 라트비아와의 영사관계는 2년여 유지되다가 1994년 8월 중국이 라트비아와의 외교관계를 완전히 회복하면서 라트비아 리가(Riga)에 주재하던 중화민국 총영사관은 타이베이경제문화대표부로 전환되었다. 결국 중국과의 외교관계를 유지하면서 동시에 중화민국과는 영사관계를 유지하는 형식도 국제정치 현실상 지속 가능할 수 없었다.

중화민국 정부는 1971년 국제연합 탈퇴 이래, 기존 수교국과 지속적으로 단교와 비공식관계로의 전환 과정을 겪으면서도 중국과 대치하는 상황하에서 '하나의 중국' 원칙을 견지할 수밖에 없었다. 기존 수교국과 단교로 인한 비공식관계로의 전환을 국내 정치적으로 받아들일 수 없으니 한국에 대해서도 단교될 때까지 공식적으로는 외교관계 유지 입장을 계속 고수할 수밖에 없었다.

다만 현실적으로 중화민국 정부는 결국 한중 수교는 시간 문제라고 인식하고 있었으며, 중국이 한국과 수교교섭 시, 당연히 대만과의 단교를 요구할 것이라고 예상하고 한국과의 외교관계 유지가 어려울 것으로 보고 있었다. 한국 측이 1992년 5월 말부터 "한중 수교 시, 한·중화민국 간 관계에 변화가 없을 것으로 생각하지 않는다", "이중승인은 중국과 중화민국 양측이 다같이 용인한다면 제3국이 검토할 수 있을 것"이라는 입장을 표명함에 따라, 그렇다면 한중 수교 시 한국 측의 구상을 무엇인지 계속 문의하는 상황이었으며, 이에 대해 한국 측은 "그때 가봐야 알 것 같다"는 모호한 입장으로 대응하였다. 이에 중화민국 측은 더 이상 한국 측 입장을 추궁하지 않았다.

한편 중화민국 정부 내부적으로는 한중 수교는 결국 중국의 손에 달려 있으며, 중국은 북한과의 특수한 관계를 유지하고 있어 남북한 관계와 북한의 일본, 미국과의 관계 개선 동향을 염두에 두고 한국과의 관계 개선을 추진하고 있다는 분석을 중시하고 있었으며 중국이 북한 핵문제 등으로 북한이 더욱 고립되는 것을 원하지 않을 것이라고 관측했던 것으로 보인다. 이러한 판단과 함께 1992년 12월 한국 대선을 앞두고 국내 정치 상 노태우 대통령이 한중 수교를 강행하기 어려울 것이라고 관측하였다. 결국 7월 초 첸푸 외교부장은 한중 수교가 1992년 하반기 내 이루지지 않을 것이라고 공언하였으며 이상옥 외무장관이 8월 18일 진수지 주한대사에게 "한중 수교교섭에서 실질적 진전(substantive progress)이 있다"고 통보하기 하루 전날인 8월 17일 대만 언론에 공개된 최초의 외교백서 초안에도 북한 요소 등으로 한중 수교가 미루어질 것임을 시사하였다.

2. 중국

1989년 6월 천안문 사태로 인한 서방 제재가 계속되고 있는 가운데 소련의 해체로 냉전 체제가 붕괴되는 과정에 중국은 아시아 주변국과의 관계 개선을 적극적으로 추진하여 왔다. 1991년 9월 남북한의 유엔 동시가입으로 국제사회에서 2개의 한국을 인정하는 분위기가 고조되고, 1991년 11월 서울에서 개최된 APEC 각료회담에 참석한 계기에 첸치천(錢其琛) 외교부장은 노태우 대통령의 중국과의 수교 의지를 직접 확인할 수 있었으며, 이후 한국과의 수교 문제를 본격적으로 검토하기 시작하였다. 소련 해체 등 국제정세의 변화와 함께 남북관계 진전, 북한의 일본 관계 개선, 미북 접촉, 중화민국의 탄성외교 강화 동향 등을 총체적으로 고려하여, 1991년 연말 내지 1992년 연초에 아시아에서 유일한 미수교국인 한국과의 수교교섭을 개시하기로 결정한 것이다. 장팅옌(张庭延) 외교부부국장은 자신의 회고록에서 한국과의 관계에 관한 내부 검토에서 남북한 유엔 동시가입과 노태우 대통령 잔여 임기 일년 내 기회를 잡지 않으며 놓칠 수 있으며 한국과의 수교는 ① 일본 견제, ② 대만 고립, ③ 주변 안정, ④ 한반도 평화와 안정, ⑤ 중국의 4화 건설과 외교 전반에 유리할 것으로 판단하였다고 기술하였다.[1] 한중 수교교섭에 참여한 중국의 국장급 인사는 한중 수교 후인 1992년 10월 초 뉴욕에서 대만의 주요 언론 중 하나인 『중국시보』와의 단독 인터뷰에서 "대만 요인이 한국 수교를 가속화한 최대 촉매제이며, 대만이 외교 분야에서 북경의 선의를 기대한다면 너무나 순진한 것"이라고 언급하였다.[2] 오버도퍼(Don Oberdorfer)는 중국이 북한에 대해 대만에 대한 국제사회의 승인을 막기 위해 북한의 협조가 필요하다고 설득했다고 하면서 중국의 대외정책 변화가 한반도에서의 영향을 고려해서 나온 것 이라기보다는 대만에 보복하고자 하는 북경의 희망에 의한 것[3]이라고 분석하는 등 한중 수교 배경에 대만 요인이 크게 작용하였음을 강조하였다.

중국 측은 당초 중·북한 관계와 한국과 대만 간의 특수한 관계를 고려, 한중 간 수교교섭 기간을 6개월로 상정하여 1992년 10월 유엔에서 수교교섭 종료를 목표로 삼았다. 이에 따라 4월 13일 북경 개최 ESCAP 총회 계기에 첸치천 외교부장은 이상옥 외무장관에게 수교교섭 개시를 제의하였다.

1992년 초부터 중국은 동북아시아 외교를 하나의 축으로 보고 총체적으로 추진해 가는 과정에 한국과의 관계 뿐 아니라, 일본, 북한, 대만과 관계를 전략적으로 고려하여 주요 외교 일정을 배분하면서 각각의 양자관계를 상대화하는 외교를 펼친 것으로 보인다.

---

1 옌징(延静: 장팅옌[张庭延] 부국장, 탄징[谭静] 부부의 필명), 『출사한국(出使韩国)』, 中国 济南: 山东大学出版社, 2004, 17쪽.
2 『중국시보』, 1992년 10월 11일, 4면.
3 Don Oberdorfer, *The Two Koreas*, Basic Books, 2001, pp.247-248.

천안문사태 이후 서방의 대중국 제재 연합전선 중 가장 약한 고리[4]로 인식된 일본과는 1992년 4월 장쩌민(江泽民) 당총서기, 5월 완리(萬里) 전국인민대표대회 상임위원장 방일 등 고위인사 교류를 통해 천황의 방중을 추진하였다. 북한과는 1992년 4월 김일성 주석 80세 생일 계기 양상쿤(楊尚昆) 국가주석, 6월 양바이빙(楊白氷) 당 중앙군사위원회비서장 겸 인민해방군총정치국주임, 7월 첸치천 외교부장 방북을 통해 한중 수교에 대한 북한 측의 양해를 확보했다. 양안 관계에 있어서도 국제사회에서의 정통성 경쟁은 지속 추진하여 대만의 소위 탄성외교를 견제하면서도 경제통상 및 인적교류를 확대하면서 대만 측의 경계심을 풀어주는 한편, 대만의 고립화를 위해 1990년 7월 사우디와의 수교에 이어 한국과의 관계 개선은 물론 남아공과의 관계 개선도 적극 추진하고 있었다.

3. 한국

노태우 대통령은 1988년 2월 취임 이래 자신의 공약인 북방정책을 지속적으로 추진하여 1988년 서울 올림픽을 계기로 1989년 2월 헝가리와 수교를 시작으로 하여, 모든 동구권 제국과 수교하고 1990년 9월 소련과도 수교하고 1991년 9월 남북한 유엔 동시가입도 달성하였다. 아울러 1991년 12월 남북한 간 '기본합의서'와 '한반도 비핵화 공동선언'을 합의하는 등 남북한 관계에 있어서 의미 있는 진전을 이루었다.

북방정책의 남은 과제는 남북 정상회담과 한중 수교였다. 1992년 초에 들어서서 2월 제6차 일본과 북한 간 수교교섭회담 개최 등으로 일·북한 수교가 한중 수교보다 먼저 성사될 가능성도 배제할 수 없는 상황이었으

---

4 첸치천(錢其琛), 『외교십기(外交十记)』, 中國 北京: 世界知識出版社, 2003, 192쪽.

며, 2월 청와대 대변인의 남북정상회담을 추진하지 않겠다는 발표와 함께, 3월 말 4월 초 사이에 서울을 비밀 방문한 북한 측의 윤기복 대남사업 담당비서를 통한 4월 15일 평양에서의 남북정상회담 제의에 대한 노태우 대통령의 거부로 남북정상회담 전망도 불투명하게 되었다. 국내 정국은 3월 말 국회의원 선거에서 사실상 여당이 패배함으로써 외교분야의 성과가 더 시급해진 상황이었다.

따라서 중국과의 조기 수교가 노태우 대통령 임기 내 최대의 외교과제가 되었다. 노태우 대통령은 정상회담을 통한 수교발표를 희망한다는 입장을 1992년 7월 초순까지 포기하지 않았다. 중화민국과의 관계에 있어서는 1991년 7월 외무부의 대중화민국 정책보고서에서 한중 수교교섭 시 중화민국과의 단교가 불가피할 경우 중화민국의 위상을 가능한 존중하는 방향으로 대처한다는 전제하에 관계 조정 직전에 중화민국에 정부 특사를 파견하여 관계 조정 방침을 사전에 통보하여 중화민국이 받는 충격을 완화시킨다고 방안을 수립하였으며, 1992년 2월 청와대 외교안보수석은 한중 수교 시 단교를 전제로 하여 중화민국과의 관계 조정이 불가피함을 노태우 대통령에게 보고하고 재가를 얻었다.

중화민국 측에 대해서는 "새로운 친구를 사귀어도 옛 친구는 버리지 않는다", "한중 수교에 관한 시간표는 없다", "한중 관계 진전 사항에 대해서는 사전에 알려 준다", "한중 관계 진전 여부와 관계없이 한·중화민국 관계의 우호 협력관계, 또는 좋은 관계는 유지해 나간다" 등의 기본 입장을 전달해 나갔다. 1992년 5월부터 한중 수교교섭이 진행되면서 "한중 수교 시 한·중화민국 관계가 변하지 않는다고 말할 수 없다"고 전하는 등 사실상 이중승인은 어렵다는 입장을 중화민국 측에 전하였으나 한중 수교 이후의 상황에 대해서는 "그때 가 봐야 한다"는 모호한 입장을 견지하였다.

제1부
중국 업무와의 인연

1. 중국 업무 경험

1990년 2월 중화민국에 부임하기 전에 나는 중화민국과 중국 관련 업무를 여러 차례 경험하였다.

1979년 5월 외무부 입부(入部) 이후 얼마 지나지 않아 1982년 일본 연수를 갔다 와 1983년 3월부터 동북아1과(일본 담당)에 근무하던 중 5월 5일 중국 민항기 납치 사건이 발생했다. 휴일이었지만 사무실에 나와 한일 무역회담 준비를 하고 있었다. 공로명 차관보 중심의 대응에 아주국 전 직원이 동원되었다. 김석우 동북아1과장 지휘하에 신라호텔에서 상황반이 운영되어 동료 직원들과 3박 4일을 지냈다. 중국과의 관계 개선의 역사적 계기에 햇병아리 외교관으로서 말단 실무 업무에 참여하여 위기와 긴급사태 관리 업무를 몸으로 경험한 귀중한 기회였다. 중국 민항기 납치사건은 돌이켜 보면 중국과의 관계 개선의 시발점으로서 분명히 긍정적 효과가 있었으나 중화민국과의 관계에 있어서는 납치범 처리 문제 등을 둘러싸고 반한 감정이 확산되는 등 전반적 관계가 소원해지기 시작하는 전환점이 되었다.

이후 나는 1984년 9월 전두환 대통령의 방일 업무를 마치고 주일본대사관에 2등서기관으로 부임하였다. 주일본대사관에 근무하던 중 1987년 1월 북한 김만철 일가가 일본 후쿠이(福井)현 쓰루가(敦賀)항에 도착해 "따뜻한 남쪽 나라에 가고 싶다"는 망명 사건이 발생했다. 당시 이기주 공사와 이재춘 참사관의 지시를 받고 나는 1월 23일부터 26일까지 쓰루가에 가서 현지 상황을 보고하였다. 우여곡절 끝에 김만철 일가는 타이베이를 거쳐 2월 8일 서울에 도착하였다.

당시 특사로 파견된 김신(金信) 전 주중화민국 대사와 박수길 차관보는 2월 3일 장징궈(蔣經國) 총통과 딩마오스(丁懋時) 외교부장을 만나 양국 간 특별한 관계를 고려하여 김만철 일가의 대만 경유에 관해 최대한 협력을 요청하였고 중화민국은 협조하기로 하였다.[1] 당시 5공 정권으로서는 박종철 고문치사사건으로 어려운 상황에 처했을 때 김만철 일가 망명 사건이 일어났으며 어떤 수를 쓰더라도 김씨 일가를 한국으로 조속히 데려와야 했다.[2] 불과 중화민국과 단교되기 5년 전의 일이었다. 이러한 사정도 있으니 중화민국과 단교 후 고위사절단 파견과 관련 노창희 차관이 김신 전 대사에게 전화를 해서 상의했더니 김신 전 대사가 불쾌감을 전하고 전화를 끊었다고 한다.[3]

1988년 2월, 노태우 대통령 취임식에 90여 국가가 경축특사를 파견하였다. 외무부는 제13대 대통령 취임식 경축특사 영접 계획을 수립하

---

1 박수길, 『박수길 대사가 들려주는 그동안 우리가 몰랐던 대한민국 외교 이야기』, 비전코리아, 2014, 155-156쪽; 박수길, 『한국 외교와 외교관』, 국립외교원 외교사연구센터, 2014, 52-53쪽.
2 노진환, 『외교가의 사람들』, 서울미디어, 1993, 228-229쪽.
3 노창희, 『어느 외교관의 이야기』, 기파랑, 2007, 296쪽.

고 상당수의 직원이 의전 요원으로 참여하였다. 최고위 인사로는 일본 다케시타 노보루(竹下登) 총리에 이어 중화민국이 위궈화(兪國華) 행정원장, 딩마오스(丁懋時) 외교부장 등 고위급 인사로 구성된 경축사절단을 파견하였다. 나는 당시 신라호텔 의전상황실에서 2월 22일부터 28일까지 근무하면서 동료, 선배들과 함께 중화민국, 필리핀, 싱가포르 등 13개국 사절단의 출입국, 체류 중 활동을 지원하였다. 중화민국의 전용기 출입국(2월 24일-27일)과 대규모 사절단 파견을 보고 그들이 한국을 중시하고 한국에 대해 특별한 감정을 갖고 있다는 것을 느낄 수 있었다. 4년 후 중화민국과 단교 과정에서, 노 대통령과 외무부 당국자들에게는 노 대통령 취임식 때 외국 경축사절단 중 중화민국이 최고위 사절단을 파견하여 정중하게 취임을 축하해 주었다는 역사적 사실은 그저 지나간 많은 일 중의 하나였을 것이다.

2. 외무부 동북아2과 근무

1988년 11월부터 외무부 동북아2과에 근무하면서 본격적으로 중국 업무를 담당하게 되었다. 이후 1999년 2월 동북아2과장을 마칠 때까지 10여 년 중 의전과장 2년(1996-1997년)을 제외하고 지속적으로 중국 업무를 담당하는 행운을 얻게 되었다.

당시 동북아2과는 수교국인 중화민국과 미수교국인 중국, 몽골, 베트남, 라오스와 캄보디아를 담당하였다.

노태우 대통령의 7·7선언에 이어 서울 올림픽의 성공적 개최 이후에는 북방정책이 탄력을 받으면서 꾸준한 성과를 거두기 시작하였다. 1989년 중에는 2월 헝가리와의 수교를 시발로 해서 11월 폴란드, 12월 유고슬라비아와 수교를 이루었다. 외무부 내에서는 1989년 2월 북방외교추진본부를 발족하고 동구권 국가, 소련 및 중국과의 관계 개선에 적극 나섰다.

당시 중국과의 교류는 1983년 중국 민항기 납치 사건, 1983년 10월 랑군 사건 등을 계기로 한국에 대한 중국의 시각에 변화가 생기면서 기본적으로 비정치 분야에 한정되어 있으나 각종 국제 회의, 국제 경기 상호 참가 등 교류의 폭과 범위가 점진적으로 확대 추세에 있었다. 1988년 이후 산동성이 한국에 개방되고 제3국을 경유한 간접 교역에서 직교역으로 전환되고 경제인의 교류가 괄목한 수준으로 신장하였다. 1988년 왕복 교역규모가 31억 불로 중국은 우리의 5대 교역 상대국으로 부상했으며 인적교류도 1987년 1,700명에서 1988년에는 1만 명으로 증가되었다.

1988년 11월 첸치천(錢其琛) 외교부장은 방중한 북한 김영남 외상에게 한국과의 무역관계에 관하여 별도의 논의를 갖고 중국은 현재 남조선과 민간 무역사무소 교환 설치를 고려하고 있다는 입장을 전달하였다.[4] 1988년 서울 올림픽과 1990년 북경 아시아경기대회를 계기로 문화 학술 교류도 확대되었다. 다만 한중 관계는 비정치적 분야, 특히 경제교류를 중심으로 점진적으로 발전될 것으로 전망하고 정부차원에서의 공식관계로의 발전은 북한 요인으로 상당한 시간이 걸릴 것으로 보고 인내심을 갖고 꾸준히 추진해 나간다는 입장이었다.

나는 동북아2과 근무 중에 중국과의 관계 개선 업무를 주로 담당하였다. 1989년 3월 KOTRA 사장 방중 시 협의한 중앙차원의 사무소 설치 문제 협상 지원, 1990년 북경 아시아경기대회 전산협력 사업 협의, 6·4천안문 사건 이후 정세보고 및 대응 방향, 한중 간 경제통상 및 인적교류 업무 등을 수행했다.

북방정책의 추진 방향은 먼저 비정치적 분야 교류증진에 중점을 두고 쌍무적 실질관계의 축적을 통해 무역사무소의 개설, 이어 공식관계 수립 등 정치적 관계 개선으로의 단계적 발전을 모색하는 것이었다. 이미 헝가리(1987년 12월), 유고(1988년 6월)에 KOTRA 무역사무소가 개설되었으며 1988년 11월-12월간 소련, 폴란드, 불가리아와 무역사무소 설치를 합의한 후 1989년 상반기에 개설 예정이었다.

| 한중 간 무역사무소 교섭 |

중국과는 1988년 8월 KOTRA와 산동성간 무역사무소 설치를 합의한 상황에서 1989년 3월부터 중앙 차원의 무역사무소 설치를 위한 협상이 시작되었다.

---

4 첸치천(錢其琛), 『외교십기(外交十记)』, 中国 北京: 世界知识出版社, 2003, 152쪽.

양측은 중앙 차원의 포괄적 기능을 수행하는 사무소 설치 필요성에는 공감하였으나 사무소의 성격 및 명칭에 대해서는 상이한 입장이었다. 우리 측은 실질적 공적 성격의 기구 및 이에 상응하는 명칭(예를 들어 연락 사무소 또는 통상대표부)을 상정하였고, 중국 측은 민간 기구(KOTRA/중국국제상회)의 대표 사무소 성격과 명칭을 견지하였다. 동북아2과에서는 북방정책 추진 방향과 진전 현황, 한중 관계 현황, 중국의 여타국과의 수교 전 무역사무소 사례 조사 등을 통해 기본 자료를 마련하고 관계부처 회의, 청와대 보고를 통해 교섭 지침을 마련하였다.

앞서 기술한 바와 같이 1988년 11월 첸치천 외교부장이 방중한 김영남 북한 외교부장에게 중국 측은 한국과의 민간무역사무소 상호 설치를 고려하고 있다고 통보한 후 양국은 최고영도자 간에 관련 의견을 몇 차례 교환하였다.[5] 1989년 4월 25일-26일 자오즈양(趙紫陽) 당 총서기는 방북 시 김일성 주석과 회담 중 한국과 정치적 관계는 갖지 않겠다는 입장을 밝히면서 한중 간 무역사무소 문제에 관해 일반적인 내용으로 간단히 언급하였고, 이에 대해 북한 측은 강한 반발은 보이지 않았으나 무역사무소 설치를 최대한 지연시켜 줄 것을 희망하였다.

1989년 5월 정홍예(鄭鴻業) 중국국제무역촉진위원회 회장대리가 방한하여 제2차 회의가 개최되었으나 기존 입장을 확인하는 데 그쳤으며 이후 천안문 사태 등으로 협상이 늦어지다가 1990년 10월 한국은 KOTRA 명의로, 중국은 중국국제상회 명의로 하여 무역 대표부를 교환 개설하기로 정식 합의하였다.

---

5 첸치천, 위의 책, 152쪽.

| 첫 번째 중국 출장 |

나는 1989년 3월 9일부터 16일까지 북경 아시아경기대회 전산 사업 협의를 위해 한국전기통신공사 대표단의 일원으로 처음으로 북경을 방문하였다. 3월 9일 주홍콩중국비자사무소에서 오전에 별지 비자를 받고 오후에 북경에 도착하였다. 북경 아시아경기대회 조직위원회 측은 한국 측이 1986년 서울 아시아경기대회 및 1988년 서울 올림픽의 운영 경험을 바탕으로 전산 소프트웨어 개발 운영에 관한 기술 지원과 자료 제공, 통신전산장비 제공을 요청하였으며 우리 측은 가능한 협력을 제공하겠다고 약속하였다. 1987년 5월 제1차 한중 전산협력 합의각서 체결에 이어, 양측은 한국전기통신공사와 북경아주대회전산지휘공정 부문 간 제2차 전산협력 합의각서 체결에 원칙적으로 합의하였다. 양측 기술진 교류와 자료 제공에는 합의하였으며 장비제공 문제는 계속 협의키로 하였다. 우리 측은 기본각서에 국호 사용을 요청하였으나 중국 측이 외교부와 협의 결과, 국교가 없는 상황에서 어렵다며 난색을 표명하여 1차 각서 예에 따라 'Seoul, Korea' 및 'Beijing, China'로 표기키로 하였다. 동 각서는 4월 29일 공식 체결되었다.

당시 북경 공항에서 시내로 들어 가는 길이 가로수에 둘러 싸인 일반 도로로 전원도시 같은 인상을 받았으며 시내 주요 교통수단은 자전거가 주류를 이루는 등 개혁개방의 영향이 아직 미치지 못한 분위기였다. 중국인과의 대화에서는 한국이 자신들보다 앞서 발전하고 있으며 한국과의 관계 개선은 시간이 걸릴지라도 이루어질 것이라는 인식을 확인할 수 있었다. 중국을 현장에서 나름대로 이해할 수 있었던 값진 출장이었다.

| 천안문 사태 대응 |

　1989년 6월 천안문 사태는 중국의 개혁개방정책 추진 등 국내 정치는 물론 대외정책에 엄청난 영향을 미친 사건이었다. 동북아2과에서는 4월 15일 후야오방(胡耀邦) 전 당 총서기 사망을 계기로 학생들의 민주화 시위가 촉발되는 등 중국 국내정세 동향이 심상치 않으며 특히 5월 중순 고르바쵸프 소련 대통령 방중 시 천안문 광장에 모인 학생들 때문에 공식 환영식이 인민대회당으로 변경되어 시행된 데 주목하였다.

　주요 공관에 주재국의 중국 정세 분석과 대응을 수시 보고하라는 지시를 내보내고, 공관 보고와 관련 자료를 종합하여 정세동향 분석과 대응 방안을 수시로 상부에 보고 하였다. 이미 6월 4일 사태 전인 5월 20일 중국여행 제한조치를 시행하였다. 교통부와 협조, 국내여행사를 계도하여 방중 계획을 보류하도록 하고 미국, 일본, 홍콩 등 주요 공관에 교민 및 여행자의 중국 방문을 자제하도록 훈령을 내렸다. 이어 5월 30일 문공부와 협조, 북경에서 취재중인 특파원의 신변 안전에 유의하도록 주의를 촉구하였다. 6월 4일 사태 발생 후 기자 5명을 포함하여 중국 내 여행하거나 체류 중인 한국인은 100명 이하로 추정했으며, 북경 주재 우리 상사 5개 지사에 파견된 직원은 대부분 제3국 국적이며 우리 국적인은 5명으로 파악되었다. 이후 주홍콩총영사관이 우리기업 지사와 비상 연락체제를 구축해 상황을 지속적으로 파악하였다.

　6월 5일 외무부는 당국자 논평을 통하여 "중국의 안정은 한반도를 포함한 이 지역의 평화와 안정에 중요하며 다수의 희생자 발생에 우려를 표명하고 사태의 평화적 해결을 희망한다"고 밝혔다. 이어 6월 7일 외무부는 대변인 성명을 통해 "중국의 사태 확산에 유감 및 우려를 표명하며 중국 사태의 조속한 정상화로 중국인의 안녕, 행복 및 이 지역 전체의 안정과 평화에 기여하기를 희망한다"고 입장을 밝혔다. 최호중 외무장관은 6월 8일 관민 대외경제담당자연수회 강연 계기에 중국 내의 사태에도 불구하고 중장기적으로 한중 관계는 계속 확대될 것으로 전망하였다. 민간차원, 비정치분야에 국한되고 있던 당시 한중 관계에는 큰 영향이 없을 것으로 예상했던 것이다.

다만 외무부는 내부적으로 단기적으로는 경제교류가 위축되고, 한중 관계 개선 속도가 둔화될 가능성이 있다고 판단하여 정치관계 발전은 당분간 기대하기 어렵다고 분석하였다. 6월 중순 청와대에서 개최된 안보회의에서 천안문 사태와 관련, 노태우 대통령은 중국의 대내외 상황 변화로 미국의 전략상 한국의 중요성이 크게 제고되었으니 안보 면에서 한미 협력관계 강화에 노력해 줄 것과 이번 사태로 인해 경제기획원의 분석과 같이 중국 경제가 최소 2-3년 후퇴될 것이라는 전망을 타산지석으로 삼고 한중 경제협력은 다소 지체되겠지만 중국과 경쟁관계에 있는 우리 경공업분야는 2-3년 여유를 갖고 세계 시장을 개척할 수 있으니 적극 활용하라고 언급하였다.

7월 초 중국 외교부 조선처장(과장)이 천안문 사태와 관련, 중국정부는 한국 정부가 보여준 대중국 태도를 호의적으로 받아들였다고 언급했다는 믿을 만한 정보가 들어왔다. 8월 초순 해외공관 보고와 다양한 자료를 토대로 과내 토론을 통해 중국정세 보고서를 작성하였다. 신임 장쩌민(江沢民) 당 총서기는 당내, 특히 군부 내 독자적인 지지 세력이 미약함에 비추어 강력한 리더십을 기대하기 어려우므로 당분간 덩샤오핑을 정점으로 한 보수원로들이 정국을 계속 주도해 나갈 것으로 보이며 국내 안정이 시급한 상황에서 적어도 향후 2-3년간 중국의 개혁개방정책 추진 속도의 후퇴 또는 정체는 불가피할 것으로 전망하였다.

| 한일 중국과장 회의 |

우리의 중국과의 관계 개선업무 추진 과정에는 여러 우방국의 외교부가 정보와 자료를 수시로 제공하고 양자 협의를 통해 자신들이 그간 축적한 경험과 대중국 협상 전략에 대해 다양한 조언과 지원을 아끼지 않았다.

특히 일본 정치인과 정부 고위인사들은 중국 측 상대를 만날 때마다 한국과의 관계 개선을 촉구하고 면담 결과를 우리 측에 알려 왔다. 그중 한일 외무부 중국과장 회의는 매우 유용한 정책 협의 채널이었다. 1988년 12월 동경에서 개최된 데 이어 1989년 11월 17일 서울에서 이선진 동북아2과장과 아나미 고로시게(阿南惟茂) 중국과장 주재로 개최되었다. 아나미 과장의 천안문사태 후 중국 국내정세와 대외정책에 대한 설명이 인상적이었다. 우리보다 한 수 위였다. 일본 외무성의 내부 분석자료를 그대로 우리 측에 전달하고 참고하라는 여유가 있었다. 일본이 그간 구축한 중국 내 광범위한 네트워크와 그간 양성한 중국 전문가들의 역량 결과라고 생각했다. 특히 아나미 과장이 1945년 8월 일본 패전 당시 아나미 고레치카(阿南惟幾) 육군대신의 아들이라는 사실에 그의 중국에 대한 설명이 더욱 흥미로웠다.

당시 우리 동북아2과가 10명도 안 되는 규모에 중화민국, 중국, 베트남, 몽골 업무까지 하고 있는 반면, 일본 외무성 중국과는 40여 명 직원에 북경대사관, 상해, 심양, 광주 등지에 총영사관을 유지하고 있었다. 일중 관계의 역사적 특수성 등으로 외무성은 물론, 정부 여타 부처, 정계, 언론계 등 각계에 언필칭 중국 전문가가 수백 명 이상으로 알려졌다. 일본 외무성은 우리 측에 중국에 관한 유익한 정보 제공은 물론 분석 자료를 그대로 제공하기도 했다.

한일간 중국과장 회의는 계속 이어졌으며 나는 1998년 11월 동북아2과장으로서 동경에서 개최된 한일 중국과장 회의에 참석하여 사도시마 시로(佐渡島志郎) 중국과장과 유익한 정책협의의 기회를 가졌다. 마침 김대중 대통령의 방일과 방중, 장쩌민(江沢民) 국가주석의 방일 이후에 개최된 만큼 정상외교 일정 및 성과사업을 위한 중국과의 교섭경험, 대중국인식에 대해 솔직하고 진지한 의견교환이 이루어져 한일 간 중국 정책협의의 중요성과 필요성을 절감한 매우 유익한 계기가 되었다. 1998년 그때에도 10년 전과 똑같이 여전히 동북아2과 직원은 10명, 일본 외무성 중국과는 45명이었다.

| 베트남 출장 |

1989년 8월 29일부터 9월 6일까지 '베트남 1989 추계 전시회' 참석을 위해 KOTRA 주관 경협사절단의 일원으로 베트남 호지민 시와 하노이에 출장을 다녀왔다. 주태국베트남대사관에서 나의 외교관 여권에 비자를 받아 입국하였다.

베트남 측은 한국과의 경제통상 교류를 강력히 희망하였다. 당분간은 기업 등 민간기관을 통해 대화할 수밖에 없을 것이며 이후 점진적으로 공식관계로 발전시켜 나갈 수 있을 것이라는 입장이었다. 호지민 시에 도착하자마자 베트남 상공회의소 측에 내 신분을 밝히고 베트남 외교부 관리와의 면담 주선을 요청한 결과, 9월 5일 나는 하노이에서 외교부 산하 외교연구원 Dang Duc Lan 경제국 부국장을 별도 면담하였다. 베트남 외교부의 경제국 직원 Le Huu Hung이 영어 통역을 하였다. 나는 우리의 북방정책을 소개하고 우리 측의 베트남과의 관계 개선 희망 입장을 전달하였으며 Lan 부국장은 한국과의 협력 발전에 기대가 크다며 지난 20년간 프랑스와도 공식 외교관계가 없어도 비공식 기관을 통해 사실상 공적 기능을 수행해 왔으며 대만과도 기업 창구를 활용하고 있다고 하면서 비공식교류 확대를 통해 공식관계를 발전시켜 나갈 수 있을 것이라고 표명하였다. 베트남이 1982년 이후 한국과의 교역을 개방한 후 초기에는 북한이 강한 항의를 표명하였으나 최근에는 특별한 반응은 없다고 하였다. 베트남 경제부처나 상공회의소 측의 한국에 대한 적극적 자세와는 달리, 베트남 외교부는 공식 채널 수립 등 관계 개선에는 아직 신중한 입장이었다.

| 한중 관계 개선 동향 |

1989년 말경 외무부 전체로서는 1989년 2월 헝가리와의 수교를 비롯한 동구권 국가와의 관계 개선이 가시적 성과를 거두면서, 미국, 일본 등 전통적 우방과의 외교와 함께 중국, 소련과의 북방외교를 적극 추진해 나간다는 분위기가 고조되었다.

동북아2과 차원에서는 중국과의 관계 개선 추진에 있어서 1989년 중 일정한 진전과 성과가 있음에 주목하였다.

1948년 이후 한중 관계의 발전을 4단계로 나누어 보면, 1단계는 1978년까지의 약 30년간으로서 적대관계 내지는 접촉 부재의 시기였고, 2단계는 1978년부터 1987년까지로서 긴급사태 발생 등 예외적인 경우 정부 간 직접 접촉이 이루어져 민간 위주의 간접 교류가 개시된 시기라고 할 수 있으며, 3단계는 1988년 이후 1989년 3월까지로서 민간 차원의 교류가 본격화되는 시기였다. 4단계는 1989년 3월 이래 중앙 차원의 교섭 단계의 시작이었다.

한중 양측은 교역, 투자 등 비정치 분야의 교류(1989년 교역 규모

31.4억 불, 투자허가 2,800만 불), 인적교류(1989년 약 2만 명)등 당시의 추세를 민간차원의 교류에서 공적 차원의 교류로의 진입 단계로 평가하였다. 즉 중앙 차원의 사무소 설치 필요성에 인식을 같이하고 1989년 3월과 5월 2회에 걸쳐 협의가 이루어졌다. 아울러 중국 측은 한중 관계 발전을 점진적으로 공개하고, 공식화하겠다는 자세를 보였다. 1989년 6월 해운 직항로 개설, 1989년 8월 대한항공의 서울-상해 전세기 운항, 우리 기업의 중국 내 광고 허용, KOTRA의 북경 상품전시회 참가 등 가시적 교류사업에 중국이 적극적으로 나선 것이다. 더욱더 중요한 진전은 1989년 4월 북경 아시아경기대회를 위한 전산협력 각서 체결, 1989년 5월 황해·동중국해에서의 어업협력회를 북경에서 개최하는 등 실질적인 정부차원의 협력사업이 확대되었다는 사실이었다.

동북아2과 내부 토론에서는 한중 관계의 역사적 인식을 바탕으로 중국의 전통적인 대국주의 자세를 견제하고 속도 위주 또는 경쟁적 대중국 접근은 우리의 입지 약화를 초래할 가능성을 늘 염두에 두어야 한다고 의견이 모아졌다. 한편 한중 간 정치관계의 발전은 결국 이를 촉진시킬 수 있는 주변 환경 여건 조성이 중요한데, 여타국에 대한 북방정책의 적극적 추진과 함께, 남북관계 개선과 미국, 일본의 대북한 관계 개선 진전 상황이 주요한 변수가 될 것이라고 분석하였다.

최호중 장관은 1990년 1월 외무부 시무식에서 우리나라가 세계의 중심국가로 부상하고 있다고 하면서 전방위외교 강화 필요성을 강조하고 동구권 관계 개선에 만족하지 말고 대소련 관계에 있어서는 영사관계로부터 정식 외교관계로 승격시키는 한편, 중국과는 외교관계 개선이나 여타 공식관계 수립을 위해 계속 노력하자고 촉구하였다.

1990년 2월 외무부는 노태우 대통령에게 보고한 1990년도 주요업무 계획 중 북방외교의 지속적 추진 방침을 밝혔다. 중국, 소련과의 관계 증진이 북한의 정책 전환의 첩경인 만큼, 중국, 소련과의 관계 개선에 외교 주력을 경주하겠다고 보고하였다. 소련과는 가까운 장래 정식 외교관계 수립을 위하여 주소련영사처 활동을 강화하고 경제, 항공, 학술 교류 등 제반 협력을 확대하겠다고 하고, 중국과는 공적사무소 설치와 대화 창구 확립을 교섭하면서 1990년 9월 북경 아시아경기대회를 계기로 영사단 및 문화 예술 학술단을 파견하고 경제교류 지원 등 실질 관계를 강화해 나가겠다고 보고하였다.

제2부
주중화민국대사관 근무
(1990년 2월 - 1991년 8월)

1. 한국과 중화민국 관계 개요(1990년 현재)

지금은 한국 사회에서 "중화민국"이라는 국호가 거의 사라졌다. 보통 대만으로 불리고 있다. 내가 1990년 초 주중화민국한국대사관에 부임할 때에는 "중화민국", "자유중국", "대만" 명칭이 혼용되어 쓰였다.

1990년대 초 중화민국이라는 나라는 우리에게 과연 어떤 나라였나?

대한민국 헌법 전문에 명시된 대로 우리나라는 대한민국임시정부의 법통을 이어 온 나라다. 중화민국 국민당 정부가 대한민국임시정부를 지지, 지원하지 않았다면 대한민국임시정부는 1945년 8월 일본 패전까지 명맥을 이어 오지 못했을 것이다. 백범(白凡) 김구(金九) 선생은 자서전 백범 일지에서 장제스(蔣介石) 총통의 대한민국임시정부에 대한 지원 내용을 상세히 기술하고 있다. 장제스 총통과의 면담 후 군관학교 설치, 자신이 저격 당한 후 병상에 있을 때, 장제스 총통의 위로와 지원금, 귀국 전 장제스 총통과 쑹메이링(宋美齡) 여사를 비롯한 중화민국 정부의 대대적 환송연과 전별금 등에 대해 한국 대다수 국민이 존경하고 있는 백범 선생의 역사적 증언을 읽으면 당시 한국에 대한 유일한 희망이자 지원국은 중화민국뿐이었음을 이해하게 된다[1].

1948년 8월 대한민국 정부 수립 후 이승만 대통령이 제일 먼저 조병옥 특사를 중화민국에 파견했다. 그간 중화민국 정부의 지지와 지원에 사의를 전달하기 위한 목적이었다. 그리고 11월 7일 난징(南京)에 최초의 해외공관인 주중특사관을 설치했다. 중화민국은 1947년 이래 서울에 중국영사관을 설치하였고 1949년 1월 4일 대한민국을 정식으로 승인하자, 같은 해 7월에 영사관을 대사관으로 승격시켰다. 중화민국이 1949년 10월 정부를 대만으로 옮긴 후에도 우리는 세계 어느 나라보다도 깊은 동정을 표명했으며 공산 침략자를 목전에 두고 반공이라는 동일 목표를 가진 양국은 정신적 유대를 통하여 일층 긴밀하게 결합되었다.[2]

한국전쟁이 발발하자 중화민국은 1950년 7월 3일 보병 3개 사단과 수송기 20대로써 우리나라를 원조하겠다고 제의하여 왔다. 당시의 국제 정세에 비추어 우리는 이를 수락하지는 않았으나 중화민국의 정신적 원조는 물질적 원조에 못지 않게 양국의 우호 관계를 더욱 견고하게 하는 데 도움이 되었다.[3] 중화민국의 초대 주한대사(1949년 7월부터 1951년 9월까지 역임)였던 사오위린(邵毓麟) 대사는 회고록을 통해, 한국전쟁 발발 직후 동경에서의 정일권 참모차장과 김용식 주일한국 대표 면담 시, 중화민국 정부의 신속한 지원 요청 접수, 중화민국의 파병제의, 화교들의 참전, 유엔 안보리 상임이사국으로 한국 지지 활동 등 한국 전쟁 중 중화민국 정부의 지원 전반에 관해 상세히 기술하고 있다.[4] 물론

1 김구, 『백범일지』, 광문사, 1979.
2 『한국외교의 20년』, 외무부 외교연구원, 1967, 33쪽.
3 위의 책, 96-97쪽.
4 사오위린(邵毓麟), 이용빈 외 옮김, 『사오위린 대사의 한국 외교 회고록(使韓國

중화민국은 한국전쟁 발발로 인해 공산주의 세력에 대한 방파제로서의
전략상 가치가 높아져 미국과 동맹관계를 맺을 수 있었다.

　양국의 유대관계는 1949년 8월 장제스 총통의 방한에 이어 1953년
11월 이승만 대통령 방중으로 가일층 강화되었다. 당시 공동성명에서
양국 수뇌는 아시아 반공통일전선의 결성을 제창하였고 이는 1954년
6월 한중 양국을 주축으로 아시아민족 반공연맹을 탄생시키는 계기가
되었다.[5] 김용식 전 외무장관, 김동조 전 외무장관을 비롯한 많은 한국
외교관들은 중화민국이 우리의 맹방으로서 유엔 등 국제사회에서 한국
을 적극 지원하였다고 회고한다.[6] 1965년 일본과 국교 정상화 전에는
우리의 대외관계는 미국과 중화민국이 중심이었다.

　1966년 2월 박정희 대통령의 중화민국 방문 중인 2월 16일 제1차
한중 경제각료회담이 개최되었다. 2월 18일 발표한 공동성명에서 "대
한민국 대통령과 중화민국 총통은 아시아의 침략 세력 특히 중공은 아
시아에 있어서의 모든 분쟁의 근원으로서 그 인근 제국의 정치적 독립
과 영토보존에 대한 심각한 위협이며 세계 평화와 안전에 대한 공포가
되었다는 사실을 강조"하면서 "경제 분야에 있어서의 공동 관심사를 토
의함에 있어서 양국 간의 기술 협력과 통상 관계를 더욱 강화하기 위하
여 모든 가능한 시책을 장려할 것에 합의하였다." 이어 박 대통령은 장
총통의 방한 초청을 제의하였으며 장 총통은 가까운 장래에 방한 희망
을 표시하였다.[7] 이후 장 총통의 방한은 이루어지지 않았다. 박 대통령의
방중을 계기로 시작된 양국 간 경제각료회담은 1992년 8월 단교 직전에

　　回憶錄): 중화민국과 한국의 근대 관계사』, 한울, 2017.
5 『한국 외교 30년 1948-1978』, 외무부, 1979, 27-28쪽.
6 김용식, 『희망과 도전』, 동아일보사, 1987, 127-130쪽, 202-204쪽; 김동조,
　『냉전 시대의 우리 외교』, 문화일보, 2000, 74-75쪽, 150-151쪽.
7 『한국외교의 20년』, 569-571쪽.

서울에서 25차 회담이 개최될 예정이었으나 개최되지 못하고 결국 24차 회담으로 마무리되었다. 한국의 경제 발전 과정과 함께 1966년부터 1991년까지 25년을 이어 온 유일무이한 외국과의 경제각료회담이었다.

1971년 중국의 유엔 가입과 중화민국의 유엔 탈퇴, 미중 간 화해 등 국제정세가 변하면서 한·중화민국 양국 관계는 반공을 기반으로 한 맹방, 또는 형제의 나라에서 선린 우호 협력관계로 발전해 왔다. 중화민국은 수교국이 급격히 줄어 들면서 국제적 고립화가 심화되어 갔다. 1970년 유엔 탈퇴 직전에는 중화민국과의 수교국이 66개국, 중국과의 수교국이 49개국이었으나, 1979년 미중 수교가 이루어진 해에는 중국과의 수교국 120개국, 중화민국과의 수교국은 22개국이었다.

양국 관계는 1983년 5월 중국 민항기 납치 사건 발생 시, 한국 측의 국제법과 국제관례에 따른 납치범의 처리 문제로 중화민국의 국민 감정 악화를 계기로 불편하게 되었으며, 1984년 4월 서울 개최 아시아청소년 농구선수권대회 시상식에서의 중국 국기게양 방침에 불만, 중화민국 선수단이 철수하였다. 1985년 3월 중국 어뢰정 표류 사건을 처리하면서 한·중국 간 직접 접촉을 통해 난동자 포함 승무원 전원 및 어뢰정을 중국에 송환한 데 이어, 1986년 서울 아시아경기대회 시 "Chinese Taipei" 명칭으로 복귀한 중화민국 농구대표팀이 '청천백일기'를 사용하지 못하게 한 운영위원회 결정에 항의하여 철수함으로써 대만 언론의 대대적 보도로 반한 감정이 확산된 바 있다.

1987년 12월 노태우 대통령 후보의 대중국 관계 개선 공약 관련, 중화민국 정부가 우려를 표명하였으며 1988년 2월 노태우 대통령이 취임하면서 7·7 공동 선언과 함께 중국과의 관계 정상화를 포함한 북방 정책을 공식적으로 추진함에 따라, 중화민국 정부와 국민은 한국의 대중국외교가 한·중화민국 양국 관계에 어떠한 영향을 미칠지에 대해 높은 관심과 경계심을 갖고 주목하고 있었다. 1988년 7월 한국 정부가 중공을 "중국"으로 호칭하기로 한 데 대해, 중화민국 일부 언론은 한국을 "남조선"으로 호칭할 것을 주장하였다. 이미 『중국시보(中國時報)』등은 "남한"으로 호칭하여 왔다.

1988년 6월 중화민국 국방부는 한국 국방부에 공식 서한을 보내서 중화민국 국민당 정부의 한국 독립 지원 등 양국 간 역사적 우호 관계를 상기시키고 반공국가로서의 공통 입장을 강조하면서 불만 사례로서 ① 한국이 "중화민국"을 "대만"으로 호칭 ② 주한중화민국대사의 한국 외무장관 면담 실현 곤란 ③ 전 외무장관 타이베이 경유 시, 중화민국 측 의전요원 접견 거부 사례를 전달하면서 양국 관계가 악화되지 않도록 한국 군부의 적극적인 협조를 요청하였다. 외무부는 바로 저우젠(鄒堅) 주한중화민국 대사에게 한국 정부가 중화민국을 "대만"으로 호칭한 적이 없으며 언론 등의 호칭 사용 통제는 어려움을 설명하고, 외무장관의 여타 주한대사 면담 통계를 들어 중화민국대사를 더 자주 만났으며, 전 직 외무장관의 중화민국 의전관 접견 거부 사례는 없었다고 설명하였다.

당시 중화민국의 한국에 대한 입장과 태도를 살펴보면, ① 국제사회에서 중화민국의 고립이 심화되고 있는 가운데 한국이 과거 중화민국의 한국 독립 투쟁과 건국 지원 사실을 잊고 중국과의 관계 개선 과정에서 자신들과의 관계를 소홀히 하고 있다고 판단하고 그간 일련의 사건으로 불만이 누적되어 왔으며 ② 국민 일부가 중화사상에 여전히 젖어 있어 한국의 경제 발전을 비롯한 국제사회에서의 위상 제고를 객관적으로 평가하지 않고 한국에 대한 잠재적인 우월 의식을 계속 갖고 있으며 ③ 양국이 아시아의 "4마리의 용"으로 함께 주목을 받으면서 한국을 대외 경제면에서 경쟁 상대로 인식하고 있었다. 1987년 말 기준 국민총생산규모(GNP) 및 1인당 GNP는 한국 1,186억 불, 2,826불, 중화민국

975억 불, 4,989불이었으며 총 교역규모는 한국 847억 불(수출 462억 불, 수입 385억 불), 중화민국 880억 불(수출 535억 불, 수입 345억 불)이었다.

당시 한국 정부는 중국과의 관계 개선이 진전됨에 따라 중화민국의 반한 감정이 불가피하게 고조될 것으로 예상하여 한반도 현실에 따른 북방정책 추진의 불가피성을 지속적으로 설명하면서 대륙 출신 인사 퇴진과 대만 출신 인사 등장의 세대교체로 중화민국 지도부의 현실주의적 대응을 기대하고 정부고위인사 교류와 경제통상 등 실질 관계 확대에 주력해 나가자는 분위기였다.

외무부 담당과인 동북아2과의 대부분 직원이 주중화민국대사관 근무나 중화민국에서 연수한 경험이 있어 중화민국에 대한 이해가 깊었기 때문에 기본적으로 중국과 관계 개선 과정에 중화민국이 섭섭하지 않도록 최대한 배려해야 한다는 우호적인 분위기였다. 동북아2과가 전반적으로 중국과의 관계 개선 업무에 중점을 두면서 중화민국과의 업무가 부차적으로 밀리는 경향이 있었으나 전통적 우방과의 관계 유지 필요성에는 의심의 여지가 없었다.

내가 동북아2과에 근무했던 1990년 2월까지, 중화민국과의 관계 조정 문제에 대해 검토한 적은 없었다. 중국과의 관계 개선은 계속 추진해 나가되, ① 한·중화민국 간 경제통상 관계 등 실리, ② 국제사회에서의 신의와 우의를 존중하는 데에서 오는 국가 이미지, ③ 중화민국에 대한 우리 국민의 정서, ④ 대중국 관계에 있어서 우리의 중화민국과의 관계의 유용성 등을 고려할 때, 아직은 중화민국과의 관계의 '수정'을 고려할 때가 아니라고 판단하였다.

한중 관계 발전과는 상관없이 1980년대 중반 이후 중화민국과의 실질 관계가 괄목할 만한 신장세를 보였다. 상호 간 10위 이내의 무역 상대국으로 부상하고 1989년 7월 타이베이에서 개최된 제22차 한중 경제각료회의에서는 양국 간 교역량을 1990년까지 1988년(20억 불)의 2배인 40억 불로 증대하기로 합의하는 등 전망이 밝았다. 야심 찬 목표로 달성하지는 못했으나 1990년 27억 불로 확대되고 이후 계속 증가하였다. 1989년 하반기 들어 국회, 행정부를 중심으로 고위인사 교류도 크게 확대되었다. 우리 국회의원단 5회(5월 4일-7일 국회 상공위 위원단, 6월 12일-16일 민정당 국회의원단, 7월 18일-23일 '1989 피압박민족 주간행사' 참가 국회대표단, 7월 24일-26일 민주 발전을 위한 국회법률특위단 등), 이규성 재무장관(한중 경제각료회담 수석대표), 한승수 상공장관, 홍재형 관세청장이 중화민국을 방문하고, 쿵더청(孔德成)고시원장, 천리안(陳履安) 경제부장이 방한하였다. 1989년 8월 류퀴차이(劉闊才) 입법원장 방한에 이어 답방으로 1990년 2월 7일-10일 김재순 국회의장 방문이 이루어졌다.

중화민국 측은 1989년 11월 GATT 재가입 추진 방침을 알려 오면서 우리의 지지를 요청하였으며, 이에 대해 중화민국의 국제사회에 있어서의 경제적 비중과 양국 간 전통적 우호 관계에 비추어 원칙적으로 환영하나, 가입 신청에 따른 법적, 정치적 문제를 검토하며 주요 회원 국 간의 컨센서스 동향을 주목하면서 대응한다는 입장이었다.

또 중화민국의 아시아태평양 경제협력체(APEC: Asia Pacific Economic Cooperation) 참가를 강력 희망하고 있는 데 대해, 우리 측은 참가를 지지하나 기본적으로 회원국 간의 합의가 중요하다는 입장이었다. 마침 1990년 7월 싱가포르 개최 제2차 APEC 각료회의 합의 및 10월 서울 APEC 고위 실무회의(SOM)의 결정에 따라 우리는 차기 의장국으로서 중국, 중화민국, 홍콩 3자와의 교섭을 위임 받아서 타협안을 모색해 나갔다. 마침내 1991년 11월 중국, 홍콩과 함께 중화민국(Chinese Taipei 명의)의 가입을 성사시켰다.

또한 중화민국 측은 당시 우리 대사관과 타이베이를 방문하는 우리 주요인사를 통해 한국 외무장관의 중화민국 방문을 수차 요청하였으며 1989년 7월 리덩후이 총통은, 제22차 경제각료회담 참석차 방문 중인 이규성 재무장관에게 노태우 대통령의 중화민국 방문 초청 입장을 전달하였다. 이에 대해 우리 측은 대통령과 외무장관의 방문은 외교 일정을 감안, 추진할 문제라는 일반적 수준의 답변으로 대응하였다.

돌이켜 보면 1980년대 들어 중국과의 관계 개선을 공식화하면서부터 1992년 8월 단교 시까지 한국 외무장관, 차관의 중화민국 방문이 한번도 없었는데, 전통적 우방이자 인근국과의 관계에서 정상적인 상황이라고 할 수는 없었다. 중국과의 관계 개선을 염두에 두고 한국 측이 의도적으로 중화민국 방문을 자제한 것으로 보이나 그러한 외교행태가 과연 한중 관계에 얼마나 도움이 되었는지 의문이다. 이제 와서 별 의미 없는 가정이나 적어도 1990년부터 1992년 중국이 북한에 대해 한중 관계가 진전될 때 마다 지도자급 인사 교류를 통해 북한에 설명했던 수준까지는 못 미치더라도, 그 기간 중 한국 외무장관 또는 차관이 중화민국을 한번이라도 방문하여 양국 관계를 협의하는 모양새를 갖추었다면 중국, 중화민국 전체와의 관계는 물론, 궁극적으로 우리 국익이나 국격에 도움이 되었을 것이라고 생각한다.

2. 주중화민국대사관 부임

1989년 말 해외공관 근무 지원하는 과정에 이선진 동북아2과장이 당시 홍콩 신화사와 연락 채널을 구축한 주홍콩총영사관 근무를 권유하였으나, 나는 주중화민국대사관을 지원해서 발령을 받았다. 홍콩과 타이베이 출장 경험을 통해, 분단국으로서 중국 전체를 이해하고, 중국을 제대로 이해하려면 필수적인 중국어 공부에는 역시 대만이 유리하다는 판단이 앞섰다. 또한 홍콩의 상업주의 분위기보다는 중화민국의 친절한 국민들과 따뜻한 남쪽 나라라는 이미지도 편안하게 느껴졌다. 일부 동료, 선배들이 근무 중 단교 될지도 모르는데 왜 굳이 중화민국을 가려고 하느냐는 물음에 그렇게 되면 좋은 경험 아니겠냐고 대답하였다. 사실 부임 당시에는 내가 앞으로 2-3년 타이베이 근무 중 단교될 가능성을 심각하게 생각하지 않았다.

| 근무 기간 구별 |

나는 1990년 2월에 주 중화민국 한국대사관에 부임하여 1993년 2월에 이임할 때까지 3년간 근무했다. 중화민국과의 양자관계와 중국과의 관계 개선 과정 등을 고려하여 편의상 3개 기간으로 구별하여 정리하기로 한다.

첫 번째 기간은 1990년 2월 부임하여 1991년 8월까지인데, 한철수 대사가 이임하기까지의 기간이며 내가 경제 업무를 담당했던 기간이다. 중화민국은 국내적으로 민주화를 추진하고 양안 관계 개선을 도모하며 국제적으로 소위 탄성외교를 적극 추진하던 시기로서, 양자관계가 고위인사 교류가 회복되면서 전반적으로 정상적으로 발전하고 있었으며 한국 측의 중국과의 관계 개선 노력을 관망하던 시기라고 할 수 있다. 1990년 10월 한중 간 민간 무역사무소 설치에 합의함에 따라 중화민국 측의 경계심이 높아지기 시작한다. 1991년 초부터는 남북한 유엔 동시가입과 한국 주최 APEC 각료회담에의 소위 3개 중국(China) 참여를 위한 외교활동이 전개되는 과정에서, 중화민국 정부가 한국의 북방외교를 평가하면서도 중국과의 관계 개선 동향에 촉각을 세우기 시작한 시기이기도 하다.

두 번째 기간은 1991년 8월부터 1992년 8월 24일 단교 시점까지로서, 박노영 대사의 재임 1년 기간이다. 나는 정무와 경제 업무를 함께 수행하였다. 1991년 9월 남북한 유엔 동시가입에 이어 1991년 11월 서울 개최 APEC 각료회담에 중국, 중화민국, 홍콩이 처음 참여하였으며, 남북 고위급 대화, 일본·북한 수교교섭 및 미국·북한 대화가 지속되는 가운데, 북한 핵문제가 대두되면서 한반도 및 주변정세가 급변하면서 한반도에서의 냉전구조 해체의 기대가 높았던 시기라 할 수 있다.

양국은 특사 교환 등을 통해 양국 간 우호 협력관계의 유지, 발전을 대내외적으로 확인하였으나 한국의 중국과의 관계 개선 동향이 빈번히 알려지면서 중화민국 정부는 크게 긴장하였다. 양국 관계의 특수성을 강조하고 사실상 '이중승인,' 즉 한국이 중국과 수교하더라도 양국 관계는 지속 가능하다는 입장을 주장하면서 한국 측을 설득하고자 노력하였다. 한국 측은 중국과 수교교섭 중에도 "새로운 친구를 사귀더라도 옛 친구를 버리지 않는다"며 양국 관계를 중시한다는 입장을 표명하면서, 중국과의 관계 개선 동향을 사전 통보해 주겠다고 하였으나 상황 암시에만 그치다가 8월 24일 중국과 수교 직전인 8월 18일 진수지 주한대사에게 중국과의 수교교섭에 "실질적 진전"이 있다고 통보하고 21일 단교를 통보함으로써 중화민국 측은 약속 위반이며 "배은 망덕"하다며 크게 반발하였다.

　세 번째 기간은 1992년 8월 24일 단교 후 내가 이임하는 1993년 2월까지로 잡는다. 단교로 중화민국 국민의 대한국 감정이 악화되고 대한국 제재 조치로 등 양국 관계가 급속히 냉각되는 한편, 단교 통보 과정과 미래관계 수립을 둘러싼 한국 측의 설명과 대응에 대한 중화민국 측의 항의와 불만이 표출되면서 양국 외교당국 간의 신뢰와 소통 부족으로, 한국 측의 9월 고위사절단과 10월 예비교섭단의 방문이 제대로 성과를 거두지 못하였다. 결국 노태우 정부 내에서의 미래관계 수립은 이루어지지 못하고 미래관계 교섭은 1993년 2월 한국의 신정부 출범 이후로 넘어가게 된다.

　중화민국과 중국이 모두 '하나의 중국' 원칙을 공식적으로 견지하고 있는 상황하에서, 한국은 중국과 수교 시 불가피하게 중화민국과 단교하지 않을 수 없었다. 그 과정에서 한국, 북한, 중화민국과 중국의 4자 간 각각의 양자관계는 물론, 미국, 일본의 4개국 각국과의 관계 역시, 동아시아 정세에 상당한 영향을 미쳤다. 이러한 주변정세는 한국의 중국 수교와 중화민국의 단교 과정에 직간접적으로 영향을 미쳤으므로 함께 살펴보기로 한다.

3. 부임 초기

1) 부임 초기 인상

1990년 2월 20일(화) 타이베이에 부임하였다. 주일본대사관 근무에 이은 2번째 해외 근무였다. 처음에는 중국어를 하지 못해 불편할 것이라 예상했으나 의외로 영어와 일본어로 소통하는 데 큰 문제가 없었다. 부임하자마자, 국립 대만사범대학 국어교학중심(Mandarin Training Center)에 등록하여 중국어를 배우기 시작했다.

양국 간 오랜 교류로 사람과의 관계에 있어 특별히 위화감이 없었으며 이미 개방된 사회로 정착되어 일반 시민들이 친절하게 대해 주어서 부임 초기 가족의 정착에 별 불편이 없었다. 다만 아열대 날씨에 고도 경제 성장의 영향과 오토바이 위주의 교통 사정으로 타이베이 시내 공기가 좋지 않았다. 당시 세계 공기오염 10대 도시 중의 하나였다. 주중에 비가 오지 않으면 시내가 안개 낀 듯 흐려 멀리 보지 못했다. 또한 시내 기본 인프라 시설이 제대로 정비되지 않아 시내에 있는 대사관 앞 거리에 가로등이 없던 시절이었다. 부임한 지 1년 정도 지난 후 중화민국 정부가 대만성(臺灣省) 전체에 대한 인프라 투자를 본격적으로 확대해 나갔다. 국가건설6개년계획 추진이 그 한 예였다.

2) 중화민국의 역사적 전환기

내가 중화민국에 근무한 3년간 기간은 우연히도 중화민국의 발전에 있어서 역사적인 도약의 시기이자 전환기였다.

| 민주화 |

대만성 출신 리덩후이(李登輝) 총통의 지도체제가 공식 출범함으로

써 대륙 수복을 통한 통일정책은 사실상 포기하고 중국을 정치 실체로 인정하고 대만에 거주하고 있는 2천 만의 중국인의 안보와 경제 발전을 위해 모든 국가정책 방향을 점진적으로 바꾸기 시작한 시기였다. 장징궈(蔣經國) 총통이 1988년 1월 갑자기 서거함에 따라 리덩후이 부총통이 임시 총통을 맡던 중, 1987년 7월 계엄령 해제 후 민진당(民進黨)이 합법 정당으로 처음으로 참여한 1989년 12월 2일 민의 대표(입법위원, 縣, 市長 및 省, 市 의회 의원) 선거 결과, 국민당 60%, 민진당 30%를 각각 득표해 양당 정치가 시작되었다. 민진당의 부상 배경으로는 국민당 1당 장기집권에 대한 국민의 전반적 거부감과 정부인사의 비리, 민생 치안 불안 등 국민당에 대한 신뢰 저하에 따른 반사 이익 때문으로 관측되었다. 그럼에도 불구, 선거 후 입법위원 총원 293명 중 비국민당파는 민진당 21명, 무소속 8명에 불과하여 리덩후이 총통의 국민당 체제가 지속되었다.

리 총통은 1990년 3월 21일 국민대회를 통한 간접선거에서 단독 입후보하여 95.9% 고득표율로 제8대 총통으로 재당선되어 5월 정식 취임함으로써 장제스, 장징궈 집권 체제를 일단락 짓고 최초로 본성인(本省人, 대만성 출생자) 출신의 지도 체제가 확립되었다. 리 총통은 취임식에서 헌정개혁(1년 이내 '동원감란시기 임시조관' 종료, 2년 내 3개 민의기관 종신직 대표 퇴직 등)을 적극 추진해 나가겠다고 천명함으로써 민주화에 박차를 가하였다. 동원감란시기 임시조관(動員戡亂時期臨時條款)은 1948년 선포 이래 계속 시행되어 왔으며, 총통에게 비상사태 시 비상조치권 부여 등 초 헌법적 권한을 부여하고 있으며, 3개 민의기관은 국민대회, 입법원, 감찰원을 뜻한다.

양안 관계 또한 질적인 변화가 진행되고 있었다. 1987년 9월 친척 방문 목적의 대륙 방문 허가 조치를 취한 이래, 경제계의 제3국을 통한 교역, 투자의 급속한 확대 추세 등을 고려, 중화민국의 안보 및 경제 발전에 악영향을 미치지 않는다는 전제하에 단계적 교류를 탄력적으로 확대해 나간다는 입장이었다. 1988년 7월 제13차 국민당 전당대회에서 정부와 민간 차원을 구분하여 정부 차원에서는 3불 원칙(불접촉, 불타협, 불담판)을 견지하되 민간 차원에서는 교류를 허용하는 유연한 대륙 정책을 채택하였다. 양안 간 간접교역 규모가 1987년 15억 불, 1988년 27억 불이었다. 1989년 4월 리환(李煥) 국민당 비서장은 대륙정책 집행 4개 원칙(1. 적극적이며 주동적 2. 안전 중시 3. 점진적 추진 4. 대륙 경제 자유, 정치민주, 사회번영 촉진)을 발표했다. 1989년 4월 대륙 취재를 전면 허용하고, 1989년 6월 천안문 사태에도 불구하고 중국대륙 정책은 그대로 계속 추진한다고 표명하였다. 중국대륙과의 교류 확대를 통해 외교적 고립을 탈피하고 경제발전 경험을 전파하려는 의도가 있었다.

부임 초기에는 대만 언론의 다양한 중국 보도와 일반 시민의 중국에 대한 높은 관심과 호감도에 매우 놀랐다. 방문은 고사하고 편지 한 통조차 오갈 수 없는 남북한 관계와 비교할 때, 양안 간 접촉과 교류가 자유롭고 확대되는 추세를 목격하고 중국이 곧 통일될 것 같다는 착각도 들었다. 물론, 이후 현지인들과 교류하고 대만 사회 및 중국인과 대만인으로서의 이중적 정체성을 조금씩 이해하게 되었다. 1988년도 인구통계를 보면 총인구 1,990만 3,809명 중 1949년 이후 출생인구가 1,463만 7,108명으로 73.54%를 차지하여 점진적으로 대만인으로서의 정체성이 정착화되는 추세였다.[8]

---

8 대만 국립정치대학 선거 연구 중심이 2022년 1월 10일 발표한 "대만 민중의 대만

| 외교 |

1990년 현재 중국과의 수교국은 137개국인 데 반해, 중화민국과
의 수교국은 28개국이었다. 1988년 2월 우루과이의 중화민국과 단
교 및 중국과 수교, 1988년 11월 중국·사우디 간 무역사무소 교환 설
치 등 중국이 중화민국 고립화를 적극적으로 추구함에 따라, 이에 대
항하여 소위 탄성(彈性)외교를 추구하기 시작했다. 1988년 11월 롄잔
(連戰) 외교부장은 입법원 답변에서 중공과 수교하려 하거나 수교한 나
라도 동시에 중화민국과 외교관계를 유지하거나 개설할 수 있다는 소
위 '이중승인' 허용입장을 시사하였다. 그러나 1988월 12월 대만의 탄
성외교를 '2개 중국 정책' 또는 '1개의 중국, 1개의 대만 정책'으로 보
고 단호히 반대한다는 중국 외교부대변인 성명 발표 후인 1989년 1월
중화민국 외교부는 성명을 통해 "동시승인 정책은 아직도 학문적 연구
수준에 머물러 있을 뿐"이라고 표명함으로써 공식 입장은 아니라고 해
명하였다. 그러나 1989년 3월 '1국 2정부' 구상하에 지역적이며 경제적
인 국제기구 복귀가 우선 목표이며 UN 및 GATT 등 국제기구 복귀 입
장을 밝혔다. 1989년 7월에는 그레나다와 외교관계를 수립하였으며,
중국 측은 이에 대해 8월 그레나다와 단교하였다. 1989년 북경 개최 아
시아 청소년체조선수권대회에는 'Chinese Taipei, 中華臺北' 명의로,
1989년 5월 북경 개최 ADB 총회에는 'Taipei China' 명의로 참가하였다.

비록 외교관계는 단절되었으나 국민들의 미국, 일본에 대한 호감도
가 매우 높아서 놀랐다. 미국과의 관계는 2차 세계대전 이후 미국과 안

인/중국인으로서의 정체성 인지 추세분포"에 의하면 1992년부터 2021년 사이의
인식변화 가운데, "대만인이자 중국인(Both Taiwanese and Chinese)"이 46.4%
에서 31.7%, "중국인(Chinese)"이 25.5%에서 2.8%, "대만인(Taiwanese)"이
17.6%에서 62.3%로서 "중국인"으로서의 정체성은 점차 줄어들어 미미한 수준이
며 "대만인"으로서의 정체성이 두드러지게 확산하는 추세에 있다.

보 동맹관계를 유지해 오다가 1979년 단교 이후 미국 국내법인 '대만 관계법(Taiwan Relations Act)'에 근거하여 소위 준동맹관계를 유지해 왔으며 대외 교역에 있어서 1위 대상국을 계속 차지하고 있어 미국과의 관계를 가장 중시하고 호감도가 높은 것은 자연스러운 결과였다. 부임 초기에 중화민국 정부 고위인사 중 일부가 미국 국적을 함께 보유한 이중 국적자들이며, 가족들은 미국에서 생활한다는 언론 보도를 보고 놀란 적이 있다. 한국에서는 당시 상상할 수 없는 일이었으나 현지에 적응하면서 대만인들의 실용주의를 다소 이해하게 되었다.

부임 초기에 대만인과 대만사회가 과거 종주국이었던 일본과 일본인에 대해 의외로 강한 반감이 없으며 오히려 전반적인 호감을 갖고 있다는 현실을 이해하기 어려웠다. 외교관 업무를 수행하면서 처음에는 중국어가 안 되어 영어 또는 통역을 통해 현지인들과 소통하였는데 일부 인사들과는 우연히 일본어로 소통하기도 하였다. 그들은 일본과의 관계가 매우 중요하므로 일본을 이해하는데 일본어를 구사하는 것은 중요한 자산이라고 생각했다. 현지에서 생활하면서 대만의 역사를 이해하고 현지인과 교류하면서, 대부분의 대만인에게는 과거 자신들의 지배자가 청조, 일본 제국, 국민당 정부로 이어졌으며, 그 가운데 대만인들을 위해 선정을 베풀어 준 것은 일본 제국이었다는 인식이 널리 정착되어 있다는 사실을 이해하게 되었다. 청조하에 빈곤과 기아 속에서 살다가 청일 전쟁 후 일본의 식민지 기간 중 오히려 일제의 농지개량사업과 국민학교 설립 등으로 대만인들이 생존하고 교육을 받을 수 있었기 때문이다. 다수의 대만인에게는 일본에 '나라'를 빼앗겼다는 인식은 희박하였다. 1949년 대만으로 중화민국 정부를 옮긴 장제스 국민당 정부도 과거 지배자의 하나일 뿐이라고 인식하는 경향이 있으며 1947년 2월 28일 타이베이에서 무고한 양민 수천 명을 학살(228 사건)한 정권이었다는 기억이 이어지면서, 이러한 의식이 대만 사회에 잠재되어 온 '대만독립' 주장의 출발점임을 이해할 수 있었다.

한편 장제스 총통이 일본 패전 전후에 일부 전승국이 주장하는 일본 분할 점령, 천황제 폐지에 반대하였으며 일본에 대한 배상 포기를 선언하고 중국 주둔 일본군의 안전 송환을 보장하였다. 이에 대해 일본 정부와 국민은 1972년 9월 중화민국과의 단교가 중요한 고비였으나 전후 중화민국과 지속적으로 우호적이며 적극적인 교류와 협력을 확대함으로써 특별한 관계를 유지해 왔다. 이러한 배경으로 양국 국민들은 상호간 높은 호감과 친밀감을 유지하여 왔다.

3) 대사관 업무 개시

2월 20일(화) 부임하자마자 2월 23일(금) 대만 주요언론은 전날 22일 강영훈 총리의 국회 시정연설 중 북방정책 내용과 우리 대사관의 입장을 크게 보도하였다. 강 총리는 국회에서 한국은 현재 한반도의 안정과 평화를 위하여 중국과 소련과의 공식관계 수립을 위해 노력하고 있으며 올해 적극적으로 추진해 나갈 목표라고 보고했다는 내용이었다.

이와 관련 한철수 대사가 마침 22일 외교부 출입기자단을 초청하여 오찬하는 자리에서, 양국 관계와 북방정책에 대해 "한국은 중공과 수교에 관한 시간표는 없으며 한·중화민국 관계는 절대로 변화가 있을 수 없으며, 한편으로 중화민국이 북한과 경제 등 비정치적인 접촉에는 반대하지 않는다"라고 설명한 입장도 함께 보도되었다. 한국의 중국과의 관계 개선 노력이 점차 가시화됨에 따라 이를 민감히 받아들이는 대만 언론에 대해 현지 대사관으로서는 본국 정부의 입장을 가능한 한 숙지하여 수세적 입장에서 방어적 자세로 나갈 수밖에 없는 현실을 조금씩 느끼기 시작했다. 나는 오찬에 참석해 자연스럽게 외교부 출입기자들과 인사를 나누게 되었고 이후『연합보(聯合報)』,『중국시보(中國時報)』,『자립조보(自立早報)』,『중앙일보(中央日報)』,『경제일보』,『China Post』,『China News』등 주류 언론 기자들과 긴밀히 교류하면서 중화민국 정부입장 및 현지 사정을 파악하고 상호 학습하면서 우리 입장을 전달할 수 있었다. 대만 기자들과의 꾸준한 교류와 접촉으로 상호 신뢰를 쌓아 갔으며 1992년 8월 단교 후에도 새로운 양국 관계 구축과 발전을 위해 지속해서 접촉하였다.

이어 오병성 서기관으로부터 경제업무 인계인수를 받았다. 오 서기관은 자신이 근무하던 중 최근 양국 간 고위인사 교류가 회복되고 경제통상관계가 급속히 확대되는 등 양국 관계가 확대 발전되어 보람을 느낀다고 하면서 경제통상업무 전반과 현안을 사려 깊게 설명해 주었다. 양국은 모두 세계 10위-13위 무역국으로서 최근 교역 규모가 1987년 11억 불, 1988년 20억 불, 1989년 24억 불로 급성장하는 추세인데 그 배경으로는 ① 양국의 경제구조가 자본기술집약적 산업 중심으로 개편되면서 상호 우위상품 수출에 주력하고 있으며 ② 양국이 공통 과제인 대일 무역적자 개선을 위한 파트너로서 상호 인정하게 되었고 ③ 최근 양안 간 긴장 완화로 경제교류가 확대되면서 중개무역도 확대되는 부수 효과도 있는 것으로 분석하였다.

이에 따라 양국 간 경제각료회담에서도 자동차 등 특정 상품의 무역 마찰보다는 상호 보완 분야 개발에 주력하는 등 건설적인 방향으로 발전하고 있어 경제협력의 전망이 밝다고 전망하였다. 한중 양국 간에는 경제각료회담, 과실회담, 해운회담, 세관협력회담 등 4개 정부 간 회담과 함께 KOTRA와 CETRA(중화민국 대외무역발전협회: China External Trade Development Council)간 업무 협력회의와 한중 민간 경제협력회의 등 9개 민간업계별 회의가 활동 중이었다. 한중 민간 경제협력 회의는 관례상 경제각료회담 직전에 개최되었다. 1966년 2월 박정희 대통령이 중화민국을 공식 방문하는 기간 중 제1차 경제각료회담이 개최된 이래 1990년 5월 제23차 회담이 서울에서 개최되었다. 그때는 그 회담이 서울에서 개최되는 마지막 회담이 될 줄 몰랐다. 1992년 8월 중순 서울에서 개최 예정이었던 제25차 회담은 단교로 직전에 취소되었다.

오 서기관은 2월 27일(화) 귀임할 때까지 외교부, 경제부, 농업위원회, 재정부 등 경제 부처의 국장, 과장 및 실무자를 소개해 주었다. 각 부처의 한국 업무 담당자들은 나에게 한결같이 부임 축하와 함께 친절하고 정중한 태도로 양국 관계 발전에 한 팀으로 일하게 되어 기쁘다고 하면서 함께 노력해 나가자고 하였다. 동경에서 같이 일했던 일본 공무원들보다 훨씬 개방적이며 한국과 한국인에 대해 선입견 없이 진정한 파트너로서 대한다는 느낌을 받았다. 그러한 첫인상은 적어도 1992년 8월 단교 되기 전 2년 6개월 근무 기간 중 내내 크게 변하지 않았다.

당시 대사관 통계(1990년 6월 현재)로 우리 교민은 총 3,030명이었으며 거주 교민 931명, 체류자 2,099명(유학생 1,471명, 공무원, 상사 주재원 118명 등)으로 구성되었다.

4) 1990년도 재외공관장회의

3월 2일(금) 1990년도 재외공관장회의 시, 최호중 외무장관은 개회사에서 1990년도 중점 과제로서 "새로운 국제 질서 속에서 세계의 중심국가의 하나로서 적극적으로 참여하여 제 몫을 다하기 위해서 올해 중국과 소련과의 관계 개선을 우리의 최우선 과제로 하는 북방외교를 적극적으로 추진해야 한다"고 강조하였다.

한철수 대사는 3월 2일-9일간 공관장회의 참석 후 귀임하여 대사 관내 회의에서 이러한 본부 분위기를 전하면서, 중국과의 관계 개선과는 상관없이 중화민국과의 관계는 아무런 변화가 없으니 동요하지 말고 업무에 임해 줄 것을 당부하였다. 아울러 5월 예정 리덩후이 총통 취임식 경축특사에 총리에 준하는 고위인사 파견을 정부에 건의했으며 서울 체류 중 건설부장관, 농수산부장관, 문화부장관, 문교부장관, 합참의장 등을 각각 개별 면담하고 중화민국 측과 상호 교류 방문 문제와 부처 간 협력 사업을 협의했으니 후속 조치에 만전을 기하라고 지시하였다. 또한 저우졘(鄒堅) 주한중화민국대사와 면담 시, 저우 대사가 한국의 북방정책은 이해하나 한중 관계 개선 동향에 대해서는 양국 간 특별한 관계와 중화민국의 체면을 고려하여 한국 측이 사전에 알려 줄 것을 요청하였다고 하면서 이를 외무부 이선진 동북아2과장에게 전달하고 중화민국 측의 간곡한 부탁이니 꼭 지켜 달라고 당부했다고 하면서, 앞으로도 중국과의 관계 개선 동향을 중화민국 측에 사전 통보하도록 외무부 본부에 기회가 있을 때마다 계속 건의하자고 강조하였다.

4. 리덩후이(李登輝) 총통 취임

1) 총통 취임식 경축사절 파견 요청

1990년 3월 21일 리덩후이 총통이 제8대 총통으로 당선되자마자 우리 대사관은 노태우 대통령명의의 축전을 중화민국 외교부에 전달하였다.

1990년 4월 17일(화) 한철수 대사는 진수지(金樹基) 외교부 정무차장 초치로 진 차장과 면담하였다. 내가 배석하였다. 진 차장은 중화민국의 GATT 가입 문제와 리덩후이 총통 취임 경축사절단에 대해 협조를 요청하였다.

진 차장은 중화민국은 교역 규모 1,100억 불로서 세계 13위의 교역국으로 국제자유무역 질서에 기여해 왔으며 1990년 1월 1일 GATT 가입 신청서를 제출한 이래 도미니카, 콜롬비아 등 우방국 6개국이 지지 표명하고 있음을 감안하여, 한국도 1989년 11월 천리안(陳履安) 경제부장 방한 시 한국 상공부 장관 면담 등을 통해 요청한 바와 같이 조속히 지지 표명해 달라고 요청하였다.

이에 대해 한 대사는 중화민국의 국제 경제에서의 위상이나 양국 관계에 비추어 중화민국의 GATT 참여에는 원칙적으로 찬성하는 입장이나 현재 기술적 문제를 검토하고 있는 것으로 알고 있다고 하면서 중화민국 정부의 요청에 대해 적극 지지할 것을 강력히 건의하겠다고 답변하였다. 진 차장은 한 대사 부임 이래 양국 관계 발전에 크게 기여하고 있음을 높이 평가하고 있다고 하면서 한국 측의 구체적 행동을 조속히 취해 줄 것을 재차 요청하고 한 대사는 가능한 노력을 경주하겠다고 말하였다.

이어 진 차장은 양국 간 고위인사 교류가 양국 관계 발전에 매우 중요하다고 하면서 그간 한국 대통령 취임식에는 중화민국의 행정원장이 계속 경축특사로 방한[9]하였으며, 중화민국의 장제스, 장징궈 총통 취임식에는 한국 국무총리나 국회의장이 경축특사로 참석하여 왔으니 이번 5월 20일 리덩후이 총통 취임식에도 현직 총리 또는 국회의장이 경축특사로 방문해 달라고 요청하였다. 이에 대해, 한 대사는 지난 3월 재외 공관장회의 계기 일시귀국 시 총리에 준하는 고위인사 파견을 건의하였으며 5월 중 마침 노태우 대통령의 5월 24일-26일 방일, 3당 통합 창당대회 개최, 국회의장 임기 교체 등 사정으로 현실적으로 총리 파견은 쉽지 않아 보인다고 답변하였다. 이에 대해 진 차장은 한국 측이 제반 국내 사정이 어렵다면 3부 요인 중 한 분인 대법원장을 특사로 방문해 달라고 요청한다고 하고 한 대사는 현지 대사로서 최선을 다하겠다고 하였다.

진 차장은 GATT 가입 문제제기 시의 다소 공세적인 자세와는 달리, 경축사절 문제에 대해서는 한 대사의 활동을 높이 평가한다고 수차 언급하면서 이번 한국 경축사절의 격이 양국 관계 차원뿐 아니라 국내 정치적으로도 매우 민감한 사안임을 시사하면서 한국 측의 최대한 배려를 요청하였다. 장제스, 장징궈 통치 체제가 종료되고 본성인 출신 리 총통 지도하의 민주주의 체제 출범 계기에 전통적인 우방인 한국이 중화민국과의 관계를 변함없이 중시하고 있다는 사실을 보여 달라는 것이었다.

면담 후 한 대사는 바로 진수지 차장 면담내용과 경축사절로서 총리, 국회의장, 대법원장 중 한 명 파견을 본부에 건의하였다. 한 대사는 이어 청와대 비서실장, 외교안보수석, 외무부장관 앞으로 중화민국 요청에 긍정적 검토를 요망하는 개인 서한을 외교행랑을 통해 전달했다.

---

9 1988년 2월 노태우 대통령 취임식에도 위궈화 행정원장이 경축사절로 참석하였다.

이후 우리 정부는 김정렬 전 국무총리를 경축사절로 파견하였다.

GATT 가입 문제에 관해서는 중화민국 측이 이후 지속적으로 우리 측의 공개지지 표명을 요청했으나 미국을 비롯한 주요국의 GATT내 컨센서스가 중요하다는 입장을 견지하면서 양자 협의를 진행하였다. 중화민국은 결국 한국과 단교 후 1992년 11월 "타이완, 펑후, 진먼, 마쭈의 관세 지역(臺澎金馬: TPKM Economic Territory)"으로서 GATT 옵서버 자격으로 가입하게 된다.

2) 제2차 서울·타이베이 포럼 개최

제2차 서울·타이베이 포럼이 4월 27일-28일 타이베이에서 개최되었다. 한국 측에서는 서울포럼 회원 중심으로 한승주 교수를 비롯해 한승수 의원, 정몽준 의원, 이상우 교수, 김달중 교수, 정구현 교수 등이 참석하고 중화민국 측은 '아시아와 세계사(Asia and World Institute)'의 천밍(陳明) 소장을 비롯하여 자오춘산(趙春山)국립 정치대학 교수, 리자이팡(李在方) 담강대학 교수, 린츄산(林秋山) 문화대학 교수 등 국제정치 및 동아시아 전문가들 참석하였다. 이틀에 걸쳐 민주화 과정에서의 정치, 경제 발전, 아·태 지역에서의 NICS와 일본의 역할 변화, 남북한과 중화민국, 중국과의 4자 관계에 관해 토론하였다.

당시 동 포럼에 참석한 한국 측 대표단들은 이후 중화민국의 정계, 학계와의 네트워크를 통해 한·중화민국 관계 발전과 단교 후 비공식관계 수립에 직간접적으로 기여했다. 특히 한승주 교수는 1993년 7월 양국 간 비공식 관계 수립 당시 외무부 장관이었다.

나는 한 대사의 지침을 받아 포럼 개회식의 축사를 기안했다. 1989년부터 냉전 해체 추세와 천안문 사건 이후 불안정한 동북아 정세를 감안하여 다음 요지로 정리하였다.

○ 국제사회의 여러 변화, 민주주의 확산, 자유시장과 사적 주도 활동(initiative)의 보편화, 정보 통신의 급속한 발전 등이 가속화되고 있어 사실상 급변하는 현실을 파악이 어려워 일부 역사가가 이미 지적하듯이 "혁명의 시대"에서 살고 있음.

○ 이런 상황하에서 동아시아는 전례 없는 정치, 경제, 사회적 진보를 이루었고 특히 이 지역의 경제적 원동력(dynamism)은 앞으로의 더 빠른 성장의 잠재력을 보였으며 한국과 중화민국은 그리 멀지 않은 장래에 새로운 산업화국가로서 선진국 반열에 오를 잠재력을 갖고 있음.

○ 이러한 양국의 경제 성장과 함께 양국은 무역을 비롯한 광범위한 분야에서 우호 협력관계가 확대되고 있으며 상호 연계와 상호 의존이 심화되고 있는 상황임을 인식하여 우리의 앞으로의 임무는 양국 국민의 공동이익을 위해 양국 관계를 지속적으로 발전시켜 나가야 함.

○ 양국의 성숙한 관계를 상징하며 시의적절하게 개최된 포럼에서 양국의 최고 석학, 전문가들 간의 솔직한 의견교환을 통해 상호 이해 증진과 협력 방안 협의가 이뤄지기를 기대함.

한 대사는 축사안을 보고 양국 관계에 대한 평소 지론과 대사로서의 근무 경험에 비추어 같은 생각을 하고 있다면서 한국이 발전잠재력이 큰 중화민국과 지속적으로 협력하면 할수록 한국이 더 이익일 것이라고 강조하였다. 돌이켜 보면 타이베이 부임 초기에 나의 관찰에 기초한 짧은 연설문이었지만 당시 내 생각이 크게 틀리지 않았다는 데 안도한다. 지금도 비슷한 생각을 하고 있다.

3) 리덩후이 총통 취임

1990년 5월 20일(일) 리덩후이 총통은 제8대 총통으로 취임하였다. 김정렬 전 국무총리가 경축사절단장으로 방문하였다. 김 단장은 국무총리로서 1988년 1월 29일-2월 1일간 장징궈 총통 국장 계기에 조문사 절단장으로 방문한 바 있었다. 김 단장은 5월 19일 리총통을 예방하고 리환(李煥) 행정원장 주최 만찬에 참석하고 20일 리 총통 취임식 및 리 총통 내외 주최 경축연회에 참석하였다. 리 총통은 한국 정부의 고위사 절단 파견에 사의를 표명하였으며, 중화민국은 한국 사절단을 위한 별도 만찬 개최 등 각별한 예우를 베풀었다. 김 단장은 귀국 후 한중 관계 개선 동향에 대한 중화민국의 불만을 고려하여 양국 간 인사교류와 협력 강화를 건의하였다.

5월 30일 하우보춘(郝柏村) 행정원장이 이끄는 신 내각 인사가 발표되었다. 당시 『연합보』가 실시한 6월 1일-2일간 '가장 중요한 국정과제'에 관한 여론조사에서 '국가 안전'이 44%, '사회질서'가 33%로서 지난해 같은 조사에서 '사회질서'가 14%였음에 비추어 사회질서에 대한 불안감이 급증한 것으로 나타났다. 대만성 출신의 리 총통이 군부의 실세이자 국방부장이었던 대륙 출신 하오 행정원장을 임명함으로써 국민통합과 사회질서 회복을 도모했다고 알려졌다.[10]

한편 5월 26일 중화민국은 기네비소(Guinea-Bissau)와 외교관계 수립을 발표하였으며 중국은 5월 31일 기네비소와 단교하였다. 이로써 중화민국과의 수교국은 28개국, 중국과의 수교국은 136개국이 되었다.

리 총통의 신 행정부에 취임한 첸푸(錢復) 외교부장은 한국의 북방정책 추이에 주목하면서 한국과의 관계 유지 발전이 중요하다고 판단하여 6월 7일 베테랑 외교관인 진수지(金樹基) 외교부 정무차장에게 주한

---

10 리덩후이 총통은 2000년 총통 퇴임 후, 1981년부터 8년간 참모총장 역임 후 국방부장으로서 군의 실권을 장악하고 있었던 하오보춘 행정원장을 당시 기용한 것은 그를 퇴역시킴으로써 "국민당하의 군을 국가의 군으로 만들기 위한 것"이었다고 회고하였다. 리 총통은 총통부 참군장(군사고문), 참모총장을 반(反) 하오보춘 군인으로 임명하였다.

대사직을 제의하였으며 진 차장을 이를 수락하였다.[11] 첸푸 부장은 6월 8일 기자회견에서 한국이 중국과 수교할 경우 중화민국이 자발적으로 단교하지는 않을 것이며, 중화민국은 한국과의 관계 강화를 원하고 있고 최근 양국 간 고위인사 교류, 교역량, 언론보도 및 학술교류가 확실히 진전되고 있는 바, 향후 양국 간 발전에 장애가 있다면 이를 제거해 나갈 것이라고 언급하였다. 아울러 한·소련 정상회담은 한국의 중대 성과이며 중화민국이 참고할 수 있을 것이며 소련 측은 중화민국과의 정치관계 발전은 원하지 않지만[12] 경제관계에 관심이 있다고 밝힌 바 있다고 말하였다. 중화민국과 사우디와의 단교 소문에 대한 질문에 대해서는 중국이 사우디에 최근 미사일을 판매한 것과 관련, 중화민국과의 외교관계가 더 많은 장점이 있다는 것을 인식할 수 있도록 유효한 조치를 취해 나가겠다고 답변하였다. 바로 다음 달 7월 21일 사우디아라비아가 중국과 수교함으로써 중화민국과 단교하였다.

---

11   첸푸(錢復), 『회고록(回憶錄)』券三, 臺北: 天下文化, 2021, 255쪽.
12   1990년 4월 19일 인민일보에 의하면, 소련외무성 대변인이 4월 17일 리펑 총리의 소련 방문 전에 소련의 대만문제에 대한 입장은 원칙적으로 변하지 않았으며 대만과는 어떠한 공적관계도 수립하지 않을 것이라는 입장을 밝혔다고 보도하였다.

5. 중화민국의 북방정책에 대한 관심 고조

1) 첸푸(錢復) 외교부장, 한소 정상회담 평가

6월 13일(수) 한 대사는 첸푸 외교부장 취임 축하 전달과 타이베이 지하철 전동차사업에의 한국업체 참여 문제 협의를 위해 면담을 요청하여 첸 부장을 면담하였다. 내가 배석하였다. 한 대사는 첸 부장이 경제건설위원회 주임 시절 때부터 협의해 온 지하철공사 전동차 입찰의 5월 공고에 한국업체가 제외되었음을 지적하고 첸 부장의 가능한 협조를 요청한 데 대해, 첸 부장은 자신도 이해할 수 없다면서 한국기업의 역량과 수출 실적은 잘 알고 있으니 최대한 지원하겠다고 표명하고, 한 대사의 양국 관계 발전을 위한 적극적인 현지 외교활동에 감사하다고 하면서 계속 대사관과 긴밀히 협의하겠다고 하였다.

이어서 첸 부장은 6월 4일 노태우 대통령과 고르바초프 소련 대통령의 정상회담은 전 세계에 대한민국의 외교적 성과를 여실히 보여주었다고 높이 평가하고 그간 친분이 있는 최호중 장관과 공로명 대사의 외교활동을 존경한다고 하면서 특별히 최 장관에게 심심한 안부를 전해 달라고 언급하였다. 나는 그날 면담에서 첸 부장의 한·소 관계 진전에 대한 높은 평가를 직접 들으면서 다소 의아하게 느꼈으며 한편으로는 우리 대사관의 역할을 강조하면서 한국과의 관계 강화를 위해 노력하겠다는 첸 부장의 의지가 느껴졌다.

6월 14일(목) 첸푸 부장은 입법원 외교위원회에서 한·소 정상회담에 따른 한·소 관계 개선 추세가 한국과 중공의 관계 개선으로 이어져 한국·중화민국 관계에 부정적 영향을 미칠 것이라는 분석은 불필요한 추측이라고 하면서 대한민국은 중요한 우방으로서 외교관계 유지에 최대한 노력해 나갈 수 있을 것이라고 밝혔다. 만약에 한국과 중공이 수교하는 경우 대사관을 철수할 것인지 여부와 한국이 '타이완'이라는 명칭을 받아들일 경우 외교관계를 유지할 수 있을지에 대한 질문에 대해, 첸 부장은 "우리는 한국과의 외교관계 유지 입장을 견지하므로 주동적으로 대사관을 철수하지 않을 것이며, '타이완' 명칭으로 한국과 외교관계를 유지한다는 계획은 아직 없다"고 답변하였다.

한편 첸푸 외교부장은 7월 6일(금) 『자립조보』 보도에 의하면 인터뷰에서 한중 관계와 관련, 중공이 중화민국의 외교 고립에 주력하고 있어 수교국 중 어떤 나라에 대해서도 우려하고 있으며 사실, 사우디아라비아보다 한국을 더 우려하고 있다고 하면서 향후 한국 정치권력의 소재를 파악하여 동 정치권력과의 관계를 강화해 나갈 예정이라고 표명하였다. 사우디아라비아와 단교되기 15일 전이었으며 한국과 단교되기 2년 2개월 전이었다.[13]

첸푸 외교부장은 이어 7월 6일(금) 저녁 9시 30분부터 10시 30분 TV 방송 〈화시(華視)〉의 "중화민국의 외교문제 대담" 프로그램에 출연하여 딩서우중(丁守中) 입법위원, 주가오정(朱高正) 입법위원과 토론하는 계기에, 중공의 8월 8일 인도네시아와의 수교, 이어 싱가포르와의 수교 동향에 대해 새로운 변화가 아니라며 1989년 2월 수하르토 대통령이 중공과 수교 계획을 이미 통보해 주었고 싱가포르 이광요 수상도 분명히 이런 변화가 있을 것이라고 알려 주었기 때문이며 이런 문제를 외교적 제로 섬(zero-sum)으로 연결시키지 말라고 강조하고 이들 국가는 이전과 같이 중화민국과 실질적인 관계를 계속 유지하고 있다고 설명하였다.[14]

---

13 『자립조보』, 1990년 7월 6일.
14 첸푸 외교부장의 인터뷰 직전인 7월 3일 북경에서 중국과 인도네시아 간 외교

동 방송국의 여론조사에 따르면, ① 응답자 26%만이 경제 역량을 통한 수교에 찬성하였고 70%는 반대하였으며 ② 응답자 76%가 중공과 수교국과도 외교관계를 유지해야 하며, 65%는 양안 관계 개선이 중화민국의 외교에도 긍정적 영향을 미칠 것이라 답변하였다. 중공과 수교한 나라가 중화민국을 독립국가로 인정하지 않으며, 중공이 중화민국의 국제사회에서의 활동 공간을 축소시키려는 활동을 계속하고 있는 국제 정치적 현실하에서, 국제사회에서 정치 외교적 독립실체 유지를 바라면서 중공의 선의를 기대하는 중화민국 국민의 모순적 사고의 일면을 보여주는 것이었다. 이러한 여론조사 결과에 대해 첸푸 외교부장은 과거 30년간 미국 등 국제사회의 원조로 중화민국이 발전했으며 현재 최대 강점이 경제 역량인 만큼 민의를 고려하면서 개도국에 대한 경제 지원을 외교 원칙의 하나로 삼을 것이라고 밝혔다.

한편 동 방송국의 한국과의 관계에 대한 여론조사 결과, '관계 강화 전망' 7.5%, '현상 유지' 40.4%, '가까운 시기 내 단교' 7.5%, '몇 년 내 단교' 27.8%, '모른다' 16.5%로 나타났다. 1990년 7월 현재 단교되기 2년 전인 시점에 한국과 단교 될 것이라는 전망이 10명 중 3명을 넘어서기 시작했다.

관계 복원에 대한 성명이 서명되었으며, 7월 4일 싱가포르 외교부는 "중국과 인도네시아 간 관계 정상화 후에 중국과 공식 외교관계를 수립할 예정"이라는 성명을 발표하였다. 한편 첸치천 중국 외교부장은 아세안 국가와의 관계 개선과 관련, "인도네시아와의 외교관계의 조기 복원은 아세안의 다른 두 개 국가, 싱가포르와 브루나이와의 외교관계 수립을 함께 끌어낼 수 있고, 아세안 국가들과의 관계를 더욱 발전시켜 나가는 데 유리할 뿐 아니라, 대만 당국이 애써 추진하고 있는 '탄성외교'를 효과적으로 억제할 수 있다"는 점들을 고려하였다고 한다(첸치천(錢其琛), 『외교십기(外交十记)』, 中国 北京: 世界知识出版社, 2003, 128-129쪽). 중국은 1990년 8월 인도네시아와 외교관계 재수립, 10월 싱가포르와 수교하였으며, 1991년 9월 브루나이와 수교하였다.

2) 사우디아라비아, 중화민국과 단교

사우디아라비아 정부는 7월 17일 압둘라지즈 빈 자밀(Abdulaziz bin Zamil) 공업전력장관을 특사로 타이베이에 파견하여 중국과의 수교 및 중화민국과의 단교 계획을 통보하였다. 자밀 장관은 7월 18일 첸푸 외교부장 면담, 리덩후이 총통 면담을 하였으며 국왕 친서를 전달하였다. 동시에 같은 날 사우디 외무장관은 사우디주재 중화민국대사와 면담하고 같은 사실을 통보하였다. 7월 20일 첸치천 중국 외교부장이 사우디에 도착하였으며, 7월 21일 저녁 11시 30분(현지 시간)에 사우디와 중국을 수교를 공식 발표하였다.[15] 사우디는 단교 4일 전에 특사가 국왕 친서를 휴대하고 타이베이를 방문하여 단교 계획을 통보하였다. 이후 양국은 4개월에 걸쳐 협상하여 11월 29일 비공식 관계 수립에 합의하였다.

3) 북방정책 추진 가속화

한편 한국 정부는 한·소 정상회담이라는 북방정책의 가시적 성과를 국내외적으로 과시한 이래 북방정책 추진을 가속화하는 분위기였다.

최호중 장관은 7월 23일(월) 국제학술원 초청으로 진행된 "7·7선언 2주년에 즈음한 우리의 외교정책 방향" 제하 강연에서 "2년 전 7·7선언 당시 수교국 129개국에서 오늘날 141개국으로 늘었으며, 지난 3월 22일부터 30일까지 불과 열흘 사이에 체코, 불가리아, 나미비아, 몽골, 루마니아와 각각 수교하였으며 5월 24일부터 6월 6일간 2주일 동안에 노태우 대통령의 미국, 일본, 소련 3대 국가와 연쇄적인 정상회담이 개최되는 외교적 성과를 거두었다"고 설명하였다.

---

15 첸푸, 앞의 책, 151–154쪽.

또한 "북방외교의 최우선은 중국과 소련과의 관계 개선에 두어야 하며 노 대통령과 고르바초프 대통령 간 사진 한 장은 동북아시아의 긴장 완화와 평화 안정을 이루어 낼 수 있는 귀중한 실마리를 제시했으며 소련과의 수교 문제는 이미 기본 방향이 잡혀져 있다"고 언급하였다. "중국과의 관계 개선은 한·소 관계의 진전과, 확대 일로에 있는 양국 간 경제교류를 바탕으로 단계적으로 추진하고자 하며, 중국이 1989년 6월 천안문사태로 인한 보수노선 성향과 대북한관계 중시로 한국과의 관계증진에 매우 신중하게 대해 오고 있는 것이 사실이나 중국이 지역 내 변화에 눈을 감고 있을 리는 만무하며 오는 9월 북경 아시아경기대회가 양국관계 발전에 있어 중요한 계기가 되기를 바란다"고 공개 표명하였다.

4) 첸푸 외교부장, 한철수 대사 면담

한·소 정상회담 개최 이후 한국 언론이 소련과의 관계 개선 동향에 대해 계속 크게 보도함에 따라 7월 25일(수) 첸푸 외교부장은 한철수 대사를 초치하여 면담하였다.

첸 부장은 한국 정부가 중공과의 관계 개선 촉진을 위해 키신저 (Kissinger)에게 중개자 역할을 요청했으며[16] 노태우 대통령이 북경 아시아경기대회 시 북경을 방문한다는 언론 보도의 사실 여부를 물었다. 이에 대해 한 대사는 본국으로부터 통보를 받은 내용이 없으며, 노 대통령이 중공 측의 초청을 받은 바 없는 것으로 알고 있다고 답변하였다. 한·소 관계 진전 상황에 대한 질문에 대해서는 한·소 양국 관계 개

---

16 1990년 7월 키신저 측에서 한국의 해외공관을 통해 키신저의 1990년 9월 북경 방문 및 장쩌민, 덩샤오핑 면담 계획을 알려 오면서 한국 측이 중국 측에 전할 메시지가 없느냐는 연락이 와서, 한국 측은 "한중관계 확대와 관계 정상화를 희망하고 한중 정부 간 은밀한 교섭을 할 필요가 있다고 보며 남북관계 안정과 평화 유지를 희망한다"는 뜻을 전달했으나, 그후 키신저 측으로부터 특별한 회신이 없었다고 한다(신정승, 『한중 수교』, 국립외교원 외교사연구센터, 2020, 119쪽).

선의 첫 단계로 본다고 대답하였다.

이어서 한 대사는 한·중화민국 관계는 현재 아무런 변화가 없으며 대사로서 고위인사 교류 등 관계 발전을 위해 최선을 다하고 있으며 명일 민관식 민주평화통일자문회의 부의장이 방문 예정이며 한국 권영각 건설부장관(7월 30일~8월 2일), 농수산부장관이 곧 방문하는데, 이는 본인이 직접 주선한 것이며 위위셴(余玉賢) 농업위원회주임위원(장관급)의 방한 및 한국 문화부장관의 방문도 추진하고 있다고 설명하였다. 진수지 외교부차장의 주한대사 내정에 관한 대만 언론 보도에 대한 한 대사의 문의에 대해서는, 첸 부장은 유능한 외교관을 주한대사로 임명할 것이라고만 언급하였다. 바로 그다음 날 7월 26일 외무부 동북아2과로부터 진수지 대사에 대한 아그레망에 동의했다는 소식을 들었다. 아그레망은 외교 관례상 주재국의 자국 대사관을 통해 주재국 정부에 요청한다. 따라서 주한중화민국대사관이 한국 외무부에 이미 진수지 대사의 아그레망을 정식 요청했던 것인데, 아무리 대외비라도 그 전날 진수지 대사의 한국대사 내정 사실 여부를 묻는 한 대사에게까지 비밀을 지키는 첸 부장을 보고, 원칙을 지키는 철저한 공무원이라는 생각이 들면서 한편으로는 속을 터놓고 얘기를 나누기 어려운 상대라고도 느껴졌다.

나도 이후에 특명전권대사를 2번 하면서 어느 나라와의 관계에 있어서도 외교당국 고위인사 간의 신뢰관계가 양자관계에 심대한 영향을 미친다는 것을 체험하였다. 돌이켜 보면 당시 한·중화민국의 외교당국 간에는 정기적 교류가 거의 사라지고 특히 장관, 차관 간의 교류가 없었다. 정부 고위인사(국회의장, 한중 경제각료회담 수석대표인 재무부장관)의 중화민국 방문 시 외무부 심의관 또는 과장이 수행하는 정도였으며 평상시에는 실무적인 교류 수준에 머물렀다.

5) 중화민국, 북방정책의 영향에 주목 시작

한편 돌이켜 보면 이때부터 중화민국 정부는 소련과의 관계 개선이라는 한국의 북방정책의 실질적 성과가 국제적으로 주목받으면서 한국과의 관계에 미칠 영향을 주의깊게 살피기 시작했다. 한국 언론동향을 분석하면서 지속적으로 우리 대사관과 한국 외무부에 대해 사실 여부를 확인하고, 확인 후 한국 측 설명을 입법원 및 국내 언론에 전달하면서 한·중화민국 양국 관계는 변화가 없으며 모든 문제는 양국 간 외교채널을 통해 긴밀히 협의하고 있으며 한·중공 관계 개선에 특별한 동향이 없다고 설명하는 식으로 입법원 및 언론에 대응하였다.

7월 27일(금) 『중국시보』는 진수지 외교부차장의 주한대사 내정과 관련, 「중한 관계의 새로운 도전」 제하 사설을 게재하였다. 사우디와의 단교로 국민들이 충격을 받고 있는 상황에서 신임 진수지 대사가 '단교대사'가 될지, 한·중공관계 정상화를 늦출 수 있을지 주목된다고 하면서, 한·중공 관계 개선은 필히 중화민국의 국익과 외교관계를 위협하게 되므로 한국의 외교정책에 영향을 미치는 학술계, 언론 매체 및 대기업 부문에 중점적으로 대응할 필요가 있으며 비관하지 말고 가용한 모든 카드를 활용하며 외교관들의 노력을 지원해 나가자고 촉구하였다. 아울러 같은 날 영자지 『China Post』 역시 「New ROC Envoy in South Korea」 제하에 한국의 중공과의 수교 가능성에 한·중화민국 양국이 어려운 처지에 놓여 있어 진수지 대사의 활약이 주목된다는 요지의 사설을 게재하였다.[17]

---

17 『중국시보』, 1990년 7월 27일; 『China Post』, 1990년 7월 27일.

6. 양국 인사 교류

1) 한국 국회의원 방문

그런 가운데 7월 25일(수)-27일(금)간 김진영, 이영문, 박지원, 심기섭 의원 등 국회 농수산위원회소속 국회의원 4명이 중화민국을 방문하여 농회(農會: 우리의 농협에 해당) 등을 시찰하였다. 27일 출국을 위한 공항행 버스 안에서 한국의 중국, 중화민국 관계에 대해 열띤 토론이 벌어졌다. 나는 의원들의 질문에 대해 실제 현지에서 생활하면서 배우고 파악한 중화민국 입장과 양국 관계에 대한 나의 경험과 관찰을 여과 없이 설명했다. 외교관은 항상 본국 인사들에게 현지 사정과 바람직한 양국 관계를 위한 대응 방안에 대해 보고하는 것이 주요 업무 중 하나라는 것을 첫 번째 근무지인 동경에서부터 배웠다. 의원 모두 이번 방문을 통해 대만의 실상과 저력을 배웠다고 하면서 너무 한 쪽만 치우치는 우리 사회 분위기에 대해 우려하면서 중화민국과의 관계를 소홀히 해서는 안 되며 보다 신중하게 대응해야 한다는 의견이 모였다. 사실상 2개 중국 정책을 치밀하게 수행하는 일본의 외교를 배워야 할 필요가 있다는 의견도 나왔다. 의원들이 귀국해서도 한·중화민국 관계에 계속 관심을 두기를 기대했다.

2) 한국 건설부장관 방문

7월 30일(월)-8월 2일(목) 권영각(權寧珏) 건설부장관이 방문하였다.

권 장관의 방문은 한 대사가 3월 공관장회의 참석차 일시 귀국 시, 군 선배인 권 장관을 직접 만나 방문 요청하여 실현된 것이었다. 우리 국내 절차상 중화민국의 공식 초청 형식이 좋겠다고 하여 나는 중화민국 외교부와 내정부(內政部)와 협의하여 쉬수이더(許水德) 내정부장 명의의 7월 3일 자 공식초청장을 본부에 보냈다.

중화민국 측은 최고의 예우와 의전을 제공하였다. 리덩후이 총통, 하오보춘(郝柏村) 행정원장 면담부터 첸푸 외교부장, 쉬수이더(許水德) 내정부장, 젠유신(簡又新) 교통부장 면담 및 오·만찬, 황다저우(黃大洲) 타이베이시장 면담이 진행되었다. 한 대사와 나는 전 일정을 수행하였다.

리 총통은 노 대통령에게 심심한 안부를 전하며 공산주의는 결국 멸망할 것이므로 앞으로 양국이 경제, 통상, 건설 등 제반 분야에서의 협력 및 미국, 일본과의 협력을 통해 양자 관계를 강화할 필요가 있으며 자신이 직접 양국 관계에 있어서 과거 잘못을 시정하고, 미진한 분야를 보완하는 노력을 하겠다고 하면서 권 장관이 양국 관계 증진에 기여해 줄 것을 요청하였다.

3) 제23차 한중 경제각료회담 개최

8월 27일-9월 1일 제23차 한중 경제각료회담이 서울에서 개최되어 샤오완창(蕭萬長) 경제부장이 방한하였다. 샤오 부장은 8월 29일 최호중 외무장관과의 면담 시, 중화민국의 APEC(아태경제협력체)와 GATT(관세 및 무역에 관한 일반협정) 가입 추진에 대해 한국의 지원을 요청하였으며, 최 장관은 1991년 한국 측이 APEC각료회의를 주최할 예정이므로 중화민국, 중국, 홍콩 모두의 참가를 위해 가능한 노력을 할 것이며, 중화민국의 GATT 가입을 원칙적으로 지지하나 현재 GATT내에서 중화민국의 가입신청에 대해 합의 형성이 어려운 상황이라고 설명하였다.

샤오 부장은 8월 31일 노태우 대통령을 예방하고 리덩후이 총통의 친서를 전달하였으며, 노 대통령은 "샤오 경제부장이 리덩후이 총통의 친서를 갖고 자신을 찾아왔을 때만 해도 우리 두 나라는 서로 만족하는 관계를 유지하고 있었다"고 회고했다.[18]

동 회담에서는 한국 측이 요청한 ① 자동차 수입쿼터량 증량, ② 인삼류, 미역, 오디오테이프의 관세인하 ③ 수입제한 해제(자동차 및 레디얼 타이어, 제조 담배), 중화민국 측이 요청한 ① 우롱차 수입자유화 ② 고량주 및 오가피주 수입개방(1991.1.1부터) ③ 인삼류 수입지역 제한 폐지에 합의하였다. 제3국(일본)에 대한 무역적자해소를 위한 공동 대응 방안 강구, 산업개발정책 세미나 및 경제전문가 교류, 한국의 중화민국 건설시장 참여에 공정 기회 부여 등에 합의하였으며, 한국은 중화민국의 APEC 및 GATT 가입에 가능한 지원을 해 나가기로 하였다.

한편, 한중 경제각료회담 개최 후 타이베이에서 9월 3-5일 항공 회담이 개최되어 복수항공제도 채택, 운항 횟수 확대에 합의하였으며, 9월 10일-16일 과실 회담이 개최되어 과실교역 확대에 합의하였다. 양국 간 경제통상 분야의 협력과 교류는 양국 기업간 제3국에서의 경쟁은 불가피하나 대일 무역적자 축소라는 공통 과제 대응 필요성과 상호 보완 분야 확장으로 계속 확대되는 추세에 있었다.

한편 8월 하순 외무부 동북아2과 조원명 사무관이 나에게 외교행랑 편 사신을 통해 청와대 대통령 비서실장으로부터 지시가 내려와서 '중화민국과의 관계 강화방안'을 청와대에 보고하였다고 알려 왔다.

18　노태우, 『노태우 회고록 −下券 전환기의 大戰略』, 조선뉴스프레스, 2011, 255쪽.

4) 진수지(金樹基) 주한대사 부임

8월 31일(금) 진수지 주한대사 부임을 앞두고, 한 대사 부부는 진 대사 부부를 관저에 초청하여 부임 축하 겸 환송 만찬을 주최하였다. 경제부 장빙쿤(江丙坤) 차장, 외교부 황슈르(黃秀日) 예빈사장(禮賓司長, 의전장) 등을 함께 초청하였다. 진 대사는 한 대사 관저와 같은 아파트 단지에 거주하고 있었다. 단교 후 진 대사는 자신의 아파트로 돌아왔으며, 단교 한 달 후 1992년 9월 24일부터 우리 공관원은 대사관에서 철수하고 약 3개월간 대사 관저를 임시 사무실로 썼기 때문에 아파트 로비에서 진 대사를 어색하게 조우하곤 했다.

진 대사는 주한대사 부임을 영광이라고 하면서 재임 중 양국 관계 발전에 기여하고 싶다는 의지를 표명하였으며 한 대사 역시 진수지 대사의 그간 협력에 대해 감사하며 앞으로도 긴밀한 파트너십으로 양국 관계 발전에 함께 노력하자고 말하였다. 한 대사 부인의 한국 음식, 문화 등에 대한 적극적 소개에 진 대사 부인은 한국 문화에 대해 더 많이 배워야겠다고 하면서 사의를 표명하였다. 상호 간 성원과 격려가 오가는 전통적인 우호국에 주재하는 양국 대사 부부간의 격의 없는 우호적인 저녁이었다.

나는 동석한 주한공사로 내정된 왕카이(王愷) 북미사부사장(北美司 副司長)과 만찬 도중 틈틈이 대화를 나누었다. 한국 첫 근무에 궁금한 것이 많아 다시 만나 얘기를 나누자고 했다. 9월 16일 일요일 둘이서 점심을 같이 하면서 오랜 시간 대화를 나누었다. 왕 공사는 성실하고 진지한 외교관으로서 한국에 대해 지적 호기심이 가득 차 다양한 질문을 하였고, 역시 북방정책과 양국 관계에 관해 가장 큰 관심을 보였다. 나는 성심 성의껏 내가 아는 바를 전했고 특히 우리 외교당국이 개방되어 있고 중화민국에 대한 우호적 입장은 변하지 않았다고 강조하고, 양국 외교당국 상호 간 교류 접촉을 적극적으로 확대함이 바람직할 것이라고 말하였다.

진수지 대사는 9월 18일(화) 서울에 부임하였다. 왕카이 공사는 부임 전날인 9월 24일(월) 오후 나에게 전화를 하여, 2차례에 걸친 나의 오리엔테이션으로 마음 편하게 부임하게 되었다고 하면서 계속 연락하자고 하였고, 나는 양국 관계에 크게 기여하기 바란다고 하였다. 나는 물론 그때 왕 공사가 2년 후 단교와 후속 조치 등으로 역경과 곤욕을 겪을 것이라고는 짐작조차 못했다. 부임 이후 왕 공사는 자신의 활동에 대한 개인 서한이나 연말에 연하장을 보내 주었으며 서로 소식을 계속 나누었다.

7. 양국 관계 강화방안 각각 수립

1) 한중 민간무역사무소 설치 합의(10월 20일)

9월 초 외무부 본부에서 전 재외공관에 '한국의 북방외교' 현황 자료를 배포하고 참고하여 외교활동을 전개하라고 지시가 내려왔다. 최호중 장관은 동 책자 머리말에서 동구 제국과의 수교, 한·소정상회담 개최 등 그간 북방정책의 실적을 거론하면서 "북한의 오랜 맹방이며 주변 이해 당사국인 소련, 중국과의 관계 정상화는 앞으로 북방외교의 최대 과제인 동시에 시대적 소명이기도 하니 이제는 소련. 중국과의 관계 정상화를 위해 집중해야 할 단계인 것으로 판단된다"고 강조하였다. 아울러 중국과의 관계 개선과 관련해서는, 한중 관계의 지속적 증진과 중국의 국내외 정세 안정화에 따라 한·소 관계 발전 등 주변정세 변화를 최대한 활용하여 1990년 9월 북경 아시아경기대회를 계기로 한중 관계를 한 차원 높은 단계로 발전시키기 위해 다각적 노력을 해 나가고 있다고 밝혔다. 9월 4일(화) 최호중 장관은 저우젠(鄒堅) 주한중화민국대사 이임 면담에서, 저우 대사가 만약 한중 수교 시 중화민국과의 관계는 어떻게 될지 알고 싶다고 언급한 데 대해, 한중 관계가 아직 그런 단계에 와 있지 않으며 중국 측도 그런 제안을 한국 측에 한 적이 없다고 답변하였다.

1990년 9월 4일(화) 제1차 남북 고위급 회담이 서울에서 개최된 데 대해, 9월 5일(수) 첸푸 외교부장은 기자 질문에 대해 "중화민국은 남북 대화 결과가 한·중화민국 외교관계에 영향을 미칠지 여부를 예의 주시하고 있다"고 하면서 "한국은 중공과의 수교를 적극 추진하고 있는 바, 북한의 태도가 현 단계의 관계 돌파에 최대 장애이므로 남북 대화에 만족할 만한 결과가 나오면 중화민국으로서 주의할 필요가 있지만 그렇지 않다면 상황은 심각하지 않을 것"이라고 밝혔다. 첸푸 부장은 그 이후에도 일관되게 한중 수교에의 최대 관건은 북한 요인이라는 입장을 밝혔다.

『연합보』는 9월 8일(토) 전 날 귀임한 저우젠(鄒堅) 주한중화민국대사와의 인터뷰 내용을 보도하였다. 저우 대사는 노태우 대통령, 강영훈 총리 등 주요 인사들이 저우 대사에게 한국은 중화민국과의 우호 관계를 중시하며 앞으로도 계속 협력을 강화할 것임을 보증했다고 밝혔다. 아울러 저우 대사는 노 대통령이 북경 아시아경기대회 개막식에 참석하지 않을 것이며 중공도 노 대통령을 초청한 바 없다고 하면서 이번 남북 고위급 회담의 한·중공 관계에의 영향에 대해서는 중공이 북한 반응에 신경 쓰고 있어서 가까운 시일 내에 관계 진전이 있기 힘들 것이라고 전망하였다.[19]

최호중 장관은 1990년 9월 27일 유엔총회 참석 차 뉴욕 방문 중 일본과 인도네시아 외상이 공동 주최하는 아태지역 외상을 위한 만찬 자리에서, 옆에 앉은 첸치천(錢其琛) 외교부장에게 이제 양국이 공식 관계를 맺어도 될 만큼 제반 여건이 무르익어 가고 있지 않느냐고 물었더니 첸 부장은 빙그레 웃으면서 "Patience"(인내)라는 한 마디만 되풀이했다고 하면서 "우리는 대만을 별로 의식하지 않았지만 중국은 북한을 몹시 의식하고 있었다"고 회고했다.[20] 당시 한국 정부 고위인사 및 외교 당국의 중화민국에 대한 인식을 솔직히 기술하였다.

한편 1989년 6월 천안문 사건 이후 중단된 민간 무역사무소 설치에 관한 교섭이 재개되어 중국국제상회의 기존 입장을 반영하여 10월 20일(토) 한국무역진흥공사(KOTRA)와 중국국제상회(CCOIC)간에 한중 간

---

19 『연합보』, 1990년 9월 8일.
20 최호중, 『빛바랜 영광 속에 후회는 없다』, 삼화 출판사, 1999, 41-42쪽.

민간무역사무소 설치에 합의하였다. 외무부 김정기 아주국장은 중국과의 합의 전후인 10월 12일(금), 23일(화), 2회에 걸쳐서 합의내용에 대해 왕카이 공사에게 설명해 주었으며, 이정빈 제1차관보도 10월 29일(월) 진수지 대사에게 설명해 주었다. 중화민국 측은 사무소의 성격에 깊은 관심을 표명하고 중공의 화교사회에 대한 침투활동 가능성과 앞으로 공식기구와 공식관계로 발전하여 한·중화민국 간 기존 관계에 손상을 줄 가능성을 크게 우려한다고 표명하였다.

한편, 장팅옌(张庭延) 중국외교부 부국장은 한중 간 민간무역사무소 상호설치문제에 관해서는 중국·북한 양국의 최고 영도자 간에 여러 번 의견을 교환하였다고 하면서, 장쩌민 총서기가 1990년 3월 방북한 이래 1990년 가을(9월 11일) 김일성이 비밀리 심양을 방문했을 때 두 지도자 간 의견 일치를 보았으며 그 이후 한중 간 민간무역사무소 설치문제에 빠르게 합의하였다고 회고하였다.[21]

첸푸 외교부장은 자신의 회고록에서 한·중공 간 사무소는 한·소련 간 무역사무소의 수준보다 높으며, 한·소련 간 무역사무소 설치(1989년 4월) 이후 6개월도 안되어 사증발급 기능을 갖게 되고(1989년 11월 영사처 개설 합의) 이어 1년도 안 되어 수교했음(1990년 9월)에 비추어, 한·중공 간 관계도 필히 신속히 발전할 것이라고 판단했다고 썼다.[22]

중국 측과 합의한 무역사무소의 대외 명칭은 '대한무역진흥공사 주 북경대표부'이었지만 한국 정부 내부적으로는 재외공관으로 지정키로 하고 '주북경대한민국대표부'로 지칭키로 하였다. 순수 KOTRA 사무실은 대표부 동일 건물 내 별도 층에 개설키로 하였다.

---

21 옌징(延静: 장팅옌[张庭延] 부국장, 탄징[谭静] 부부의 필명), 『영원한 기억(永 远的记忆)』, 中国 济南: 山东大学出版社, 2007, 38쪽.
22 첸푸, 앞의 책, 256쪽.

외무부는 10월 하순 우리 대사관에 한중 간 무역대표부 개설에도 불구, 수교국인 자유중국과의 기존 우호 협력관계는 계속 유지, 발전시킨다는 방침하에 주요 인사 상호 방문과 무역 등 실질 협력관계를 강화해 나갈 예정이라고 하면서 중화민국 내 각계 반응을 계속 파악해 보고하라는 지시가 있었다.

이후 나에게 외무부 본부 및 홍콩 총영사관 등 해외 공관의 여러 동료, 선배들이 앞으로 한국의 중국, 중화민국 관계 전망에 관해 다양한 개인적 의견을 편지로 전해왔다. 여러 명이 중국 측에 우리의 조급한 자세를 자제하고 관계 개선 과정에 좀 더 진중하게 추진해야 한다는 의견을 전해왔으며, 내가 타이베이 근무 중, 주중화민국대사관이 주타이베이총영사관으로 변경되는 것 아니냐는 관측도 있었다.

2) 한국·중화민국, 양국 관계 강화방안 각각 수립

9월부터 남북한 간 고위급(총리)회담 개최, 9월 2일–3일 셰바르드나제 소련 외상 방북에 이은 9월 30일 한·소련 수교, 9월 11일 심양에서의 장쩌민 총서기와 김일성 간 정상회담, 9월 28일 일본·북한 간 국교 교섭 개시에 관한 3당 공동선언 발표, 10월 3일 독일 통일 등, 한반도 정세 및 국제정세가 급변하고 있는 가운데, 한국 정부와 중화민국 정부는 한중 간에 무역사무소 설치 합의라는 가시적 진전을 계기로, 비슷한 시기에 각각 양국 관계를 점검하고 관계 강화방안을 수립하였다.

| 한국 정부, 중화민국과의 관계 강화방안 마련 |

1990년 11월 5일(월) 노태우 대통령은 외무부에 자유중국과의 실질 관계를 강화하는 방안을 강구하고 시행하라고 지시하였다.[23] 중국과의

---

23 한국 정부 내에서는 공문서에 단교 전까지는 "중화민국", "자유중국"을 혼용하여 썼다.

관계 진전에 따라 자유중국과의 관계에 소홀한 감이 있으므로 적절한 대책을 강구하여 실질적이고 실리적인 면에서 자유중국과의 접촉을 강화하는 것이 바람직하며, 자유중국을 내적으로 감싸준다는 의미에서 각료, 국회의원 등 고위층의 인사교류 및 경제교류를 적극적으로 추진하기 바라며 특히 주한자유중국대사를 따듯이 대해 주기 바란다는 내용이었다.

이에 따라 외무부는 관계부처와 협의한 결과, 12월 20일 한·자유중국 관계 강화방안을 청와대에 보고하였다.

기본 방향으로는 ① 한중 관계 개선 추진 과정에서 자유중국의 위상을 존중해 줌으로써 자유중국이 받는 외교적 충격을 극소화하고 ② 대자유중국 관계조정 여부는 한중 관계 발전의 최후 단계에서 국가 이익, 국내외적 정세 등을 종합적으로 신중 검토 후 결정하고 ③ 한·자유중국 간 실질 관계의 확대 강화를 통해 국가 실익 증대를 도모해 나가기로 하였다.

주요 추진계획으로는 ① 한중 관계 개선 추진 상황 사전 설명 등을 통해 자유중국의 이해 확보 노력을 지속 경주하고[24] ② 중국의 정치적 민주화, 자유시장경제체제로의 전환을 위한 한·자유중국 간의 협조를

---

24 참고로 일본의 북한과의 관계 개선 과정에서 한국 측의 일본에 대한 요구 사항을 살펴보기로 한다. 일본의 북한과의 수교교섭 과정에 있어서 노 대통령은, 1990년 10월 일본·북한 간 3당 공동 선언의 주역인 가네마루 신(金丸信) 전 부총리 접견 시, 일본이 유념해야 할 다음 5개항을 제시하였다. 1) 한일 정부 간 긴밀한 협의(full and prior consultation), 2) 남북한 대화와 교류의 의미 있는 진전을 고려하여 추진, 3) 북한의 IAEA 핵안전협정 조기 체결 촉구 4) 수교 이전 북한에 대한 보상, 또는 경제협력하지 않도록 함, 5) 북한의 개방과 북한이 책임 있는 일원으로 나올 수 있도록 노력한다 등을 제시하였고 이에 대해 일본 측은 이를 유념하여 북한과의 수교교섭을 추진하겠다고 밝혔다. 이후 외교 통로를 통한 협의는 물론, 1990년 11월 서울 개최 제15차 한일 정기 각료회의, 1991년 1월 가이후 도시키(海部俊樹) 총리의 공식 방한 계기 노 대통령과 정상회담이나 일본·북한 간 1, 2차 본회담 후 4월 중순 나카히라 일본 측 수석대표의 방한 등을 통해 지속적으로 한국과 협의하였다(이상옥,『전환기의 한국 외교』, 삶과꿈, 2002, 602–603쪽). 일본의 북한과의 수교교섭 문제에 있어서 당시 우리 정부의 일본에 대한 요구 사항과 대응을 생각한다면, 역지사지로 한중 관계 개선 추진 과정에서 중화민국 측의 한국에 대한 기대와 요구를 쉽게 이해할 수 있다.

강조하고 ③ 국회의원, 각료급 인사의 상호 방문을 통한 양국 관계 기반을 강화하며 ④ 학술, 문화, 관광분야 교류 확대를 통해 양국 국민 간 인식 제고 노력을 기울이며 ⑤ 자유중국 측의 수입 규제, 건설시장 진입 차별 등 저해 요인의 제거 노력과 함께 해운, 외환거래, 공해, 범죄인 인도 등 새로운 협력 분야를 발굴해 나가기로 하였다.

한편 11월 12일(월) 『연합만보』는 한국의 대중화민국에 대한 태도에 대한 국민 인식에 대한 여론조사 결과를 보도하였는데 한국의 대중화민국 태도가 "비우호적" 42%(조금 비우호적 32%, 아주 비우호적 10%), "우호적" 27%(비교적 우호적 25%, 아주 우호적 2%), 기타 31%(모른다, 의견 없다)로 나타났다.[25] 한국의 북방정책은 이해하나, 한중 무역사무소 설치 합의 등 중공과의 구체적 관계 진전을 보면서 한국이 중화민국에 대해 소홀히 하며 앞으로의 양국 관계에 대해 다소 불안한 국민 정서가 표출되었다.

이런 가운데 양국 간 경제통상분야 등 실질 협력관계 확대를 위한 양국 대표단은 지속적으로 상호 방문하였다. 농어민 후계자 방문단(11.7-20), 과실 실무회담 대표단(11.13-14) 방문, KOTRA-CETRA 회의 서울 개최(11.22-23), 한전사절단 방문(11.25-28), 농수산물유통공사 대표단 방문(12.2-4), 제14차 한중 세관협력회의 타이베이 개최(12.10-15), 특허청 조사단 방문(12.12-14)이 이루어졌다.

최근 양국 간 경제통상업무 확대 추세를 고려하여 대사관의 건의가 받아들여져 처음으로 상무관 파견이 결정되어, 11월 16일(금) 최민구 상무관이 부임하였다. 대사관은 분기별로 지속 개최되어 온 경제협의회 4분기 회의를 12월 20일(목) 개최하여 경제통상교류 현황을 점검하고 관련 활동을 독려하였다.

---

25 『연합만보』, 1990년 11월 12일.

| 중화민국 입법원장 방한 |

입법원 량쑤룽(梁肅戎) 원장이 지난 1990년 2월 7일−10일 김재순 국회의장의 중화민국 방문 답방 형식으로 11월 26일(월)−29일(목) 방한 하였다. 한철수 대사는 11월 14일(수) 량 원장을 면담, 방한 초청장을 전달하고 11월 22일(목) 만찬을 주최하고 우리 측의 준비 일정을 설명 하였다. 나는 타이베이 주재 우리상사 지사장들에게 량 원장의 방한 계 획을 알리고 현지 경제통상 활동에 동 기회를 최대한 활용하라고 조언 하였으며, 량 원장은 방한 중 한국기업과의 면담 일정을 가졌다.

방한 중, 량 원장은 노 대통령에게 "한국의 북방외교 추진을 십분 이 해하고 있으며, 북방외교 추진과 동시에 한·중화민국 관계도 발전시켜 나가길 희망하며 양국 관계 발전을 위해 중화민국의 국제기구 참여에 한국의 지원을 요청한다"고 말하였다. 함께 온 입법위원의 한국과 중공 수교 시 한중 관계 전망에 대한 질문에 대해 "개인적인 의견을 밝히자면 새로운 친구를 사귀었다고 옛 친구를 버리는 것은 동양의 윤리에 맞지 않다고 본다. 귀국이 당한 고통도 이해한다. 나는 새로운 친구를 사귀어 도 옛 친구를 더욱 중히 여기는 것이 도리라고 본다"고 대답하였다.[26]

동 면담과 관련, 첸푸 부장은 회고록에서, "노 대통령은 량 원장에게 북방정책의 목적은 남북 통일에 있으며 이를 달성하기 위해서는 주변국 과 협조하여 북한을 설득해야 한다며 이미 소련과 동구 제국과 수교했 으며 중국과 협력관계를 발전시키고 있다고 하면서 다만 새로운 친구 를 사귄다 해도 옛 친구를 버리는 것은 동양의 윤리에 맞지 않지 않다 고 본다고 설명하였으며 이어 강영훈 총리 역시 량 원장에게 중공과 부 득이 관계 개선을 하고 있다면서 양해를 구했다"고 기술하였다.[27] 노 대

---

26 노태우, 앞의 책, 255쪽.
27 첸푸, 앞의 책, 256−257쪽.

통령의 발언 요지를 정확히 인용하고 있다.

이후 우리 측 인사는 중화민국 인사 면담 시, 노 대통령의 "새로운 친구를 사귄다 해도 옛 친구를 버리지 않고 더욱 중히 여긴다"는 어구를 상시적으로 인용해 언급하였으며, 이에 대해 리덩후이 총통을 비롯한 중화민국 고위인사들은 이에 감사하고 한국 측의 양국 관계의 유지 발전 입장으로 받아들였으며, 단교 후 중화민국 정부와 언론은 한국 측이 동 발언에 따른 약속을 지키지 않았다고 지속적으로 한국 정부를 비난하였다.

| 중화민국 정부, 한국과의 관계 강화방안 마련 |

1990년 말 중화민국 외교부는 한·중공 간 교류를 연구한 결과 한·중공 수교는 가장 빠르면 1991년 말, 아무리 늦더라도 1995년까지 늦어지지는 않을 것이며 한·중공 수교 시 중공이 북한과 절대로 단교하지는 않을 것이므로 중화민국으로서는 이 점을 활용하여 한국과 외교관계를 유지할 수 있도록 강구해야 한다고 판단하였다.[28]

이러한 외교부 분석이 리덩후이 총통, 하오보춘 행정원장에게 별도 보고된 이후, 1991년 1월 3일(목) 총통부에서 리 총통, 리위안추(李元簇) 부총통, 하오 행정원장, 장옌스(蔣彥士) 비서장, 첸푸 외교부장, 샤오완창 경제부장, 천리안 국방부장 등 고위인사들이 참석한 가운데 남북한 문제에 관한 고위대책회의가 개최되었다.

참석자 전원이 한·중공 수교의 주도권은 중공에 달려 있으며 한·중공 수교 후에는 중화민국과 필히 단교 될 것이므로 국내 여론 대응이 필요하다는 데 인식을 공유하였다. 북한과는 저자세로 접촉할 수 있으

---

28 위의 책, 257쪽.

나 성과를 거두기는 쉽지 않다고 판단하였다. 리 총통은 ① 한국과 각 분야에서의 관계를 적극적으로 발전시켜 나가야 하며 ② 중공의 8차 5개년계획에 한국이 자금을 제공하는지 여부를 주목해야 하며 그렇게 되면 한·중공 수교가 빨라질 수 있으며 ③ 한국이 언제 어떻게 유엔에 가입할지 예의 주시해야 하며 ④ 외교부는 한·중공 수교 후 국내적인 충격을 어떻게 최소한으로 줄일 것인지 연구해 나가라고 지시하였다.

이에 따라 중화민국 외교부는 1991년 2월 20일(수) '대한국 전면적 접촉강화계획'을 수립하여 총통부와 행정원에 보고 하였다. 동 계획에는 양국 정계 및 민간 주요인사 상호 방문 확대, 경제무역관계 강화, 군사협력관계 강화, 학술협력강화, 유리한 여론조성을 위한 한국 언론 매체와 연계 강화, 주한대사관의 건국 80주년 국경일 행사 확대, 청와대 비서진 접촉 및 금융관계 강화, 북한과의 접촉 추진 강구 등이 포함되어 있었다.[29]

3) 1990년 말 양국 국내정세

| 한국 정세 |

1990년 연말에는 한국 정부는, 남북한 고위급 회담 3회 개최(9월-12월), 소련과의 수교에 이은 노 대통령의 12월 13일-16일 소련 방문, 중국과의 무역사무소 개설 합의 등 1990년도 북방외교의 성과를 전 재외 공관에 알리면서 북방외교와 남북관계 개선을 계속 추진해 나간다는 방침에 따라 외교활동을 전개하라고 지시하였다.

12월 27일 개각으로 최호중 외무장관은 통일부 장관으로 전임하고 이상옥 주제네바대사가 제23대 외무부장관으로 임명되어 31일 취임하였다. 이상옥 장관에 따르면 그 당시 (한국)정부는 한반도의 평화 정착

---

29 위의 책, 257-258쪽.

과 평화적 통일을 위해서는 소련 및 중국과의 관계 정상화가 필수적이며, 남북한의 유엔 가입과 중국과의 수교 실현으로 북방외교의 대단원을 이루게 되면 한반도의 평화와 통일을 위한 대외적인 여건을 조성할 수 있게 되리라는 생각을 하고 있었다.[30]

| 중화민국 정세 |

한편 1990년 말 리덩후이 총통은 1990년 5월 제8대 총통 취임 시, 발표한 헌정개혁(1년 내 동원감란시기 폐지, 2년 내 헌정개혁 완성 등)을 둘러싸고, 이를 저지하려는 보수세력과의 대립이 계속되고 있었으며 리 총통과 하오보춘 행정원장과의 불화설이 떠돌았다.

12월 1일(토) 린양강(林洋港) 사법원장이 앞으로 총통직선제가 될 경우 출마 용의가 있다고 밝힌 데 대해 『중앙일보』(국민당 기관지)가 이를 비난하면서 국민당내 갈등이 심화되었다. 린 원장은 현재 재직중인 국민대표들을 통한 개헌 작업 추진을 주장하고 있으며 이는 국민당내 보수 연합세력의 입장을 대변하는 것이었다. 12월 11일(화) 하오 행정원장은 취임 후 2번째 기자회견에서, 리 총통과는 좋은 관계로서 일주일에 한 번씩은 만나고 있다고 하면서 향후 총통 출마 질문에 대해서는 현재로선 행정원장 직에 충실할 뿐이라고 답변하였다. 헌정개혁은 리 총통이 선포한 시간표에 변동이 없으며, 중국대륙과는 간접무역방식을 유지하고 민간 기구를 통해 양안 관계를 증진해 나가는 것이 정부의 첫 단계 입장임을 밝혔다. 당시에는 하오 원장이 유력한 차기 총통후보로서 주목 받고 있었는데 행정원장으로서 막강한 실질 권한을 행사하고 있고, 특히 국가건설6개년계획을 주장함으로써 향후 6년간 행정원장을 맡을 생각으로 그 이상의 직책도 염두에 둘 가능성이 있다는 관측이 나돌았다.

---

30 이상옥, 앞의 책, 30쪽.

8. 1991년 1월-5월 동향

1) 양국 고위인사 교류

1991년 1월 초 한국 국회 외무통일위원회 소속의 박정수 위원장, 정재문 의원, 조순승 의원이 타이베이를 방문하였다. 리덩후이 총통을 예방하는 자리에서 리 총통은 1990년 11월 량쑤룽 입법원장 방한 시, 노태우 대통령이 새 친구를 사귀어도 옛 친구를 버릴 수 없다는 언급에 대하여 깊은 감동을 받았으며 한국이 양국 관계를 계속 중시하여 주기를 바란다고 언급하였다.

1월 16일(수) 노재봉 국무총리는 합참의장 초청으로 방한한 천선링(陳燊齡) 국방참모총장 면담 시, 한국과 중화민국이 유교문화의 중심지, 경제 관계의 증진, 동북아 지역에서의 역할 측면에서 협력이 계속 확대되기를 기대하며 북한 개방과 평화 통일을 위해 중국과의 관계 개선을 추진하고 있는데 이에 따라 오히려 기존의 한국과 중화민국 간 양국 관계를 더욱 돈독히 할 수 있을 것이라고 말하였다. 이에 대해 천 참모총장은 노 총리 언급에 공감한다고 하면서 양국은 강력한 반공전선으로서 협력 확대를 기대하며 민주주의를 기반으로 한 통일은 세계 조류이며 한국의 북방정책은 정확한 것으로 본다고 한 후 노 총리의 중화민국 방문 초청의 뜻을 전달하였다. 노 총리는 배석한 진수지 대사에게 서울에서의 적극적이고 활발한 외교활동에 경의를 표명했다.

2) 1991년도 외무부 업무보고

1991년 1월 24일 이상옥 장관은 노태우 대통령에게 1991년도 외무부 업무보고를 하였다. 이 장관은 당면 주요 과제로서 한미 관계 강화,

한일 관계의 발전 등과 함께, 유엔 가입 실현과 한중 수교 실현을 보고
하였다. 이에 대해 노 대통령은 유엔 가입은 1991년 내에 실현시킨다
는 목표로 착실한 준비를 진행할 것과 북방정책의 마지막 목표인 중국
과의 국교 수립은 가능한 조속히 추진할 것을 당부하였다.[31]

3) 이시영 외무부 외정실장 방문

이시영 외무부 외교정책실장이 2월 26일(화)-27일(수) APEC 고위
실무회의(Senior Officials Meeting: SOM) 의장 자격으로 중화민국의
APEC 가입 문제를 협의하기 위해 타이베이를 방문하였다. 근래에 없
었던 한국 외무부 고위인사의 중화민국 방문이었다.

1990년 7월 싱가포르 개최 제2차 APEC 각료회의 시 합의와 1990년
10월 서울 APEC 고위실무회의(SOM) 시 합의에 따라, 중화민국, 중국,
홍콩 등 3자와의 교섭을 제3차 각료회의 의장국인 한국이 위임을 받게 되
어 고위실무회의(SOM) 의장인 이 실장이 나서게 되었다. 이미 1990년
10월 중화민국 외교부 우쯔단(吳子丹) 국제조직사장(국장)이 방한하여
이 실장과 협의한 바 있었다. 방문 기간 중 이 실장은 우 사장 및 팡진옌
(房金炎) 상무차장과 협의하였다. 나는 이 실장의 활동을 수행하였다.

중화민국은 전통적 우방인 한국의 APEC 의장국 수임 기간 중 참가문
제 타결을 희망하였으며 중화민국이 'ROC'(Republic of China)로 참가할
수 없는 국제정치 현실은 인정하나, 'PRC'(People's Republic of China)
의 일부로서의 참가는 수락할 수 없다는 입장을 강하게 밝혔다. 팡 차장
은 중화민국이나 중공이나 똑같이 전체 중국(One China)의 불가결한 부
분(integral part)이므로 중화민국은 여타 참가자와 동등하게 대우받아

---

31 이상옥, 앞의 책, 37쪽.

야 한다고 주장하였다. 앞으로 1991년 5월까지 동원감란시기 임시조관을 폐지할 것이며 이에 따라 중공을 정치 실체로 인정하는 등 양안 관계의 변화 추세를 중공도 수용하여야 하며 한국 측이 이러한 현실을 반영하여 적극적인 중재에 나서 줄 것을 요청하였다. 이후 이 실장은 6월 28일(금)–30일(일) 타이베이를 재차 방문하여 중재 교섭을 계속 이어갔다.

팡 차장은 양국 단교 후 정무차장(수석차관에 해당)으로 1993년 7월 홍순영 외무차관과 2차에 걸친 협의를 통해 양국 간 비공식관계 수립 교섭에 참여하였다. 우 사장은 이후 1999년 외교부 상무차장 시절 때에도 양국 단교 시 감정을 그대로 가지고 있었으며 복항문제에 원칙만 내세우는 듯 냉담한 태도를 견지하였다고 한다.[32]

4) 이상옥 외무장관, 첸푸 외교부장 공개 발언

이상옥 장관은 3월 6일(수) 한국외교협회주최 오찬회에서 "1990년대의 한국외교" 제하의 연설에서 지난 2년간 17개국과의 외교관계를 수립하고 특히 1990년 9월 소련과의 수교, 이어 중국과의 무역대표부 교환 설치 등 북방외교의 성과를 설명하고 1991년도 주요 외교과제의 하나로서 유엔 가입과 한중 수교가 조기에 실현되도록 다각적인 외교활동을 전개해 나가겠다고 밝혔다. 중국과의 관계 정상화는 한반도 평화 정착과 남북한 관계의 실질적 개선에 크게 기여할 뿐 아니라 호혜적 경제협력관계의 발전에도 매우 중요하다고 하면서, 중국과 북한과의 관계를 저해하거나 북한을 고립시키는 것이 아니라고 강조하였다.

3월 8일(금) 첸푸 외교부장은 입법원에서 한·중화민국 관계와 관련, 한국 외교의 양대 목표는 유엔 가입과 중공과의 수교이나, 한국 측은

---

32 윤해중, 『한중 수교 밑뿌리 이야기』, 이지출판, 2012, 187쪽.

중화민국 측에 부단히 양국 관계의 중요성을 강조하고 있으며 현재 중화민국에게 중요한 것은 양국 관계를 최대한 강화해 나가는 것이라고 발언하였다. 한·중공 수교 시 대응에 관한 질의에 대해서는 첸 부장은 중화민국의 외교부장 입장에서 한·중화민국 간 외교관계가 유지되고 있는 현재, 한·중화민국 단교후의 중화민국 정부의 대응 방식을 언급할 수는 없다고 답변하였다. 국가건설6개년계획에의 한국기업 참여 문제에 대해서는 한·중공 간 관계 개선을 못마땅하게 보는 국민 감정을 이유로 수교국인 한국의 기업을 입찰 경쟁 대열에서 제외해서는 안 될 것이라고 언급하였다.

장샤오옌 외교부 정무차장은 3월 16일(토) 게재된 일본『마이니치(每日)』신문과의 인터뷰에서 중화민국은 한국과의 관계를 진일보 발전시킬 것이나 중공이 '2개의 중국'을 거부하면서 만약 한국을 승인하여 '2개의 한국'을 조장하는 것은 모순이며 비난을 받을 것이라고 언급하였다. 또한 중화민국은 현재 북한과 어떠한 공식 접촉도 갖고 있지 않으나 고려 중에 있다면서 장스량(張世良) 입법위원의 2월 북한 방문은 개인 활동으로서 이에 대해 정부는 지지도 반대도 하지 않는다는 입장이라고 밝혔다.

2월 중 장 입법위원을 단장으로 한 방문단(10명)의 방북에 이어, 대만성 수출입연합회 경제사절단(45명)의 방북을 통해 경제교류 방안을 협의하였으며 앞으로 선별적으로 민간 교류가 이루어질 것으로 예상되었다.

나는 경제사절단 관계자와 면담하여 사절단 활동을 파악하였다. 연합회 회원 가운데 강철, 목재, 소비품, 화공, 광산 분야 기업이 참여하여 마카오에서 북한 비자를 받아 2월 26일-3월 2일 방북하여 평양, 개성, 판문점을 방문하였다. 북한 측은 국제 상거래에 필수적인 관세, 관련 법률 등의 준비가 전혀 되어 있지 않아 토론 자체가 어려웠고 오직 투자 유치에만 관심이 있었으며, 이에 대해 사절단 측은 북한이 제대로 개방하지 않으면 상거래가 어려움을 설명하였다고 하면서 전반적으로 매우 실망스러웠다고 평가하였다.

5) 이상옥 외무장관, 중국 류화츄(劉華秋) 외교부부장 면담

한편 4월 1일부터 10일간 유엔 아시아태평양지역 경제사회이사회 (ESCAP) 제47차 총회가 서울에서 개최되었다. 4월 2일(화) 이상옥 장관이 중국 측 수석대표인 류화츄(劉華秋) 외교부부장을 면담하였으며, 4월 9일(화) 중국국제상회의 주서울무역사무소가 개설되면서 중화민국 정부와 언론은 한중 관계 개선 동향에 촉각을 세우기 시작했다.

이 장관은 류 부부장과의 면담에서 양국 간 무역대표부 상호 개설을 평가하고 양국 관계와 한반도 및 동북아의 평화와 안정을 위해 국교 수립이 시급함을 강조하고 남북한 관계와 중국과 타이완 간 관계는 본질적으로 다르다는 점을 설명하였다. 이 장관에 의하면, "자신이 남북한 관계가 중국·타이완 관계와 다름을 지적한 것은 중국의 대한국 수교가 '2개의 한국'을 인정하는 결과가 되어 다른 나라들의 '2개의 중국' 정책을 정당화하게 될 가능성이 있다고 일부에서 제기된 그릇된 논리를 염두에 두고 한 것이었다"고 회고한다.[33] 1991년 9월 남북한의 유엔 동시 가입 이전에도 한국은 남북한 관계와 양안 관계는 서로 다르다고 인식하고 있었다. 상기 장샤오옌 외교차장 등 중화민국 외교당국자들의 논리와는 완전히 다른 것이었다.

---

33 이상옥, 앞의 책, 129쪽.

6) 1991년도 재외공관장회의

한철수 대사는 4월 16일(화)-22일(월) 재외공관장회의 참석 기회에 '대중화민국 관계 대책'을 외무부에 보고하였다.

우선 중화민국은 최근 외교적 고립 위기(1990년 7월 사우디와 단교, 1990년 8월 인니, 9월 싱가포르의 중국 수교)하에서 한국과 전통적 우방관계 강화를 희망하고 있으나 한국의 중국 접근에 불만이 고조되면서 대한국 경제협력에 부정적이며 유학생, 교민사회 지원에 소극적 태도를 보이고 있다고 현지 사정을 설명하였다. 아울러 그간 중화민국과 쌓아 온 우호 관계를 중장기적으로 평가하는 관점이 필요한 시점이라고 강조하고, 양국 간 경제통상 분야의 협력 잠재력(교역 확대 추세, 대일 적자 공동 대응, 중화민국의 국가건설6개년계획 참여 등), 중화민국에 대한 경시가 궁극적으로 중국인 전체의 한국에 대한 부정적 인식으로 확산될 가능성 등을 고려, 한중 관계 개선에 따른 충격을 최소화 시키고 실질관계를 강화할 필요가 있다고 강조하고 다음과 같은 구체적 대책을 건의하였다.

> ○ 중화민국의 위상을 존중하여 한중 관계 진전 사항을 성의껏 통보해 나갈 필요가 있으며, 한 예로서 싱가포르가 중국과 관계 개선 과정에서 매번 주요인사를 타이베이에 파견하여 통보함으로써 중화민국 정부와 언론의 충격과 반발을 경감시켰듯이 우리도 가능한 한 그 정도의 성의 있는 조치가 필요함.
> ○ 정기 경제각료회담 이외에, 각료급 인사 및 국회의원 교류를 지속적으로 확대함.
> ○ 최근 교역과 경제인 교류 확대 추세를 고려, 상호보완적 경제협력관계가 확대되도록 대일 무역적자 개선을 위한 공동 노력과 중화민국경제건설6개년계획(1991년7월-1996년 6월)에의 한국기업 참여를 적극 유도함.

○ 중화민국의 GATT, APEC 등 국제기구에서의 활동 및 가입 노력
　을 적극 지원함.
○ 한국 내 일부 언론이 중화민국을 경시하는 경향이 있으나 양국
　국민 간 상호 인식 제고를 위해 양국 언론인 교류를 적극 추진함.

한 대사는 귀임 후 관내 회의에서 자신의 상기 보고에 대해 대부분
의 외무부 간부와 여타국 주재 대사들이 전적으로 공감을 표시했다고
하면서 후속 조치에 만전을 기해 나가자고 하였다.

7) 장샤오옌(章孝嚴) 외교차장 비공식 방한

장샤오옌 외교차장은 4월 21일(일)–24일(수)간 한국을 비공식 방문
하여 최호중 통일원 장관, 이상옥 외무장관, 유종하 외무차관 등을 면
담하였다. 장 차장은 방한 후 타이베이에서 개최된 4월 26일 아주와 세
계사(Asia and World Institute) 주최 "중한 관계의 새로운 형세(形勢)"
제하의 세미나 석상에서, 한국·중화민국 양국은 국제경제협력 분야에
서는 '운명 공동체'라는 공통 인식을 가져야 하며 정치 소통 채널에 있
어서는 정부고위인사의 상호교류를 강화할 필요가 있으며 양국의 공통
과제인 '국토 통일'의 역사적 임무를 수행하기 위해 더욱더 새로운 협
력을 강화해야 한다는 첸푸 외교부장의 메시지를 전한 후, 자신의 방
한 결과, 비록 양국 관계가 객관적 환경에서는 낙관적인 요소를 찾아볼
수 없으나 절대로 비관할 필요는 없으며 양국 간 상호이해와 신뢰구축
이 중요하다고 언급하였다. 주요 언론은 장 차장이 한국은 북방정책에
도 불구하고 중화민국과의 관계를 중시하고 있다고 언급했다고 보도하
였다. 동 세미나에는 이상우 교수, 하영선 교수, 최상용 교수 등이 참석
하였다.

8) 대만 언론의 한국에 대한 부정적 보도 증가

| 박노영 대사 내정자에 대한 아그레망 거부 주장 |

4월 하순 한국 국내언론이 박노영 대사의 주중화민국대사 내정에 관해 보도함에 따라 대만 언론이 이를 기정사실화하여 보도하기 시작했다.

4월 26일(금)『중시만보(中時晚報)』, 4월 27일(토)『중국시보(中國時報)』는 각각 사설을 통하여, 최근 흔들리고 있는 한국과 중화민국 관계가 다시 국민들의 관심 대상이 되었으며 한국이 이미 퇴역한 지 수년이 지난 박노영 전 육군대장을 주중대사로 내정한 것은 중공과의 관계 개선을 고려, 명백히 중화민국과의 관계를 격하시키려는 의도이므로 아그레망을 거부해야 한다고 주장하였다. 한국의 태도는 중세 이후의 사대주의에서 벗어나지 못했으며 중공도 결국 이러한 한국을 경시하여 마음대로 대할 것이며 북방정책은 결국 북한을 고립시켜 경거망동할 가능성이 커져 한국과 동북아 평화와 안정에 위협이 될 것이라고 지적하였다. 아울러 중화민국 국민의 대한국 태도에도 문제가 있는데, 과거부터 조선민족을 멸시하는 심리를 갖고 있어 한국의 비우호적 태도로 피해의식 속에서 더욱 감정적 반응을 보여 왔다고 하면서 외교당국이 과도한 저자세로 국민들에게 더 이상 좌절감을 주지 말고 떳떳한 자세로 국가의 존엄성과 국민의 신뢰를 지켜야 한다고 주장하였다.[34]

이에 대해 우리 대사관은 바로『중국시보』의 황자오쑹(黃肇松) 편집국장과 주리시(朱立熙) 주필과 접촉하여 상기 사설 내용이 양국 우호 관계에 이롭지 않으며 양국 관계 발전에 도움이 되지 않을 것이라고 지적하고 주의를 촉구하였다. 과거에도 일부 언론이 1988년 8월 한철수 대사 부임 전후에는 "고려 대사" 등의 표현으로 반한 감정을 표출한 적이 있었다.

---

34 『중시만보』, 1991년 4월 26일; 『중국시보』, 1991년 4월 27일.

| 한중 관계 개선과 한국의 대중화민국 태도 비판 |

『중국시보』는 4월 29일(월) 다시 사설에서, 냉전 시대의 종식으로 해협 양안과 국제긴장상태가 완화된 지금 상황에서, 과거 "형제지국"이라는 특수한 역사적 관계나 정치적 이데올로기가 주도했던 시대에서 벗어 나서 새로운 한국·중화민국 관계를 모색해야 한다고 하면서 한국으로서는 일본, 소련, 중공 모두 신뢰할 수 없는 상황에서 중화민국이 믿을 수 있는 친구이므로 중공과 수교하더라도 중공의 양해를 얻어 타이베이와도 건전한 관계를 맺을 수 있다면 한국의 동북아권에서의 영향력 증대에 도움이 될 것이라고 주장하였다.[35] 사실상 한국의 2개 중국 정책 추진을 기대한다는 내용이었다.

대만 언론의 양국 관계에 대한 보도와 특집 기사가 늘면서 그중『중시만보』는 5월 1일–8일간 「중한 관계의 총 결산」이라는 제하의 총 5편 기사를 게재하여 양국 관계 발전과정을 다음과 같이 소개하면서 중화민국 외교당국의 대응과 한국의 중공 접근을 함께 비판하였다.[36]

> "과거 조선은 중국의 속국"이었으며 "조선인은 민심이 쉽게 변하고 의심이 많으며 단결하지 않는다", "중국은 한국 임시정부 및 독립 운동을 지원"하였다. "1950년대와 1960년대가 다시 올 수 없는 양국 관계의 가장 안정된 황금시대"라고 할 수 있으며 "1970년대 초기부터 남북한은 국제적으로 이중승인의 외교전을 시작, 한국은 모든 공산국가와의 관계 개선을 외교목표로 삼았으며 점차적으로 양국 관계가 멀어지기 시작했다."
>
> "1980년대 초부터 양국 관계가 변질되어 1983년 5월 5일 '6의사 비행기 납치 사건' 대응에 있어서 양국 정부의 입장 차이로 국민 감정 악화"되고 "이후 이어지는 중공 관련 사건에 대한 한국의 중공에 대한 호의적 태도로 국민 감정이 더욱 악화"되었음에도 불구하고 "양국 외

---

35 『중국시보』, 1991년 4월 29일.
36 『중시만보』, 1991년 5월 1일–8일.

교당국은 이미 대세는 결정되었다는 식으로 수수방관"하여 왔다.

최근 노태우 정부 출범이후 중공을 "중화인민공화국" 또는 "중국"으로 호칭하기 시작하고 1989년부터 동구 제국과 수교, 1990년 소련과 수교를 이루었고 중공과도 무역사무소를 상호 설치하여 정식 수교의 시간만이 남아 있다.

1980년 이래 역대 주한대사들은 외교관계가 끝날 때(死期)가 멀지 않았다고 보고 '단교 대사'라는 명칭이 자신에게 떨어지지 않기를 바랐다. 저우쩬(鄒堅) 전 대사는 "중한 관계 단교가 누구 손에 떨어지든 그 사람은 재수없는 사람"이라고 표현하고 쉐위치(薛毓麒) 전 대사는 "오늘 중한 관계가 유지되는 데 최대 공신은 김일성"이라고 풍자한 것은 현실에 부합하는 것이다.

이러한 시점에 남한의 "사대주의", "단견", "배신망의(背信忘義)", "잘 변한다" 등의 성질을 고칠 수 없는 지경에 이르렀다. 지난 40년간 남한 정부의 중공에 대한 태도는 증오에서 경원에 이르고 또 호감으로 변한 것은 제 나름대로의 적응일 뿐이다.

우리 대사관은 5월 16일(목)『중국시보』측에, 상기『중시만보』의 특집 기사와 관련, 한국의 민족성, 한국 역사 기술 등에 있어서 신중을 기해 줄 것과 그러한 기사가 양국 우호 관계에 부정적 영향을 줄 것을 우려한다는 취지의 항의문을 전달하였으며, 본국 외무부도 대사관 건의에 따라 주한중화민국대사관에 같은 우려를 전하였다.

9. 남북한 유엔 동시가입 진전

1) 중국의 대북한 외교 변화

앞서 기술한대로 1991년도 한국 정부의 최대 외교과제는 남북한의 유엔 가입과 중국과의 외교관계 수립이었다.

한국 정부는 남북한 유엔 동시가입을 위해 계속 노력하되, 북한이 이를 원하지 않으면 한국만이라도 먼저 가입을 추진키로 방침을 세우고 주요국 설득에 적극 나섰다. 다만 절차상 유엔 안보이사회의 5개 상임이사국(미국, 영국, 프랑스, 소련, 중국) 중 어느 한 나라라도 반대하면, 즉 거부권을 행사하면 가입은 이루어질 수 없었다. 따라서 1990년 9월 소련과의 수교로 소련의 협조는 기대할 수 있으나 북한과 특별한 관계에 있는 중국의 양해와 협조가 필수적인 상황이었다.

한국 정부는 중국과 관계 개선 과정에서 한국 입장을 지속적으로 전달하였다. 당시 중국은 한국의 유엔 단독가입은 반대하고 남북한의 유엔 동시가입은 남북한의 대화를 통해 해결되기를 희망한다는 공식 입장을 표명하고 있었다. 한국 정부의 다각적인 외교 노력으로 미국, 일본, 소련 등 주요국의 지지 입장을 확보하였으며, 중국도 마침내 5월 3일(금)-6일(월) 리펑 총리의 북한 방문 계기에 한국의 유엔 가입 신청에 거부권을 행사하지 않겠다는 입장을 전달함으로써 북한의 정책 전환을 촉구하였다.

5월 20일(월) 이상옥 장관은 경북대학교와 외교안보연구원이 공동 주최한 학술회의에서 "한중 관계의 현황과 전망" 제하의 연설을 통해, 한중 관계가 계속 확대 발전되어 정상화되는 것은 필연적이라고 전망하면서 한중 관계 정상화는 각자의 제3국과의 기존 동맹 관계에 영향을 주지 않고 이루어질 수 있으며 중국이 남북한의 유엔 가입 실현을 위해 협조해 줄 것을 촉구하였다. 동 연설문 사본은 주한중화민국대사관에도 전달되었다.

2) 양국 외교당국 간 협의

| 첸푸 외교부장, 한철수 대사 면담 |

5월 24일(금) 첸푸 부장은 한철수 대사를 초치하여, 국내 헌정 개혁 현황을 설명하고 중공과의 관계 개선 동향에 대해 문의하였다.

첸 부장은 1990년 5월 리덩후이 총통이 취임 시 공약한 헌정개혁이 순조롭게 진행되어 총통부내 국가통일위원회 설립, 국가통일강령 채택, 행정원내 대륙위원회 설립, 해협교류기금회 설립을 이행했으며 4월에 '동원감란시기 임시조례'가 종료되었다(사실상 중공을 정치적 실체로 인정)고 설명하였다. 동원감란시기 종료 이후, 일부 국내외 언론이 양안 관계가 전면 정상화되었다는 보도는 사실이 아니며 중공의 호의적 반응을 기초로 단계적으로 양안 관계를 발전시켜 나가고자 하나, 최근 중화민국 해협교류기금회 대표단의 대륙 방문 결과, 중공이 여전히 ① 중화민국 고립 외교정책을 포기하지 않았으며 ② 중화민국을 지방정부로 간주하고 있으며 ③ 대중화민국 무력 사용을 포기하지 않고 있다는 것을 확인하였다고 언급하였다.

첸 부장은 이어 9월 한국의 유엔 가입 후 중공과 수교 가능성, 5월 말 한·중공 수교 가능성에 관한 언론의 추측 보도에 대한 사실 여부를 문의하였으며, 이에 대해 한 대사는 유엔 가입과 관련, 한국은 북한과 동시가입을 원하고 있으나 북한이 반대할 경우 단독가입을 추진할 것임을 설명하고 한국의 유엔 가입과 중공과의 수교는 별개의 문제이며 5월 말 수교설은 전혀 근거 없는 것이라고 강조하였다. 첸 부장은 지난 4월 장샤오옌 외교차장 방한 기간에 최호중 통일원 장관, 이상옥 외무장관, 유종하 외무차관이 면담이나 식사를 주최해 준 데 대해 사의를 전하면서 유종하 차관이 편리한 시기에 방문해 줄 것을 희망하였다.

중화민국 측은 계기마다 한국 외무부 고위인사의 타이베이 방문을 지속해서 요청하였다. 한국 측은 이러한 요청에 대해 심각하게 검토한 적이 없었다. 우리 대사관 내에서는 이러한 본국 정부의 입장을 이해하기 어렵다는 분위기였다. 외무부 고위인사의 동남아 국가 방문 시에 타이베이를 경유하는 방문을 건의한 바도 있었다. 이와는 대조적으로 최호중 외무장관은 1990년 3월 12일 파키스탄 방문 길에 중국의 반응을 보려고 일부러 북경 공항을 경유하는 항공편을 탑승하였다. 공항에서 중국 측의 접근은 없었으며 릴리(James Lilley) 미국대사와 파키스탄 대사와의 면담으로 끝났다고 한다.[37]

첸 부장이 언급한 '동원감란시기 임시조례'란 중국 공산당이 일으킨 내란을 진압하기 위하여 국민과 국력을 총동원하는 시기에 적용하는 초헌법적인 특별 조치법으로서 이를 폐지한다는 것은 중국 공산당 정권을 사실상 인정하고, 중공과의 적대관계를 청산한다는 것을 의미한다. 이에 따라 대만해협 양안 간에는 2개의 대등한 정치 실체가 존재하며, 중국(전체)은 이와 같이 대만과 대륙으로 분리되어 각각 2개 정치 실체에 의거 통치되고 있다는 것이 공식 입장이 되었다. 이러한 법적 기초와 현실 인정에 입각하여 공식적으로 소위 탄성외교를 추진하고 중국과의 수교국이나 수교하려는 국가에 중화민국과의 단교를 요구하지 않는 이중승인 정책을 추구해 나간다. 그러나 현실적으로는 중국이 이를 받아들이지 않음으로써 이중승인이 실현되지 못하고 있는 상황하에서 같은

---

37 최호중, 앞의 책, 41쪽.

분단국인 한국에게 이중승인에 대한 막연한 기대를 계속 갖고 있었다.

첸 부장과 한 대사 간 면담 후 며칠 지난 5월 28일(화) 북한은 외교부 성명을 통해 북한의 유엔 가입 신청서 제출 과 남북한의 유엔 동시 가입을 수용한다는 입장을 발표하였다.

중화민국 정부는 남북한 유엔 동시가입이 앞으로 한중 관계 개선과 한·중화민국 관계에 어떠한 영향을 미치게 될 지 주목하면서 대응에 부심하였고, 대만 언론 또한 깊은 관심을 갖고 보도하기 시작했다.

5월 31일(금) 외무부는 우리 대사관에 남북한의 유엔 가입과 한중 수교 가능성에 대한 중화민국 정부와 언론의 문의에 대한 대응 지침을 하달하였다. 남북한의 유엔 가입은 한반도 주변의 전반적인 화해 분위기 조성에 기여할 것이나 남북관계의 진전 없이는 한중 관계 개선에 직접적인 효과를 끼칠 것으로 보기 어려우며 중·북한 간의 전통적 유대관계로 북한에 대내외적 어려움을 주지 않을 것이므로 한중 수교는 예상 외로 시간이 소요될 것으로 전망하며 한국 측으로서는 재촉하지 않는다는 입장이었다.

| 장샤오옌 외교차장, 한철수 대사 면담 |

6월 1일(토) 오전 장샤오옌 외교차장은 한 대사를 초치하였다. 장 차장은 북한의 유엔 가입 의사 발표가 한반도 정세 및 한·중공관계에 많은 영향을 줄 것으로 보이며 중화민국 정부는 이에 상당한 관심을 갖고 있다고 하고 한국 언론의 한·중공 외무장관 회담, 한·중공 유엔 대사 간 접촉 가능성 등 다양한 보도의 진위 여부를 문의하면서 양국 관계를 고려, 한·중공 간 관계 진전 사항을 사전에 통보해 줄 것을 요청하고 충분한 대화가 있기를 바란다고 하였다. 이에 대해 한 대사는 상기 본부 지침에 따라 대응하고 현재 한·중공 간 관계 발전은 없으며 한국 측은 지

금까지 주한중국대사관을 통해 한·중공관계 진전 사항을 통보해 왔다고 강조하고, 앞으로도 한·중공 관계 진전이 있을 경우 양국 대사관을 통해 통보하도록 본부에 건의하겠다고 답변하였다. 장 차장은 최근 국내 증권시장 상황이 별로 좋지 않은데 한·중화민국 관계가 흔들린다는 소식도 일부 영향을 미치는 것으로 알고 있으며 동일 면담 내용은 리 총통, 하오 행정원장에도 보고할 예정이라고 하면서 상황을 심각하게 보고 있음을 시사하였다. 남북한의 유엔 동시가입을 계기로 중공이 만약 한국과 수교함으로써 2개 한국 정책을 수용하게 된다면, 중공의 2개 중국을 용인하지 않는다는 입장과 모순된다는 중화민국 측의 그간 논리와 주장에 불가피하게 영향을 미칠 수밖에 없다는 현실이 다가오고 있었다.

| 이상옥 장관, 진수지 주한대사 면담 |

6월 5일(수) 오전 이상옥 장관은 진수지 주한대사의 요청으로 진대사와 면담하고 양국 관계와 한중 관계 개선 동향에 대해 의견을 교환하였다. 1991년 중 이 장관은 진수지 대사의 요청으로 진 대사와 2번 면담을 하는데, 첫 번째 면담이었다.

진 대사는 북한의 유엔 가입 결정은 한국 외교의 성과라고 평가한 후, 한중 조기 수교 가능성에 우려하고 있다고 하면서 중화민국은 한국과의 관계를 매우 중시하고 있으며 고위인사들의 상호 방문, 특히 외무부 고위급인사의 중화민국 방문을 기대하며 향후 한중 관계 진전사항을 수시로 사전에 알려 줄 것을 요청하였다. 이에 대해 이 장관은 북한의 유엔 가입은 반드시 한중 수교와 연결되는 것은 아니며 중국·북한 관계의 기존 유대관계 등을 고려할 때 한중 관계 정상화는 다소 시간이 소요될 것이라고 전망하고, 한국은 중국과의 관계 개선을 계속 추진할 것이나 급하게 서두르지는 않을 것이라고 하면서 한반도 주변 국가들과의 관계 개선이 불가피함을 강조하고 그럼에도 불구, 오랜 우방인 중화민국과의 관계도 계속 유지 발전시킬 것이라고 설명하였다. 아울러 향후 한중관계 진전사항은 과거와 같이 계속 중화민국 측에 수시로 설명해 줄 것이라고 말하였다. 진 대사가 중화민국의 APEC 가입 문제에 있어서 협조를 요청한 데 대해서 이 장관은 3자간의 협의가 진전되어 중화민국이 APEC에 조기 가입하기를 바라며 APEC에 빨리 가입하면 GATT 가입에도 도움이 될 것이라고 강조하였다. 대만 언론은 6월 7일(금) 진 대사의 이 장관과의 면담 사실을 보도하면서 양측은 양국 관계 강화 필요성과 최근 한·중공관계에 관한 언론 보도가 과장이 많다는 데 의견을 같이 하였고 양국 간 대화 채널이 잘 유지되고 있다고 보도하였다.

| 이상옥 장관, 국내 강연 |

한편 이상옥 장관이 진수지 대사에게 남북한의 유엔 동시가입은 한중 수교 문제와 반드시 연결되는 것은 아니며 중국과의 수교를 서두르지 않는다는 입장을 전달한 것과는 달리, 이 장관은 국내 공개연설에서는 남북한 유엔 동시가입이 실현되면 한중 간 수교도 촉진될 수 있을 것으로 전망된다고 밝혔다.

6월 13일(목) 이상옥 장관은 한국지역정책연구소 주최 조찬회에서 "남북한의 유엔 동시가입이 한반도 및 동북아질서 재편에 미칠 영향" 제하의 연설에서 지난 5월 리펑 중국 총리의 방북이 북한의 태도 변화에 큰 영향을 미쳤을 것으로 생각하며, 북한의 유엔 가입 문제에 대한 태도 변화는 북방외교가 남북한 관계 차원에서 거둔 최초의 가시적 성과라고 강조하였다. 아울러 남북한 유엔 가입이 실현되면 한중 간의 수교도 촉진될 것으로 전망되며 북한의 유엔 가입 결정 과정에서 보인 중국의 현실직시노선은 향후 한중 수교에 있어서 새로운 가능성을 보여주고 있다고 말하였다.

이어 6월 24일(월) 이상옥 장관은 국방대학원에서 "한국의 외교정책" 제하 강연에서도 1991년도 추진하고 있는 주요 외교과제로서, 유엔 가입 문제, 북한의 핵무기 개발문제, 한미 안보협력체제 강화, 한일 우호 협력 강화, 아시아인방(隣邦)외교 강화, 한·소련 실질 협력관계 증진, EC와의 협력 강구와 함께 "한중 관계 정상화 추진"을 제시하면서 "한중 간 실질관계의 지속적 증대(실례로 1990년 중 인적교류 5만 7천 명, 교역 38억 불)를 바탕으로 중국과 관계 정상화를 위한 분위기 조성에 노력해 왔으며 무역대표부의 상호 개설이 정치적 관계 발전을 위한 기반을 마련한 것으로 보고, 남북한 유엔 가입에 이어 국제정세가 한중 관계 정상화에 유리하게 전개되기를 기대한다"고 언급하였다.

| 외무부 분석 |

실제로 외무부 내부적으로는 중국이 북한에게 남북한 협의에 의한 조기 유엔 가입을 권고[38]한 것은 한반도 평화와 안정을 원하는 중국의 정책에 부합한다고 판단했을 것으로 보고, 다만 중국으로서는 한중 관계 조기 정상화는 북한의 고립화를 초래하므로 주변 4강 간의 균형을 고려, 일·북한 관계와 미·북한 관계 개선과 균형 있게 연계시킬 가능성이 있다고 분석하였으며 남북한 유엔 동시가입 후에는 한중 관계 개선에 있어 북한 요인으로 인한 부담이 경감될 것이므로 중기적으로는 관계 개선이 가속화될 것으로 예상하였다. 그러한 과정에서 중화민국과의 기존 관계는 계속 유지하고 한중 관계 발전 내용은 수시로 중화민국 측

---

38 첸치천, 앞의 책, 156-157쪽.

에 설명하며, 중화민국·북한 간의 교류는 북한의 군사력 증강에 기여하는 것이 아닌 한 반대하지 않기로 하였다.

한편 릴리(James Lilley) 전 주중미국대사는 6월 중순 현홍주 주미대사와의 오찬에서, 중국은 한국의 유엔 가입 문제에 있어서 소련의 지지를 확인한 후 간접적으로 의사 표시를 한 것이라고 본다고 하면서 중국은 남북한 통일과정이 촉진되어 정치, 경제, 군사적으로 강력한 통일한국의 출현을 원치 않으며 북한이라는 완충지대를 가능한 한 오래 확보할 수 있기를 원하고 있다고 분석하고, 한중 간 교역과 교류의 급속한확대 추세로 보아 한중 수교가 먼 장래의 일이 아니므로 한국으로서는인내심을 갖고 의연하게 대응하는 것이 좋을 것이라고 표명하였다.

3) 이시영 외무부 외정실장 재방문

이시영 외무부 외교정책실장이 6월 28일(금)-30일(일)간 APEC 고위급 회의(Senior Officials Meeting: SOM)의장 자격으로 타이베이를 2월 방문에 이어 다시 방문하여, 중화민국 외교부와 APEC 가입 문제에 관한 협의를 이어 갔다.

이 실장은 첸푸 외교부장을 예방하고 팡진옌 상무차장 주최 오찬, 양국 대표단간 회의, 우쯔단 국제조직사장(국장) 주최 만찬에 참석하여 중화민국의 입장을 진지하게 청취하면서 타협안을 모색하였다.

중화민국 측은 정식 국호인 'Republic of China'로 가입할 수 없는 '국제정치 현실'은 인정하나 'People's Republic of China'의 일부로서 참가는 수락할 수 없다는 기본 입장을 견지하면서 호칭, 참가대표 문제에 있어서 중국대륙과 불평등한 참가조건을 수락할 경우 국내 정치상 어려운 상황에 직면하며 특히 대만독립 주장 세력에 힘을 실어 주는 결과가 될 것을 우려한다고 표명하면서, 양국 간 전통적 우호 관계를 감안하여 자신들의 입장이 최대한 반영되도록 노력해 줄 것을 요청하였다. 이 실장은 중화민국의 입장을 고려하여 최선을 다하고 있다고 하면서 중화민국 측도 조기 가입을 위해 최대한의 신축성을 갖고 대응해 줄 것을 요청하였다. 이후 이 실장은 핵심 사항인 대표(representation) 문제에 대해서는 '외무장관 이외의 APEC 관련 각료 파견', 호칭문제에 있어서는 쌍방 간 합의 선례가 있는 'Chinese Taipei'를 기초로 중재역할을 계속 수행하면서 합의를 이끌어냈다.

이 실장은 타이베이 방문 후 북경을 방문하여 APEC 가입 문제 협의를 이어갔는데, 이때부터 중국은 APEC 참가 실현을 한중 관계 개선의 하나의 과정으로 인식하기 시작하였다. 중국 외교부 완용샹(万永祥) 차관보 주최 만찬 시, 동인은 APEC관련 한중 간 협의가 양국 관계 개선에 기여하고 있다고 언급하였으며 종래와는 달리 협의 중 APEC문제뿐 아니라 남북한 유엔 동시가입 문제, 북한 핵사찰 문제 등 민감한 외교 사안에 대해서도 자유롭게 의견교환을 하고, 향후 APEC 관련 협의 창구로 한국 북경대표부를 제의하였다.

4) 한중 관계 개선에 따른 대중화민국 대응

| 이상옥 장관, 국회 답변 |

이상옥 장관은 1991년 7월 9일(화)−12일(금) 155회 임시국회 대정부 질의에서 김제태 의원, 정옹 의원, 이상희 의원의 한중 수교 시기 전망에 대한 질문에 대해, 중국·북한 간 전통적 유대와 한중 공식관계 설정으로 인한 북한 고립 심화로 한반도 안정을 해칠 우려가 있다는 중국 측 입장을 고려할 때, 한중 간 공식관계 수립은 어느 정도 시간이 걸릴

것이나 9월 남북한의 유엔 동시가입 등 한반도 주변의 급격한 제반 정세 변화를 감안한다면, 한중 수교가 예상보다 빨라질 가능성도 배제할 수 없다고 답변하였다. 특히 중국이 한반도 통일 문제와 중국 자신의 통일 문제를 분리해서 보려는 태도를 보이고 있고 남북한의 유엔 동시 가입으로 중국에 있어서 북한 부담 경감이 예상되므로 한중 관계에 긍정적 영향을 미칠 것으로 전망된다고 답변하였다.

이 장관은 유인학 의원의 한중 관계 정상화 시 중화민국과의 관계 전망에 대한 질의에 대해서는 한국은 중화민국과 오랫동안 긴밀한 유대를 이어 왔으며 최근에는 정치, 경제 등 제반 분야에서 상호 양호한 협력관계를 유지해 오고 있는 바, 이러한 우호 협력관계는 향후에도 계속 유지될 것으로 전망한다고 답변하였다.

| 한중 관계 개선에 따른 대중화민국 대처 방안 보고 |

남북한이 오는 9월 유엔에 동시가입할 것으로 예상되는 가운데 유종하 외무차관은 7월 24일(수) 정원식 총리에게 한중 관계 개선 추진에 따른 대중화민국 대처방안을 보고하였다.

한중 관계 개선 동향에 대한 중화민국 측의 우려를 경감시키기 위해 노력해 왔으나 한중 관계가 수교 단계에 돌입할 경우, 중화민국과의 기존 관계 조정이 향후 과제라는 인식하에 앞으로 다음과 같이 추진하기로 하였다.

> ○ 한중 관계 개선 추진 과정에서 중화민국의 위상을 계속 존중해 줌으로써 중화민국이 받는 외교적 충격을 극소화 하는 노력을 지속함.
> - 한중 관계 개선 추진 상황을 사전 설명, 중화민국의 국제기구 참여를 가능한 범위 내에서 지원, 양국 간 고위인사 교류 및 의원외

교 강화, 중화민국 인사 방한 시 의전상 호의적 배려, 우리 대외
정책 홍보활동 지속 추진 등.
○ 한중 수교교섭 시, 중화민국과의 단교가 불가피할 경우, 단교를
하되, 중화민국의 위상을 가능한 한 존중하는 방향으로 대처함.
- 관계 조정 직전에 중화민국에 정부특사를 파견, 관계조정 방침
을 사전에 통보하여 중화민국이 받는 충격을 완화.
- 미국, 일본, 사우디 등 사례를 참고, 제반 상황을 검토하여 민간
대표부의 명칭, 지위, 기능을 결정.
○ 한·중화민국 간 관계조정 이후에도 양국 간 실질관계를 강화하
여 국익 증대를 도모해 나가기로 함.

한국 정부는 이미 1년여 전에 중국과 수교할 경우, 중화민국과의 단
교는 불가피하며 중화민국의 위상을 고려, 단교 전에 정부 특사를 파견
한다는 정책적 판단을 내부적으로 공식화하였던 것이다. 이러한 배경에
는 중화민국, 중국 양측 모두 공식적으로 '하나의 중국' 원칙을 표명하
고 있으며 그간 중국과 수교과정에서 미, 일 등 주요국을 포함한 모든
국가가 예외 없이 '하나의 중국' 원칙에 따라 중화민국과 단교하였으며,
남북한이 동시에 유엔에 가입하게 됨으로써 남북한은 국제사회에서 사
실상 2개의 한국을 인정하게 된 상황인 만큼, 남북한 관계와 양안 관계
는 본질적으로 다른 문제라는 판단에 이르렀기 때문으로 보인다. 동 보
고 후 외무부 동북아2과 조원명 사무관은 외교행낭 편 서한을 통해 보
고서 요지를 알려 주었다. 8월 28일(수) 박노영 대사는 동 보고서를 지
참하고 부임하였다.

10. 양국 인사 교류

1) 제24차 한중 경제각료회담 개최

7월 25일(목)-28일(일)간 우보슝(吳柏雄) 내정부장이 한국 건설부 장관의 초청으로 방한하여 건설 협력을 중심으로 경제통상 협력 문제에 관해 협의하였다.

이어서 제24차 한중 경제각료회담이 7월 28일(일)-8월 3일(토)간 타이베이에서 개최되었다. 7월 28일(일)-30일(화)간 경제협력, 통상협력, 기술협력 등 3개 분과 위원회가 개최되었으며, 우리 측 수석대표인 이용만 재무부장관은 7월 31일(수)-8월 3일(토)간 방문하여 각료회담을 샤오완창 경제부장과 함께 주재하고, 리덩후이 총통, 하오보춘 행정원장 예방, 첸푸 외교부장 면담 및 오찬, 왕젠쉬안(王建煊) 재정부장 면담 및 만찬 등에 참석하였다. 외국 각료에 대한 최상의 의전과 예우를 제공하였다. 물론 양국 관계의 유지발전을 강력히 희망하는 중화민국의 입장을 보여주는 것이었다.

회담에서는 중화민국 측은 APEC 및 GATT 가입 문제에 있어 한국 측 지지를 요청하였으며 우리 측은 중화민국의 APEC 참가 필요성을 이해하고 있으며 의장국으로서 3자와의 협의가 원만히 진행되어 3자 모두가 11월 APEC 각료회의에 참가할 수 있도록 노력할 것이며, GATT 가입 문제에 관해서는 양국 간 전통적 우호 관계와 중화민국의 세계 경제에서의 비중 등을 고려, 원칙적 지지 입장이므로 앞으로도 GATT 주요 체약국과 협조하여 협력해 나가겠다고 표명하였다. 우리 측은 한국산 자동차(수입시장 점유율: 1984년 6.5%에서 1989년도 1.4%로 하락, 물량은 2.4배 증가)의 쿼터 철폐와 대일본 무역적자 공동대응을 위한 적극적 대응을 요청하였으며, 중화민국 측은 쿼터 폐지에 대해서는 그간 국내산업 보호와 무역적자 우려와 함께 한국의 중공 접근에 대한 국민의 반감을 고려하여 유지해 온 소극적인 입장을 계속 견지하였다. 아울러 양측은 그간 대일 무역적자에 대한 공동 대응을 평가하고 상호 시장 설명회, 부품 구매전과 전시회 상호 참가, KOTRA와 CETRA(중국 대외무역개발협회: China External Trade Development Council) 양 기관의 '대일 역조개선 사업 전담반' 활동을 강화하기로 합의하였다. 건설 협력에 관한 양해록도 서명되었다.

우리 측 대표단 일원으로 방문한 신정승 동북아2과장은 중화민국 외교부의 접촉 제의를 기대하였으나 중화민국 외교부는 별다른 반응이 없었다. 신 과장은 방문 당시 "현재 한중 관계에 있어서 여러 가지 진전이 있다" 정도는 얘기를 해 주려고 했다고 한다.[39] 나 자신의 현지 활동 및 현지 일본교류협회, 미국재대만협회(AIT: American Institute in Taiwan)의 외교관들과 면담 등을 통해 그들의 경험도 전해 들어 느낀 점은, 당시 중화민국 외교부가 전반적으로 실무인력이 부족하고 상의하달 식의 정책 결정으로 실무자들이 적극 나서는 분위기는 아니었다.

제24차 한중 경제각료회담은 결과적으로 1992년 8월 단교로 마지막 회담이 되었다. 제25차 회담을 1992년 8월 16일부터 서울에서 개최키로 합의하였으나 8월 24일 단교하게 됨에 따라 개최되지 못했다. 1966년 2월 박정희 대통령의 중화민국 방문을 계기로 시작된 동 회담은 한일 각료회담과 함께 한국경제발전 과정을 함께 하며 가장 오래 기간 중 개최된 외국과의 정례 각료회담이었다.

---

39 신정승, 앞의 책, 165쪽.

2) 한철수 대사 이임

8월 6일(화) 한철수 대사는 이임에 앞서 첸푸 외교부장을 면담하였다. 첸 부장은 먼저 한 대사 재임중 양국 관계 발전을 위한 노력을 높이 평가한다고 하면서 중화민국의 APEC 가입 문제를 위한 이시영 대사를 비롯한 한국 외무부의 노력에 감사하며 중화민국으로서는 미국도 APEC 각료회의에 중화민국의 외교부장(장관) 불참에 동조하고 있는 국제 현실을 인식하여 현명한(sensible) 대응을 하고자 하나, 협의 과정에서 중공의 지나친 요구를 받아들일 수는 없으므로 대표단 직책 표기 문제 등에 있어 한국 측의 적극적인 중재 노력을 요청한다고 언급하였다.

이에 대해 한 대사는 자신의 재임 중 첸 부장을 비롯한 중화민국 정부의 전폭적 지원에 사의를 전하며, APEC 가입 문제에 관해서는 본국 정부가 중화민국 입장을 고려하여 최선의 노력을 경주하고 있다고 하면서 지난 7월 경제각료회담에서 샤오완창 경제부장이 직접 이용만 재무장관에게 표명한 중화민국의 입장이 바로 이상옥 외무장관에게 전달되었다고 설명하였다. 한 대사는 1988년 8월 10일 롄잔(連戰) 외교부장에게 신임장사본을 제출한 후 3년 근무를 마치고, 1991년 8월 8일 타이베이를 이임하여 주브라질대사로 부임하였다.

3) 이상옥 외무장관, 진수지 주한대사 면담

8월 8일(목) 오후 이상옥 장관은 진수지 대사의 요청으로 진 대사를 면담하였다. 1991년 중 이루어진 이 장관과 진 대사 간 2번 면담 중 6월에 이어 2번째 면담이었다.

진 대사는 최근 양국 간 고위인사 교류(경제각료회담 계기 재무부

장관 방중, 중화민국의 내정부장, 해군참모총장 방한 등)를 통해 양국 관계가 심화되고 있다고 평가하면서 중화민국 건국88주년기념 쌍십절 행사에 국회의장 파견과 GATT 및 APEC 참가문제에 대한 지속적인 지원을 요청하였다.

이에 대해 이 장관은 고위인사 상호 방문이 양국 관계에 유익하다는 데 동의하며, 쌍십절 경축사절에 국회의장 파견을 긍정적으로 검토하겠다고 답변하였다. 이어 중화민국의 GATT 가입은 당연하게 지지해 왔으며 향후에도 미국 등 주요 체약국과 협의해 나가겠다고 하고, APEC 참가문제에 관한 중화민국 입장을 충분히 이해하고 있으며 8월 25일-29일 경주 개최 APEC각료회의의 고위급회의(SOM: Senior Officials Meeting)전에 타결 방안 강구를 위해 고위급회의 의장인 이시영 대사가 최선의 노력을 다하고 있으며 3자 모두가 타협적 자세로 합의를 위해 노력하는 것이 중요하다고 답변하였다.

또한 진 대사는 언론, 학자 등 많은 사람들이 9월 17일 남북한 유엔 동시가입 이후, 경제 관련 협정 체결, 영사처 개설 등 한중 관계가 가일층 개선될 것이라고 보도하여 중화민국 내 우려가 크다고 언급하였으며 이에 대해 이 장관은 한국 언론의 지나친 추측 보도로 정부가 난처하며 경제관계 협상은 민간차원에서 추진 검토 중이라고 하고, 자신은 홍콩에서 기자 질문에 "우리는 한중 조기 수교를 바라지만, 시간을 정해 놓고 조급하게 추진하지는 않겠다"고 언급한 바 있으며 "기본적으로 한중 관계가 한·중화민국 관계를 저해해서는 안 된다는 생각을 갖고 있다"고 답변하였다.[40]

외무부는 이어 중화민국 측에 대해 한중 관계 추진 사항에 대해 지속적으로 통보해 주었다. 8월 23일 신정승 동북아2과장은 왕카이 공

---

40 이상옥, 앞의 책, 182쪽.

사를 초치하여 한중 간 무역투자협정회담 개최 예정 사실을 통보하고, 9월 3일 왕 공사를 다시 초치하여 동 회담 결과를 통보하였다.

제3부
주중화민국대사관 근무
(1991년 8월 - 1992년 8월)

1991년 8월 주중화민국 한국대사가 교체되었다. 한철수 대사가 8월 8일(목) 이임하고 박노영 대사가 8월 28일(수) 부임하였다. 직원 교체도 있어 연상모 1등서기관과 김현중 영사가 귀임하고 이수존 영사가 부임하였다. 공관 직원 중 외무부 파견직원 1명이 줄었다. 1990년 11월 최민구 상무관의 대사관 부임으로 과거에 비해 1명 증원 상태임을 감안, 외무부가 상시적인 직원 부족으로 수요가 많은 상황에서 외무부 파견직원 1명을 감축한 것이었다. 나는 연상모 서기관이 그간 담당했던 정무업무를 시작하였으며 경제통상업무는 최 상무관이 주로 하면서 함께 참여하였다. 이후 나는 박 대사의 1991년 8월부터 1992년 8월까지의 1년 재임기간 동안, 중화민국 고위인사와의 모든 면담에 거의 빠짐없이 배석하였다.

1991년 8월부터 1992년 8월 중화민국과 단교하기 전까지의 1년은 1989년 냉전 종결 후 한반도 냉전구조 해체를 위해 남북한 및 주변 대국 간 외교가 가장 활발하게 전개된 시기였다. 냉전이 종결되면서 소련, 중국, 북한 체제가 크게 흔들리고 미국과 일본이 한국을 전폭적으로 지원하던 중 1990년 9월 소련과의 수교에 이어, 1991년 9월 남북한 유엔 동시가입이 이루어지고 11월 APEC 각료회의를 주최하고 국제사회에서의 우리의 외교활동 공간이 크게 확대되면서 1992년 8월 중국과의 수교에 이르는 기간이다.

동 기간을 편의상 ① 1991년 8월부터 1991년 말, ② 1992년 초부터 1992년 4월 12일(한중 수교교섭 개시 전), ③ 1992년 4월 13일(한중 수교교섭 개시일)부터 8월 9일, ④ 8월 10일부터 8월 24일 중화민국과의 단교까지 4개 시기로 나눈다.

1. 1991년 8월 - 12월 동향

1) 박노영 대사 부임

1991년 8월 28일(수) 박노영(朴魯榮) 대사 내외분이 부임하였다. 박 대사는 직업군인 출신으로 1972년 사단장, 1976년 주미국대사관 국방무관, 1979년 수도군단장, 1981년 한미연합사 부사령관, 1983년 대장 예편한 후 한국관광공사 이사장, 재향군인회 부회장을 역임한 후에, 주중화민국대사로 부임하였다.

『중국시보』 등 일부 대만 언론은 퇴역 후 민간인 신분의 박 대사 부임에 대해 한국 측의 양국 관계 격하 시도라고 무리하게 해석한 바 있으나, 박 대사는 부임 후 노태우 대통령과 군에서의 인연 등을 배경으로 노 대통령에게 공식보고 뿐 아니라 가끔 친필서한을 통해 현지 사정 및 양국 관계 발전을 위한 건의사항을 직접 보고하였다. 직업외교관으로서는 상상하기 어려운 국가원수와의 직접 소통이었다. 노 대통령 자신도 1992년 5월 장옌스(蔣彥士) 특사와 면담 시 박 대사의 서한을 가끔 받고 있어 중화민국 측 입장을 잘 이해하고 있다고 언급하였다.

박 대사는 첫 번째 관내 회의에서 부임 전에 외무부 브리핑을 통해 중화민국 측의 우려와 불만을 나름대로 이해하게 되었다고 하면서 군인과 외교관은 어떠한 상황에서도 국익을 위해 최선을 다하여야 하는 만큼 주어진 여건하에서 한·중화민국 관계 발전을 위해 함께 노력해 나가자고 말하였다.

| 한중 관계 개선 추진에 따른 대중화민국 관계 방안 |

박 대사는 외무부로부터 '한중 관계 개선 추진에 따른 대중화민국

관계 방안'에 관한 1990년 12월 청와대 보고 및 1991년 7월 국무총리 보고 내용에 관해 브리핑을 받았으며, 한국의 기본 입장은 한중 관계 개선 추진과정에서 "중화민국의 위상을 존중해 줌으로써 중화민국이 받는 외교적 충격을 극소화하고, 양국 간 실질관계의 확대 강화를 통하여 실익을 도모하고 양국 관계 조정은 한중 수교의 최종단계에서 검토한다"는 것이라고 언급하였다.

주요 추진방안으로는 ① 6월 5일 이 장관이 진수지 대사에게 언급한대로 한중 관계 추진 현황을 수시로 중화민국 측에 설명, ② 고위인사 교류 추진(단, 외무부장관 등 정치적으로 민감한 인사 방문은 자제), ③ 중화민국 정부 및 언론에 대한 북방정책 홍보 활동 지속 추진, ④ 중화민국 인사 방한 시 공항 귀빈실 사용, 우리 인사 예방 등에서 기존 관례의 호의적 적용, ⑤ 연례 경제관계 분야 회담 개최 등 경제 분야 협력 강화 지속 추구, ⑥ 중화민국의 대북한교류에 대해서는 의연한 자세 견지 등이 포함되었다. 박 대사는 본국정부가 이러한 추진방안을 감안하여 현지 공관이 대처해 달라고 했으니 이를 염두에 두고 활동하라고 당부하였다.

당시 앞으로의 중화민국과의 관계는 기본적으로 현지 공관보다는 결국 본국 정부가 앞으로 중화민국을 어느 정도 존중할지에 관한 정치적 의지와 판단에 따른 실제 행동에 달린 것이었다. 그 당시에도 이해하기 어려웠고 지금도 이해하기 어려운 것은, 단교되기 전에, 더욱이 중국과 수교교섭도 시작되기 전에 우리 스스로 전통적인 우방인 중화민국과 외무장관 등 고위 외교당국자 간의 교류를 자제하기로 했다는 지침이다. 비슷한 시기에 중화민국과 특별한 역사적 관계도 없는 상황에서 중국과의 관계 개선을 추진했던 남아공과 같은 나라도 외무장관 방문 등을 통해 중화민국과의 기본적 신뢰관계를 유지하고자 했던 사례와는 전혀 다른 접근 방식이었다. 오히려 단교에 앞서 양국 간 외교당국 간의 지속적 대화로 어느 정도 신뢰를 쌓아 놓았다면 단교 전후의 상황이 상당히 달라졌을 것으로 생각한다.

9월 초 당시 미국 스탠포드 대학에서 연수 중인 신각수 과장은 개인 서한을 통해 한중, 한·중화민국 관계에 대해 의견을 전해왔다. "본국 외무부가 내년까지 중국과 수교하려고 상당히 드라이브를 하고 있는 것으로 보이는데 그 여파가 대만에도 미치게 될 텐데 한·대만관계를 어떻게 가져가야 할지 지금부터 철저히 대비해야 할 것 같으며 미국, 일본, 싱가포르, 사우디아라비아 등의 사례가 참고가 되겠지만 우리 상황에 맞는 방안(formula)을 마련해 놓아야 할 것"이라는 의견이었다. 나도 같은 생각이었다. 당시 중화민국 내 주요 정책연구기관인 국가정책연구중심은 '우리나라 대외정책 및 행동취향(取向)' 보고서를 통해 한국과의 관계에 대해 "한국과는 외교관계를 유지하고 있으나 양국 공무원 간의 교류가 매우 적은 것이 유감이다. 특히 국가원수급 상호교류가 전혀 없으므로 우리나라가 먼저 서울을 방문하겠다고 주동적으로 표명하거나, 남한 대통령이 중화민국을 방문하도록 초청해야 한다"고 주장하였다.[1]

| 박 대사, 신임장 제정 |

박 대사는 9월 2일(월) 외교부에 신임장 사본을 제출하였으며, 12일 (목) 10시에 리덩후이 총통에게 신임장을 제정하였다. 리 총통은 신임장 제정 답사에서 "양국 간 전통적인 우호 관계는 오래 지속되어 왔으며 최근에 양국 간 문화 및 경제협력이 부단히 확대 증진되고 있는 추세는 양국 간 우의의 강력한 유대를 보여주는 것"이라고 언급하였다.

1 『아국 대외정책 및 행동취향(我國對外政策及行動取向)』, 臺北: 国家政策研究中心, 1991년 9월, 228쪽.

그날 외무부 동북아2과로부터 쌍십절 계기로 박준규 국회의장을 단장으로 국회의원 2명, 노동부장관, 외무부 심의관 등으로 구성된 특사단 파견이 결정되었으니 우선 통보한다는 전화를 받았다. 외무부로서는 박 대사 부임초기에 정착과 활동에 힘을 실어 주기 위해 노력하고 있었다.

그 기간 중 한국 MBC 등 일부 언론이 덩샤오핑의 한국과 관계 정상화 의지 전달설을 보도한 데 대해 9월 9일(월) 한국 외무부 대변인이 그러한 사실이 없다고 공식 부인하는 성명을 발표하였다. 이에 관해『중국시보』는 9월 10일(화) 사설에서 남한 정부와 언론이 과거와 같이 합작하여 중공에 또 한 번 추파를 보냈으며 남한의 사대주의와 대륙붐으로 나라 체면만 손상시키고 있다면서 남한이 순리대로 진행하기를 바란다고 주장하였다.[2] 대사관으로서는 박 대사 부임전에도『중국시보』가 박 대사 내정과 관련하여 양국 관계 격하 시도라는 사설을 게재한 바 있는 데다, 박 대사의 신임장 제정을 바로 앞두고 그와 같은 사설을 게재한 데 대해 묵과할 수 없다는 판단하에, 최충선 공보관과 나는 9월 11일 오후 5시『중국시보』본사를 방문하여 황자오쑹(黃肇松) 편집국장과 주리시(朱立熙) 주필을 면담하고, 한국 외무부의 공식부인 성명에도 불구하고 사설 내용이 사실과 일치하지 않아 한국에 대한 오해를 초래할 수 있으므로 객관적인 보도로 양국 간 우호증진에 기여해 줄 것을 촉구한다는 항의서한을 전달하였다. 외무부 신정승 동북아2과장도 9월 12일(목) 왕카이 공사를 초치하여 같은 취지로 한국 측 우려를 전달하였다.

| 박 대사, 주요 인사 예방 |

박 대사는 9월 12일 신임장 제정 이후 공식 예방대상인 40여 명

---

2 『중국시보』, 1991년 9월 10일.

의 정부 고위인사 면담에 본격적으로 나섰다. 내가 수행하였다. 14일 (토) 외교부 장샤오옌(章孝嚴) 정무차장, 청젠런(程建人) 상무차장 면담을 시작으로 10월 3일(목) 대사관 주최 국경일리셉션 전날까지 집중적으로 이루어지고 그 이후 11월까지 지속적으로 이어졌다. 외교부의 주선으로 하오보춘 행정원장, 량쑤룽 입법원장, 린양강(林洋港) 사법원장, 쿵더청(孔德成) 고시원장, 황쭌추(黃尊秋) 감찰원장 등 5원장, 주스례(朱士烈) 국민회의 비서장, 쑹신렌(宋心濂) 국가안전국장, 한중 경제 각료회담의 수석대표인 샤오완창(蕭萬長) 경제부장, 우보슝(吳伯雄) 내정부장을 비롯한 주요 각료, 롄잔(連戰) 대만성 주석, 황다저우(黃大洲) 타이베이 시장, 차이유투(蔡友土) 중한의원우호협회 이사장, 천선링 참모총장 등을 면담하였다. 아울러 전직 고위인사로 리환(李煥), 츄창환(邱創煥) 등 총통부 자정(資政, 고문)을 예방하였다.

9월 17일(화) 량쑤룽 입법원장과의 면담에서 량 원장은 1989년 11월 방한 시 노태우 대통령을 비롯한 한국 정부의 환대에 사의를 표명하고 양국 관계 강화의 계기가 되었다고 평가하면서 이번 쌍십절 특사 자격으로 방중하는 박준규 국회의장을 환영한다고 언급하였다. 10월 2일(수) 면담에서 하오보춘 행정원장은 한국의 유엔 가입을 축하한다고 하면서 한·중화민국 양국은 반공을 국시로 발전하여 왔으며 공산주의의 붕괴는 세계적 조류이므로 양국 상황이 다르기는 하나 자유민주주의 체제 구축이라는 공통 목표하에 계속 발전되기를 기대한다고 언급하였다.

박 대사는 외교부의 3명 외교차장(9월 14일 장샤오옌, 청젠런, 10월 14일 팡진옌) 전원과는 면담하였으나 첸푸 외교부장과의 면담은 별도로 하지 못 했다. 우리 측은 외교부 아태사(亞太司: 아태국)에 지속적으로 첸푸 부장과의 면담 주선 상황을 문의하였으나, 주선 중이라는 답변만 받았다. 장샤오옌 차장이 처음부터 박 대사를 계속 상대하는 것으로 내부 방침을 정한 것으로 나중에 파악되었다. 그러나 첸 부장이 박 대사의 부임 면담을 갖지 않은 것은 의도적인 것으로서 중화민국이 강조하는 양국 간 역사적 특수관계는 물론, 국제관례상으로도 맞지 않는 이례적인 것이었다. 첸 부장이 한국 측에 무언의 메시지를 보내려고 했던 건지, 아니면 박 대사 부임에 대한 실망감의 표현이었는지, 또는 권위주의 의식, 혹은 중화사상에 젖어서 그랬던 건지, 아니면 한국 대사의 중화민국, 중국과의 관계에 대한 똑같은 입장 표명이 듣기 싫었는지, 그 의도는 불분명했다. 박 대사의 첸 부장 단독 면담은 부임하여 8개월 후, 단교 4개월 전에 처음 이루어졌다. 1992년 4월 12일(일)-17일(금) 이상옥 장관의 북경에서의 ESCAP 총회 참석 차 첫 번째 방중 기간 중, 첸 부장이 4월 15일(수) 박 대사를 초치해 첫 면담이 이루어졌다. 첸치천 중국 외교부장이 1992년 4월 13일(월) 외무장관 회담에서 이상옥 장관에게 수교교섭 개시를 제의한 후 이틀 후의 일이었다.

외교부와는 달리 1991년 10월 1일(화) 샤오완창 경제부장과의 면담은 장빙쿤 차장을 비롯한 3명의 차장 전원이 배석한 가운데 이루어졌으며, 샤오 부장은 양국 경제통상 확대 추세를 평가하고 APEC 각료회의에 중화민국이 공식회원국으로 참가하게 된 데에 대해 한국 측의 적극적인 지원에 사의를 표명하였다. 샤오 부장이 11월 APEC 각료회의의 중화민국(Chinese Taipei 명의) 수석대표로 참석하게 된다.

린(林) 사법원장, 쿵(孔) 고시원장, 황(黃) 감찰원장과 자정(資政)들은 국가원로로서 한·중화민국 간 역사적 특별한 관계와 반공이라는 공통 국시를 강조하고 그간 한국 인사와의 개인적 인연을 회고하면서 한국의 발전을 높이 평가하고 양국 관계 발전을 기대하였다. 현직 각료들은 소관 분야에서의 양국 간 구체적 협력 증진을 희망하고 한국 측 상대 각료의 방중을 요청하였다. 중화민국 인사 중 일부가 한국의 유엔 가입 등 외교 성과를 거론하였으나 한중 관계 개선에 대해 특별한 언급을 하지는 않았다.

　박 대사는 양국 관계의 역사적 발전 과정(일제시대 독립운동과 한국 건국 초기 중화민국의 지원 등)과 직업군인 경력으로 인한 중화민국과의 특별한 인연 등을 소개하면서 노태우 대통령을 비롯한 한국 정부의 중화민국과의 관계 중시 입장을 전달하고 재임 중 양국 관계 발전을 위해 최선을 다하겠다고 언급하였다. 박 대사는 9월 16일 외교단장인 하베이(Alan Havey) 남아공 대사를 비롯하여 9월 26일 신임장을 제정한 세라핀(Sonny Seraphin) 아이티 대사 등과도 면담하였다.

2) 첫 번째 한중 외무장관 회담 개최

　1991년 9월 17일(화) 남북한은 유엔에 동시가입하였다. 한국 정부는 앞서 설명한 바와 같이 한중 관계 개선의 중요한 계기가 될 것으로 기대하였다. 이상옥 외무장관은 남북한의 유엔 가입이 실현된 후 유엔에서 한중 간의 첫 외무장관 회담이 개최하는 것이 대단히 중요하다고 생각하였다.

　1991년 8월 26일-28일간 북경에서 KOTRA와 중국국제상회(CCIOC)간의 무역협정 체결을 위한 회담에 KOTRA 부사장 자격으로 참석한 김석우 아주국장은 별도로 중국 외교부 친화쑨(秦華孫) 국제기구 국장을 만나 9월 유엔 총회에서 남북한의 유엔 가입 후 한중 외무장관 회담을 개최하는 것이 바람직하다는 뜻을 전달하였다. 이어서 이 장관은 9월 초 노창희 주유엔대사에게 주유엔중국대표부와 접촉하여 남북한의 유엔 가입 후 유엔에서 한중 외무장관회담을 개최될 수 있도록 추진할 것을 지시하였다. 9월 30일(월) 이 장관은 뉴욕 체류 중 노창희 유엔대사로부터 첸치천 외교부장과의 외교장관 회담이 10월 2일(수) 아침으로 정해졌다고 보고를 받았다. 중국 측은 사전 보도와 사진 촬영 없이 조용한 진행을 희망하였다.[3] 이상옥 장관은 10월 1일(화) 미국외교협회(Council on Foreign Relations) 조찬회에서 "유엔 가입 이후 대한민국의 외교정책 전망" 제하의 연설에서, "한국은 중국과의 국교 정상화를 추구하고 있으며 중국이 남북한의 유엔 동시가입에 긍정적(positive) 역할을 했으며 한반도 평화와 안정을 위해 중요한(significant) 역할을 할 수 있을 것"이라고 언급하였다.

한중 외무장관 회담이 10월 2일(수) 오전 9시 50분부터 약 35분간 유엔본부 내 안보이사회 소회의실에서 열렸다.

이상옥 장관은 회담 후 바로 중화민국 측에 통보하라고 외무부에 지시하여 10월 4일(금) 오전 박양천 아주국심의관은 왕카이 주한공사를 초치하여 회담 내용을 다음 요지로 통보하였다.

> 양측은 남북한의 유엔 가입, 북한의 핵안전협정 체결, APEC 문제 등에 관해 협의하였으며 한중 관계에 관해서는 이 장관이 한·중국대륙 관계 개선에 관심을 표명하고 경제 관계 협정의 조기 체결과 항공 노선의 조기 개설 필요성을 언급한 데 대해 첸치천 부장은 점진적인 실질관계의 발전이 양국 관계에 바람직하며 남북한 대화에 진전이 있기를 기대하고 북한의 일본, 미국과의 관계가 개선되기를 희망한다고 밝혔으며 자신이 11월 서울에서 개최예정인 APEC 각료회의에 참석할 가능성을 비추었다.

왕 주한공사는 그간 한국의 중공 인사 면담 등 주요 현안에 관해, 사전에 중화민국 측에 알려 온 관례를 벗어나 이번 외무장관 회담에 관해 사후 설명한 데 대해 유감을 표명하였으며 박 심의관은 동 회담이 갑자

---

3 이상옥, 『전환기의 한국 외교』, 삶과꿈, 2002, 132-134쪽.

기 주선되어 사전에 중화민국 측에 알려 줄 여유가 없었으며 회담 결과를 10월 3일 휴일에 접수하여 4일 오전에 알리게 되었다고 설명하였다.

사실, 이상옥 장관의 회고록에 의하면, 이 장관은 "한중 간 국교 수립이 실질적인 협력관계 증진뿐 아니라 한반도와 동북아 지역의 평화와 안정을 위해서도 필요하다는 것과 한중 수교는 두 나라의 상호 이익에 부합될 뿐 아니라 북한의 대일본 및 대미국 관계 정상화와 개선에도 도움이 될 것이라고 강조하였으며, 첸 부장은 11월 APEC 각료회의와 1992년 4월 북경 개최 ESCAP 총회 시 다시 만나자고 했고 이 장관도 첸 부장을 다시 만날 것을 기대한다고 응답하였다."[4] 한국 외무장관이 공식 수교를 사실상 제의했으며 중국 측도 앞으로의 외무장관 회담을 통해 계속 협의하자고 함으로써 관계 개선의 주요 계기가 되었다. 이상옥 장관은 10월 2일(수) 첸치천 외교부장과의 회담 직후 미국아시아협회(Asia Society) 오찬회에서 "아시아 태평양 시대의 한국과 미국의 역할" 제하의 연설에서 "한반도에서 평화와 안정을 구축하는 데는 한중 간 국교정상화가 필수적(essential)이며 남북한의 유엔 동시가입에 중국이 긍정적인 역할을 했으며 양국 관계가 발전되면 양국은 한반도 및 주변정세 안정화에 더 긴밀히 협력할 수 있을 것"이라고 강조하였다.

| 첫 번째 한중 외교장관회담에 대한 중화민국 반응 |

중화민국 측으로서는 첫 번째 한중 외교장관 회담이 개최된 데 이어, 중화민국, 중국, 홍콩 3자의 APEC 가입 협상에서 중국 측의 '하나의 중국' 원칙에 따른 강력한 반대로 중화민국의 외교부장은 결국 참석하지 못하는 것으로 타결된 만큼, 11월 APEC 각료회의에의 첸치천 외

---

4 위의 책, 137-138쪽.

교부장의 참석은 확실한 것이며 방한중 주최국인 한국과 중국 간 제2차 외무장관회담이 개최될 것으로 예상되었기 때문에 긴장하지 않을 수 없는 상황이었다.

10월 4일(금) 『중국시보』와 『연합보』는 논평에서 한·중공 외무장관회담은 양국 관계 발전에 있어서 '친밀한 관계'의 시작으로 보이며 남한 언론이 일제히 모종의 비밀 협정이 이루어진 것처럼 양국 수교가 시간 문제로 보도하고 있으나 중공·북한 관계 등 동북아 정세 및 중공 이익을 고려할 때, 현 단계에서는 남한의 대소련 수교와 같이 양국 외무장관 간 한 번 접촉으로 즉시 수교가 이루어지는 것은 시기상조로 볼 수 있다고 보도하였다.[5]

한편 남북한의 유엔 동시가입과 관련하여 국내 정치적으로는 중화민국의 유엔 가입 문제에 대한 논쟁이 재연됨으로써 10월 1일(화) 최초로 정부 고위인사로 장샤오옌 외교부 정무차장과 야당의원 셰창옌(謝長延) 입법위원 간 TV 생중계 토론이 이루어졌다. 양측 모두 유엔 가입을 희망하고는 있으나 셰 위원은 '중화민국' 명칭으로는 실현 가능성이 없으므로 '대만' 등의 명칭으로 유엔 가입을 추진하면 주권을 인정받는 독립국가가 될 수 있다는 사실상 대만의 독립(臺獨)을 주장한 반면, 장 차장은 중화민국의 국제적인 지위가 불확실한 가운데 '대만' 명칭으로 유엔 가입을 추진할 경우 국내적 불안이 고조되고 중공을 자극하여 오히려 국제적 고아가 될 우려가 있다는 현실론을 고수하였다. 시기적으로 리 총통의 헌정개혁으로 종신직 민의 대표(국민대회 대표, 입법위원, 감찰위원)의 1991년 말 전원 퇴직에 따라, 헌정 사상 최초로 12월 21일 실시되는 국민대회대표 선거를 앞두고 중화민국의 무실외교(務實外交)와 대만독립 문제가 주요 쟁점으로 부상하였다.

5 『중국시보』, 1991년 10월 4일; 『연합보』, 1991년 10월 4일.

| 한중 관계 진전에 따른 중국의 대북한 관계 관리 |

북한의 유엔 가입 문제와 관련, 1991년 5월 3일-6일 중국 리펑 총리의 북한 방문에 이어, 8월 소련에서의 쿠데타 실패, 9월 남북한의 유엔 동시가입 이후 10월 4일부터 10일간 김일성 주석이 중국을 방문했다. 김일성은 북한이 미국, 일본과 미수교 상태임을 들어 중국이 한국과 공식 관계를 수립하는 일이 없도록 요청하였으며, 중국 측은 남한과의 관계로 북한을 해치지 않도록 할 것이며 남한과의 공식관계 수립은 시기와 방법을 심사숙고하여 정할 것이라는 입장을 설명한 것으로 알려졌다. 중국 외교부 산하 국제문제연구소의 타오빙웨이(陶炳蔚) 학술위원에 의하면, 김일성이 현존하는 사회주의권 지도자 중에서 가장 신임하고 추종하는 덩샤오핑은 남경에서의 김일성과의 비밀회담에서 "남북회담에서의 유연한 대응을 통한 진전"과 "부시(Bush) 미국대통령의 핵감축선언(9월 27일)을 호기로 활용하여 핵사찰 문제 해결"을 제안했으며 김일성은 귀국 후 당 정치국 회의를 소집, 설득할 용의가 있다고 하면서 동의를 표시하였다. 이에 따라 10개월 만에 재개된 10월 22일-25일 평양에서의 제4차 남북 고위급 회담에서 북한 측은 태도의 변화를 보였던 것이다.[6]

중국은 한국과의 수교 진행 과정에서 남북한 각각과의 관계를 고려하여 외교 일정을 주도하는 방식을 통해 중국 입장을 최대한 유리하게 확보해 나간다. 중국 측이 한국 측에 2일 전에 통보하여 성사된 10월 2일 한국과의 첫 번째 외무장관 회담이 10월 4일 김일성 방중 직전에 개최된 것은 우연이라고 볼 수 없다. 김일성 방북 직전에 첫 번째 한중 외무장관회담 개최를 통해 한국 측의 사의와 높은 평가를 확보하고 북

---

6 타오빙웨이 위원이 1991년 11월 14일 외교안보연구원이 개최한 "중국의 대한반도 정책" 제하 세미나에서 표명한 내용이다.

한 측의 항의를 최소화하기 위한 의도로 보인다. 중국은 한국과의 수교 교섭 과정에 남북한과의 각각의 외교 일정은 물론, 일본, 남아공 등 주요 이해 당사국과의 외교와 양안 관계도 함께 고려하여 전체의 외교 일정을 주도적으로 정해 나간다.

3) 국경일 리셉션 개최 및 쌍십절 특사 방문

| 국경일 리셉션 개최 |

박노영 대사는 10월 3일(목) 부임 후 첫 번째 개천절 및 국군의 날 리셉션을 위안산대반점(圓山大飯店)에서 주최하였다. 하오보춘 행정원장, 량쑤룽 입법원장을 비롯한 5원장, 첸푸 외교부장을 비롯한 주요 각료, 외교단장인 Havey 남아공 대사 등 외교단 등 1천여 명이 참석하였다. 나는 일본, 중국, 미국, 필리핀의 대사관 등에서 근무하고 대사로서 국경일 리셉션을 6번(스웨덴 3번, 캐나다 3번) 주최해 보았지만, 돌이켜 보면 중화민국에서의 국경일 리셉션은 참석한 주요인사의 수준과 규모로 볼 때 압권이었다. 총통을 뺀 중화민국의 각계 주요인사는 대부분 참석했다고 할 수 있다.

나는 박 대사의 지침을 받아 기념사를 준비하였다. 한국·중화민국 양국의 자유민주주의 체제하에서 선진개도국으로서 국제사회의 비중과 위상 제고, 중화민국의 외교와 적극적 대륙 정책 평가, 특히 리덩후이 총통의 헌정개혁 등 민주화 리더십 평가, 남북한 유엔 동시가입 등 한국외교에 대한 지지 요청, 부임 이래 양국 관계 미래 낙관, 교역과 인적교류 확대에 이어 최근 고위인사 교류 확대 추세 고무, 금후 양국 협력관계 강화 전망 확신 등의 요지로 구성하였다. 박 대사는 실제 연설 시에는 우리 외교에 대한 중화민국의 지지 요청 부분은 빼고 읽지 않았다. 나는 박 대사의 고심을 충분히 읽을 수 있었다.

| 박준규 국회의장, 쌍십절 특사로 방문 |

10월 9일(수)-12일(토) 쌍십절 경축특사 자격으로 박준규 국회의장
이 방문하였다. 유학성 의원, 정웅 의원, 최병렬 노동부장관, 구창림 의
장 비서실장, 박양천 외무부심의관이 특사단의 일원으로 함께 방문하였
다. 중미 정상급 인사(온두라스 대통령, 과테말라 부통령, 도미니카 총
리) 다음으로 국회의장을 파견한 나라는 우리나라, 남아공, 코스타리카,
바하마, 그레나다, 세인트빈센트, 솔로몬 등이었다. 공식 외교관계가
없는 나라 중에는 페루 교통부장관, 이태리 농업차관이 참석하였다. 국
회의원은 일본 34명, 태국 12명, 캐나다 15명 등이 참석하였다.

중화민국은 우리 특사단에 대해 공항 영접부터 체류 중 영예 수행
각료로 자오서우보(趙守博) 노공위원회주임위원(노동부장관에 해당)을
지정하는 등 융숭한 대접과 예우를 제공하였다. 우리 특사단은 국경일
공식행사(리덩후이 총통 단체 예방, 국경일 열병행사, 국경일 리셉션)
에 참석하고 별도로 리 총통 예방, 량쑤룽 입법원장 면담 및 만찬, 차이
유투(蔡友土) 중한의원우호협회 이사장 주최 오찬 등에 참석하였다.

리 총통은 박 의장에게는 최고훈장인 특종대수경성훈장(特種大綬景
星勳章)을, 최 장관에게 대수경성훈장(大綬景星勳章)을 수여하였다. 양
측은 양국 관계 발전을 평가하고 고위인사 교류 등 교류와 협력을 확대
해 나가는 데 의견을 같이하였다.

4) APEC 각료회의 개최 전후 동향

| 한국 정부, APEC 각료회의 개최 전 동향 |

한편 이상옥 장관은 10월 11일(금) 한국 신문편집인협회 초청 조찬
간담회에서 "남북한 유엔 가입 후 한국외교" 제하 연설에서 "남북한 유

엔 가입은 노태우 대통령이 중점적으로 추구해 온 북방정책의 논리적 귀결이며, 북방정책으로 우리가 추구하는 바는 소련과 중국과의 수교와 관계 개선을 통한 북한의 고립화가 아니라, 모스크바, 북경을 통하여 평양으로 가는 길을 개척하는 것"이었다고 하면서 "중국과 관계 정상화"를 추구하고 있으며 첸치천 외교부장과 첫 공식회담에서 양국 간 실질관계 진전을 평가하고 앞으로 양국 관계의 가일층 발전을 위해 함께 노력하자는 데 인식을 같이 했으며 ESCAP, APEC 등 다자간 협력체제에서도 서로 협조해 나가기로 하였다고 설명하였다.

한편 중화민국의 위위셴(余玉賢) 농업위원회주임위원 초청으로 11월 중 예정이었던 조경식 농림수산부장관의 방문 계획이 우리 측 사정으로 연기되었다고 통보를 받았다. 대사관으로서는 중화민국 측에 설명하기가 난감했다. 본국 사정을 탐문해 보니, 외무부는 11월 조 장관의 세계식량기구(FAO) 방문 일정을 단축해서라도 중화민국 방문을 꼭 해야 한다고 건의하였으며 농림수산부는 청와대 결정에 따르겠다는 입장이었으나 청와대가 11월 방문에 유보적인 입장이었다. APEC 각료회의 개최 전후에 중국과의 관계 개선 노력에 행여 부정적인 영향을 미칠까 노심초사하는 일부 고위인사의 판단이었던 것으로 추측되었다. 이후 중화민국 측은 조 장관의 방문이 당분간 어렵다면 위(余) 주임위원의 방한을 먼저 추진하자고 제의하여 본부에 보고하였으나, 연말까지 한국 측의 답변이 없었다. 조 장관의 방문도 위 주임위원의 방한도 끝내 이루어지지 않았다.

| APEC 각료회담: 한·중화민국 관계, 한중 관계의 분기점 |

1991년 11월 12일(화)부터 14일(목)까지 아시아태평양경제협력체

(APEC) 제3차 각료회의가 서울에서 개최되었다. 의장국으로서 한국이 주도하여 성사시킨 중화민국, 중국, 홍콩의 APEC 가입이 실현됨으로써, 중화민국에서는 샤오완창 경제부장이, 중국에서는 첸치천 외교부장, 리란칭(李嵐淸) 대외경제무역부장이 참석하였다.

노태우 대통령은 11월 12일(화) 15개 회원국 수석대표들과의 합동 예방을 받은 후 16시 40분부터 약 30분간 첸치천 외교부장과 리란칭 대외경제무역부장을 별도 접견하였다. 노 대통령은 두 나라가 지난 반세기의 관계 단절을 극복하여 국교를 수립하는 것은 역사적 사명이며 한중 관계의 정상화가 일·북한, 미·북한 관계의 정상화를 촉진할 것이며 이는 북한의 경제적 어려움을 극복하는 데 도움이 될 것이라고 하고, 관계 수복을 위해 노력해야 할 것이라고 언급하였다. 첸 부장은 한중 관계를 서로 도움이 되는 좋은 방향으로 이끌어 가기 위해 배전의 노력하고자 하며 남북한이 대화를 통한 관계 개선을 희망하고 남북한 관계 개선으로 일본·북한 관계와 미국·북한 관계가 개선되면 한중 관계도 자연스럽게 개선될 것이라고 하면서 이것은 조건부라는 뜻이 아니고 그렇게 되면 한중 수교도 쉽게 될 것이라는 뜻이라고 부연 설명하였다.[7]

장팅옌 부국장은 회고록에서, 노태우 대통령은 취임 후 국제정세 변화와 한반도 평화와 안정을 감안하여 자신의 임기 내에 중국과 소련과의 수교 실현을 목표로 하는 북방정책을 명확히 천명하였고 "이번 기회에 노 대통령이 관례를 깨고 중국 외무장관과 면담한 것은 그가 중국과의 수교를 서두르는 절박한 심정을 반영하는 것이었다"고 썼다.[8]

첸치천 외교부장으로서는 지난 10월 2일 유엔에서의 한중 외무장관

---

7 이상옥, 앞의 책, 144쪽.
8 옌징(延静: 장팅옌[张庭延] 부국장, 탄징[谭静] 부부의 필명), 『출사한국(出使韩国)』, 中国 济南: 山东大学出版社, 2004, 16쪽.

회담에서 이상옥 장관으로부터 한국 측의 조기 수교 희망 입장을 청취한 데 이어, 한국 국가원수로부터 조기 수교하자는 공식적 제의를 직접 듣게 되었다. 첸 부장은 자신의 회고록에서 APEC 각료회의 참석 후 중국은 한국과의 수교문제를 검토하기 시작했다고 밝혔다.[9] 11월 14일 한국 외교안보연구원 초청으로 방한한 중국 외교부 국제문제연구소의 타오빙웨이(陶炳蔚) 학술 위원은 '중국의 대한반도 정책'이라는 주제 세미나에서 첸치천 외교부장의 방한과 노태우 대통령과의 개별 면담은 한중 관계가 새로운 단계에 진입했음을 의미하는 것이며, 앞으로 관계 발전 속도가 빨라져 2-3년 안에 외교관계가 수립될 것으로 전망된다고 하면서 수교는 남북관계의 진전과 미국, 일본의 대북한 관계 개선이라는 2가지 측면과 연계되어 있으며 최소한 미국의 대북한 관계 개선에 대한 구두 보장과 일·북한 국교정상화가 이루어져야 한중 수교가 가능해 질 것으로 전망하였다. 제4차 남북 고위급회담이 10개월 만에 10월 22일부터 25일까지 평양에서 개최되었으며, 제5차 일본·북한 수교회담이 11월 18일부터 20일간 개최가 예정된 시점이었다.

| 장샤오옌 외교차장, 박노영 대사 면담 |

노 대통령의 첸치천 외교부장 면담 후, 바로 그다음 날 11월 13일 (수) 오전 10시 중화민국 장샤오옌 외교차장은 박노영 대사를 부임 이래 처음으로 초치하였다. 박 대사가 지난 9월 12일(목) 신임장 제정 후 9월 14일(토) 부임 인사를 위해 장 차장과 면담 이후, 장 차장이 외교부로 박 대사를 초치한 것은 처음이었다. 린수이지(林水吉) 아태사장(국장)과 내가 배석하였다.

---

9 첸치천(錢其琛), 『외교십기(外交十记)』, 中国 北京: 世界知识出版社, 2003, 154쪽.

장 차장은 노 대통령이 첸치천 외교부장을 단독 면담한 데 대해 중화민국 정부를 대표하여 엄중한 관심과 불만을 전달한다고 하면서 특히 외교관계가 있는 중화민국의 샤오완창 경제부장의 예방은 이루어지지 않은 반면, 외교관계가 없는 중공 첸치천 부장의 예방이 실현된 데 대해 엄중한 관심을 재삼 표명한다고 하면서 본건에 관해 한국 외무부가 오늘 새벽 1시에 주한대사관 왕카이 공사에게 1차 설명해 준 데 대해 감사하나 국내언론 및 입법원의 높은 관심 등 국내 사정을 고려하여, 동 면담 내용, 특히 '한국과 중화민국 관계' 부분에 관해 상세한 설명을 조기 시행해 줄 것을 요청하였다. 아울러 자신의 지난 4월 방한 시 자신이 만난 한국의 고위인사들(최호중 통일원 장관, 이상옥 외무장관, 유종하 외무차관 등)이 표명한대로 한·중공 관계 개선이 한·중화민국의 기존 관계에 영향을 미쳐서는 안 된다는 원칙을 계속 견지해 줄 것을 희망한다고 강조하였다.

이에 대해 박 대사는 11월 11일 정원식 총리가 샤오완창 경제부장 면담 시 표명한대로, 한국은 중화민국과의 관계를 중시하고 있다는 입장을 강조하고 중공과의 관계 개선은 한반도 분단상황하에서 안보 문제를 해결하고 남북한 평화통일을 위한 기반 마련에 목적이 있다는 한국 입장을 이해해 주기 바라며, 대중공 관계에 진전이 있으면 본국 정부가 진수지 주한중화민국대사에게 반드시 설명할 것이라고 답변하였다.

장 차장은 이어 1991년 8월 자신이 전임 한철수 대사 이임 인사차 면담 시 요청했던 사항이라고 환기시키면서 주한대사관 이전 문제를 거론하고, 한국 정부가 동 부지를 비슷한 시가의 다른 토지와 환지할 수 있도록 협조해 줄 것을 다시 요청하였으며, 이에 대해 박 대사는 본부에 보고하겠다고 대답하였다. 이어 장 차장은 한국대사관이 이전에 추진하던 대사관저부지 구입 문제와 관련하여 유리한 조건 제시 등 협조하겠다고 언급하였으며 박 대사는 예산 사정상 동 건은 이미 추진하지 않기로 결정되었다고 답변하였다.

장 차장은 당초에는 주한대사관부지 문제 협의를 위해 박 대사를 초치한 것이었으나 전날 노 대통령의 첸치천 부장 면담이 이루어져서 동 면담에 관해 먼저 언급하였던 것이었다. 면담 말미에 장 차장은 박 대사를 처음으로 사무실로 초치하면서 민감한 문제를 협의하게 되어 죄송하다고 하면서 앞으로는 마음 편한 화제를 협의하고 싶다고 말하였다. 장 차장은 이후에도 항상 정중한 태도로 박 대사와의 면담을 진행했다.

박 대사는 면담 후, 바로 중화민국 정부와 언론이 APEC 대표단 방한을 중시하고 중국대표단 활동에 크게 주목하고 있다는 현지 사정을 보고하고 중화민국대표단의 방한 활동에 세심하게 배려해 줄 것을 재차 건의하였다. 박 대사는 방한 전에 샤오(蕭) 부장을 비롯한 APEC 대표단을 11월 7일(수) 관저 만찬에 초청하여 본국 정부의 준비상황 및 영접계획 등을 설명하였으며 샤오 부장의 관심사항을 이미 본국에 보고한 바 있었다. 중화민국 측으로서는 비록 '중화민국' 국명이 아닌 'Chinese Taipei' 명의로 참여하고 외교부장은 참석할 수 없으나 샤오완창 경제부장과 우쯔단 외교부 국제조직사장(국장)이 참석하는 사실상 정부 대표단을 파견할 수 있게 됨으로써 지역내 국제기구에 정식회원국이 되었다는 데 안도하였으나, 첸치천 외교부장 등 중국대표단의 방한과 이에 따른 한중 관계 개선 가능성에 경각심을 감추지 않는 분위기였다.

| 제2차 한중 외무장관 회담 |

11월 14일(목) 아침 7시 30분부터 1시간 동안 이상옥 장관은 첸치천 외교부장과 조찬 형식의 제2차 외무장관회담을 가졌다. 양측은 북한

의 핵사찰 문제 등과 함께 양국 수교 문제를 협의하였다. 이 장관은 조기 수교 필요성을 제기하고 중국 측 사정이 어렵다면 현재의 무역대표부를 정부 간 무역대표부로 격상하는 문제도 검토해 볼 수 있다는 의견은 제시하였으며, 이에 대해 첸 부장은 양국 간 수교는 남북한 관계 및 국제적 측면(일·북한 및 미·북한 관계 개선)이라는 2가지 고려 요인이 있다고 하면서 우선 현재 무역대표부의 외교당국과의 접촉을 활성화시켜 나가는 것이 좋겠다고 언급하였다. 외무부 김석우 아주국장은 14일 오후 왕카이 공사를 초치하여 회담 결과를 알려 주었으나 수교 문제 협의 내용은 "한중 간 실질관계가 발전되고 있다는 데 인식을 같이 하고 향후 양국 간 접촉을 계속 확대해 나가기로 하였다"고 설명하였다.[10]

| 이상옥 외무장관, 샤오완창 경제부장 면담 |

중화민국의 높은 관심과 지속적 요청 및 대사관의 건의 등을 고려하여, 11월 15일(금) 오전 9시부터 45분간 이상옥 장관은 샤오완창 경제부장을 면담하였다. 진수지 대사와 왕카이 공사가 배석하였다. 샤오 부장은 중화민국의 APEC 가입을 도와준 데 대해 중화민국 정부와 국민을 대표하여 사의를 표명하고 이 장관은 중화민국의 APEC 가입으로 국제적인 활동 범위가 확대된 것을 평가하였다.

이 장관은 노 대통령의 첸치천 부장 접견 및 첸 부장과의 외무장관 회담 내용을 설명하고 한중 관계 개선 문제에 있어서 한국은 한반도 및 동북아의 평화와 안정을 구축하고 한반도의 평화적 통일을 달성하기 위해서 중국의 협력이 필요하기 때문에 한중 관계 정상화를 추진하고 있으나 조급히 서두르지 않고 있으며 매우 조심스럽게 현실적인 바탕 위

---

10 이상옥, 앞의 책, 146-147쪽.

에서 다루어 나갈 것이며, 중국과의 관계 개선 추진과 함께 중화민국과의 전통적인 우호 관계를 계속 유지하기 위해 노력할 것이라고 설명하였다. 샤오 부장은 설명에 사의를 표명하고 일부 입법위원들이 한중 관계 개선에 대응하여 중화민국과 북한과의 관계도 개선해야 하지 않느냐는 주장들도 있으나 중화민국은 리덩후이 총통의 방침에 따라 한국과의 우호 관계에 중점을 두고 양국 간 실질 협력 발전을 위해 노력해 나갈 것이라고 언급하였다. 면담 말미에 샤오 부장은 이 장관의 타이베이 방문이 가까운 시일 내에 이루어지기를 바란다고 말했다. 이 장관은 회고록에서 "그 당시 나의 타이베이 방문이 가능한 상황이 아니라는 것은 서로가 알고 있는 일"이었으며 그간 외무부 고위간부의 타이베이 방문은 꼭 필요한 경우를 제외하고는 자제해 왔다고 썼다.[11]

| 중화민국 입장 |

당시 첸푸 외교부장은 주한중화민국대사관 보고를 통해, 노 대통령이 첸 부장에게 단도직입적으로 국교정상화를 원한다고 했고 이상옥 장관도 조기 수교를 희망한다고 전하는 등 한국은 중공과의 수교를 절실하게 원하고 있다는 것은 의심의 여지가 없으며 현재로서는 중공이 수교 시간을 정할 것이라고 판단했다.[12] 첸푸 부장은 이후 단교 직전까지도 한국은 중국과의 조기 수교를 원하나 수교 일정은 중국이 정하는 것이라는 입장을 지속적으로 대만 언론이나 입법원에 표명했다.

9월 남북한의 유엔 동시가입에 이어 한국에서 개최된 역내 국제회의인 APEC 각료회의에 미수교국인 중국은 외교부장이 참석하고 수교국인 중화민국은 외교부장이 참석하지 못하는 현실은 국제사회에서의

---

11   이상옥, 앞의 책, 182–184쪽.
12   첸푸(錢復), 『회고록(回憶錄)』券三, 臺北: 天下文化, 2021, 259쪽.

중국과 중화민국의 위상을 여실히 보여주는 것이었으며, 한국은 주최국으로서 중화민국, 중국, 홍콩의 가입을 성사시킴으로써 당사국 모두로부터 중재 노력에 대해 높이 평가를 받으면서 중국과의 관계 개선에 결정적인 계기를 만들 수 있었다.

중화민국으로서는 APEC 회원국 중 유일한 수교국인 한국이 주최국으로서 중재에 나선 기회를 살려 국제사회의 현실에 현명하게 대응하여 국제기구에 정식회원으로서 참여하게 되었기 때문에 일정한 외교적 성과를 거두었다고 할 수 있다. 다만, 아시아에서의 유일한 수교국인 한국에서 개최되는 다자공식회의 및 행사에 어쩔 수 없이 첸푸 외교부장은 물론 진수지 주한대사조차 참석할 수 없는 현실에 대해 당연히 좌절감을 느꼈을 상황하에서, 한국 언론의 중국 대표단 활동에 대한 대대적 보도는 차치하더라도 미수교국인 중국의 외교부장은 대통령 면담 등 최고의 대접을 받는 데 반해, 중화민국의 수석대표인 경제부장은 총리 면담에 그치는 등 한국 정부의 의도적인 중공과의 차별 대우에 대해서는 전통적 우방국인 한국에 대해 섭섭하지 않을 수 없었을 것이다. 당시 한국 정부는 중국 측에 중화민국에 대한 대우의 공식적인 차별화를 통해 중국과의 조기 수교 의지를 전달하고자 하는 의도가 있었을 것으로 보이나, 그러한 의도하에서도 전통적 우방이자 수교국인 중화민국 측에 대해 좀더 세심한 배려와 성의 있는 대응이 바람직했다고 생각했다.

| 이상옥 외무장관, 국내 강연 |

한편 이상옥 장관은 APEC 각료회의 종료 후, 11월 16일(토) 부산 세계교류협회 주최 국제심포지움에서 "동아시아 국제질서의 발전: 한국의 시각" 제하의 연설에서, 중국은 북한에 대한 영향력이 큰 만큼 한

반도 문제 해결에 긍정적인 역할을 할 수 있으며 그러한 역할은 남북한 유엔 가입 경위에서 이미 증명된 바 있다고 하면서 한중 간 연 40억 불 교역, 1990년 5만 명 이상의 인적교류, 외무장관 간 접촉 등이 이루어지고 있으며 "한중 간 실질관계가 양국 간의 국교수립을 촉구하고 있으나 중국 측은 북한에 대한 배려 때문에 이를 망설이고 있는 것으로 보인다"고 언급하였다. 아울러 "재조정 국면을 맞은 동북아 정세의 안정화에 기여할 한중 수교는 또 북한으로 하여금 개방을 촉구, 결심하게 하는 긍정적 효과도 가져올 것으로 판단된다"고 부언하였다.

5) 중화민국 정부 대응

| 양국 관계 강화 노력 |

이후 중화민국 외교부는 한중 관계 개선 동향에 더욱 촉각을 세우면서 양국 관계 강화에 적극 나서는 분위기였다. 11월 15일(목) 중화민국 외교부 아태사는, 우리 대사관이 아직 본국 연락도 받지 않은 상황에서 12월 10일-11일간 이진설 건설부장관의 방문 계획을 나에게 알려 왔으며, 11월 23일(토)에는 진수지 주한대사가 중화민국 정부가 한국대사관의 관저부지 구입계획을 적극 지원할 것을 건의했다고 참고하라고 알려 왔다. 이에 대해 나는 고마운 얘기이나 박 대사가 11월 13일(수) 장샤오옌 차장에게 설명한대로 본부 예산사정으로 관저대지 구입계획은 중단되었다고 재차 설명하였다. 진수지 주한대사가 강력 추진해 왔던 이진설 건설부장관의 방중 계획은 12월 11일 오후 타이베이 경유 당일 방문 방안으로 추진되다가 결국 연기되었다.

중화민국 외교부는 박 대사의 주요인사 예방도 지속적으로 주선해 주었다. 박 대사는 박준규 국회의장 방중 이후, 스치양(施啓揚) 행정원

부원장(10월 15일), 중한문화협회 회장인 녜원야(倪文亞) 자정(11월 1일), 궈완룽(郭婉容) 경제건설위원회 주임위원(11월 4일), 쑨윈쉔(孫運璿) 자정(11월 4일), 쉐둥민(謝東民) 자정(11월 5일), 중한문화기금회회장인 차이훙원(蔡鴻文) 국책고문(11월 6일), 우둔이(吳敦義) 고웅시장(11월 8일)을 면담하였으며, APEC 각료회의 이후에도 사오위밍(邵玉銘) 신문국장(11월 25일), 천리안(陳履安) 국방부장(12월 6일) 등 주요 각료와 원로 인사들을 계속 면담하였다.

한편 11월 20일 서울발 외신을 인용하여 대만 언론이 21일 한중 간 무역사무소에 외교기능을 부여키로 합의하였다고 보도한 데에 대해, 외교부 린수이지(林水吉) 아태사장은 한국 외무부에 확인한 결과, 외교사절단의 기능을 부여한 것이 아니라 실제 필요에 따라 그간 제한을 다소 해제한 것에 불과하다는 설명을 들었다고 보도하였다.

| 장샤오옌 외교차장, 박노영 대사 초치, 주한대사관부지 문제제기 |

11월 27일(수) 신정승 동북아2과장이 왕카이 공사에게 김석우 아주국장이 쉬다위 주서울중국대표부의 부대표를 면담할 예정이라고 통보한 그다음 날인 11월 28일(목) 오후 4시 장샤오옌 외교차장은 박노영 대사를 부임 후 두 번째로 초치하여 대사관부지 교환문제를 다시 제기하였다.

장 차장은 한국경제신문이 11월 27일(수) 중화민국이 한국 측에 대사관부지 관련 협조 요청했다고 보도한 데 대해 놀랐으며 한국 측의 부주의로 생긴 일로 생각되어 불만스럽다고 하면서 특히 보도내용이 11월 13일 자신과 박 대사 면담 내용에 상당히 근접하고, 중화민국이 한·중공 관계 개선을 염려하여 대사관부지를 처리하고자 한다는 내용은 양국 관계에 부정적 영향을 미칠 우려가 있다고 하면서, 언론에 보도됐다고 하더라도 중화민국 입장은 변하지 않았으니 한국 측의 적극적인 검토를 재차 요청한다고 언급하였다. 이에 대해 박 대사는 본국 외무부에 일차 문의한 결과, 동건은 철저히 보안유지하고 있으며, 외부 문의에 대해서는 사실무근으로 대응하고 있다고 하며, 오래 전부터 명동 부동산시장에서의 풍문에 근거하여 기자가 취재한 것 같으며 한국 정부도 곤란한 일이라고 답변하였다.

장 차장은 국내언론에 대해서는, 대사관부지 관련 한국 정부와 접촉한 적이 있으며 한국경제발전으로 교통 번잡 등으로 적합한 근무지를 물색하고자 하며 공관업무를 효율적으로 처리하고 양국 관계를 강화하기 위한 조치라는 선에서 대응하고자 하니, 한국 측도 언론에 대해 같은 맥락에서 대응해 줄 것을 요청하였다. 박 대사는 외교부 출입기자단을 12월 5일 관저오찬에 초청할 예정이라고 하고 중화민국 입장을 참고하여 대응하겠다고 답변하였다.

당시 한국 외무부는 1991년 8월 중화민국 측이 대사관부지 교환에 관한 협조 요청을 접수한 후, 그간 동문제의 민감성을 고려하여 검토를 보류하여 왔다. 중화민국 측의 지속적인 요청 등을 감안하여 1991년 12월 말 관계부처 회의를 개최하여 정부 입장을 정하고 이를 1992년 2월 13일(목) 신정승 동북아2과장이 왕카이 공사에게 통보하였다. 한국 정부는 그간 주한외국대사관의 요청에 의해 토지교환을 주선한 전례가 없기 때문에 이에 개입할 수 없으며 국제법과 국내관계법령에 따르는 중화민국 측의 재산권 행사는 자유라는 입장이었다.

한국 측의 공식 입장 통보에도 불구하고, 중화민국 측은 한국 측에 같은 요청을 계속 하였으며 대만 언론이나 입법원에는 자신들의 요청에 한국 측이 반응이 없었다고 설명하였다. 이후 중화민국대사관 재산처리

문제에 관해서, 아직 미수교국인 중국 측이 한국 측에 수차 관심을 표명하면서 중화민국 측의 부지매각 시도를 한국 측이 저지해 줄 것을 요청한 바 있었고, 중화민국 측은 한국 내 화교들의 항의와 반대 등도 있어 결국 단교 전까지 처리하지 못했다.

| 박 대사, 기자단을 위한 관저 오찬 주최 |

1991년 12월 5일(목) 박 대사는 관저 오찬에 외교부 출입기자단 27명을 초청하였으며 양국 관계 현황 및 전망에 대해 설명하고 질의에 답변하였다. 한중 수교에 관한 구체적 계획과 시간표는 없다는 한국 입장을 APEC 각료회의에 참가한 샤오완창 경제부장에게 정원식 국무총리 및 이상옥 외무장관이 전달한 바 있으며, 한국 정부는 한·중화민국 관계를 계속 중시하여, 확대해 나가겠다는 입장이라고 설명하였다. 한국 정부는 한중 관계 상황을 수시로 외교채널을 통해 중화민국 정부에 설명하여 오해 불식 노력을 경주하고 있으며 한중 관계 개선이 양국 관계를 약화시키지 않을 것이라고 강조하였다. APEC 각료회의에 중화민국이 정식회원국으로 가입한 데 대해 축하하며, 기존 12개 회원국 중 유일하게 중화민국과 외교관계가 있는 한국이 주최국으로서 그간 중화민국 입장을 최대한 대변하면서 3자 간 중재에 나서 최종 합의를 한 데 대해 중화민국 정부와 국민이 정확히 평가해 주기를 기대한다고 강조하였다.

주한대사관부지 문제에 대해서는 중화민국 정부의 협조 요청에 대해 한국 정부 내 검토 중으로 알고 있으며 중화민국의 한국내 재산은 국제법과 국제관례에 따라 보호될 것이라고 설명하였다. 한중 수교 후 중화민국 재산 처리에 관한 질문에 대해서는 한중 수교라는 가정하에서는 어떠한 답변도 할 수 없다고 대응하였다. 한편 1991년 11월 중화민

국 정부가 북한을 직접교역대상국으로 지정한 것과 관련, 한국은 중화
민국의 북한과의 교류에 반대하지 않으며 다만 북한의 군사력 제고에
도움 주는 교류는 신중히 추진해 줄 것을 기대한다고 말하였다. 다음
날 12월 6일(금) 대부분의 언론은 박 대사의 한·중공 수교에 관한 시간
표는 없다는 언급을 중점 보도하였다.

| 한중 수교 임박설 보도에 대한 중화민국 대응 |

그러나 대만 언론 대부분은 1991년 12월 11일 남한 노태우 대통령이
12월 9일(월) KBS와의 인터뷰에서 임기 내 중공과의 수교를 희망한다고
밝혔으며, 이는 남한이 그간 중화민국에 대해 중공과의 수교 시간표는
없다고 강조해 온 것을 스스로 깬 것이며, 외교부는 이를 매우 중시하고
있다고 보도하였다. 외교부 고위관리는 한·중공 간 수교는 한·중화민국
의 전통적 우호 관계를 심히 해치게 될 것이므로 남한 당국이 그럴 필요
가 있는지 심사숙고해야 할 것이라고 표명하였다고 보도하였다.

그런 가운데 중화민국 외교부는 지난 1991년 2월 리덩후이 총통 지
시에 따라 수립한 한국과 '전면적인 접촉계획 강화방안'을 지속 추진하
였으며 박 대사의 주요인사 면담을 지원하였다. 샤오완창 경제부장은
APEC 각료회의 참석을 위한 방한 전, 박 대사 주최 관저 만찬(11월 7일)
의 답례로 12월 18일(수) 만찬을 주최하고 박 대사의 노고에 감사를 표
명하였다. 이어 박 대사는 12월 20일 리위안추(李元簇) 부총통과 류쿼
차이(劉闊才) 자정을 각각 별도 면담하였다. 리 부총통 면담 시, 한국
문화부장관의 방문 초청 의사를 표명하여 본국에 보고하였다.

나는 12월 26일 외교부 아태사 직원들과 접촉과정에서 중화민국 측
이 ① 김종인 청와대 경제수석 방문을 추진하고 ② 한국의 저명교수들

과 외무부 출입기자단의 방문 초청을 지속 추진하고 ③ 중화민국 정부 초청 한국 유학생 대우 개선 ④ 우리 동포 체류자격 개선을 검토하고 있으며 주한대사관 보고에 의하면 한국 정부 고위인사들이 사적으로 주변에 1992년 3-4월경 한중 수교설을 밝히고 있어 주한대사관이 정보 수집에 부심하고 있음을 파악하였다.

『연합보』는 12월 30일(월) 기자 질문에 대해 첸푸 외교부장이 "중화민국은 한국 정부에 대하여 한·중공 관계 개선은 한국 자신의 일이며, 중화민국으로서는 현재의 한·중화민국 관계를 유지하는 것이 매우 중요한 일이라고 밝혔다"고 하면서 "중공의 남한 승인 시기는 남북한 관계와 미국, 일본의 대북한 관계에 달려 있다고 보나 남한·중공 수교는 언제라도 발생할 수 있으므로 앞으로 실질적인 태도를 견지하면서 전력을 다해 양국 관계를 유지해 나가고자 하며 지난 1년간 양국 간 고위인사 교류가 빈번히 이루어졌고 내년에도 상당수의 고위인사 교류를 추진하고 있으므로 양국 관계가 보다 공고히 발전되기를 희망한다"고 언급하였다고 보도하였다.[13] 당시 양국 간 협의가 진행 중인 한국 측으로부터 농림수산부장관, 건설부장관, 문화부장관의 방문과, 중화민국으로부터 위위셴(余玉賢) 농업위원회주임의원의 방한을 의미하는 것이었으며 김종인 경제수석의 방문을 염두에 둔 발언이었다. 12월 20일 취임한 서영택 건설부장관은 1991년 12월 30일 자 젠유신(簡又新) 교통부장 앞 서한을 통해 자신의 취임을 알리고 양국 우호 협력관계가 계속 발전되기를 기대하며 건설분야에서 젠 부장의 긴밀한 협력과 협조가 도움이 될 것으로 믿는다고 표명하였다.

중화민국 정부로서는 당시 한중 간 실질교류가 확대되는 가운데, 남북한의 유엔 동시가입과 APEC 각료회의를 계기로 한중 간 외무장관회

---

13 『연합보』, 1991년 12월 31일.

담이 개최되는 등 관계 개선의 속도가 빨라짐에 따라 한중 관계 정상화는 시간 문제라는 인식하에 국내적으로는 여론의 반발을 최소화하기 위해 언론과 입법원에 대한 설명에 적극적으로 나서기 시작하며 가능한 한중 수교가 늦어지도록 한국 정치인, 언론인 접촉을 확대하면서 주요 인사의 방문초청사업을 적극 추진하였다.

6) 중국의 대대만 선전 및 심리전

한편『중국시보』는 12월 31일(화) 중공의 대대만 정책에 관한 논평 기사에서, 중공의 권위 있는 소식통에 의하면 중공은 최근 양안 관계의 새로운 정세에 대응하기 위해 대만 내 독립 분위기가 고조되어 분리 요구가 조성되지 않도록 양안 간 외교전을 피하고 잠정적으로 대만의 국제생존공간을 유지토록 하는 것이 낫다는 판단에 따라 새로운 대대만 전략을 수립하였다고 보도하였다. 구체적인 예로서 ① 중공은 남한과 수교할 수 있으나 수교하고 있지 않는 바, 1991년 10월 김일성 중공 방문 시, 덩샤오핑은 남한과 외교관계를 계획하고 있지 않다고 표명하였으며 11월 첸치천 외교부장이 남한 노태우 대통령 면담 시 수교에 관한 교섭은 없었으며, ② 남아공 외무장관 북경 방문 시 양국 간 준 공식관계 수립 의사를 표명하였으나 중공 측은 먼저 민간 연구기구의 상호 교류를 희망하였으며 ③ 교황청은 중공의 애국교회 접촉을 통한 관계 개선을 희망하였으나 중공 측은 별다른 반응을 보이지 않았다면서 중공이 대만의 가장 중요한 우방국인 남한, 남아공, 교황청 3개국과 수교 시에는 대만의 국제적 지위는 더욱 고립되어 대만 내 독립주장 세력을 자극할 것임을 인식하여 상기 결정을 취하게 되었다고 보도하였다.[14]

---

14 『중국시보』, 1991년 12월 31일.

사실 한중 간 관계 개선을 추진하던 당시 남아공과 중국 간에도 관계 개선을 지속적으로 추진하고 있었다. 남아공의 드 클라크(F.W. de Klerk) 대통령이 1991년 10월 14일-16일 중화민국을 공식 방문하는 한편, 보타(Botha) 외무장관은 비슷한 시기 10월 중 비밀 방중하여 북경 공항 내 회의실에서 첸치천 외교부장과 회담한 후 바로 비행기에 탑승하여 떠났다. 1991년 중 여러 차례의 비밀 협상을 거쳐 양국은 12월 19일(목) 상대국 수도에 '비공식 연락처' 설치 합의를 발표하였다. 1992년 2월 중국 국제문제연구소의 남아공연구센터가 프레토리아(Pretoria)에 설치되었으며 '남아공 중국문제연구센터'가 1992년 3월 북경에 개관하였다.[15] 남아공의 경우, 한국과 비교하면 민간 형식의 대표사무소는 약 1년 뒤에 설치되고 수교는 한중 수교 후 5년 4개월이 지난 1998년 1월 1일 이루어진다.

　　돌이켜 보면 중국은 1989년 6월 천안문 사태 이후 서방 제재가 지속되고 있는 가운데 미국을 비롯한 주요국과의 관계 개선에 적극 나서면서 1991년 하반기부터는 양안교류 확대를 위해 대만 측의 적극적인 협력 자세를 유도하는 동시에, 대만의 주요 수교국인 한국과 남아공과의 관계 정상화를 지속적으로 추진하기로 내부 방침을 정한 것으로 보인다.

　　당시 중화민국은 국내 정치적으로 제1야당인 민진당이 10월 정강에 '대만공화국' 건립을 주장하는 한편, 국민당 정부는 중국대륙과 적극적인 교류를 지속적으로 추진하여 양안 교류가 점진적으로 확대되는 추세하에 있었다. 중국 측은 대만으로부터 지속적인 경제협력 확보와 대만 내 '대만독립'을 주장하는 여론 확산 저지를 위해 대만 사회의 중국대륙에 대한 경계심을 낮추고자 대만에 대한 심리전을 강화해 나갔다. 상기 기사는 결과적으로 대륙을 방문한 대만기자들이 중국의 대만 국민을 안심

15　첸치천, 앞의 책, 260-262쪽; 첸푸, 앞의 책, 228쪽.

시키기 위한 선전(propaganda) 전술에 영향을 받은 해설이었던 것이다.

7) 1991년 말 중화민국 정세

양안 관계와 국내 정치는 직간접적으로 한·중화민국 관계에 지속적으로 영향을 미쳤다.

| 양안 관계 |

1990년 5월 리덩후이 총통의 취임 이후, 양측의 기본입장(중공의 '1국 2체제' '당대당 담판' 입장에 대해, 대만의 '1국 2정부' '3불 정책')이 대립되어 양안 관계의 근본적 해결이 어려운 상황하에서 대륙과의 교류를 점진적으로 확대하기 위해 지속적을 국내 조치를 취해 왔다. 총통부내 '국가통일위원회' 설치(1990년 9월), 행정원내 '대륙위원회 설치'(1990년 10월), 양안 간 민간중개단체로서 '해협교류기금회' 설치(1990년 11월), '국가통일강령' 채택(1991년 2월)에 이어 4월 30일 '동원감란시기' 종료를 선언하였다.

1991년 2월 '국가통일강령'에서 4개 원칙(① 국가 통일은 공통 책임, ② 통일은 전 국민의 복지 목적, ③ 통일은 기본 인권 보장과 민주 법치 실천, ④ 이성, 평화, 대등, 호혜적 원칙하에 단계적으로 추진)과 3개 과정(단기 과정: 교류와 호혜 단계로서 정치 실체 인정, 중기 과정: 상호 신뢰와 협력 단계로서 3통 및 고위인사 교류, 장기 과정: 통일 협상 단계로서 통일협상기구 설립)을 밝힘으로써 1국 2정부 입장에 따라 대륙과 대등한 관계 수립을 도모해 나간다는 기본 입장을 공표하였다.

'동원감란시기(動員戡亂時期)'란 중국 공산당이 일으킨 내란을 진압하기 위해 국민과 국력을 총동원하는 시기라는 뜻이므로 동 시기를 종료한다는 것은 중국 공산당 정권을 사실상 인정하고, 중공과의 적대관계를 청산한다는 것을 의미한다. 이러한 조치에 대해 1991년 5월 10일 중국 측은 신화사통신 논평을 통해 대만당국은 중국을 '적의를 가진 정치 실체'로 간주하면서 중국과 '대등한 정치 실체'가 되려고 시도하고 있으나 중국은 '1국 2체제'를 지지하며 '2개 중국' '1중 1대' 주장에 반대하며 "대만은 중국 영토의 불가분의 일부분"이며 '대만독립'을 반대한다고 표명하면서 다만 동원감란시기 종료는 적의를 완화하고 양안 관계 발전에 도움이 된다는 입장을 표명하였다. 5월 11일 중국 우쉐첸(吳學謙) 부총리도 대만당국이 취한 양안 교류의 제한을 완화하는 일련의 조치는 객관적으로 적의를 완화하는 데 도움이 된다고 평가하면서도 대만 당국이 '반공정책'을 시행하고, 대등한 '정치 실체 지위'를 추구하고, '1국 2정부'을 주장하면서 '대만경험'을 대륙에 전파를 하려는 데 이는 절대 불가능하며 대만독립 음모 또한 불가능하다고 표명하였다.

이후 중국 측의 특별한 공식 반응은 없었으나 중국 측이 대만 측의 유화적인 조치에도 불구하고 '1국 2체제' 고수, 대만의 '정치 실체' 인정 거부 등 기존 입장을 포기하지 않을 것으로 예상되는 가운데, 대만 학계와 언론은 중공 정권에 대한 환상을 버리고 실현 가능한 대대륙정책을 촉구하고 나섰다. 이에 따라 6월 3일 하오보춘 행정원장은 기자회견에서 중화민국의 기본 입장인 평화민주적 방식에 의한 통일, '1국 2체제' 수용 불가 등을 강조하면서도, 대만독립 주장은 절대로 좋은 점이 없으며 대만독립 활동은 적절한 법적 제재를 받을 것이라는 설명을 통해 중국을 안심시키고, 대만 측의 '해협교류기금회'의 대륙 당국 접촉으로 대륙 밀입국자, 해상강도행위 및 총기밀수행위가 크게 감소하는 등 대륙 측의 우호적인 반응도 있다고 하면서 대륙과 지속적인 교류 접촉 필요성을 시사하였다. 6월 27일 사오위밍(邵玉銘) 행정원 신문국장의 대륙기자 대만방문 규제완화조치 발표 등 대만 측의 적극적인 대륙과의 교류를 촉진하기 위한 조치가 뒤따랐다.

1987년 11월 처음으로 일반국민의 대륙 친척방문 개방 이래 대륙 동포의 대만 방문을 점진적으로 허용해오다가 1991년에는 2월 공무원의 대륙 문병, 문상 대상을 조부모까지 허용하고, 11월에는 대륙인의 대만 문병, 문상을 1년으로 연장, 비밀 취급하지 않는 군속의 대륙 친척방문 허용 등 조치가 시행되었다. 문화 학술 분야에서는 1991년 5월부터 8월에 걸쳐, 대륙 해외거주 과학자의 대만 과학연구개발 참여 허용, 대륙 전문직인사 입국제한 해제, 8월 대륙방송 매체의 대만 취재 프로 제작 개방 등 조치가 취해졌다. 경제무역 분야에서는 1988년 8월 대륙과의 간접 무역을 개방한 이래 1991년에는 7월 금융기관의 대륙 간접 송금 수금 개방, 8월 해외 작업어선의 대륙선원 고용 개방, 대륙 증명 문서로 대만에서의 은행 대출 수속 개방, 11월에는 대륙과의 간접 무역 제한 축소 등의 조치로 양안 간 인적, 경제교류는 급속히 확대되었다.

행정원 대륙위원회는 1991년 10월 말 양안 관계에 대한 국민의식 조사 결과를 발표하였다. 양안 관계 기본에 관해서 "현상 유지 후 조건 성숙 시 통일 문제 거론 희망"이 57.5%, "대만독립, 대만공화국 건설 찬성"이 4.1%였으며 중국대륙 수재 발생 시 원조 여부에 대해서는 찬성 73.9%, 반대 15.1%의 결과가 나왔다. 국민 대부분이 중국대륙과 별도의 정치 실체로서의 현상 유지를 희망하면서 중국대륙과 중국인으로서 정체성의 공유 현상을 엿볼 수 있다.

대만 해협교류기금회 대표단은 1991년 중 4월, 7월, 11월 3차에 걸쳐 대륙을 방문하여 양안 간 교류협력에 관해 지속적으로 협의하였으며, 11월 3일-7일 방문 시에는 중국 국무원 대만사무판공실 측과

① '하나의 중국' 원칙하에 상호 존중과 실사구시 정신하에 해상범죄 근절을 위해 협력해 나가는 데 공통인식을 확보하고 ② 중국 측이 올해 내에 해협교류기금회의 상대 기관으로서 민간 차원의 수권 기관을 설치한 후 내년 초경 양 기관간 정식 협의키로 합의하였다. 이에 따라 중국은 12월 16일 북경 인민 대회당에서 '해협양안관계협회'를 정식으로 발족시켰다.

중국은 대만의 국가통일강령(단기계획: 중개 기구 설립으로 양안 인민 권익 보호 등) 및 3통 불허 입장, 최근 대만 내 독립 여론 고조 추세, 개혁개방 추진 과정에서 대만과의 경제교류 확대 필요성 등을 감안, 대만 측 요구를 수용하는 형식으로 민간 기구를 설립하였다. 정부 내 그간 대만 업무를 수행해 온 주요 인사—명예 회장: 룽이런(榮毅仁) 전인대 부위원장, 회장: 왕다오한(王道涵) 전 상해시장, 부회장: 탕수이베이(唐樹備) 국무원 대만판공실 부주임, 비서장: 쩌우저카이(鄒哲開) 국무원 대만판공실 종합국장—를 기용하여 동 기구가 실질적인 공적 기구임을 과시하고 대만과는 '해협교류기금회' 이외의 공식기관과도 실질적으로 접촉함으로써 3통의 조기 실현 및 공식 접촉의 기반을 마련하려는 의도를 숨기지 않았다. 우쉐첸 부총리는 앞으로 해협회에 수권하여 대만의 유관수권단체(해협교류기금회)와 관련인사들과 양안 왕래에 관해 구체적 논의를 하고자 하니 대만당국의 적극적 조치로 양안 간 직접 3통과 교류를 촉진해 줄 것을 희망하며, 대만당국 책임자들이 '대만독립' 활동에 대한 명확하고 강경한 반대 입장은 "지혜로운 것"이라고 표명하였다.

중화민국 총통부 츄진이(邱進益) 대변인은 중공의 민간 협회 발족은 중화민국의 국가통일강령의 단기계획에 부합하는 것으로 환영한다고 표명하는 등 정부와 언론은 중국의 조치를 일단 평가하는 분위기였다. 그러나 양안 교류 관계 법제가 아직 정비되지 않은 상황에서 중국 측

협회의 공산당적 인사의 대만 방문, 대만 정부기관 접촉 시도 등 공세적 접근에 대해서는 방어적인 입장을 견지하였다. 마잉쥬(馬英九) 대륙위원회 부주임위원은, 중공 측이 제기한 양안 3통 촉진 문제는 정책적 차원이 높아 아직 해협교류기금회에 권한을 부여하지 않았으며 대륙위원회가 부여한 권한 범위 내에서 사업을 추진할 것이라고 표명하였다.

당시 중화민국 내 분위기는 냉전 종식과 1989년 6월 천안문 사태 이후 중국의 국제사회에 있어서의 어려운 입지 등을 감안하여 양안 교류에 있어서 상당히 낙관적 전망을 하고 있었다. 첸푸 외교부장은 포린 어페어즈(Foreign Affairs) 기고문에서 "전 세계가 냉전의 종식을 축하하고 있음에 따라, 중화민국 국민은 새로운 세계질서에 더 큰 기여를 할 수 있기를 기대한다"고 하면서 "대만의 경험(Taiwan's Experience)은 중국 민족(Chinese people)이, 다른 민족과 마찬가지로, 민주주의를 실행하고, 공정한 소득 분배와 함께 신속한 경제 성장을 촉진하고, 이웃들과 평화롭게 살 수 있는 데 있어서 충분한 능력이 있다는 것을 보여주고 있다"고 강조하였다.[16]

| 1991년 12월, 제2차 국민대회대표 선거 |

1990년 5월 리덩후이 총통 취임 이후 정치적 안정, 사회질서 회복, 순조로운 경제 발전 및 적극적인 대륙 정책 및 탄성외교의 일정한 성과 거양을 배경으로 1991년 12월 21일(토) 제2차 국민대회대표 선거가 실시되었다. 국민당은 득표율 71%로 325의석 중 254석을, 민진당은 득표율 24%로 66석을 획득함으로써 국민당이 압승을 거두면서 리덩후이 총통의 국민당 정부는 국내 정국을 계속 주도하면서 헌법 개정 등 헌정

16　Fredrick F. Chien(첸푸 외교부장의 영어이름), "A View From Taipei", *Foreign Affairs*, Winter 1991/1992.

개혁을 추진해 나가는 기반을 마련하였다.

리 총통은 하오보춘(郝柏村) 행정원장 기용 등을 통해 국민당내 비주류파를 견제하면서 자신의 입지를 강화해 왔고 1990년 6월부터 치안개선 총력전을 전개하면서 사회 질서를 회복한 가운데 수출 호전, 공업생산 증가로 지속적인 경제 성장(1990년 5.2%, 1991년 7.2% 달성, 1992년 7.0% 목표)으로 1인당 GNP(1990년 7,890불, 1991년 8,813불 달성, 1992년 10,012불 목표)와 교역 규모(1990년 1,219억 불, 1991년 1,391억 불 달성, 1992년 1,559억 불 목표)는 지속적으로 증가하였다.

대외관계에 있어서는 중국과의 '1국 2정부' 구상하에 양안 관계 교류에 적극 나서는 한편, 무실외교(務實外交)를 추진하면서 국제사회에서의 적극적 활동과 국제기구 복귀를 우선 목표로 삼아, 1989년 4개국(바하마, 그라나다, 라이베리아, 벨리세), 1990년 3개국(레소토, 기네비소, 니카라과) 수교에 이어 1991년 7월 중앙아프리카와 수교관계를 회복하여 1991년 12월 현재 29개국과 외교관계를 유지하고 51개국에 79개 대표사무소를 유지하게 되었다. 또한 1991년 11월에는 APEC 각료회의의 정식회원국이 되었다.

1991년 말 종신직 민의대표(국민대회대표, 입법위원, 감찰위원)의 전원 퇴직으로 중화민국 헌정사상 최초로 실시된 중앙민의대표의 전면적 선거로 주목된 가운데 총 유권자 1,308만 3,119명 중 893만 8,622명이 투표하여 투표율 68.32%로서, 국민대회대표의 기능이 헌법개정 작업에 한정되어 1989년도 입법위원, 성시의원 선거의 투표율 75%에는 미달하였다. 선출된 325명 대표(지역구 225명, 전국구 80명)는 리덩후이 총통이 밝힌 헌정개혁 절차에 따라 1991년 4월 제1단계 개헌(동원감란시기 종료 선포 및 임시조관 폐지, 종신직 민의대표 퇴직조치 선포 등)

을 통한 민주개혁의 최대 장애를 제거한 데에 이어, 1992년 3월부터 제2차 개헌 작업에 참여하게 되었다.

동 선거는 중화민국의 민주화 과정 및 양안 관계에 중대한 정치적 의미가 있었다. 국민당 이외 민진당, 사민당, 비정당연맹 등 야당들이 정당 비례대표제 채택을 염두에 두고 뚜렷이 차별화된 정견을 내세움으로써 국내 정치에서 정당의 역할이 부각되었으며, TV 선거운동 개방, 정당 지도자의 지방 순회 지원, 표준어 이외의 대만어, 객가어(客家語) 등 방언 연설로 선거의 대중화, 중화민국의 대만화를 촉진하였다.

결과적으로 국민당의 "개헌, 총통 위임선거, 반 대만독립, 혁신 안정 번영" 입장이 민진당의 "헌법 제정, 총통 직접선거, 대만공화국 건설, 반 통일" 입장에 비해 안정 속에 점진적 개혁을 바라는 대다수의 중산층 지지를 확보하였다. 국민당은 1986년 국민대회대표, 입법위원 선거 시 69%, 1989년 입법위원, 성시의원 선거 시 60% 이래 최고득표율을 확보하였는데, 특히 민진당의 대만독립 주장이 중국대륙의 반발 등 국내 정치의 불안 요인이 됨에 따라 오히려 국민당에게 유리하게 작용된 것으로 분석되었다. 민진당은 선거 직전인 1991년 10월 제5차 전당대회에서 당 정강에 "주권 독립, 자주적인 대만공화국 건립" 조항을 포함시킨 후 선거에 임하였으나 1989년도 선거 시 획득한 30% 득표에도 크게 못 미쳐 개헌저지를 위한 국민대회대표 전체의 4분 1 확보에 크게 미달함으로써 민진당 내 온건파와 급진파 간 대립이 심화되면서 대만독립 주장의 조정이 불가피해졌다.

국민당은 국민대회 대표(총인원 403명: 1986년 선출 78명과 이번 선거 선출 325명) 중 헌법 개정이 가능한 4분의 3 이상(318명: 1986년 선출 64명과 이번 선거 선출 254명, 전체의 79%)을 확보함으로써 1992년 3월 예정된 개헌작업을 주도해 나가게 되었다.

8) 1991년 말 한반도 주변정세 및 남북한 관계

| 남북한 교차승인 |

첸치천 외교부장은 11월 12일 APEC 각료회의 참석 계기에 이루어진 노태우 대통령과의 면담 및 이상옥 장관과의 외무장관 회담에서, 한중 수교의 전제 조건은 아니지만 남북한 관계의 진전과 미국, 일본의 북한과의 관계가 한중 관계 발전에 영향을 미친다는 뜻을 밝혔다. 1991년 11월 15일(금)-17일(일)간 베이커(James Baker) 미국 국무장관 방중 시, 미중 외교장관회담에서 첸치천 부장은 1992년 중 미국과 중국이 각각 남북한과 교차승인하는 방안, 즉 미국이 북한과 수교하고 중국이 한국과 수교하는 방안에 대한 미국 측의 견해를 물었으며, 이에 대해 베이커 장관은 그와 같은 교차승인이 되려면 북한이 우선 핵개발을 포기하고 국제원자력기구(IAEA)의 핵사찰을 전면 수용해야 한다는 입장을 밝혔다. 중국 측은(내부적으로 한중 수교교섭 개시 방침을 정한 이후인) 1992년 3월에도 중국 외교부 류화츄(劉華秋) 부부장 방미 시, 한국·중국 및 북한·미국 간 교차승인 방안에 관해 언급한 바 있으나 미국 측은 두 가지 사항이 연결될 수 없는 것임을 명백히 하였다.[17]

| 일본·북한 관계 |

북한은 1990년 9월 한국의 소련과의 수교에 이어 1990년 10월 중국과 무역사무소 설치 합의 등 북방외교의 성과가 가시화되면서 일본과의 관계 개선에 적극적으로 나섰다.

1990년 9월 가네마루 신(金丸信) 전 부총리와 다나베 마코토(田边

---

17 이상옥, 앞의 책, 149쪽.

誠) 사회당 중의원(전 서기장)의 방북 시 북한 노동당과 일본 자민당, 사회당 간 3당 공동선언을 계기로 1991년 1월 제1차 일·북 수교회담을 개최한 이후 지속적으로 교섭해 왔다. 당시 노태우 대통령은 1990년 10월 방한한 가네마루 일본 전 부총리에게 일·북 수교 추진 과정에서 유념해야 할 5개 사항(한일 정부 간 긴밀한 협의, 남북한 관계의 의미 있는 진전 고려, 북한의 IAEA 핵안전협정 조기 체결 촉구, 수교 이전 북한에 대한 보상 또는 경제협력을 제공하지 말 것, 북한이 책임있는 일원으로 나올 수 있도록 노력)을 제시한 바 있으며 이후 한일 정상회담 및 외무장관 회담에서 일본 측은 한국 측의 입장에 염두에 두고 북한 측과 교섭하고 있다는 입장을 지속 표명하였다.

한 가지 주목할 점은 일본 또한 중국 측이 한국 측에 표명한 바와 같이, 일·북한 관계가 진전되면 한중 관계가 더 진전될 수 있다고 인식하고 있었던 것이다. 1991년 4월 24일(수)-26일(금)간 동경에서의 한일 외무장관회담에서 나카야마 타로(中山太郎) 외상은 중국의 북한에 대한 배려, 특히 중국 혁명 1세대의 김일성과의 특별한 관계로 보아 한중 간 외교관계 수립이 어려울 것으로 보이나 일·북한 관계가 진전되면 한중 관계가 더욱 진전될 수도 있을 것이라고 언급하였으며 이 장관은 한중 국교 정상화 노력에 일본 측의 계속적인 협력과 지원을 요망하였다.[18] 일·북한 국교 정상화 3차 회담이 5월 20일-21일 개최를 앞둔 시점이었다.

첸치천 부장이 1991년 11월 12일(화) 노태우 대통령에게 공식적으로 "남북한 관계 개선과 함께 미국·북한 관계와 일본·북한 관계가 개선되면 한중 관계도 자연스럽게 개선될 것"이라고 언급한 같은 날 이상옥 장관과의 외무장관 회담에서 와타나베 미치오(渡辺美智雄) 일본 외상은

---

18 이상옥, 앞의 책, 619쪽.

북한 핵무기 개발은 일본 안보와 관련된 중대 문제로서 일본은 북한이 핵개발을 포기하지 않는 한, 북한과 국교 정상화를 하지 않을 것이라는 입장을 재확인하였다. 그 직후에 일본·북한 간 제5차 국교정상화 회담이 1991년 11월 18일부터 20일간 베이징에서 개최되었으며 북한은 핵문제가 일·북 간 교섭사항이 아니라고 주장하여 특별한 진전이 없었다.

| 남북한 관계 |

한편 남북한 관계에 있어서는 1991년 11월 8일 노태우 대통령의 '한반도의 비핵화와 평화구축을 위한 선언'을 계기로 1991년 12월 10일 −13일간 서울 개최 제5차 남북고위급회담에서 1차 회담이후 지속적으로 논의해 온 '남북 사이의 화해와 불가침 및 교류 협력에 관한 합의서'(기본합의서) 문안에 합의하여 서명되었으며 핵문제에 대해 한반도에 핵무기가 없어야 한다는 데 뜻을 같이 하고 12월 중 별도 협상을 갖기로 합의하였다.

중국 외교부는 12월 14일 대변인 담화를 통해 "남북한 기본합의서는 남북한 고위급회담의 중대한 진전으로서 앞으로 남북한 관계 개선과 한반도 정세의 진일보 완화에 유리하므로 우리는 이에 대해 환영하며 높이 평가한다"고 하면서 "한반도의 정세 완화는 조선 인민의 이익과 바램에 부합할 뿐 아니라 아시아와 세계평화를 유지하는 데 있어서 중요한 의의를 갖는다"는 입장을 표명하였다.[19]

부시(Geoge H. W. Bush) 미국 대통령의 1991년 9월 27일 해외 전술핵무기 철수 발표와 노태우 대통령의 11월 8일 한반도 비핵화 선언에 이어 노 대통령은 12월 18일 '한반도 비핵화에 관련한 발표문'을 통해

---

19 『중국의 조선과 한국정책 문건 편(中国对朝鲜和韩国政策文件汇编)』 5권, 中国 北京: 中国社会科学出版社, 1994, 2599쪽.

한국 내 핵무기 부재를 공식 선언하였다. 이에 대해 북한은 12월 22일 외교부 성명에서 미국의 명백한 입장 표명을 전제로 비확산조약(NPT)에 따른 핵안전협정에 따른 사찰을 받게 될 것이라고 밝혔다. 중국은 12월 25일 외교부 대변인 담화를 통해 "북한이 비확산조약에 따라 핵안전협정 서명과 사찰 접수 입장을 밝힌 데 대해 중국은 북한의 한반도 비핵화 실현을 위한 노력을 환영하며 우리는 유관자들이 공동 노력하여 한반도 비핵지대를 실현하는 목표가 조기 실현되기를 희망한다"고 표명하였다.[20] 남북한 대표는 판문점에서 12월 26일, 28일 지속 협의하여 마침내 12월 31일 '한반도의 비핵화에 관한 공동선언' 문안을 타결하여 가서명하였으며 1992년 1월 20일 자로 남북한 총리가 각각 정식 서명하여 원본을 교환하였다.

중국은 1991년 8월 소련의 보수세력에 의한 쿠데타 기도 실패 이후 12월까지 소비에트연방 해체과정에 주목하면서 앞서 설명한 바와 같이 대만성 출신의 리덩후이 총통의 정책 향방을 경계하는 한편, 양안 관계를 일단 안정화 시키기 위해 대만독립에 공식적으로 반대하는 리덩후이 국민당 정부 측에 호응하는 형식으로 12월 16일 '해협양안관계협회'를 발족시켰다. 동시에 대만독립 주장 세력에게 구실을 주지 않기 위해 중국의 내부 방침과는 달리, 대만의 국제사회에서의 활동 공간을 어느 정도 허용하며 그래서 한국, 남아공 등과 아직 수교하지 않고 있다는 메시지를 대만 언론 등 관계요로에 전하고 있었다.

---

20 위의 책, 2599쪽.

9) 중국, 한국과 수교교섭 개시 방침 결정

한편 첸치천 부장이 회고록에서 밝혔듯이 1991년 11월 APEC 각료회의 참석 계기 방한 후에 한국과의 수교 문제를 검토하기 시작했으며[21] 남북관계 진전과 미국, 일본의 대북한관계에 주목하면서 이에 적극적으로 대응하였다.

남북관계에 대해서는 12월 말 외교부 대변인 담화 등을 통해 남북한 기본 합의서 채택과 북한의 핵안전협정 체결 결정을 환영하였으며 미국과의 회담에는 상기와 같이 교차승인 가능성을 계속 타진하였다.

한편 1989년 6월 천안문 사태로 인한 서방제재가 지속되고 있는 상황에서 중국은 서방제재 연합전선 중 가장 약한 고리[22](첸치천 외교부장의 표현)인 일본을 돌파구로 보고 일본과의 관계 개선에 적극 나서면서 수교 20주년(1992년) 계기 천황 방중을 추진키로 하였다. 1991년 4월 나카야마(中山) 외상이 일본 외상으로서 천안문 사태 이후 최초 방중한데에 이어 중일 간 고위인사 상호 방문을 적극 추진하면서 일·북한 간 국교정상화 교섭 동향(11월 18일-20일 제5차 회담 개최)에도 주목하였다.

중국은 1991년 9월 남북한 유엔 동시가입으로 국제사회에서 한반도에는 2개의 한국이 존재한다고 공인된 만큼, 양안 관계와는 근본적으로 다르므로 대만 측의 '2개 중국'이나 '1중 1대' 등 이중승인 시도를 저지할 수 있는 명분이 생겼으며, 11월 APEC 각료회의 계기로 한국의 국가 원수로부터 조기 수교 희망 입장을 직접 들어 사실상 수교 제의를 접수하였으며, 남북한 관계도 남북 기본합의서 채택과 비핵화 공동선언 서명 등 가시적인 진전이 있었으므로 앞으로 북한의 핵안전협정 서명에

---

21 첸치천, 앞의 책, 154쪽.
22 위의 책, 192쪽.

따른 핵사찰이 진행되는 과정에서 북한의 일본, 미국과의 관계 개선도 어느 정도 예상된다는 판단하에, 1991년 말 1992년 초에 걸쳐 한국과 의 수교교섭 개시 방침을 내부적으로 결정한 것으로 보인다.

첸치천 외교부장은 APEC 각료회의 참석 후 "당시 노태우 대통령의 임기는 1년여 남아 있어 임기 초에 북방정책의 목표로 제시한 임기 내 실현하겠다는 중국과의 수교를 서두르고 있었다. 한반도 정세를 보면 남북한이 이미 유엔에 동시가입하였으며 국제회의와 체육대회에 이미 일상적으로 함께 참여해왔다. 국제적으로 남북한과 동시에 외교관계를 갖고 있는 나라는 100개국이 넘어섰다. 중국과 한국 간 수교 조건이 기 본적으로 성숙했다고 말할 수 있다"고 회고하였다.[23] 장팅옌(張庭延) 부 국장(초대 주한대사)는 귀국 후 내부 검토에서 "한국과의 수교는 일본 을 견제하고 대만을 고립시키고 주변을 안정시키는 데 유리하고, 한반 도 평화와 안정에 유리하며, 중국의 4화(四化) 건설[24]과 전반적 외교에 도 유리하다"고 판단했다고 썼다.[25]

이러한 결정에는 덩샤오핑의 결심이 결정적인 역할을 했을 것으로 보인다. 첸 외교부장의 회고록에 의하면, 한국과의 관계 개선 및 수교과 정에 덩샤오핑이 1985년 4월부터 깊은 관심을 갖고, 중국 입장에서는 첫 번째 장사를 할 수 있어 경제상으로 좋은 점이 있고, 둘째로는 한국 으로 하여금 대만과의 관계를 단절시킬 수 있다고 말하였으며, 1988년 5월-9월간 수차에 걸쳐, 한국과의 관계발전은 해가 없으며 이익만 있 을 뿐이며 경제상 한중 양국 발전에 유리하며, 정치상 중국 통일에 유

---

23 위의 책, 155쪽.
24 4개 현대화를 의미하며, 1975년 1월 저우언라이(周恩來) 총리가 제4기 전인 대 제1차회의에서 정부공작보고 시, 금세기 이내 농업, 공업, 국방 및 과학기 술 등 4개 현대화 실현 구상을 발표하였으며 이후 당의 노선으로 채택되었다.
25 옌징(延靜), 앞의 책, 2004, 17쪽.

리하다고 말하였다. 이어 한국과의 민간관계의 발전은 중요한 전략적 의미가 있어 대대만, 대미국, 대일본, 한반도의 평화와 안정, 대동남아 관계 모두에 중요한 의미가 있다고 말하였다고 하면서 덩샤오핑 동지의 지도하에 중국은 다년간의 금기를 깨면서 한국과 관계 개선을 추진했다고 회고하였다.[26]

장 부국장은 또한 "APEC 각료회의 시 방한성과는 풍부했으며 APEC 가입 이외에도 한국 고위 지도자와 접촉이 진행되어 중국이 한국과의 관계 개선과 발전 문제를 고려하는데 도움이 되었다"고 하면서 "한국과의 수교는 다른 나라와 크게 다른 바, 한국과 대만과의 단교 문제가 수반된다면서 한국 시각에서 보면 한국·대만관계는 수십 년간 유지되어 왔으며 한국사회에는 비교적 강력한 친 대만 세력이 실제 존재하고 있어 대만에 대해 '배신기의(背信弃義)'해서는 안 된다고 주장할 것이나 다만 노태우 대통령 의지가 견고하여 취임 시 제시한 목표를 재임 시 완성하기 위해, 중국과의 수교를 적극 주장하였다"고 하고 1992년 2월 어느 날 첸치천 부장이 "각 방면의 상황을 분석한 결과 한국과의 수교 조건이 이미 기본적으로 성숙했으며 점진적으로 진전시켜 나가는 것을 고려할 수 있다"고 표명하였다고 회고하였다.[27] 물론 첸 부장이 이러한 입장을 표명한 것은 자신의 단독 결정이라기보다는 사전에 덩샤오핑, 양상쿤 국가주석, 리펑 총리 등 지도자들에 대한 보고와 그들의 합의 및 승인에 따른 결정이 있었기 때문일 것이다.

이러한 기술을 통해 당시 중국 외교당국자들이 한중 수교교섭 개시 결정 과정에서 한국 측이 중화민국과의 관계에 비중을 높이 두고 대응

---

26 첸치천, 앞의 책, 151-152쪽.
27 옌징(延静: 장팅옌[张庭延] 부국장, 탄징[谭静] 부부의 필명), 『영원한 기억(永远的记忆)』, 中国 济南: 山东大学出版社, 2007, 45-46쪽.

해 올 것으로 예상했으며 노 대통령이 재임 중 수교 달성 입장을 수시 표명하였음에 비추어, 한국 측이 사실상 시한을 정해 놓고 해 올 협상임을 충분히 감안했음을 알 수 있다.

1991년 당시 한국의 주북경무역대표부에 근무하던 정상기 서기관의 회고에 의하면 12월 하순 제3국대사관 서기관이 연락이 와서 "중국 정부 고위인사가 자국 대사와 만찬 시 한중 수교 시기에 대한 문의에 대해 한국과의 수교를 고민하고 있으며 1992년 말까지 수교했으면 좋겠으나 북한을 어떻게 설득할지 고민"이라고 대답했다고 전해 왔다고 한다.[28]

이렇듯 중국은 1991년 말-1992년 초경에 내부적으로 한중 수교교섭 개시 방침을 정한 후 대만, 북한과 각각의 관계는 물론 한미일 관계 및 한일 관계에의 영향을 감안한 일본과의 관계 개선 문제와도 연계시켜 종합 검토하면서 국내 정치 일정과 함께 외교 일정 계획을 치밀하게 수립하였다. 이어 한국과의 수교교섭을 비롯하여 북한, 일본, 남아공 등 여타 국과의 양자 외교 및 양안 관계를 주도해 나갔다.

---

28 정상기, 『한중 수교』, 국립외교원 외교사연구센터, 2020, 207쪽.

2. 1992년 1월-4월 12일 동향

1) 한국 언론, 한중 수교 전망 보도

| 한국 언론 보도, 중화민국 정부 긴장 |

1992년 새해가 밝아지자 한국 언론이 한중 관계 현황 및 1992년 중 한중 수교 가능성 등에 관해 중점 보도하고 있는 가운데, 대만 주요 언론은 1월 3일(금) 1면 톱기사(『중국시보』)[29] 등으로 2일(목) KBS가 보도한 "오는 4월 중 ESCAP 회의 개최 시 북경에서의 한중 수교의정서 조인 예정" 내용을 크게 보도하였다. 3일 『중시만보(中時晚報)』, 『자립만보(自立晚報)』 등 석간 보도에 의하면 3일 오전에 첸푸 외교부장은 진수지 주한대사와 전화 통화 후 4월 수교설에 대해 "근본적으로 그런 사실은 없다"면서 완전히 한국언론의 추측 보도라고 언론에 설명하였다.[30]

| 장샤오옌 외교차장, 박노영 대사 초치 |

1992년 1월 3일(금) 오후 장샤오옌 외교차장은 박노영 대사를 초치하였다. 박 대사가 1991년 8월 부임 이래 장 차장이 11월 13일(APEC 각료회의 시 노태우 대통령의 첸치천 외교부장 면담 관련), 11월 28일(주한대사관부지 관련)에 이어 3번째 초치하여 이루어진 면담이었다.

장 차장은 갑자기 연락(short notice)하여 죄송하다는 모두 인사에 이어, KBS 보도 내용에 중화민국 정부가 큰 관심을 갖고 있으며 국내언론이 크게 보도하고 있어 외교부가 어려운 상황에 처해 있다고 하고, 동

---

29 『중국시보』, 1992년 1월 3일.
30 『중시만보』, 1992년 1월 3일; 『자립만보』, 1992년 1월 3일.

보도의 사실 여부를 문의하면서 사실이 아닐 경우 한국 측이 공개적으로 부인해 줄 것을 요청하였다. 이에 대해 박 대사는 동 보도는 사실무근일 것이며 정부가 언론매체를 통제할 수 없는 상황에서 추측에 불과하다고 하고, 한·중공 관계 사항에 관해서는 본국 정부가 지속적으로 외교채널 등을 통해 중화민국 측에 설명하고 있으므로 만약 그러한 진전이 있을 경우에는 사전에 중화민국 측에 설명할 것이라고 답변하였다.

박 대사는 이어 1992년 중 청와대경제수석, 건설부장관 등 주요 고위인사의 방문을 추진하고 있으며 자신은 대사로서 노태우 대통령에게 직접 건의하는 등 양국 관계 발전을 위해 계속 노력 중이라고 강조하였다. 장 차장은 박 대사의 노력을 높이 평가한다고 하면서 외무부 고위인사의 방문도 실현되기를 희망하였다. 면담 말미에 장 차장은 새해 벽두에 좋지 않은 일로 만나자고 해서 죄송하다고 또 말하고, 양국 간 협력 공간이 넓으므로 올해는 양측 노력으로 양국 관계가 견고히 발전되기를 희망한다고 하면서 박 대사를 정중히 전송하였다. 박 대사는 면담 후 대기중인 외교부 출입기자단의 질문에 대해서도 KBS 보도를 부인하고 한국은 중화민국과의 관계를 계속 중시하고 있다는 입장을 표명하였다.

박 대사는 1991년 연말에 새해인사를 겸해 그간 방문이 추진되던 본국 장관들에게 각각 서한을 보내 조기 방문을 추진해 줄 것을 요청하였으며 1991년 중 대외적으로는 널리 알려 지지 않았으나 양국의 국방 분야 고위인사 간의 활발한 교류를 지속 추진하기 위해 다각적으로 노력하고 있었다. 1991년 중에는 중화민국 측에서 천선링(陳燊齡) 참모총장, 예창퉁(葉昌桐) 해군총사령관, 린원리(林文禮) 공군총사령관, 인쑹원(殷宋文) 군사정보국장이 방한하였으며, 한국에서는 정호근 합참의장, 김종호 해군참모총장, 서완수 특전사령관, 용영일 국방정보본부장, 배대웅 정보사령관이 방문하였다. 이러한 교류는 반공을 기치로 양국 국방 당국 간 쌓아 온 오랜 협력과 교류 실적에 따른 강한 유대감을 보여주는 것으로서 4성 장군 출신인 전임 한철수 대사와 박노영 대사의 개인적인 노력의 결과이기도 하였다.

한국 외무부 공보관실은 1월 6일 자 다음과 같은 보도 참고자료를 통해 '4월 중 한중 수교설을 부인'하였다.

　　KBS 보도와 관련 연합통신기자의 사실 확인 문의에 대해 외무부 당국자는, 1월 2일 KBS와의 인터뷰 시, 이상옥 외무장관은 한중 양국 간의 축적된 실질관계와 최근 한중 간의 외교접촉 확대추세에 비추어 양국 간 관계 정상화는 머지않은 장래에 실현될 것으로 본다고 일반적으로 언급하면서 그러나 어떤 시한을 정해 놓고 수교를 추진하지는 않겠다고 한 바를 상기시키고 4월 수교설은 근거없는 추측보도에 불과하다고 밝혔다.

나는 1월 6일(월) 외무부 동북아2과 전재만 서기관과 업무연락 통화 중에 상기 본부대응을 파악하였고, 대사관이 그간 건의한 위위셴(余玉賢) 농업위원회주임위원 등 고위인사의 방한을 적극 추진해 줄 것을 요청하였으며, 1월 7일(화) 상기 외무부 보도참고자료를 외교부 아태사(亞太司)에 전달하였다.

『중국시보』는 1월 6일(월) 「존엄을 지키면서 중한(中韓)외교관계 유지」 제하의 사설에서 첸푸 외교부장이 연말 기자회견에서 밝혔듯이 중한외교관계 유지가 올해 중대한 외교목표라고 강조하였다. 남한 언론의 4월 남한·중공 수교전망은 무책임하며 의문인 바, 4월은 김일성 80세 생일, 북한 건국기념 축전이 예정된 상황에서 중공이 '제1대 국제 공산당 노혁명가'인 김일성의 노여움을 절대로 사지 않을 것이라고 확신한다고 하면서도 남한·중공 간 수교는 대세의 추세로서 회피할 수 없는 당면 문제로서 대응책으로 ① 단교 전 주한대사관 재산 처리로 중공에 공짜로 넘어가게 해서는 안되며 ② 한국과의 새로운 관계의 명분과 실질을 어떻게 정립할 지에 관한 방안 및 단교로 인한 양국 국민 이익에 대한 충격과 피해 최소화 방안 등에 관해 최선의 대응책을 강구해야 하며 ③ 한국과의 단교와 동시에 북한카드 이용방안을 적극 모색할 필요가 있다고 제언하고 양국 외교관계 유지는 중요하나 남한이 수교국의 도리와 책임에 어긋나지 않게 중화민국을 대하도록 하는 것이 자존심과 존엄을 지키는 최저의 한계선이라고 논평하였다.[31] 중화민국 정부에 대해 언젠가 다가올 단교 사태에 대비하되, 한국이 중화민국을 제대로 대우하도록 대응해 나가라고 촉구하는 취지로서 그간 한국이 중화민국을 소홀히 대하여 왔다는 여론을 대변하는 것이었다.

| 중화민국의 대한국 입장: 이중승인 기대 |

이어 1월 7일(화) 『자립만보』, 1월 8일(수) 『중국시보』, 『민중일보』 등 대만 언론 대부분은 장샤오옌 차장이 1월 7일(화) 대륙위원회 공작 연구 토론회에서 "오는 4월 김일성의 80세 생일 등 주변 상황 고려 시, 중공·남한 간 4월 수교는 되지 않을 것이나 노태우 대통령이 임기 내 중공과의 수교 희망을 수차 표명하고 임기가 1년밖에 남지 않은 상황이므로 1992년이 중화민국·한국 외교관계에 있어서 관건이 되는 한 해가 될 것"이라고 밝혔다고 보도하였다. 아울러 장 차장은 중공은 남한과 수교 시 북한과 단교하지 않을 것이므로 이론적으로 남한도 2개의 중국을 동시 승인할 수 있을 것으로 보나 남한 측에 이런 관점을 제시한 바는 없다면서 외교부로서는 중공·북한 관계, 북한과 미국, 일본과의 관계 등 주변정세가 중화민국의 손에 달린 것은 아니나 한국과 외교관계

---

31 『중국시보』, 1992년 1월 6일.

유지에 최선을 다해 나갈 것이며 어떠한 상황이든 현재의 관계유지 입장을 남한에 대해 표명하고 있다고 설명하였다.[32]

동 토론회 내용에 대해 일부 언론은 "외교부 고위인사"(장 차장을 의미)가 한국의 이중승인이 바람직하다고 보는데 중공 압력으로 불가피하다면 중화민국 국민이 받아들일 수 있는 최저선은 '총영사급 준외교관계' 수립이며 주한대사관과 토지가 중공에 넘어가지 않도록 하는 방안을 강구 중이라고 언급했다고 보도하였다. 동 내용은 장 차장이 토론시 대외 보안을 전제로 설명한 내용을 기자가 취재하였거나, 장 차장이 기자들을 상대로 백그라운드 브리핑한 내용으로 추측되었다.

바로 1월 29일 중화민국은 중국과 외교관계가 있는 라트비아와 영사관계 수립을 공식 발표함으로써 전례가 없는 외교성과를 일단 거두게 되는데, 당시 1991년 말경 중화민국 외교부 내부에서는 중국과 외교관계를 유지하고 있는 라트비아와의 영사관계 수립을 선례로, 한·중공 수교 시 한국의 이중승인이 어렵다면 외교관계를 격하시켜 영사관계까지도 감수할 수 있다는 방안 검토가 이루어졌으며 이러한 방안을 대만 국내언론에 비공식적으로 흘려 한국의 반응과 민심을 살펴보려는 의도로 추측되었다.

돌이켜 보면 1991년 말-1992년 초경 중국은 '하나의 중국' 원칙에 따라 한국·중화민국과의 단교를 전제로 한국과의 수교 방침을 정하였으며, 중화민국 역시 동 시기에, 1992년 중 한중 수교 가능성이 매우 높을 것으로 보고 한·중공 수교에 대비, 한국과의 단교를 최대한 저지한다는 목표하에 한국의 이중승인을 기대하면서 한국·중화민국 간 외교관계의 영사관계로의 격하 방안 등 여러 가능성을 검토한 것으로 보

---

32 『중시만보』, 1992년 1월 7일; 『중국시보』, 1992년 1월 8일; 『민중일보』, 1992년 1월 8일.

인다. 중화민국 측이, 이중승인에 관해서는 나중에 1992년 5월 장옌스 특사 방한 시 수행한 장샤오옌 차장이 노창희 외무차관과의 별도 면담에서 언급한 바 있으나 노차관이 특별한 반응을 보이지 않았으며 영사관계로의 전환 문제에 관해서는 한번도 한국 측에 제기한 바 없다. 한국 측도 단교 전후로 대외적으로 영사관계에 관해 표명한 적은 없으나 한국과 중국 외교관들의 회고록 등을 살펴보면 1992년 5월 14일-15일 한중 수교를 위한 제1차 예비회담 시 한국 측이 중국 측에 중화민국과의 특별한 관계를 강조하면서 유사한 개념을 떠본 적은 있는 것으로 보인다. 상세는 뒤에서 다루기로 한다.

2) 노태우 대통령 연두기자회견

1992년 1월 10일(금) 노태우 대통령은 연두기자회견에서 한중 수교의 지연 사유와 수교 전망에 대한 기자 질문에 대해, "한중 수교가 이루어지면 양국 관계가 크게 발전할 것이며 한반도 및 동북아 전체의 평화와 번영에도 바람직하다"면서 "양국 간 경제관계가 확대되고 있으며 남북한 합의서와 비핵화 공동선언문 실천 여부가 중국과 수교를 더욱더 앞당기는 변수가 되고 있는데 우리가 바라는 대로 잘 진행되어 가고 있는 상황에 한중 관계도 성숙하여, 머지않아서 한중 수교관계도 해결되리라는 전망을 하고 있으며 수교가 된다면 방문도 자연스럽게 이룰 수 있지 않겠느냐고 생각한다"고 답변하였다.

대만 언론은 1월 11일(토) 일제히 노 대통령 회견 내용을 1면 톱으로 상세 보도하면서 노 대통령이 그간 수차에 걸쳐 중공과의 수교 희망 입장을 표명하였으나 이번처럼 명백하고 구체적으로 표명한 적은 없어 한중 수교가 곧 이루어질 단계에 이른 것 같다고 분석하였다. 이어 외교부는 남한의 유력인사 초청 등을 통해 외교관계 유지에 노력하는 한편 남한·중공 수교 후 대응 방안을 연구 중이라고 하면서, 외교부 고위인사는 남한이 이중승인을 채택하면 가장 바람직하나 중화민국 국민이 받아들일 수 있는 최저선은 총영사급의 준외교관계 수립이라고 표명하였으며 북한카드 활용, 대사관부지 문제 등을 연구하고 있다고 보도하였다. 한편 경제부 국제무역국은 남한·중공 수교 시에도 남한과의 무역은 기존 방식대로 계속 추진될 것이며 북한을 1991년 9월 직접 교역 대상국으로 개방하였으나 현재 북한 사정으로 교역이 크게 확대될 수 없다고 밝혔다고 보도하였다.[33]

1월 12일(일)『연합보』는 만약 한국과 단교될 경우 한국에 대한 보복조치를 취할지 여부에 대한 기자 질문에 첸푸 외교부장은 현재 가장 중요한 일은 한국과의 외교관계 유지라고 하면서 근본적으로 어떠한 보복조치도 아직 고려하고 있지 않다고 답변하였다.[34]

동일 자『자립조보(自立早報)』는 「한국과의 관계 변화 가능성에 대한 올바른 대응」 제하의 사설에서, 중화민국이 지난 40년간 외교 수행 추진에 어려움을 겪는 것은 양안 간의 정치적 분열 현실과 대만에서의 확실한 국제인격을 수립하지 못함에 있다고 지적하고 한반도 관계에 있어서 북한과의 관계 발전 모색 등 능동적인 선택도 가능하나 정부는 피동적으로 남한의 이중승인을 기대하고 있다고 하면서 그렇게 되면 정부가 무실외교(務實外交)의 지도 이념하에 이중승인은 비밀리 추진하는 목표이기 때문에 중화민국의 대외관계 발전의 새로운 계기가 될 것이나 실현 여부는 남한과 중공에 달려 있으며 중공이 수교조건으로 한쪽 승인을 고집하

---

33 『중국시보』, 1992년 1월 11일;『연합보』, 1992년 1월 11일;『자립조보』, 1992년 1월 11일;『공상시보(工商時報)』, 1992년 1월 11일.
34 『연합보』, 1992년 1월 12일.

여 남한이 받아들이면 이중승인 기대는 무너질 것이며 불행하게도 한·중화민국의 단교를 초래하게 되므로 그 경우 남한과의 관계를 어떻게 안배해야 할지 조심스럽게 고려해야 하며 주한대사관 재산도 사전에 합법적으로 소유권을 제3자에게 이전하지 않으면 중공에게 넘어갈 것이라고 논평하였다.[35] 대만의 주류언론은 당시 상황을 객관적으로 분석하고 정부의 현실적인 대응을 촉구하고 있었음을 엿볼 수 있다.

1992년 초는 이렇게 한중 수교 전망에 관한 한국 언론의 지속적인 보도와 노 대통령 연두기자회견으로 바쁘게 돌아가고 있는 가운데, 대사관은 중화민국 측이 1991년 방북했던 린츄산(林秋山) 문화대학교수(국민대회대표) 등의 주선으로 북한과 공식채널을 구축하려는 시도를 하고 있다는 정보를 입수해 보고하였다. 한편 중화민국 외교부는 한국의 저명한 학계인사 초청사업을 지속 추진하였다. 외교부 초청으로 한국 교수단(이상우, 김국진, 김일평, 정종욱 교수 등)이 1월 11일(토)-15일(수)간 방문하여, 리덩후이 총통, 하오보춘 행정원장, 첸푸 외교부장, 샤오완창 경제부장 등 고위인사와 면담하고 국립정치대학 국제관계연구센터와 협의하였다. 장샤오옌 차장이 동 교수단을 골프에 초청하는 등 극진한 대접을 하면서 양국 관계에 관한 중화민국 측의 입장을 전달하였다.

| 이상옥 장관, 진수지 주한대사 면담 |

1992년 1월 14일(화) 이상옥 장관은 진수지 대사 요청으로 진 대사를 면담하였다. 1991년 중 이 장관의 2회에 걸친 진 대사와의 면담 이후, 1992년 중 첫 번째 면담이었다. 진 대사는 1월 20일-2월 9일간 본국 업무보고를 위한 일시귀국 전에 한중 관계 개선 동향을 이 장관에게

---

35 『자립조보』, 1992년 1월 12일.

직접 듣겠다는 의도였다.

진 대사는 연초 한중 관계 개선에 대한 한국 언론 보도로 중화민국 입법원과 언론 등이 우려하고 있다고 하면서 특히 노 대통령의 "머지않은 장래에(수교)"라는 표현에 깊은 관심을 표명하였으며 이에 대해 이 장관은 한중 관계 진전에도 불구하고 수교교섭 시작단계에 이르지 못했고, 언론 문의에 대해 한중 수교가 머지않은 장래에 이루어질 것이나 우리가 정해진 시간표를 갖고 있는 것은 아니며 결코 서두르지도 않겠다는 입장을 표명해 왔다고 상기시켰다. 4월 북경에서의 ESCAP 총회 시 한중 관계에 가시적 변화가 있을지 문의한 데 대해 이 장관은 북경 ESCAP 총회 의장(첸치천 외교부장을 의미)과 만날 것이나 한중 관계에 큰 변화를 가져올 일이 있을 것으로는 기대하고 있지 않다고 답변하였다. 진 대사는 이 장관 설명에 대해 한중 관계 개선이 이루어지더라도 한·중화민국 관계가 희생되지 않기를 바란다고 하였으며 이 장관은 한중 관계 개선에도 불구하고 중화민국과의 기존 협력관계는 계속 유지되도록 노력할 것이며 한중 관계 개선 사항은 종전과 같이 중화민국에 사전에 알릴 것이라고 언급하였다.

진수지 대사는 1990년 9월 18일 한국 부임 이후 1년 4개월 만에 본국정부 업무보고를 위한 첫 번째 귀국이었다. 한중 관계 개선 동향 파악, 1992년 초 부시(Bush) 미국 대통령, 미야자와(宮沢) 일본 총리의 방한 등 한국의 주요 외교일정 관련 업무 때문에 임지 1년 근무 후 업무보고를 위한 일시귀국의 관례보다 일시귀국 일정이 다소 늦어진 것으로 알려졌다.

진 대사는 1월 20일(월) 타이베이공항 도착 시, 한·중공 수교 전망에 대한 기자 질문에 대해 직답을 피하면서 지난 주 이상옥 장관과의 면담 시 이 장관이 명백히 4월 수교설을 부인했다고 지적하고, 최근 한반도 정세 변화, 즉 남북한 유엔 동시가입, 남북 고위급회담 개최 및 남북 비핵화공동선언 등으로 남북한 관계가 개선되어 교차승인을 촉진하는 분위기가 있음을 강조하고 한국·중공 관계 동향을 계속 주목하면서 한국과 중화민국 관계강화를 위해 적극적으로 노력해야 한다고 답변하였다. 박노영 대사는 당시 양국 관계 분위기를 고려하여 의도적으로 공항에 나가 중화민국 외교부 린수이지 아태사장 등 직원들과 함께 진 대사를 영접하고 간단한 대회를 나누면서 진 대사의 노고를 치하하였다. 두 대사로서는 양국 관계의 어려운 시기에 동병상련(同病相憐)의 자리였다. 다음 날 1월 21일(화) 대만 『중앙일보』가 두 대사가 웃으면서 악수하는 사진을 크게 실었다.[36]

진 대사는 1월 21일(화) 첸푸 외교부장에의 업무보고 후 기자들에게, 한국이 북방정책을 적극 추진하는 것도 사실이며 동시에 한국 정부가 중화민국과의 관계를 중시하고 있는 것도 사실이라고 강조하면서 양국 관계 유지를 위해 현재 우리가 할 수 있는 분야에서의 협력을 강화 확대하는 것이 합리적인 방안으로 본다고 표명하였다.[37]

| 남아공·중국 관계 개선 동향 |

비슷한 시기에 남아공과 중국과의 관계 개선 동향에 대해서도 중화민국 정부는 긴장하였다. 1992년 1월 20일 첸치천 외교부장의 남아공 요하네스버그 공항에서 보타(Botha) 외무장관과 회담 소식이 알려져 중화민국에 충격을 주었다. 더욱이 1991년 11월 드 클라크(De Klerk) 남아공 대통령의 중화민국 공식방문 직후에 이루어진 것이었다. 당시에는 1991년 11월 첸 부장과 보타 외무장관의 북경 공항에서의 비밀 회

---

36 『중앙일보』, 1992년 1월 21일; 『중국시보』, 1992년 1월 21일.
37 『중앙일보』, 1992년 1월 22일.

174　중화민국 리포트 1990~1993

담은 알려지지 않았을 때였다. 외교부 팡진옌(房金炎) 상무차장은 1월 22일 Havey 남아공대사를 초치하여 불만과 유감 입장을 전달하였다.[38] 첸치천 부장은 회고록에서 1월 20일 남아공 방문 시 남아프리카의 아프리카국민대회(ANC: African National Congress) 측에 만델라 당시 의장의 공식 방중 초청 입장을 전달하였다고 밝혔다.[39] 이후 중국은 만델라 방중을 남아공 수교교섭과 함께 적극 추진하였으며, 노태우 대통령의 1992년 9월 27일-30일 방중에 이어 만델라는 10월 4일-10일간 방중하게 된다. 한중 수교교섭 중 중국 측은 노 대통령의 조기 방중 요청과 관련, 중국 측이 먼저 방중 초청해 추진 중인 일본 천황(1992년 4월 초청제의) 및 만델라 방중(1992년 1월 초청제의) 일정과 함께 고려하여 결정한 것으로 보인다.

| 외무부 업무보고 및 노 대통령 언급 사항 |

1월 20일(월) 이상옥 외무장관은 노 대통령에 대한 1992년 주요 외교업무 보고에서 1992년 중 역점외교시책 5가지 중 하나로서 '북방외교의 마무리와 내실화' 가운데 '한중 수교의 조기 실현'에 관해 보고하였다. 노 대통령은 "1992년 한 해 동안 동북아와 동북아 지역 질서에 커다란 변화가 예상되며 이에 따라 한반도 문제 해결을 위한 획기적인 전기가 마련될 수 있을 것으로 전망된다"고 하면서 "한반도문제 해결이 잘 진전될 경우 북방정책의 마지막 목표인 대중국 수교도 실현될 수 있을 것이며 한중 수교는 북방정책을 완성한다는 측면에서도 큰 의미가 있지만, 한반도 주변 질서의 전반적인 구도와 직결된 문제이므로 착실

---

38 『중앙일보』, 1992년 1월 23일.
39 첸치천, 앞의 책, 264쪽.

하게 추진해 나가도록 할 것"이라고 언급하였다.[40]

당시 한국 정부 내에서는 북방외교가 노 대통령 임기 중에 대단원을 내리도록 해야 한다는 데 정부 내 공통된 인식이 이루어져 있었으며 따라서 대선 일정 등을 고려할 때 1992년 중 가능한 한 조속히 중국과 국교 수립을 실현하는 것이 가장 바람직하였다고 판단하였다.[41]

3) 김종인 청와대경제수석 방문(1월 26일-29일)

| 대만 언론 동향 |

이러한 한국 정부의 중국과의 관계 개선 방침에 대해 대만 언론은 지속적으로 민감하게 반응하면서 김종인 청와대경제수석의 중화민국 방문에 주목하였다.

김종인 경제수석의 방문은 APEC 각료회의 개최 후 한중 관계 개선 속도가 빨라질 가능성에 대비하여 한국 유력인사 방문 초청에 중점을 두던 진수지 주한대사가 적극적으로 추진하여 이루어진 것으로, 1월 말 방문계획이 알려지면서 이에 대한 대만 언론의 관심이 높아지기 시작했다. 특히 중화민국의 국가건설6개년계획과 연계시켜 한국이 경제수석을 파견한다는 논조가 많았다.

1월 22일(수)『중국시보』는「국가건설6개년계획이 중한(중화민국·한국) 외교관계를 안정시킬 수 있는 마지막 카드가 될 수 있는가」라는 제하 분석 기사에서 한국은 연초 노태우 대통령의 연두기자회견이나 이상옥 장관의 외교정책보고에서 올해 중공과의 수교를 외교 목표로 삼고 있고, 4월 아시아·태평양 경제사회이사회(ESCAP) 회의 기간

---

40 『제6공화국 실록 노태우대통령 정부 5년』 5권, 공보처, 1992, 345쪽.
41 이상옥, 앞의 책, 155쪽.

을 한·중공 수교의 가장 좋은 계기로 보고 있는 등 한·중공 수교는 조만간 이루어질 상황에서, 김종인 수석의 방문은 약 3천억 불의 국가건설의 떡을 나눠 먹기를 희망하고 있는데 남한이 해협 양안에 대한 외교 정책을 빌미로 대만에서 더 많은 경제적 이익을 획득하려 한다고 논평하였다.[42] 같은 날『중국시보』는 별도 기사에서 중화민국 외교부 관원이 "남한이 중공과 수교하는 동시에 중화민국과의 외교관계를 중단하지 않는 이중승인 형식이 남한으로서 제일 좋은 선택이라고 하면서 중화민국의 입장은 남한의 중공과의 수교 여부에 관계없이 현재의 중화민국·한국 관계에 상해를 입지 않도록 주장해 나가는 것"이라고 말하였다고 보도하였다.[43]

마침 그 시기에는 1월 20일 중화민국과 외교관계가 있는 남아공 보타 외무장관의 요하네스버그 공항 내에서 첸치천 외교부장과의 회담이 알려진 데 이어, 1월 24일 중국과 이스라엘 수교 발표가 있었다.

이어 1월 25일(토) 중국 측이 한국 측에 대해 중화민국 측의 대사관 매각 시도를 막아 달라고 요청했다는 북경발 신화사 보도가 대만에 전해져 크게 보도되었다. 1월 26일(일)『중국시보』는「외교 역류에 대해 반드시 실용적으로 처리해야 한다」는 제하 사설에서, 중화민국으로서 중공과 이스라엘 수교, 남아공·중공 간 외교장관회담 개최, 한·중공 관계 개선 등 연속적인 외교 역류를 어떻게 대응하느냐가 최대 관심사라고 하면서 이제 한·중공 수교는 "기자들의 억측"이 아니며 신화사 보도는 중공·남한 수교의 조기 실현과 중공 측의 대사관 재산 계승 의지를 암시하고 있으므로, 이러한 관건(關鍵)적인 시기에 체면을 고려하지 말고 즉각 대사관 재산을 처리하여 실제적인 손해를 봐서는 안 된다고 촉

---

42 『중국시보』, 1992년 1월 22일.
43 『중국시보』, 1992년 1월 22일.

구하였다.[44] 1월 24일(금) 대만 영자지 『China Post』도 「The Taipei-Seoul Relations」 제하 사설에서 최근 남북한 관계 진전과 미국, 일본의 북한관계 등을 고려할 때 중공은 한국 승인에 있어 북한이 더 이상 방해가 되지 않으므로 "한중 수교는 시간문제로서 중화민국이 이를 저지하기 위해 할 수 있는 것이 거의 없다"고 하면서 그럼에도 불구 한·중화민국 간 공통이익을 감안하여 한국은 중국과 수교하더라도 새로운 친구와 사귀기 위해 옛 친구를 버리는 것은 상식에 맞지 않음을 명심해야 한다고 논평하였다.[45]

| 김종인 청와대경제수석 방문활동 |

1월 26일(일)-29일(수)간 김종인 청와대경제수석비서관은 부인과 함께 방문하였다. 김 수석 부부는 26일 저녁 타이베이 공항에 도착하여 린수이지 외교부 아태사장 부부의 영접을 받았으며 기자들의 방문 목적에 대한 질문에 대해 "중화민국의 경제무역장관 및 경제계 고위인사들과 만나 한중 양국의 경제무역현황을 평가하고 장차 세계 경제의 압력에 대해 공동협력을 강화하기 위한 것"이라고 밝히고 '한·중공 수교문제'에 대한 질문에 대해서는 자신은 경제 전문가로서 정치, 외교를 논하는 것은 적합하지 않다고 답변하였다.

김 수석은 27일(월)부터 리덩후이 총통 예방, 첸푸 외교부장 면담과 만찬, 장빙쿤 경제부장 대리(정무차장) 면담과 오찬, 추이쭈칸(崔祖侃) 경제건설위원회 부주임위원, 황다저우 타이베이시장, 리궈딩(李國鼎) 총통부 자정 면담, 쉬성파(許勝發) 전국공업총회이사장 주최 오찬에 참석하였다. 부인은 별도 일정이 마련되어 첸푸 외교부장부인 면담, 전국

---

44 『중국시보』, 1992년 1월 26일.
45 『China Post』, 1992년 1월 24일.

부녀연합총회 총간사 구전푸(辜振甫) 부인 주최 오찬 등에 참여하였다. 경제수석의 일정에 박노영 대사가 동행했으며 나는 주요 면담에 배석하였다.

| 리덩후이 총통 예방 |

리 총통 예방은 1월 28일(화) 10시부터 1시간 45분간 진행되었으며 청젠런(程建人) 외교부 상무차장이 배석하였다. 김 수석은 먼저 노 대통령의 친서를 전했다. 노 대통령은 친서에서 중화민국의 경제 발전과 정치 발전 추진에 있어서 리 총통의 영도력에 경의를 표하며 양국 모두 개도국의 모범으로서 양국 관계 발전을 평가하고 향후 새로운 실질 협력 확대로 더욱 발전시켜 나갈 수 있을 것으로 믿는다는 뜻을 전했다. 면담 초반에 리 총통이 한국경제 발전을 높이 평가하고 한국경제 현황에 관한 질문을 계속하면서 중반까지 한국경제와 세계 경제에 대한 의견을 교환하였으며, 후반부에 들어서 리 총통은 중화민국의 3월-5월 간 헌법개정 일정 등 민주화와 국가건설6개년계획에 관해 설명한 후 양국 관계에 대해 언급하였다.

리 총통은 한국의 상해 임시정부 때부터의 양국 간 특별한 우호 협력관계와 인적교류를 감안하여, 양국 관계가 미래지향적 협력관계로 지속 발전되기를 바라며 한국의 중공 수교로 기존 우호 관계를 해치면 양측 모두에게 비극을 초래하므로 한국이 중공과의 수교를 늦추는 등 신중한 대응을 희망하며 국가건설6개년계획에의 한국기업 참여와 양국 공통과제인 대일 무역적자 누증에 따른 대일 의존도 심화문제 해결을 위한 협력 확대를 기대한다고 언급하였다.

이에 대해 김 수석은 북방정책의 기본취지를 설명하고 중공이 북한과의 관계로 한국과의 수교에 능동적이 아니며 한국도 인위적으로 목표를 정하지 않고 서두르지 않고 있다고 강조하고 노 대통령도 "새 친구를 사귀기 위해 옛 친구를 버리지 않는다"는 입장이라고 전하면서 경제수준이 비슷한 양국 간 실질 협력관계가 장기적으로 지속 발전되기를 희망한다고 언급하였다.

| 첸푸 외교부장 면담 |

리 총통 예방 전날인 1월 27일(월) 오후 5시 반부터 1시간 동안 첸푸 외교부장 면담에 이어 첸 부장 부부 주최 만찬이 이어졌다. 나는 면담에만 배석했다.

첸 부장은 김 수석의 방중에 상당한 의미를 부여하며 양국 교역이 작년 처음으로 30억 불을 달성하고 국가건설6개년계획에의 한국기업 참여도 예상되고 있으나 최근 양국 언론의 양국 관계에 대한 보도 경향을 우려하고 있으며 특히 대만 언론은 전통적 우방인 한국이 점점 멀어지고 있다고 보도하고 있다고 전하면서, 한국의 '북방정책과 대륙 접근'은 이해하고 있으나 중공이 아직 보수적이며 무리한 정책을 추진하고 있으므로 한국이 대중공 관계에 신중을 기해 주기를 기대한다고 언급하였다.

이에 대해 김 수석은 양국 관계가 언론 보도로 나빠진 것은 없으며 최근 정부 고위인사 교류와 경제협력 증가 추세에 있으며 중화민국의 대형프로젝트에 한국기업에게 공정한 기회가 있다면 참여할 것이며 일전에 노 대통령이 방한한 슐츠(Schultz) 전 미국 국무장관에게 "한국은 새로운 친구를 사귄다고 해서 옛 친구를 버릴 수 없다"는 입장을 중화민국 측에 전해 달라고 요청한 바 있다고 소개하면서 새로운 국제 환경에 적응하기 위한 북방정책의 취지를 설명하고 한반도 긴장 완화를 위해서는 중국대륙과 북한과의 관계를 고려, 한국도 중국대륙 측과 협의해야 한다고 강조하였다.

첸 부장은 슐츠 전 국무장관과 3일 전에는 리차드 알렌(Richard Allen) 전 안보보좌관이 노 대통령 입장을 전해주었다고 하면서 양국 관계의 협력 확대를 위해서는 현재의 외교관계 유지가 매우 중요하며 밀접한 소통을 위해 한국의 외교안보수석, 외무장관, 대사와의 대화 채널이 지속적으로 원만히 운용되기 바라며 특사를 파견하여 관계 강화에 나서겠다고 언급하였다. 양측은 경제 수준이 비슷한 양국으로서는 블록화되고 있는 세계 경제 동향과 APEC 출범 등을 감안하여 중장기적 공통 과제를 강구해 나가는 것이 중요하다는 데 의견을 같이했으며 첸 부장은 중화민국의 APEC 가입에 있어서 한국의 지원에 대해 사의를 표하였다.

| 주요 인사 면담 |

이어 김 수석은 장빙쿤(江丙坤) 경제부차장(1월 27일)과의 면담에서 양국 경제의 상호보완적 관계를 살려 대일 무역적자와 세계 경제 변화에 공동 대응 필요성에 공감하였으며 장 차장은 중화민국의 GATT 가입 지원을 요청하였다. 황다저우(黃大洲) 타이베이시장(1월 27일)은 구체적으로 공정차, 경찰용 권총 총알, 지하철, 에어컨 차량 등 4개 분야의 한국기업 참여를 희망하였으며 김 수석은 공정한 기회가 부여된다면 한국기업이 참여할 것이라고 표명하였다. 황 시장이 구체적으로 4개 사업을 제시하는 등 적극적으로 나선 것은 나중에 탐문해 보니 외교부와 사전에 협의했던 것으로 보였다. 리궈딩(李國鼎) 자정(資政)(1월 27일)

과 추이쭈칸(崔祖侃) 경제건설위원회부주임위원(1월 28일)과도 주로 양국 경제교류협력 증진 방안과 세계 경제 동향에 대한 대응 등에 관해 의견교환이 이루어졌다. 국가건설6개년계획에 관해서는 상대방이 먼저 거론 시 김 수석은 일관되게 일반적인 관심 정도를 표명하였다.

| 대만 언론 보도 |

연초부터 양국 언론이 한중 관계 개선, 한·중화민국 관계 변화 가능성 등을 집중하여 보도해 온 시점에 김 수석의 방문이 진행된 만큼 대만 언론은 김 수석의 활동에 대해 연일 크게 보도하였다. 김 수석이 도착 시 밝혔듯이 이번 방문이 순전히 양국 간 경제협력을 위한 것임을 보도하면서도 김 수석이 노 대통령이 가장 신임하는 측근 중 한 명으로서 양국 관계에 적신호가 들어 온 이후, 중화민국 초청으로 방문한 최고위인사로서 과연 국가건설계획 추진 등을 통한 경제력으로 양국 관계를 안정시킬 수 있을지 주목되며, 김 수석의 방문 자체가 양국 간 외교 강화 효과가 있다고 평가한 논평과 함께 중화민국 외교부 고위인사가 한국 고위인사 방문 초청을 지속 추진하는 등 양국 관계 강화 노력을 포기하지 않을 것이라고 언급하였다고 보도하였다.

일부 언론이 김 수석의 방문 목적이 한·중공 간 수교에 관한 비밀통보일 수 있다는 추측 보도(1월 29일 『연합보』)와 함께 국가건설계획에의 한국기업 참여라는 과장 보도(1월 30일 『청년일보』)도 있었다. 한편 1월 27일 『경제일보』는 양국 간 외교관계에 위험신호가 있으나 한국 8대 상사 모두가 타이베이 지사를 설치, 교역 확대를 도모하고 있으며, 경제부 국제무역담당 관리가 한·중공 수교가 시간 문제일지 모르나 한·중화민국 양국은 외교관계 변화로 인해 상대방 시장을 포기하지 않을 것이라고 언급하였다고 보도하였다.

또한 『연합보』는 1월 29일(수) 「중한(중화민국·한국) 외교관계의 최후 결정적인 상황에 당면」 제하 사설에서 남한은 중화민국과의 외교관계 이외에 중공과 수교하는 데 어떠한 장애도 없으며 중공만 수락하면 언제라도 가능하며, 중화민국으로서는 남한·중공 수교를 피할 수 없으며 1년 일찍 발생하거나, 또는 1년 늦게 발생하든 간에 결과는 같다면서, 한국이 실제 행동에 들어가기 전에 우선 중화민국 측에 의향을 전달하여 협상을 진행한다면 시간을 갖고 미래관계에 필요한 준비를 할 수 있다고 논평하였다.[46] 한중 수교를 기정사실로 받아들여야 한다고 강조하고, 사전에 미래관계 정립을 위한 한국 측의 성의있는 태도를 촉구한 것이었다.

| 진수지 대사, 대만 언론 인터뷰[47] |

진수지 대사는 1월 30일 대만 『중앙일보』와의 단독 인터뷰에서, 김종인 수석은 자신이 초청해서 온 것이라고 하면서 대만 일부 언론이 그가 국가건설6개년계획 때문에 왔다고 보도하여 무안하게 만들었으며 김 수석은 중화민국의 국제입찰에 자격이 되면 한국기업이 응찰할 것이며 그렇지 않으면 참가하지 않을 것이라고 말하였으며, 더욱이 '내막'(한·중공 수교를 의미)을 갖고 와서 이후 양국 관계가 변화될 것이라는 것은 어처구니 없는 보도라고 언급하였다.

아울러 양국 관계에 관해 추측과 감정적 보도가 많다면서 주한대사로 부임한 이래 한반도 주변정세가 크게 변화하고 있는 가운데, 기본적으로 한 나라, 한 명의 지도자의 말(노태우 대통령의 "임기 내 한중 수

---

46 『연합보』, 1992년 1월 29일.
47 『중앙일보』, 1992년 1월 31일.

교 희망"을 시사)만 들어서는 안 되며 한반도 정세의 관건은 남북한 간의 진정한 화해와 북한의 핵무기 포기에 달려 있는 바, 북한이 핵 포기할 경우 미국, 일본의 북한 관계와 남한·중공 관계도 진전되어 교차승인 분위기가 성숙될 것이나 그렇지 않을 경우 남한·중공 관계도 한 나라 희망대로 달성되지 않을 것이며 중공도 한반도 정세를 고려하여 북한을 고립시켜 혼란을 초래하지는 않을 것으로 본다고 표명하였다. 대만 언론이 양국 관계에 대해 한반도 주변국의 상호 관계 등 광범위한 시각에서 보기 바라며 한 개인의 발언에 의해 좌우되지 말고 사실대로 보도해 줄 것을 기대하며, 양국 관계에 있어서 한국을 10-20년 전의 안목으로 봐서는 안 되며 한국의 고도 발전 및 국제적 위상을 인정하고 양국 간 전통적 우의와 비슷한 경제 수준에 따른 광범위한 협력 공간을 적극 활용하여 부단히 관계를 발전시켜 나가야 한다고 강조하였다.

| 첸푸 외교부장, 김 수석 방문 평가 |

첸 부장은 자신의 회고록에서 김 수석의 방문에 대해 다음과 같이 비교적 상세히 서술하였다.

김 수석의 대통령 특사 자격으로의 방문과 관련해서, 보통 특사는 지위가 아주 높거나 실권을 잡고 있는 인사를 선정하는 일반적 관례와 달리 대통령 측근 인사를 특사로 보낸 것은 매우 기이한 일이었다. 김 수석 도착 전에 슐츠 전 미국 국무장관의 소식을 접했는데, 김 수석이 자신의 학생이었으며 매우 우수하며 노 대통령의 깊은 신임을 받고 있다는 내용이었다. 나와의 면담에서 노 대통령의 특별한 지시 유무에 관한 질문에 대해 김 수석이 머뭇거리다가 노 대통령도 양국 관계 강화를 희망한다고 답변한 것으로 보아 노 대통령의 특별한 지시가 없었으며 그 자리에서 임기응변으로 대답한 것이라고 판단하였다. 아울러 100분 이상 진행된 리 총통과의 면담에서도 대부분 리 총통이 얘기하고 김 수석은 별다른 특별한 반응이 없었으며 그날 저녁 박노영 대사 주최 만찬에서는 나에게 과거 3-4년 전에 내가 추진했던 전국민 건강보험, 실업보험 등에 관해 주로 질문하였다. 체류 중 전체적인 면담이 특사 신분으로서의 역할과 전반적으로 맞지 않은 것 같았다.[48]

당시 김 수석 방문 경위 등 제반 사정을 알고 오찬, 만찬 이외의 모든 면담 일정에 배석한 나로서는, 첸 부장의 상기 기술이 일부 사실 관계를 오해하고 있으며 다소 주관적인 판단이라고 느끼게 된다. 당초 김 수석의 방문은 진수지 대사가 상기 인터뷰에서 밝혔듯이 진 대사가 공을 들여 추진한 결과로서 중화민국 정부의 초청으로 방문하게 된 것이지 한국 정부가 먼저 파견하겠다고 하여 추진된 것이 아니라는 사실을 잊었거나 사실 관계를 헷갈린 것 같다.

김 수석의 방문 계획이 확정된 후, 양국 관계 분위기를 고려하여 내부 건의를 통해 대통령 친서를 휴대하게 되었으며 양국 일부에서 편의상 '특사'라고 호칭한 데 불과하며, 중화민국 외교부가 제작한 김 수석 방문 안내 책자에도 '대통령 경제수석비서관 방중 일정'으로 표기되어 있었으며, 한 달 후 '대통령 특사'로 표기된 민관식 전 국회의장의 방문 안내 책자와는 확연히 다른 것이었다. 물론 김 수석과 민 특사가 각각 휴대한 노태우 대통령 친서에서도 김 수석의 경우, "김종인 경제수석비서관이 중화민국을 방문"으로 표현된 반면, 민 의장의 경우에는 "민관식 전 국회의장 대리를 귀국에 파견"으로 명시되어 있다.

또한 내가 배석하여 관찰하고 기록한 바로는, 리 총통과의 면담 시에는 인사말을 교환하자마자 리 총통이 먼저 세계 경제 동향과 양국 경제발전 경험 비교 등에 대해 계속 질문하기 시작하여 김 수석이 바로 답변하는 등 양측 간 진지한 의견교환이 지속되었으며 면담 시간을 리

48 첸푸, 앞의 책, 260쪽.

총통이 6할, 김 수석이 4할 정도 썼다. 첸 부장과의 면담에서도 처음부터 첸 부장의 언급과 질문에 대해 김 수석이 거침없이 한국 측 입장을 설명하였다. 첸 부장이 기술한 것처럼, 첸 부장이 노 대통령의 특별한 지시 유무에 관해 김 수석에게 직접적으로 질문했다는데 내 기록에는 그러한 대화가 없었다. 박 대사 부부 주최 만찬에는 내가 참가하지 않았기 때문에 거기서 오고 간 얘기에 대해 언급하기는 어렵다. 다만 김 수석이 양일간 리 총통 예방, 첸푸 외교부장 면담과 만찬 등 10여 개 공식 일정을 통해 양국 관계에 관해 폭 넓게 협의를 마친 후, 마지막 일정으로 박 대사 부부 주최 만찬이 진행되었는데, 김 수석 부부, 첸푸 부장 부부가 함께 참석하는 상황에서도 첸 부장은 마지막까지 김 수석과 양국 관계에 대한 진지한 의견교환을 기대했던 것 같다.

아울러 내가 배석한 여타 고위인사들 과의 면담에서도 양측은 진지한 의견교환으로 상대국 경제 현황과 잠재적 협력 기회에 대한 이해가 상호 증진되었다고 판단되었다. 당시 우리 대사관은, 김 수석의 방문을 통해 중화민국 측이 기본 입장(한국 측의 대북경 관계 개선에 신중한 대처 요망 및 현재의 양국 관계 유지의 중요성 강조)을 한국 측에 전달하고 양국 간 경제협력 확대 필요성에 공통 인식을 확보함으로써 방문 초청 성과를 평가하고 있으며 한국 고위인사 방문을 계속 추진해 나갈 것으로 예상된다고 보고하였다.

돌이켜 보면 상기 첸푸 부장 회고의 일단에서, 당시 중화민국 외교 당국이 느끼는 일말의 불만과 좌절감을 엿볼 수 있다. 중화민국 정부는 그간 한국 고위인사(가능하면 부부 동반)를 지속 초청하여 체류 중 극진한 대접과 최고의 예우를 제공하면서 양국 외교관계 유지에 노력하고 있음에도 불구하고, 한국 측은 일관되게 똑같은 입장("새로운 친구를 사귀어도 옛 친구를 버리지 않는다"며 한중 관계 개선에도 불구하고 양국 관계유지 발전 등) 만을 되풀이해 왔다. 1992년 연초부터 한국 대통령, 외무장관은 1992년 내 한중 수교 노력 입장을 대내외적으로 계속 공식 표명하고 있는 상황에서, 1992년 처음 방문하는 김 수석이 리 총통에게 전달한 노 대통령 친서의 형식적 내용을 보거나, 타이베이 체류 중 한국 측의 기존 입장만을 되풀이하는 김 수석의 태도를 보거나, 중화민국을 배려하는 어떠한 진일보한 입장 표명이 없었다고 판단하였으며, 이에 첸 외교부장으로서는 당연히 실망하고 불만일 수밖에 없으며 그런 심정이 회고록에 자연스럽게 표현된 것으로 보인다.

4) 중화민국, 라트비아와 영사관계 수립

1992년 1월 29일(수) 중화민국 외교부는 라트비아와 영사관계 수립을 발표하였다. 중국과 외교관계를 유지하고 있는 나라와 처음으로 준공식관계 수립을 이룬 것이다. 이에 대해 중국은 바로 반발하여 1월 31일 라트비아가 1991년 9월 12일 중국과의 국교수립에 관한 공동성명을 위반하였으며 중대 손해를 입을 것이라고 발표하였으며 2월 25일 대사관을 잠정 폐쇄하고 주 라트비아대사를 소환하고 양국 관계를 동결하였다. 1994년 8월 중국과 라트비아 간 다시 외교관계가 정상 회복될 때까지 중화민국은 라트비아 수도인 리가(Riga)에 총영사관을 유지하였다.

중화민국이 중공과 외교관계를 유지하고 있는 라트비아와의 영사관계를 수립함으로써 중화민국 정부 내에서는 한국이 중공과 수교할 경우 이중승인이 가장 바람직하나 이것이 어려울 경우 한국과 영사관계 수립도 감수할 수 있다는 검토가 있었던 것은 앞서 서술한 바와 같다.

5) 노태우 대통령, 중화민국 관계 대응 지시

| 주변정세 동향 |

그런 가운데 1월 중 한중 관계 개선 동향이 전해져 온 바, 중국 내 개최되는 한국의 모든 박람회에 한국의 정식국호, 국기 및 국가문장의 사용이 허가되었다고 하며 1월 21일 쉬둔신(徐敦信) 중국 외교부 부부장이 일본 기자와의 간담회에서 미국, 일본의 북한과의 관계 정상화가 한중 수교의 전제 조건이 아니라고 밝혔다고 알려졌다.

또한 1월 22일(수) 미국·북한 간 차관급 고위회담이 뉴욕에서 김용순 노동당중앙위 국제담당비서와 켄터(Arnold Kanter) 국무차관간 개최되었다. 중국 외교부대변인은 이미 1월 9일 기자 질문에 대해 미·북한 간 관계 정상화를 위한 고위급 협상은 한반도 정세 완화와 안정에 도움이 되므로 환영한다는 입장을 밝혔으며 리펑 총리는 1월 31일 유엔 안보리 정상회의에서 남북한 유엔 동시가입 이후 남북한 불가침합의와 한반도비핵화합의로 한반도 정세는 현재 완화와 안정의 방향으로 발전하고 있다고 하면서, 최근 몇 년간 중국은 주변국과의 우호 친목 관계가 진일보 강화 발전되고 있다고 언급함[49]으로써 한국과의 관계 개선 동향을 간접적으로 표현하였다.

아울러 1월 30일 북한은 IAEA와 핵안전협정을 체결하였으며 1월 30일-2월 1일간 일·북한 간 제6차 수교회담이 북경에서 개최되었다. 이러한 동향은 북한의 미국, 일본과의 관계 개선에 진전을 가져올 수 있어 한중 관계의 개선에도 긍정적인 영향이 예상되기는 하나 한국 외교 당국으로서는 한중 수교 전망이 불투명한 가운데, 일·북한 수교교섭 진

---

49 『중국의 조선과 한국정책 문건 편(中国对朝鲜和韩国政策文件汇编)』 5권, 中国 北京: 中国社会科学出版社, 1994, 2600쪽.

전에 촉각을 세울 수밖에 없었다. 당시에는 한국 정부 내에서는 일·북한 수교보다는 한중 수교가 늦어서는 안 되며 최소한 일·북한 수교와 한중 수교가 동시에 이루어져야 한다는 분위기가 있었다. 당시 윤해중 외무부 아주국심의관의 회고에 의하면, 노 대통령이 자신의 임기 내 한중 수교를 이루어야 북방정책의 하나의 결실을 맺는 것으로 생각한 것은 틀림없다면서, 이상옥 장관이 "덩샤오핑이 노태우 대통령을 만나고 싶어한다"고 하면서 제3국 방문 시 북경을 경유하여 덩샤오핑을 면담하는 방안을 언급하였으며 자신은 그렇게 무리하게 추진할 수는 있지만 모양새가 좋지 않다는 취지로 답변했다고 한다.[50] 당시 한국 정부내 분위기를 짐작할 수 있는 에피소드라고 생각한다.

| 1992년 2월 노 대통령, 중화민국 관계 대응 지시 |

한국 외무부는 1992년 2월 초 청와대의 요청으로 한중 수교 시 중화민국과의 관계 대응에 관해 각국의 사례를 보고하였다. 이를 토대로 중국과 수교 시 단교를 전제로 한·중화민국과의 관계 조정이 불가피하며 단교 후 비공식관계로의 전환에 관한 몇 가지 방안이 노 대통령에게 보고되었으며 한중 수교 타결을 전후하여 적절한 시기에 중화민국에 특사를 파견하는 것이 바람직하다는 의견도 함께 보고되었다. 노 대통령은 보고를 받고 외무부에 중화민국을 위한 최선의 방법이 성사되도록 노력하라고 지시했다.[51]

2월 8일 이상우 교수가 국내언론에서, 한중 수교 시 중화민국과 국교를 단절해서는 안 되며 한국과 중화민국의 특수한 관계를 존중해 줄 것을 중국 측에 요구해야 한다면서 '2개 중국'을 승인하는 새로운 선례

50 윤해중, 『한중 수교』, 국립외교원 외교사센터, 2020, 76쪽.
51 이상옥, 앞의 책, 194쪽.

를 만들어야 한다는 주장을 기고했다는 내용이 서울 특파원 기사로 대만『중앙일보』등이 보도하였다.

| 이시영 대사 방문 |

중화민국 외교부 초청으로 1992년 2월 14일(금)-18일(화) 이시영 대사 부부가 방문하였다. 이 대사는 주 오스트리아 대사로 내정된 상황이었다. 이 대사가 중화민국의 APEC 각료회의 가입에 있어서 적극적으로 중재, 지원해 준 데 대해 감사의 의미로 방문 초청한 것이었다. 이시영 대사는 1991년 2월, 6월에 이은 3번째 방문이었다. 박노영 대사 부부는 2월 15일(토) 이 대사 부부를 위해, 장샤오옌 외교차장, 우쯔단(吳子丹) 외교부 국제조직사장 부부 등을 관저 오찬에 초청하였으며, 중화민국 측은 이 대사에게 중화민국의 APEC 가입을 위한 전폭적인 지원에 사의를 표명하였다.

2월 17일(월) 저녁 마침 이 대사의 공식 일정이 비워, 나는 이 대사와 저녁을 같이 하는 기회가 있었다. 저녁 자리에서 이 대사는 한국이 중국과 수교하는 경우 "한·중화민국 관계는 미국, 일본의 경우와는 다르며 우리에게는 남북한이라는 또 다른 요소(factor)가 존재하기 때문에 미국, 일본의 사례와는 다른 방식(formula) 강구가 가능할 것"이라고 언급하였다. 아울러 외무부의 현재 외교역량 수준을 걱정하면서 직원들의 훈련이 부족하고 국장의 60-70%가 밑에서 영어로 요점(talking points)를 써주어야 하는 현실이 부끄러우며 외무부 간부로서 반성하고 있다고 하면서 해외 근무 중 역량을 키우는데 게을리하지 말라고 충고해 주었다.

이 대사는 2월 18일(화) 중화민국 방문을 마친 후 홍콩 방문에 이어 북경을 방문하였으며 2월 27일(목) 첸치천 외교부장 면담 시, 이상옥 외무장관의 조기 수교제의 구두메시지를 전달하였다. 이 대사는 한중 간 조기 수교수립 필요성과 수교에 앞서 민간대표부의 정부 간 연락사무소로의 격상 가능성을 언급한 데 대해 첸 부장은 장기적으로 양국 간의 관계 정상화는 문제가 없을 것이나 관계 정상화가 한국뿐 아니라 중국의 통일에도 반드시 유리하게 이루어져야 할 것이라고 말하고, 4월 북경 개최 ESCAP 총회 참석 차 이상옥 장관이 오게 되면 여러 가지 문제에 관해 의견을 교환할 수 있기를 바란다고 말하였다.[52] 돌이켜 보면 중국은 그 당시 한중 수교교섭 개시 방침을 이미 확정한 상황에서 한국 측에 수교의 조건으로 '하나의 중국' 원칙을 암시한 것이었다.

이시영 대사는 1990년 7월 제2차 APEC 각료회의 시 합의에 따라, APEC 각료회의에의 중화민국, 중국, 홍콩 가입 문제를 중재하고 성사시키면서 1년여간 중화민국과 중국의 외교당국 고위인사들과 지속적으로 협의하여 양측 외교당국과 동시에 신뢰관계를 쌓아 온 유일한 한국 외교관이었다. 이 대사가 한중 수교와 한·중화민국 단교 및 미래관계 수립 업무에 직간접적으로 참여했다면 그 결과가 어떻게 되었을까 상상해 본 적이 있었다.

| 중화민국 국방부, 국방보고서 공표 |

2월 17일(월) 중화민국 국방부는 최초로 국방보고서를 발간 공표하였다. 동 보고서는 중화민국이 처한 가장 엄중하고 직접적인 위협은 중공으로부터의 무력 침공이며, 최근 중공 지도층의 발언을 종합하면 다음 7가지 상황 시 침공의 구실을 줄 것이라고 분석하고 그중 대만독립

---

52 이상옥, 앞의 책, 157쪽.

은 대륙 내 소수민족의 분리 의식을 고조시킬 것이므로 제일 위험성이 크다고 지적하였다.

> ① 대만독립 추구 시 ② 대만 내 동란 발생 시 ③ 대만 전투력이 상대적으로 약화 시 ④ 외국 세력이 대만 내부문제 간섭 시 ⑤ 대만이 통일 협상을 장기적으로 거절 시 ⑥ 대만이 핵무기 개발 시 ⑦ 대만의 대륙에 대한 화평연변(和平演變, peaceful evolution)으로 중공정권을 위협 시

아울러 국제사회는 중국해협 양안 분쟁은 중국 내정 문제로 간주하여 미국, 일본, 한국, 동남아 등 국제사회는 전쟁 발발을 원치 않고 평화적 해결을 희망하고 있다고 지적하였다.

한국의 입장에 관해서는 "남한은 현재 중공과 수교를 원하고 있으나 중공과의 미래관계가 어떻게 발전되든 중화민국과 한국 간에는 공통이익이 상존하고 전통적 우의가 견실하므로 남한은 절대로 중화민국이 침략당하는 것을 원하지 않을 것으로 믿는다"고 기술하였다. 그러나 중공이 대가를 무시하고 속전속결 시 각국도 대만 점령을 승인할 수밖에 없을 것이므로 중화민국의 안보 확보는 스스로 중공 위협에 대항할 수 있는 실력 배양이라고 강조하였다.

동 시기에 남북한 간에는 2월 18일-21일 제6차 남북 고위급회담이 평양에서 개최되었으며 2월 19일 한반도비핵화 공동선언이 발효되었다.

6) 민관식 대통령특사 방문(2월 20일-23일)

민관식 민자당고문이 대통령특사 자격으로 2월 20일(목)-23일(일) 방문하였다. 민 특사 부부는 공항에서 장샤오옌 외교차장과 박노영 대사의 영접을 받았다. 박양천 외무부 아주국심의관이 수행하였다.

민 특사는 20일 첸푸 외교부장 면담과 만찬, 하오보춘(郝柏村) 행정원장 면담, 21일 리덩후이 총통 예방, 리위안추(李元簇) 부총통내외 예방 및 만찬, 22일 류쑹판(劉松藩) 입법원장 면담, 기자회견, 장샤오옌 차장 주최 운동 및 만찬 등 일정에 참여하였으며 부인은 수공예 중심, 요리학원 방문 등 별도 일정을 가졌다. 중화민국 정부는 극진한 대접과 최대의 예우를 제공하였다.

| 리덩후이 총통 예방 |

리 총통 예방 시, 리 총통은 민 특사에게 최고 훈장 '대수경성훈장'을 수여하고 민 특사는 노 대통령 친서를 전달하였다. 노 대통령은 친서에서 "급변하는 현 국제정세하에서 한·중화민국 양국이 국가발전을 성공적으로 추진하고 나아가 아태지역의 평화와 번영에 기여할 수 있도록 상호 협력해 나가야 할 것"이라는 입장을 전달하였다. 5개 문장의 의례적인 내용에 그쳤다.

리 총통은 친서와 특사 파견에 노 대통령에게 감사하며 한국의 대중공 정책에 관한 추측 보도가 빈발한 시기에 민 특사의 방문이 오해 불식에 기여할 것으로 확신한다고 하면서 중공의 변화를 지켜봐야 할 시기에 한국이 중공과 수교하는 것은 바람직하지 않으며 한·중화민국 관계는 변하지 말아야 한다고 언급하고 중화민국도 양국 관계 강화를 위해 특사를 파견하겠다는 입장을 표명하였다. 이에 대해 민 특사는 중화민국의 북방정책에 대한 이해와 지지에 사의를 표하고 한국의 중화민국에 대한 전통적 우의는 변하지 않았다고 설명하였다. 리 총통은 중화민국의 국가건설6개년계획에의 한국기업 참여를 환영한다고 하면서 한국측이 미국, 일본 등과 같이 조사단을 파견하여 유관부서와 구체 협의할 것을 권유하면서 노 대통령에게 특사 방한 제의와 양국 간 경제협력에 관한 자신의 입장을 전달해 줄 것을 요청하였다.

| 리위안추 부총통, 하오보춘 행정원장, 류쑹판 입법원장 면담 |

리위안추 부총통과의 면담에서 리 부총통 역시, 한국의 중공과의 교류에는 이해를 표시하면서 한·중화민국 간 전통적 우호 관계는 계속 유지되어야 한다고 강조하고 국가건설6개년계획에 한국기업 참여를 환영한다고 언급하였다.

하오보춘 행정원장과의 면담에서 하오 원장은 새로운 국제환경하에서 양국의 공동 대응 필요성을 강조하고, 중화민국은 한국의 북방정책을 이해, 지지하고 중국대륙과의 교류 추진을 이해하나 최근 사회주의권 몰락 추세를 감안, 중공과는 정경분리 정책 추진이 바람직할 것으로 본다고 언급하였으며, 민 특사는 한국의 중화민국과의 우호 관계는 전혀 변함이 없으며 노 대통령이 "우리는 새로운 친구를 얻고자 옛 친구를 버리지 않을 것"이라고 말한 것을 인용하면서 각 분야의 협력을 강화하여 양국 관계를 진일보 발전시켜 나가자고 제의하였다.

류쑹판 입법원장과의 면담에서 류 원장은 양국 관계 발전을 위한 정부 간 협력을 강조하고 경제 관계를 그간의 경쟁관계에서 상호보완관계로 발전시켜 나가자고 하면서 그간 중화민국의 대외경제협력이 미국, 일본에 치중된 경향이 있었다고 설명하고, 국가건설6개년계획에의 한국기업 참여를 환영하며 가능한 지원하겠다고 표명하였다.

| 첸푸 외교부장 면담 |

첸푸 외교부장과의 면담에서, 첸 부장은 최근 양국 언론의 추측 보도가 양국 관계에 영향을 줄 우려가 있으나 실제 양국 간 전통적 우호 협력관계는 변하지 않았으며, 중화민국으로서는 한국의 북방정책이 기존의 양국 관계에 영향을 줄 것으로 보지 않으며 더욱이 상대방의 어떤 정책 추진에 관여하자는 것도 아니라면서 다만 현재의 좋은 우호 관계가 지속되기를 바란다는 입장이라고 강조하였다. 이어 좋은 우호 관계라는 것은 양국 지도층 인사들의 교환 방문이 지속적으로 이루어지는 것이라고 하고, 수일 전에 양국 경제협력 강화방안 강구를 위해 외교, 경제 부처 차관급 위원회를 구성하였으며 동 결과는 주한대사관을 통해 한국 측에 전달하겠다고 하고, 한국 외무부 출입기자단을 2회에 걸쳐 방문 초청할 예정이라고 설명하였다. 이에 대해 민 특사는 한국의 중화민국에 대한 우호 관계는 변하지 않았으며 첸 부장의 경제협력 강화 제의에 적극 찬성한다고 표명하였다.

| 민 특사, 기자회견 |

민 특사는 2월 22일(토) 오전 류 입법원장 면담 일정을 마친 후, 체류 호텔에서 대만 언론 기자 30여 명이 참석한 가운데 기자회견을 가졌다. 23일(일)『중국시보』,『연합보』등 주요 언론은, 민 특사가 체류 기간 중 리 총통 등 고위인사와의 면담에서 노태우 대통령이 "양국 관계가 장차 지속적으로 변하지 않을 것"이라고 보장하며 전통적 우의 관계를 중시한다는 입장을 전달했다고 하면서, 기자회견에서 민 특사는 북방정책은 한반도 안전과 남북한의 긴장 완화를 위한 것이며 추진 과정에서 중공과 접촉은 있으나 언론의 추측과 과장 보도로 오해가 있다고 하면서, 이번 방문이 양국 간 우호적인 긴밀한 관계를 증명하는 것이라고 설명하고 체류 중 중화민국 고위인사들과의 광범위한 의견교환 결과

가 자신의 예상보다 훨씬 좋아 유쾌한 기분으로 귀국하게 되었다고 언급했다고 보도하였다. 민감한 질문에 대해서는 박양천 심의관에게 대답을 위임하였다면서, 박 심의관은 남한과 중공 간의 교류는 민간 차원에 한정되어 있으며 중공과 수교문제 협의는 시기상조라고 언급하고, 노태우 대통령의 연내 한중 수교 실현 희망 언급에 대해서는 한반도 정세 완화와 통일 기반 마련을 위해 남한의 장기적 목표를 표명한 것으로서 남한과 중공과의 수교에 관한 시간표가 있다는 뜻이 아니라고 답하고, 현재 한·중화민국 외교관계는 어떤 상황에서도 변할 수 없다고 하면서, 한·중공 수교 후 한·중화민국 관계 변화 여부에 대한 질문에 대해서는 가상적인 질문에 대해서는 대답할 수 없다고 답했다고 보도하였다.[53]

마침 같은 날 노태우 대통령은 2월 25일 취임 4주년 직전인 2월 22일 청와대 출입기자단과의 오찬간담회에서 북방정책에 대해 "북방정책이 생각보다 더욱 빨리 진행되어 이미 80% 정도가 이루어졌다"고 평가하고 "1992년도에도 더욱 열심히 해서 나머지 20% 중 대부분을 이루고 후임자에게는 5% 정도 쉽게 이룰 수 있는 것만 물려 줄 생각"이라며 연내에 북방정책을 거의 완성하는 또 하나의 쾌거가 있을 것임을 시사하였다.[54]

| 중화민국, 민 특사 방문 평가 |

첸푸 외교부장은 민 특사의 방문 종료 후 바로 특사의 한국 파견을 건의하였으며 총통부는 특사 선임 검토에 들어갔다.

민 특사는 결과적으로 중화민국과 단교 전에 방문한 최고위인사이자 한국 정부가 파견한 마지막 특사였다. 당시 한국 정부는 대내외적으

---

53 『중국시보』, 1992년 2월 23일; 『연합보』, 1992년 2월 23일.
54 『제6공화국 실록 노태우대통령 정부 5년』 5권, 공보처, 1992, 361쪽.

로 연내 한중 수교를 추진한다고 표명하고 있으며 한중 간에는 이미 외무장관회담이 2차례 개최되었고, 4월 ESCAP 총회 계기 이상옥 장관의 북경 방문이 예정되어 있으며 연내 수교설이 연일 보도되고 있는 상황에서, 중화민국으로서는 양국 관계 유지에 위기의식을 갖고 리 총통 이하 최고위인사들이 동원되어 민 특사를 맞이하였다. 그러나 대통령 친서 내용이나 민 특사가 전달한 입장이, 한국 측이 그간 표명해 온 일반적 수준의 몇 문장의 입장에서 벗어나지 않아 기대에 못 미쳤으며, 더욱이 양국 관계 발전의 계기 마련을 위해 리 총통이 국가건설6개년계획에의 한국기업 참여문제를 직접 거론하고 이어 부총통, 입법원장, 외교부장 모두가 이를 거론하고 양국 간 협력 방안에 관한 지속적 협의를 기대하였으나 결과적으로 1992년 3월 19일-22일간 서영택 건설부장관 방문 이외에 한국 측의 별다른 호응이 없는 등 기대성과를 거두지 못했다고 종합적으로 판단했던 것으로 보인다.

1992년 8월 중화민국과 단교 후 한국 정부는 대만에 파견할 고위사절단 단장으로 처음에 민관식 고문을 대만 측에 제의하였으나 대만 측이 거부하여 김재순 전 국회의장으로 결정되었다. 1992년 연말 진수지 대사는 타이베이를 방문한 김달중 교수에게 민관식 특사가 2월 방문 후 노 대통령에 대한 보고를 제대로 못 했다고 하면서 불만을 토로하였다.

7) 중화민국, 한국과 외교관계 유지 노력

| 한국 외무부 기자단 초청 |

중화민국 외교부는 주한대사관을 통해 외교담당기자 방문 초청을 적극 추진하였으며, 행정원 신문국장 초청으로 외무부 출입기자단을 2월 24일-29일 제1차(5명: KBS 고대영, 한겨레 박종문, 연합통신 오재석, 한국경제 김형수, MBC 최명길 기자), 4월 20일–25일 제2차(6명: Korea Times 신학림, 경향 이승철, 동아 김창혁, 국민 김진홍, 한국 이계성, 매일경제 김병철 기자)에 걸쳐 중화민국에 초청하였다.

첸푸 외교부장 인터뷰, 국민대회대표, 입법위원 면담 등을 통해 중화민국의 대내외 정책, 한·중화민국 관계에 관한 입장 등을 소개하였다.

첸푸 외교부장은 2월 26일(수) 한국기자단과의 인터뷰에서, 중화민국 외교부는 절대로 머리를 모래 속에 박고 있지 않으며 양국 관계 유지, 강화를 위해 지속 노력할 것이며 특히 최근 고위인사 교류 성과를 평가하고 앞으로도 고위인사 교류를 적극 추진하겠다고 밝히면서 자신은 오직 한국·중화민국 관계 증진에 역점을 두고 있다고 강조하였다. 첸 부장은 중국에는 중공과 중화민국이라는 2개의 정치 실체가 존재한다고 강조하고, 이상우 교수의 관점을 인용하면서 한국이 중공과 수교를 원할 때 중공은 북한과 외교관계를 유지하고 있는 상황에서 한국이 중공·북한 간의 단교를 요구하지 않는데 중공이 한국에게 중화민국과의 단교를 요구하는 것은 불합리하다고 말하였다. 최근 국제정세하에서 경제력이 더욱더 중요해지고 있는 만큼 양국 간 경제협력의 여지는 무척 크며 특히 양국 간 공동협력으로 대일본 무역적자를 해결할 수 있다고 표명하였으며 북한은 전체주의 공산국가로서 공식적인 관계를 맺을 생각은 전혀 없다고 답변하였다. 대만 언론은 다음 날 첸 부장 인터뷰 관련 기사 제목을 "첸푸 부장이 북한과 어떠한 관계도 갖지 않겠다고 표명"으로 잡았다.[55]

---

55 『중앙일보』, 1992년 2월 27일; 『청년일보』, 1992년 2월 27일.

| 국가건설6개년계획에의 한국기업 참여 문제 |

한편 민관식 특사 방문 이래 대만 언론은 한국과의 관계에 대해 지속적으로 보도하였다.

그중 3월 13일(금) 『중국시보』는 양국 관계 및 국가건설6개년계획에 관한 한국기업 참가 문제에 대해 다음과 같이 보도하였다.

> 남한의 서영택 건설부장관 방문 목적은 국가건설6개년계획 사업에의 한국기업 참여를 확보하기 위한 것인데, 하오보춘 행정원장 주재 '대외공작 보고 회의'에서 외교부는 양국 외교관계 유지를 위해 동 계획에 한국업체의 적극적인 참여 유도가 필요하며 이를 위해 우선적인 고려 대상으로 대우해 줄 것을 제의하였으나 여타 관계부처가 반대하였다. 특히 정보관련 부처수장(국가안전국장으로 추정)은 남한·중공 간 수교 정책은 이미 확정되었으므로 한국을 우대할 필요가 없다고 강조하였으며, 이에 따라 하오 원장은 외교부 제안을 부결하고 동 계획에는 공평, 공정, 공개적인 원칙하에 각국 응찰을 환영한다는 선에서 결론을 내렸다.
>
> 외교부는 아울러 최근 남한 정부 고위인사 및 학계 인사를 방중 초청하여 그들을 통해 남한 외교정책에의 영향을 미치도록 노력하고 있다고 하면서, 방중 한국학자(이상우 교수 등을 시사)가 귀국 후 남한의 '2개의 중국' 정책 채택 가능성을 발표하는 등 방중 초청 성과가 있는 것으로 평가하고 있다.[56]

하오 행정원장 주재 관계부처 장관회의의 결론은, 사실상 당시 중화민국 내에서의 여론 및 대부분의 관계부처의 실용적인 입장에도 부합하는 것이었다. 한국의 중국대륙과의 관계 개선 동향에 대한 비우호적, 감정적 언론 보도가 이어지고 있었으며 오히려 국가건설6개년계획에 한국기업 참여를 제한해야 하는 등 불이익을 주자는 주장도 있었다.

당시 현지에 있었던 내 기억으로는, 한국 측이 정부 차원에서 국가

---

56 『중국시보』, 1992년 3월 13일.

건설6개년계획에의 한국기업 참여 문제에 있어서 특별히 한국기업에 대해 우대해 달라고 공식 요청한 적은 없었으며, 중화민국 고위인사가 먼저 이를 거론하면, 상기 김종인 경제수석이 표명한 것과 같이 공정한 기회가 주어진다면 한국기업이 참여할 것이라는 일반적 수준에서 대응해 왔다. 대사관으로서는 최민구 상무관이 KOTRA와 협업 체제를 구축하여 공관의 일상 업무의 일환으로 관련 정보를 종합적으로 파악하여 지속적으로 본국에 보고하면서 본국 경제계와 관련 업계에 널리 알려 줄 것을 건의해 왔던 것이다. 하오 행정원장 주재 관계부처 장관회의의 결론은 사실상 한국 측 입장과 같은 것이었다.

다만 첸푸 외교부장, 장샤오옌 외교차장, 진수지 주한대사 등 외교부 수뇌부는 한중 수교가 대세인 마당에 어떻게 하든 한국의 경제계, 학계, 언론계 등을 통해 한중 수교를 가능한 한 늦추어 한국과 단교되는 상황이 빨리 오지 않도록 하기 위해, 중화민국 측이 쓸 수 있는 카드와 재원을 다 써 보자는 절박한 입장이었다.

| 이중승인 문제 |

1992년 3월 18일(수) 첸푸 부장은 입법원에서 질의 답변에서, 최근 한국과 고위인사 교류가 빈번하고 한국 언론, 학술계가 중화민국과의 전통적 우의 관계를 중시하고 한국이 중공과 관계 개선 시 중화민국과의 외교관계에 피해를 줄 수도 없으며 주어서는 안된다고 촉구하고 있다고 하면서, 이는 양국 외교관계가 여전히 안정적임을 보여주는 것이나 노태우 대통령 취임 이래 중공과 수교 의사를 밝혀 왔으며 임기가 채 1년도 남지 않았으므로 경각심을 풀지 않고 대한국 관계를 강화해 나가야 한다고 설명하였다.

펑바이셴(彭百顯) 입법위원이 이상우 교수의 2월 8일 자 한국『중앙일보』기고를 인용하여 한국의 이중승인 가능성에 대한 질문에 대해서는, 첸 부장은 외교부 평가로서는 남한이 이중승인을 취할 가능성은 2년전에는 불가능했으나, 현재 점차적으로 그러한 추세에 있다고 본다고 답하였다.[57]

당시 첸 부장이 진정으로 그렇게 판단하고 있었는지는 불분명하나, 일단 중화민국 정부가 1991년 5월 '동원감란시기' 종료 이후, 중국 전체에 2개의 정치 실체가 있다는 주장을 국내외적으로 펼쳐 나가는 과정에서 중국대륙 측이 이를 받아들이지 않고 있으나 국내 정치적으로는 계속 유용성이 있는 주장이었다. 아울러 남북한 분단상황에 있는 한국에 의한 최초의 이중승인 가능성에 일말의 기대를 걸면서 한국 정부의 호의적 대응을 촉구하는 의미도 있었을 것으로 보이나 1991년 9월 남북한의 유엔 동시가입이 이루어짐으로써 국제정치적으로 남북한 관계와 양안 관계가 다르다는 현실을 굳이 외면하는 주장이기도 하였다.

8) 1992년도 재외공관장회의

1992년도 외무부 춘계 정기인사로 2월 하순 공관차석인 경창헌 공사가 이임하고 민병규 공사가 부임한 가운데 3월 3일-16일 박노영 대사는 재외공관장회의(3월 5일-10일) 참석 차 일시 귀국하였다.

박 대사는 공관장회의에서 고위인사 교류, 경제협력 강화 등 양국 관계 강화방안을 건의하였다.

○ 고위인사 교류: 기 건의 추진 중인 농림수산부, 건설부, 문화부

---

57 『중국시보』, 1992년 3월 19일;『청년일보』, 1992년 3월 19일;『민중일보』, 1992년 3월 19일.

장관 방문 및 위위셴 농업위원회주임위원, 린비자오(林碧炤) 국
립정치대 국제관계연구중심소장 방한 추진

○ 경제협력 강화: 투자보장협정 체결 추진, 국가건설6개년계획 참
여 적극 검토, 대일 무역적자 개선 공동 노력 지속 추진 등

특히 투자보장협정은 1991년 7월 제24차 경제각료회담 시 중화민
국 측이 제의하였으나, 한국 측은 관계부처 간 협의 후 회보하기로 하였
으나 아무런 반응이 없었다. 한·중국대륙 간에는 1992년 1월 투자보장
협정 협상이 북경에서 개최된 바 있으며 5월에 동 협정이 서명되었다.

아울러 당시 대일본 무역적자가 점점 늘어 1991년 한국은 88억 불,
중화민국은 91억 불로 양국 공히 공동 대응이 시급한 상황이었으며 그
간의 경제각료회담, 민간경제협력위원회, KOTRA-CETRA 간 채널을
통해 양국 정부가 상호 수입선전환을 보다 적극적으로 지도할 필요가
있었다고 판단하였다.

특히 박 대사는 한중 관계 개선 동향에 대한 중화민국 측에 사전 통
보 필요성을 강조하였으며 중화민국 측의 민감한 반응을 고려, 최대한
성의껏 배려해 줄 것을 건의하였다. 아울러 박 대사는 서울 체류 중 본
국 정부 고위인사 면담 시 중화민국 측의 국내 정치적 상황과 중화민국
과의 특별한 역사적 관계를 고려, 중화민국 입장을 가능한 최대한 배려
해 줄 것을 요청하였다.

한편, 재외공관장 회의 종료 후 3월 13일(금) 이상옥 장관은 노재원
대사(주베이징무역대표부 대표) 배석하에 노태우 대통령에게 한중 수교
추진 대책을 보고하고, 한중 수교는 시한을 설정하지 않고 추진하되 가
능한 한 조속히 실현되도록 노력할 것이며 직접 수교를 목표로 하되 필
요에 따라서는 중간단계로 정부 간 연락대표부 설치도 검토한다는 추진
방향과 4월 ESCAP 총회의 베이징 개최 기회에 첸치천 외교부장과 회

담을 갖고 수교 문제를 구체 협의할 것임을 보고하였다.[58]

| 남아공·중국 관계 개선 동향 |

이런 가운데 남아공과 중국과의 연이은 외무장관회담(1991년 10월, 1992년 1월)과 비공식 대표사무소의 교환 설치(1992년 2월-3월)로 남아공·중화민국 간 외교관계가 불안정해진 상황이었다. 3월 19일-23일 남아공 보타(Botha) 외무장관이, 서영택 건설부장관과 같은 시기에 타이베이를 방문하여 중국대륙과 외교관계수립 계획은 없다고 표명하였다. 당시 한국과 남아공은 중국과의 관계 개선 진행 과정과 성과 수준이 유사하게 진행되고 있었으나 남아공은 외교장관 회담 등을 개최하면서 중화민국과의 관계를 안정적으로 관리해 나갔다.

9) 서영택 건설부장관 방문

그간 양국 협의에 따라 젠유신(簡又新) 교통부장 초청으로 3월 19일(목)-22일(일) 서영택 건설부장관이 방문하였다. 가능한 성과를 거양을 위해 건설부 이종호국장이 3월 2일(월)-5일(목)간 사전 방문하여 중화민국 측과 협의하였다.

3월 19일 저녁 타이베이공항에서 서 장관은 둥샤오이(董孝誼) 교통부차장과 박노영 대사의 영접을 받은 후, 젠 교통부장 면담과 만찬, 첸푸 외교부장 면담과 오찬, 샤오완창 경제부장 면담, 우보슝 내정부장 조찬, 황다저우 타이베이시장 면담과 만찬, 경제건설위원회의 국가건설6개년계획 브리핑 청취, 타이베이시 지하철공사 현장 참관 등 일정을 가졌다. 중화민국 정부의 4개 부처 장관과 타이베이시장 등으로부터 융

---

58 이상옥, 앞의 책, 158쪽.

숭한 대접과 예우를 받은 한국의 마지막 장관이 되었다.

첸푸 부장을 비롯한 모든 장관은 양국 관계의 지속적 발전을 바란 다면서 국가건설6개년계획에 한국업체의 참여를 희망하였다. 샤오 경제부장이 경제각료회담에 '건설분과위' 설치를 제의한 데 대해서 장관은 동감을 표시하였으며, 황 타이베이시장은 구체적으로 지하철공사 (담수, 남강, 중화선 등 총 1억 1,700만 불), 에어컨 객차(2,700만 불), 2층 에어컨 버스의 국제입찰에 한국기업 참여를 요청하였다. 서 장관은 서울시장의 황 시장 방한 초청 의사를 전달하고, 젠 교통부장을 방한 초청하였다. 서 장관 방중 계기에 해외건설협회 홍순길 회장도 방문하여 중화민국 영조공업협회, 시노텍(엔지니어링 업체), 포모사(나프타공장건설 발주업체)를 방문하여 건설협력 방안을 협의하였다.

상기 3월 13일 『중국시보』 보도에서 보듯이, 중화민국 정부 내에서 외교부의 한국기업 우대 건의가 부결되어 한국기업을 우대할 필요가 없다고 결론이 나왔기 때문에, 양측 협의 시 중화민국 측은 한국기업의 공개입찰 참여를 환영한다는 일반적 입장을 표명하였으며, 한국 측도 특별히 우대 조치를 요청하지 않았으므로 금후 건설 협력을 확대해 나가자는 원칙적 합의와 일반적인 의견교환 수준에 머물렀다. 그럼에도 불구하고 중화민국 외교부 측은 타이베이시와 협의하여 구체적인 프로젝트를 제시하여 한국기업 참여를 요청하도록 준비하는 등, 한국기업의 진출 확대를 통해서라도 양국 관계를 유지하기 위해 가능한 노력을 계속 경주하고 있었다.

10) 장옌스(蔣彦士) 총통특사 방한 협의

중화민국 측은 2월 말 민관식 특사 방문 후, 바로 한국에 파견할 특사 선임에 나서는 등 가능한 조속히 특사를 파견하고자 하였다. 이상옥 장관의 4월 14일부터 북경에서 개최되는 유엔 아시아·태평양 경제사회이사회(ESCAP) 제18차 총회 참석 전에 특사를 파견하려는 의도였다.

3월 11일(수) 왕카이 주한공사는 신정승 동북아2과장을 면담하는 자리에서, 중화민국 정부가 3월 중 특사 파견을 검토 중이며 주중화민국한국대사관을 통해 정식 제의할 예정이라고 알려 왔으며, 이에 대해 신 과장은 3월 19일-22일 서영택 건설부장관의 방문에 이어 4월 국가건설6개년계획 관련 민관 경제사절단의 중화민국 파견을 검토 중이므로 형편상 4월 말 이후에 파견해 줄 것을 요청하였다. 한편 외무부는 우리 대사관만의 참고로 중화민국특사 접수 시기는 4월 말 이후 추진한다고 알려 왔다.

이어 장샤오옌 외교부 정무차장은 3월 19일(목) 11시 박노영 대사를 초치하여 면담 시, 민 특사 방문 시 리 총통이 제의한 바에 따라 장옌스(蔣彦士) 총통부 비서장을 단장으로 하는 특사단을 3월 31일-4월 4일간 파견하겠다고 제의하면서, 국내 정치 일정(국민당 13차 3중전회 종료, 국민대회 개최, 국민당 14차 전당대회 개최 준비)으로 볼 때 동시기가 적절하니 수락해 줄 것을 요청하고 장샤오옌 외교부 정무차장, 장빙쿤 경제부 정무차장 등 특사단 명단을 전달하였다. 장 차장이 지난 1월 3일(금) 박 대사와 면담한 이래 1992년 들어 2번째 면담이었다.

중화민국 측 제의에 대해 3월 27일(금) 신 과장은 왕카이 주한공사를 초치하여, 국회의원 총선 이후 국내 정국과 기 확정된 외빈 방한 일정으로, 특사 방한 기간을 4월 말-5월 중순 간으로 조정해 줄 것을 요청하였다. 한국 측으로서는 국내 일정도 고려한 것이지만 4월 중 이상옥 장관의 ESCAP 총회 참석 차 북경 방문이 예정되어 있어 그후 장 특사의 방한을 추진하는 것이 바람직한 것이었다.[59]

---

59 이상옥, 앞의 책, 201쪽.

3월 31일(화)『중국시보』는 1면 톱 기사로「장옌스 총통특사 신분으로 방한」제하에 장옌스 총통부 비서장이 조만간 방한하여 총통의 친서를 남한 대통령에게 전달하고 대통령을 비롯한 고위인사와의 대화를 통해 양국 외교관계 중시 입장을 전달하고 남한이 중공과 수교 시 중화민국과의 관계를 어떻게 할지 타진할 예정이라고 하면서, 남한은 장 특사의 방한에 환영의 뜻을 표명하였으며 한국의 국내사정 등으로 방한시기는 이상옥 장관의 ESCAP총회 참석을 위한 북경 방문 후인 5월 전후가 될 것이라고 특종 보도하였다.[60]

첸푸 부장의 회고록에 따르면 "자신은 상기 기사를 통해 리 총통이 특사를 장옌스 비서장으로 결정한 것을 처음 알게 되었으며, 알아보니 기사 내용은 총통부에서 일부러 흘린 것으로서, 당시 리 총통은 헌법개정의 중요 의제인 총통직선제를 둘러 싼 국민당 내부 갈등으로 정서가 불안정한 시기였다"고 한다.[61] 리 총통이 국민당 비주류세력을 견제하고 자신의 리더십 과시를 위해 외교 이슈, 즉 특사 파견을 한국과의 외교관계 강화 카드로 활용했음을 시사하는 대목이다.

상기와 같이 장샤오옌 차장이 3월 19일 박 대사에게 장 특사 파견 계획을 공식 통보했음에도 불구하고, 첸 부장은 특사로서 장옌스 비서장 결정 사실을 전혀 몰랐다는 듯이 31일『중국시보』기사를 보고 동 사실을 알았다고 하면서 리 총통에 대한 섭섭함을 시사한 배경에는, 리 총통의 첸 부장에 대한 신임을 포함한 총통부와 외교부 간 의사소통 문제, 외교부 내 첸 부장과 장 차장 간 관계와 소통 문제, 첸 부장의 기억 착오로 인한 틀린 기술 등의 가능성이 있는 것으로 보인다. 당시 중화민국으로서는 한국과의 관계뿐 아니라 남아공과의 관계도 심각한 단

---

60 『중국시보』, 1992년 3월 31일.
61 첸푸, 앞의 책, 261쪽.

계라고 판단하고 있었기 때문에 외교부가 총통부로부터 상당한 압력을 받고 있는 상황이었을 것으로 추정된다.

동 보도 일주일 후인 4월 7일(화) 외교부 린수이지(林水吉) 외교부 아태사장은 대사관 민병규 공사를 초치하여 장옌스 특사의 5월 6일(화)-9일(토)간 방한을 제의하고, 국가건설6개년계획에의 한국기업의 적극적 참여를 위해 싱가포르, 남아공과 함께 한국기업에 대해 우대하는 방안을 검토 중이라고 언급하였다. 외교부는 한국 측에 대해 국가건설6개년계획에의 한국기업 참여 문제를 계속 거론하면서 한국 정부가 동 문제에 주목해 주기를 기대하였다.

한국 측은 장 특사의 5월 6일-9일 방한제의를 사실상 받아들일 수밖에 없다고 판단하였으나 최종 입장은 이상옥 외무장관의 북경 방문 후에 확정하여 통보하는 것이 바람직하다는 입장이었다. 중화민국 측은 당초 의도대로 이상옥 장관의 방중 전에 장 특사의 방한이 실현되지는 못했으나, 적어도 이 장관의 4월 방중 전에 장 특사의 방한 계획을 확정할 수 있었다.

3. 1992년 4월 13일-8월 9일 동향

1) 이상옥 외무장관 방중

중화민국 정부는 이상옥 장관 방중이 한중 관계 정상화의 주요 계기가 될 것으로 보고 관련 동향을 계속 주목하여 왔다. 주한중화민국대사관 측은 외무부 측에 상기 장옌스 특사 방한 문제를 협의하는 과정에서도 계속 이 장관의 방중 계획에 깊은 관심을 전하고 당시 첸치천 외교부장이 기자 답변에서 한·중공 외무장관 회담 시 어떠한 문제도 논의될 수 있다고 시사한 점 등을 들어 관련 동향을 사전에 통보해 줄 것을 요청하였다. 이에 대해 외무부 측은 과거 한국 측이 해 왔던 대로 한중 관계 진전 사안이 있으면 사안의 중요성에 따라 고위급, 또는 실무급 접촉을 통해 이를 중화민국 측에 사전에 통보할 것이라는 입장을 전달하였다.

대만 언론은 장옌스 특사 방한 계획과 함께 한국 언론 등을 인용, 이상옥 장관의 방중, 양상쿤(楊尙昆) 국가주석의 방북 등으로 4월 중 한반도 정세의 변화 가능성을 집중 보도하였다. 4월 8일 이상옥 장관의 4월 12일-17일 방중 계획에 관한 한국 외무부 대변인의 발표 내용을 즉각 보도하면서 이 장관이 방중 시 중공과 관계 정상화 문제를 협의할 것이라고 크게 보도하였다. 4월 9일 자『중국시보』등은 이 장관 방중이 한·중공 간 국교정상화 과정에 실질적 의의는 있을 것이나 북한의 미국, 일본과의 관계 개선에 진전이 없는 한, 중공이 남한과 수교할 수는 없을 것이라고 논평하였다.[62] 4월 9일 자『연합보』는 기자 문의에 대해 한국대사관은 "이 장관의 방중 목적은 ESCAP총회 참석이지 중공과 수교 교섭이 아니며, 한·중공 수교에 관한 시간표는 없다는 입장에 아무런

---

62 『중국시보』, 1992년 4월 9일.

변화가 없다고 밝혔다"고 보도하였다.[63]

| 노창희 외무차관, 진수지 주한대사 면담 |

4월 8일(수) 이상옥 장관의 ESCAP총회 참석차 방중 계획에 관한 외무부의 공식 발표가 있은 후, 노창희 외무차관은 진수지 주한대사 요청으로 2월 말 차관 취임 이래 진 대사와 처음으로 면담하였다.

진 대사는 이상옥 장관의 방중은 처음이며 첸치천 중국 외교부장도 전국인민대표대회(全人代) 기자회견에서 이 장관과 만나 ESCAP 문제 이외에도 협의할 것이 있다고 밝힌 바, 첸 부장과의 면담 계획 유무와 양자관계 격상 협의 가능성을 문의 하였으며, 이에 대해 노 차관은 중화민국 측의 민감한 입장을 이해한다고 하고, 이 장관 방중 시 첸 부장을 자연스럽게 만날 것이며 ESCAP 문제 등과 더불어 양자 간 협력 증진 방안을 협의하게 될 것으로 보나 구체적으로 결정된 것은 없으며 관계 격상 문제 협의는 현재로서 아는 바 없다고 답변하였다. 외무장관회담 이외 별도 고위인사 면담 계획 유무에 대한 질문에 대해서는, ESCAP 일정상 리펑 총리 만찬 및 장쩌민 총서기의 수석대표 단체면담이 있어 이들을 만날 것이나 별도의 면담은 현재 계획되어 있지 않다고 답변하였다. 진 대사는 과거와 같이 한·중공 관계 전전이 있으면 중화민국 측에 사전에 알려주기를 바라며, 언론에 대해서는 "이번 이 장관의 방중 시 한중 수교문제가 협의되지 않을 것"이라고 답변하겠다고 하면서 이 장관 귀국 후 조기에 자신과의 면담 주선을 요청하고, 장옌스 특사의 5월 6일-9일 간 방한 시 양국 관계 발전을 위한 협의에 대해 기대를 표명하였다.

---

63 『연합보』, 1992년 4월 9일.

| 팡진옌 상무차장, 박노영 대사 면담 |

이어서 4월 10일(금) 오후 한국 외무부가 이 장관의 북경 방문 시, 중국과 관계 정상화 문제를 협의할 수 있다고 대외 발표함에 따라, 중화민국 외교부는 한국 측 공개 표명 내용을 입수한 후 사태가 엄중하다고 판단하여 급히 박 대사를 당일 오후에 초치하였다.

팡진옌(房金炎) 상무차장은 4월 10일(금) 오후 3시 30분 박노영 대사를 초치하여, 당시 우크라이나를 방문 중인 장샤오옌 차장을 대신한다고 하면서 진수지 대사의 노 차관 면담에 이은 중화민국 입장을 전달하였다. 팡 차장은 이 장관의 방중 목적과 한국 측의 설명은 이해하나 언론의 추측 보도가 적지 않게 보도되고 있으며, 방중 기회에 한·중공 간 수교문제에 대한 협의 가능성을 배제할 수 없는 상황이며 그럴 경우 한·중화민국에 영향을 미칠 우려가 있어 이에 대해 엄중한 관심을 전달한다고 하면서, 언론의 추측보도에 대해서도 중화민국 측도 해명에 노력하고 있으니 한국 측도 함께 적절히 해명해 줄 것을 요청하며, 한·중화민국 관계에 손상을 주는 대중공 관계 개선 사항은 그간 양국 양해에 따라 계속 사전에 통보해 줄 것을 요청하였다. 이에 대해 박 대사는 진수지 주한대사에게 전달한 노 차관의 표명 입장에 따라 우리 측 입장을 전달하였다.

박 대사는 중화민국 측의 언론에 대한 공동 대응 요청에 대해서는 본국 외무부에 중화민국 정부와 언론의 불필요한 오해가 초래되지 않도록 적절히 대응해 줄 것을 건의하였다. 다음 날 대부분의 대만 언론은 팡 차장이 박 대사에게 중화민국의 엄중한 관심을 전달하였다고 보도하였다.

중화민국 외교부로서는 4월 10일 북한의 IAEA에의 핵안전협정 비준 통보를 계기로 북한의 미국, 일본과의 관계 개선 가능성이 높아지고 있는 가운데, 양상쿤 국가주석의 김일성 80세 생일 계기 방북 동향과 첸치천 외교부장의 한국관계에 대한 공개 발언의 미묘한 변화 등에 촉각을 세우면서, 이 장관의 이번 첫 번째 방중으로 한중 간 3번째 외무장관 회담 개최 등 방중 활동을 통해 한중 관계의 발전 가능성을 어느 정도 예상함으로써 서울, 타이베이의 외교채널을 통해 한국 측에 엄중한 관심과 한·중공 관계진전 시 "관례에 따른 사전 통보"를 지속 요청했던 것이다.

| 이상옥 장관 방중 전후 동향 |

이상옥 장관이 방중하는 4월 일정 중 중국은 한국, 북한, 일본과 각각의 양자 관계에 있어서 의미 있는 외교를 전개한다. 장쩌민 공산당 총서기가 4월 4일-10일간 일본을 방문하여 양국 관계 개선에 주력하면서 일본 천황의 방중을 제의하였으며, 한국에는 수교교섭 제의와 함께 양상쿤 국가주석이 4월 13일-17일간 김일성 80세 생일(4월 15일)에 맞추어 북한을 공식 방문하였다.

4월 12일(일)-17일(금)간 이상옥 외무장관은 제48차 ESCAP 총회 참석차 한국 외무장관으로서는 최초로 중국을 방문하였다. 이 장관은 회고록에서 출국 전 노태우 대통령은 이 장관에게 중국과의 국교 수립을 실현하기 위해 최선의 노력을 다할 것을 당부하고 수교 후 가능하면 빠른 시기에 중국을 공식 방문하고 싶다는 소망을 피력하였다고 썼다.[64] 한중 외교관의 회고록 등 사후 발언 등을 살펴보면, 실제로는 노 대통령은 당초부터 본인이 북경을 방문하여 수교 발표를 하고 싶어 했던 것으로 보인다. 더욱이 당시 남북관계 진전에 따라 그간 남북 정상회담 개최에 대한 기대가 있었으나 전망이 불투명해진 상황이었다. 1992년

---

64 이상옥, 앞의 책, 163쪽.

3월 말 4월 초 사이에 북한 대남사업 담당비서 윤기복이 비밀리에 서울을 방문하여 김일성 80회 생일인 4월 15일 계기에 노 대통령을 평양에 초청해 남북 정상회담을 열고 싶다는 뜻을 전달했으나 노 대통령은 이를 단호히 거부했다.[65] 노 대통령은 남북정상회담 개최가 불투명해 진 상황에서 중국만은 재임 중 꼭 가서 정상회담을 하고 수교 발표를 하고 싶었던 것이다.

| 제3차 한중 외무장관회담: 첸치천 외교부장, 수교교섭 제의 |

ESCAP 총회가 정식으로 개최되기 전날인 4월 13일(월) 오전 10시 반부터 12시까지 한중 외무장관회담이 확대회담(1시간)에 이어 축소회담(25분)으로 개최되었다.

사전에 중국 측 희망대로 대외비로 하자고 합의한 축소회담에서 첸치천 부장은 '상부의 위임'에 의하여 비밀리에 양국 간의 외교관계 수립을 위한 교섭을 개시할 것을 제의하였으며 이 장관은 노 대통령의 한중관계 정상화에 대한 강한 의지와 소신에 따라 조기 수교 실현이 바람직하다고 말하였다. 첸 부장은 한국과 대만 간에 긴밀한 관계가 유지되어 온 것은 잘 알고 있으나 한중 수교는 중국의 통일에 유념하여 이루어져야 할 것이라고 하면서 중국과 타국들 과의 수교 시 '하나의 중국' 원칙이 명시된 사례를 언급하였다. 이 장관은 이에 대해 한중 간의 수교가 결정되면 한국과 대만 간의 관계는 조정될 것인 바 국제법과 국제관례를 참고하여 수교교섭에서 논의될 수 있을 것이라고 말하였다. 이 장관은 또한 노 대통령이 첸 부장의 역할을 평가하고 있으며 양국 간 수교가 조속히 이루어져 중국을 공식 방문하게 되기를 희망하고 있다고 전

---

65 김학준, 『북한 50년사』, 동아출판사, 1995, 402쪽.

했다.[66] 이 장관은 처음부터 수교와 노 대통령 방중을 언급하였으며 첸 부장은 처음부터 '하나의 중국' 원칙을 수교 조건으로 거론하였다.

첸치천 외교부장은 자신의 회고록에서 "나는 중한 양국이 정식 수교 협상할 시기는 아직 성숙되어 있지 않으나 다만 양방은 먼저 연락 채널을 구축하여 양국 관계 문제에 대해 접촉을 진행하자고 했고, 이 장관은 즉시 동의를 표명했다"고 하고 그간 한국 측은 사전에 여러 통로로 중국 측 입장을 탐문해 오면서 "이번 외무장관 회담을 통해 새로운 진전을 이루고 싶어 하면서 또한 너무 서두르다 역효과가 날까 봐 걱정하였다. 이제 그들은 심리적으로 한시름을 놓게 되었다"고 기술하였다.[67] 한국 측의 당시 서두르는 자세를 묘사하면서 자신이 한국 측에 큰 선물을 준 것처럼 표현함으로써 수교 협상 시작부터 이 협상의 주도권은 중국이 갖고 있었음을 시사하였다.

당시 외무장관회담에 배석했던 김석우 아주국장은 첸치천 부장이 "그동안 양국은 양적인 발전을 거듭해 왔으며 이제는 질적인 발전을 위해서 수교교섭을 시작할 때가 되었다고 생각한다"고 하면서 뜻밖이라는 표정을 짓고 있던 이 장관에게 계속해서 "본인은 양국 간 수교의 필요성이 증대되었다고 판단하며 이제는 수교교섭을 위한 구체적인 접촉이 있었으면 한다"고 말하였다고 한다. "너무나 의외였고 충격적인 제안"이었으며 "중국·북한 간의 확고한 결속과 대만과의 문제 등 복잡한 주변 환경 때문에 우리 측에서 먼저 수교라는 말을 꺼내지 못하고 있었는데 첸 부장이 먼저 교섭의 본격화를 제의해 온 것"이었으며 "너무도 뜻밖의 일이었고 한국 최대의 외교적 과제를 풀어주는 선물"이기도 했다고 썼다.[68]

---

66 이상옥, 앞의 책, 168-169쪽.
67 첸치천, 앞의 책, 155쪽.
68 김석우, 『남북이 만난다 세계가 만난다』, 고려원, 1995, 248-249쪽.

이 장관은 이어 같은 날 첸 부장과의 회담과 오찬 후 오후 3시 15분부터 30분간 리펑(李鵬) 총리를 예방, 면담하였다. 리 총리는 한중 관계의 급속한 발전에 만족을 표명하고 "물이 흐르면 도랑이 생긴다"(水道渠成)는 말과 같이 실질 협력관계가 계속 확대되면 좋은 성과를 거둘 수 있을 것이며 이웃 나라로서 지도자 간 접촉과 상호 방문이 필요하며 "우리는 가까이 있으면서 상호 이해가 불충분"하다면서 왕래가 자주 있어야 한다고 언급하였다.[69]

김석우 아주국장은 13일(월) 3시 반에 외무장관회담 결과와 관련, 기자단에 한중 관계에 대한 협의 내용에 대해 다음 요지로 발표하였다.

> 외무장관 회담 시, 양국 외무장관은 한중 간의 무역, 인적교류 등 여러 분야에서 실질 협력관계가 빠른 속도로 진전되는 데 만족을 표명하고 앞으로도 양국 간 실질 협력관계의 가일층 심화에 합의하고 상호 이익과 호혜 평등을 기초로 양국 간 협력관계를 지속 발전시키고 아태 지역 평화와 인정 및 번영을 위해, 양국 관계를 정상화[70]하기 위한 노력을 계속하는 것이 바람직하다는 데 인식을 같이 하였다. 양 장관은 그간 세 차례에 걸친 양국 외무장관이 양국 간 상호 이해와 협력을 증진하는데 기여하였다는 데 의견을 같이 하고 향후 9월 초 방콕 개최 제4차 APEC 각료회의와 9월 하순 개최 제47차 유엔총회에서 다시 만나기로 하였다.[71]

김 국장은 리펑 총리 면담에 관해서는 리 총리가 양국 관계발전에 만족하고 양국 실질 관계가 지속 발전되면 좋은 일이 있을 것이며 고위

---

69 이상옥, 앞의 책, 170-171쪽.
70 당시 외무부에서 주중화민국대사관을 포함한 주요 공관에 배포했던 "아주국장이 언론에 4월 13일 당일 배포한 한중 외무장관 회담 결과 내용"에는 "양국 관계를 정상화"가 아닌 "양국 관계를 강화"하기 위한 노력을 계속하는 것이 바람직하다고 표현되어 있었다. 수교교섭 개시를 암시하는 표현으로 해석될 우려를 고려하여 표현을 바꾼 것으로 추정된다.
71 이상옥, 앞의 책, 165-167쪽.

인사의 상호 방문이 양국 관계 발전에 도움될 것이라고 언급했다고 설명하였다.[72]

| 4월 13일 중·북한 정상회담 |

같은 날 4월 13일 양상쿤 국가주석은 평양에서 김일성 주석과의 정상회담에서, 김일성 80세 생일을 축하하고 김 주석이 마오쩌둥, 저우언라이와 함께 키워 온 중국·북한 간 우의로 양국 관계가 부단히 발전되었다고 평가하고 최근 남북한 관계의 비교적 큰 진전이 북한인민의 근본이익에 부합할 뿐 아니라 아시아와 세계의 평화와 안정에 기여한다고 언급하였다.[73]

| 중화민국 반응 |

4월 14일(화) 오전 신정승 동북아2과장은 왕카이 공사 요청에 따라 왕 공사를 면담하고, 상기 김석우 국장의 북경에서의 대외 설명 내용에 따라 이 장관의 활동에 대해 통보해 주었으며 왕 공사는 이 장관 귀국 후 진수지 대사와의 면담을 조기 주선해 줄 것을 요청하였다.

대만 언론은 4월 13일(월)부터 서울발 외신 및 특파원 발 기사로 북경 도착, 리펑 총리와의 악수 사진 게재 등 이 장관의 활동을 크게 보도하였다.

남한 외무장관이 노태우 대통령의 조기 관계 정상화에 관한 구두 메시지를 전하고 조기 수교를 요청하는 등 이 장관의 활동은 남한·중공 관계가 수교 단계로 신속히 발전되고 있음을 보여 주었고 리펑 총리

72　이상옥, 앞의 책, 171쪽.
73　『중국의 조선과 한국 정책 문건 편』 5권, 中国 北京: 中国社会科学出版社, 1994, 2603쪽.

는 남한·중공 간 고위급 회담 시기가 성숙되었다고 말하였으며, 외무
장관 회담에서 ① 수교가 아태 지역 평화 유지에 기여하며 ② 수교가
중공·북한 관계에 영향을 주지 않으며 ③ 남한이 중공의 GATT 가입에
협력하기로 합의하고 ④ 9월 방콕 APEC 각료회의 등에서 지속적인 외
무장관 회담 개최 합의 등이 이루어졌다고 보도하였다.[74]

이중승인 모델이 남한·중공 수교 시 적용될지 주목된다면서 중화민
국 외교부는 한국 측에 엄중 항의 방안을 검토 중이며 장스량(張世良) 등
일부 입법위원들은 주한대사 소환 및 대한국 강력 항의 전달을 정부에
건의하였다고 보도하였다.[75] 또한 「이상옥 장관은 북경, 양상쿤 주석은
평양」 제하의 한반도 정세를 다루면서 남한·중공 수교는 북한의 중공관
계뿐 아니라 미국, 일본 관계와도 밀접히 관련되어 있다고 논평하였다.[76]

4월 14일(화) 첸푸 외교부장은 언론에 대해, 한국은 4년 반 전에 이
미 중공과 수교하겠다고 명백히 밝혔으나 현재 아무런 변화가 없으며,
이 장관의 북경에서의 활동으로 한·중화민국 관계를 낙관할 수는 없으나
비관할 필요도 없다고 강조하고 입법원의 진수지 주한대사 소환 요구에
반대하며, 최근 한국 주요인사 방문 초청 등 외교 노력으로 한국 여론
분위기가 많이 변하고 있다고 하면서, 계속 남한·중공 간의 관계 발전
에 고도의 경각심을 갖고 대처하겠다고 밝혔다.[77]

| 첸푸 외교부장, 박노영 대사 면담 |

1992년 4월 15일(수) 오전 11시 첸푸 외교부장은 박노영 대사를 부

---

74 『연합보』, 1992년 4월 14일; 『중국시보』, 1992년 4월 14일.
75 『연합보』, 1992년 4월 14일.
76 『중앙일보』, 1992년 4월 14일.
77 『연합보』, 1992년 4월 15일; 『중국시보』, 1992년 4월 15일; 『중앙일보』, 1992년
  4월 15일; 『자립조보』, 1992년 4월 15일.

임 이래 처음으로 초치하여 이 장관의 방중 활동에 대해 중화민국 측의 입장을 전달하였다. 박 대사의 1991년 8월 부임 이래 그간 양국 관계 협의 시에는 장샤오옌 정무차장이 4회, 장 차장 부재 시 대신하여 팡진옌 상무차장이 1회에 걸쳐 박 대사를 초치하여 상대하였으나, 이번에는 첸푸 부장이 직접 박 대사를 초치한 것이었다. 그만큼 중화민국 측으로서는 상황을 엄중하게 받아들인다는 의미였다. 나는 14일(화) 오후 외무부가 공관으로 보내온 언론 설명자료(13일 북경에서 기 배포)를 요약하여 박 대사에게 보고 하였다. 본부로부터 별도로 중화민국 측에 전하라는 메시지는 없었다.

첸 부장은 박 대사와 악수를 나눈 후 바로 본론으로 들어가 다음과 같이 언급하였다.

> 먼저 이상옥 장관의 북경 방문이 한국 측의 그간 설명에 따라 ESCAP 총회 참석이 주목적으로 이해하였으나 총회 시작 전의 이 장관 활동을 볼 때 방중 전에 이미 이 장관의 일정이 결정된 것으로 생각함.
> 이어 언론의 과다 보도로 중화민국 전체가 큰 관심을 갖게 되었으며, 한·중화민국 관계에 중대 영향을 미치는 이런 사항이 한국 측의 사전 통보 내용과 다르며, 사후에도 현재까지 언론 보도이상의 진일보 된 내용을 설명해 주지 않고 있는 데 대해 중화민국 정부는 매우 불만스럽다는 입장을 전달하고자 하며 특히 한국 측이 북경에서 4월 14일 오후 외신 기자들에게 알려 준 내용도 중국대륙과의 진전 사항에 대한 사전 통보 양해 원칙과 맞지 않으며 이를 언론을 통해 듣게 되어 유감스러움.
> 이러한 중화민국 정부의 입장에 대한 한국 측의 명확한 입장을 알려 줄 것과 이 장관의 진수지 주한대사와의 조기 면담을 요청하며 특히 박 대사 초치의 주요 목적이 이 장관의 진수지 대사 면담 요청이며 이는 한국 정부의 태도를 알 수 있는 사안인 만큼 중시하고 있음.
> 리덩후이 총통 특사단의 5월 6일-9일 방한 시 특사 자격에 상응하는 대우와 일정 주선을 요청함.

이에 대해 박 대사는 한국 대표단이 아직 귀국하지 않은 상황하에서 중화민국 측에 대한 설명에 한계가 있는 것은 사실이나 중국대륙관계의 진전사항 통보 등 한국의 중화민국 관계 중시 입장에는 아무런 변화가 없다고 강조하고, 특사단 방한은 중화민국 입장을 고려하여 본국 정부가 준비 중으로 알고 있다고 언급하였다.

첸푸 외교부장은 자신의 회고록에서 이날 면담에 대해 박 대사에게 "중화민국 정부의 '엄중한 관심(영어로는 serious concern으로 외교 언어상 매우 불만스러움을 표시)'을 전달했으며, 박 대사는 본국 외무부로부터 관련 내용을 아직 접수하지 못했으며 양국 간 우호 관계에 변화가 없다"고 밝혔다고 기술했다.[78]

박 대사는 면담 후 외무부 보고에서 중화민국 측이 이번 상황을 심각하게 받아들이고 있으므로 이 장관의 진수지 주한대사 면담 조기 추진을 건의하고, 중화민국 특사단 접수 및 준비 상황을 알려 줄 것을 요청하였다.

4월 18일(토) 첸푸 부장은 입법원 외교위원회에 출석하여 한·중화민국 관계는 아직까지 결렬 단계가 아니며 단기간 내 변화는 없을 것이라고 전망하고, 현재로서는 양국 관계 강화가 제일 중요하며 관계 변화 가능성에 대해서는 경계 태세를 늦추지 않고 있다고 설명하였으며, 주한대사관부지를 매각할 의사는 전혀 없으며, 정세 변화 시 대사관부지 교환 방식이 비교적 합리적인 방안으로 생각하나 한국 당국의 승낙을 얻지 못하고 있다고 표명하였다.

한국 외무부가 이미 지난 2월에 주한대사관 측에 한국 정부는 주한대사관부지 문제에 개입할 수도, 개입하지도 않겠다는 입장을 공식 통보하였으나 중화민국 외교부는 이를 대외적으로 밝히지 않고 한국 정부

---

78 첸푸, 앞의 책, 261쪽.

와 협의 중인 것처럼 설명하였다.

| 대만 언론 동향 |

대만 언론은 연일 한국 언론과 외신 등을 인용한 기사와 논평을 지속적으로 보도하였다.

『중국시보』는 4월 16일 자 「실질적 태도로 남한·중공 간 수교 문제 처리」 제하 사설에서 객관적 상황으로 보아 남한·중공 수교는 피할 수 없으며 남은 것은 시간표라고 하고 중화민국의 대륙정책과 외교정책 고려 시, 남한을 포함한 수교국이 중공과 수교를 모색하더라도 중화민국 정부정책에 완전히 위배되는 것이 아니라고 하면서 남한이 중공과 수교를 모색하면서 중화민국과의 외교관계를 계속 유지한다면 중화민국과 남한의 공동이익에 부합한다고 논평하였다.[79] 『중앙일보』는 4월 17일 자 「한국의 외교 장래는 모두 자신의 행동에 달림」 제하 사설에서 중화민국의 한국과의 외교관계 유지는 전 국민의 관심사이며 이는 상호 이익, 존중 원칙의 기초하에 이루어져야 하며 한국이 수십 년간 다져 온 양국 관계를 실리적이고 온건한 태도로 대처하기를 희망하며, 한국 정부에 대해서는 한국과 중공관계 발전은 마땅하고 필요하다고 보나 동시에 중화민국과의 전통적 우의와 상호 이익이 되는 외교관계를 염두에 두기를 촉구하였다. 당시 집권 여당인 국민당의 입장을 대변하는 것이었다.[80]

4월 22일 『연합보』는 「남한·중공 간 수교시간표는 과연 있는 것인가」라는 제하 사설에서 한국과의 관계가 긴장된 것은 하루 아침의 일은 아니나 최근 이상옥 장관의 북경 방문, 양상쿤 주석의 평양 방문으로 남한·중공 수교문제가 더욱 주목을 받게 된다고 하면서 북한이 미국과

---

79 『중국시보』, 1992년 4월 16일.
80 『중앙일보』, 1992년 4월 17일.

의 관계 개선에 적극 나선다면, 중공·남한과도 같은 보조로 전개 될 것이며, 9월 APEC 각료회의, 유엔총회 계기에 협의를 통해 정식 수교는 올해 말 남한 대통령 선거 몇 주일 전에 이루어질 가능성이 있다고 지적하였다. 노태우 대통령으로서는 북방정책의 마지막 과제인 중공과의 수교를 모든 수단을 불사하고 이루려 할 것이고 여당 민자당 역시 계속 집권을 위해 외교 성과가 필요한 것이며, 중공 입장에서는 남한의 후임 대통령의 태도가 불분명한 상황에서 지금 말년(lame duck) 대통령이 오늘이라도 급히 모종의 선물 또는 희생을 바쳐 중공과 조속히 수교를 원하고 있으니, 평양이 묵인하고 미국, 일본 중 한 나라가 북한을 승인한다면 특별히 한국과의 수교를 늦추지 않을 것이기 때문이라고 평가하였다.[81] 한중 간 수교가 북한의 미국, 일본과의 관계에 있어서의 대응과 연계되어 있음을 지적하면서도 노 대통령 태도로 보아 연내 수교 가능성을 예측하였다.

| 이상옥 장관, 진수지 주한대사 면담 |

4월 24일(금) 이상옥 장관은 진수지 주한대사를 면담하였다. 이 장관은 북경 방문에 이어 4월 17일-20일간 몽골 공식 방문한 후 4월 21일 귀국하여 3일 만에 면담한 것이다. 이 장관은 방중 시 활동을 개략적으로 설명하였다.

진 대사의 한중 수교 협의 여부 문의에 대해, 이 장관은 중국 측이 양국 간 실질 협력관계 증대가 양국 관계 정상화에 기여할 것이라고 언급했으며, 양측은 이번과 같은 외무장관회담을 9월 방콕 APEC 각료회의 및 유엔 총회 참석 시에도 사정이 허락하면 갖기로 하였으나 현재 한중

---

81 『연합보』, 1992년 4월 22일.

수교를 위한 구체적 일정을 갖고 있는 것이 아니며 아직 수교 문제를 협상할 단계에 있지 않으며 한중 관계 정상화에는 비록 직접 연계되어 있지는 않으나 중·북한 관계, 미국·북한 관계, 일본·북한 관계 등 한반도의 주변정세 변화가 영향을 미칠 것으로 본다고 언급하였다.

진 대사가 한중 간 정상회담 개최, 중국의 GATT 가입 문제 및 한·중화민국 관계에 대한 협의 유무에 대해 질문한 데에 대해서는, 이 장관은 그런 사실이 없었다고 대답하였다. 진 대사는 중화민국 내의 왜곡된 시각을 방지하기 위해 언론에 대해 "이 장관이 한중 수교에 대한 시간표를 갖고 있지 않으며 아직 수교를 협상할 단계에 있지 않다고 말했다"고 밝히겠다고 하였다.

진 대사는 아울러 장옌스 특사의 방한 계획 및 장 특사의 중화민국 내 비중에 관해 설명하였으며, 이 장관은 대통령 예방, 총리 오찬, 외무장관 만찬 등을 추진하고 있다고 설명하였다.

진 대사는 면담 후 서울 주재 대만언론 특파원들에게 브리핑하였으며 4월 25일 『중국시보』, 『중앙일보』 등은 이상옥 장관이 진 대사에게 "한·중공 간 관계 전개에 시간표는 없으며, 한국·중화민국 간의 우호협력관계를 중시한다는 입장을 재차 표명하였다"고 보도하였다.

이 장관은 회고록에서는 진수지 주한대사에게 "한중 양국 간의 관계 발전이 바람직하다는 데 인식을 같이하고 관계 정상화를 위해 상호 노력하기로 합의"하였으며 9월 초 방콕 APEC 각료회의와 9월 유엔 총회 참석 기회에 한중 외무장관회담을 다시 갖기로 하였다고 말했으며, 진 대사의 수교교섭 유무에 대한 질문에 대해 "이를 부인할 수밖에 없었다"고 하면서 "이날 자신의 언급은 종전까지 통보 내용과 다른 것으로서 한중 간에 관계 정상화를 위한 구체적인 움직임이 있다는 것을 감지하게 할 수 있게 하는 것이었다"고 기술하였다.[82]

---

82 이상옥, 앞의 책, 200쪽.

| 한국 외무부 출입기자단, 제2차 방문 |

4월 20일–25일 외무부 출입기자단(6명: Korea Times 신학림, 경
향 이승철, 동아 김창혁, 국민 김진홍, 한국 이계성, 매일경제 김병철
기자)이 중화민국 행정원 신문국 초청으로 2월 하순에 이어 두 번째 방
문하여, 4월 23일(목) 첸푸 외교부장과 면담하였다. 이상옥 장관의 방
중 직후 중화민국 측으로서는 한중 관계 개선 동향에 촉각을 세우고 있
던 시기였으므로 2월 기자단 방문 때 분위기와는 사뭇 달랐다.

중화민국 외교부 측이 대사관 직원 동행을 원치 않았기 때문에 면담
후 기자들로부터 면담 요지를 들었다. 70분 인터뷰 요지는 다음과 같다.

> 첸 부장은 "한·중공이 수교로 모두 이득을 본다면 중화민국이 나서
> 서 방해할 필요가 없다"고 하면서,
> (한중 수교 시 한국과 어떤 관계를 원하는지에 대한 질문에) "외교
> 장관으로서 가설을 전제로 한 문제에 대해 언론과 얘기하는 것은 적
> 합하지 않다고 보며 나는 양국 관계 증진에 역점을 둘 뿐이다"
> (한중 수교 시 중공은 북한과 단교하지 않을 것이므로 같은 형식을
> 한국에 비공식적이라도 요청한 적 있는지에 대한 질문에) "한국 정부
> 지도자가 지혜롭게 행동할 것으로 믿는다"
> (북한과의 관계에 대해서는) "북한과 공식 교류 관계는 없으며 기본
> 적으로 정부 차원의 관계를 맺을 생각은 하고 있지 않으나 북한이 개
> 방할 경우에는 정책을 재평가해야 할 것으로 본다"고 언급하였다.

중화민국으로서는 내심으로 한국이 '이중승인'을 추진해 주기를 원
하고 있음에도 불구하고 '하나의 중국' 원칙을 대내외적으로 공식 표명
하고 있는 상황에서 대만독립을 경계하는 중공과 국내적으로 대만독립
을 강력히 추진하는 민진당을 위시한 정치 세력에 빌미를 주지 않기 위
해, 첸푸 부장으로서는 한국 언론에 대해서 한국 정부가 알아서 대응해

주기 바란다는 수준의 언급밖에 할 수 없었던 것이었다.

북한에 대한 언급은 2월 한국기자단과의 면담 시와 미묘한 차이가 있었다. 2월에는 북한과 공식관계를 맺을 생각이 전혀 없다고 언급했으나 이번에는 조건부로 북한이 개방정책을 취한다면 정책을 검토하겠다는 입장을 밝힘으로써, 북한의 핵안전협정 비준 등을 통한 미국, 일본과의 관계 개선 동향을 감안하여 중화민국도 필요 시 북한 카드를 쓸 수 있다는 입장을 시사하였다. 사실 당시 우리 대사관이 탐문한 바에 의하면 3월 중 북한 무역담당 관리일행이 중화민국을 방문한 바 있으며 양국 간 경제협력과 대만기업의 대북한 합작투자사업 등에 관해 협의가 진행 중이며 대만축구대표단의 6월 초 제10회 아시안컵 국제축구대회 참가를 추진하고 있었다.

4월 24일(금) 『연합보』, 『중국시보』는 「서울은 양안(중화민국, 중국을 의미)과의 관계를 변경할 필요 없다」는 제하에 첸 부장이 한국 기자들에게, 중공과 남한이 현 상황에서 남한은 대륙시장을 확보하고 있고 중공도 한국의 자금원조를 받고 있어 각자 이익을 취하고 있는 상황에서 쌍방이 현 상황을 변경할 이유를 찾지 못하겠다고 말하고, 중화민국은 북한과는 어떠한 공식관계도 가질 의사가 없다고 언급하였다고 보도하였다.[83]

2) 양안 관계

| 중화민국 동향 |

한편 중화민국 내에서는 양안 교류가 지속적으로 확대되고 있는 가운데 '하나의 중국' 문제에 대한 정부 내 토의가 계속되고 있었다.

총통부 국가통일위원회는 4월 22일 1992년 제1차 연구위원회를 개

---

83 『연합보』, 1992년 4월 24일; 『중국시보』, 1992년 4월 24일.

최한 후 츄진이(邱進益) 총통부부비서장 겸 대변인은 언론에 대해 '하나의 중국' 문제에 대해 다음과 같이 표명하였다.

> 역사적으로 중국은 당연히 하나이며, 현재의 중국은 '하나의 중국' 원칙하에 2개의 정치 실체와 2개 지역이 있으며, 이론상 '하나의 중국' 문제는 내부의 일이며,
>
> 중화민국의 현재 입장은 ① 현재의 '하나의 중국'은 중화민국을 의미하며 ② 미래의 중국은 민주, 자유, 균부(均富)의 통일된 중국이나, 중공이 견지하고 있는 '하나의 중국'은 중화인민공화국이므로 현재 일치점을 찾지 못하고 있다는 것이며,
>
> 양측이 서로 '하나의 중국'에 대한 인식을 알고 있으므로 사무적 접촉 교섭 시에는 '하나의 중국' 문제는 잠시 보류하고 정치적 문제와 분리해서 처리해야 할 것임.

이어 4월 25일 리 총통 주재로 국가통일위원회를 개최하여 '하나의 중국' 문제를 협의하였으며, 중화민국으로서는 '하나의 중국' 입장을 계속 견지해 나가기로 하고 '하나의 중국'의 정의에 대해서는 진일보한 연구를 계속하기로 하였다. 츄진이 총통부대변인은 동 회의 후에도 언론에 대해 중국 양안 간에는 현재 '하나의 중국' 원칙하에 2개의 대등한 정치 실체가 있음을 강조하였다.

중화민국 측으로서는 3불 정책하에서 그간 해협교류기금회를 통한 대륙 접촉 과정에서 '하나의 중국'에 대한 양측 입장 대립이 양안 간 범죄 공동 대처, 문서 검증 등 사무 교섭에서 장애 요소가 되고 있다고 판단하여 타협점을 찾고자 하나, 양안 간 정치 현실상 대륙 측의 긍정적 대응을 확보하기는 어려운 상황이었다. 그럼에도 불구하고 중화민국 정부는 대륙 정책에 국민의 지지와 공감대를 확보하기 위해 노력하였다.

5월 10일 행정원 대륙위원회가 주최한 "국가통일강령과 양안 관계" 좌담회에서 츄진이 총통부 대변인은 양안 간 불가침 협정 체결 추진 입

장을 표명하였다. 국가통일강령 초기 단계에서 중기단계로의 발전 과정의 문제점은 중공이 대대만 무력사용을 포기하지 않는 것이며 중공이 주장하는 무력을 사용하는 4개의 경우 ① 구 소련과의 연합 ② 핵무기 개발 ③ 대만 내 폭동 발생 ④ 대만독립 등은 존재하지 않는다고 강조하면서 중화민국은 양안 평화 사업단을 구성하여 중공의 산샤(三峽), 투먼쟝(圖們江), 푸둥(浦東)개발협력에 협조함으로써 양안 간 신뢰를 구축하여 통일 기초로 삼도록 하고 1972년 동·서독 간 체결한 기본 조약을 모방하여 상호불가침협정을, 1992년 중 개헌 추진과 연말 입법위원 선거 후인 내년에 추진하는 것이 바람직할 것이라는 입장을 표명하였다.

| 중국 대응 |

한편 중국은 대만의 경제협력과 인적교류에 관한 지속적 제한완화 조치에 지속적으로 호응하면서 양안 간 안정적 관계를 유지하고 대만 국민의 호감을 사면서 대륙에의 투자를 적극 유치하였다. 6월 초 대만 언론이 취재해 나중에 알려진 사실이지만 리셴녠(李先念) 중국 인민정치협상회의 주석의 사위인 류야저우(劉亞洲)가 대만방옥(부동산 회사)과 재단법인 산업기술기금회 초청으로 4월 28일-5월 2일간 대만을 방문하였다. 기금회 회장이 1990년 8월 대륙 방문 후 류야저우와 친교 관계를 유지해 온 것으로 알려졌다. 초청자 측은 문화 고찰과 관광 위주로 정부기관과의 접촉은 없었다고 설명하였으나 일부 대만 언론은 류야조우가 체류 중 하오보춘 행정원장, 장옌스 총통부 비서장 등과 접촉했다고 보도하였다. 현직 해방군 신분인 류야저우의 입국은 정부규정에 위반됨이 알려지면서 논란이 되었으며 중화민국 정부는 대륙정책, 동인의 특수 신분 및 입국 허가에 대한 일부 비판 등으로 동인 접촉 사실을 부인하였다.

3) 장옌스 총통특사 방한(5월 6일-9일)

| 특사 선정 |

앞서 서술한 바와 같이 중화민국 측은 2월 20일-23일 민관식 특사 방문 시, 리덩후이 총통이 민 특사에게 직접 특사를 파견하겠다고 언급하였다. 총통부는 특사로서 처음에는 쿵더청(孔德成) 고시원장을 검토했으나 결국 장옌스(蔣彦士) 총통부 비서장으로 결정되었다.[84]

쿵 원장은 1920년생으로 공자의 후손으로 장제스, 장징궈 총통의 신임을 받았고 한국의 친 중화민국 인사들과 친교를 유지하고 있었다. 1991년 9월 24일 오전 박노영 대사가 부임 인사차 예방 시, 쿵 원장은 자신의 수차례에 걸친 방한 경험을 소개하고 양국 간의 공통 문화 기반과 전통적 우의 관계를 강조하면서 양국 간 청소년 교류 확대에 기대를 표명하였다.

장 비서장은 1915년생으로 미국 미네소타대학 박사 출신으로 1972년 교육부장관 이래 장관직 이상의 고위직을 20년간 역임해 온 거물 정치인이었다. 외교부장(1978-1979), 국민당 비서장(1979-1984). 총통부 자정(1984-1990) 역임 이후 총통부 비서장을 다시 맡게 되었으며 리 총통의 매우 높은 신임을 받고 있는 것으로 알려졌다.

장 비서장은 외교부장 시절, 미국과의 비공식관계 수립 협상을 지휘하여 마무리하였다. 1978년 12월 16일 미국이 1979년 1월 1일부터 중국과 수교한다는 결정을 발표하기 7시간 전에 동 결정을 중화민국 측에 통보한 후에, 장징궈 총통은 12월 20일 내각 개편을 단행하여 당시 장옌스 총통부 비서장을 외교부장으로 임명하여 미국과의 비공식관계 수립 업무를 맡겼다.

---

84 첸푸, 앞의 책, 260-261쪽.

돌이켜 보면 미국과의 단교 및 비공식관계수립 업무에 참여했던 중화민국 측 주요인사들이 13여 년 후에 모두 한국과의 관계 조정 업무에 참여하게 된다. 1978년 말 1979년 초 당시, 장옌스 총통부 비서장은 외교부장, 첸푸 외교부장은 외교차장(1978년 12월 27일-29일 크리스토퍼 국무차관 방문 시 영접), 진수지 주한대사는 외교부 신문국장 겸 대변인, 왕카이 주한공사는 미주사 직원으로서 미국 측과 비공식관계 수립을 위한 협상에 참석하였다.

| 양국 간 추진 과정 |

중화민국 측은 앞서 기술한 바와 같이 3월 11일(수) 왕카이 주한공사가 신정승 동북아2과장에게 특사 파견 계획을 제의한 이래 3월 19일(목) 장샤오옌 외교차장의 박노영 대사 면담 등을 통해 장옌스 특사의 조기 방한 실현을 위해, 지속적으로 한국 측의 호의적 검토를 요청하였다. 이상옥 장관의 4월 방중 전 방한이 현실적으로 어렵다는 판단하에 적어도 이 장관의 방중(4월 12일) 전에는 방한 계획을 확정하고자 노력하였다. 중화민국 정부는 장옌스 특사 방한에 대해 한국 측의 암묵적 동의를 얻었다고 판단한 후, 총통부가 의도적으로 흘린 3월 31일 『중국시보』의 특종 보도를 시작으로 대만 언론에 대해 특사단의 5월 6일-9일 방한을 기정사실화하였으며, 이 장관의 4월 중순 북경 방문 전후로 대만 언론과 입법원에 대해 특사 파견 등을 통해 한국과 외교관계 유지에 적극 노력하고 있음을 설명해 왔다.

한국과의 관계는 1992년 연초부터 점차 국내 정치 문제화되면서 정부의 언론 및 입법원에 대한 설명이 더욱 부각되었으며 중화민국 측은 한국 고위인사와 면담 후, 언론의 추측과 과장 보도를 피하자는 명분으로 언론 설명요지에 대해 한국 측의 동의를 구했으며 이에 한국 측은 소극적으로 응해 왔다. 돌이켜 보면 1992년 4월 13일 중국 측의 수교 협상 개시 제의 이후에는 한국 측이 중화민국 측 인사와의 면담 후 언론 대응 문제에 대해 한국 측이 좀더 신중하게 응했다면 좋았을 것이다. 단교 후 양측 간 한중 관계에 관한 통보 문제를 둘러싸고 불필요한 논쟁이 생겨 신뢰관계에 더욱더 금이 가서 비공식관계 수립 교섭과정에도 실제로 부정적인 영향을 미쳤다.

한국 외무부는 이상옥 장관의 방중 후 본격적으로 장옌스 특사의 방한을 준비하면서 우리 대사관과 긴밀히 협의하였다. 박노영 대사는 노태우 대통령과 이상옥 외무장관 앞으로 개인 서한을 보내 현지 분위기를 전하고 장 특사의 방한중 가능한 최대한의 배려와 예우를 제공해 줄 것을 건의하였다. 동북아2과 연상모 서기관이 나에게 계속 준비상황을 알려주었다. 특히 이 장관은 4월 21일 귀국 후 장 특사 방한을 차질 없이 준비하라는 지시와 함께, 장 특사 훈장수여 문제 관련 일부 소극적 의견을 누르고 적극 추진하라고 지시하여 성사시켰으며, 결국 이루어지지 않았으나 내부적으로는 대통령 주최 오찬을 지속 추진하였다.

4월 27일(월) 오전 양국 외무부는 동시에 장옌스 특사의 5월 6일(수)-9일(토)간 방한을 공식 발표하였다. 특사단은 장옌스 총통부 비서장을 특사로 하여, 구롄쑹(辜濂松) 중한경제협진위원회주임위원, 장샤오옌(章孝嚴) 외교부 정무차장, 장빙쿤(江丙坤) 경제부 정무차장, 닝지쿤(寧紀坤) 총통부 제1국장, 린츄산(林秋山) 국민대회대표로 구성되고, 샤광후이(夏廣輝) 외교부 아태사 전원(專員, 통역) 등이 수행하였다.

4월 30일(목) 박 대사는 장옌스 특사를 위한 관저 만찬을 주최하였다. 그날 오후 외무부에서 최종 방한 일정을 보내와서, 박 대사가 직접 장 특사에게 중국어 번역본으로 일정을 설명할 수 있었다. 노 대통령

예방, 정원식 총리 주최 오찬, 박준규 국회의장 면담, 민관식 전 국회의
장대리 주최 만찬, 이상옥 외무장관 면담 및 오찬, 최각규 경제기획원
장관 면담, 유창순 전경련회장 주최 오찬, 박용학 한중민간경협위원회
위원장 주최 조찬 등 일정과 함께 노창희 외무차관 공항 영접, 수교훈
장광화장 수여, 장샤오옌 외교차장의 노창희 외무차관 별도 면담 등 일
정 및 예우 설명에 대해 장 특사는 만족을 표명하고 한국 정부의 준비
와 박 대사의 노고에 사의를 전달하였다.

박 대사는 장 특사의 배경과 음식 취향을 알아보는 등 그 어느 때보
다 만찬 준비에 신경을 썼으며 만찬사도 이수존 영사가 통역했음에도
불구하고 미리 번역해 둔 만찬사의 중국어본을 만찬 후 장 특사에게 전
달하였다. 박 대사는 만찬사에서 1991년 8월 부임 이래 박준규 국회의
장 방문을 비롯한 양국 고위인사의 빈번한 교류 등을 통한 실질 협력관
계 확대를 평가하고, 장 특사의 시의적절한 방한의 성공을 기원하고 이
를 계기로 양국 관계의 지속적 발전을 기원한다고 언급하였다. 장 특
사는 양국 간 전통적 우의를 기반으로 하는 특별한 양국 관계를 강조하
면서 노 대통령을 비롯한 한국 지도자들과 양국 관계 발전 방안에 대해
허심탄회한 대화를 기대한다고 언급하였다.

| 중화민국 정부 준비상황 |

중화민국 외교부는 장 특사의 방한이 이상옥 장관의 방중 결과로
한·중공 관계 정상화가 임박했다는 언론 보도가 이어지는 시점에 이루
어지는 만큼 방한 준비에 심혈을 기울였다.

4월 20일 오전 첸푸 외교부장은 장옌스 특사단을 위해 대책회의를
개최하였으며, 장 특사는 방한중 각각의 일정에 대해 어떻게 대응할지

질문하고 이에 대해 첸 부장은 차례대로 대답하였다. 대책회의 후 첸 부장은 장 특사와 장샤오옌 차장과의 별도 밀담을 갖고 그 자리에서 다음과 같이 설명하였다고 한다.

○ 현재 남한·중공 간 수교는 이미 돌이킬 수 없는 상황(箭在弦上)이며 양측은 부단히 접촉하고 있으나 우리에게 전혀 설명하지 않을 뿐이다.
○ 우리에게는 이번 특사단 방한 시 노태우 대통령 면담은 하나의 계기이며 만약 노 대통령이나 이상옥 장관과 단독 회담을 할 수 있을 경우 우리 입장을 전달할 수 있기를 기대한다.
○ 한국 측과 회담 시 "우리는 한국의 중공과의 은밀한 교류가 이미 오래되었고 목표가 수교라는 것을 명확히 알고 있다. 한국이 중공과 수교 협상 시 중공은 반드시 중화민국과의 단교를 요구할 것이며 그때 한국은 중공에 대해 중공은 북한과 단교할 것이냐? 하고 당연히 물어야 할 것이다. 중공의 답변은 필연적으로 그것은 불가능하다고 대답할 것이며 이에 대해 한국 대표는, 그렇다면 중공이 한국에게 중화민국과 단교를 요구하는 것은 불공평하며, 외교 협상은 기본적으로 상호적(reciprocal)이어야 하므로, 중공이 일방적으로 한국에게 중화민국과 단교하라고 요구하여 둘 다 얻을 수는 없다고 당연히 설명해야 한다"는 중화민국입장을 전하자고 하였다.[85]

사실상 첸 부장은 당시 상황에 대한 현실적인 인식을 전달하고 한국 측에 중공과 수교교섭 시 한국은 이중승인을 주장할 수 있다는 것을 전하고 싶었던 것이다. 이렇게 첸 부장은 장 특사와 장 차장과 사전 협의하였으나 장 특사는 노 대통령, 이상옥 장관과의 면담 시 이를 구체적으로 거론하지 않았으며, 장 차장이 노창희 차관과의 별도 면담에서 "한국이 대륙과의 관계에서 이중승인을 고수하면 실현 가능할 것"이라고 언급하였다.

한편 장 특사를 수행할 외교부 아태사 샤광후이 전원(專員)은 그간

---

85 첸푸, 앞의 책, 262쪽.

우리 대사관과 긴밀히 협의해 오던 중, 4월 22일 장 특사가 휴대할 리덩후이 총통 친서의 한글본 준비를 위해 대사관의 한글 타자기 이용을 요청하여 와서 이를 수락하였다. 그는 4월 30일 오전 대사관을 방문하여 친서 한글본을 작성하였다. 대사관은 바로 한글본을 입수해 본부에 보고할 수 있었다.

5월 2일(토) 첸푸 외교부장은 대만 언론에 대해, 장 특사의 방한은 김종인 경제수석과 민관식 특사의 방문에 대한 답방으로서 리덩후이 총통의 친서를 전달할 예정이며 특사단 구성은 경제적 성격이 강하다고 설명하고, 양국의 공통 과제인 대일본 무역적자에 대한 공동대처 등을 통해 상호보완적인 경제통상 협력관계를 강화해 나가기를 기대한다고 표명하였다.[86]

| 대만 언론 동향 |

대만 언론은 특히 5월 2일(토)부터 장 특사의 방한을 크게 보도하면서 방한 일정을 소개하고 "중한 연합, 항일(抗日) 기대"(5월 3일 『자립조보』), "장 특사 방한 전, 리 총통이 장 특사에게 일등경성훈장을 수여하여 위신 제고"(5월 5일, 6일), "최선책은 이중승인"(5월 6일 『연합보』)" 등 기사를 통해 중화민국의 남한·중공 관계 불간섭 입장을 전달하되 한·중화민국 관계에는 손상을 주어서는 안 된다는 입장을 전달할 것을 촉구하였다. 장 특사의 출발날인 5월 6일(수) 『중국시보』는 「장옌스 특사 방한에 대한 우리의 기대」 제하 사설에서 장 특사의 방한으로 남한의 북방정책의 근본적 변화는 기대할 수 없으나 이중승인, 주한대사관 재산 처리 등에 관한 우리 입장을 전해 공감을 얻고

---

86 『자립만보』, 1992년 5월 2일; 『중국시보』, 1992년 5월 3일; 『중앙일보』, 1992년 5월 3일; 『자립조보』, 1992년 5월 3일.

양국의 최대이익을 확보하고 "공통점을 찾고 차이점을 받아줌", "화합하면 둘 다 이익을 얻는다"는 기초하에 양국 관계 유지를 기대한다고 논평하였다.[87]

| 당시 주변정세 |

장옌스 특사의 5월 6일-9일간 방한 전후에는 남북한 관계, 한중 관계 등 한반도 주변정세가 급속히 진전되는 가운데 4월 29일-5월 4일간 로스앤젤레스에서 일어 난 흑인폭동사건 수습으로 한국 정부가 무척 바쁘게 돌아 갈 시기였다. 5월 5일-8일간 제7차 남북고위급회담이 서울에서 개최되고 있었으며, 5월 11일-16일 IAEA 블릭스(Hans Blix) 사무총장의 방북, 5월 13일-14일 제7차 일본·북한 수교회담 북경 개최가 예정되어 있었다.

무엇보다도 4월 13일 첸치천 외교부장의 한중 수교 협상 개시 제의 접수 후, 외무부는 수교교섭을 위한 준비가 철저히 비밀유지하여 4월 하순부터 본격적으로 진행되고 있었으며 한중 간에는 5월 2일 투자보장협정이 서명되었다. 5월 초 중국과의 수교 협상에 참여하게 되는 신정승 동북아2과장이 외교안보연구원 연구관으로 발령[88]이 나고, 엄석정 주홍콩총영사관 영사가 후임 동북아2과장으로 임명되었다. 5월 1일(금) 엄 영사는 홍콩에서 나에게 전화하여 동북아2과장으로 들어가게 되었다고 하면서, 동북아2과로 귀임할 의향을 물어보았으며 나는 그럴 생각이 없다고 대답하였다. 당시에는 갑작스러운 과장 교체에 의아했으나 중국과 수교교섭이 시작되었을 것이라고 생각하지 못했다.

---

87 『중국시보』, 1992년 5월 6일.
88 이상옥 장관은 신정승과장에게 병가를 내라고 지시(이상옥, 앞의 책, 206-207쪽)했으나, 신 과장은 병가를 내지 않았고 외교안보연구원 연구관으로 자리를 옮겼다.

장옌스 특사가 한국에 입국한 5월 6일(수) 한중 간에는 제1차 예비 교섭을 5월 14일-15일 북경 조어대에서 개최키로 합의하였다. 결국 장 특사는 중국이 한국 측에 4월 13일 한중 수교 협상 제의 후, 실제로 협상이 시작되는 5월 14일-15일 제1차 예비회담 개최의 중간 기간에 방한하게 된 것이다. 한국 측은 한중 수교가 가시권에 들어온 시점이라고 할 수 있는 상황하에서 중화민국 측에 한국 입장을 어떻게 전달할지 고심할 수밖에 없었다.

| 이상옥 외무장관 면담 |

장 특사는 5월 6일(수) 오후 도착하여 노창희 외무차관의 영접을 받은 후, 진수지 주한대사 주최 만찬 등 내부 일정을 가졌으며 5월 7일(목) 오전 이상옥 장관 면담 및 만찬, 그 사이 오후에 노태우 대통령을 예방하였다. 특사단으로서는 제일 중요한 일정이었다.

5월 7일(목) 오전 11시부터 한 시간 진행된 면담에서, 이상옥 장관은 양국 간 전통적 우호 협력관계를 평가하고 우리의 독립운동 지원, 카이로 선언을 통한 한국독립 지지, 정부수립 전후 과정의 지지 등 그간 중화민국의 지원에 대해 대한민국 국민이 감사히 생각하고 있다고 전한 후, 한반도의 평화와 안정 유지 및 평화 통일을 위한 북방정책의 취지를 설명하고 한·중국대륙 관계에 대해서 언론의 과장, 억측 보도로 중화민국 국민의 오해와 섭섭한 감정을 갖고 있는 것으로 알고 있으며 중국대륙과 실질적인 협력관계 증진을 추진하고 있으나 앞으로도 중화민국과 '좋은 관계'를 유지하기 원하며 이를 위해 노력할 것이며 한·중국대륙 관계에 있어서 중요한 사항은 진수지 대사를 통해 계속 통보하겠다고 언급하였다.

장 특사는 양국 간 경제 분야에서의 상호보완 관계에 따른 대일 무역적자 공동 대처 등 경제협력 강화 필요성을 강조하고 북방정책을 이해하며 성과에 경의를 표한다고 하면서 중국대륙과의 관계에서 경제적 교류는 무방하나 정치적 관계는 늦추는 것이 좋을 것으로 생각하며 한·중화민국 관계는 중공 때문에 영향을 받지 않아야 하며 더욱 강화할 필요가 있다고 하면서, 양안 관계 현황을 설명한 후 양국이 협력하여 대륙의 평화적 변화를 유도하기를 원하는데 한국이 중국대륙과 정치관계를 수립할 경우 이러한 변화가 늦어질 수 있다고 언급하였다.

　　장 특사는 중공 측의 주한대사관부지 거론 여부를 문의하고 동양인의 관념으로 조상으로부터 받은 물건은 타인에게 줄 수 없다고 언급하였으며 이 장관은 중화민국 측에 이미 답변한대로 국내법과 국제관례에 따라 한국 정부가 개입할 성질의 것이 아니라고 답하였다.

　　이 장관은 자신의 회고록에서 만찬에서도 "장 특사가 중국대륙과 정치적 관계를 갖지 않는 것이 한·중화민국 양국 관계에 유리하다고 설득하려 했으며, 이에 대해 자신은 중국과의 관계 개선과 정상화가 한반도에서의 전쟁 방지와 평화 안정 유지로 평화적 통일을 달성하고자 하는 국가적 노력의 일부로서 한국이 그러한 노력을 중단하는 것은 통일을 포기하는 것이 된다고 설명함으로써 한중 수교가 불가피한 것임을 이해시키려고 노력했다"고 기술했다.[89] 오전 면담 내용과는 미묘한 차이가 있는 내용으로서, 결과적으로 만찬 자리보다는 장샤오옌 차장, 진수지 주한대사 등 외교고위당국자들도 함께 청취할 수 있는 오전 면담에서 표명했더라면 중화민국 측이 당시 한국의 입장과 현실을 객관적으로 이해하고 양국 고위인사 간 신뢰 구축에도 좀 더 도움이 되었을 것으로 보인다.

　　첸푸 부장은 자신의 회고록에서 동 면담에 대해 다음과 같이 기술하였다.

89　이상옥, 앞의 책, 202쪽.

이 장관은 북방정책 추진으로 인해 중화민국 정부와 국민의 오해가 초래된 데 대해 유감이라고 표명하고 이것은 모두 부실한 신문 보도가 조성한 것이라고 말하였다. 한국은 중공과 관계를 발전시켜 나가려고 하나 여전히 한·중화민국 관계가 계속 유지되기를 원하며 이를 위해 노력해 나가겠다고 언급하였다. 면담 말미에 장 특사는 중공 주한 무역사무소가 이전에 자신들이 중화민국대사관부지를 접수하는 데 한국 측이 동의하라고 요구했다고 들었는데, 동양인은 토지 가옥에 대해 특수한 관점을 갖고 있어 동 문제를 매우 중시하니 한국 측이 유념해 달라고 요청한 바, 이 장관은 중공 측이 이전에 문의해 온 적은 있으나 한국 측은 국제법 원칙에 따라 불간섭 입장을 이미 표명했다고 답하였다.[90]

| 노태우 대통령 예방 |

장 특사는 이어 청와대에서 오후 3시 반부터 약 1시간 노태우 대통령을 예방하고 면담하였다. 노 대통령은 장 특사에게 수교훈장광화장을 수교하고, 장 특사는 리덩후이 총통의 친서를 전달하였다.

리 총통은 친서에서 2월 민관식 특사의 방문 파견과 성과를 평가하고 양국 관계 중시 입장 전달과 노 대통령의 가르침을 받기 위해 장 특사를 파견한다고 하고, 노 대통령의 북방정책이 눈부신 성과를 거둔 데 경의를 표하면서 "가식 없이 말씀드리면 한국이 북방정책을 추진하며 중국대륙과 관계 개선을 적극적으로 추진한 이후에 양국 국민에 다소의 틈이 생긴 것도 사실"이라고 하면서 "대한민국의 북방정책이 앞으로 어떻게 발전하든 양국 간의 장기적인 전통우방관계에는 어떠한 영향도 미쳐서는 안 된다"고 강조하고 "대통령의 (2월)친서에서 격변하는 국제정세하에서 양국은 응당 상호 협력해야 한다고 하신 말씀에 본인은 깊이 동감하고 있다"고 지연적인 관계, 역사적 전통 우의, 또는 경제무역 상

90 첸푸, 앞의 책, 262-263쪽.

의 호혜관계 등 어느 시각에서 보아도 양국 관계를 더욱 강화해야 한다는 입장을 전달하였다. 당시 중화민국 정부의 공식 입장이었다. 리덩후이 총통으로서는 지난 2월 노 대통령의 5문장 11줄로 구성된 형식적이며 의례적인 친서를 보낼 상황이 아니었다. 노 대통령 친서 내용 중 양국 관계에 관한 유일한 문구를 포함시켜 양국 간 외교관계 유지를 강력히 요청한 것이었다.

장 특사는 리 총통의 친서를 읽은 후, 중화민국 정부와 국민이 양국의 전통 우의를 중시하고 앞으로도 지속적인 협력관계 강화를 바란다는 뜻을 전하기 위해 방한했다고 하고 노 대통령의 지도력과 북방정책의 성과를 높이 평가하면서 양안 관계 현황 설명과 함께 중공과의 관계 개선은 이해하나 중공과의 정치 교류는 북한의 민주화와 한국에 도움이 되지 않을 것이므로 중화민국과의 협력 강화가 더욱 유리할 것이라고 언급하였다.

이에 대해 노 대통령은 양국의 최고 가치는 자유민주주의 수호이며 중화민국 역시 중국의 평화통일을 추구하고 있고 북방정책의 종국적인 목표도 한반도의 평화통일 달성에 있다고 하면서 양국이 공동보조를 취하여 세계 평화와 역사를 창조하는데 노력하자고 하고 외무장관에게 중화민국의 입장을 고려하고 아울러 북한과의 통일을 늘 생각하며 중국대륙과의 교류를 추진할 것을 지시했다고 하고 중국대륙과의 관계 발전 추진 상황은 중화민국과의 우호 협력관계를 고려하여 수시로 통보하고 있으며 중화민국과의 관계를 중시하고 장관 등 고위인사 교류를 강조하고 있다고 언급하였다.

장 특사가 리 총통의 당부 사안으로 대일 무역적자 공동 대응 제의와 중화민국의 국가건설6개년계획에의 한국기업 참여 환영 입장을 전한 데 대해서는 노 대통령도 전적으로 찬성한다고 하였다. 노 대통령은 중화민국 방문 초청 제의에 대해 대통령이 된 후 가고 싶은 마음은 있었으나 올해에는 총선, 대선 등 정치 일정으로 사실상 불가능한 형편이라고 하면서 리 총통의 견실하고 멀리 보는 영도하에 경제 발전과 정치 개혁을 이루는 데 경의를 표하며 한번 직접 보고 싶다고 언급하였다. 장 특사의 대사관부지 문제 제기에 대해서는 노 대통령은 "국제법과 관례에 따라 관계부처에서 연구토록 지시하겠다"고 하였고 끝으로 우리 양국의 목표와 이상은 같으며 다만 방법은 다를 수 있겠지만 여하튼 항상 협력관계를 유지하고 서로가 이해를 한다는 것이 중요하다고 말하였다.[91] 면담 말미에 리 총통에 대한 심심한 안부를 전하고 "주중화민국한국대사관의 박노영 대사는 자주 정식 보고서와 사신으로 본인에게 양국 우의 증진에 대한 중요성을 강조하고 있다"고 말하였으며 장 특사는 박노영 주중대사와 진수지 주한대사는 훌륭한 외교관이며 양국 간 우호협력관계 증진에 노력하고 있다고 언급하였다.

노 대통령은 장엔스 특사 면담 중에는 그간 중화민국 인사와의 면담 중 즐겨 표현했던 "새로운 친구를 사귄다고 해서 옛 친구를 버리지 않는다"는 말은 하지 않았다.

첸푸 외교부장은 회고록에서 "노태우 대통령이 양국의 운명은 같으며 양국 모두가 가장 중시하는 것이 자유, 민주라고 하면서, 한국이 사회주의 국가들과 수교하려는 목적은 북한의 완고한 입장을 변화시키기 위한 것이며 최종적으로 통일을 실현하는데 있다고 설명하였으며 아울러 중공과 교류과정 중에 항상 중화민국과의 관계를 염두에 두고 있으며 그러한 과정 중에 수시로 관련 발전 동향을 통보하고 있다고 표명했다"고 기술하고 있다.[92]

---

91 노태우, 『노태우 회고록 −下券 전환기의 大戰略』, 조선뉴스프레스, 2011, 258쪽.
92 첸푸, 앞의 책, 263쪽.

장 특사는 5월 7일(화) 중 노 대통령 예방, 이상옥 외무장관 면담 및 만찬 등 가장 중요한 일정을 마치고, 이어 8일(수)-9일(목) 그간 중화민국을 방문한 바 있는 박준규 국회의장 면담, 민관식 전 국회의장대리 주최 만찬에 이어, 최각규 경제기획원 장관, 유창순 전경련 회장, 박용학 한중민간경협위원장 등과 대일본 무역적자 공동 대응, 국가건설6개년계획 참여 등 경제협력 방안에 관해 집중 협의하였으며, 김영삼 민자당 대표와도 비공식 면담하였다. 마지막 공식일정으로 9일(목) 정원식 국무총리 주최 오찬이 있었으며 오전에 장샤오옌 외교차장은 별도로 진수지 주한대사와 함께 노창희 외무차관과 면담 일정을 가졌다.

| 노창희 외무차관, 장샤오옌 외교차장 면담 |

5월 9일(토) 오전 10시 반부터 한 시간 동안 노창희 외무차관은 장샤오옌 외교차장과 면담하였다. 양 외무차관 간의 처음이자 마지막 면담이었다. 장 차장은 방한 전에 첸푸 외교부장과 협의한 바 있는 이중승인 문제를 거론하였다.

장 차장은 먼저 한국 측의 특사를 위한 일정 주선과 배려에 사의를 표명하였다. 노 차관은 한국과 중국대륙 관계는 약간의 진전이 있다고 하고 지난 4월 이상옥 장관의 중국 방문 시, 상당한 의전 상의 대우를 받았으며 북경 측이 한국·중국대륙 간의 관계 개선은 지역 평화안전 및 양국 간 상호이익에 도움이 된다는 점을 분명히 하였다고 설명하고 다만 현재 한국과 중국대륙 관계 정상화에는 구체적 시간표가 없으며 한국과 중국대륙 간에는 착실한 관계 진전이 있으나 갑작스러운 변화는 가까운 장래에는 없을 것임을 표명하였다. 아울러 한국은 대륙과의 관계 개선을 원하고 있으며, 대륙과의 관계 개선 시 제3국과의 관계에 손상을 끼치지 않으려 하며 중화민국과의 우호 관계를 계속 유지하기를 희망한다고 설명하였다.

장 차장이 한국 지도자들은 대륙과의 관계 정상화 시에도 중화민국과의 우호 관계, 실질적 관계 유지를 원한다고 하는데 '실질적인 우호 관계'의 의미를 문의한 데 대해, 노 차관은 한국으로서는 중화민국과 정식 관계를 계속 유지하기를 바라나 앞으로 상황이 어떻게 변화될 지를 현 시점에서 예측하기 어렵다고 답변하였다. 장 차장은 한국과 대륙 간 수교가 이루어지더라도, 한·중화민국 관계가 지속되어야 양국의 이익이 될 것이라면서 한국과 대륙 관계 정상화 시에도 한·중화민국 외교관계 유지를 원한다고 하면서 한국이 대륙과의 관계에서 이중승인(dual recognition) 입장을 고수하면 실현이 가능할 것이며 미국, 일본, 유럽 국가가 중화민국과 경제관계만 유지하고 있는 전례를 한국이 따르지 않기를 바란다고 하고 만약 한국이 중화민국과 공식관계를 단절할 경우 중화민국 내 여론이 감정적으로 되어 양국이 정치, 경제관계를 분리하여 유지하기는 어려울 것이라고 언급하였다.

이에 대해 노 차관은 현재 대륙과 수교문제에 대해 구체적 논의가 없으며 그런 단계에 이르지 않았다고 하고 한·중화민국 양국 간에는 감정적 문제와 전통적 관계가 있기 때문에 대륙관계 개선 시, 그러한 양국 관계와 중화민국 입장을 최대한 고려하게 될 것이라고 설명하였다.

장 차장은 장 특사의 노 대통령 방문 초청을 거론하고 노 차관의 방문을 제의하고, APEC 가입 시 한국 측 협력에 대한 사의 전달과 GATT 가입 문제 협조, 주한대사관부지 문제를 언급하였으며, 노 차관은 고위 인사 교류 필요성에 공감을 표명하고 중화민국 재산권에 대한 불개입 입장을 전달하였다.

첸푸 부장은 회고록에서 동 면담에 대해 다음과 같이 기술하였다.

한·중공 간 수교협상에 대해 노 차관은 한·중공 관계에 진전이 있으나 시간표는 없으며 중공은 급하게 서둘러서는 안 된다고 생각하고 있다고 지적했다. 장 차장은 이번 방한 중 만난 모든 (한국)지도자들이 우리에게 중화민국과의 전통 우호 관계를 중시하고 유지를 강조하는데 그 안에는 당연히 외교관계가 포함되어야 한다고 언급하였다. 노 차관은 한국 측의 최상책은 중공과 중화민국 양측과 모두 공식 관계를 유지하는 것이라고 하면서 다만 그것이 가능할 수 있을지 여부는 감히 확정할 수 없으며, 그것이 가능하지 않을 때 어떻게 처리해야 할지 역시, 현재로서는 아무것도 확정된 것이 없다고 말하였다. 장 차장은 방한 전에 내가 얘기했던 견해(중공이 북한과 수교를 유지하면서 한국 측에 중화민국과의 단교 요구 시 한국 측 대응에 관한 첸 부장 견해를 의미)를 제기하였으며, 노 차관은 한국 측은 그런 문제에 대해 아직 정해진 것이 없으며 아직까지 중공과 그런 상황에 대해서 논의하고 있지 않으며 가까운 시일 내 논의할 수 없을 것으로 예상되며, 한국 측은 앞으로도 한·중화민국 관계가 손상되지 않도록 최대한 노력하겠다고 답하였다.[93]

노창희 외무차관은 회고록에서 "(장샤오옌 차장의 한중 수교교섭이 어느 정도 진행되고 있는지에 대한 물음에 대해) 아직 아무런 결론이 내려진 단계는 아니며 어느 경우에나 그것이 종결되기 전에 귀국에 미리 알려 줄 것이며, 우리는 결코 당신들을 놀라게 하지는 않을 것"이라고 말하였다고 한다. 이어 면담 시 "장 차장에 대한 나의 약속을 그 후 제대로 지켜지지 못한 점에 대해 내심 미안하게 생각했다"고 기술하였다.[94]

노 차관과 장 차장의 면담은 당시 양국 관계 현황, 양국의 공식 입장 및 암암리 추구하고 있는 정책 방향에 관해 과거 양국 정부의 고위인사 간 어떤 대화보다도 진솔하게 의견을 나눈 것으로 보인다. 노 차관으로서는 한중 수교를 위한 제1차 예비회담(5월 14-15일)를 5일 앞둔 시점

93 첸푸, 앞의 책, 263-264쪽.
94 노창희, 『어느 외교관의 이야기』, 기파랑, 2007, 287-288쪽.

에, 한국 정부는 노 대통령 임기 내 조기 수교를 원하고 있고, 협상 개시 후 중국 측이 '하나의 중국' 원칙에 관해 과연 어느 정도 강하게 나올지 예측하기 어려운 상황하에서, 장 차장에게 이중승인을 기대하는 중화민국 측 입장을 충분히 이해하며 한국 측도 그렇게 되었으면 좋겠으나 현실적으로 어려울 수 있다는 입장을 최대한 상대방을 배려하면서 전달하려 했던 것으로 보인다. 노 차관은 이후 5월 30일 장스량(張世良) 입법원 외교위원장과 면담(진수지 주한대사 동석) 시 한국으로서는 사실상 이중승인은 어렵다는 입장을 통보하게 된다.

한국 측은 중국과의 수교 협상에서 제1차 예비회담(5월 14일–15일)에서는 '하나의 중국' 문제에 관해 한·중화민국 간 특수한 관계 등을 들어 여러 가능성을 타진해 본 것으로 보이나 제2차 예비회담(6월 2일–3일)에서는 사실상 중국 입장을 수용함으로써 한국 정부 내에서는 더 이상 '하나의 중국' 원칙의 유연한 적용에 관한 논의는 없었던 것으로 보인다. 상세 상황은 뒤에서 다루기로 한다.

| 양국 언론 보도 동향 |

5월 6일–9일간 장옌스 특사 방한에 대한 한국 언론의 관심은 저조했다. 동북아2과 조원명 사무관이, 당시 남북 고위급회담, 로스앤젤레스 폭동사건 등에 대한 국내의 높은 관심으로 외무부의 적극적인 브리핑에도 불구하고 관련 보도가 적었다고 알려 오면서 일부 언론의 방한 사실 보도 기사와 『서울신문』의 노 대통령의 장 특사 훈장 수여 사진 게재 기사, 그리고 『조선일보』의 5월 9일 자 「한중 수교 직접 견제 본격화」 제하 장 특사의 방한 활동과 목적에 관한 기사를 팩스로 보내 주었다. 『조선일보』는 장 특사가 한중 간 정치적 관계 발전에는 신중히 해

달라고 요청하는 등, 그간 한중 수교 문제에 대한 대만 정부의 태도가 과거 간접적 방식에서 탈피하고 있으며 대만 정부의 희망은 두 개의 중국을 인정하는 최초의 국가가 되어 달라는 것이라면서, 한국 정부는 중국과 수교를 추진하면서 대만 문제는 적당한 시기에 국제적 관례에 따르면 된다는 것으로 한국 정부가 구상할 수 있는 최고 방식은 '사우디 방식'(통상 대표부 형식)으로 알려지고 있다며 대만은 전통적 우방으로서 의리와 대만 국가건설6개년계획에의 한국기업 참여라는 실리를 동시에 제기하는 상황에서 중국과의 수교와 어떻게 조화시켜 나갈지 주목된다고 보도하였다.[95] 한국 외교당국자의 구체적인 설명이 없으면 쓸 수 없는 기사라고 생각했다.

한국 언론의 저조한 보도와는 달리 대만 언론은 장 특사의 활동을 연일 크게 보도하였다. 5월 7일 자『중국시보』는 장 특사 도착 시 영접한 노창희 차관이 영접 직전 대만기자 질문에 대해 "중공과의 수교에 관한 시간표는 없으며, 한국은 중공과 외교관계 수립을 희망하며 동시에 중화민국과도 '매우 좋은'(very good) 관계를 갖기를 희망하며 현재 양측 모두를 만족시킬 수 있는 해결 방안을 모색하고 있다"고 하고 이중승인 채택 여부에 대해서는 "우리는 그러한 가능성을 배제하지는 않으나 다만 어떤 일이라도 일어날 수 있는 것"이라고 말했다고 보도하였다.[96]

노 대통령이 양국 관계 중시 입장을 명확히 전달[97] 했으며 이상옥 장관이 북방정책과 한·중공수교가 중화민국과의 전통적 우호 관계에 손상을 주지 말아야 한다고 언급했다[98]고 하면서 남한이 이중승인을 채택할 수 있을지 주목되는 가운데 이 장관은 기자들의 이중승인 채택 여부

---

95 『조선일보』, 1992년 5월 9일, 2면.
96 『중국시보』, 1992년 5월 7일.
97 『중국시보』, 1992년 5월 8일.
98 『자립조보』, 1992년 5월 8일.

에 대한 질문에 정면으로 대답하지 않았다[99]고 보도하였다. 또한 노 대통령에 의해 대통령 후보로 내정된 김영삼 집권당 대표는 장 특사에게 북방정책은 인근국과의 관계를 발전시켜 나가는 것이나 양국 간 우의를 손상하지 않을 것이라고 언급했다[100]고 보도하였다.

5월 10일 대만 언론은, 장 특사 귀국 소식과 함께 장 특사가 방한 시 실질 문제를 논의했으며 중화민국은 한국과의 관계를 단절하지 않을 것[101]이라고 밝혔으며. 장샤오옌 차장은 양국 관계가 현재까지 매우 공고하며 아직 "비 바람이 나부끼는" 상태는 아니라면서 지금 이중승인을 논하는 것은 빠르다고 밝혔다[102]고 보도하고, 일부 언론[103]에서는 상기 5월 9일 자『조선일보』를 인용, 한국이 '사우디 방식'에 관심이 있다고 보도하였다.

『자립조보』는 「대한국 관계 처리에 대한 현실적 고려」 제하 사설에서 정부가 내심 기대하고 있는 남한의 이중승인 채택은 결코 쉬운 일이 아니므로 낙관할 수 없으며, 이중승인 문제는 '하나의 중국'의 틀을 벗어난 것이며 동일 개념 전제하에 정부당국은 양안 관계에 대한 새롭고 명확한 상호 수용할 수 있는 방식을 제시해야 한다고 주장하면서, 남한 대통령 및 외교당국자들은 똑같이 남한·중공 수교 시, 대만과의 전통 우호 관계도 중시할 것이라고 강조하되 중화민국과의 '외교'문제에 대해서는 언급을 회피하고 있고 남한은 중공의 수교 조건으로 중화민국과 단교할 가능성이 있으니, 마땅히 서둘러 각종 대응방안을 사전 준비하고 예상되는 법적·정치적 상황을 검토해 두어야 하고 북한과의 관계도

99 『중국시보』, , 1992년 5월 8일.
100 『중앙일보』, 1992년 5월 9일;『자립조보』, 1992년 5월 9일.
101 『중국시보』, 1992년 5월 10일.
102 『연합보』, 1992년 5월 10일;『중국시보』, 1992년 5월 10일.
103 『연합보』, 1992년 5월 10일;『중앙일보』, 1992년 5월 10일.

점차 개선하여 외교적 공간을 확보해야 한다고 촉구하였다.[104]

당시 대만의 주요 언론은 당시 중화민국이 처한 현실과 딜레마를 정확히 진단하고 한국의 대응도 객관적으로 예측하면서 현실에 기초한 정부의 대응이 시급함을 지적하였다. 돌이켜 보면 대만 언론이 가끔 반한 감정을 드러내기는 했으나 한국의 국력과 위상을 가능한 한 객관적으로 평가하려는 분위기하에서 한국과의 관계에 있어서 중화민국 정부의 딜레마를 지적하면서 실용적인 외교를 선도하는 측면이 있었다.

| 중화민국 정부, 특사단 방한 결과 평가 |

첸푸 부장은 회고록에서 다음과 같이 평가하였다.

> 장샤오옌 차장은 귀국 후 서면 보고서를 제출하였다. 장 차장은, 한·중공 수교는 노태우 대통령 임기가 곧 만료되고, (한국)정부 내 수교방식에 대한 공통 인식이 없는 상황에서 대선 후보자, 국회, 여론이 모두 성급히 진행할 필요가 없다고 주장할 수 있다는 의견을 밝혔다. 이동복 총리특별보좌관은 노 대통령이 혼자 그 일(한중 수교)을 결정할 수 없다(He cannot do alone)는 의견이었다고 한다. 보고 중 특사단은 남한이 중공과 수교협상을 결정하면 반드시 사전에 우리와 협의할 것이며 적어도 우리 측에 사전에 알려서, 우리가 손을 쓸 수 없게 되지는 않을 것이라고 확인하였다.[105]

특사단의 결론은 한중 조기 수교 가능성에 대해 유보적이었고 접촉한 한국 측 인사들의 언급에 따라 적어도 사전 통보에 있어서 한국의 선의를 믿었다는 것이다. 장 차장은 진수지 주한대사의 현지 보고와 함께, 3월 24일 총선에서 여당의 패배 이후 노태우 대통령의 지지율 하락

---

104 『자립조보』, 1992년 5월 10일.
105 첸푸, 앞의 책, 264쪽.

추세하에, 사실상 대선 정국이 시작되었다는 한국 국내사정과 중화민국과 긴밀히 교류해 온 친중화민국 고위인사의 발언을 긍정적으로 해석한 것으로 보인다. 특사단은 결과적으로 권위주의적 대통령제하의 한국적 정치풍토에 대한 이해 부족으로 노 대통령이 취임 이래 재임 내내 표명해 온 한중 수교와 방중 의지를 과소평가함으로써 당시 한중 관계가 중대한 전환점을 넘어서면서 양국 간 수교교섭이 시작되었다는 사실을 전혀 눈치채지 못했다.

그 후 3개월간 8월 24일 단교 전까지 중화민국 정부의 태도나 대응에 있어서 특사단의 보고서가 상당히 영향을 미친 것은 확실해 보인다. 첸푸 부장은 특사단 보고서를 자신의 회고록에 거론함으로써 당시 상황을 환기시켜 한국 정부의 약속 위반과 결과적으로 당시 상황과 한국 입장을 오판한 장샤오옌 차장의 일말의 책임을 함께 지적하고 싶었던 것으로 보인다.

| 대사관 대응: 박노영 대사, 첸푸 외교부장 면담 |

박 대사는 장옌스 특사 방한에 대해 중화민국이 일단 평가하는 분위기라는 판단하에 첸푸 부장과의 면담을 요청하여 5월 18일 오후 3시 반부터 45분간 첸푸 외교부장을 화기애애한 분위기에서 면담하였다.

첸 부장은 특사단이 한국 측의 일정 주선과 세심한 배려와 환대로 본연의 업무를 충실히 달성했다고 평가하며 이에 한국 정부와 박 대사에게 사의를 전하며, 특히 노태우 대통령, 박준규 국회의장, 정원식 총리, 최각규 부총리, 이상옥 외무장관이 양국 관계에 대해 허심탄회한 의견을 주어 한국의 대중공 입장도 보다 뚜렷하게 이해되었다고 언급하였다.

아울러, 장샤오옌 차장과 노창희 차관 간 충분한 대화를 가져 의의가 있었으며 이 장관과 노 차관께 특별한 사의를 표한다고 하면서 금후에도 고위인사 교류를 통한 솔직한 의견교환이 양국 관계에 크게 도움이 되리라고 생각한다고 언급하였다.

박 대사는 한국 정부도 특사단의 방한 성과를 높이 평가한다고 하면서 이를 계기로 양국 간 교류 가능한 분야에서의 연계를 강화하고 양국 정부 내 소관업무가 같은 부서간 교류를 비롯하여 건설, 항공 분야 등의 실질 협력관계가 확대되기를 기대한다고 하고 1991년 12월 이래 우리 측이 제기해 온 상호주의에 입각한 우리 교민 체류조건 완화 문제에 대해 적극적 조치를 요청하였다. 첸 부장은 관계부처와의 협의를 통해 한국 교민들이 불편이 없도록 조치하겠다고 답하였다. 당시 중화민국의 외국인에 대한 체류조건 개정으로 한국 교민의 거류증 발급, 연장 및 재입국 허가 등에 불편한 사례가 자주 발생함에 따라, 대사관이 중화민국 외교부 측에 대해 최소한 한국 정부의 화교에 대한 대우와 동일하게 대우해 줄 것을 요구해 왔으나 진전이 없던 차에 박 대사가 이 기회에 첸 부장에게 직접 제기한 것이었다.

1991년 8월 부임 이래, 그간 외교부 첸푸 부장, 장샤오옌 차장의 초치로 이루어진 면담에서 주재국의 항의 내지는 엄중한 관심을 주로 전달받으면서 수세적 입장이었던 박 대사로서는, 재임 중 대사로서 처음으로 외교부 수장과 대등한 입장에서 대화를 나눌 수 있는 우호적이고 편안한 면담이었다. 박 대사를 계속 수행하며 배석해 온 나도 덩달아 기분이 좋았다. 유감스럽게도 이런 면담은 처음이자 마지막이었다. 나도 이후에 특명전권대사를 2번에 걸쳐 6년간 해 보니까 지난날 박 대사의 고충을 더욱더 이해할 수 있었으며 박 대사의 변함없는 평정한 자세와 인내심에 대해 더욱 경의를 품게 되었다. 본국 정부가 외교 일선에 나가 있는 대사에게 본국 정책과 정보를 제때 제대로 알려 주지 않으면 대사는 현지에서 활동하기 어렵게 되고 결국 주재국 정부로부터 신뢰를 절대로 얻을 수 없게 된다.

바로 다음 날 5월 19일(화) 장옌스 총통부 비서장이 박 대사를 시내 중심에 있는 공군 초대소에서의 만찬에 초청하였으며 장 비서장은 자신의 방한 시 한국 정부의 환대와 박 대사의 협력으로 특사로서의 임무를 달성했다면서 사의를 전하고 양국 관계 발전을 위해 계속 함께 노력해 나가자고 언급하였다. 박 대사는 장 비서장의 총통특사로서의 시의적절한 방한으로 양국 관계가 강화되는 계기가 되었다고 평가하고 대사로서 양국 관계 발전을 위해 계속 노력하겠다고 회답하였다. 동석했던 내가 봐도 박 대사로서는 대사로서 재임 중 최고의 보람을 느낀 기분 좋은 저녁이었다.

그다음 날 5월 20일 중화민국과 일본 관계에 있어서, '아동관계협회 동경사무처'의 명칭이 '타이베이주일경제문화대표처(Taipei Economic and Cultural Representative Office in Japan)'로 개칭되었다.

4) 한중 수교교섭 진전에 따른 한·중화민국 관계 동향

한중 간에 수교교섭은 3차에 걸친 예비회담(1차: 5.14−15, 2차: 6.2.−3, 3차: 6.20−21)과 본회담(7.29)을 통해 마무리되며, 8월 24일 양국 외무장관이 수교 공동성명에 서명, 발표함으로써 수교하였다. 중국과의 수교교섭이 진행되면서 중화민국에 대한 한국 정부 동향 및 대외 표명 입장이 조금씩 변해 갔으며, 이에 대해 중화민국 정부와 언론은 더욱더 민감하게 반응하게 된다. 단계별 상황 전개를 살펴보기로 한다.

(1) 제1차 예비회담 (5월 14일-15일) 이후 제2차 예비회담 개최 (6월 2일-3일) 전까지

5월 12일-16일 북경에서 KORTA 주관의 대한민국 상품전이 정식 국호와 국기 사용이 허용되어 개최된 가운데, 5월 14일(목)-15일(금) 북경 조어대에서 한중 수교를 위한 제1차 예비회담이 비밀리 개최되었다.

5월 5일-8일 제7차 남북 고위급회담이 서울에서 개최된 직후였으며, 5월 6일-9일 장옌스 중화민국 총통특사의 방한 종료 후였으며, 5월 13일-14일 일본·북한 간 제7차 수교교섭이 동시에 북경에서 진행 중이었으며, 블릭스(Hans Blix) IAEA 사무총장이 5월 11일-16일 북한을 방문 중이었다.

| 한중 간 '하나의 중국' 원칙 협의 |

한중 간 제1차 예비회담 시작부터 한중 수교문제에 관한 양국 입장은 명확했다. 한국 측 입장은 조기 수교와 노 대통령의 방중을 통한 수교 발표였으며, 중국 측 입장은 '하나의 중국' 원칙의 관철이었다.

'하나의 중국' 문제에 대해 중국 측에 대해 표명했던 한국 측의 입장에 관해서 한중 외교관의 회고록 내용과 구술이 다소 상이하다.

이상옥 장관에 의하면, "중국 측은 제1차 예비회담 시부터 대만 문제에 대한 한국 측의 확고한 입장 표명을 요구하고 대만 문제에 대한 중국의 원칙적 입장으로서 '중화인민공화국이 중국 전체를 대표하는 유일한 합법 정부이며 대만은 중국 국토의 불가분의 일부'임을 언급하고 다른 나라들과 수교할 때 이러한 원칙에 따라 대만 문제를 분명히 해결하였음을 강조하였다." "한국 측은 '하나의 중국'을 수교교섭의 기초로 할 용의가 있으나 한국이 오랫동안 대만과 특별한 관계를 가져왔기 때문에 중국과의 수교 후 대만과도 '최고 수준의 비공식관계'를 유지하는 데 동의해야 할 것"이라고 말했다.[106]

쳰치천 외교부장은 회고록에서 "중국 측이 수교 원칙을 제시하고 한국 측에 대만 단교, 조약 폐기, 대사관 철수를 요구했으나, 한국 측은 처음에는 동의하지 않았고 중국 측과 협상하고자 하며 단지 대만 '대사관'을 '연락처'로 격하하여 설치하려는 생각이었다. 중국 측이 당연히 동의할 수 없었다"고 기술하였다.[107]

장팅옌 부국장은 회고록에서 한국과 수교교섭 개시에 앞서 "본래 중국 내부적으로 예상된 계산으로는, 노태우 정부가 중국에 우호적이며 중국과의 수교를 서두르기는 하나, 다만 대만은 한국 내에서 이미 몇 십 년간 고심하며 관계를 유지해 왔으며 정계와 사회에서 강력한 지지를 확보하고 있어 한국이 쉽게 대만을 버릴 수 없을 것으로 보고, 그래서 협상은 적어도 몇 개월 내지 반년까지도 지속될 것으로 보고 우리의 목표는 노태우 임기 내에 협상하여 (수교를) 쟁취하는 것이었다"고 하면서 한국과 대만 관계가 수교 협상의 최대 장애가 될 것으로 예상하였다. 이어 "담판 초기 중국 측이 예상한대로 한국 측은 대만과 반관방관계(半官方關係, 준공식관계를 의미) 유지 등 조건을 내걸고 우리와 밀고 당기고 하면서 협상이 제자리에 머물렀다"고 기술한다.[108] 장 부국장은 자신의 다른 회고록에서는 한국과의 협상 예상 시간과 관련하여 "당시 우리들은 양측 협상이 적어도 반년 또는 더 이상의 시간이 걸릴 것으로 예상해서 협상을 이끌 부 대표를 원로대사가 맡기로 하였다"고 썼다.[109]

장 부국장은 제1차 예비회담 시 "한국 측 태도를 감안하여 장루이제

106　이상옥, 앞의 책, 210쪽.
107　쳰치천, 앞의 책, 156쪽.
108　옌징, 앞의 책, 2004, 18쪽.
109　옌징, 앞의 책, 2007, 47쪽.

(張瑞杰) 대사가 중국의 대만 문제에 대한 입장을 밝혔다. 한국이 중국과 수교하고자 한다면 반드시 중화인민공화국이 중국의 유일한 합법 정부이며 대만을 중국 영토의 불가분의 일부분임을 승인하고 대만과 단교해야 한다고 강조하였다. 이에 대해 권병현 대사도 한국 측 입장을 설명하였는데 한국 측은 사전에 중국과 다른 나라와의 수교 자료를 연구하여 중국 입장과 원칙에 대해 충분히 이해하고 있는 것으로 보였으며 특별히 이의를 제기하지는 않았다. 다만 한국 측은 '한국과 대만 관계가 특수하다'고 강조하면서 중국이 한국 측에 기준을 완화하여 한국이 대만 관계 처리 시 되도록 더 큰 유연성을 갖기를 희망하였다. 이는 한국 측이 대만 문제에 있어서 환상을 갖고 있었음을 보여주는 것이었다"고 기술하였다.[110]

노창희 외무차관 역시 "중국 측에 대만과의 오랜 관계를 감안하여 서울에 대만 정부의 연락 사무소를 두는 등 일정한 수준의 공식관계 유지를 유지하는 데에 대한 중국의 동의를 간곡히 요청했지만 중국 측의 완강한 반대로 결국 이를 포기할 수밖에 없었다"고 썼다.[111]

신정승 과장은 당시 제1차 예비회담 분위기를 회고하면서 "중국 측은 하나의 중국 원칙을 가장 중시한다고 했으며 만약에 한국 측에서 '하나의 중국' 원칙을 수락하지 않는다면 그다음 얘기는 할 필요 없다는 입장"이었다고 하면서, "한국 측이 청와대의 입장에 따라 정상회담을 통해서 한중 수교를 완결하기를 원한다는 입장을 전했으며 중국 측은 '그 부분은 일단 한국이 '하나의 중국' 원칙을 수용해야만 그다음 얘기를 진전시킬 수 있다'는 반응을 보였다"고 한다.[112] 중국 측은 수교 발표는 양국

---

110 위의 책, 2007, 50쪽.
111 노창희, 앞의 책, 286쪽.
112 신정승, 『한중 수교』, 국립외교원 외교사연구센터, 2020, 148쪽.

고위층(정상) 간이나, 외무장관 간, 혹은 특사 파견을 통해 하는 세 가지가 있을 수 있으나 추후에 협의하여 정할 수 있을 것이라고 대응하였다.[113] 중국 측은 정상회담을 통한 수교 발표가 가능하다는 여지를 남겨두면서 한국 측에 '하나의 중국' 원칙을 수용할 것을 압박한 것이었다.

한중 수교교섭에 참여했던 상기 인사들의 서술 내용을 종합해 보면, 한국 측은 제1차 예비회담에서는 중국의 '하나의 중국' 원칙과 한국의 중화민국과의 특별한 관계 사이에서 가능한 접점이 있을 수 있는지 모색하기 위해 한국 측 구상(장팅옌 부국장 표현에 따르면 "환상")을 던져보고 중국 측 반응을 살펴본 것으로 보인다. 소위 그 "환상"이 무엇이었는지에 대해서는 한국 관계자들의 구체적 증언이 필요한 대목이다.

다만 한국 측은 내부적으로는 처음부터 '하나의 중국' 원칙에 받아들여야 중국과 수교가 가능하며 중화민국과는 단교가 불가피하다는 현실적 판단을 하고 있었으며, 중화민국과 단교 시 최고 수준의 비공식관계를 갖는다는 입장이었다. 따라서 제1차 회담에서는 중국 측 입장을 청취하고 한국과 중화민국 간의 역사적 특수성을 강조하는 선에서 대응하였으며, 중국이 원하는 대만과 단교 후 '비공식관계' 수립에 동의하는 입장을 표명하지는 않았다고 한다.

중국 측은 당초 한국과의 수교 협상이 대만문제, 북한문제로 조속 타결되지 않을 경우 1992년 10월 유엔총회 계기에 최종적으로 타결한다는 목표하에 협상 기간을 6개월 정도로 잡은 것으로 보인다. 그런데 1차 예비회담 시 한국 측이 조기 수교와 노 대통령의 방중을 강력 요청하였고, 한국 대선 정국으로 노 대통령의 방중 추진이 늦어져 어렵게 되면 한국 측의 수교 열기가 식을 수도 있으며, 교섭이 장기화되면 대외 보안문제 발생 가능성도 커지므로 1차 회담 후 조기 수교 방침으로

---

113   이상옥, 앞의 책, 210쪽.

조정한 것으로 추측된다.

한편 한국 측이 희망하는 한중 조기 수교와 노 대통령의 방중 문제 협의에 있어서 제일 먼저 타결해야 할 문제가 '하나의 중국' 원칙 수용이라는 중국 측의 강력한 입장을 확인한 이상, 한국 정부가 내부적으로 중국의 '하나의 중국' 원칙을 전면 수용한다는 입장으로 조정하여 확정하는 데는 그리 시간이 오래 걸리지 않았다.

제1차 예비회담을 통해 한중 간 수교에 관한 기본 입장을 관해 협의하고 2차 예비회담 개최는 추후 협의하자고 한 후인 5월 20일(수) 이상옥 장관은 도산아카데미연구원 조찬 세미나 "신 국제 질서와 한중 관계" 제하 강연에서 지난 4월 북경에서 만난 리펑 중국총리가 "물이 흐르면 도랑이 생긴다"고 말한 것을 언급하고 한중 양국 간 인적 물적 교류와 외교관 접촉확대 등 실질 관계 발전이 자연스럽게 관계 정상화로 이어질 것이라고 전망하였다. 이 장관은 중국과의 수교가 가까이 오고 있음을 염두에 두고 한 말이었다고 한다. 한국 국내언론은 이 연설과 관련, "한중 수교가 멀지 않다" 혹은 "한중 수교 연내 가능"이라고 보도하였다.[114]

다음날 5월 21일 대만 『연합보』와 『중앙일보』는 동 세미나 개최 시 "이 장관이 남한이 중공과 정식 외교관계를 추진하는데 있어서 대만의 반대를 고려하지 않으며 중공과 수교한 후에도 타이베이(臺北)와 우호관계를 유지할 것이라고 언급하였다"고 보도하였다.[115] 이 장관은 한중 간 제1차 예비협상 결과를 감안하여 중국 측 입장을 염두에 두고 언급한 것이었다. 이 장관은 공개 강연을 통해 중국과 중화민국에 동시에 한국 입장을 공개적으로 알리고자 했던 것으로 보인다. 한중 간 수교 협상이 시작된 만큼, 이후 이 장관을 비롯한 한국 정부 고위인사의 공개발언

---

114 위의 책, 203쪽.
115 『연합보』, 1992년 5월 21일; 『중앙일보』, 1992년 5월 21일.

에는 한중 간 조기 수교 달성을 위한 대중국 메시지가 포함되어 있었다.

| 외무부 지시 하달 |

한편, 대사관은 장옌스 특사의 방한 결과에 따른 후속 조치를 이행하면서 중화민국 경제부와 협의, 제25차 한중 경제각료회담 개최 일정 협의, 해외건설협회 관계자 방문 지원, 한국 언론인 방문 지원 등으로 바쁜 일정을 보냈다.

본국 외무부는 중화민국의 국내외 정세에 대한 종합적인 현황을 파악하기 시작했다. 그간 대사관의 양자관계 보고 이외에는 별 관심을 보이지 않다가, 5월 14일 양안 관계 현황에 대한 보고 지시와 함께 5월 28일 중화민국의 1992년 중 주요 정치외교일정 보고 지시를 내리는 등 한중 수교를 대비하여 중화민국 대책을 본격적으로 검토하기 시작하였다.

| 노창희 외무차관, 한중 수교 시 중화민국과의 외교관계 변화 가능성 통보 |

한중 간 수교를 위한 제2차 예비회담(6월 2일-3일)이 북경에서 비밀리 개최되기 3일 전인 5월 30일(토) 오전 노창희 외무차관은 장스량(張世良) 중화민국 입법원외교위원장과 면담하고 양국 관계에 관해 의견을 교환하였다. 진수지 주한대사가 동석하였다.

노 차관은 최근 양국 간 고위인사 교류를 평가하고 한국으로서는 중화민국과의 전통 우호 관계가 손상되지 않도록 노력할 것이라고 언급하였다. 장 위원장은 남북한이 동시에 유엔에 가입하는 등 한반도에서는 2개 정부가 공존하고 있으나 중화민국과 중공 관계는 그렇지 못하다고 하면서 이제 한국·중공이 대면하여 수교문제를 논의하는 단계에 이르러 중화민국 입법원(국회)으로서는 한·중공 간 모종의 협의가 있었을 것이며 한국 측이 항상 한·중공 관계 개선에도 불구하고 한·중화민국 관계는 유지해 나갈 것이라고 하는데 말과 실제 행동이 다르지 않을까 우려하고 있다고 하면서, 한·중공 간의 관계 개선에 반대하지 않으나, 경제협력 확대 등을 통해 한·중화민국 관계를 가일층 강화해 나가기를 희망하였다.

이에 대해 노 차관은 우리는 북경과의 관계 개선을 추진하면서도 중화민국과의 우호 관계 유지를 바라지만, 만약 북경과 외교관계를 수립한다면, 현재의 중화민국 관계에 전혀 변화가 없을 것이라고는 생각하지 않으며 그러나 일부 우려와 같이 양국이 우호 관계를 유지할 수 없을 정도의 상황까지 갈 것이라고는 보지 않는다고 답하였다. 장 위원장은 한·중공 간 접촉과 진전 상황에 대하여 진수지 대사에 가능한 사전에 상세히 알려 주어 중화민국이 놀라지 않고 손을 쓸 수 없는 상황에 처하지 않도록 해 주기 바란다고 요청하고 노 차관을 방문 초청하였다.

당시 동 면담에 배석한 조원명 사무관이 나중에 해 준 얘기에 의하면, 당시 노 차관은 면담 직전에 장관실에 가서 이상옥 장관과 협의한 후 차관실로 돌아와서 장 위원장과 면담하였다고 한다. 중국과의 제1차 예비회담이 끝나고 제2차 예비회담을 3일 앞둔 시점에서 한중 수교교섭을 조기에 끝내고자 서두르는 입장에서, 중화민국 측에 한중 수교가 가시권에 들어온 당시 상황을 어느 정도 선까지 설명해 주어야 할 지에 대해 장관, 차관간 협의한 결과였던 것이다. 노 차관은 한중 수교 시, 이중승인은 가능하지 않으며 현재의 중화민국과의 관계, 즉 외교관계에 변화가 있을 것임을 우회적으로 장 위원장과 진수지 주한대사에게 전한 것이었다. 한국 측이 중화민국 측에 처음으로 한중 수교 시 한·중화민국 간 외교관계에 변화가 있을 수 있다고 통보한 것이었다.

노 차관과 장 위원장과의 면담 내용은, 9일 후인 6월 8일(월) 이상옥 장관의 고려대 강연 시 한중 수교 시기와 수교 시 중화민국과의 관계 변화 가능성에 대한 발언 후, 주한 중화민국대사관 측이 다시 6월 10일, 11일 연이어 한국 외무부 측에 거론하여 상호 간 재차 확인하였다.

6월 10일(수) 엄석정 동북아2과장이 왕카이 주한공사 면담 시, 왕 공사는 노 차관이 상기와 같이 언급한 바 없다고 주장함에 따라, 엄 과장은 면담록을 보여주면서 당시 한국 측의 이영백 사무관이 정확히 통역했고, 중화민국 측에 한국어가 능통한 리통루이(李同瑞) 참사관도 배석했고 노 차관이 문제의 발언을 했을 때, 진수지 대사 얼굴이 붉어졌다고 설명하였다.

6월 11일(목) 왕카이 공사는 김석우 아주국장을 면담 요청하여, 이 장관의 강연 내용과 노 차관의 언급 내용을 함께 제기하였다. 뒤에서 논한다.

(2) 한중 간 제2차 예비회담 (6월 2일–3일)에서 제3차 예비회담 (6월 20–21일)까지

| 한중 간 '하나의 중국' 원칙에 대한 기본 합의 |

6월 2일–3일 한중 간 제2차 예비회담이 북경 조어대에서 비밀리에 개최되어 협상에 진전을 이루었다. 이틀간 협상 끝에 '하나의 중국' 문제에 대해 양측 간 상당 부분 인식을 같이 함으로써 수교의 최대 장애를 극복하였다. 회담 말미에 한국 측은 '하나의 중국'을 인정한다고 하고 한국 내 '대만' 정부 재산에 대해서는 수교와 동시에 국제법과 국제관례에 따라 처리한다는 방침을 천명하였다. 중국 측은 한국과 대만이 "최고 수준의 비공식관계"를 갖는다는 한국 측 입장을 수용하였다. 이어 한국 측은 다음 회담을 수석대표 간의 본회담으로 할 것과 정상회담

을 통한 수교 방식을 제의하였으며 중국 측은 예비회담을 더 개최하여 수교 발표안을 구체적으로 협의할 것과 정상회담은 수교 발표 후에 갖는 것이 좋겠다는 의견을 제시하였다.[116]

첸치천 부장은 회고록에서 제2차 예비회담에 대해 다음과 같이 썼다.

> 중국 측은 수교 원칙을 재차 제기하였으며 이번에는 한국 측이 일부 후퇴하였고, 다만 한국·대만 간의 관계 기간이 매우 길기 때문에 한중 수교 시 한국과 대만이 모종의 특수 관계를 유지할 수 있도록 동의해 줄 필요가 있다고 강조하였다. 우리는 이것이 한국 측의 최후 카드라고 느꼈으며 우리가 기존 방침을 견지하기만 하면 협상은 진전을 이룰 수 있을 것으로 느꼈다. 그래서 우리는 제3차 협상은 서울에서 개최할 것을 제의하였으며 한국 측이 동의하였다.[117]

장팅옌 부국장은 제2차 예비회담에 대해 다음과 같이 기록한다.

> 이번 회담에서는 몇 가지 수교의 실질적인 문제를 다루었으나 다만 가장 중요한 것은 대만 문제였다. 우리 측은 한국이 만약 중국과 수교하려고 하면, 대만과 단교, 조약 폐기, 대사관 철수 등 3개 원칙을 필히 지켜야 한다고 제의하였다. 한국 측은 3개 원칙에 대해서 정면으로 대응하지 않고, 다만 반복하여 대만과의 관계의 특수성을 강조하고 한중 수교 후 대만과는 '최고 등급의 관계'를 유지해야 한다고 하면서 우리와 계속 협상하였다. 다만 우리는 원칙을 견지하고 어떠한 동요도 보이지 않았다. 이틀 간의 긴장된 협상 후에 수교의 대원칙 문제에 관해 기본적으로 모두 해결할 수 있었다. 1차 회담을 통해 한국 측은 중국 측의 대만 등 중요문제에 대한 입장을 파악한 후, 2차 회담은 한국 측이 최고의 좋은 결과를 얻기 위해 준비해 왔으며 다만 만약 중국 측이 원칙을 견지하면 양보해도 좋다는 수권을 받고 온 것으로 보였다.

---

116 이상옥, 앞의 책, 212쪽.
117 첸치천, 앞의 책, 156쪽.

제2차 회담 종료 후 한국 측 대표단은 기분이 오르고 무거운 짐을 내려 놓은 듯 몸이 가벼워진듯했다. 우리 측 주최 연회에 참석한 후 그들은 여전히 주흥이 미진하여 방으로 돌아간 후, 여 종업원에게 마오타이주를 가져와 달라고 하고 노래도 하고 춤도 추었다. 제1차 회담했을 때와는 완전히 분위기가 달랐으며 늦은 밤까지 계속 떠들썩했다.[118]

장 부국장은 다른 회고록에서는 다음과 같이 기술하였다.

(하나의 중국 문제에 대해) 중국 측은 엄정하게 원칙적 입장을 표명하고 상대방의 요구를 반박하였다. 이렇게 양측은 상당시간 각자 입장을 견지한 후에, 한국 측은 중국 측이 전혀 움직일 뜻이 없음을 알게 되고 시간이 지연되는 것을 걱정하여, 대통령 보고를 거쳐 원래의 요구를 포기하고 중국 측 요구에 동의하였다.[119]

(2차 회담 분위기에 대해) 한국 측의 한중 수교에 대한 태도는 적극적이었다. 시작 무렵에는 비교적 높은 가격을 불렀으나 우리와 흥정을 해 보고는 일부 조건을 포기하고 우리 측 요구를 받았으며 따라서 협상은 비교적 순조로웠다. 북경 체류 기간 중 한국 대표단은 매일 밤 조어대(釣漁臺) 근무 직원에게 마오타이주(茅臺酒)를 달라고 해서, 첫째는 술을 빌려 그들의 기쁜 심정을 표현하며, 둘째는 술을 빌려 (조어대에) 갇혀 있다는 그들의 외로움을 떨쳐 버렸다. 밤중에 밑의 층에 체류했던 우리는 항상 위층의 "동 동 동" 바닥을 두드리는 소리를 들었는데 다음날 물어보니 전날 밤 마오타이주를 마셔 흥에 겨울 때 권 대사를 필두로 함께 춤을 췄다는 것을 알았다.[120]

중국 측은 한국 대표단의 교섭 종료 후 행동이 한국 측이 교섭 결과에 만족했기 때문이라고 추측했으며 수교 협상 과정의 가장 큰 고비를 넘겨 사실상 마무리 단계로 접어 들었다고 판단했음을 시사한다. 5월 14일 제1차 예비회담을 시작해서 20일이 지난 시점이었다.

---

118 옌징, 앞의 책, 2007, 50쪽.
119 옌징, 앞의 책, 2004, 18쪽.
120 위의 책, 24-25쪽.

| 이상옥 장관, 중화민국 관계 조정 입장 공개 표명 |

6월 8일(월) 이상옥 장관은 고려대 국제대학원에서 "신 국제질서와 외교정책의 방향" 제하의 강연 후 질문에 대해, 한중 간의 관계 정상화는 멀지 않은 장래에 이루어질 것으로 전망되고, 국제관계는 현실을 바탕으로 생각해야 할 것이며, 다른 나라와의 관계는 국제법과 관례를 감안해야 할 것으로 본다고 하면서 한중 수교 후에도 한·중화민국 간의 '좋은' 관계가 계속 유지되도록 노력할 것이라는 요지로 대답하였다. 한국 국내언론은 동 발언과 관련, '한중 수교 시, 한·대만관계 조정 불가피'라고 보도하였다.[121]

한편 6월 8일 『자립만보』는 외교 관련 인사(人士)의 말을 인용, 남한·중공 간 수교는 시간 문제이며 중화민국과 남한 간의 정식 외교관계는 현재 일종의 늦게까지 끌고 가는 것에 불과한 것이며, 중화민국의 현재 입장은 한국·중화민국 간 실질이익 확보를 전제로 한·중공 수교를 늦출 수 있을 때까지 늦추는 것이며, 한·중공 수교의 관건은 북한이라고 강조하면서 9월 유엔 총회가 한·중공 관계 변화의 중요 계기가 될 것으로 본다고 보도하였다. '인사'라는 표현으로 보아 외교부 고위 당국자로 추측하였으며 중화민국 정부의 현실적인 인식을 토로한 것으로 보여 바로 본부에 동 기사내용을 보고하였다.[122]

6월 9일 아침 대만기자들의 전화 문의에 대응하기 위하여 나는 엄석정 동북아2과장에게 전화하여 지침을 받았으며 기자들에 대해 "한중 수교 후에도 중화민국과 우호 협력관계를 계속 유지해 나간다"는 데 방점을 두고 설명하였다. 외무부 본부는 9일 오후 우리 대사관에게 국내언론과 대만 언론 보도 내용이 과장된 것이므로 "한중 수교 시에도 한·중

---

121 이상옥, 앞의 책, 203쪽.
122 『자립만보』, 1992년 6월 8일, 3면.

화민국 간의 우호 협력관계가 계속 지속될 수 있도록 노력을 기울여 나갈 것"이라는 입장에 따라 적절히 대처하라고 지시하였다.

대만 언론은 6월 9일-10일에 걸쳐 한국 언론, 외신(AP) 및 특파원발 기사로 일제히 "남한 외무장관이 한·중공 수교 시, 한·중화민국 관계를 조정할 것이며 계속 우호 협력관계를 유지할 것"이라고 보도하였다.[123] 영자지 『China Post』와 『China News』는 AP 기사를 그대로 인용하여 「Seoul hints at downgrade of relations with Taiwan」, 「Hints of Change in Korean relations」 제하에 한국의 각료가 대만(Taiwan)과의 관계 변화를 시사한 것은 처음이라고 보도하였다.[124]

6월 9일 자 『중앙일보』는 홍콩 『사우스차이나모닝포스트(South China Morning Post)』 보도에 의하면 한국 청와대 김학준 대변인이 남한과 중공은 연내에 수교할 수 있을 것이라고 명확히 밝혔다고 보도하였다는 기사를 실었다. 6월 9일 중화민국 외교부 어우양루이슝(歐陽瑞雄) 대변인은 "주한대사관을 통해 알아본 결과, 이상옥 장관은 당시 비공개 석상에서의 질문에 대해, 중공과 수교 후 중화민국과의 관계에 다소 변화가 있을 수 있다고 답변한 것이며 이 장관이 남한이 중화민국과의 대사급 관계를 조정하겠다고 명백히 밝힌 것은 아니었다"고 언론에 설명하였다.[125]

| 김석우 아주국장, 왕카이 주한공사 면담 |

6월 11일(목) 김석우 외무부 아주국장은 왕카이 주한공사의 요청으로 왕 공사를 면담하였다. 왕 공사는 이 장관의 강연 후 답변과 관련,

---

123 『연합보』, 1992년 6월 9일; 『중국시보』, 1992년 6월 9일; 『자립조보』, 1992년 6월 9일; 『중앙일보』, 1992년 6월 9일; 『중국시보』, 1992년 6월 10일; 『연합보』, 1992년 6월 10일.
124 『China Post』, 1992년 6월 10일; 『China News』, 1992년 6월 10일.
125 『연합보』, 1992년 6월 10일.

"한중 수교 시 한·중화민국 관계 조정은 불가피하다"는 언론 보도로 중화민국의 언론과 입법원의 강한 반응이 있다면서 이 장관 말씀이 사실이라면 그간의 한국 논조와 다르므로 한국 측 복안이 있는 것으로 감지된다고 하고 한국의 대중화민국 기본 정책에 변화가 있는지 문의하였다. 이에 대해 김 국장은 강연 후 이 장관 답변 내용을 전달하고 한중수교라는 가상적 상황에 대한 질문에 대한 답변으로 일국의 외교관계는 국제법과 관례에 따라 처리한다는 일반론적 언급이었다고 설명하였으며 왕 공사는 이 장관의 언급 내용에 대한 중화민국 측의 강한 관심 표명을 기록으로 남겨줄 것을 요청하였다.

이 자리에서 또한 왕 공사는 5월 30일 노창희 차관이 장스량 입법원 외교위원장과 진수지 주한대사에게 언급한 "북경과 외교관계가 수립된다면 현재의 한·중화민국 관계에 전혀 변화가 없을 것이라고 생각하지 않는다"는 내용이 자신들의 기록에는 "한국이 중공과 관계 개선 후 중화민국과 계속 외교관계를 유지하지 못할까 우려된다"고 말한 것으로 되어 있으므로 "중화민국 측은 한·중공 관계 발전이 한·중화민국 관계에 영향을 주지 않기를 바란다"는 입장을 기록으로 남겨 주기 바란다고 요청하였다. 앞서 기술한 바와 같이 그 전날인 6월 10일(수) 엄석정 동북아2과장과 왕카이 주한공사 면담 시, 왕 공사는 노 차관이 상기와 같이 언급한 바 없다고 주장함에 따라, 엄 과장은 면담록을 보여주면서 당시 한국 측이 정확히 통역했다고 설명하였다. 돌이켜 보면 중화민국 측이 나중에 노 차관과 장 위원장의 면담 내용에 중화민국 측 입장을 추가 기록해 줄 것을 요청한 것으로 보아, 동 면담 내용을 본국 정부에 정확히 보고했는지 의문이 생긴다.

당시 중화민국대사관 측은 5월 30일 노창희 차관의 장스량 위원장에 대한 상기 언급 내용에 대해서 면담 중이나 면담 직후에 크게 주목하지 못했으나, 6월 8일(월) 이상옥 장관의 강연 내용을 듣고 난 후에야, 노 차관과 장 위원장 간의 면담 기록을 다시 확인한 후, 한국 측의 입장 변화를 비로소 인식한 것으로 보인다. 이에 따라 6월 10일(수), 11일(목) 왕카이 공사가 엄석정 과장, 김석우 국장에게 연이어 노 차관의 언급 내용을 함께 제기하였던 것이다.

한국 측으로서는 결과적으로 5월 30일 노창희 외무차관의 발언에 이어, 6월 10일 엄석정 동북아2과장, 6월 11일 김석우 아주국장이 노 차관의 발언을 다시 공식 확인해 줌으로써, 주한 중화민국대사관 측에, "한중 수교 시, 중화민국과의 외교관계에는 변화가 없지 않을 것"이라는 입장을 연속적으로 알려 주게 되었으며, 중화민국대사관 측으로서는 동북아2과장이나 아주국장의 입장에 비추어, 당연히 노 차관의 발언이 우연한 표현이 아니라 한국 정부의 이중승인은 어렵다는 공식 입장이었음을 확인할 수 있었을 것으로 보인다. 이어 6월 8일 이상옥 장관의 공개 발언 중 "일국의 외교관계는 국제법과 관례에 따라 결정되어야 하는 사항" 언급 또한 이중승인이 어렵다는 입장을 시사하는 것으로서 중화민국과의 관계 변화 가능성을 표명한 것이었다.

따라서 중화민국대사관 측은, 노창희 차관이 장엔스 특사의 방한중 이루어진 5월 9일 장샤오옌 차장과 면담 시에는 장 차장이 제기한 이중승인 문제에 대해서 모호한 입장을 표명하였으나, 5월 30일 장스량 위원장과의 면담 내용과 이 장관의 공개 발언을 종합해 보면, 한국 측이 사실상 일련의 계기를 통해 이중승인이 어렵다는 뜻을 지속적으로 표명한 것으로 이해할 수 있었을 것으로 짐작된다.

이에 따라 왕카이 공사는 김석우 아주국장과의 면담 시, 한국 측이 한중 수교 시, 한·중화민국 관계 변화를 시사한 만큼 이중승인은 현실적으로 어렵다면, 한국 측이 지속적으로 표명해 온 한중 수교 후 중화민국과의 우호 협력관계, 또는 좋은 관계의 함의를 다시 묻고 한국 측의 복안을 알려 달라고 요청했던 것이다. 한국 측은 단교 전까지 이러한 중화민국 측 질문에 구체적으로 응하지 않았으며 "한중 수교 이후에도 한·중화민국 간의 좋은 관계, 또는 우호 협력관계가 계속 유지되도록 노력을 기울여 나갈 것"이라는 똑같은 입장을 일관되게 대내외적으로 표명해 간다.

한편 주한중화민국대사관 측은 더 이상 노 차관이나 다른 고위인사에게 노 차관 발언 내용과 이 장관의 발언 내용을 다시 확인한다는 등의 외교 노력은 하지 않았다. 이중승인이 현실적으로 어렵다는 한국 입장은 사실상 중화민국 정부의 예상과도 맞았기 때문에 더 이상 한국 측에 추궁하지 않은 것으로 보인다.

| 한중 고위인사 공개 발언 |

6월 13일 『연합보』와 『중앙일보』는, 일본 언론(『마이니치 신문』, 『교도통신』)의 6월 11일 보도를 인용한 한국 언론의 보도 내용을 다시 인용하여, 중국 리란칭(李嵐淸) 대외경제부장이 6월 11일 일본 7개 언론과의 인터뷰에서 "한국과 단기간 내 수교가 가능하다"고 하고 "현재의 한중 관계는 과거의 일중 관계와 비슷하여 경제무역관계가 정치면에서의 진전을 끌어가고 있다고 언급하였다"고 보도하였다.[126]

한중 간 제2차 예비회담이 끝난 6월 초부터는 이상옥 장관, 김학준 청와대 대변인 등 한국 측 인사, 리란칭 중국 대외경제부장 등 중국 측 인사는 한중 수교가 조만간 이루어지는 시간 문제라는 것을 대외적으로 표명하기 시작하였으며, 중화민국 외교당국 역시 한국, 중국의 고위

---

126 『연합보』, 1992년 6월 13일; 『중앙일보』, 1992년 6월 13일.

인사 공개 발언에 주목하면서 한중 수교가 임박했다는 위기의식을 숨기지 않고 이를 얼마나 지연시킬 수 있을지 예상하기 어렵다는 심정을 대만 언론에 토로하였다. 다만 내부적으로는 중국의 북한과의 특수한 관계 유지에 따라 북한의 일본, 미국과의 관계 개선에 진전 없이는 중국이 한국과의 수교에 적극 나서지 않을 것이라는 분석이 여전히 한중 수교에 관한 자체 전망에 일정한 영향을 미쳤던 것으로 보인다.

| 양안 관계와 탄성외교 성과 |

한중 간 수교교섭이 비밀리 진행되는 과정에서도 양안 간 교류와 협력은 지속적으로 확대되었으며 중화민국 측이 오히려 더 적극적으로 대륙과의 교류를 추진하겠다는 분위기였다.

행정원 대륙위원회 황쿤후이(黃坤輝) 주임위원은 1992년 6월 5일 동경에서 개최된 중국 양안 관계 설명회에서, ① 대만인 대륙 방문: 1987년 11월 개방 이래 250만 명, ② 편지 왕래: 4천만 통, ③ 전신(전화, 전보 등): 1천만 통, ④ 교역: 1990년도 44억 불, 1991년도: 57.9억 불 등 양안 교류 현황을 설명하면서 중공이 중화민국을 정치 실체로 인정하지 않는 등 양안 당국 간 관념 차이가 있으나 교류는 계속해 나간다는 입장을 밝혔다.

샤오완창 경제부장은 당시 대만의 대륙 자본이전 규모가 150억 불에 달했다는 외신 보도에 대해 그러한 통계는 양안 간 인적 및 경제교류가 확대되고 있음을 보여주는 것이며 1992년 2월 말 현재 대대륙 간 접투자 총액이 9.5억 불이라는 중화민국 통계는 비교적 보수적인 것임을 인정하였다. 중국통계에 의하면 당시 34억 불이었다.

자오야오둥(趙耀東) 총통부 국책고문(경제부장, 경제건설위원회 주임위원 역임)은 5월 12일-6월 6일 대륙 방문 후, 6월 8일 기자회견에서 대륙방문 결과를 설명하면서 양상쿤 국가주석 등 고위인사 면담, 연해도시 시찰 등을 통해 대륙의 경제개방정책 추진 현황을 확인하니 금후에도 동 정책이 계속 추진될 것으로 판단되며, 대륙의 지난 50년간 군사공업 중시 정책에 따라, 항공, 전기 등 과학기술분야 및 중공업이 고도로 앞섰으며 이러한 성과가 일본, 한국에 이전되기 전에 양안 간 과학기술교류를 추진하는 것이 대만의 당면과제라고 강조하였다. 자신도 이전에 대만기업의 대륙진출에 따른 산업공동화를 우려했으나, 대륙 투자 대만기업(대륙 통계: 약 3,700개, 등기 투자액 30억 불, 실제 투자액 20억 불 미만)의 95%가 대만에 본거지를 두고 있으며 대부분 이익을 보고 있어 그러한 우려가 불식되었다고 하면서, 대만이 대륙의 잠재적 시장을 개척하지 않으면 손실이 되므로 양안 간 과학기술교류의 적극 추진을 정부에 건의하겠다고 설명하였다. 당시 국민당 내 대륙 출신 고위인사들이 공유하고 있던 "대륙과의 적극적 교류를 통한 대륙의 평화적 변화를 추구"하는 노선을 대변하는 것이었다.

7월 2일부터 필리핀 항공은 타이베이-마닐라-샤먼(廈門) 간 전세기를 주 3회 운항하기 시작했으며 마닐라에서는 승객이 내릴 수 없으며 대륙 측은 동 승객들에 대해 샤먼 공항에서 사증을 발급해 주었다. 동 노선의 직항 여부에 대한 논란에 대해 마잉쥬(馬英九) 대륙위원회 부주임은 대륙이 중화민국을 정치 실체로 인정하지 않는 한, 직항은 어렵다는 기존 공식 입장을 강조하고, 동 노선은 타이베이-홍콩-대륙 항선 간 비행 형태상 차이가 없으므로 직항이 아니라고 표명하였다.

한편 중화민국 정부는 탄성외교가 성과를 거두고 있었다.

6월 19일 중화민국 외교부는 니제르와 18년 만에 외교관계 회복에 관한 공동성명을 발표하였다. 이로써 중화민국의 수교국이 30개국이 되었다. 이후 7월 30일 중국은 니제르와 단교하였다. 8월 한국과 단교 후 대만 언론과 입법원은 정부의 니제르와의 무리한 복교가 중국을 자극하여 한국과의 수교를 서두른 것이 아니냐는 비판 의견이 나와서 중화민국 정부는 대응에 부심하였다.

6월 22일 첸푸 외교부장은 러시아와 대표사무소 교환을 발표하였으며 6월 30일 장샤오옌 외교차장은 필리핀 라모스 대통령 취임식에 참석하였다.

(3) 한중 간 제3차 예비회담 종료 (6월 21일 수교교섭 타결)

중화민국이 6월 19일 니제르와의 외교관계 회복을 발표한 그다음 날인 6월 20일-21일 서울에서 한중 간 제3차 예비회담이 비밀리 개최되었으며 양측은 협상을 마무리하고 예비회담 수석대표 간 수교 공동성명 안에 가서명하였다. 양측은 '하나의 중국'과 대만문제와 관련, "대한민국은 중화인민공화국 정부를 중국의 유일한 합법정부로 승인하며, 오직 하나의 중국만이 있고 대만이 중국의 일부분이라는 중국 입장을 존중한다"는 선에서 합의하였다. 이어 양측은 수교 후 한국·대만 간의 비공식관계 유지 및 민간 항공 문제, 한국 내 대만 대사관과 영사관의 토지와 건물은 국제법과 국제관례에 따라 중국에 이양하는 문제 등에 관해 논의하여 합의하였다.[127]

한국 측은 수교 발표 날부터 대만과 단교, 정부 간 협정 폐기, 1개월 내 대사관 및 영사관 철수에 양해하고, 중국 측은 한중 수교 후 대만과 경제, 무역, 문화 등의 비공식관계를 협의하여 갖게 되는 데 대해 이의를 제기하지 않으며 협정 폐기 후 한국 측 잠정조치에 대해 양해하기로 하였다.

---

127 이상옥, 앞의 책, 214쪽.

장팅엔 부국장은 회고록에서 동 회담에 대해 다음과 같이 기술하였다.

> 제3차 비밀 회담이 서울에서 개최된 것은 중국 측이 제의하여 합의
> 한 것이다. 회담이 이번 한 차례로 끝날 수도 있다고 생각했기 때문에
> 만약에 모든 회담이 북경에서 개최된다면 국제 관례에 맞지 않는 점이
> 있고 양국 모두에 관계되는 일이므로 서울에 한번은 가야 한다고 생각
> 했다. 이번 회담의 중점은 2차에 걸친 회담 성과를 가능하면 문서화하
> 는 것이었다. 회담 중이나 문서작업 중에 대만문제가 반복되어 한번은
> 경색되었으나 한국 측이 중국 측의 전혀 움직이지 않는다는 뜻을 알아
> 채고 원래의 입장을 포기하고 수교 후 대만과 단교, 조약 폐기, 대사관
> 철수 및 일체의 공식 왕래 정지를 허용하였다. 이에 따라 수교 공동성
> 명초안과 비망록문안에 합의하였다. 수교교섭 속도는 중국 측이 사전
> 에 예측한 것보다 훨씬 빨라서, 두 달여 시간 만에 합의를 달성하였고
> 비밀도 아주 잘 지켜져 외부 세계는 아무것도 몰랐다.[128]

첸치천 외교부장도 2차 예비회담 결과에 따라 한국 측 입장을 종합 판
단한 후 중국 측이 제3차 회담을 서울에서 개최할 것을 제의했다고 썼다.[129]

한중 수교교섭이 5월 14일 시작되어 8월 24일 수교가 공식 발표될
때까지, 3회에 걸친 예비회담, 본회담, 외무장관 회담 등 5회의 회담이
개최되는 데 북경에서 4회, 서울에서 1회 개최되었다. 외교관들은 상대
국에 가서 교섭할 때에는 당지에서 자신들의 모든 행동과 대화가 상대
국에 모두 노출될 수 있다고 상정하는 것이 상식이다. 한국 측 역시 국
제 관례 등을 고려하여 교섭 장소를 번갈라 개최할 것을 고려했을 것이
나, 대외 보안을 최우선 순위에 두면서 북경 개최를 선호한 것으로 보
인다. 국제관례나 대표단 자체 보안 문제보다는 당장 수교협상 진행 사
실에 관한 대외 보안이 더 중요했던 것이다.

---

128 옌징, 앞의 책, 2007, 51–52쪽.
129 첸치천, 앞의 책, 156쪽.

이렇게 중국 측은 대외 보안을 이유로 한국 측이 북경 개최를 희망하였다고 하고 3차 예비회담 서울 개최도 자신들이 먼저 제의한 것이라고 주장한다. 중국과의 수교교섭 중에 중국 측의 여유와 배려로 그나마 한 번이라도 서울에서 협상한 것을 다행으로 생각해야 할지 모르겠다. 첸치천 외교부장은 자신의 회고록에서 1988년 12월 1일-3일 소련과의 관계 정상화 협의를 위해 모스크바 방문 시 "소련 측의 접대는 용의 주도했으나, 양국 관계의 특수성과 당시 상황이 복잡함을 감안하여 대표단이 실내에서 협상대책을 협의하는 것이 불편하여, 찬 바람에 눈이 쌓인 호텔 내 정원 안을 모자만 쓰고 쉬지 않고 계속 걸었다"고 회고한다.[130] 소련 측의 도청 등 감시는 당연한 것이므로 이에 대비해서 행동했다는 것이다.

한중 양국은 4월 13일 중국 측의 수교교섭 개시 제의 후 5월 14일(목)-15일(금), 6월 2일(수)-3일(목), 6월 20일(토)-21일(일) 3회 회담으로 수교협상을 끝내고 수교에 관한 공동성명안과 양해각서안에 합의하였다. 본회담을 7월 중순 북경에서 개최해서 공동성명에 가서명하도록 노력하며, 정상회담 개최에 합의하고, 수교 발표방안은 본회담 시 결정키로 합의하였다.

양국 간 수교교섭이 사실상 두 달여 만에 끝났고 실제 협상 기간은 5주 정도, 양국 대표단 간 대면 협상은 6일이 걸렸다. 중국 측이 당초 한·중화민국의 관계를 고려할 때 협상 기간이 적어도 몇 달 내지 반년, 경우에 따라서는 반년 이상을 예상하였으나 한국 측이 '하나의 중국' 문제와 중화민국과의 관계에 있어 큰 미련 없이 양보하고, 중국·북한관계, 중국의 한국전 참전 문제 등에 타협함으로써 협상이 훨씬 빨리 끝나게 되었다.

한국 측은 3차 예비회담 후 7월 초 주북경한국대표부를 통해 노 대

130 위의 책, 30쪽.

통령의 방중을 통한 수교 발표 방안을 다시 제기하였으나 중국 측은 본
회담을 거쳐 외무장관 회담시 공동성명 서명 및 발표, 이후 노 대통령
방중 별도 추진을 최종적으로 제의하였다. 중국 측은 시간적 여유를 갖
고 북한에의 통보는 물론, 10월 15일–25일 제14차 전국대표대회 일정
에 맞추어 양안 관계, 일본 천황과 남아공 만델라 방중 등 외교 일정을
종합적으로 감안하여, 한중 수교 절차와 노태우 대통령 방중 일정 협의
에서 주도권을 계속 잡는다.

5) 중화민국, 한중 관계에 대한 경계심 고조

6월 23일(화)『자립조보』는 권위 있는 고위인사를 인용하여 "한·중화
민국 관계에 있어서 올해가 가장 중요한 일 년이며, APEC 각료회의와
유엔 총회가 개최되는 9월이 관건의 시각이 될 것이며, 올해만 넘기면,
내년, 후년에는 양국 관계에 희망이 더 있다"고 하면서 "한국 측은 북방
정책을 추진하면서 여전히 중화민국과 '전면적 전통 우호 관계'를 유지해
나가겠다고 하는데 동 관계에 외교관계가 포함되는지에 관해 설명해 주
지 않고 있다"고 하면서 "우리는 당연히 포함된다는 입장"이라고 강조하
였다고 보도하였다. 아울러 동 인사는 "한국이 독립하기 전부터 독립한
후까지 중화민국은 한국에 가장 필요한 도움을 주었으며 양국 간의 역사
적 정감은 다른 나라가 대신할 수 없으므로 만약 한국이 중공과 수교 후
중화민국과 외교관계를 유지하지 않고 미국식 또는 사우디식을 요구한
다면 절대로 받아드릴 수 없다"고 언급하였다고 보도하였다.[131]

당시 양국 외교당국 간 대화 내용을 충분히 숙지하고 있는 것으로
보아 '고위인사'는 첸푸 외교부장 또는 장샤오옌 외교차장으로 짐작했

---

131 『자립조보』, 1992년 6월 23일.

다. 앞서 기술한대로 한국 측이 5월 30일 노창희 차관과 장스량 입법원 외교위원장과의 면담, 6월 8일 이상옥 장관의 고려대 강연 및 이에 관한 주한중화민국대사관과의 2차에 걸친 면담(왕카이 주한공사의 6월 10일 엄석정 동북아2과장, 6월 11일 김석우 아주국장 면담)을 통해 "한중 수교 시 현재의 한·중화민국 관계가 전혀 변하지 않을 것으로 생각하지 않는다", "일국의 외교관계는 국제법과 관례에 따라 결정되어야 하는 사항"이라는 입장을 전하면서 사실상 이중승인은 어려우며, 관계조정의 불가피성을 전한 바 있다.

중화민국 외교당국자들은 이러한 한국 측 입장을 감안하여, 국내언론에 대해서는 이중승인 실현의 어려움, 즉 한국과의 외교관계 유지의 고충과 딜레마를 비공식적으로 설명하면서 국내 정치적으로는 한중 수교 시에는 미국식, 사우디식과 같은 '완전한 비공식관계'가 아닌, 예를 들어 영사 관계와 같은 준공식관계에 대해 일정한 기대를 갖고 있음을 표명한 것으로 보였다.

6월 24일(수) 『중국시보』는, 차오지런(曹積仁) 서울 특파원이 청와대 관계자로부터 입수한 노태우 대통령의 5월 7일 장옌스 특사와의 면담록 일부에 따르면 노 대통령이 한·중화민국 간 전통적 우의 관계를 중시한다고 밝히면서 미래의 한·중화민국 외교관계를 처리하는 데 있어서는 국제법과 국제관례의 중요성을 강조하였다고 보도하였다. 아울러 청와대 유관인사는 한국 대통령의 이러한 표명 자세가 실제로 이미 중화민국 측에 한국 정부의 중화민국에 대한 정책의 마지막 카드를 보여준 것이라고 지적했으며, 한국 정부는 실제로 이미 중공을 '중국'의 유일한 합법정부라고 인정할 뜻이 있으며, 중화민국과는 정부 성격은 아니더라도 일반적인 상설사무소 지위보다는 높은 '외교관계'를 유지할

뜻을 갖고 있다고 지적했다고 보도하였다.[132]

한중 수교교섭이 사실상 6월 21일 마무리된 이후, 청와대 관계자가 나서서 대만 특파원에게 면담록 일부를 보여주면서 당시 상황과 한국 정부 입장을 설명해 준 것이었다. 단순한 개인적 행동일 수 없으며 청와대의 홍보 차원에서의 활동이었다. 다만 노 대통령이, 실제로는 장특사가 대사관부지 문제를 거론한 데 대해 국제법과 국제관례에 따른다는 입장을 표명한 것을, 마치 한·중화민국 관계 전체에 대해 언급한 것처럼 바꾸어 설명했다는 점이 흥미로웠다. 노 대통령이 일찍부터 중화민국 측에 한국 측의 일관된 입장을 전달했다고 나중에 설명하겠다는 의도로 보였다. 한중 수교 및 한·중화민국 단교 이후, 어느 정도 시간이 지나 살펴보니, 6월 21일 사실상 한중 간 수교 공동성명 문안 합의 후에는 이에 관여한 당국자들이 동 합의 내용에 맞추어, 자신의 과거 공식발언 등을 조금씩 조정하거나 바꾸어서 주장하는 경우가 있었다.

6월 28일 『중국시보』, 『중앙일보』 등 대만 언론은 노태우 대통령의 6월 26일 기자회견 내용을 크게 보도하면서 "노 대통령이 중공과의 수교를 서두르지 않겠으며 자신의 임기 중 수교가 제일 좋으나 그렇게 되지 않으면 다음 정부에서 추진하면 될 것이라고 밝혔다"고 보도하였다.[133] 한중 수교 협상이 6월 21일 마무리 되고, 한중 간에 수교 발표시기와 노 대통령 방중시기에 관해 진지하게 협의를 하고 있는 중이었다.

6) 대사관, 일상 업무 수행

이렇게 한중 수교교섭이 비밀리 진행되고 있고 대만 언론이 연일 한·중화민국 관계에 대한 여러 동향을 지속적으로 보도하고 있는 가운

---

132 『중국시보』, 1992년 6월 24일.
133 『중국시보』, 1992년 6월 28일; 『중앙일보』, 1992년 6월 28일.

데, 대사관은 제25차 한중 경제각료회담 개최 일정, 동포 체류자격 개선문제 협의를 진행하며 북한 경제사절단 대만 방문(6월 5일-10일) 결과 파악 등 본연의 업무를 수행하고 있었다. 외교부 아태사(亞太司)가 6월 11일 일본의 유엔 평화유지활동(PKO) 법안 통과에 대한 한국 입장을 문의해 왔으며, 이에 대해 "일본이 유엔 회원국으로서 국력에 상응하는 국제적 기여 의도는 이해하나 과거 불행한 경험을 갖고 있는 한국으로서는 일본이 자위대의 해외 파견문제에 관해서는 인근 제국의 우려를 감안하여 신중히 다루어 주기 바란다"는 입장을 알려 주었다.

6월 25일(목) 오전 대사관은 1992년도 2/4분기 경제협의회를 개최하였으며 박노영 대사는 상사 지사장들에게 최근 양국 간 무역수지 개선을 위한 업계의 노력을 높이 평가하고 한중 관계 개선 소식에 동요하지 말고 어떠한 경우가 되든 중화민국과의 실질 협력관계는 계속 확대되어야 할 것이므로 현지 경제계와 관계요로와 계속 신뢰 관계를 쌓으면서 상사 활동을 적극적으로 전개해 줄 것을 당부하였다.

최민구 상무관은 제8차 해운회담(4.14.-19. 타이베이), 제1차 전자정보협력회의(5.7.-8. 타이베이), 민간건설협력사절단 방문(5.29.-29.) 결과를 설명하고, 전례에 따라 대만 영자신문인 『China Post』와 『China News』에의 1992년도 국경일특집 게재 계획에 참가해 줄 것과 8월 중순 제25차 한중 경제각료회담 개최를 추진 중이므로 건의사항을 제출해 줄 것을 요청하였다. KOTRA 타이베이무역관은 양국 간 교역 증가 추세(1989년 26.4억 불, 1990년 27억 불, 1991년 31.2억 불)와 양국 간 시장개척단 교류 현황 등을 설명하였으며, 관광공사 타이베이지사는 대만인의 방한 증가 추세(1989년 13.4만 명, 1990년 22.1만 명, 1991년 28.5만 명)와 양국 간 취항 현황(항공사 10개, 취항편수 주 65편) 및 확대 전망을 보고하였다.

중화민국 외교부는 6월 26일 황다저우(黃大洲) 타이베이시장이 이해원 전임 서울시장의 방한 초청으로 7월 중순 방한을 추진해 왔다고 하면서, 작일 6월 25일 자로 서울시장이 교체된 데에 따른 한국 측 입장을 알려 줄 것을 요청해 왔다. 이에 본국 외무부에 보고하여 회시 받아, 당초 계획대로 황 시장의 방한을 추진해도 좋다는 우리 측 입장을 전달해주었다.

| 한중 수교 임박, 사신 접수 |

그러던 중 6월 19일(금) 외무부 동북아2과 이영백 사무관으로부터 외교행낭 편으로 편지를 받았다. 그간에 주고받던 업무 연락 편지와는 사뭇 다른 느낌이었다. 이 사무관은 안부와 함께 "최근 신문을 보노라면 우리나라는 중국과의 관계 개선을 위해, 대만은 북한과의 교류를 카드로 쓰고 있는 등 그야말로 영원한 우방도 또 영원한 적도 없다는 말이 실감난다"고 하면서 "올해 하반기부터는" 내가 무척 분주해질 것이라는 느낌이 들며 어찌 생각하면 나의 두뇌와 사고를 십분 발휘하는 좋은 계기가 될 수 있으리라는 상념도 든다고 전해왔다. 한중 수교협상 처음부터 끝까지 한국 측 통역으로 크게 활약해 온 이 사무관이 3차 예비회담 협상을 앞두고, 한중 수교와 한·중화민국 단교가 임박했다는 사실을 대외적으로 보안에 엄수하면서, 대사관에서 1년간 같이 근무했던 나에게 최대한의 암시를 통해 알려준 것이었다. 물론 나는 편지를 받았을 때 그 뜻을 제대로 알아채지 못했고 바쁜 본부 생활에 안부를 전하면서 격려해주어 고맙다는 생각뿐이었다. 나는 8월 단교 이후 여념이 없다가 연말쯤 개인 자료 정리 중 다시 편지를 읽어 보고 그 깊은 뜻을 이해할 수 있었다.

또한 6월 23일(화) 오후 외무부 조원일 공보관이 뜬금없이 나에게 국제전화를 했다. 지난 번 2월과 4월에 외무부 출입기자단이 2회에 걸쳐 대만을 방문했을 때 수고가 많았으며 방문했던 외무부 출입기자들이 이구동성으로 나에게 감사하며 나를 높이 평가하고 있다고 하면서 앞으로도 건강 조심하고 보람있게 잘 지내라고 격려해 주었다. 당시 나는 조 공보관이 두 달 전 기자단 방문 건을 새삼스럽게 꺼내 의아하기는 했지만 그냥 단순한 안부 전화라고 생각했었다. 나중에 중화민국과 단교 후에 1992년를 복기하는 과정에서 조 공보관이 당시 한중 수교와 한·중화민국 단교가 임박했던 분위기를 알고 나에게 나름대로 암시를 주려 했던 것이 아닌가 생각이 들었다. 나중에 들으니 철저한 대외보안 속에서도 당시 한중 수교 관련 동향을 외무부 내 알만한 직원들은 다 알고 있었다고 한다.

한편 6월 15일(월) 중화민국 경제부 관계관이 한국 재무부와의 긴밀한 협의를 통해 제25차 한·중화민국 경제각료회담을 8월 16일부터 서울에서 개최키로 합의하였다고 우리 대사관에 알려 왔다. 이와 관련 6월 24일(수) 대사관 모 직원은 나에게 서울로부터 들었다고 하면서 이번 경제각료회담은 9월 이후에나 개최될 수 있을 것이며, 당시 병가를 내고 휴직했다고 알려진 신정승 전임 동북아2과장의 행방이 묘연하다[134] 고 알려 주면서 서울 분위기가 심상치 않음을 시사하였다.

또한 6월 29일 오후 늦게 엄석정 동북아2과장이 나에게 전화를 해 황다저우 타이베이시장의 방한(7월 9일-12일) 접수 계획을 알리면서, 앞으로 중화민국과 북한 관계를 가능한 파악해서 상세히 보고해 줄 것을 요망하였다. 한중 수교가 임박함에 따라 대만 언론과 입법원 일부에

---

134 신정승 동북아2과장은 당시 한중 수교교섭 대표단 참가를 위해 외교안보연구원 연구관으로 자리를 옮겼으나 일부에서는 병가를 낸 것으로 잘못 알려져 있었다.

서 주장하는 중화민국의 북한카드 활용 가능성에 대한 대비 차원에서 경계심을 높이기 시작한 것이었다.

7) 첸푸 외교부장, 한중 관계 개선 동향 오판

7월 6일(월) 대만 언론(『중국시보』, 『연합보』, 『중앙일보』 등)은 일제히 첸푸 외교부장이 전날 대만 TV 방송 〈대시(臺視)〉 출연 시 "1992년 하반기에는 남한·중공 간 수교할 수 없을 것 같다", "이중승인은 중공 태도에 달려 있다"고 언급했다고 다음과 같이 보도하였다.

> 첸 부장은 한국·중화민국관계의 미래 발전은 중공의 태도에 달려 있으며 한국·중화민국 관계는 앞으로 올해 하반기에는 큰 변화에 이르지 않을 것이라고 예측했다.
> 중공이 현재 한국과 수교할 뜻이 없으며 한국은 지난 4년여 전부터 중공과 수교하고 싶다고 명백히 표명했으나 자신의 분석으로는 중공의 주요 고려사항은 북한이며 북한의 고립을 계속 우려하고 있으므로 북한의 미국, 일본과의 수교가 이루어지면 중공은 한국과 수교를 고려할 수 있을 것이라고 하고, 한국은 하반기에는 대통령 선거를 앞두고 있어 한국·중공은 수교할 분위기가 아닐 것이라고 언급했다.
> 한·중공 수교 시 남한이 이중승인을 채택할 가능성에 대한 질문에 대해서 첸 부장은 최근 남한 학계, 언론의 그러한 요구가 점차 높아져 남한 정부가 이를 무시할 수 없을 것이나 중요한 것은 중공 요소이며 현재까지 중공이 그러한 방안을 용인하지 않고 있다고 대답하였다.
> 또한 현재 '라트비아의 중화민국과의 영사관계, 중공과의 외교관계'는 엄밀히 말해 진정한 이중승인이 아니라고 말했다.[135]

첸푸 외교부장의 한중 수교 전망에 대한 이례적인 공개 발언이었기 때문에 바로 본부에 보고하였다. 당시 중화민국 외교당국의 현실 인식

---

135 『중국시보』, 1992년 7월 6일; 『연합보』, 1992년 7월 6일; 『중앙일보』, 1992년 7월 6일.

을 대변하는 언급이었으며 중국의 북한과의 특별한 관계와 한국의 대선 정국에 방점을 두면서 1992년 연말까지 한·중화민국 외교관계를 비교적 낙관적으로 전망하였다.

다만 한국의 이중승인 가능성에 대해서는, 이중승인 자체를 중공이 용인하지 않고 있다는 객관적 사실을 언급함으로써 사실상 어려울 것임을 시사하면서, 중화민국과 라트비아와의 영사관계는 이중승인이 아니라고 강조함으로써, 중국 측에게는 이를 계속 용인하라는 입장을 보내면서, 한국 측에게는 한중 수교 시, 중화민국과의 관계에서 외교관계와 비공식관계 사이에서 선택할 수 있는 방안임을 암시하면서 일정한 기대를 표명한 것으로 보인다.[136] 중화민국 측은 8월 18일(화) 이상옥 장관이 진수지 주한대사에게 "한중 수교교섭에 있어서 실질적 진전이 있다"고 통보할 때까지 이러한 일말의 가능성에 대한 기대가 있었던 것으로 보인다.

8) 황다저우(黃大洲) 타이베이시장, 외교부 기자단 방한

| 황다저우 타이베이시장 방한 |

7월 9일-12일 황다저우(黃大洲) 타이베이시장이 서울시장 초청으로 방한하였다. 3월 말 서영택 건설부장관 방중 시, 황 시장에게 서울시장의 방한 초청 의사를 전달하여 실현된 것이다. 황 시장 방한 직전인 7월 7일(화) 저녁 박노영 대사는 황 시장을 관저 만찬에 초청하여 방한 일정을 설명하고 양국 간 교류 협력 방안에 대해 폭넓게 의견을 교환하였다.

136　1992년 1월 29일(수) 중화민국외교부는 라트비아와 영사관계 수립을 발표하였다. 이에 대해 중국은 1월 31일 라트비아가 1991년 9월 12일 중국과의 국교수립에 관한 공동성명을 위반하였으며 중대 손해를 입을 것이라고 발표하였으며 2월 25일 대사관을 잠정 폐쇄하고 주라트비아대사를 소환하고 양국 관계를 동결하였다. 1994년 8월 중국과 라트비아 간 다시 외교관계가 정상 회복될 때까지 중화민국은 라트비아 수도인 리가(Riga)에 총영사관을 유지하였다.

한중 수교설 보도로 한·중화민국 관계 전망에 대해서 관심이 높았던 시점이라 대만 언론은 황 시장의 7월 10일(금) 오후 정원식 총리 면담 소식을 크게 보도하였다. 정 총리는 한·중공 간 수교에 관한 시간표는 없으며 한·중화민국 간 전통적 우의와 장기적 상호 이익을 고려하여 양국 간 우호 협력관계를 유지 발전시키는 것이 공동 노력해야 할 목표라고 재차 강조하였다고 보도하였다.[137] 황 시장은 12일 귀국 후 기자회견에서 자매도시인 서울시와 지하철 분야 협력 등 다양한 경제협력 방안과 한국 건설부 등 관계부처와 국가건설6개년계획에 대한 한국 협조 문제 등에 관해 협의하였다고 하고 이상배 서울시장이 가을경 방문할 예정이라고 말하였다.

| 외교부 출입기자단 방한 |

비슷한 시기에 중화민국 외교부 출입기자단(『자유시보』, 『자립조보』, 『청년일보』 기자 등 7명)이 방한하여 외무부 김석우 아주국장과 7월 10일(금) 10시부터 1시간 넘게 양국 관계에 대해 인터뷰를 하였다. 결과적으로 8월 18일부터의 단교 통보과정 전에 한국 외교당국자가 공개적으로 중화민국 측에 한국의 중화민국과의 관계에 대한 입장을 표명한 마지막 계기가 되었다. 양측 간 다음과 같은 대화가 오갔다.

> 북방정책 추진 과정에 한국이 두 개의 중국에 대해 '이중승인'을 채택할지 여부에 대한 질문에 대해, 김 국장은 "외교정책은 상대국 및 국제 관계 속에서 상대적으로 추진되는 성격을 갖고 있으며 현재 남북한은 각각 동시 수교를 추진해 와서 현재 112개국과 동시 수교 관계에 있다"고 전제하고 "두 개 중국에 대한 '이중승인'이 실현되기 위해서는 선결 요건으로서 두 개 중국이 이를 양해해야 하며, 제3국이 이를 추진할지 여부는 그다음의 문제라고 생각한다"고 답하였다.

137 『중국시보』, 1992년 7월 11일.

한중 수교 시 한·중화민국 관계 전망에 대해서는, 김 국장은 '좋은 관계'를 유지해 나갈 것이며, '좋은 관계'에 외교관계가 포함되는 지 여부에 대해서는, 김 국장은 "구체적 사항은 실제 상황에 처하여 검토, 결정되어야 할 것"이라고 답하였다. 9월 유엔 총회 시 한중 수교 문제가 결정될 것이라는 데 구체적 계획이 있는지에 대한 질문에, 김 국장은 그간 3차례의 한중 외무장관회담을 통하여 이러한 접촉이 양국 관계 발전에 도움이 되며 이 같은 접촉을 지속시키는 것이 좋다는 데 합의하였으며 유엔 총회 이전, 9월 방콕 개최 APEC 각료회의 시 다시 만날 수도 있을 것을 기대한다고 답하였다.

김 국장은 이중승인 검토의 전제 조건과 관련, 이중승인은 현재 두 개 중국이 양해하고 있지 않으므로 이중승인을 검토할 수 있는 상황이 아니라고 우회적으로 설명함으로써, 한중 수교 시, 한·중화민국 간 '좋은 관계'에 외교관계의 포함 여부에 대해서는 직답을 피했으나 사실상 어렵다는 입장을 시사하였다. 7월 11일『자립조보』,『청년일보』는 인터뷰 참석 기자 취재로「양안 실체 모두 반대하지 않아야 이중승인 가능」제하의 김 국장 언급 내용을 보도하였다.[138]

7월 10일 자 『청년일보』는 청와대 김학준 대변인의 인터뷰 전문을 게재하였으며 요지는 다음과 같다.

김 대변인은 한국의 양안문제 대응에 관한 질문에 대해 "한반도 화해 추진과 근린국과의 협력관계 수립이 기본 정책인 만큼 이러한 정신에 따라 '1개의 새로운 방식'을 만들 수 있을 것이라고 확신한다"고 답하고 미래의 한·중화민국 관계 전망에 대한 질문에 대해서는 "매우 미묘한 문제"라면서 "이런 문제는 서로 얘기 안 하는 것이 오히려 상대방에게 비교적 더 낫다", 소위 "No news is good news"라며 "중화민국 국민이 한국·중화민국의 미래관계 발전에 상당한 관심을 갖고 있다는 입장을 한국 정부가 깊이 이해하고 있다"고 답했다.[139]

---

138 『자립조보』, 1992년 7월 11일;『청년일보』, 1992년 7월 11일.
139 『청년일보』, 1992년 7월 10일.

이미 한중 간 수교교섭이 사실상 종료된 상황에서, 김 대변인 발언은 이중승인은 어렵더라도 마치 한국 측이 외교관계와 비공식관계 사이에서 새로운 방식을 모색하고 있는 듯한 기대감을 기자단에게 심어주었다.

7월 11일(토)『연합보』는 북경발 특파원 기사로, 중공 정부인사에 의하면 얼마 전 자신이 노재원 주북경한국대표부 대표를 만나 대화 중 한중 수교 시기에 대한 의견을 물었더니 노 대표가 의미심장하게 "한중 수교가 빨라질 것이다. 언제라도 가능하다. 다만 천기는 누설할 수 없다"고 말했다고 하며 노 대표의 명함에는 '대사'로 새겨져 놀랐다고 보도하였다.[140] 동 기사를 바로 외무부에 보고하였으나 외무부로부터 특별한 반응은 없었다.

7월 13일(월)『자립조보』는 기자단의 일원으로 방한을 마친 왕중팡(王忠芳) 기자의 해설 기사에서 방한중 취재 결과, 한·중화민국 간 외교관계의 전도(前途)가 걱정된다고 하면서 다만 "한국이 '수교-단교'라는 양안 외교의 구상하에 새로운 방식을 적극적으로 모색 중이라는 것이 긍정적이나, 한국 측이 중화민국 측에 이를 제기하지 않고 심지어는 '상호 간 서로 얘기하지 않은 것이 오히려 상대방에게 제일 좋다'는 태도는 중화민국을 존중하지 않는 것이며, 중화민국의 이익이 희생되기 싫다"고 지적하였다. 단교되기 한 달여 전 논평으로서 당시 양국 관계 전망을 비교적 정확히 예측하면서 다만 이중승인은 어렵더라도 한국 측의 실체 없는 소위 '새로운 방식'에 대해 기대를 표명하였다.[141]

| 한중 수교 임박 언론 보도 |

7월 17일(금) KBS 방송사는 한중 간 수교가 올해 9월 중 이루어질 것이며 이러한 중국 측 입장이 한국 측에 이미 통보되었다고 보도하였

---

140 『연합보』, 1992년 7월 11일.
141 『자립조보』, 1992년 7월 13일.

다. 이에 대해 주한중화민국대사관이 사실 확인을 요청하여, 외무부는 동 보도 내용은 사실무근이며 추측 보도로 보인다고 설명하였다. 주한 대사관은 외무부에 향후 한중 간 관계 개선 동향이 있으면 사전에 통보해 줄 것을 재차 요청하였다.

대만 언론은 7월 18일(토) 일제히 KBS 보도에 따라 9월 수교설을 보도하였으며,[142] 이어 18일 첸푸 부장이 기자들에게 주한대사관을 통해 한국 외무부에 확인한 결과, 동 보도는 사실무근이며, 9월 중 한국 측 인사가 중국 측 인사와 접촉할 기회가 있으나 이는 APEC 각료회의와 유엔 총회 문제 협의가 목적이며, 현재까지 남한은 중공과 어떠한 수교 계획도 협의하지 않았다고 밝혔다고 설명하였다.[143]

9) 중화민국·북한 관계

한편 외무부 본부는 한중 수교교섭이 사실상 종료된 후, 중화민국과 북한 관계 동향에 대해 더욱 신경을 썼다. 7월 18일 자 한국 국내언론 보도에 의하면, 중국 외교부가 주중북한대사관 측에 대만인에 대한 북한 입국비자 발급의 중지를 요청해서 동 업무가 중단됐다고 대사관에 알려 오면서 동 배경을 알아보라고 지시가 왔다.

당시 중국은 대만인의 대륙 방문을 적극 환영하나 대륙 방문 이후 바로 제3국 방문에 대해서는 가급적 억제한다는 방침으로 알려지고 있는 가운데, 북한 측이 5월 1일부터 대만인의 대륙 방문 시 발급해 주는 '대만주민 대륙왕래 통행증'에 방북 비자를 발급해주어 중국이 북한에 항의한 것이었다. 이에 대해 북한 측은 북한입국비자 대신 '조선민주주

---

142 『중국시보』, 1992년 7월 18일; 『연합보』, 1992년 7월 18일; 『중앙일보』, 1992년 7월 18일.
143 『중국시보』, 1992년 7월 19일; 『자립조보』, 1992년 7월 19일.

의인민공화국 여유증'을 발급해 주겠다고 대만 여행사 측에 통보해 왔다는 사실을 파악하였으며 중화민국과 북한 간 인적교류에는 별 지장이 없어 보인다고 보고하였다.

7월 21일 자 『중국시보』는 중화민국 외교부에 의하면 북한은 대만인 관광 유치에 계속 적극적이며 대만인의 북한입국 비자가 거부된 사례는 들은 바 없다고 보도하였다. 1992년 1월-5월간 대만인 약 1,600명이 방북하였다. 돌이켜 보면 중국 측이 한중 간 관계 개선 과정에서 북한의 반발 가능성을 우려하며 북한의 대만과의 관계 개선 동향에 더욱 주목했을 것이며 따라서 이를 견제하기 위한 조치였을 가능성도 있어 보인다.

10) 한중 수교교섭 진전과 통보 문제

| 북한 핵문제로 북한의 일본, 미국 관계 개선 전망 불투명 |

북한의 핵문제가 북한의 핵안전협정 발효(4월 10일), 블릭스(Hans Blix) IAEA 사무총장 방북(5월 11일-16일)에 이은 제1차 IAEA 핵사찰단 방북(5월 26일-6월 5일)에도 불구하고 여전히 북한의 미국과 일본과의 관계 개선이 최대 장애가 되고 있는 상황에서, 7월 1일 부시 대통령과의 정상회담에서 미야자와 기이치(宮澤喜一) 일본 총리는 남북한 간의 상호사찰을 통해 북한의 핵시설에 대한 의혹이 완전히 해소될 때까지 일본은 북한과의 외교관계를 수립하지 않을 것임을 재확인하였다.

이어 독일 뮌헨에서 개최된 7월 7일 서방 7개국(G7) 정상회담에서 의장성명을 통하여, 북한 핵무기 개발 의혹에 대하여 우려를 표명하면서 IAEA 안전조치가 완전히 이행됨과 더불어 남북한 간의 상호사찰이 실시되지 않으면 안 된다고 촉구하였다. 사실상 미·북한 관계 개선은 물론, 일·북한 간 관계 개선 전망도 불투명해졌다.

| 한중 간 수교 발표 및 노 대통령 방중 일정 협의 |

한국 측은 제3차 예비회담 종료 후 7월 초 주북경대표부를 통해 ① 양국이 이미 수교문서 문안에 합의하였으므로 가서명이 불필요하므로 본회담에서 수석대표(차관)들이 정식 서명하고 ② 수석대표 간의 정식 서명 후, 빠른 시일 내 양국 국가원수가 직접 수교 발표하자는 우리 측 입장을 전달하였다.

이에 대해 중국 측은 수석대표 간 가서명, 외교장관 간 서명과 발표로 추진하자고 제의하였다. 한국 측의 조기 발표와 국가원수의 직접 수교발표 입장은 이해하나 "외교문제에 관한 한, 외교장관이 전권을 갖고 있으므로 국가원수가 서명하지 않는 한, 수교문서는 외교장관이 서명하는 것이 기본 방침"이라고 설명하고, "40여 년 이상 유지해 온 북한과의 관계를 잘 처리하기 위해서는 주요 지도자들에 대한 설득이 긴요하고 이를 위해서는 시간이 필요하며, 북한의 입장을 고려하여 국가원수가 아닌 외교장관이 발표하는 것이 바람직하다"고 하면서 한국 측의 이해를 구했다. 한국 측은 이에 동의하였다.[144]

이렇게 중국 측은 4월 13일 중국 측의 수교교섭 개시 제의 이후, 한국 측의 최우선 순위가 조기 수교와 노 대통령의 방중이며 가능하면 정상회담을 통한 수교 발표임을 간파하여 한국 측의 양보를 최대한 확보하여 만족할 만한 합의를 도출해냈다. 한국 측으로서는 6월 21일 수교 공동성명 문안 합의 후에도 여전히 조기 수교 발표와 노 대통령 방중을 실현해야 하는 만큼 결국 중국 측 제의에 계속 따라갈 수밖에 없었다. 당시 상황과 중국 측의 협상술에 대해서는 실제 교섭 참여자들 만이 얘기할 수 있는 부분이다.

---

144 김하중, 『한국 외교와 외교관-한·중 수교와 청와대 시기』 외교사연구센터 오랄히스토리 총서 17(상권), 국립외교원 외교사연구센터, 2018, 123-124쪽.

중국은 그 후 3개월 이상의 시간 여유를 갖고 한중 수교 계획에 관해 북한에 통보하는 등 북한과의 관계를 안정적으로 관리하고, 10월 15일-25일 제14차 전국대표대회 일정에 맞추어 양안 관계, 일본 천황과 남아공 만델라 방중 등 외교 일정을 종합적으로 감안하여, 한중 수교 절차 일정과 노태우 대통령 방중 일정에 관한 한국과의 협의에서 주도권을 계속 잡는다.

| 7월 15일 중국의 한중 수교 계획 북한 통보 |

중국은 7월 15일 첸치천 외교부장이 방북하여 김일성에게 한중 수교 계획을 통보하였다.[145] 중국이 북한 측에 한중 수교 계획을 통보한 그 시점에, IAEA 제2차 임시 사찰단이 7월 6일-16일간 북한을 방문하여 사찰을 진행 중이었으며, 중화민국 입법원은 양안 간 교류 촉진을 위해 7월 16일 '양안인민관계 조례'를 통과시켰다.

| 한중 간 본회담, 수교 발표, 노 대통령 방중 일정 합의 |

중국은 북한에 7월 15일 한중 수교 계획을 통보한 후에, 본격적으로 한국 측과 본회담, 이상옥 장관 방중과 수교 발표, 정상회담의 일정에 관해 구체 협의를 진행하였으며 차례로 관련일정이 결정되었다. 중국 측이 북한에 수교 계획을 통보한 이후, 북한의 반응 및 동향 등을 예의 주목하면서 한국 측과의 일정을 잡은 것으로 보인다.

양측은 7월 22일에서야 북경에서의 본회담 일정(7월 28일-30일)에 합의하고, 본회담에서 외무장관 회담과 수교 발표 일정(8월 24일)에 합의하고, 8월 10일 노 대통령의 방중 일정(9월 27일-30일)에 최종 합의하였다.

---

145 첸치천, 앞의 책, 157-160쪽.

| 중국의 정상외교 일정 |

한편 중국 측은 8월 초경에 노 대통령, 일본 천황, 남아공 만델라 방중 일정을 종합적으로 고려해 각각의 일정을 최종 확정한 것으로 보인다. 8월 초에 일본 천황의 방중 계획(10월 23일-28일)을 먼저 일본 측과 합의하고[146] 이어 노태우 대통령의 방중 계획(9월 27일-30일)이 최종 확정되었다.

중국은 또한 한국과의 수교 및 노 대통령 방중 일정을 일본과의 관계가 두드러지지 않도록 상대화하기 위해서 활용한 것으로 보인다. 8월 24일 한중 수교가 발표된 날, 일중 양국은 천황의 공식 방중을 동시에 발표하였다. 노 대통령 방중 기간은 일중 국교정상화 20주년 축하행사가 최고조에 달한 시기였으며 20주년 기념일인 9월 29일 당일 『인민일보』는 1면 최하단에 수교기념 사설을 게재하고 톱 기사는 양상쿤 주석 주최 노 대통령 환영식과 정상회담 소식을 전했다.[147]

아울러 1992년 1월 이래 그간 만델라의 10월 방중을 추진해와 일정을 10월 4일-10일로 확정함[148]으로써, 한국과의 수교와 노 대통령 방중에 연이어 또 다른 미수교국인 남아공과의 확실한 관계 진전을 대내외적으로 과시하여 국제사회에서 대만에 결정적 타격을 주는 일정을 추진하였던 것이다.

| 한미 외무장관회담 |

7월 26일(일) 이상옥 장관은 필리핀 마닐라에서 개최된 아세안 확대

---

146 1992년 8월 3일 일본 『시사통신』이 일본 천황 방중 계획을 보도하였다.
147 다카기 세이치로(高木誠一郞), 「포스트 냉전구조와 중국외교의 신단계(ポスト冷戰構造と中國外交の新段階)」, 『국제문제(國際問題)』, 1993年 1月, 26-28쪽.
148 첸치천, 앞의 책, 265-266쪽.

외무장관회담 계기에 베이커(James Baker) 미국 국무장관과 외무장관 회담을 가졌다. 동 회담에서 이 장관은 한중 관계에 대해 베이커 장관과 의견교환을 했을 것으로 짐작된다.

당시 수행했던 김석우 아주국장은 왕잉판(王英凡) 중국 외교부 아태사장에게 8월 17일 또는 24일에 수교 발표하자고 제의하였다.[149] 상기 기술과 같이 당시에는 3차 예비회담에서 기합의한 수교공동성명안 가서명을 위한 본회담 일정(7월 28일-30일)만 합의한 상황이었다. 수교 협상이 사실상 마무리된 6월 21일 후 한 달 여 시간이 지난 시점이자, 수교발표 한달 전까지도 수교 발표 일정이 미정이었던 것이다.

같은 날 7월 26일(일), 노창희 외무차관은 서울에서 진수지 주한대사 초청으로 진 대사와 골프를 쳤다. 노 차관은 당시 열흘 전 중국과 수교 교섭의 수석대표로 임명되어 이틀 후 북경 개최 본회담에 참석하여 수교 문서를 가서명하고 정식 수교일정과 노 대통령의 방중일정을 협의하는 임무를 수행할 예정이었으나, 진 대사에게 아무 말도 할 수 없었다.[150]

| 한중 수교 본회담 |

7월 29일(수) 노 차관은 북경에서 개최된 한중 수교 본회담에 참석하여 공동성명안에 가서명하였으며 외무장관 회담 및 8월 24일 아침 수교 발표 일정에 합의하고, 노 대통령 방중 일정을 협의하였다. 노 차관은 쉬둔신(徐敦信) 외교부 부부장에게 북한에 대해 언제 어떻게 통보할 것인지에 대해 문의하였더니, 쉬 부부장은 "그 문제는 우리가 적절히 조치하고 있으니 염려하지 않아도 될 것입니다. 그 대신 대만 문제

---

149 김석우, 『남북이 만난다 세계가 만난다』, 고려원, 1995, 261-262쪽.
150 노창희, 앞의 책, 290쪽.

나 잘 처리하십시오"라고 웃으면서 대답하였다고 한다.[151] 중국은 이미 보름전에 북한에 한국과의 수교 계획을 통보했던 시점이었다.

11) 양안 간 대립과 교류

한중 수교 협상이 마무리되고 수교발표 시점만 남아 있는 등 한중 관계가 물 밑에서 급속한 진전을 보이고 있는 가운데, '하나의 중국' 문제를 둘러싼 양안 관계의 긴장은 계속되고 있었다. 양측은 '하나의 중국'에 대한 각각의 원칙적 입장을 고수하면서도 양측 간 교류와 협력은 계속해 나간다는 암묵적 양해하에서 양안 관계를 관리해 나갔다.

7월 8일 중화민국 측은 『뉴욕타임즈(New York Times)』에 광고주 미상의 광고를 실어 "양안 간의 임시적인 조치로 외국의 2개 중국 정책을 받아들일 수 있다"고 주장하였으며, 이에 대해 중국 외교부는 7월 18일 정례 브리핑에서 "대만 측 기도에 대한 깊은 우려와 함께 이를 반대한다"는 입장을 강력히 표명하면서 "중국은 오로지 하나이며 중화인민공화국(PRC: People's Republic of China)이 유일한 합법정부이므로 그러한 '임시적 이중승인 조치'는 근본적으로 발생하지 않는다"고 발표하였다.

7월 30일 중국은 니제르와 단교하였다. 6월 19일 중화민국이 니제르와 복교한지 한 달여 만의 조치였다. 중화민국으로서는 1988년 이후 수교국이 9개국이 증가하여 당시 수교국이 30개국이었으며 1992년 들어 1월에 라트비아와 영사관계 수립, 5월 일본주재 '아동관계협회'를 '타이베이주일본경제문화대표처'로 개칭, 7월 남태평양 포럼(South Pacific Forum)에 대화상대국으로 가입하는 등 외교성과를 거두고 있었으며, 첸푸 외교부장은 외교관계에 있어서 경제력을 활용하되 중국대륙을 과도하게 자극할 필요 없다는 입장을 수시로 표명하였다.

---

151 노창희, 「한중 수교에 얽힌 이야기」, 『외교』 제75호(2005.10), 82쪽.

| 대만지구와 대륙지구 인민관계조례 시행 |

중화민국 입법원은 7월 16일 '대만지구(地區)와 대륙지구(地區)인민
관계조례'를 통과시켜 양안 관계 법제화의 기초를 마련하였다. 1987년
11월 대륙친척 방문 개방 이후 민간교류 활동의 증가 추세에 따른 제
반 문제의 해결을 위해 중화민국 나름대로 법적 근거를 마련한 것이나
이에 대해 대륙 측은 7월 21일 대만 당국이 제정한 조례의 법통은 이미
존재하지 않으며 '1국 양 지구(兩地區)'를 양안 교류 사무처리의 정치적
기초로 삼아 실질적으로 '1국 양부(2개 정부)'를 추진하고자 하나 이는
'하나의 중국' 원칙에 상반되므로 절대로 받아들일 수 없다는 공식 논평
을 발표하였다.

7월 31일, 리덩후이 총통은 '대만지구와 대륙지구 인민관계 조례'에
정식 서명하고 공식 시행을 선포하였으며 8월 1일 리 총통 주재 국가통
일위원회는 '하나의 중국'의 의미는 "하나의 중국, 양 개 지구, 양 개 정
치 실체, 해협양안분치" 개념임을 재천명하였다. 중화민국으로서는 양
안 간 교류 확대로 현실적으로 사무적 기술적 문제 협의가 시급하니 일
단 정치적으로 민감한 '하나의 중국' 문제는 거론하지 말고 실무교섭부
터 먼저 하자고 대륙 측에 촉구하면서 국제사회에 대해서는 대륙과 동
등한 대우를 기대한다는 조치였다.

이러한 양안 관계의 발전 양상은 중국과 수교와 중화민국과의 실질
적 관계 유지를 희망하는 한국 측으로도 알아야 할 중요한 동향인 만
큼, 외무부에 다음과 같이 보고하였다.

> ○ 양안 양측은 '하나의 중국'에 대한 공식 입장에 대한 공박은 계속
> 될 것이나 이러한 양상이 양안 교류 확대 추세에 별 영향을 미치
> 지는 않을 것이며, 양안 교류 확대 추세로 인한 제반 문제는 민간

채널로 해결할 수 없으므로 양측협회 간 채널 등을 통한 준 공식적인 접촉이 표면화될 것으로 전망됨.

○ 중화민국 측은 향후 2-3년 내에 대륙 내 보수파 퇴조 및 개혁개방 정책 가속화를 기대하고 있으며 대륙 측이 중화민국 측 요구(3통 전제: 정치 실체 인정, 무력사용 포기, 국제사회에서의 활동 공간 허용)를 공식적으로는 수용하기는 어렵더라도, 실제로 일부 수용할 가능성도 있다고 보고 있으며 그런 명분이 생기면 국내 일부의 3통 조기 실현 여론에 부응하면서 3통의 부분적 허용 등을 통한 대대륙 유화 조치도 검토해 볼 수 있다는 입장인 것으로 파악됨.

| 제2차 해협양안관계 학술토론회 |

대만 언론은 일제히 8월 4일-6일 북경에서 개최된 제2차 해협양안 관계 학술토론회 결과를 크게 보도하고, 대만, 대륙 및 해외 학자 200여 명이 참석한 가운데 양측이 모두 양안 간 전반적인 교류 확대는 평가하면서도 주요 쟁점에 대해서는 기존 공식 입장을 견지해서 공통인식을 얻지 못해 뚜렷한 성과는 없었다고 논평하였다.

대만 측은 사오위밍(邵玉銘) 전 신문국장, 자오춘산(趙春山) 문화대학교수, 바오종허(包宗和) 대만대학교수 등 중진학자들이 다수 참석하였다. 대만 측은 정치 실체로 존중해 줄 것을 촉구하고, 대륙 측은 대만 측 주장은 결국 '2개 중국', '1중(中) 1대(臺)'를 의미하며, 대만은 1국 양제(兩制)로 통일 후 '특별행정구역'이 될 수 있을 뿐이며 중국 중앙과 대등한 존재가 될 수 없다는 입장이었다. 대륙 측은 무력사용은 외국 세력 간여와 대만독립의 경우에 해당되며 중국인은 자기 동포에 대해 무력을 쓰지 않는다고 강조하고 점진적이고 부분적 방법으로 교류 확대하여 전면적인 3통을 실현해야 한다고 주장하였다.

결과적으로 제2차 해협양안관계 학술토론회는, 한중 수교 직전에 중국이 대만과 국제사회에 중국의 공식 입장을 확실히 알리는 데 성공하였다.

4. 1992년 8월 10일 - 8월 24일 동향

1) 제25차 한·중화민국 경제각료회담 연기(8월 10일)

한국 측은 한중 수교성명 서명 및 공표 일정과 노 대통령 방중 일정이 정해짐에 따라, 8월 10일(월) 일주일 후 개최예정인 제25차 한·중화민국 경제각료회담(8월 16일-21일)[152] 연기를 중화민국 측에 제의하였다. 동 회담은 6월 15일 양측 간에 기본 일정을 합의하였으며, 관례에 따라 분과위와 장관 회담 개최 준비를 진행해 왔다. 이상옥 장관은 사안의 민감성에 비추어 정원식 국무총리에게 사정을 보고하고 정 총리가 이용만 재무장관에게 회담 연기를 지시해 줄 것을 요청하였다. 물론 정 총리도 회담 연기사유를 이용만 장관에게 얘기할 수는 없었다.[153]

8월 10일(월) 오전 재무부 측은 주한중화민국대사관 경제담당관에게, 14대 국회의 최초 임시국회가 8월 중순 이후 개원되는 것이 확실시되어 부득이 각료회담을 연기할 수밖에 없다고 통보하였다. 이어 오후 4시 30분 외무부 윤해중 아주국심의관이 왕카이 주한공사를 초치하여 엄석정 동북아2과장이 배석한 가운데, 같은 취지로 통보하고 재무부는 10월 말 또는 11월 초 개최를 제의한다고 전하였다. 이에 대해 왕 공사는 회담 연기는 시기상 좋지 않으며, 회의 진행은 주로 실무자간 이루어지며 장관이 계속 참석할 필요는 없으므로 연기 결정을 재고해 줄 것을 희망한다고 언급하였다. 이어 왕 공사는 금일 오전에 엄석정 과장이 한·중공 간 관계 정상화에 별 진전이 없다고 말했고, 과거 이상옥 장

---

152 한중 경제각료회담은 그간 관례적으로 대표단이 일요일에 상대국에 입국하여 일요일 만찬부터 시작하며 월-수 분과위 개최, 목-금 양국 장관주재 전체회의,개회식,폐회식 및 고위인사 면담 순으로 진행되었다.
153 이상옥, 앞의 책, 218-219쪽.

관이 수차에 걸쳐 한·중공 관계에 진전이 있을 경우 중화민국 측에 사전에 통보해 준다고 말씀한 바 있음을 기억하고 있다고 하면서 평소 엄 과장에게 괴로움을 끼쳐 드림에 대해 사과하며 양해 바란다고 언급하였다. 윤 심의관은 최근 언론의 추측보도는 모두 사실이 아니며 한·중공 간 관계 진전에 새로운 사항이 있을 경우 항상 중화민국 측에 알려 줄 계획이라고 언급하였다.

이렇게 해서 1966년 2월 박정희 대통령이 중화민국 공식방문 중 제 1차 회담이 시작되었으며 대한민국의 경제발전과 함께 최장 기간 동안 개최되어 온 중화민국과의 경제각료회담이 역사 속으로 사라지게 되었다. 대만 언론은 8월 11일 동 회담 연기를 처음에는 사실 관계 위주로 짧게 보도하였다.[154]

외무부가 8월 10일 오후 늦게 우리 대사관에 동 회담 연기 결정에 대해 알려 왔다. 대사관은 바로 중화민국 경제부 측에 연락하여, 각료 회담 수석대표인 샤오완창 경제부장을 위해 박노영 대사가 다음 날 8월 11일(화) 주최 예정이었던 관저만찬 계획을 일단 취소하고 계속 협의하자고 하였다.

중화민국 외교부는 동 회담 연기 소식에 긴장하기 시작했다. 12일 (수) 오전에 외교부 아태사(亞太司) 직원이 대사 관저로 불쑥 전화하여 11일(화) 샤오완창 부장을 위한 만찬을 실제로 준비했는지 물어보는 일이 생겼다. 외교부 일부 직원들은 우리 대사관이 혹시 기만작전으로 결국 하지도 않을 샤오 경제부장을 위한 만찬을 추진하는 척한 것이 아닌가 의심했던 것이다. 관저만찬은 경제부와 협의하여 8월 3일 일정이 정해졌었다.

첸푸 외교부장은 자신의 회고록에서 8월 초부터 8월 11일까지의 관

---

154 『연합보』, 1992년 8월 11일; 『중국시보』, 1992년 8월 11일.

련 동향을 다음과 같이 기술하고 있다.

　　8월 초 터키와 스페인을 방문하고 돌아온 쑹신롄(宋心濂) 국가안전 국장이 나에게 국가안전국의 한국 상대기관(안기부를 지칭)이 몰래 알려 준 것에 의하면 노태우 대통령은 이미 국가안전기획부에 중공과 의 수교업무를 전권 처리하라고 지시하여, (한·중공 수교가) 이미 돌이킬 수 없는 상황이라고 하였다. 그런데 지난 3개월간 한국 측은 중화민국 외교부나 주한대사관에 중공과 접촉 현황에 대해서 아직까지 아무것도 말해 주지 않았다. 우리들이 어떤 때 한·중공 간 협상에 진전이 있다는 언론보도에 근거해 한국 측에 물어보면 얻을 수 있는 답변은 항상 "언론 보도는 억측으로 믿을 수 없으며 만약 진전이 있으면 중화민국에 먼저 알려 주겠다"는 것이었다. 8월 7일 남북한, 몽골, 일본을 다녀온 외교담당기자들과 만났는데 그 들에 의하면 남한과 중공의 수교는 이미 상당히 임박해 와서 주한대사관은 업무에 충분히 노력하고 있으며 할 수 있는 일은 이미 다 했다고 말했다. 7일 밤 10시 45분 쑹신롄 국장이 나에게 전화하여, 주한 기관(정보분야 관계관을 의미) 보고에 의하면 (한·중공 간) 수교교섭 전체가 다 끝났으며 이제는 정식 서명만 기다리고 있다고 알려 주었다. 9일 아침 3명의 차장 (차관)과 협의 시 쑹 국장의 전언을 상세히 설명하였으나 그때까지 대사관의 보고는 없었다. 나는 이번 일이 매우 엄중하고 가볍게 볼 수 없으며 적(한국을 의미)을 잘 살펴봐야 한다고 말하고, 진수지 주한대사가 전면에 나서 (한국 측에) 해명하라고 할 것을 지시했으나, 다만 얻어 온 답변은 여전히 "모든 것이 거짓말이며 전부 믿을 수 없다"는 것이었다.[155]

　8월 13일(목) 오후 4시 이용만 재무장관과 진수지 주한대사 간 면담에 이어, 한 시간 뒤에(대만 시간 4시) 첸푸 외교부장과 박노영 대사 간 면담이 진행되었다. 나는 13일 오전 경제각료회담 업무를 담당하고 있던 재무부 권태균 서기관에게 국제전화를 해서 상황을 문의해보니 권서기관은 회담이 국회 사정으로 연기되었고 성과가 불충분할 것으로 보

155　첸푸, 앞의 책, 264쪽.

여 의제 등을 계속 협의할 예정이라고 답변하였다.

| 이용만 재무장관, 진수지 주한대사 면담 |

이용만 장관은 진 대사 요청으로 이루어진 면담에서, 실무부서의 준비 상황을 점검해 본 결과 미진한 부분이 많아, 각료회담의 내실화를 기하기 위해 부득이 회담을 연기하게 된 데 대해 양해를 구했으며, 진 대사는 한중 수교 관련 보도가 자주 나오고 있는 시점에 각료회담이 연기되어 의아심이 깊어지며, 서영택 건설부장관의 방중, 황다저우 타이베이시장의 방한으로 건설 분야에서의 협력이 증진되고 중화민국 측이 지하철공사에의 한국 참여문제를 호의적으로 검토하는 시점에 각료회담이 연기되어 상당히 유감스럽게 생각한다고 하면서 언론에 대해서는 "양측이 각료회담을 위한 시간적 필요와 각료들의 일정상 10월 또는 11월 초로 연기하기로 합의하였고 동 회담연기가 한국과 중국대륙 관계 개선과 관련 있는 것은 아니다"라고 대응하겠다고 언급하였다.

당시 진 대사는 한중 수교 일정으로 연기되었을 가능성에 대해서는 전혀 눈치채지 못한 것으로 보이며 단지 진 대사의 계산으로는 이상옥 장관의 9월 방콕 APEC 각료회의 및 유엔 총회 참석 계기로 첸치천 외교부장과의 회담이 예상되는 만큼, 동 회담 이후 양국 경제각료회담 개최 일정을 공표함으로써 대외적으로 양국 간 외교관계 유지에는 별 지장이 없음을 보여주고 싶었던 것으로 추정된다.

| 첸푸 외교부장, 박노영 대사 면담 |

첸푸 외교부장은 오후 4시 박노영 대사를 초치해 40분간 면담하였다. 지난 5월 18일 장옌스 특사 방한 후 박 대사의 요청으로 면담했을 때의 화기애애한 분위기와는 완전히 달랐다. 박 대사로서는 4월 15일 (이상옥 장관 북경 방문 관련), 5월 18일(장 특사 방한 후) 이후 첸 부장 과 세 번째 면담이었다.

첸 부장은 굳은 표정으로 악수를 나눈 후, 먼저 매우 심각하고 엄중 한 문제를 거론하고자 한다 하면서 한국 측이 바로 다음 주 개최 예정 이었던 경제각료회담을 임시국회를 이유로 돌연 연기를 통보해 온 데 대해 매우 유감스러우며 불유쾌하게 생각한다고 말문을 열면서 다음과 같이 언급하였다.

○ 한국 측이 6월 19일 주한대사관에 공식문서로 8월16일-21일 개 최를 공식제의하여 중화민국 측은 정부 내 협의를 거쳐 7월 초 공식통보하여 확정된 일정에 따라 회담 준비 중[156]이었으며 한국 관계 중시 입장에 따라 외교부 요청으로 샤오완창 경제부장은 유 럽방문 일정을 조정하여 한국 측 제의를 수락하였던 것임.

○ 주한대사관이 한국 재무부와 여러 군데에 확인해 보니 재무부 측 은 전혀 연기할 의사가 없었으나, 외무부가 주동적으로 연기를 추진 결정하였으며, 더욱이 이러한 결정이 방콕 개최 APEC 각료 회의 시 이상옥 장관의 첸치천 외교부장과의 회담 전에 동 회담 개최를 원하지 않는 데 기인한다고 하는데, 자신의 상식으로는 놀라움을 금할 수 없으며 도저히 이해하기 어려우며 상호 도움이 되는 수교국 간 예정된 회담을 미수교국과의 관계를 고려하여 한 국 측이 회담 개최 불과 일주일 전에 사전협의 없이 일방적으로 결정하여 연기 통보하는 것은 우방국으로서 있어서는 안 될 태도 라고 생각함.

○ 대만 언론과 입법원이 동 회담에 대해 큰 관심을 갖고 있는 바, 임시 국회 개최로 연기한다는 한국 측 설명은 아무도 믿지 않을 것이며 오히려 불필요한 추측과 오해만 낳을 뿐이며 중화민국으 로서는 국가건설6개년계획에 대한 한국 측의 관심을 고려하여

---

156 양국은 앞서 기술한 바와 같이 6월 15일 각료회담 일정에 원칙적으로 합의하 였으며 그 이후 첸푸 부장의 언급처럼 양국 간에 일정을 포함한 회담 기본 계 획에 관해 문서로 확인하는 절차를 진행하였다.

한국기업 참여 확대 문제를 신중히 검토하고 있는 상황에서 회담
연기는 아무런 도움이 되지 않으며 오히려 손상을 입게 될 것임.
○ 한국 측이 당연히 중시해야 할 우방국인 중화민국에 대해 소홀히
하는 데 대해 매우 불만스럽고 불쾌한 바 이러한 뜻을 본국 정부
에 그대로 전해주기 바람.

이에 대해 박 대사는 8월 10일 재무부와 주한중화민국대사관 간 접
촉 및 외무부 윤해중 심의관과 왕카이 주한공사 간 면담 내용에 따른 한
국 측 입장을 설명하고, 금일 중 이용만 재무장관이 진수지 주한대사에
게 직접 한국 측 입장 설명이 있을 것이라고 언급하고, 개최 일주일 전에
연기하게 된데 대해 유감스럽다고 하고, 다만 9월 APEC 각료회의는 6월
중순 경제각료회담 일정 합의 훨씬 전에 이미 확정된 만큼 APEC 각료회
의 일정을 이유로 회담을 연기하지는 않았을 것으로 개인적으로 생각한
다고 하면서 첸 부장 언급 내용을 본국 정부에 보고하겠다고 말하였다.

첸 부장은 박 대사가 말하는 도중, 수차례 말을 끊고 "각료회담 시
실제로 장관 임석 시간이 얼마나 되느냐", "임시국회 핑계가 말이 된다
고 생각하느냐", "통보 하나로 이렇게 기만할 수가 있느냐", "우방 간에
이래서는 안 된다"고 하면서 불쾌감과 분노를 감추지 않았다. 박 대사
는 차분히 우리 입장을 설명하면서 "유감이다", "이렇게 돼서 개인적으
로 미안하다"고 말하였다.

배석한 나는 중화민국 외교당국이 양국 관계에 대해 매우 심각한 위
기의식과 한국 정부에 대해 극도의 불만스러운 감정을 갖고 있음을 그
대로 느낄 수 있었다. 다만 첸 부장은 당시 한국 외무부가 중국과의 관
계 개선 분위기를 위해 각료회담을 연기했다고 보고 있었으며, 미수교
국과의 관계를 위해 전통적 우호국이자 수교국과 이미 확정된 외교일
정까지 미루는 한국 측 태도에 강한 불쾌감은 표명하였으나, 바로 다음
주에 닥칠 단교 상황의 낌새는 눈치채지 못한 것 같았다.

물론 박 대사와 나를 포함한 대사관 직원들도 경제각료회담 연기가 바로 단교 과정의 시작인 것을 몰랐다. 면담 후 박 대사는 면담 내용 보고와 함께, 지난 5월 장옌스 특사 방한 이후 중화민국 고위인사들의 친한 분위기를 최대한 활용하여 중화민국과의 관계 유지에 노력하고 있으므로, 각료회담 연기가 양국 관계 전반에 부정적인 영향을 미치지 않도록 회담 일정의 조기확정 등 가능한 조치를 강구해 줄 것을 건의하였다.

이날 박 대사와의 면담에 대해 첸 부장은 자신의 회고록에서 다음과 같이 기술하였다.

> (각료회담 연기와 관련) 나는 즉시 박노영 대사와 면담 약속을 하여 중공과의 협상과 관련이 있는지를 물어보았다. 박 대사는 외무부로부터 아무런 지시가 없다고 하면서 회담 연기조차 지금 내가 얘기해 주어 알게 되었다고 했다. 박 대사는 직업 군인이며 노태우와 동기 동창이라서 당초에는 청와대와의 직통 관계를 가질 수 있다고 잘못 생각했으며, 그는 대사로서의 기본조건조차 갖추지 못했다고 생각했다. 그래서 나는 그에게 상세하게 설명하고 금일 회담내용을 외무부에 보고해야 하고 특히(각료)회담 연기와 한국 측 설명에 대한 우리 측의 깊은 불만을 전달해 달라고 하였다. 왜냐하면 오랜 기간 개최해 온 각료회담에서는 양측 수석대표는 시작할 때 개회사만 하면 되고, 실제 (회의 전체에) 참가할 필요가 없으며, 한국의 임시국회는 재정문제에 대한 것이 아니며 이 장관 역시 전체 일정에 계속 자리를 지킬 필요가 없었기 때문이다. 우리는 한국 측에 진실된 원인을 우리 측에 조속 알려줄 것을 강력히 요구하였다. 박 대사는 대사관으로 돌아가 즉각 보고하겠다고 성실하고 진지한 답변을 하였다. 그 이후 우리는 매일 박 대사에게 추궁하였으나 그는 본국으로부터 아무런 지시가 없다고 답하였다.[157]

동 회담에 배석하여 면담 내용을 기록한 내가 볼 때, 첸 부장이 몇 가지 사실관계에 착오가 있어 보인다. 먼저 박 대사가 각료회담 연기조

---

157 첸푸, 앞의 책, 264-265쪽.

차 몰라서 자신이 설명해 알게 됐다고 기술한 것은 완전히 사실이 아니다. 한국 측이 8월 10일(월) 회담 연기를 주한대사관에 통보한 후 우리 대사관에 알려 주어, 바로 박 대사 주최 샤오완창 경제부장을 위한 11일 예정된 관저만찬을 취소한 바 있었고 3일이 지난 13일(목) 첸 부장과 박 대사 면담이 이루어졌다. 양국 관계 상황 전개로 보아 당시 최대 현안은 각료회담 연기였다. 그리고 어느 나라 대사가 주재국 외교장관이 초치하여 면담하러 외교부에 들어 가는데, 면담에 대비 없이 외교장관의 관심사안도 파악하지 않고 가겠는가? 상식에 맞지 않는 얘기다.

마지막 부분도 서술이 정확하지 않다. 8월 13일(목) 박 대사와의 면담 이후에는 각료회담 연기의 이유를 계속 물어볼 상황에서 벗어나서, 15일(토) 광복절 행사 시 이상옥 장관과 진수지 대사의 만남[158]부터 시작하여 단교로 향하는 10일이 전개된다. 첸 부장은 이후 장샤오옌 차장과 박 대사 간 3회에 걸친 면담(8월 19일, 20일, 21일)시 박 대사가 표명한 입장을 혼동하여 묘사한 것 같다. 첸 부장의 박 대사에 대한 개인적 평가는 차치하고라도 30년이 지난 지금까지도[159] 단교과정에 있어서 현지 한국대사에 대한 섭섭함과 불만을 표출하기 위한 왜곡된 서술에 대해 영 마음이 편하지 않다.

2) 중화민국 외교백서 초안 보도(8월 17일)

중화민국 외교당국이 한중 수교 과정이 급속히 진전되어 수교 발표가 임박했다는 사실을 제대로 파악하지 못했다는 사실을 보여주는 결정적인 사례는 외교부의 외교백서 초안에 대한 보도였다.

---

158 이 장관은 광복절 경축식에서 진 대사를 만난 계기에, 진 대사를 만나야 할 일이 있을지 모르니 연락하겠다고 말하였으며, 8월 17일 비서실을 통해 8월 18일 면담하자고 통보하였다(이상옥, 앞의 책, 122쪽).
159 첸푸(錢復)『회고록(回憶錄)』3권은 2021년 3월에 출간되었다.

8월 17일(월) 대만 언론은 일제히 외교백서 초안을 크게 보도하였다. 외교부가 입법원 등 각계 요구에 따라 처음으로 외교백서(가칭)를 오는 12월경 공표할 계획으로 준비 중이었으며, 외교부의 사전 브리핑을 통해 보도된 것이었다.

중화민국은 '하나의 중국'의 기본 국책에 따라 '하나의 중국, 양개(兩個) 실체, 단계성 평등, 화평 경쟁' 이념하에 적극적 주동적인 실질적 수단으로 국제사회에서의 활동 공간을 확대해 나가고 있다고 평가하고, 주요 외교 목표로는 ① 수교국과의 양자관계 강화, ② 미수교국과의 실질 관계 확대, ③ 국제 조직 및 활동에의 적극 참여라고 하고 국제연합(UN) 복귀를 장기적인 목표로 설정했다고 보도하였다. 동 초안에 기술된 한국과의 관계 및 한국과 중국대륙 수교 전망 요지는 다음과 같다고 보도하였다.

(1) 한국과의 관계

○ 대한민국은 동북아 지역에서의 중요한 우방인 바 양국은 일본 침략 및 공산주의에 대해 공동 대처해 와서 양국 관계는 돈독하였음.
○ 한국은 국제정세의 변화를 계기로 1973년 문호개방 정책, 1983년 북방정책을 선포하고 북한의 남침 압력 감소를 위해 공산주의 국가와 관계를 개선하기 시작하였으며 특히 1988년 서울올림픽을 계기로 동구, 중공 등 국가와의 관계가 두드러지게 개선되고, 1991년 중공과는 무역사무소를 교환한 바 이러한 과정에서 중화민국과 한국 관계에 어두운 그림자가 드리움.
○ 한국 정부는 중공과의 관계를 개선하는 동시에, 중화민국과 밀접한 우호 관계 유지를 희망한다고 표명하고 있으나, 중공과 수교 목표가 실현될 경우에는 양국 간 현재 관계의 변화 발생을 면하기 어려울 것임.
○ 양국 외교관계 변화 가능성에 대비하여 우리 정부는 일찍이 경각심을 높여 한국 측의 중공 접촉에 대해 수시로 엄중한 관심을 전

달함과 동시에, 한국 정부에 대해 양국은 정치적으로 같은 민주
자유국가이며, 경제적으로 아시아의 '4마리의 작은 용'이며, 도
의적으로 항일 반공의 맹방으로서, 중공이 북한을 포기하지 않는
상황하에서 한국이 자발적으로 가볍게 중화민국과의 우방의 도
리를 저버려서는 안될 것이라고 표명하고 있음.

○ 이외에 우리나라는 적극적으로 고위인사의 상호 방문 및 경제 무
역 분야에서의 협력 교류 등 방식을 통해 양국 간 외교관계를 강
화하고 있음(김종인 경제수석, 민관식 특사 방중, 장옌스 총통부
비서장 방한 등).

(2) 한국·중국대륙 수교 전망

○ 한국 정부는 이미 중공과의 수교를 주요 외교목표로 삼고 있을
뿐 아니라 중공에 대해 계속 호의를 표시하고 있으나 관계 개선
은 다음 몇 가지 관건에 달려 있으며 이들 문제의 원만한 해결 여
부에 달려 있음.

- 중공이 한국과 수교한다면 이는 두 개의 한국 존재 사실을 승
  인하는 것이므로 여타 국가의 '하나의 중국' 원칙 포기에 영향
  을 미치게 될 것이므로 중공은 동 영향을 저지하려 할 것임.
- 동구 변화, 소련 해체 이후 북한과 중공은 같은 처지로 자유화,
  민주화 여파를 막으려고 하는 바, 쌍방은 긴밀히 협조하여야
  하며 중공은 북한의 입장을 고려하여야 할 것임.
- 북한의 핵무기 개발은 한반도 안정에 영향을 미칠 뿐 아니라
  국제사회에서의 핵무기 확산문제와 관련되므로 중공은 이를
  반드시 신중히 처리하여야 할 필요를 느끼고 있음.

동 외교백서 초안은 당시 중화민국 외교당국의 한국과의 관계에 대
한 평가와 인식을 가감없이 표현하고 한중 수교 시, 이중승인이 가능하
지 않으며 한·중화민국 관계 변화는 불가피하다는 국제적인 현실에 대
한 인식을 보여주었다. 그러나 7월 6일 대만 TV 방송 출연에서 첸푸 외
교부장이 한·중공 수교가 올해 하반기에 가능하지 않을 것 같다고 표명

한 것과 같은 맥락에서 북한 요소 등으로 결과적으로 한·중공 수교가 늦어질 수 있다고 시사하였다. 아울러 남북한의 유엔 동시가입으로 남북관계와 양안 관계가 다르다는 중국 입장이 보다 강화되었다는 국제정치적 현실을 간과한 측면이 있었다.

이상옥 장관이 진수지 주한대사에게 "한국과 중국 간의 수교교섭에서 실질적 진전이 있었다"고 통보한 8월 18일(화) 하루 전이었으며 8월 24일(월) 단교 일주일 전이었다. 이후 외교부는 1993년 1월 21일 「외교보고서」 제하의 백서를 정식 발표하였으며 한국과의 관계 부분은 대폭 축소하였다. 뒷부분에서 기술한다.

3) 이상옥 외무장관, 진수지 주한대사 1차 면담(8월 18일)

| 단교 공식 통보 과정 |

이상옥 외무장관은 진수지 주 중화민국 대사에게 8월 18일(화), 20일(목) 롯데호텔에서 한·중 관계 개선에 진전이 있음을 통보하고 양측 입장에 관해 협의하였으며, 21일(금) 외무부에서 한중 수교에 따라 중화민국과의 단교를 통보하였다.

이에 대해 장샤오옌 중화민국 외교부 정무차장은 박노영 주중화민국대사를 8월 19일(수), 20일(목), 21일(금) 외교부로 초치해서 항의와 유감의 뜻을 전하고, 첸푸 외교부장이 박 대사를 22일(토) 초치하여 한·중공 수교 시부터 한국과 단교를 통보하였다.

한국 정부는 중국과 수교 발표 전에 특사를 타이베이에 파견하는 방안을 신중히 검토하였으나 일본과는 달리 중화민국에 대해 큰 대응 수단(leverage)을 갖지 못한 형편에서 중화민국 측을 무마하는 데 별반 효과가 없을 것이라고 결론지었다고 한다.[160] 양국 지도자나 외교당국 간 직접 접촉 없이 한국 측은 주한대사를 통해 중화민국 측에 단교를 통보하기로 정함에 따라, 중화민국 측은 어쩔 수 없이 주중화민국한국 대사에게 항의의 뜻을 전달하고 단교를 통보했다.

| 이 장관, 진 주한대사 1차 면담, 8월 18일 11시, 롯데호텔 |

8월 18일(화) 아침 9시경 중화민국 외교부아태사 샤광후이(夏廣煇) 전원(專員)이 나에게 전화로 "아침에 이상옥 장관의 진수지 대사와의 면담 예정 소식을 들었느냐"면서 "왜 만나는지 아느냐"고 문의해 왔다. 나는 모른다고 답하고 바로 본부 동북아2과에 전화하여 무슨 일이 있냐고 물어보니, 엄석정 동북아2과장과 연상모 서기관은 아무 일도 없다고 답하였다.

8월 18일(화) 11시 이상옥 장관은 롯데호텔로 진수지 주한대사를 초치하여 "그동안 한국과 중국 간의 수교교섭에서 '실질적 진전(substantive progress)'이 있었으며 가까운 시일 내에 한중 수교에 관한 구체적인 결과가 있는 대로 다시 통보할 것"이라고 말하였다. 진 대사는 한·중공 간 수교교섭 진전에 대하여 강한 우려와 유감의 뜻을 표명하고 본국 정부에 보고하겠으며 본국 정부가 취할 조치에 대해서는 현지 대사로서 유보하겠다고 말하고 중국대륙과 수교 시에도 중화민국과의 관계는 그대로 유지되어야 한다고 거듭 주장하였다.[161] 이 장관은

---

160 이상옥, 앞의 책, 222쪽.
161 진수지 대사는 단교 후 1992년 12월 말 타이베이를 방문한 김달중 교수에게, 8월 18일 이상옥 장관 면담 시에 이 장관에게 "북경과 수교 전에 대만에 고위 사절단을 파견하여 수교 배경을 설명해 줄 것을 제의하였다"고 한다. 당시 김 교수는 대만 방문 계기에 이상옥 장관의 요청으로 대만 측 입장을 파악했으며 귀국 후 자신의 활동내용을 외무부에 전했다(위의 책, 290-291쪽 참조).

한중 관계 정상화가 이루어지더라도 중화민국과의 "좋은 관계"를 유지하도록 노력하고 있으나 한중 수교 후, 한·중화민국 관계는 국제법과 국제관례를 고려해야 할 것으로 본다고 말하였다. 이 장관은 면담 내용을 대외비로 해 주기를 당부했으나 보안이 지켜질 것이라고 기대하지 않았다고 한다.[162]

8월 18일(화) 오후 4시경 외무부 조중표 동북아1과장(일본 담당)이 나에게 전화를 걸어왔다. "잘 지내냐" 면서 별 말없이 "가족들과 건강하게 지내라"고 말하고 전화를 끊었다. 무언가 큰 일이 다가오니 준비하라는 암시였다.

오후 5시 샤광후이 외교부 아태사 전원이 다시 나에게 전화를 했다. 명일 8월 19일(수) 오전 9시 장샤오옌 외교차장이 박 대사를 초치한다고 알려 왔다. 바로 외무부 동북아2과에 장 차장의 박 대사 초치 사실을 알리고 면담 시 대응지침을 알려 달라고 요청했다. 저녁 11시 30분경 본부는 박 대사에게 친전 전보를 보내 이 장관과 진 대사 면담 관련 상기 내용을 통보하고 보안유지하라고 지시하였다. 장 차장 면담 시 대응에 관한 지침은 없었다.

8월 18일(화) 당일 외무부 노창희 차관은 오후 3시 그레그(Donald Gregg) 주한미국대사, 오후 3시 30분 가와시마 준(川島純) 주한일본대사 대리를 각각 만나, 한중 수교에 관해 1차 통보를 했다. 중화민국 일선에 나가 있는 박 대사는 주한 미국대사, 일본대사 대리보다 9시간 이상 더 늦게 한중 간 수교교섭에 "실질적 진전이 있다"는 사실과 한·중화민국 외교관계가 변할 수 있다는 사실을 알게 되었으며 진수지 주한대사에게 통보한 내용 이상 받은 것은 아무것도 없었다.

진수지 대사는 8월 17일 한국 외무부로부터 이상옥 장관이 8월 18일

---

162 위의 책, 223쪽.

11시 진 대사와 면담하겠다는 통보를 받기 전에는 한중 수교 동향에 대해 전혀 눈치를 못 챘던 것으로 보인다. 당시 중화민국대사관 선원롄(申文廉) 상무관은 단교 후 『월간조선』과의 인터뷰에서 "당시 본국 정부에서는 '옛 친구를 버리지 않는다'는 한국 정부 최고위층 언질도 있고 해서 그렇게 빨리 중공과 수교가 발표될 것이라고 까지는 생각 못했던 것으로 기억된다"면서 "1992년 8월 15일 부임하여 다음날 진수지 대사를 만났으며 화요일(8월 18일)에 환영 만찬 하자고 했으나, 다음날인 8월 17일에 '급한 일이 생겨서 취소해야겠다. 미안하다'는 연락을 받았다"고 하면서, "진 대사도 단교 일주일 전에야 이상한 낌새를 느꼈다"고 밝혔다.[163]

중화민국 내 8월 18일(화) 동향에 대해 첸푸 부장은 다음과 같이 회고한다.

> 8월 18일 상오 총통 비서실 쑤즈청(蘇志誠) 주임이 전화를 걸어와, 쑹신롄 국가안전국장의 보고에 의하면 한국 상황이 돌변하였다고 알려 왔다. 동시에 진수지 주한대사도 전화를 걸어와, 한국 이상옥 외무장관과 타이베이 시간 10시 30분에 롯데호텔 스위트 룸에서 만났는데 이 장관은 진 대사에게 한국과 우리나라 간 외교관계에 앞으로 변화가 있을 수 있다고 하면서 다만 진 대사가 다른 어떤 사람에게도 토로해서는 안 되며 만약 그렇지 않으면 한국 측은 앞으로 중화민국 측에 어떠한 소식도 알려주지 않겠다고 말했다고 알려왔다. 진 대사는 강경한 항의를 표명하고 반드시 본국정부에 즉시 보고해야 한다고 지적했다.
> 나는 즉시 하오보춘 행정원장에게 관련 정보를 보고했다. 같은 날 오후 3시 반, 하오 행정원장은 장옌스 비서장, 쑹신롄 (국가안전)국장과 나와 함께 회의를 열었다. 하오 원장은 한국 정부의 방법에 극도로 불만스럽다면서 과거 우리에게 도움을 구하면 우리는 모든 힘을 다해 도와주지 않은 적이 없다면서 현재까지 수교관계에 변함이 없다고 재차 보증하다가 돌연 입장을 바꾸면서도 전혀 협의도 없었다고 말하였다. 그래서 한국에 대해 고(高)자세를 취함으로써 국격(國格)을 유지하

---

163 「인터뷰 반평생 동안 한국에 근무한 대만의 경제 외교관 申文廉 상무관」, 『월간조선』, 1998년 11월호, 108쪽.

기로 결정하였고 그중 가장 중요한 조치는 한국과 단교 시 한국에 대한 단항(斷航)이었다. 왜냐하면 양국 통항에 있어서 우리나라 이익은 크지 않으나 한국에게는 매우 유리하여 타이베이를 경유하여 동남아 또는 오세아니아, 유럽으로 항로를 이용할 수 있다. 이외에도 조속히 입법원에 보고하기로 하고 단교 후의 협상을 적극적으로 준비하기로 하였다.[164]

한국 측이 단교 가능성을 시사한 처음부터 중화민국 정부는 단항 조치가 한국에 가장 큰 영향을 줄 제재 조치로 상정하였음을 보여준다.

4) 장샤오옌 외교차장, 박노영 대사 1차 면담(8월 19일)

단교 과정에서 이상옥 장관의 8월 18일(화) 진수지 주한대사 면담 이후, 박노영 대사는 장샤오옌 차장과 8월 19일(수)부터 3일 연일 3번 면담을 하게 되고, 이 장관의 8월 21일(금) 진 대사 면담 시 단교 통보 후, 8월 22일(토) 첸푸 부장과 마지막 면담을 한다.

한국 측이 중화민국 외교당국과의 직접 접촉을 통한 단교 통보 방식을 취하지 않고 주한대사를 통해 일방적으로 단교 결정을 통보함에 따라, 이에 대해 중화민국 측은 중화민국 주재 한국대사에게 점점 강도를 높여 항의와 유감 입장을 전달하게 되었다.

중화민국 측은 단교는 결국 시간 문제라는 인식을 가지고 있던 차에, 일단 단교가 현실이 된 시점부터는 단교 과정의 형식과 절차를 중시하고 단교 후 미래관계 정립에 최대 관심을 갖고 있다는 입장을 박 대사에게 계속 전달함에도 불구하고 한국 측이 별다른 반응이 보이지 않자 유일한 항의 대상인 박 대사와의 면담에서 항의와 불만의 강도를 점점 높여 나갔다.

---

164 첸푸, 앞의 책, 265-266쪽.

8월 19일(수) 아침 중화민국 외교부로 향하는 박 대사와 나의 발길은 무거웠다. 본국 정부로부터 받은 정보는 전날 이상옥 장관과 진수지 대사와의 면담 내용 이외에는 아무것도 없었다. 나는 전날 박 대사에게 상황이 심상치 않으니 대사 개인 채널을 통해 청와대 등에 실제 상황을 알아보는 것이 좋을 것 같다고 건의하였으나 박 대사는 본국 정부의 공식 훈령에만 따르자고 하였다.

외교부에 도착하자마자, 진을 치고 있던 기자들의 질문과 플래쉬를 받으면서 8시 50분에 접견실에 들어 갔다. 장 차장은 박 대사를 정중히 맞이하였으나 정부의 지시로 박 대사를 초치하였다고 말하고 바로 본건으로 들어 갔다. 작일 8월 18일 이상옥 장관의 진수지 대사 면담과 관련하여 중화민국 정부의 공식 입장을 전달한다고 하면서 준비된 문서를 읽기 시작했다.

○ 이 장관과 진 대사 간 면담 내용에 대해 엄중히 항의하며, 분노의 뜻을 전달하며, 중국대륙과 관계 개선을 추진하는 한국 정부의 결정으로 한·중화민국 관계에 엄중한 결과를 초래한 데 대해 한국 정부는 완전히 책임을 져야 함.
○ (양국 현황) 한·중화민국 양국은 역사적으로 깊은 관계에 있으며 최근 밀접한 교류로 양국 관계는 수족 관계로도 비유할 정도이며, 중화민국 정부는 최근 몇 년간 양국 간 우호 협력관계 증진에 노력하여 왔으며 이는 양국 간 의리에 맞는 조치이며 작년 교역은 30억 불 이상을 기록하고 한국 측이 4억 불 이상의 흑자를 본 것도 중화민국 정부의 노력 결과이며, 최근 국가건설6개년계획에의 한국기업 참여를 지원하는 것도 양국 관계 유지에 의의 있는 일이기 때문임.
○ (양국 간 역사적 관계) 양국은 역사적으로 어느 나라 간의 관계에 비해 밀접하고 특별한 관계를 갖고 있는 바, 1910년 한일 합방 이후 수많은 한국 의사(義士)들이 중국으로 왔고 1919년 상해 임시정부 수립 후 대일본 항쟁에서도 중화민국 또한 어려운 상황에

도 불구하고 한국임시정부를 적극 지원하여 왔으며, 일본과의 전쟁 후 한국민의 안전 확보와 귀국을 도왔으며 더욱이 생활비까지 지원한 바 있으며, 1943년 카이로선언 시에는 장제스 총통이 한국의 자유독립을 주장하여 조선독립 조항이 삽입되었으며, 양국 수교 후 1960년대 초에는 한국이 양식 부족으로 어려운 상황에 직면하였을 때 김신 대사의 요청으로 장제스 총통이 식량을 지원한 바도 있음.

○ (한중 수교에 대한 입장) 한국 정부는 이러한 역사적 사실을 잊어서는 안 될 것이며 우리가 친구를 필요로 할 때 한국 정부가 우리를 저버리려고 하는 것은 받아들일 수 없으며 용서할 수도 없고, 한국 정부는 이로 인해 상상 이상의 대가를 치를 것이며, 노 대통령도 자신의 예측을 훨씬 초과하는 대가를 치르게 될 것이며 노 대통령은 역사에 이름을 남기고자 하나 양국 관계에 있어서는 영원한 죄인으로 남게 될 것임. 이번 결정은 중국대륙의 극소수 괴뢰들에게는 좋은 일이나 중국인이라면 모두 반대할 것임.

○ (양국 미래관계에 대한 입장) 중국대륙이 붕괴 직전 상황하에서 한국 측 조치는 이해할 수 없으며 한국 측이 동 결정을 내리는 과정에서 두 개를 다 얻으려고 한다면 이는 실패할 것이며 잘못 판단하고 있다고 경고하며, 한국 측이 우리와 예전과 같이 왕래가 가능할 것으로 예상해서는 안 될 것임. 이 점에 대해서는 중화민국 정부는 그간 수차례에 걸쳐 공식 입장을 전달하여 왔는 바 작년 박정수 국회 외무통일위원장이 리덩후이 총통 예방 시 리 총통은 한국과의 외교관계를 포함한 모든 관계 유지를 희망한다고 표명하였고, 지난 5월 장옌스 총통비서장도 방한 시 같은 뜻을 전달한 바 있으며, 본인도 노창희 외무차관에게 표명한 바 있음

양국은 그 어느 나라 간 관계와도 다르며 감정이라는 요소가 게재되어 있어, 한·중국대륙관계 정상화는 중화민국 전체의 반발을 살 것이므로 금후의 양국 관계를 우리와 일본, 미국, 사우디 간의 예에 따라 처리하고자 한다면 이는 엄중한 착오임.

이상옥 장관이 중화민국과의 관계를 국제법과 국제관례에 따라 처리하겠다고 표명하였으나, 현재 양안 관계나 중화민국이 대만 지구에 존재하고 있는 상황은 국제사회에서 전례가 없었던 특이한 사례이므로, 전통적인 국제법이나 국제관례로 처리할 수 없는 상황이며 지난 5월 장옌스 총통부 비서장이 노 대통령에게 주

한대사관부지에 대해 중화민국 입장을 전달하였는 바 우리는 어떠한 상황하에서든 이를 소유한다고 생각하므로 한국 정부가 신중히 처리해 주기 바람.
○ 끝으로 한국 정부가 중화민국의 예상 반응을 잘못 판단하지 않기를 경고함.

장 차장은 언급 중에 과거 중화민국의 한국지원 사실에 대해서는 다소 감정적 어조로 박 대사의 동의를 구하는 듯한 표정이었으나 기본적으로 중화민국 정부입장을 차분히 표명한 후, 박 대사에게 이러한 입장을 바로 본국 정부에 보고해 줄 것을 요청하였다.

이에 대해 박 대사는 즉시 보고하겠다고 하고 양국 관계가 어려운 시기이나 대사로서 양국 관계 유지에 최선의 노력을 경주해 나가겠다고 표명하였다. 면담 말미에 장 차장은 이 장관이 진 대사를 호텔에서 면담한 데 대해 이는 적합치 않으며 받아들일 수 없으므로 다시는 그러한 일이 일어나지 않도록 한국 정부가 유념해 주기 바란다고 언급하였다. 10시에 면담이 끝났으며 박 대사는 기다리고 있던 기자들의 쏟아 지는 질문에 대답 없이 차에 올랐다.

장 차장의 표명 입장은, 단교 과정에 진입하면서 중화민국 정부가 한국 측에 전달한 첫 번째 공식 입장으로서 기본적으로 그간 한국 측에 표명해 온 중화민국 입장(양국 간 특별한 관계, 이중승인에 대한 기대, 주한대사관 재산권 유지 등)을 재천명한 것이었으나, 핵심은 한중 수교에 대한 비난 입장과 함께 양국 외교당국 간의 마지막 공식 협의가 된 5월 9일 노창희 차관과 자신의 면담을 환기시키면서 미래관계에 대한 입장 전달이며, 구체적으로 미국, 일본, 사우디 예를 들어 최소한 그간의 비공식관계 방식보다는 격상된 관계, 예를 들어 외교관계와 비공식관계 사이의 준공식관계까지 염두에 두고 있다는 메시지를 전하고자 했다는 것이었다.

| 중화민국 내 동향과 대사관 대응 |

19일(화) 오전부터 대사관으로 시민들의 항의 전화가 쇄도하고 수시로 계란 등이 투척되기 시작했다. 19일 오후부터 대사관은 비상근무 체제에 돌입하고, 중화민국 정부 동향에 주목하면서, 일단 단교에 대비하여 교민 보호가 우선이라고 판단하여 교민회, 한국학교, 코트라, 관광공사와 주재 상사, 유학생 대표에게 긴급 연락하여 외출 등을 삼가 하고 행동과 처신에 주의해 달라고 요청하고 특이 사항이 있으면 대사관으로 연락을 달라고 당부하였다.

대사관과 대사 관저로 대만 언론이 지속적으로 전화 문의 등으로 접촉해 와서 외무부 본부에 대응지침을 요청한 데 대해서는, 본부로부터 별도 지시가 있을 때까지 "아는 바 없다", "논평할 수 없다"는 선에서 대응하라고 지침이 내려왔다. 저녁 8시 30분경 대사관을 폭파하겠다는 협박 전화가 걸려 와 타이베이시 경찰국에 긴급 협조를 요청하였으며 중화민국 관계기관과 비상연락체계를 구축하였다.

중화민국 정부는 한국과의 단교가 현실로 다가옴에 따라 국내 대책에 부심했다. 19일 오후 대만 라디오, TV 뉴스는 첸푸 외교부장이 주요 입법위원을 외교부로 초치하여 한·중공 관계 개선 현황을 설명하고 관련 대책을 협의했다고 하고 이후 첸 부장은 언론에 대해 한·중공관계에 구체적인 진전이 있는 것으로 보인다고 설명하였다고 보도하였다.

첸 부장은 자신의 회고록에서 19일 오후 4시 반에 입법원장, 부원장, 각 정당 대표 및 외교위원회 위원 등 주요 입법위원을 외교부에 초청하여 한·중화민국 관계 현황을 보고하였다고 하면서, 입법 위원들이 가장 중시했던 문제는 주한대사관 재산 문제와 이중승인 가능성이었다고 하고, 주한대사관 재산 계속 보유 문제에 대해서는 1년 전에 한국 측에 교환방식을 제의했으나 한국 측이 아무런 반응이 없었으며, 외교관계 유지(이중승인) 문제에 대해서는 과거 1번 한국 측에 제의한바 있으나 한국 측은 시종일관 중공과의 관계 개선에 진전이 없다는 입장이었다고 설명하고 상기 2개 문제에 대해 계속 노력해 나가겠으나 실현 가능성은 크지 않다고 보고하였다고 기술하였다.[165]

주한대사관부지 문제에 관해서는, 한국 측이 지난 2월 "한국 정부는 개입하지 않는다"는 공식 입장을 주한대사관 측에 전달한 이래, 중화민국 측이 제기할 때마다 일관된 입장을 전달했음에도 불구하고 중화민국 정부는 단교 후까지도 한국이 자신들의 요청에 끝까지 대응하지 않았다고 국내적으로 설명해 나간다. 국내 정치상 그런 대답으로 대사관 재산에 대한 정치적 책임을 피해 가려 했던 것으로 보였다. 이중승인과 관련하여 한국 측에 대한 1회 제기는 5월 9일 장샤오옌 차장이 노창희 차관 면담 시 언급을 의미하는 것이었다.

이러한 첸푸 부장의 입법위원과 언론 매체에 대한 적극적인 설명과 관련, 당시 『중국시보』 주리시(朱立熙) 주필은, "중화민국 당국이 청천벽력과 같은 단교 소식을 먼저 발표한 것은 과거의 단교 사례와 확연히 달랐으며 단교 소식이 타이베이로부터 서울 외신 매체로 타전 되면서 모두가 사실 확인에 나서게 되었으며, 첸 부장이 국민의 공분을 일으키려고 한국을 비난하고 여론에 기대어 자신의 외교 실정(失政)에 따른 잘못과 책임을 떠넘기려 했다"고 하면서, "첸 부장 개인적으로는 미국 예일대학 박사논문이 '한미통상조약 체결과정에서 청조(淸朝)의 역할'이었는데 시종일관 대중화우월의식(大中華優越意識), 즉 종주국과 속국이라는 인식을 갖고 있어 속국으로부터의 배신은 받아들일 수 없었기 때문에 단교 책임을 모두 한국에 돌림으로써 반한 의식을 조장하려

---

165 위의 책, 266쪽.

했다"고 분석하였다.[166]

오후 7시 주요 3개 TV사는 주한중화민국대사관 측에 의하면 한·중공 간 금일 북경에서 수교협약초안에 서명하였다면서, 중공 측 요구는 '하나의 중국' 원칙 인정, 대만과 단교, 대만대사관부지 인계, 중공 측에 대규모 차관(최소한 20억 불) 제공 등 4개 조건이었다고 보도하였다. 이러한 보도가 외신을 통해 전파되어 8월 20일(목) 한국 조간에도 보도됨에 따라 외무부는 외무부당국자 논평을 통해 "한중 양국 간 수교 문제와 관련하여 타이베이 발 외신을 인용하여 일부 언론에 보도된 내용은 사실이 아니며 더욱이 우리 정부가 중국 측에 20억 불 차관을 제공한다는 보도는 전혀 사실무근으로서 있을 수 없는 일"이라고 발표하였다.[167]

경제협력제공설은 중화민국 정부 내부적으로는 상당히 근거가 있다고 믿었으며, 단교 후에도 한국 민주당대표단 방문, 고위사절단 방문 시까지도 첸푸 부장, 진수지 대사 등 중화민국 정부 인사가 한국 측 인사에게 자신 있게 표명하면서 유감을 전달하였다. 진수지 주한대사가 귀임 전 단교 과정에서 한국의 믿을 만한 소식통에게서 들었다는 얘기를 나중에 간접적으로 들었다.

당시 한·중공 수교의 소위 4대 조건에 관해 8월 20일 홍콩언론에서도 크게 보도하였는데 대만계 『성도일보』는 동 기사와 함께 「중공·남한 수교의 이득」 제하의 사설에서 한중 수교는 동북아 국제정세에 유리하고 북한의 남침과 호전 태도를 억제하고 한국의 통일에 도움이 될 것이며, 중공이 남한과 수교 시 북한과 단교하지 않을 경우 앞으로 대만의 국제적 승인 쟁취 등 실질외교 추진에 유리하다고 논평하였다.

---

166 주리시 전 주필은 2013년 12월 28일 한국외국어대학교 대만연구센터가 주최한 "중국대륙의 신 국면과 대만 한국관계" 제하의 대만, 한국학자 전망 간담회에서 「문화외교의 관점에서 본 대만의 반한 정서에 대한 연원과 그 대책」을 발표하면서 동 내용을 피력하였다.
167 이상옥, 앞의 책, 224쪽.

| 8월 20일 대만 언론 보도 |

20일부터 대만 모든 언론의 조간과 석간은 한국과의 관계, 한중 수교 동향을 중점으로 지면을 크게 할애하여 보도하기 시작했다. 20일에는 중화민국 정부 동향을 상세히 보도하면서 한국대사관 앞 시위 상황을 사진과 함께 계란 투척, 태극기 소각, 한국 비난 포스터 부착 등 구체 내용을 크게 보도하고, 장샤오옌 외교 차장의 박 대사 면담 사실 역시 사진과 함께 크게 다루었다.[168]

정부 고위인사와 전문가 주요 언급 요지를 다음과 같이 보도하였다.

○ 하오보춘 행정원장: 한·중공수교에 강렬한 불만을 표시하고 국민의 정부 대응 지지를 촉구하면서 한국과 교섭 시 국가 위상에 손상입지 않도록 노력할 필요가 있음.[169]

○ 장옌스 총통부 비서장: 양국 단교 후 대한국 경제우대 조치에 큰 영향을 미칠 것이며 국가건설6개년계획에의 한국기업 참여 기회도 감소할 것임.[170]

○ 첸푸 외교부장: 옛 친구를 저버리는 한국의 불의 처사에 분노를 느끼며 한·중공 수교 시 사의 표명 예정.[171]

○ 장샤오옌 외교부차장: 한·중공 간 수교성명초안 서명은 분명한 사실이며, 한국 외무부 측의 동 사실 부인은 이해할 수 없는 처사임.

○ 샤오완창 경제부장: 양국 단교 후에도 민간경제무역 협력관계는 지속되기를 희망하며 특히 사우디의 경우와 같이 각료급 회담을 차관급 정도로 격하시켜 유지하는 것이 바람직함.[172]

○ 저우젠(鄒堅) 국책고문(전 주한대사): 양국 단교는 매우 유감이나 중화민국으로서는 그간 양국 관계 유지에 최대한 노력을 해 오면

---

168 『연합보』, 1992년 8월 20일; 『중국시보』, 1992년 8월 20일; 『자립조보』, 1992년 8월 20일; 『중앙일보』, 1992년 8월 20일; 『연합만보』, 1992년 8월 20일; 『자립만보』, 1992년 8월 20일; 『중시만보』, 1992년 8월 20일.
169 『자립조보』, 1992년 8월 20일, 2면.
170 『중시만보』, 1992년 8월 20일, 2면.
171 『중국시보』, 1992년 8월 20일, 2면; 『자립만보』, 1992년 8월 20일, 2면.
172 『자립만보』, 1992년 8월 20일, 2면.

서 심리적 준비를 왔기 때문에 단교의 영향은 크지 않을 것이며 중공이 중화민국의 국제사회에서의 활동공간을 허용하지 않은 상황에서 중화민국의 니제르와의 외교관계 회복 등이 중공의 한국과의 조기 수교 결정에 영향을 미쳤을지도 모르며, 주한대사관 재산 확보는 이미 늦었다고 생각함.[173]

○ 린비자오(林碧炤) 정치대학 국제관계연구소장: 중국대륙의 대대만 외교봉쇄 정책방향이 변하지 않아 한국의 이중승인과 주한대사관 재산 보호는 거의 불가능할 것으로 전망.[174]

○ 린츄산 문화대 교수: 한·중국대륙수교는 한국의 기본 외교정책 방향으로서 철회가 불가능할 것이며 단교의 영향은 정신적, 상징적 영향이지 실질적 영향은 크지 않을 것이라고 전망하고 한국 국민들이 한·중공 수교를 찬성한다 할지라도 중화민국과도 계속 양호한 민간 및 경제협력 관계를 여전히 희망하고 있으므로 향후 협상의 여지를 남기는 것이 중요함.[175]

8월 20일 『연합보』는 여론조사 결과, 한·중공 수교 시 대응과 관련, 과반수가 이중승인을 원하나, 한중 수교로 인한 한국과의 단교 시 영향에 대해서 50%가 "그리 엄중하지 않다"고 답변했다고 보도하였다.[176] 같은 날, 『중시만보』는 여론조사에서 51%가 "남한이 그간 중화민국에 우호적이지 않았다"고 답하였으나, 61%가 "양국 간 외교관계 유지가 여전히 중요하다"고 답하고 53%가 "단교 되더라도 대만의 국제 지위에 영향이 없을 것"이라고 답했다고 보도하였다.[177] 한편 한·중공 수교의 대만에 대한 충격은 한계가 있을 것이라는 각계의 의견을 전하면서 대만독립을 지지하는 재야세력은 '하나의 중국' 정책을 포기하라고 촉구하였다고 보도하였다.

---

173 『중국시보』, 1992년 8월 20일, 4면.
174 『경제일보』, 1992년 8월 20일, 3면.
175 『청년일보』, 1992년 8월 20일, 3면.
176 『연합보』, 1992년 8월 20일, 1면.
177 『중시만보』, 1992년 8월 20일, 2면.

5) 장샤오옌 외교차장, 박노영 대사 2차 면담(8월 20일)

8월 19일(수) 오후 늦게 중화민국 외교부로부터 장 차장이 다시 박 대사를 20일 오전 11시에 면담하겠다고 연락이 왔다. 본부에 지침을 달라고 요청했더니 20일 오전 9시 반경 "상대 측 언급내용을 본부에 보고하겠다"는 선에서 대처하라고 지시가 왔다.

20일(목) 아침 7시경부터 대사관 정문 앞에서 입법위원후보 자오사오화(趙少華) 등 30여 명은 연좌 시위를 벌이고 대사관에 계란투척, 태극기소각 등 항의시위를 하고, 항의서를 대사관 직원에게 전달하고 10시경 해산하였다. 다수의 기자들이 대사관 앞에 상주하기 시작했다.

박 대사는 10시 50분경 외교부에 도착하여 대기중인 많은 기자들의 질문에 대답없이 접견실로 들어 가서 장 차장을 만났다. 장 차장은 정부의 지시로 다시 박 대사를 초치했다고 하면서 중화민국 정부입장을 다음과 같이 표명했다.

○ 한국 정부가 중공과의 관계 정상화 과정에서 취한 방법 및 행동에 대해 재차 항의하여 불만을 전달하며 한국 외무부가 한·중공 수교 사실을 부인하고 있는 데 대해 이해할 수 없으며 매우 불쾌함.

○ 중화민국 정부는 한국 정부가 다음 3개 사항에 대해 입장을 조속 알려 줄 것을 요청함.

① 한국과 중공 간 수교일시 및 공표일시를 조속 알려주기 바라며, 이는 중화민국의 권리라고 생각함.

② 한국 정부는 미래의 대중화민국 관계정립과 관련, 이미 구상이 있을 것인 바 이에 대해 한국 측 입장 설명을 요청함. 일부 보도에 의하면 한·중화민국 간에는 단교 후 사우디 방식에 따르기로 이미 합의하였다고 하나 이는 완전히 불명확한 소식임. 중화민국 측은 절대로 사우디식은 받아들일 수 없으며, 기본적으로 '중화민국 대표단'이라는 명칭이 없는 한 어떠한 형태든 결코 고려하지 않을 것임.

③ 중화민국 측은 어떠한 상황이든 주한대사관 재산을 확보할 것임.

○ 이상옥 장관과 진수지 대사 간 면담에서도 명확히 드러났으며 중화민국 측이 유관 채널을 통해 탐문해 바에 의하면 한·중공 간 이미 수교에 관한 모종의 합의가 이루어진 것이 사실임에도 불구하고, 한국 측이 이를 계속 부인해서는 안 될 것인 바, 리덩후이 총통을 비롯한 정부 인사들로서는 한국 측의 대응방식은 완전히 잘못된 것이며 매우 불만스러워 받아들일 수 없는 것임.

○ 한국 측이 중화민국과의 관계에 있어서 2개(정치적 관계와 경제적 관계를 의미)를 다 얻을 수 없을 것임을 다시 한번 강조하는 바, 상술 3개 사항에 대해 한국 측이 만족스러운 입장을 조속 알려 줄 것을 요청하며, 그렇지 않을 경우에는 강력 대응할 것임을 경고함.

이에 대해 박 대사는 장 차장의 언급내용을 바로 본국에 보고하겠다고 하고, 자신으로서는 한중 관계 동향에 대해 본국 정부로부터 특별히 들은 것은 없으나 금일 오전 방금 전에 한국 외무부가 "한중 수교 문제에 관한 타이베이발 외신을 인용하여 일부 언론에 보도된 내용은 사실과 다르며 더욱이 한국 정부가 중국대륙 측에 20억 불 차관을 제공한다는 보도는 전혀 사실무근으로서 있을 수 없는 일"이라고 밝혔다고 전하고, 자신은 "한중 관계 개선이 어느 정도 진전됐는지 모르나, 오늘 아침 외무부 당국자 논평으로 보아 한중 수교문제에 대해 아직 발표할 단계는 아닌 것 같다"고 개인적으로 추측한다고 말하였다.

이에 대해 장 차장은 박 대사는 한국 정부의 대표인 주중화민국대사로서 한·중공 관계의 진전 사항을 이해하고 파악해야 할 것이라고 언성을 높이면서, 한국 측의 방식과 태도는 완전히 잘못되고 도리에 어긋나 극도로 불만스럽다고 다시 언급하였다.

그간 항상 정중하게 대하던 장 차장은 박 대사가 "상황을 잘 모른다"

고 말하는 데 대해 답답한 마음을 숨기지 않고 박 대사를 계속 추궁하였으며 박 대사는 더 이상 대응할 수 없었다. 배석한 내가 난감하고 곤혹스러운데, 박 대사의 심경이 어떠했을지 헤아릴 수가 없었다. 11시 30분 면담 종료 후 박 대사는 기다리던 기자들의 질문 세례를 뒤로 하고 외교부를 나섰으며 대사관 앞에서도 기자들이 역시 진을 치고 있어 대사관 정문에서 하차하지 못하고 대사관 관내 마당으로 진입해 하차할 수 있었다.

첸푸 부장의 회고에 의하면 "8월 20일 오전 행정원회의에서 이상하게도 중공과 남한이 모두 공개적으로 (수교를) 부정하고 있지만 이상옥 장관이 진수지 대사에게 앞으로 중공과 수교할 것임을 공식적으로 표명했다고 보고했으며, 하오보춘 행정원장은 '한국 사람은 정도 없고 의리도 없으며 오직 이익만 추구하며 그간 수년 이래 부단히 우리를 기만해왔는 바, 양국 간의 경제무역 및 항공 등 업무를 중단하는데 나는 전혀 주저하지 않는다'고 말하였다"고 한다.[178]

중화민국 정부가 8월 20일부터 한국과의 단교를 기정사실로 인식하고, 한국에 대한 구체적 보복조치에 대한 각료회의에서의 결정을 시사하는 대목이다. 8월 21일 대만 언론 보도에 의하면, 하오보춘 행정원장은 20일 행정원 회의 자리에서 "한·중화민국 관계의 변화는 결코 뜻밖의 일은 아니나 양국 관계는 독특한 역사적 의의를 지니고 있는데 중공과의 수교는 옛 친구를 저버리는 행위로서 국제정의와 국제조류를 위반하고 한국의 건국원칙과 국가이익에 부합하지 않으므로 강력한 불만을 표하며, 양국 관계의 변화는 중화민국의 장래에 큰 영향을 미치지 않을 것이며 중화민국은 경제와 민주화를 발전시키고 양안 간 교류를 계속 추진함으로써 중국대륙에 평화적인 변화를 촉구해 나가자"고 언급하였다.[179]

---

178 첸푸, 앞의 책, 267쪽.
179 『자립조보』, 1992년 8월 21일, 2면.

| 외무부, 대사관에 한중 수교로 중화민국과 단교 예정 통보 |

박 대사가 20일 오전 11시 30분 장 차장과의 면담 종료 후 정오 직전에 대사관으로 돌아오니, 외무부로부터 박 대사 앞으로 친전 전보가 와 있었다. 한중 수교 예정이며 이와 관련 참고 및 지시 사항은 명일 21일 (금) 외교행낭 편으로 보낸다는 것이었다. 또한 대사관이 8월 19일 오후부터 이미 시작한 교민 보호 조치의 지속적 시행과 함께, 공관과 공관 직원에 대한 경비 및 신변 보호를 위한 조치를 중화민국 외교부와 타이베이시 경찰국 측에 요청하라고 지시하였다. 아울러 한중 수교 후에도 주한 화교들의 체류 자격 부여 및 입국 사증 발급은 당분간 현행대로 시행할 것이며, 대만 당국에 우리 교민에게도 동일한 조치를 취해 줄 것을 요청할 예정이라고 알려 왔다.

박 대사는 바로 직원회의를 열고 자신이 예측했던 시점보다 단교가 빨리 왔다는 소회를 밝히면서 우선 교민과 대사관 직원 가족의 안전이 우선이니 중화민국 당국과 협조 체계를 바로 구축할 것을 지시하고 직원들의 단합으로 위기 상황을 슬기롭게 극복하자고 독려하였다. 영사과에 24시간 가동하는 교민들의 상담 접수 창구를 개설하고, 각 소관 업무와 관련된 중화민국 동향을 파악하여 본국에 상시 보고하도록 하고 특히 경제제재 등 보복 조치 가능성에 대비하여 코트라, 관광공사 및 주재 상사와의 연락하면서 대비하기로 하였다. 바로 교민회장, 코트라 관장, 유학생 대표를 대사관으로 초치하여 외출자제, 언행조심 등 주의를 환기시키고 비상 연락망을 가동키로 하였다. 민병규 공사와 나는 바로 박 대사의 조기 귀임 준비를 시작하고 대만 언론과 한국 언론에 대한 단교 전후의 예상 질의 답변을 대사관 차원에서 작성하여 대응하기 시작했다.

6) 이상옥 외무장관, 진수지 주한대사 2차 면담(8월 20일)

그날 오후 이 장관은 진수지 주한대사의 요청에 따라 오후 4시부터 20분간 롯데호텔에서 진 대사와 면담하였다. 진 대사가 18일 이 장관 면담 결과를 본국에 보고한 후, 상황이 다급함을 알고 19일 오후에 다시 외무부장관 면담을 요청하여 성사된 것이다.

8월 20일(목) 저녁 늦게 외무부에서 동 면담 내용을 참고하라고 대사관에 알려 왔다.

20일 오전 11시에 장샤오옌 차장이 박 대사에게 이미 전달한 3가지 요청 사항과 관련, 진 대사는 중화민국 측 입장을 다시 이 장관에게 전하면서 이에 대한 한국 입장을 조속히 알려 줄 것을 요청하였다. 이 자리에서 이 장관이 처음으로 한중 수교 후 중화민국과는 '최고 수준의 비공식관계' 수립을 명시적으로 표명함으로써 사실상 단교를 통보하였으며 단교 이후 미래관계 수립에 관한 양측 입장이 일차적으로 확인되었다. 물론 이 장관은 '비공식'에 방점을 둔 것이나, 진 대사는 '최고 수준의 관계'에 방점을 두고, 국호 사용과 대사관재산권 유지를 주장함으로써 기본적인 입장 차이가 드러났다.

진 대사는 본국 정부의 훈령에 따라 면담 요청을 하였다고 하고 8월 18일 이 장관의 설명과 관련하여 한중 수교를 언제 공식 발표할지 알려 줄 것과 대비를 위해 충분한 시간적 여유를 두고 사전 통보해 줄 것을 요청하였으며, 이에 대해 이 장관은 외교 경로를 통한 조정이 잘 이루어지면 수일 내 북경을 방문할 가능성이 있다고 밝히고, 그럴 경우 사전에 진 대사에게 통보하겠다고 언급하였다. 아울러 이 장관은 한중 간 관계 정상화가 이루어지더라도 국제법과 국제관례를 고려하여 한·중화민국 관계를 유지할 것이며, 우리로서는 최고 수준의 비공식관계가 되도록 노력할 것이라고 말하였고, 이에 대해 진 대사는 최고 수준의 관계라고 할 경우, 최소한 2개 조건이 충족되어야 할 것이라면서 ① 중화민국을 대표하는 기관이 '중화민국'의 정식국호를 사용해야 하며, ② 현재 중화민국대사관은 중국대륙 측에 이양하지 않고 계속 사용하도록 해야 할 것이라고 말하였다. 이에 대해 이 장관은 교섭이 진행 중인 현 단계에서 입장을 밝힐 수는 없으며, 진 대사가 언급한 요지는 유의하겠다고 밝힌 후, 수일 내에 북경 방문 및 구체적 진전 사항에 관하여 진 대사에게 통보할 수 있기를 기대한다고 언급하였다.

이날 진 대사는 중화민국과 국교가 없는 나라에서 '중화민국' 명칭을 사용한 대표처 일람표를 이 장관에게 전달했다. 외무부가 확인해 본 결과, 그중 많은 경우 상대국과 공식 합의한 것이 아니라 중화민국 측이 일방적으로 사용한 것으로 파악되었다고 한다.[180]

| 주재국정세 및 대사관 의견보고 |

8월 10일(월) 한국 측의 일방적인 한중경제각료회담 연기 통보 조치 이후, 일련의 동향이 심상치 않게 돌아가고 외무부 동북아2과 직원들과의 업무 협의도 예전과 분위기가 달라진 느낌을 갖기 시작하면서 나는 나름대로 단교 시 대책을 우선순위를 정해 강구하기 시작했고 중화민국 동향을 정리하고 있었다. 8월 20일(목) 외무부 본부로부터 한중 수교와 한·중화민국 단교 결정을 처음으로 공식 통보를 받고 박 대사 주재 회의를 마치고 박 대사의 장샤오옌 차장과의 20일 오전 면담 결과를 서울에 보고한 후, 밤 늦게까지 다음과 같은 정세 보고서를 작성하였다. 8월 21일(금) 아침 일찍 민병규 공사와 박 대사에게 보고하고, 오전 10시

---

180 이상옥, 앞의 책, 226쪽.

박 대사의 장 차장과의 3번째이자 마지막 면담을 위해 대사관을 출발하기 전에 서울에 보고하였다.

중화민국 동향, 예상되는 중화민국 대응조치 및 대사관 의견 순으로 보고하였다.

(1) 중화민국 동향

○ 주재국 정부는 한·중공 간 수교가 임박했다는 인식하에 당정 협의, 입법위원, 학계전문가에 대한 상황 설명과 언론 대책에 부심하고 있는 바, 국내적으로는 오는 12월 입법위원 선거를 앞두고 대한국 관계변화가 정부 외교 비판, 민진당 등 재야세력의 대만 독립 주장에 명분을 제공할 가능성을 우려, 정국 안정에 부정적인 영향을 최소화하려고 노력하고 있음.

○ 국내 일각에서 대한국 보복조치 주장 등 감정적인 반응도 분출되고 있으나 전반적인 분위기는 예상된 사태가 온 것이라는 현실적인 인식하에 한국과 관계조정시 실질적인 이익을 확보하는 것이 바람직하며 이러한 맥락에서 주한대사관 재산 처리 및 관계 변화 후 대표사무소의 형태에 관심이 모아지고 있음.

○ 동 배경으로는 주재국이 탄성외교하의 공식관계 유무에 구애 없이 실질적 대외관계 실적 축적, 중국 양안 교류 확대 추세에 따른 대만해협 정세 안정화, 경제중심사회에서 국민의 외교에 대한 관심 저조 분위기하에서 대한국 관계 변화가 주재국 안보상황이나 경제이익에 큰 영향이 없으며, 한·중공 간 관계 개선 과정이 그간 상당 기간 진행됨에 따라 이는 시간문제라는 인식이 어느 정도 정착화되었기 때문이라고 분석됨.

(2) 예상되는 중화민국의 대응조치

○ 현 단계에서는 우리 정부를 비난하는 수준에서 대응할 것이나 한·중공 수교 이후에는 한·중공 간 수교 합의 내용('하나의 중국' 원칙하에 대만 규정 여하, 주한대사관 재산 처리 문제 등) 및 우리의 대중화민국 관계 설정 구상에 따라 대응조치의 강도를 조정할 것으로 예상됨.

○ 주재국 일부 국민들이 감정적 차원에서, 한국상품 불매운동, 반한 시위 등 한국 배척 분위기는 당분간 고조될 것으로 보이며, 정부 차원의 조치로서는 ① 경제통상 교류 제한, ② 주재국 내 아국 국유 재산 동결, ③ 교민, 상사원 체류자격 제한 등 차별 대우, ④ 유학생 등 인적교류 시 제한 등을 상정할 수 있음.

○ 주재국 정부는 한·중공 수교 직후 아국에 대한 불만 표시 및 국내 여론을 고려, 가시적 조치(예: 한국기업의 국제입찰 제한, 자동차 쿼터 적용 중단 등)를 일단 발표할 가능성이 있을 것으로 보이며, 이후 양국 간 관계조정 협의과정에서 주한대사관 재산 처리문제 및 대표사무소 형태에 관해 주재국 입장이 어느 정도 수용되지 않을 경우에는 국민 감정을 배경으로 대응조치를 강구해 나갈 것으로 보임.

○ 다만 주재국 내에서는 아국과 실질 협력관계를 계속 유지해야 할 필요가 있고 양국 간 전반적인 교류 수준으로 볼 때, 제재 조치의 실효성에 의문을 제기하는 의견도 적지 않은바, 정부로서는 이러한 여론의 동향도 고려하려 대처할 것으로 예상됨.

(3) 대사관 의견

○ 중화민국과의 역사적 특수성, 그간의 우호 협력관계 및 한·중공 수교 이후에도 실질적 협력관계 유지 필요성을 고려, 주재국의 국민 감정 및 체면을 중시하는 중국인의 특성을 충분히 감안하여. 적어도 의전, 절차 면에서는 주재국 요청사항을 최대한 배려할 필요가 있을 것임.

○ 아울러 주재국 정부와 국민은 단교는 이미 기정사실로 받아들이고 미래의 양국 관계정립에 관심을 표명하고 있는 바, 수교 후 후속 조치를 우리 측이 주동적으로 진행시켜, 주재국 국민의 반한 의식을 희석화하고 당지에서의 아국 권익(교민 체류 조건, 경제 이익 등)을 보호하는 것이 바람직할 것으로 사료됨.

결과적으로 이 보고서는 21일(금) 한국 측이 중화민국 측에 정식으로 단교를 통보한 날, 외무부에 보고한 셈이 되었다. 이미 본국 정부가 대외 보안을 최우선시하여 현지 대사관과의 일체 사전 협의 없이, 단교 후 대중화민국(대만) 정책이 수립되고 정책 시행 방향도 기본적으로 정해진 상황이었다.

| 8월 21일 대만 언론 보도 |

21일(금) 대만 언론 조간은 일제히 한중 수교 동향 및 한국의 대중화민국 조치에 대해 1면 톱기사, 사설, 해설 등을 통해 집중 보도하였다.[181] 대사관 앞 시위 장면, 시위대 대표의 대사관에 항의서 전달 및 장샤오옌 차장과 박 대사 면담 사진 게재와 함께 주로 한국에 대한 경제제재 조치 주장 등 비판적인 논조의 기사가 대부분이었으나, 한중 수교 후 중화민국의 실리적 대비책 수립을 촉구하는 현실적인 대응에 관한 주장도 보도하였다.

『중국시보』는 1면 톱 기사로 8월 20일 북경 특파원 기사로 북경 외교관계 인사가 "한국 이상옥 외무장관이 8월 23일 북경을 방문한 후 첸치천 외교부장과 정식으로 수교성명을 서명할 예정"이라고 밝혔으며 북경주재 북한 대사관원은 북한은 이미 한중 수교 사실을 통보 받았으나 시간표는 모른다고 언급했다고 보도하였다. 이어 동 신문은 별도 기사에서 중화민국 외교부로부터 한국·중화민국 관계의 변화 가능성에 관한 소식이 전해진 지 이틀 동안 사회 각계의 반응이 상당히 평온한 바 이는 일본, 미국과의 단교 이후 대외관계에 있어서 충격에 내성이 생겼으며, 국내 사회의 민주화와 개방화, 그리고 지난 10여 년간 한국과의 관계에서의 여러 풍파로 위기에 심리적으로 정면 대응할 준비가 되었기 때문이며, 한국대사관 앞에 일본, 미국과의 단교 때와는 달리

---

181 『중국시보』, 1992년 8월 21일; 『연합보』, 1992년 8월 21일; 『자립조보』, 1992년 8월 21일; 『중앙일보』, 1992년 8월 21일; 『경제일보』, 1992년 8월 21일; 『공상시보』, 1992년 8월 21일; 『민중일보』, 1992년 8월 21일.

지난 이틀간 대규모 군중의 격정적으로 분노하는 시위가 없었다는 사실에서 알 수 있다고 보도하였다.[182]

그러나 21일 석간부터는 이상옥 장관의 방중과 수교성명 서명계획 등을 1면 톱 기사로 다루면서 한중 수교가 임박하였다고 보도하고 일부 언론 조간이 보도한 냉정한 대응을 촉구하는 기사는 사라지고 한국에 대한 비판 기사가 주를 이루었다.

주요 인사 발언을 다음과 같이 보도하였다.

○ 리덩후이 총통: 한국과의 단교가 무실외교(務實外交) 및 '하나의 중국' 원칙에 영향을 줄 수 없으며 단교는 현실적 이익측면보다는 전통적 우의가 단절된다는 명분적 의미가 강함.(석간)

○ 하오보춘 행정원장: 한국과의 관계에 변화가 생겨도 중화민국의 앞날에 영향이 없으나 한국과의 엄정한 교섭을 통해 국격과 국가 존엄성에 손상이 없도록 추진하고, 경제와 민주발전을 위한 국민 단합과 노력을 촉구함.[183]

○ 첸푸 외교부장: 노태우 대통령이 임기 내 북방정책 완성을 서둘렀다고 하면서 한·중공 수교는 다음 주 발표될 가능성이 가장 크며 늦어도 9월 중순까지는 발표될 것으로 예상하고, 중공이 제시한 수교 4대 조건(한국의 50억 불 차관 제공 포함)[184]은 유사 이래 대만에 대해 가장 나쁜 조건임. 한국과는 실질 협력관계를 계속 유지할 것이나 불만 표시를 취해 단호한 제재 조치를 취할 것임. 중화민국의 니제르 복교가 중공을 자극해서 한국 수교로 보복했을 가능성이 확실히 있으나 외부에서 이를 두고 외교부를 비난해서는 안 된다고 생각함. 왜냐하면 중공은 중화민국의 수교 노력에 반드시 보복을 하기 때문임. 외교부장 취임 이래 3개 나라와 수교했는데 니카라과는 공을 들여 수교했고, 니제르와 중앙아프

182 『중국시보』, 1992년 8월 21일, 1면-2면, 10면.
183 『연합보』, 1992년 8월 21일, 1면; 『자립조보』, 1992년 8월 21일, 2면.
184 4대 조건이란 단교, 조약 폐기, 대사관 철수, 한국의 대중국 경제협력 제공을 의미하며 8월 18일 이상옥 장관과 진수지 대사 면담 후, 진 대사가 그간 자체적으로 정보를 수집, 분석해 첸푸 외교부장에게 보고한 수교 조건으로 보인다. 물론 경협 제공 조건은 없었다.

리카는 그들이 찾아와서 수교하자고 하여 이를 받아들여 수교를
한 것이었고 결국 중공을 자극하게 되었음.[185]

○ 황쿤후이(黃昆輝) 행정원 대륙위원회 주임위원: 한국과의 외교관
계 변화로 양안 간 민간 교류 완화 조치를 축소할 필요는 없으며,
다만 중공의 비우호적인 조치로 대만지구 민중의 반감을 살 것이
며 대의 통일에 대한 바램에 영향을 미칠 수 있을 것임.[186]

○ 마잉쥬(馬英九) 행정원 대륙위원회 부주임위원: (8월 20일 대륙
측 민간운송관계자 면담 시 언급) 중공의 한국과의 수교가 대만
당국의 대대륙 정책의 속도에 직접적인 영향은 줄 수 없음.[187]

○ 샤오완창 경제부장: 단교 후 자동차 수입쿼터, 국가건설6개년계
획에의 한국기업 우선참여 등 우대조치 지속은 어려울 것이며 한
국 측이 단교 후에도 대만의 GATT 가입 문제에는 반대하지 않
을 것으로 예상함.[188]

○ 경제부 국제무역국: 구체적인 대응조치는 외교정책과 연계하여
야 하나 중화민국이 GATT 가입을 목전에 둔 상황에서 과도한
대한국 규제 조치 시행은 곤란하다는 입장.

○ 젠유신(簡又新) 교통부장: 민항국 국장의 단항 가능성이 희박하
다는 발언을 부인하면서 한·중화민국 간 항공노선은 한국 측이
이해 관계가 크므로 외교부의 협상 카드로 남겨 놓겠음.[189]

○ 입법원: 북한카드 활용 및 실리적 외교활동 무대 확대 노력 촉구,
방한 대표단 추진, '하나의 중국' 정책 포기 촉구.[190]

『자립조보』는 외교부 관원이 한·중공수교 조건으로 한국이 50억 불
차관을 약속했다고 말했다고 보도했다.[191] 일부 언론에서는 외교부가 사

185 『중국시보』, 1992년 8월 21일, 2면; 『자립조보』, 1992년 8월 21일, 1면-2면.
    첸푸 부장의 동 발언은 8월 20일 학계 언론계 인사들과 간담회에서 한 것이
    며 8월 21일 이상옥 장관이 진수지 대사에게 공식 단교 통보 전까지, 중화민
    국 정부가 한중 수교 계획의 전모를 파악하지 못하고 있었음을 시사한다.
186 『중시만보』, 1992년 8월 21일.
187 『연합보』, 1992년 8월 21일, 1면, 3면.
188 『자립조보』 1992년 8월 21일, 5면; 『중앙일보』, 1992년 8월 21일, 3면.
189 『연합보』, 1992년 8월 21일, 3면. 한국에 대한 제재 조치와 관련, 실리를 추
    구해야 한다는 경제부, 교통부, 농업위원회 등 경제 관련 부처의 초기 유화적
    입장이 외교부의 강경 자세로 점차 입지가 잃어가고 있음을 시사한다.
190 『중국시보』 1992년 8월 21일, 2면; 『민중일보』, 1992년 8월 21일, 3면.
191 『자립조보』, 1992년 8월 21일, 2면.

우디 모델을 목표로 한 실질관계 수립을 검토 중이며, 이는 사우디의 중화민국 재산권 보호조치와 양자 간 경제각료회의의 차관급 개최 합의가 가능했기 때문으로 분석했다.

7) 장샤오옌 외교차장, 박노영 대사 3차 면담(8월 21일)

8월 21일(금) 한국 국내언론의 조간 역시 1면 톱 기사로 8월 24일 한중 수교 발표 소식을 보도하고 있다는 소식을 접한 후, 박 대사는 오전 10시 외교부에 도착하자마자 밀려오는 기자들의 질문 공세에 대답 없이 접견실에 들어가 장 차장을 만났다. 장 차장은 경직된 표정으로 중화민국 정부 입장을 다시 전한다고 하면서 다음과 같은 입장을 전달하였다.

○ 이상옥 장관의 작일 8월 20일 면담에 대해 먼저 매우 불만스럽다는 입장을 전달하고자 하는 바, 면담 장소가 호텔이었으며, 이 장관이 수일 내 북경을 방문할 가능성이 있다고 말하고, 이를 비밀로 해 달라고 요청하였으나 이는 한국 언론이 이미 보도하였으며, 언론 보도가 오히려 이 장관 통보 내용보다 더 상세함.
○ 양국 간 외교관계가 존재하는 상황에서, 이 장관이 진 대사에게 취한 이러한 방법에 대해 상당히 불만스러우며, 이 장관이 8월 23일 서울 출발, 8월 24일 북경에서 중국대륙 측과 공식문서에 서명한다는 사실을 언론 매체는 인지하고 있는데, 외교관계를 언론 매체를 통해 알게 되고 중화민국 정부에 통보조차 하지 않는 것은 있을 수 없는 일이며 매우 유감스러움. 이러한 상황에서 외교관계는 왜 굳이 필요한 것인지, 대사는 왜 주재하는지도 모르겠음.
○ 금일 이 장관이 진 대사와 다시 만날 예정으로 듣고 있는 바, 오늘 알려 줄 사항을 왜 어제는 알려 주지 않았는지 이해하기 어려우며, 이 장관의 북경 방문과 같은 중요 사항이 수일 전에 결정된다는 것은 상상할 수 없음.
○ 중화민국 정부로서는 이러한 상황을 국민에게 설명할 수가 없으며 국민들이 이러한 한국 정부의 태도를 안다면 반발이 클 수밖

에 없으며 더욱이 외교부로서는 리 총통에게 대한국관계에 대해 보고 할 것이 없는 상황임.

○ 중화민국으로서는 양국 관계에 있어서 매우 중요한 전환 시기에, 중국대륙과의 관계에 대해 사전 협의는 고사하고 통보도 제대로 해 주지 않는 "노태우 정부"에 대해 극도의 불만을 갖고 있음을 강조함. 이러한 "노태우 정부"의 태도는 국제관례에 어긋나며 과거 미국, 일본이 중화민국 정부에 대한 태도보다 더 심한 것이며, 미래의 한·중화민국 관계에 큰 영향을 미칠 수 있으므로 이러한 태도를 바꾸어 주기 바람.

○ 최근 한국 일부 언론매체에서 한국이 중화민국과의 북한과의 교류를 구실로 중국대륙과의 관계 개선을 추진하고 있다고 보도하고 있으나, 이는 완전히 부정확하고 잘못된 것임. 중화민국 내 일부 입법위원, 학자가 대북한 관계 강화 필요성을 강조하고 있으며 정부로서는 이를 저지할 수 없는바, 금후 한국이 중국대륙과의 관계 개선 후에는 우리의 대북한 관계에 대해서 한국 측이 간섭할 수 없을 것임. 현 단계에서 한국 측이 중화민국의 대북한 관계를 구실로 중국대륙과의 관계 정상화한다면 이는 절대로 수용할 수 없으며 사실이 아님을 강조해 둠.

면담 중, 장 차장은 박 대사에게 "언론 매체가 보도하고 있는 8월 24일 한·중공 수교 예정에 대한 얘기는 들어 보았느냐"고 물어 보았으며, 이에 대해 박 대사는 "일부 언론의 관련 보도는 들었으며 구체적 사실 여부는 정식으로 듣지 못한 바 본부에 확인해 보겠다"고 대답하였다.

박 대사는 장 차장 언급 내용을 그대로 본국에 보고 하겠다고 하였으며 장 차장은 면담 말미에 다시 한번 "한국 정부의 태도에 극도로 불만스럽다는 중화민국 정부의 입장을 그대로 보고해 달라"고 언급하였다.

20일 오후부터 21일 오전에 걸쳐, 한국과 중화민국의 대부분 언론이 이상옥 장관의 23일 방중과 24일 한중 수교 공동성명 발표 계획을 보도하고 있는 상황에서, 박 대사는 중화민국 정부에 대해 구체적 사실은 모른다고 대답할 수밖에 없었다. 이후 면담은 10시 반에 끝났다.

| 대사관, 단교 방침 및 대응 지시 접수 |

21일(금) 오후 4시경(서울 시간 5시), 이상옥 장관이 진수지 대사에게 중화민국과의 단교를 정식으로 통보하기 위한 면담을 시작할 때 즈음, 단교 관련 공문을 담은 외교행낭이 대사관에 도착했다. 바로 대사실에서 박 대사, 민병규 공사와 함께 공문을 같이 봤다. 8월 24일 한중 간 대사급 외교관계 수립 발표와 '하나의 중국' 원칙 수용에 따라 8월 24일 중화민국과 단교가 불가피하다는 전제하에 다음과 같이 관련 조치를 진행 중이거나 취할 예정이라고 알려 왔다.

> ○ 8월 21일 오후 5시, 이상옥 장관이 진수지 대사에게 장관의 8월 23일-25일 방중 사실과 수교 발표 내용을 통보하며 첸푸 외교부장에 대한 외무장관 서한을 전달 예정임.
> ○ 8월 24일 단교 후 대만에 대한 조치로서 명동 대사관 재산 동결, 48시간 내 국기하강 및 현판철거 요청, 1개월 내 대사관과 영사관 철수, 비공식관계유지 협상 및 민간사절단 파견 제의, 한중 공동성명 및 정상 발표문(국·영문) 사본 전달 예정임.
> ○ 한중수교 발표 이후 1-2주 내 전직 총리 또는 전직 국회의장을 단장으로 하는 민간사절단을 파견(1992년 9월 1일-3일 검토)하고, 대만과의 비공식관계수립 교섭을 위해 외무부 본부대사를 파견(9월 7일-9일 검토)하여 민간대표부 교환, 정부 간 협정의 민간협정으로의 전환 문제 등을 협의하여 단교 후 1개월 내 교섭을 완료할 예정임.
> ○ 대사관에 대한 지시 사항으로는 예상되는 대만의 대응조치 파악, 공관원 및 교민 신분 안전 및 재산 보호대책을 마련하여 대만 정부에 대한 요청 등을 즉시 시행하고 본부 보고, 단교 후 72시간 내 대사 귀국, 민병규 공사 이하 직원들은 1개월 내 민간 형식의 대표부 설치될 때까지 잔류함.

아울러 한중 수교 문제는 대외적으로 공개될 경우, 북한과 대만으로부터의 조직적인 방해가 예상되었기 때문에 부득이 극비로 추진할 수밖에 없었으며, 따라서 대사에게 사전에 충분한 내용을 알려 줄 수 없었음을 이해하기 바란다는 내용도 있었다.

그간 양국 관계 동향 및 언론 보도를 보아, 대사관으로서 짐작되었던 상황이며 대사관이 이미 알아서 조치 중인 사항들을 나열하여 새삼스러울 것은 없었으나, 우선 단교 후 3일 내 대사 귀임은 바로 구체 계획을 세워야 했다.

박 대사 이하 모든 직원이 가장 놀랬던 사항은 단교 후 1개월 내 비공식관계 합의 목표였다. 직원들 간에는 앞으로 전개될 예측하기 어려운 비정상적이며 불안한 상황을 한 달만 참고 견디면 된다는 일말의 희망을 준 것도 사실이지만, 모두들 그간 본국 정부가 중화민국 측에 대응해 온 여러 행태로 보아 여전히 중화민국을 경시하고 우습게 보고 있다는 데 의견이 모였다. 모 직원은 40년 이상 살아온 부부가 어느 날 한쪽이 일방적으로 이혼을 선언하면 한 달 만에 이혼할 수 있냐 면서 본국 정부의 대만 무시가 지나치다는 심정을 토로하기도 했다. 나는 혹시나 외교채널이 아닌 별도 채널로, 예를 들어 중화민국 국가안전국과 안기부 간에 그간 단교 후 관계에 대해 비밀 협상을 해 왔을 가능성이 언뜻 떠올랐다. 결국 아무것도 없었다.

한국 정부는 단교 전후의 중화민국 입장에 대한 신중한 검토에 따른 단계별 정책 시행 없이, 중국과 수교 결정과 절차가 결정된 후, 후속 조치의 일환으로 중화민국과의 단교 과정을 행정업무를 처리하는 식의 시한 설정에 불과한 것이었다. 8월 24일 단교 후 노태우 대통령이 9월 27일-30일 중국 공식방문이 예정된 상황에서, 중화민국이 한달 내 비공식관계에 합의해 줄 것이라는 판단의 배경이 아직도 이해가 가지 않는다.

8) 이상옥 외무장관, 진수지 주한대사 3차 면담(8월 21일)

이상옥 장관은 8월 21일(금) 오후 5시부터 45분간 진수지 대사를 외무부로 초치하여 한중 수교 및 중화민국과의 단교에 관해 공식 통보하였다. 바로 전날 20일(목) 오후 4시 롯데호텔에서 진수지 대사 면담 시, 구체적 진전사항을 수일 내 통보하겠다고 언급한 데 이어 하루도 안 되어 진 대사를 공식 초치한 것이었다.

이 장관은 자신의 방중 계획(8월 23일-25일)을 통보하고 8월 22일(토) 오전 11시 방중 계획이 발표될 예정이며, 하기 내용의 1992년 8월 22일 자 첸푸 외교부장 앞 공한을 전달하였다.

○ (한중 수교) 대한민국 정부가 1992년 8월 24일 자로 중화인민공화국 정부와 대사급 외교관계를 수립하기로 결정하였음을 알림.

○ (한·중화민국 관계 평가) 대한민국 정부와 국민은 1948년 국교 수립 이래 거의 반세기에 걸친 수교 기간은 물론 그 이전에도 다년간 귀 정부와 국민이 베풀어준 값진 도움과 우의에 대하여 항상 감사의 마음을 간직하면서 귀 정부와의 우호 협력관계를 유지하여 왔음.

○ (중화민국과 단교 통보) 그러나 냉전 체제가 종식되고 새로운 국제질서가 형성되는 시점에서, 대한민국 정부는 한반도의 평화와 안정을 도모하고 평화적 통일을 달성하기 위하여 중화인민공화국과의 국교수립을 더 이상 미룰 수가 없게 되었음. 대한민국 정부는 중화인민공화국과의 수교에 있어 귀 정부와의 관계에 손상을 주지 않으려고 최대한 노력하였으나, '하나의 중국' 원칙이 국제적인 현실임에 비추어 부득이 귀 정부와의 외교관계를 단절하지 않을 수 없게 됨을 유감으로 생각함.

○ (양국 미래관계) 그러나 대한민국 정부는 귀 정부와의 오랜 우호 협력관계를 고려하여 가능한 최상의 비공식관계를 유지하고자 함. 대한민국 정부는 경제 문화 등 여러 분야에서 귀 정부와의 제반 실질 협력관계들이 계속 유지 발전되기를 기대하며, 이러한 뜻에서 양국 간의 비공식관계 설정을 위한 협의가 조속 개시되기를 희망함.

○ (잠정 조치) 대한민국 정부가 귀 정부와 체결한 항공, 해운, 무역 등 각종 협정들은 폐기될 것이나, 본인은 동 협정들이 민간 형식으로 적절히 전환되기를 희망하며, 그때까지 양국민의 불편을 방지하기 위해 양측이 당분간 협정 내용을 사실상 계속 적용시키는 것이 필요할 것으로 생각함. 본인은 귀국 내에 있는 한국 국민들이 종전과 같이 귀 정부의 보호를 받을 수 있도록 선처를 요청하는 바이며 향후 상대국에 있는 자국민들에 대한 보호 방법에 관해서도 협의할 수 있기를 바람.

○ (맺음말) 본인은 대한민국 정부와 국민을 대신하여 오랫동안 귀국정부와 국민이 우리에게 베풀어준 우의와 협력에 감사를 표하면서 귀국의 계속적인 발전과 번영을 기원함.

아울러 서한 내용과는 별도로, 이 장관은 진 대사에게 한국 내에 있는 중화민국대사관과 영사관의 토지와 건물은 중국과의 수교 후 국제법과 국제관례에 따라 처리될 것이라고 말하였다.[192]

이에 대해 진 대사는 중화민국을 대표하여 엄중히 항의하며 한국의 비우호적인 조치에 배신감을 느끼며, 이 장관은 과거 중화민국과의 우호 관계를 생각해서 최상급 관계를 유지하겠다고 하였는데 오늘의 조치는 부당한 처사로 배은망덕한 것이며, 국제법에 따른다는 이유로 대사관 재산을 중공 측에 이양하고 비공식관계를 유지하겠다는 것은 과거 우리의 타국과의 관계와 비교할 때, 최악의 조치로 밖에 볼 수 없으며, 대사관 재산은 어떠한 수단을 써서라도 보호할 것이며 이러한 과정에 일어날 결과에 대해 전적으로 한국이 책임을 져야 한다고 말하였다. 아울러 한국 측이 9월 초에 사절단을 파견하겠다는 제의에 대해서는, 관계를 단절한다는데 사절단을 보내 설명하는 것이 무슨 소용이 있냐고 강하게 반발하였다.

---

192 이상옥 장관 회고록(229쪽)에는 동 내용이 공한에 포함된 것으로 서술되어 있으나 실제로는 구두로 전달되었다.

이 장관은 후속 조치와 관련하여 8월 24일 오전 김석우 아주국장이 왕카이 주한공사에게 설명하고 한중 간 수교 공동성명 사본을 전달하겠다고 언급하였다.

면담 중에 이 장관은 8월 18일, 20일 진수지 대사와의 면담 장소(호텔) 문제에 대한 장샤오옌 차장의 항의에 대해, 민감한 사안의 보안 유지를 위한 것이며 외교에 관한 대화에서는 필요에 따라 사무실이 아닌 곳에서도 이용할 수 있다고 설명하고, 8월 18일 진수지 대사와의 면담을 대외비로 해 달라는 부탁이 지켜지지 않았고, 장샤오옌 차장이 박노영 대사와 면담 시 한국 정부를 '노태우 정부'로 호칭하는 것은 부적절하다고 지적하였다고 한다.[193]

이후 중화민국 정부는 기본적으로 진 대사가 표명한 상기 입장을 1993년 2월 노태우 대통령의 퇴임 때까지 견지해 나간다.

외무부는 이어 오후 6시부터 그레그(Donald Gregg) 주한미국대사, 가와시마 준(川島純) 주한일본대사 대리, 파노프(Alexander Panov) 주한러시아대사에게 한중 수교와 중화민국과의 단교 사실을 알렸다. 중화민국 정부는 결국 미국, 일본, 러시아 정부보다 1시간 먼저 한국과 단교된다는 사실을 한국 정부로부터 공식 통보를 받았다.

첸푸 부장은 "그날(21일) 오후 진수지 대사의 전화 보고로 한국이 중공과 수교하면서 취한 방식이 중화민국에게는 가장 불리한 것이라는 것을 알았다. 나는 바로 리덩후이 총통과 하오보춘 행정원장에게 보고하였다."[194]고 회고한다.

| 8월 22일 대만 언론 보도 |

8월 22일 대만 언론은 일제히 1면 톱 기사로, 중화민국이 주동적으

---

193 이상옥, 앞의 책, 230-231쪽.
194 첸푸, 앞의 책, 267쪽.

로 남한과의 단교를 발표하고 제재 조치로서 경제 무역 우대조치를 취소하고 단항할 예정으로, 22일 오전 리덩후이 총통이 긴급회의에서 최종 결정할 것이라고 보도하였다. 주요 기사 요지는 다음과 같다.[195]

- 중공이 제시한 4대 조건을 남한이 받아들여 8월 24일 남한·중공 간 수교가 발표될 예정임.
- 리덩후이 총통은 한국과의 외교관계 변화와 관계없이, 계속하여 '하나의 중국' 원칙을 견지하고 무실외교를 추진해 나갈 것이라는 입장을 표명.
- 장샤오옌 외교부차장이 박노영 대사를 3차례 초치하여, 가장 강렬한 불만과 가장 엄중한 항의를 전달하였으며, 장 차장은 박 대사가 3차례 면담 중 한·중공 관계와 한·중화민국 관계에 대해 아무런 반응을 보이지 않았으며 마치 식물인간이나 로봇과 같았다고 하면서 분을 참지 못했음.
- 첸푸 외교부장은 자신은 1963년 프랑스와의 단교부터 1990년 사우디와의 단교까지 모든 과정에 참여했으나 남한의 행동은 도저히 이해할 수 없으며, 현 단계에서 북한과 공식관계를 추진할 생각은 없으며, 이중승인과 관련, 한국 측에 "이중승인을 용인할 수 있다"는 입장을 한 차례 전달한 적은 있으나 한국 측의 반응은 없었다[196]고 하고 국제사회에서 아직까지 실현된 적이 없다고 밝혔음.
- (8월 17일 외교백서초안 보도 관련, 한국관계 부분에 대한 외교부 정보 부족에 대한 비판에 대해) 첸푸 부장은 백서는 연말 발간을 목표로 준비 중이며, 초안 기술은 지난 5월 장옌스 특사 방한 시 노창희 외무차관이 장샤오옌 외교차장에게 언급한 내용, 즉 "남한과 중공은 수교 문제를 절대로 토론하고 있지 않으며 양측은 수교에 관한 시간표가 없다"고 언급한 것과 관련이 있다고 해명하였음.(『중국시보』)
- 한국 측은 8월 24일 이후 특사를 파견하여 미래관계를 협상할 가능성이 있으며(『중국시보』), 남한은 대사관 재산을 중공에게 넘

---

195 『중국시보』, 1992년 8월 22일; 『연합보』, 1992년 8월 22일; 『자립조보』, 1992년 8월 22일; 『중앙일보』, 1992년 8월 22일; 『경제일보』, 1992년 8월 22일; 『민중일보』, 1992년 8월 22일.
196 장샤오옌 차장의 5월 9일 노창희 차관과의 면담 시 제기한 내용을 의미한다.

기고 중화민국에게는 '타이베이경제문화대표처' 설립을 제의할
것으로 보임.(『자립조보』)

○ 일본정부인사는 한·중공 수교의 주요 목적은 국제사회에서의 대
만 고립화라고 표명.(『중국시보』)

| 8월 22일 오전 중화민국 정부, 대응조치 결정 |

첸푸 외교부장은 회고록에서 8월 22일 중화민국 정부 동향을 다음
과 같이 기술하였다.[197]

첸 부장은 8월 22일(토) 아침 일찍 하오보춘 행정원장에게 이상옥
장관 서한 내용과 외교부가 마련한 대응 방안을 보고하였다.

만약 한국이 '중화민국' 국호가 포함된 대표단 설치와 주한대사관
재산 보유에 동의한다면 한중 수교 시 비난 성명만 발표한다는 방안
과, 만약 한국이 이러한 2가지 조건을 동의하지 않는다면, 비난 성명
과 함께 즉시 단항 및 경제제재로 경제무역 관계의 전면적 검토를 한
다는 방안이었다. 외교부가 다양한 보복조치의 양측에 대한 유불리
(有不利)를 비교 분석해 보니 전부가 한국 측에게 대체로 불리한 것이
었다. 하오 원장은 외교부 방안대로 처리하라고 지시했다.

이어 첸 부장은 중앙당 본부로 가서 리덩후이 총통에게 대면 보고
하고, 리 총통 지시에 따라 소집된 11시부터의 긴급 중앙상임위원회
에서 현황을 보고하였다. 첸 부장은 한국 측의 이번 행동은 이미 중화
민국의 그간 어떤 나라와 외교관계 종료 경우를 초월하는 것으로 "불
인불의(不仁不義)" 한 것이며 한국 측의 전체적인 행동을 볼 때, 임기
가 아직 6개월 남은 노태우 대통령하의 정부와는 타협할 수 있는 방
법이 없다고 보고하였다. 동 회의에서 국격(國格)과 국가의 최고 존엄
을 지키기 위해 다음과 같은 조치를 취하기로 결정하였다.

① 금일(8월 22일) 한국과의 단교를 주동적으로 선포한다.
② 한국 측이 파견하려는 9월 초 설명을 위한 특사단을 거부하고,
노태우 정부의 어떠한 설명도 거부한다.

---

197 첸푸, 앞의 책, 268-269쪽.

③ 한국의 중화민국 내 경제무역상의 모든 우대 대우를 즉시 완전
   취소한다.
④ 9월 15일부터 한국과 단항조치를 시행한다.

대부분의 원로위원들은 한국 측의 기만, 은폐, 배신행위에 분개하였다.

8월 23일 대만 언론 보도에 의하면 리덩후이 총통은 상기 22일 오전
국민당 긴급 중앙상임위원회에서, 이번 한국과의 관계변화에 유감과 분
노를 느끼나 '하나의 중국' 원칙을 계속 견지하고 무실외교로 대외관계
개척을 독려하면서, 남한 노태우 정부가 전통적 우의와 국가 간 신의를
저버린 것에는 불만이나, 남한 국민 중 정의로운 인사들과의 우의는 계
속 중시하고 한국 교민의 안전은 보장해주어야 한다고 언급하였다.[198]

9) 첸푸 외교부장, 박노영 대사 면담(8월 22일)

8월 22일(토) 오전 10시(한국시간 11시) 이상옥 장관의 중국 공식
방문 발표와 관련, 오전부터 한중 수교와 한·중화민국 단교에 관한 뉴
스가 계속 보도되고 있는 가운데, 오전 11시 대만 라디오 뉴스는 총통
부 오전 회의에서, 당일 오후 한국과 정식 단교를 선언하기로 결정하
였으며 한국과의 항공기 취항 금지, 진수지 주한대사 귀국 등도 논의
되었다고 보도하였다. 바로 외무부에 동 뉴스 내용을 보고하였다.

오후 1시경 중화민국 외교부로부터 첸푸 부장이 오후 3시에 박 대
사를 초치한다고 연락을 받았다. 오후 1시 15분경 외무부에 동 사실
과 함께, 동 면담에서 중화민국 측이 한국과의 단교를 공식 통보할 것
으로 예상된다고 보고하였다. 박 대사의 주중화민국한국대사로서 마
지막 공무수행이었다. 내가 면담자료를 보고하였더니, 박 대사는 읽

---

198 『중국시보』, 1992년 8월 23일; 『연합보』, 1992년 8월 23일.

어보고 자신의 메모장에 몇 단어를 옮겨 쓴 후 수고했다고 말하였다. 박 대사는 이미 첸푸 부장에게 할 말을 정리해 두었던 것이다.

박 대사는 오후 2시 50분경 외교부에 도착하여 대기하던 기자들의 쏟아지는 질문에 대답없이 기자들 사이를 뚫고 5층 접견실로 들어 갔다.

첸 부장이 먼저 박 대사에게 악수를 청했으며 악수 후 박 대사가 장샤오옌 차장에게 악수를 청하고 악수한 후 착석했다. 장 차장, 린수이지 아태사장, 샤광후이 전원(통역), 그리고 내가 배석했다.

첸푸 부장은 박 대사에게 먼저 단교를 통보하는 하기 내용의 1992년 8월 22일 자 이상옥 장관 앞 공한을 전달하고 다음과 같이 언급하였다. 역사적인 중요한 면담이라서 내 메모를 그대로 인용한다.

(공한 내용)
대한민국 외무부 이상옥 장관 각하
중화민국 정부는 대한민국 정부가 곧 중국대륙과 수교하기로 결정하게 된 데 대하여 대한민국 정부에 최고의 엄중한 항의의 뜻을 전달하고, 대한민국이 중국대륙과 수교하는 날부터 대한민국과 단교키로 결정하였음.
각하께 최고의 경의를 표함.
중화민국 외교부장 첸푸
1992년 8월 22일 타이베이.

(첸푸 부장 언급)
본인이 8월 13일 대사를 만나고, 장샤오옌 차장이 그간 3차례에 걸쳐 대사를 만나는 등 총 4차의 면담에 걸쳐 중화민국의 요청을 전달하였으나, 아무런 반응이 없는 바, 담벽과 이야기하는 것 같음. 박 대사로부터 회답을 받은 것이 아무것도 없는 바, 박 대사가 대사로서 무슨 일을 하는지 의구심이 앞섬. 오늘 박 대사와 마지막으로 만날 기회라고 생각하니 그간 중화민국 측이 제기한 많은 문제들에 대해 한 마디 해 주시기 바람.

(박 대사 언급)

지난 12개월간 본인 자신으로서는 최대한 성심성의껏 정직하게 직책을 수행해 왔으나 이렇게 불행한 결과가 되어 착잡한 심정 금할 길이 없으며 매우 유감스럽게 생각하며, 중화민국 측이 제기한 문제는 본국 정부에 그대로 보고하였으며 가능한 한·중화민국 측이 원하는 대로 이루어지기를 기대하였으나 결과가 이렇게 되어 할 말이 없음.

(다시 첸 부장 언급)

자신이 그간 30여 년의 외교관 생활 경험에 비추어 볼 때 박 대사에 대해 매우 실망했으며, 귀국 정부가 박 대사를 전혀 신임하고 있지 않다고 생각함. 한국 정부의 특명전권대사로서 박 대사에 대한 신임은 기만에 불과한 것이었으며, 본국 정부의 신임이 없는 대사는 진작 떠났어야 했는데 이미 늦어 버린 일이 되었음.

본인이 8월 13일 박 대사와 면담 시 지적했듯이 귀국 정부는 성의와 신의를 저버렸는 바, 이에 대해 극도로 유감스럽게 생각함. 우리 말에 소수 사람은 장기간 속일 수가 있으며, 많은 사람은 단기간 속일 수는 있어도, 결코 많은 사람을 장기간 속일 수는 없다는 속담이 있음.

귀국 정부는 그간 중화민국을 시종 기만하여 왔는 바, 귀국 대통령은 리 총통을 비롯한 우리들에게 "새 친구를 사귀어도 옛 친구는 버리지 않겠다"고 수차 말하였으나, 옛 친구를 발로 차 버렸음.

이상옥, 최호중 두 장관은 중국대륙과의 관계 개선에 대해서는 동내용을 상세히 통보하여 주겠다고 누차 약속하였으나, 오래 전부터 몰래 교섭하면서 우리를 속였으며 우리가 한국 측에 확인할 때마다 그런 일이 없다고 명백히 거짓말을 하여 왔음.

더욱이 귀국 정부는 중화민국을 기만했을 뿐 아니라, 귀국 외무부는 8월 19일 중화민국 입법위원들이 한·중공수교 사실을 밝힌 데 대해 귀국 언론에 대해 사실무근이라고 부인하는 등 한국 국민들에게도 명백히 거짓말을 하였음. 국가 이익을 위해 다른 정부를 속일 수는 있지만 지도자가 자국 국민을 기만할 때 그 결과는 닉슨 대통령의 워터게이트 사건에서 대가를 치르는 것을 여실히 보았음.[199]

---

199 첸푸 외교부장은 회고록에서 박 대사와의 면담 내용에 대해 닉슨 대통령의 워터게이트사건 부분에 괄호로 "1995년 김영삼 대통령 시절, 노태우 대통령이 전두환 대통령과 함께 반역죄 등으로 기소되어 22년 6개월 형을 받았다"고 추가 기술했다(첸푸(錢復), 『회고록(回憶錄)』 卷三, 臺北: 天下文化, 2021, 269쪽).

군자 사이에는 결코 나쁜 말이 오가서는 안되며 국가 간의 관계에서는 성의와 신의를 지켜야 할 것이며 절대로 기만행위가 있어서는 안 될 것임.

어제 이 장관이 진수지 대사 면담 시, 장샤오옌 차장의 언급 내용과 입법위원의 한·중공수교에 관한 발언에 대해 불만을 있다고 들었는 바, 이를 도저히 이해할 수 없음. 민주주의, 민주정치에 소양이 있다면 행정부는 입법부의 감독을 받으며 민의 대표는 면책권이 있고 민의에 따라 발언할 수 있으며 신문 매체는 더욱 그렇다는 것을 알 것으로 생각함. 귀국 정부는 국회의원의 발언을 통제할 수 있을지 모르나 우리나라에서는 절대로 있을 수 없음. 이 장관이 그러한 소양이 없다는 데 대해 경악을 금치 못하며 어떠한 연유로 불만이 있었는지 의구심이 있으며 매우 유감스러움. 장샤오옌 차장의 언급 내용에 대해서는 장 차장이 직접 언급하겠음.

(장 차장 언급)
이 장관이 "한국 노태우 대통령 정부"에 대한 칭호에 대해 불만을 말하였는 바, 3차례 대사를 만나는 자리에서 본인은 귀국을 "대한민국" 또는 "한국 정부"로, 경우에 따라서는 "노 대통령 정부" 또는 "노태우 대통령 정부"로 불렀음. 본인은 당초 남한 정부로 부를까 생각했으나 본인의 감정을 억제하여 한국 정부로 불렀던 것임. 본인은 절대로 실례된 부분이 없었으며, 귀국정부가 중국대륙과 수교 결정을 내리는 과정에서 그러한 문제를 우리 측에 제기한다는 자체가 무척 의아스럽고 받아들일 수 없음[200]

(다시 첸 부장 언급)
귀 대사관 직원 및 교민의 안전을 위해서 유관 부서에 협조를 이미

---

[200] 노태우 대통령에 대한 자신의 당시 판단이 맞았다고 주장하는 것으로 보인다. 장샤오옌 차장은 1991년 8월 박노영 대사 부임 이래 그간 면담 시 항상 정중한 태도로 최대한 예의를 갖추면서 면담을 진행했다. 장 차장은 단교 과정에서 8월 19일, 20일, 21일 연일 3차례 박 대사와 면담하는데, 두 차례 면담에서 '한국' 입장을 통보해 줄 것을 요청했으나 21일 마지막 면담에서도 한국 측으로부터 아무런 반응을 받지 못한 상황에서 한국 정부를 비난하는 대목에서 "노태우 정부"라고 2차례 지칭하였다. 당시 배석한 나는, 그 표현이 중화민국 측의 한국 정부에 대한 최대한의 불만 표현이자 단교를 결정한 한국 노태우 정부와 한국 국민을 분리 대응하겠다는 의미로서, 장 차장이 의도적으로 썼을 것으로 해석했다.

요청해 두었으며, 문제가 있을 경우에는 언제라도 경찰국에 연락하면 협조 가능하도록 조치해 두었음.

외교부장으로서 박 대사와 다시 만날 기회가 없으리라 생각되며 대사 부부의 안녕을 바람.

(박 대사 언급)

이러한 상황이 된데 대해 매우 유감스러우며 이러한 결과가 자신의 부덕의 소치이기도 하여 일말의 책임을 느낌. 양국 관계와 양국 국민 간의 우의는 영원할 것이라고 믿으며, 마지막으로 대한민국 군인출신 대사로서 중화민국에 체류하는 한국 국민을 뒤로 두고 지휘관이 먼저 떠날 상황이 되어 착잡함과 걱정이 앞서며 중화민국 정부가 이전과 같이 한국 국민 보호를 부탁 드리며, 대사로 재직 중 첸 부장과 장 차장이 본인과 한국대사관에 베풀어 준 후의와 대접에 깊이 감사하며 중화민국의 영원한 친구로서 앞으로도 양국 관계를 위해 최대한 노력해 나가겠음.

오후 3시 30분 외교부 5층 접견실에서 면담 종료 후, 장샤오옌 차장이 박 대사와 동행하여 내려왔으며, 현관 앞 승차 시 작별 인사를 서로 정중하게 나누었다.

이로써 박 대사는 중화민국 정부와의 마지막 공무수행을 마무리했다. 돌아오는 차 속에서 박 대사는 "군인과 외교관은 나라를 지키는데 각자 자기 자리에서 할 일을 하면 된다"고 하면서 착잡한 심정을 억눌렀다. 나도 그 말에 위로가 되었다.

8월 23일(일) 오후 외무부 동북아2과에서 이상옥 장관 명의로 박 대사 앞 메시지를 보내왔다. "한중 수교 관련, 귀 주재국과의 관계에 있어 노고가 많으시며, 어려운 일을 잘 처리해 주셔서 감사하고 있습니다. 앞으로 대만과도 좋은 관계를 유지할 수 있도록 정부에서도 계속 노력할 것이니, 떠나올 때까지 계속 건투 있으시기를 바랍니다." 박 대사는 별 반응이 없었다. 8월 25일(화) 귀임하기 이틀 전이었다.

10) 첸푸 외교부장, 단교 발표 및 기자회견(8월 22일)

첸푸 부장은 오후 3시 30분 박 대사와의 면담 종료 후, 바로 외교부에서 4시 50분까지 기자회견을 열고, 중화민국 정부의 한국과의 단교 결정에 관한 외교부 성명을 발표하고 그간 경위를 설명한 후 기자들과 질의 응답 시간을 가졌다.

(1) 외교부 성명 요지

○ 남한 노태우 정부가 한중 양국 간의 역사적 연원과 전통 우의, 중화민국의 우호 증진 노력을 무시하고 중화민국 정부와 사전협의도 전혀 없이 8월 24일 중공과 수교를 선포하는 데 대해 중화민국 정부는 불만과 분개를 표명함. 노태우 정부의 독단은 한국동란 기간 중 중공에 의해 살상된 수십만의 한국 국민에 대한 수치이며, 성실 원칙과 나라 간의 기본 도의를 저버린 행위로서 도저히 이해할 수 없는 처사임.

○ 노태우 대통령은 5월 장엔스 특사 방한 시, 양국 전통관계 중시와 유지 강화를 보증했으나 중화민국과 사전 협의 없이 돌연 중공과 수교를 결정하는 것은 중화민국 정부와 국민에 대해 극도의 비우호적인 행위임.

○ 중화민국 정부는 남한·중공 수교 일부터 남한 노태우 정부와의 외교관계 단절을 선언함.

○ 중화민국 정부는 남한 정부의 부당한 행동에 대해, 양국 간의 전통 우의 및 역사관계를 존중해야 한다고 말하는 한국의 우호적 민간 인사들에 대해 사의를 표하며, 양국 간 국교는 중단되나 쌍방 국민간의 우의는 변함없이 지속될 것으로 확신함.

(2) 단교 경위

○ 남한 이상옥 장관은 8월 21일 진수지 주한대사를 초치, 아무런 의견교환없이 1개 문서를 통보한바 이 장관이 8월 23일-25일 북경을 방문하여 8월 24일 대사급 외교관계를 수립하게 될 것이라고 말하고 미래의 한·중화민국 관계에 대해 8개 사항을 제시함.

① 남한과 중공 간 수교일부터 중화민국과 단교.

② 양국 간 모든 유효한 협약, 협정 종료.

③ 한국 측은 중화민국과 최고의 비공식관계 유지 및 양측 간 경제 문화분야 등 각종 실질관계 희망.

④ 남한에 있는 중화민국대사관, 영사관 토지와 건물은 중공과 수교 이후 즉시 중화인민공화국에 양도.

⑤ 9월 초 특사단을 타이베이에 파견, 부득이 단교한 이유를 설명.

⑥ 한국 측은 빠른 시일 내에 우리와 비공식관계 수립 협상 시작 희망.

⑦ 외무부 김석우 아주국장과 왕카이 주한공사 간 양국 관계 및 기술적인 협상을 지속시키는 방안 협의.

⑧ 양측 간 공식관계는 종료해도 금후 일정 기간은 현상 유지하되 장래 반드시 비공식협정으로 대체.

○ 이러한 한국 측 입장은 우리가 예상했던 양국 간 단교 상황 중 최악의 상황임.

(3) 한국의 그간 입장

○ 지난 5월 노태우 대통령은 장옌스 총통특사에게 남한은 새로운 친구를 사귄다고 해서 옛 친구를 절대로 잊지 않는다고 표명했으며,[201] 노창희 외무차관은 장샤오옌 차장에게 "중공과 수교교섭이 절대로 진행되고 있지 않으며, 만약 있게 되면 완전히 상세히 우리에게 통보해 주겠다"고 보장하였음.

○ 최호중, 이상옥 외무장관도 우리에게 똑같은 약속을 하였으며, 더욱이 우리가 확실히 (한중 수교) 정보를 얻은 후에도 지난 8월 19일 한국 외무부는 이를 공식 부인하였음.

(4) 중화민국 정부 조치

○ 이에 따라 중화민국 정부는 다음과 같은 조치를 취하기로 결정하였음.

---

201 노태우 대통령이 중화민국 인사 접견 시, "새로운 친구를 사귄다고 해서 옛 친구를 잊지 않는다"는 말을 계속 해 왔으나, 노 대통령이 중화민국 인사와의 마지막 접견 대상인 장옌스 특사 면담 시에는 동 격언을 언급하지 않았다. 이미 4월 13일부터 중국과 수교협상이 시작된 상황에서 노 대통령이 의도적으로 동 표현을 삼가한 것으로 짐작된다.

① 남한과 중공 수교일부터 남한과 단교.

② 9월 초 남한 특사단 방문 거부(다만, 새로운 양국 관계 협상을 위한다면 접수 가능).

③ 금일부터 한국에 대한 무역의 모든 특혜 취소.

④ 양국 간 새로운 관계 수립 전에 9월 15일부터 민간항공협정 정지(단, 양국 간 새로운 관계 수립된다면 복항 가능).

(5) 기자 질문에 대한 첸 부장 답변

○ (주한대사관 재산권) 남한이 우리 재산을 중공에 양도하는 것은 우리에 대한 최고의 비우호적인 표현이며, 동 재산을 찾기에는 시간이 이미 늦었음.

○ (북한과의 관계) 현 상황에서 북한에 접근하는 것은 현명한 방안으로 생각하지 않음.

○ (한국 교민문제) 한국 교민에 대해 감정적인 행위를 해서는 안되며 정부는 한국 교민의 권익보호와 안전의 책임을 지고 있음. 남한의 이번 행위는 노태우 정부의 소수인의 결정이며 심지어 박노영 대사조차 몰랐음.

○ (금후의 양국 관계) 행정원장 주관하에 정부관계부처 회의에서 충분히 의견 교환한 결과, 공통 인식이 형성되었는 바, 한국 측이 우리를 이렇게 상처를 입혔으므로 지금부터 내년 2월(노 대통령 임기 만료)까지는 공식 접촉이 쉽지 않을 것임.

| 8월 23일 대만 언론 보도 |

8월 23일(일) 대만 언론은 일제히 첸푸 외교부장의 상기 기자회견에서 발표한 중화민국의 주동적 대한국 단교 성명을 1면 톱 기사로 다루면서 정부 고위인사의 대한국 비판 발언과 함께, 경제제재 조치, 단교 후 비공식관계 수립 문제를 집중 보도하였다.[202]

---

202 『연합보』, 1992년 8월 23일; 『중국시보』, 1992년 8월 23일; 『자립조보』, 1992년 8월 23일; 『중앙일보』, 1992년 8월 23일; 『경제신문』, 1992년 8월 23일; 『민중일보』, 1992년 8월 23일; 『청년일보』, 1992년 8월 23일.

○ 여론조사 결과
  - 『연합보』가 22일 실시한 여론조사 결과에 따르면, 전반적으로 정부의 결정을 지지한다는 분위기였음. 남한·중공 수교 시한국과 단교 58% 찬성, 9월 15일부터 한국과 항공노선 단절 51% 찬성, 한국에 대한 그간의 경제무역 우대조치 중지 73% 찬성, 한국과 비공식실질관계 지속 유지 59% 찬성, 첸푸 외교부장 사임반대 75% 로 나왔음.

○ 정부 대응
  - 샤오완창 경제부장은 대한국 경제무역 우대 조치(한국산 자동차 수입 금지, 농산물 수입쿼터 폐지, 국가건설6개년계획 및 공공 사업 입찰에 한국 업체 배제 등)를 전면 취소하며 이는 GATT 원칙에 완전 부합한다고 표명함.
  - 젠유신 교통부장은 9월 15일 이후 양국 항공협정 종료를 발표하고 한국 국적기는 대만의 비행정보구역 통과 불가함을 밝힘.
  - 교통부, 한·중공 수교 결과에 따라 필요 시 해운항로 중단 검토
  - 재정부, 양국 간 관세상 최혜국 대우, 항공 소득 상호 면세 협정 등 호혜 사항은 계속 유지.

○ 주한대사관 철수
  - 8월 24일 국기 하강 및 철수, 진수지 대사 즉시 귀국하기로 결정.
  - 첸푸 외교부장, 대사관 처분은 이미 시기가 너무 늦은 감이 있다고 언급.

○ 단교 후 비공식관계
  - 한국 측, 대만과 최고 수준의 비공식관계 유지 희망.
  - 첸푸 부장, 미래관계 협상을 위한 한국 대표단이 충분한 권한을 수권 받은 대표로 구성되어야 한다고 강조하고 8월 24일부터 김석우 외무부 아주국장과 왕카이 공사 간 협상 예정이나 구체 성과는 내년 2월 한국 신정부 출범 이후 기대함.
  - 외교부는 자이르 주재 '중화민국대표단' 또는 쿠웨이트주재 '중화민국상무판사처'와 같이 중화민국 국명을 포함하는 최고 수준의 비공식관계 수립을 검토하고 있음.

○ 야당 입장

- 쉬신량(許信良) 민진당 주석은 한국과의 단교는 그리 놀랄 일이 아니며 이미 10년 전부터 예상되었으며 국민당식 외교의 파산을 보여주는 것으로 중국 주권과 국호 문제, 즉 "중국은 중국이고 대만은 대만"이라는 전제가 확립되지 않는 한, 중화민국 외교정책은 영원히 장애에 부딪힐 것이라고 표명함.[203]

11) 대사관, 단교 후속 조치 시작

| 교민 보호 조치 |

8월 19일(수)부터 한국과의 외교관계 변화 가능성이 중화민국 정부와 언론을 통해 알려지기 시작하면서 대사관과 관저에 항의 전화와 함께 대사관 앞에 20-50여 명의 시위대가 모여, 계란을 투척하고 반한 포스트를 대사관 벽에 부착하고 태극기를 불태우고 항의서를 대사관에 전달하는 등 시위를 계속하였다. 언론 기자들도 대사관 주변에 계속 상주하였다.

19일(수)부터 외교부와 타이베이시 경찰국에 안전 보호를 지속 요청하였으며 중화민국 관계기관은 적극적으로 협조해 주었다. 대사관뿐 만 아니라, 코트라, 관광공사 등 한국 기관과 한국 상사에 대해서도 연일 한국 비난과 신변 위협 전화가 계속되어 긴장을 늦출 수가 없었으며, 대사관 경비를 강화하고 교민과 주재 상사와 연락 체제를 계속 가동하면서 주의를 촉구하였다. 8월 22일(토) 타이베이시 경찰국 외사과장이 대사관을 방문하여 대사관 요청에 따른 한국 기관 건물과 한국인 신변 안전 조치 현황을 설명하고 안전 대책 계획서를 전달하였다. 한국인 상점이 40-50개 정도 모여 있는 시내 영화중흥로(永和中興路) 근처의 순찰이 강화되었다.

---

203 『민중일보』, 1992년 8월 23일, 3면.

시위대는 대사관에 주로 계란을 투척하였으나 23일 일요일 아침 7시부터 오전 중에 산발적인 투석이 있어 대사관 영사과 유리창이 파손되는 등 긴장된 순간이 있었다. 심각한 상황이 우려되어 나는 오후에 외교부 아태사에 강한 우려와 함께 항의하고 향후 그러한 사태가 재발하지 않도록 긴급 조치해 줄 것을 요청하였다. 다행히 그 이후 투석은 없었다.

23일(일) 저녁 8시 반 경 대만사범대 유학 중인 한국 학생이 길 가다가 중국인 4명에게 구타당해 네 바늘을 꿰매고 몸에는 심한 타박상을 입고 안경이 파손되는 피해 사례가 발생하였다. 대사관은 경찰에 바로 신고하고 교민회, 유학생회에 동 사실을 알리고 언행에 조심해 달라고 당부하였다. 동 사건이 한국 언론에 보도됨에 따라 중화민국 외교부도 긴장하여 아태사 측은 첸푸 외교부장이 관심을 표명하고 진상 파악을 지시했으며 경찰 당국이 수사를 착수하였다고 전하면서 한국 측이 본건을 의도적으로 과장 보도하도록 유도했을 가능성을 의심하고 있다고 알려 왔다. 대사관은 외무부에 한국 국내 언론에 확대 보도되어 양국 국민 감정이 악화되지 않도록 조치해 줄 것을 건의하였다.

| 대사 귀임 계획과 8월 24일 단교 당일 계획 |

8월 21일(금) 오후 외교행낭 편으로 도착한 외무부 공문 지시에 따라, 먼저 박 대사 귀임과 8월 24일 단교 당일 계획부터 수립하였다.

본부는 단교 후 72시간 내 대사 귀임을 지시하였다. 21일(금) 본부 지시를 받은 당일 저녁, 나는 민병규 공사에게 박 대사의 조기 귀임을 건의하자고 하였다. 박 대사의 활동을 계속 수행했던 나로서는 우선 대만 언론의 대사 동향에 대한 취재 열기와 단교 후부터 대사의 공식 활동이 불가능한 상황임을 고려할 때, 하루라도 빨리 귀임하는 것이 바람직하다고 판단했다. 민 공사도 같은 의견이라면서 같이 대사 방으로 가서 박 대사에게 가능한 조기 귀임을 건의하였다. 박 대사는 잠시 생각하다가 25일, 26일 출발을 검토해 보겠다고 하였다. 박 대사는 22일 (토) 오후 3시 첸푸 외교부장 면담을 끝으로 중화민국 정부와의 공식업무를 마친 후, 23일(일) 오전, 단교 다음 날인 25일(화) 중 귀임하겠다고 밝혔다. 이에 따라 '8월 25일(화) 오전 11시 타이베이발 대한항공 편 귀임' 일정을 23일 오후에 외무부에 보고한 후, 중화민국 외교부와 외교단장인 Havey 남아공 대사에게 통보하였다.

8월 24일(월) 단교 당일 일정계획에 관해서는 대사 주재 직원회의에서 ① 8월 24일(월) 단교 당일은 국기를 게양하지 않고, 대신 9시에 대사관 현판을 떼어내는 것으로 대사관 폐관 형식을 취하기로 하고, ② 오전 8시 30분 대사 주재 교민 및 상사 대표 간담회 개최 ③ 오전 9시 30분 대사의 한국 언론 기자 간담회를 진행하기로 하였다.

12) 단교 당일 상황(8월 24일)

| 대만 언론 보도|

8월 24일(월) 대만 언론 조간은 한국·중화민국 단교에 따라 양국 대사관 폐관과 대사 귀임 예정임을 1면 기사로 다루면서 단교 후 양국 관계의 형식, 제재 조치 등을 중점 보도하였다.[204] 한국과 단교됨으로써 중화민국의 수교국은 29개국, 중국의 수교국은 156개국이 되었다.

○ 단교 이후의 양국 관계

- 중화민국 외교부는 사우디 방식 또는 싱가포르 방식을 비교적 바람직한 방안으로 보고 있음[205]

---

204 『중국시보』, 1992년 8월 24일; 『연합보』, 1992년 8월 24일; 『자립조보』, 1992년 8월 24일; 『중앙일보』, 1992년 8월 24일; 『경제일보』, 1992년 8월 24일; 『민중일보』, 1992년 8월 24일.
205 중화민국 정부로서는 당시 사우디 방식과 싱가포르 방식의 혼합형을 기대했

- 사우디 방식: 명칭은 '타이베이경제문화대표처(Taipei Economic and Cultural Representative Office in the Kingdom of Saudi Arabia)', '사우디상무대표처(Business Affairs Office of Saudi Arabia in Taipei)'로서 외교 특권 향유, 공공 재산 보장.
- 싱가포르 방식: 명칭은 '타이베이대표처(Taipei Representative Office in Singapore)' 외교 특권 향유, 쌍방 고위공무원 상호 방문 계속 유지.

○ 한국대사관 동향
- 23일 오전 시위대가 대사관 유리창을 파손되고 현판을 일시적으로 떼어냈으며 대만 공매국은 24일 단교로 인해 대사관 부지 임대 계약 취소 통보예정.
- 한국 유학생에 대한 종전 우대 조치도 경제통상분야에서의 우대 조치와 마찬가지로 취소될 예정.

○ 한중 수교(석간 1면 톱기사)
- 수교 공동성명, 노태우 대통령 담화문 발표 등을 상세히 보도.
- 장옌스 총통부 비서장은 "리 총통이 한국의 배신 망은에 대단히 분노하고 있다"고 전함.

| 8월 24일 오전 교민간담회, 현판 철거, 기자간담회 |

(1) 교민간담회

박 대사는 오전 8시 30분부터 30분간, 교민, 주재 상사 대표, 유학생 대표 등 40여 명이 참석한 가운데, 한·중화민국 단교에 관한 배경, 정부 대응 및 요청사항에 대해 설명하였다.

을 것으로 짐작했다. 이후 한국과의 교섭에서는 명칭에 '중화민국' 국명이 포함되어야 하고 대사관 재산 유지를 주장하였으나, 현실적인 방안으로 경제, 문화 등 수식어 없이 '타이베이 대표처(Taipei Representative Office)'(싱가포르 방식)와 대사관 재산 유지(사우디 방식)의 2개 요소를 기본으로 하고 여러 변형 방안을 상정했을 것으로 보인다.

박 대사는 먼저 양국 관계 변화에 관해 사전에 통보 못한 데 대해 양해를 구하고 국가의 중대사는 대외 보안이 필요하다고 하면서 지난 1년 본인과 대사관에 대한 지원에 사의를 표하였다. 그간 재임 중 개인적으로 참기 어려운 경우도 있었지만 국가 대표로서 책임을 다하고자 본인 나름대로 중화민국과 본국 정부 간의 중개 역할을 수행했다고 하면서 국가 안보를 위해 국제사회 변화의 현실을 직시할 필요가 있다고 설명하였다. 단교로 인해 당장 교민과 상사 활동에 영향이 있을 것이나 정부가 불이익을 최소화하기 위해 최선의 노력을 경주할 것이며 8월 22일 첸푸 외교부장과의 마지막 면담에서도 중화민국에 체류하는 모든 한국인에 대해 신변 안전과 이익 보호를 요청하고 약속을 받았다고 하고, 잔류하는 민병규 공사 이하 공관 직원과 긴밀한 협력과 소통 체제를 유지해 나가기를 당부하였다.

참석한 교민들은 단교로 인해 안전 및 체류 문제 등 여러 문제에 강한 불안감을 표명하고 정부의 조속한 대응을 요청하고 특히 김사옥 교민회장은 그간 현안이었던 교민 거류 조건 개선을 위해 지속 노력해 줄 것을 요망하였다. 대사관은 간담회 후 단교 후 우리 정부의 재한화교에 대한 조치가 바로 대만 거주 교민의 대우와 직결되므로 관련 정책 수립 시 종합적인 정책적 고려가 필요하다고 외무부에 건의하였다.

(2) 대사관 현판 철거

아침 9시에 대사관 정문 옆벽의 '대한민국 대사관' 현판을 정순선 총무 서기관이 철거하였다. 대사관 앞에서 아침 일찍부터 대기하고 있던 기자들과 시위대가 사진을 찍고 질문 세례가 있었다. 바로 외무부에 현지시간 9시에 현판을 철거함으로써 대사관을 폐쇄했다고 보고하였다.

(3) 기자 간담회

이어 9시 30분부터 10시까지 박 대사는 단교 현황 취재를 위해 방문 중인 한국 기자들과의 간담회를 가졌다. 기자들의 질의에 대해 대한민국 정부 수립 후 첫 번째 공관이자 그간 43년간 양국 관계 발전에 기여해 왔던 주중화민국대사관이 폐관하게 되어 착잡한 심정이라고 감회를 밝히고 단교와 관련, 본국 정부가 주요 정책 추진 과정에서 일정 기간 보안은 불가피하다고 보며, 자신은 사실상 언론 보도 수준 정도를 인지하고 있었으며 대사관으로서는 솔직히 어려움도 많았으나 그런 상황에서 중화민국의 불만과 충격을 다소 흡수하는 역할을 하지 않았나 생각한다고 답변하였다. 아울러 단교로 가장 걱정되는 것은 교민들의 안전과 안정된 거주 문제인데, 대사관은 형식상 폐쇄되나, 당분간 잠정적으로 기존 업무를 현행대로 수행할 것이며 조기에 비공식관계수립이 이루어져 중화민국 국민들과 지속해서 우호 협력관계를 유지 발전시켜 나가기를 기대한다고 하면서 1년간의 짧은 근무 기간 중 중화민국의 여러 면을 보고 배운 결과, 중화민국은 인근국으로서 민주화 및 경제 발전 등, 모든 면에서 견실하게 발전하고 있는 나라로서 우리가 결코 소홀히 해서는 안 될 나라라고 생각한다고 밝혔다.

| 노태우 대통령 특별 담화 발표 |

북경에서의 외교관계 수립 공동성명 서명 시간에 맞추어 8월 24일 10시에 노태우 대통령은 청와대에서 특별 담화를 발표하였다.

노 대통령은 한중 수교 공동성명 내용과 중국 공식 방문 예정을 밝히면서 한중 수교의 역사적 의의와 한반도의 평화적 통일과 안정 그리고 남북한 관계 발전에도 좋은 영향을 주게 될 것으로 기대된다고 말하였다. 대만과의 관계에 관해서는 "대만과의 공식 관계를 단절하고 비공식관계로 전환하게 된 것은 안타까운 일이나 한중 관계를 더 이상 비정상적인 상태에 둘 수 없는 급변하는 국제정세하에서 당사자들을 포함한 국제사회 전체에서 예외없이 인정하는 '하나의 중국' 원칙을 우리도 불가피하게 받아들일 수밖에 없었다"고 말하고 "대만과 가능한 한 최고 수준의 비공식 관계를 유지하여 한국과 대만 간의 우호 협력관계를 계속 유지 발전시켜 나갈 것"임을 강조하였다.

동 담화 발표에 이어 김종휘 외교안보수석비서관은 청와대 기자단에 대한 배경 설명에서 세 차례에 걸친 예비회담의 일자, 기간 등을 포함한 수교교섭의 일부 내용을 공개하였다.[206] 김 수석은 "7월 29일 노창희 외무차관과 쉬둔신 중국 외교부 부부장이 지난 5월부터 진행된 수교 관련 실무교섭을 사실상 매듭지었고, 그 기간 동안 네 차례에 걸친 두드러진 실무교섭이 서울과 북경에서 있었다"고 설명했으며 "실무교섭의 주역은 한국 측의 권병현 외무부 본부 대사와 중국의 장루이제 본부대사가 담당했다"고 밝혔다.[207] 8월 24일 단교 당일까지 한국 측이 대만 측에 공식 통보한 내용에는 포함되지 않았던 한중 수교교섭 과정에 관한 내용을 기자단에게는 공개하였던 것이다.

| 외무부, 단교 후속 조치 시작 |

김석우 아주국장, 왕카이 공사 면담

대사관의 현판이 철거된 시점인 8월 24일(월) 오전 10시(대만시간 9시) 김석우 외무부 아주국장은 왕카이 주한공사와 단교 후 후속 조치

206　이상옥, 앞의 책, 248-249쪽.
207　「한중 수교 막후 비화—동해 작전을 완수하라」, 『월간조선』, 1992년 10월호.

를 협의하였다. 김 국장은 하기와 같이 단교 후 기술적인 문제에 대한 한국 입장을 설명하고, 미래관계 수립 협상을 위한 대표단 파견을 제의하고, 한중 수교 공동성명과 노 대통령 특별담화문 사본을 전달하였다.

○ 금일 10시 한중 수교가 발표됨과 동시에 한국 정부와 중화민국 정부와의 국교가 단절될 것이며 따라서 주한대사관과 주부산영사관의 중화민국 국기와 현판은 수교 발표 후 72시간 내(8월 27일 10시) 내려야 할 것임.

○ 쌍방은 단교 후 1개월 이내에 각각 상대국내에 있는 대사관과 영사관을 철수해야 함. 대사는 그 기간 중 한국 내에 체류할 수 있으며, 기타 대사관 직원 중 필요한 인원은 그 이후에도 민간 신분으로 계속 잔류할 수 있음.

○ 항공협정, 해운협정 및 무역협정 등 한·중화민국 간 체결된 정부 간 협정은 폐기될 것임. 우리는 동 협정들이 조속히 민간 형식으로 전환될 수 있기를 희망하며, 그때까지 양 국민들의 불편을 방지하기 위해 잠정적으로 협정 내용을 사실상 적용시키는 것이 좋다고 생각함.

○ 중화민국 정부가 대한민국 내 소유하고 있는 부동산은 국제법과 국제관례에 따라 처리될 것이며, 이에 따라 최소한 명동 대사관 건물과 토지는 중국 측에 이양되어야 할 것임.

○ 우리는 협의에 의해 별도 방법을 강구할 때까지 서로 상대방 영토 내에 있는 자국민들에 대해 종전과 같이 보호를 해 주는 것이 필요하다고 생각함. 이와 관련 우리 대사관에 대한 경비를 강화해 줄 것을 요청함.

○ 우리는 귀측과 경제통상, 문화 등 여러 분야에서 가능한 최상의 비공식관계를 유지하고자 함. 이와 관련 귀측과 조속히 민간 대표부 교환 설치 등 비정부 간 채널을 설정하는 문제에 대해 협의하기를 희망함. 우리나라에 설치될 귀측 민간 대표부 명칭은 'Taipei Representative Office in the ROK' 또는 'Taipei Economic and Cultural Mission in the ROK' 등을 생각할 수 있을 것임.[208]

---

208 한국 측은 처음부터 비공식 대표기구의 명칭을 한글로는 '대표부'였으며 영

○ 귀측이 동의한다면 9월 7일-9일 민간 형식의 대표단을 타이베이에 파견하여 민간 대표부 설치문제와 정부 간 협정 전환문제 및 교민 보호 문제 등 현안 문제를 협의하고자 함.

이에 대해 왕 공사는 한중 수교 공동성명 제3조 내용[209]에 대해 중화민국 정부와 국민을 대신하여 엄중한 항의를 하며 절대 수락할 수 없다고 밝히면서, 중화민국 정부는 한중 수교와 동시에 한국과의 외교관계를 중지한다고 언급하였다. 아울러 단교 후 기술적인 문제에 대한 하기 입장을 전달하였다.

○ 철수 임무 종료 후 대사관과 영사관을 한국 측에 인도함.
○ 대사관 철수 전까지의 기간 중 호혜원칙에 입각하여 대사관, 영사관의 건물과 인원에 대해서는 특권 면제 부여, 비밀 통신, 외교 행낭 등 현재의 외교 특권을 계속 향유를 희망함.
○ 향후 한 대만 관계 설정 관련, 아주국장과 왕카이 공사 간 협의 채널 유지를 희망함.
○ 교민 보호 관련, 한국 정부가 대만 여권 소지 화교에게 중공 여권을 갖도록 강요해서는 안 될 것이며 주한 화교에 대해서는 특별한 보호를 요청함.
○ 한국 정부가 화교학교를 중공 측에 이양하도록 강요해서는 안 될 것이며 화교 학생을 내쫓는 것을 비인도적인 처사이며 혼란을 가져올 수 있을 것임.

이렇듯 한국 측은 비공식관계에 있어서 대표 기구의 명칭의 예를 제시하고 협상의 조기 개시를 제의하였고, 중화민국 측은 단교 이후의 조치에 대한 한국 측 입장을 대부분 현실로 받아들이고, 화교 문제와 미

어로는 'representative office'(싱가포르식) 또는 수식어 있는 'mission'으로 상정하였다.
209 한중 수교 공동성명 3조는 "대한민국 정부는 중화인민공화국 정부를 중국의 유일 합법 정부로 승인하며, 오직 하나의 중국만이 있고 대만은 중국의 일부분이라는 중국의 입장을 존중한다"는 내용이다.

래관계 수립 협상에 관심을 보였다.

한국 측이 중화민국 정부 소유의 부동산에 대해서는 국제법과 국제 관례에 따라 처리한다는 원칙은 표명했으나 명동 대사관 이외의 부산 영사관저, 비외교재산에 대해서는 구체적으로 표명하지 않은 단계에 서, 대만 측은 화교학교 문제를 거론하면서 사실상 화교학교 부지는 중화민국 정부 소유의 비외교용 부동산이므로 이를 중국에 넘겨서는 안된다는 입장을 전달하였다.

외무부 후속 조치

동 면담 후 외무부는 우리 공관으로, 대사관의 기존 영사업무는 잠정적으로 현행대로 유지 시행하라는 지시와 함께 주한중화민국대사관의 국기, 나라문장의 대외적 사용은 중단되나 암호 통신 및 외교행낭 수발은 상호주의에 의거, 계속 인정할 예정이니 우리 공관도 이에 따라 대응하면 된다고 알려 왔다.

또한 8월 24일 외무부 허승 차관보 주재 관계부처 차관보급 회의에서 대만과의 경제관계유지는 정부의 종합적인 대처 방안에 의거하여 추진하되, 항공, 해운, 통상 등 분야의 문제(예: 자동차, 과일 등)가 시급하므로 분야 별 민간 대표들이 대만을 조속히 방문하여 민간 업계간 향후 관계를 협의하는 것이 좋을 것이라는 데 의견이 모아졌다고 알려 왔다.

외무부는 8월 24일 전 재외공관에 한중 수교와 관련 홍보지침을 통보하면서 수교교섭 경위를 다음과 같이 설명하였다.

○ 한중 외무장관회담 개최: 그간 3차례 외무장관회담을 통해서 관계 정상화 기반을 구축하였으며 제1차 회담은 1991년 9월 유엔 가입 직후 유엔에서 개최, 제2차 회담은 1991년 11월 APEC 각

료회담 시 서울에서 개최, 1992년 4월 북경 개최 ESCAP 총회
시 이루어진 제3차 회담에서 양측은 양국 관계 정상화가 바람직
하다는 데 인식을 같이 하고 이를 위해 상호 노력하기로 합의.
○ 수교교섭: 한중 양국은 수교의 필요성을 인식하여 최근 서울과
북경에서 수교문제에 관한 실무 교섭을 가졌으며 상호 의견 접
근. 실무교섭에는 우리 측에서 권병현 본부대사(전 미얀마 대
사)와 관계관이, 중국 측에서는 장루이졔(張瑞杰) 외교부 본부대
사(전 스리랑카대사)와 관계관이 참가. 그 결과로 1992년 8월
23일-25일간 중국을 공식 방문한 이상옥 외무장관과 첸치천
외교부장간 회담을 개최하고 한중 간 외교관계 수립에 관한 공
동성명에 서명.

| 우리 공관, 중화민국 외교부와 후속 조치 협의 |

8월 24일(월) 상기 김석우 아주국장과 왕카이 주한공사 간 서울 면
담이 끝난 후, 10시경 중화민국 외교부 아태사 샤광후이 전원이 이수
존 영사에게 연락이 왔다. 양측 합의에 따라 영사업무는 기존대로 계속
시행한다는 것을 확인하고 린수이지(林水吉) 아태사장(亞太司長)이 오
후 4시 민병규 공사와의 면담을 희망한다고 전해왔으며 박 대사의 8월
25일(화) 11시 발 대한항공 편 귀국 일정을 다시 확인하였다. 오후 4시
민 공사와 임 사장과의 면담에서는, 오전 서울에서 김 국장과 왕 공사
면담 내용을 확인하고, 단교는 매우 유감이나 양국의 공동 이익과 미래
관계를 위해 단교 후속 조치를 차질 없이 취할 수 있도록 상호 긴밀히
연락, 협의해 나가기로 하였다.

| 중화민국 제재 조치 시작 |

8월 24일(월) 오후부터 한국에 대한 우대조치 해제와 경제제재가 시
작하였다. 대사관이 거래하던 대만은행은 8월 24일부터 미화 인출 시

종전에 징수하던 수수료 미화 10불 당 1원(元)에서 3원으로 인상 징수
한다[210]고 알려 왔으며, 대만 첩운국(捷運局: 지하철공사 담당부서)국장
은 금성산전, 삼성종합건설, 대우건설 3개사 지사장을 불러 현재 진행
중인 사업은 문제없으나 향후 지하철공사 관련 건설 및 구매사업에 한
국업체는 더 이상 참여할 수 없다고 통보하였다. 당시 삼성건설은 지하
철 건설공사(2천5백만 불 상당), 금성산전은 엘리베이터 납품(4백6십만
불 상당)사업을 진행 중이었다.[211]

| 진수지 주한대사 귀임 |

진수지 주한대사는 단교 당일 8월 24일 대사관에서 오후 3시 기자
회견, 오후 4시 중화민국 국기인 '청천백일기(靑天白日旗)' 하강식을 거
행한 후, 당일 저녁 김포 공항에서 신기복 외무부 제1차관보의 환송을
받은 후 귀임 길에 올랐다. 김포공항에는 채문식 전 국회의장, 민관식
전 국회의장 대리, 김재춘 전 중앙정보부장 등 전직 고위인사들도 환송
하였다.[212]

진 대사는 타이베이 공항에 도착하여 장샤오옌 외교차장의 영접을
받은 후, 공항에서 "양국 단교는 노태우 정부, 특히 노태우 본인이 역사
에 자신의 이름을 남기기 위한 것이며, 내정, 경제 실패를 덮어 두기 위
한 것이며 중공 요구에 굴복하여 양국 전통 우의, 양국 이익 및 한국 국
민의 민의를 고려하지 않은 잘못된 조치"라면서 "한국민의 다수, 야당
등은 중화민국 입장을 동정하고 있으며 양국민 간 우의는 오래 전통을
갖고 있어 앞으로도 협력 가능성이 크다"고 언급하였다.

---

210 당시 미화 1불은 24.77 전후의 대만 NTD(New Taiwan Dollar, 편의상 元
     으로 호칭)였다.
211 삼성종합건설 지사장이 8월 24일 오후 공관으로 알려 왔다.
212 이상옥, 앞의 책, 259쪽.

제4부
단교 이후
(1992년 8월 25일 - 1993년 2월)

1. 박노영 대사 귀국

| 8월 25일 대만 언론 보도 |

대만 언론은 한중 수교 사실을 크게 보도하고 양국 대사관의 폐관 소식(중화민국대사관의 국기하강, 우리 대사관의 현판철거 사진 등)과 함께 한·대만 간의 비공식관계수립, 영사업무, 교민 보호 등 실질문제를 중점적으로 다루었으며, 그간 크게 보도하였던 경제제재 조치에 관해서는 상대적으로 적게 다루었다.[1]

한중 수교에 따른 대만에 관한 한국 주요인사의 발언과 동향을 다음과 같이 보도하였다.

> ○ 김종휘 청와대 외교안보수석은 8월 24일 언론 브리핑에서 대만과 최상의 비공식관계를 설정하고 한·대만 간 비공식 기구 명칭은

---

1 『중국시보』, 1992년 8월 25일; 『연합보』, 1992년 8월 25일; 『자립조보』, 1992년 8월 25일; 『중앙일보』, 1992년 8월 25일; 『경제신문』, 1992년 8월 25일; 『민중일보』, 1992년 8월 25일.

"주한국타이베이대표부" 등이 가능할 것이라고 언급[2]하고, 신기복 외무부 차관보는 한중 수교 방향, 과정 등을 대만 정부에 사전 통보하였으며 양국 간 민간 우호 관계 지속을 희망하며, 대만의 북한과의 관계 개선에 반대하지 않는다고 표명하였으며, 이기택 민주당 공동대표는 수 명의 국회의원과 함께 26일 타이베이를 방문, 대만에 대해 동정과 지지를 표명할 예정이라고 함.

○ 24일 어우양루이슝(歐陽瑞雄) 외교부 대변인이 "한중 공동성명 중 대만 언급 부분은 용인할 수 없다"고 한 논평과 함께, 진수지 대사 귀국 등을 보도함. 한편 대만 외교부는 한국과 비공식관계 협상에 있어서 내년 2월까지는 고자세를 견지하고 협상 카드를 축적하여 신정부와 협상할 것이라고 전망함.

앞서 기술한대로 외무부는 8월 21일 도착한 공문을 통해 박 대사에게 단교 후 72시간 내 귀국하라고 지시함에 따라 박 대사 내외는 단교 다음날인 8월 25일(화) 오전 11시 타이베이발 대한항공 편으로 귀국하기로 하였다.

24일 오후 박 대사의 귀국보고서를 작성하여 민 공사와 협의한 후 보고서를 박 대사에게 제출하였다. 본부에 이미 보고한 중화민국 정부와의 접촉 내용, 단교 전후의 대사관 조치와 함께 중화민국 동향과 금후 대응 방향(건의)을 다음 요지로 작성하였다.

중화민국 동향

○ 중화민국 국민당 정부로서는 단교가 예상된 사태이기는 하나,

---

2   김종휘 외교안보수석은 8월 25일 자 『Korea Herald』 보도에 의하면 "대만과 비공식관계를 수립할 것이며 대만은 'Taipei Representative Office in the Republic of Korea'를 설치할 수 있을 것이며 한중 간에는 수교 전에 4번에 걸친 비밀 협상이 있었으며 마지막 협상은 7월 29일에 있었다"고 기자단에 밝혔다. 한중 수교 관련 내용은 8월 21일 단교를 통보한 날, 이상옥 장관이 진수지 주한대사에게 알려준 내용이나, 8월 24일 김석우 아주국장이 왕카이 공사에게 알려 준 내용보다 더 상세하였다.

단교에 대한 국내 비판, 12월 예정된 입법위원 선거에의 영향, 민진당 등 재야 세력의 대만독립 주장 강화 가능성 등 국내 요인과 중국대륙과의 관계를 고려, 강한 반발 및 대응조치 시행은 불가피한 상황임.

○ 현실적인 실리 외교 입장에 따라 비공식관계 수립 협상에 임할 것이나 국민 감정을 고려, 일정한 냉각 기간을 둘 것으로 예상됨. 특히 첸푸 외교부장 등 고위인사가 이번 단교 책임을 노태우 대통령에게 돌리고 있으며, 노 대통령 퇴임 후에야 양측 간 공식 협상이 가능함을 시사하고 있으며 더욱이 노 대통령의 9월 하순 중국 방문까지는 국민 감정상 어떠한 합의 도출도 어려울 것으로 예상됨.[3]

○ 대만 측의 소위 보복 조치는 대표사무소 협상 진전과 연계되어 잠정 시행될 것으로 전망됨.

금후 대응 방향(건의)

○ 최고 수준의 비공식관계 수립을 위해 대만 입장을 최대한 수용함

○ 금후 실질 협력관계를 강화할 필요와 교민 및 경제 이익의 최대한 확보를 위해 대만 측의 소위 보복 조치에 대해서는 대응 보복 자제 등 신중한 대처가 요망됨.

○ 한국 거주 화교에 대한 조치는 대만 거주 교민, 유학생, 상사원 체류와 활동문제와 직결되므로 정책적 배려가 필요함.

○ 비공식관계 수립을 위한 협의 채널과 협상은 우선 서울에서 진행함이 바람직할 것으로 사료됨(대만 관심이 우리보다 크므로 대만에서 진행될 경우 반한감정 고조 가능성 우려).

8월 25일 오전 타이베이 공항에서 외교부 주시촨(朱淅川) 아태사부 사장(부국장)이 중화민국 정부대표로 박 대사 내외를 환송하였다. 박 대사는 기자들의 질문에 대해 "양국 단교에 심심한 유감을 표하며 양국 국민 간의 우호 관계 및 실질 협력관계는 변함없이 지속될 것으로

---

3 8월 21일 대사관이 접수한 한국 측 입장에 의하면, 단교 후 1개월 내 비공식관계수립을 목표로 한다는 계획이 대만 입장과 대만 내 분위기로 보아 비현실적인 구상임을 지적하고자 했다.

확신한다"고 답하고, 환송 나온 외교단장인 하베이(Alan McAllister Havey) 남아공대사, 로페즈(Solano Lopez) 파라과이대사, 야나이 신이치(梁井新一) 일본교류협회 타이베이사무소장(대사)과 잠시 환담한 후 비행기에 올랐다. 1991년 8월 28일 부임하여 3일이 모자라 임기 1년을 못 채우고 귀국하게 되었다. 환송 나간 공관 직원과 가족 모두가 침울한 분위기에서 박 대사 내외와 작별 인사를 나누었다.

노창희 외무차관이 김포 공항에서 박노영 대사를 마중했다. 기자들의 질문에 박 대사는 담담하게 "정부의 지시에 따라 대사관을 폐쇄하고 귀국했다"고 대답했다. 박 대사는 노차관의 위로의 말에 대해서 "정부의 정책에 따른 것뿐이며 나는 조금도 섭섭하게 생각하지 않는다"라고 하였다. 노 차관은 박 대사의 의연한 공직자로서의 자세에 감명을 받았다고 한다.[4]

---

4 노창희, 「한중 수교에 얽힌 이야기」, 『외교』 제75호(2005.10), 80쪽; 노창희, 『어느 외교관의 이야기』, 기파랑, 2007, 295쪽.

2. 민병규 공사 체제 공관 운영 시작

중화민국과 외교관계가 단절됨으로써 공식적으로는 1992년 8월 24일 자로 외무부 직제상 중화민국주재대사관은 폐쇄되었다. 대사도 8월 25일 귀임하였다. 8월 25일 오후부터 민병규 공사 지휘 체제로 법적 지위가 모호한 한국 대표사무소로서의 공관 활동을 시작했다.

중화민국과 단교되었더라도 비공식관계로 바뀔 뿐 한국의 대표기구는 계속 유지될 것이므로 당연히 공관의 모든 기본업무는 계속 수행하는 것이며, 외교관 신분에 변화가 있더라도 대한민국을 대표해 중화민국에 나와 있다는 사실에는 변함이 없었다. 다만 공식 관계로부터 비공식관계로 전환되는 잠정 기간 중 공관 업무와 공관원 대우는 상호적이기 때문에 양국 외교당국 간 협의 결과에 따를 수밖에 없었다.

계속 수행해야 할 공관 업무는 주재국 입장 및 언론 동향 파악, 본부 지시 이행, 정책 건의, 경제통상 활동, 교민 보호 활동 등 기본업무 외에, 대사관 한 달 내 철수 지침에 따른 공관 내 정리, 새로운 사무실 물색 및 새로운 사무실 입주 전까지의 임시사무실 확보 등 후속 업무를 함께 수행해야 할 상황이며, 대부분 업무는 현지에서 알아서 판단하여 시행해야 할 업무였다.

| 태극기 게양 사건 |

박 대사를 환송하고 대사관으로 돌아오자 마자, 8월 25일 오후 1시 30분 외무부 동북아2과 배재현 서기관이 급히 전화를 걸어왔다. 외신을 인용하여 대사관 직원이 반바지 차림으로 국기를 하강하는 사진이 국내 언론에 퍼지기 시작한다면서 진상을 물어 왔다. 나는 8월 24일 대

사관 폐쇄는 국기 하강이 아닌 현판철거로 했으며 바로 본부에 그 사실을 보고했다고 설명하고 동 사진은 아마 단교 소문이 나기 시작한 8월 20일부터 대사관 주변에 상주한 기자나 시민이 24일이 아닌 다른 날 찍었을 가능성이 있을 것 같다고 대답하였다.

나는 민 공사와 바로 협의한 후 다음과 같이 외무부에 보고하였다.

> 8월 24일 단교 당일 9시 현판철수와 함께 이를 바로 본부에 보고 하였으며, 단교 당일 국기를 게양하지 않았던 이유는, 단교 시점이 대사관 근무 개시 시간인 9시였으며, 8월 20일 이후 시위자들이 대사관 앞에서 태극기 소각, 현판을 떼어 밟고, 투석으로 유리창을 파손하는 등 과격 행위를 계속 하고 있으며, 단교 시점에 대사관 앞에서 대규모 반한 시위 및 오물 투척 예정이라는 첩보가 입수되어 국기가 손상될 가능성이 크다고 판단되었기 때문임.
>
> 대만 언론 및 외신 기자들이 단교가 임박했다고 알려진 8월 20일 부터 대사관 주변에 계속 상주하여 왔는 바 8월 22일은 우천, 8월 23일 은 일요일인 관계로 국기를 게양하지 않았으므로 외신 인용 사진은 8월 20일 또는 8월 21일 찍은 것으로 추측됨.

당시 일부 대사관 직원들은 부정확한 반한기사를 의도적으로 게재하고 있다고 흥분하기도 했다. 그러나 8월 24일 단교 당일 주한 중화민국대사관의 정중한 국기 하강식 사진과 우리 대사관의 반바지 차림 직원의 국기 하강 사진이 비교되어 보도되면서 단교 졸속 처리에 대한 국내 언론 보도[5] 및 비난이 커졌으며, 김석우 외무부 아주국장이 상기 공관 보고에 따라 적극적으로 언론에 해명했음에도 불구하고 어떠한 상황이었든 국기 하강에 있어서 기본 규정에 어긋나는 것이었기 때문에 비

---

5 「기자의 눈: 서울-대북 대조적 국기 하강」, 『동아일보』, 1992년 8월 26일; 「투시경: 얼버무린 국기 하강」, 『한겨레』, 1992년 8월 26일; 「문제의 사진 시비」, 『조선일보』 1992년 8월 27일.

난은 피할 수 없었다.

그러던 중 8월 27일(목) 오전 9시 30분 엄석정 동북아2과장이 나에게 연락이 와, 국내 여론이 좋지 않고 상부의 관심이 커서 국기게양과 관련 공관에 경고 전문이 나간다고 알려 오면서 어려운 여건하에서 고생하는데 양해하라고 알려 왔다. 이어 "우리나라 주요 일간지에 귀관 직원이 반바지 차림으로 국기 하강하는 장면이 게재되어 사회적으로 물의가 일고 있는바, 향후에는 여사한 사태가 발생하지 않도록 각별히 유념하고 직원에 대해 철저히 지도, 감독 바란다"는 전문이 날라왔다.

엄 과장은 10시 30분경 다시 나에게 다시 전화하여 AFP 통신이 24일 오전 7시 50분에 찍은 것이 확실하다고 주장한다[6]고 하면서 사실 관계를 전반적으로 다시 확인해 줄 것을 지시하였다. 바로 직원들과 다시 협의하고 꼼꼼히 확인해 보니, 8월 24일 아침에 당시 야간 숙직 행정원이 여타 행정원과 함께, 전날 밤늦게까지 공관 정리하고 새벽에 취침하고 기상한 후 평소 하던 대로 국기를 올렸다가 다시 급히 내렸다는 것이었다. 23일 오후 5시 직원회의 결정 사항(국기는 게양하지 않고 9시 현판을 철거)이 동인에게 제대로 전달이 되지 않았다. 대사관이 야간 경비를 위해 바로 6월에 채용했던 성실한 유학생으로서, 단교 소문이 퍼진 8월 20일 이후에는 다른 행정원들과 함께 밤낮없이 공관 업무를 돕고 있었다.

결과적으로 참으로 부끄러운 일이었다. 우리 정부 수립 이후 첫 번째 창설된 재외공관의 폐쇄에 따른 국기 하강으로는 너무 초라하고 민망한 모습이었다. 단교 직전에 본부로부터 단교 통보를 받고 경황이 없는 가

---

6 『연합보』, 1992년 8월 25일, 3면. 주한 남한 대사관은 8월 24일 오전 7시 40분 국기를 게양한 후 10분 후에 내렸으며 9시에 대사관 현판을 철거함으로써 양국 외교관계의 정식 중지를 상징하였다고 보도하였다. 국기 하강 및 현판철거 사진을 동시에 실었다.

운데도 직원 협의를 통해 8월 24일 단교 당일 태극기를 게양하지 않기로 정했음에도 불구하고, 마지막 지시 전달 과정의 행정 실수로 벌어진 일이었으나 변명의 여지가 없는 일이었다. 한 번도 해 보지 않은 단교 업무를 막 시작하는 공관 직원 모두에게 가장 참담했던 시간이었다.

| 8월 24일 단교 이후 26일까지 대만 동향 보고 |

그런 가운데 단교 직후의 대만 분위기 및 전망을 민주당 사절단 방문 시작 전인 26일 오후에 다음과 같이 보고하였다.

(1) 대만 정부 동향

○ 대만 정부는 언론 등을 통해 한국 정부(노태우 정부로 지칭)를 계속 비난하고 있으나 단교 직전, 당일에 비해 그 강도는 점차 약화되고 있으며, 첸푸 외교부장 등 고위인사가 수시 언급하듯이 노 대통령이 퇴임하는 내년 2월까지는 협상을 서두르지 않겠다고 하면서도, 실질적인 권한을 가진 한국 대표단에 한해 협상에 응하겠다는 태도를 표명하고 있음.
○ 아울러 첸푸 외교부장이 8월 26일-29일 민주당 사절단 방문을 환영한다고 공식 표명하는 등 한국 국내의 대만에 대한 동정과 지원 여론을 최대한 활용하고자 할 것으로 보이는바, 이를 통해 국내적으로는 단교가 한국 정부가 다수 의견을 무시한 결정이라는 대만 정부의 주장을 정당화하고 한국과의 관계에 있어서 앞으로 협상을 유리하게 풀어나가고자 할 것으로 관찰됨.
○ 대만 정부는 단교로 인한 국내의 일부 비난에도 불구, 기존의 외교 정책에 따라 무실 외교를 계속 추진할 것이며, 중국을 비난하면서도 '하나의 원칙'을 계속 견지하고 대대륙 정책에 변화가 없음을 강조하고 있음.

(2) 언론, 학계 등 일반 여론

○ 단교 직전, 직후의 격렬한 반발 및 비난 여론이 점차 수그러지고

있으며 정부와 모든 국민이 단교를 수차례 겪어 온 그간 경험에 비추어 능동적으로 대처하여 최대한 실리를 찾자는 여론이 점차 대두되고 있음. 『중국시보』, 『경제일보』 등 주요 언론의 사설 논조가 그러함.

○ 한국과 민간 차원에서의 계속적인 교류는 절대적으로 필요하며, 대한국 경제제재 조치로 인해 주재국 업계의 피해 가능성도 지적되고 있으며, 중국대륙 시장에서 한국업계와의 경쟁에 적극 대처해야 한다는 의견도 분출되는 등 전반적으로 정부차원에서 이성적인 대처가 필요하다고 촉구하고 있음.

○ 다만, 일부 시민의 반한서명, 한국제품불매, 승차거부 등 한국 배척 분위기는 계속되고 있는 바, 이러한 현상은 당분간 지속될 것으로 보임.

(3) 전망

○ 8월 26일 현재 대만 측은 우리 정부가 파견하는 사절단 방문[7] 및 대표사무소의 형태에 대해 최대의 관심을 표명하고 있음.

○ 아울러 우리의 대중국 관계 발전(특히 노 대통령 방중)도 주목하고 있는 바 이에 따라 대응의 강도를 적절히 조정해 나갈 것으로 예상됨.

8월 26일부터 전반적으로 대만 언론의 한국 관계 기사가 현저히 줄어든 가운데 남한과의 미래관계 중심으로 한국 측의 사절단 파견, 민주당 대표단 방문, 비공식 대표기구 등에 대해 주로 보도하였다. 『경제일보』는 8월 26일 자 사설에서 대한국, 대대륙 정책을 신중히 처리할 것을 촉구하며, 격앙된 감정을 억누르고 국가 이익을 냉철히 고려하여, 한국에 대한 경제 무역상의 특혜 폐지는 당연하나, 중화민국의 국제화 추구 및 국제기구 가입과 관련, 지나친 차별 대우는 곤란하다고 지적하였다.[8]

7　8월 26일 대만 언론은 노 대통령이 8월 25일 대통령 특사단의 9월 초 대만 파견을 지시했으며 단장은 김종필 최고위원이 예상된다고 보도하고, 이상옥 장관도 근일 내 민간대표단을 파견예정이라고 표명했다고 보도하였다.
8　『경제일보』, 1992년 8월 26일, 3면.

『연합보』는 8월 27일 자 사설에서 한·대만 간 새로운 관계 정립의 전제 조건으로 중공도 남북한의 정치 실체를 동시에 인정한 것과 같이, 남한에게 대만의 실체를 인정하여 종전 대사관의 기능, 규모 및 인원을 유지하고 중화민국 국호 사용을 허용하도록 요구해야 한다고 주장하였다.[9]

9 『연합보』, 1992년 8월 27일, 2면.

3. 민주당 사절단 방문(8월 26일 - 30일)

   민주당 사무국 관계자가 공관에 단교 당일인 8월 24일(월), 이어
8월 25일(화)에 걸쳐 국제전화와 팩스로 민주당 사절단의 방문 계획을
알려오면서 일정, 숙소 등 체류 활동을 지원해 줄 것을 요청해 오던 중,
25일 외무부가 공관에 민주당 사절단의 8월 26일-29일 방문 계획(방
문 중 귀국일을 30일로 조정)을 통보하고 지원을 지시하였다. 대사관은
바로 숙소 예약과 교민 간담회, 상사원 간담회 주선, 공관 브리핑 등 일
정을 준비하였다.

   8월 25일 오전 대만 외교부 어우양루이슝(歐陽瑞雄) 대변인은 "남한
과의 단교는 노태우 정부의 소수인의 결정이며 양국 간 민간교류는 매
우 중요하며, 남한 민주당 국회의원들이 주동적으로 대만을 방문하는
데 대해 열렬히 환영한다"고 입장을 밝혔다. 25일 오후 외교부 아태사
측은 현재 민주당 요청으로 일정 주선 중이며 차량 제공을 검토 중이라
고 하고, 대만 관계부처 방문 시에는 한국 공관 직원이 일체 동행할 수
없다고 알려 왔다.

   8월 26일(수) 오전 8시 45분 김석우 아주국장이 나에게 전화했다.
어제 박노영 대사가 서울에 무사히 도착했으며 유학생 구타사고 소식으
로 교민 안전 문제에 신경이 쓰인다고 하면서 민주당 대표단 활동에 적
절히 대응해 주기 바라며 단교 상황에 고생이 되더라도 잘 대처해 주기
를 바란다고 말하였다. 이어 9시 50분경 홍콩총영사관 이선진 영사(동
북아2과장 역임 후 1990년 8월 홍콩 부임)가 전화를 주었다. 단교 상황
에 할 일이 많겠다고 하면서 안전 및 건강에 주의하면서 잘 대처해 나
가라고 격려해 주었다.

   8월 26일(수) 저녁 민주당 사절단은 이기택 대표최고위원을 단장

으로, 김정길 최고위원·손세일·조순승·김원웅 의원을 단원으로『한겨레』,『연합통신』등 기자 6명과 함께 타이베이 공항에 도착하여 장샤오옌 외교부 정무차장과 민병규 공사의 영접을 받았다.

이기택 단장은 도착 성명에서 "중화민국 정부와 국민에게 국교 단절 조치에 대해 애석과 우려를 표하며, 민주당은 중국대륙과의 수교 과정에서 한국 정부가 중화민국 정부와 국민에 대해 신뢰할 수 있는 사전 협의를 거치지 못하고, 사후의 새로운 관계 정립을 마련하지 못하고 있는 데 대해 엄중한 비판과 시정을 촉구하고 있다"고 하면서 "중화민국은 대한민국 정부수립 후 첫 번째 수교국이며, 일제하의 상해 임시정부에 대한 지원과 카이로 선언 등 한국 독립에 지대한 지원에 대해 한국 국민은 기억하고 감사하고 있다"고 강조하고 "방문 중 한국·중화민국 관계의 재정립과 교민, 통상 등 각종 현안을 논의하여 양국의 선린 우호 관계가 지속되는데 좋은 성과를 기대한다"고 언급하였다.

민 공사는 대표단이 숙소 도착 후 저녁 10시부터 45분간 8월 19일부터의 현지 상황을 대만 정부의 동향, 교민 입장, 공관의 대응을 중심으로 브리핑하고 의견을 교환하였다. 배석한 나는 조순승 의원이 당시 상황을 객관적으로 정확히 판단하고 있다는 인상을 받았다.

민주당 사절단은 8월 27일(목) 중정(中正)기념당 참관,[10] 류쑹판 입법원장 면담과 오찬, 쉬리더(徐立德)국민당 부비서장 면담, 장샤오옌 외교부차장 면담과 만찬, 8월 28일(금) 교민유학생간담회, 주재상사 간담회(공관 회의실) 및 오찬, 이어서 쉬신량 민진당 주석, 첸푸 외교부장, 하오보춘 행정원장 면담 등 일정을 가졌다.

---

10 중정(中正)기념당은 장제스 총통의 업적을 기념하는 장소로서 중화민국 외교부는 한국 주요인사 방문 시 주요 일정으로 포함시킴으로써, 국민당 정부의 과거 한국 독립 운동부터의 한국 지원을 상기시켜 왔다. 9월 15일-17일 한국의 고위사절단 방문 시에도 중정 기념당을 방문하였다.

민주당 사절단은 대만 측 인사 면담 시, 대만을 중화민국으로 호칭하면서 민주당으로서는 한국 정부의 중국대륙과의 수교 결정에는 반대하지 않으며, 다만 동 과정에 문제가 있다는 인식을 갖고 있으며 단교는 유감스러우나 양국 국민 간 관계가 중요하므로 양국 관계의 지속적인 발전에 상호 노력할 필요가 있음을 강조하고 한국 교민의 안전 및 이익 보호에 최대한 협력을 요청하였다.

대만 측은 단교 과정에 신의와 약속을 저버렸다고 강하게 비난하고, 한국 측이 중국에 대해 50억 불 경제협력(25억 불 무상, 25억 불 유상)을 제공키로 했다는 첩보를 밝히고, 오는 12월 한국 대통령 선거 후에나 양국 관계가 회복될 수 있을 것이라고 시사하였다. 한국 정부의 지속적인 부인[11]에도 불구하고, 대만 정부는 중국과의 수교 조건으로 한국의 경제협력 제공설을 계속 믿고 있는 분위기였다.

주요 면담 인사의 발언 요지는 다음과 같다.

> ○ 하오보춘 행정원장: 중화민국 정부와 국민은 양국 간 수십 년간의 우의가 있기 때문에 단교로 인해 한국 국민에 대해서는 원한이 없으며 단지 노태우 정부의 조치는 역사적인 잘못이며 국제 도의나 한국 이익에서 볼 때 이치에 맞지 않는 결정이라고 생각함. 중화민국은 한국의 독립운동을 지원하였고 개인적으로는 1940년 대에 이범석, 이청천 장군 등과 같은 방에서 지냈으며, 1932년 상해에서 한국 의사(윤봉길)의 일본대장폭사의거는 중국인도 자랑

---

11 대만 『중앙일보』, 8월 24일, 2면, 남한 강만수 재무부 국제금융국장이 현재 중공 외환보유고가 이미 500억 불에 달하여 금융상황이 한국보다 좋다고 하면서 수교 조건으로 20억 불 경협설을 부인;『중시만보』, 8월 26일, 2면. 역시 북경에서 귀국한 이상옥 장관은 중국과 수교 협상 중 20억 불 경협설은 대만 정부가 날조한 것이며 사실이 아니라고 부인하였다고 보도하였다. 이상옥 장관은 8월 24일 저녁 한국기자단과의 간담회에서 "20억 불 차관설은 지난 8월 18일 대만 측에 한중 수교교섭 진전 사실을 통보해 준 뒤 타이베이로부터 흘러 나왔는데, 그것은 한중 수교의 의미를 훼손하려는 중상 모략이라고 생각한다"고 말하였다(이상옥,『전환기의 한국 외교』, 삶과꿈, 2002, 255쪽).

스럽게 느끼고 있는 한편, 중공 정권은 북한을 지원하여 한국인을 도살하였으며 한국의 자유민주 원칙하의 평화통일을 지지하지 않을 것인바, 한국은 중공을 다른 나라와 구별하여야 함. 민주당이 대선에 승리하여 양국 간 새로운 관계 정립의 전기가 마련되기를 희망하며, 한국 교민에 대해서는 호혜적인 관점에서 불이익이 없을 것임.

○ 류쑹판 입법원장: 노태우 정권이 북방정책을 위해 중공과 수교는 이해하나, 우방인 중화민국을 전혀 배려하지 않고 추진한 일련의 과정에 대해 매우 불만스러우며 노 정권의 중공 수교로 중화민국의 대중공 입장이 약화되었음.

○ 첸푸 외교부장: 노태우 정부는 시종일관 중화민국 정부와 국민을 기만했을 뿐 아니라 정부가 파견한 한국대사, 한국 국민을 함께 기만하였으며 단교 이후 5일이 지난 현시점에서도 미래의 양국 관계에 대한 아무런 입장 표명이 없음. 이상옥 장관은 8월 18일, 20일 오후 진수지 주한대사를 만날 때에도 중공과의 수교 결정 내용에 대해 아무런 내용을 알려주지 않았으며, 이 장관의 북경 방문 2일 전인 21일 오후 5시에 이를 알려 주었음. 따라서 한국 외무부 신기복 차관보가 중화민국 측에 상세하게 설명해주었다고 대외적으로 얘기하는 것은 우리를 기만한 것뿐 아니라 한국 국민도 속인 것임. 진수지 대사가 서울에서 입수한 첩보에 의하면 남한은 중공에게 50억 불의 경제협력(25억 불 무상, 25억 불 유상)을 제공할 것이라고 들었음. 12월 한국 대선 이후에나 양국 관계가 회복될 수 있을 것임.

○ 장샤오옌 외교부차장: 단교 사태를 일으킨 한국 측이 현지 교민과 상사 이익을 그대로 보호해 달라는 것은 무리한 요구이며 앞으로 중화민국의 결의와 능력을 과소평가해서는 안 될 것이며, 앞으로 양국 관계 수립에 있어서 일본, 미국, 사우디 등 어떠한 방식도 수용 불가하며 충분한 수권을 받지 않은 한국 사절단은 수용할 수 없음.

○ 쉬신량 민진당 주석: 민진당은 대만이 중국의 유일한 합법 정부라고 간주하지 않으므로 국민당 정부와 생각이 같지 않으며, 한국의 중공 수교에 대해 반대하지 않으나 다만 노태우 정부가 중공에 대해 너무 양보하였으며 대만과의 실질 이익을 무시한 데 대해서는 유감스러움. 민진당으로서는 남한과 모든 관계를 그대

로 유지해 나갈 수 있기를 희망하며 한국 민주당의 국내 민주화
에의 공헌을 평가하고 연말 대선에서 김대중 대표가 당선되기를
기대함.

사절단은 교민, 상사와의 간담회에서 교민 요망 사항(거류 조건 개
선, 교민 보조금 계속 지원, 대만 교육부의 한국 유학생 지원제도 계속
유지 희망 등)과 상사의 현지 활동(대만 측의 보복 조치 대응, 기존 거
래처와 관계 유지 노력 등)을 청취하고, 귀국 후 정부에 대해 조기 대책
마련을 촉구하겠다고 언급하였다.

민주당 사절단은 8월 30일(일) 귀국하여 도착 성명서를 통해 "중화
민국 방문을 통해 한국 정부가 중국과의 수교 과정에서 중화민국 정부
에 대해 구체적인 신의를 지키지 못한 것이 한국과 중화민국과의 관계
재정립을 어렵게 하는 근본 원인임을 확인하였다"고 하고 "중화민국 정
부와 국민은 한국 정부가 한중 수교 과정에서 중화민국 정부를 속였으
며 40년간 혈맹 관계를 유지해 온 자신들에게 전혀 사전협의 하지 않았
다는 점에 분노하고 있다"고 설명하면서 "중화민국 정부가 관계 재정립
을 바라고 있다는 사실을 확인하였고, 한중 수교 못지않게 한국과 중화
민국 관계의 재정립이 중요하다"고 강조하고 정부 당국의 성의 있는 조
치를 촉구하였다.

4. 비공식관계 수립 협의 개시

8월 24일 단교 당일부터 양국 외교당국 간 협의가 서울, 타이베이에서 동시에 개시되었다. 서울에서는 김석우 외무부 아주국장과 왕카이 주한공사 간에, 타이베이에서는 린수이지 외교부 아태사장과 민병규 공사 간 외교채널이 작동하여 한국 사절단 파견, 잠정기간 중 공관 운영문제, 한 달 내 공관 철수문제 등에 대해 서로 정중하게 구체적 협의가 진행되기 시작했다.

| 한국 측, 고위사절단과 실무교섭단 동시 파견 제의 |

외무부 김석우 아주국장은 8월 28일(금) 저녁 10시에 왕카이 주한공사를 초치하여 한국의 고위사절단과 실무교섭단의 9월 3일-5일, 또는 7일-9일 동시 파견을 제의하고 대만 측의 조속한 회답을 요청하였다.

민주자유당 김영삼 총재와 김종필 대표최고위원이 청와대 측과도 사전 협의한 결과, 민관식 민자당 고문(전 국회의장 대리)을 단장으로 민자당 소속 국회의원 3-4명으로 구성되는 고위 민간사절단을 타이베이에 보내기로 결정하였으며, 아울러 동 사절단과 함께, 교섭 권한이 부여된 외무부 본부 대사를 단장으로 관계부처 담당관으로 구성된 실무교섭단도 파견하여, 비공식 대표기구 설립 문제, 정부 간 협정의 민간협정으로의 전환 문제 등에 관하여 대만 대표단과 교섭하기를 희망한다고 제의하였다.

| 외무부, 8월 31일 대만 대책 회의 개최 |

엄석정 동북아2과장은 8월 29일(토) 나에게 전화로 8월 31일(월) 오

후 대만 대책 회의를 개최할 예정이라고 하면서 대만 정부 입장과 대만 교섭 시 참고사항을 정리해서 자신과 최정일 국제법규과장 앞으로 보내 달라고 지시하였다. 나는 8월 30일(일) 아침 엄 과장과 최 과장에게 업무 연락 형식으로 대만 측 주요 관심 사항 및 주요 현안에 관해 다음 요지로 보고 하였다.

(1) 대만 측 주요 관심 사항

○ 한국 측의 금후 대만 정책: 소위 '최고 수준의 비공식관계의 내용,' 비공식관계의 주체, 한국 측의 비공식대표기구 성격 등.
○ 대표사무소 설치: 명칭 및 기능, 사무소 및 직원에 대한 특권과 면제의 구체 범위, 한국 측 대표의 수준.
○ 중화민국 정부 명의의 한국 내 재산 처리: 대사관, 영사관 이외의 비외교재산.
○ 한국 거주 화교의 법적 지위 및 대우: 특히 화교학교 유지 및 교육에 큰 관심(국기게양 및 대만 교재 계속 사용 여부 등).

(2) 주요 현안

○ 정부 간 기존 협정의 민간 협정에의 전환(합의 주체, 대만 국호, 국기 사용 문제, 특히 중화항공의 국기 사용 등).
○ 정부 간 정기회담 및 민간 간 협의체 지속 방안.
  - 경제각료회담, 과실회담, 해운해담, 관세회담 등 4개 회담
  - KOTRA-CETRA 회담, 민간경제협력위원회 등
○ 단교 전 정부 간 상기 회담 시, 이미 합의한 사항 이행 문제(자동차 쿼터 매년 30% 증량 등).
○ ASPAC 관련 국제기구에의 대만 공동 참여 문제.
  - 대만 측 주관 아태식량비료기술센터(ASPAC-FFTC) 계속 참여 여부
  - 한국 측 주관 사회문화센터 유지 여부
○ 교민, 유학생, 상사 주재원의 안전 및 이익 보호 방안.
○ 필요시 대만 측의 그간 협조 요청 또는 제의 사항에 대한 우리 입장.

- GATT 가입(1990년 1월 가입 신청 후 우리 측에 수시 협조 요청)
- 투자보장협정(1991년 7월 24차 경제각료회담 시 대만 측 제의)
○ 필요시 의원친선협회 등 비정부차원의 교류에 대한 우리 입장.

이어서 나는 대만대책회의 당일인 8월 31일(월) 11시경 엄석정 과장에게 대만과 교섭 시 대만 설득 논리와 참고사항을 다음과 같이 보냈다.

(1) 대만 설득 논리

○ 한국의 북방정책 추진 관련 중국과의 관계 개선 입장을 지속 공개 표명 (대만 측도 한국의 중국과의 관계에 불반대 입장 표명, 양국 관계의 현상 유지, 사실상의 이중승인을 희망하였으나 국제현실상 불가능했음).
○ 지난 수교관련 통보과정에서 대만 측 불만은 이해하나, 북한 자극 우려로 불가피했음.
○ 한국은 중국과의 수교를 일본보다 20년, 미국보다 13년 늦게 수교함.
○ 중국 분단현실에서 오는 불가피한 상황으로 인식할 필요.
  (한중 수교로 중국대륙의 개혁개방 및 민주화 가속화 예상, 대만 측의 중국과의 교류 확대 조치와 일맥 상통, 대만 측 이해와 중장기적으로 일치)
○ 한국의 대대만 실질관계 유지 입장 불변, 양국 대표부를 조속 설치하여 하루의 공백없이 관계 지속을 희망함.

(2) 협상 시 참고 사항

○ 1992년 시점에서의 단교는 대만의 안보 정세 상황 및 경제이익에의 영향이 사실상 없다고 할 수 있으며 특히 양안 교류 수준으로 볼 때 이적 행위가 아님.
○ 국민당 정부의 변질 및 대만 사회의 점진적 변화를 고려할 필요가 있는바, 2년 내 총통 직선 개헌이 예상되고 대만 민주화가 진행되는 가운데 2천만 국민 직선으로 선출된 정부가 중국 전체를 대표한다고 할 수 있을지 의문임.

○ 한국 국민도 대만 국민과 똑같이 대만인의 형제인 중국대륙 인민과 교류 확대를 희망함.

| 단교 후 경제제재 조치 보고 |

이어서 최민구 상무관과 함께 대만 정부가 단교 전후에 표명한 경제 통상분야에서의 모든 우대와 특혜 취소 결정과 관련하여 대만 측의 기조치 및 예상 조치, 전망을 다음과 같이 종합하여 9월 2일 보고 하였다.

(1) 대만 측 조치 및 예상 조치

가. 통상 분야

① 자동차 쿼터 철폐: 1989년 제22차 경제각료회담 시 매년 쿼터 30% 증량 합의(1991년 8,788대, 1992년도 11,424대 쿼터 확보).

② 과실 구상무역 중단: 정부 간 과실회담에서 매년 한국 사과, 배와 대만 바나나 물량 결정.

③ 우대 관세의 일반 관세 환원: 홍삼 등 일부 품목 대상.

④ 한국 제품에 대한 반덤핑 조사: 대만 전국공업총회는 덤핑 혐의가 있는 20여 개 품목 선정(1991년 6월 수입가격 10% 이상 인하되고 수입증가 품목, 자동차, 가전제품, 철강류, 석유화학제품 등).

⑤ 상사 주재원 체류 자격 제한.

⑥ 정부기관, 국영업체의 한국 제품 불매: 환경서, 위생서 등 정부 부처, 한국 설비, 제품 구매 중지 방침 표명.

⑦ 민간 차원의 불매 운동: 인삼, 담배, 자동차, 가전제품 등 소비재 중심, 앞으로 일부 기업 중심 불매 가능성 상존.

나. 경제협력 분야

① 항공: 9월 15일 항공협정 중지 및 단항 예정, 9월 1일 대만 교통부 민항국, 대한항공, 아시아나에 정식으로 통보.

② 해운: 금후 양국 관계 진전 고려, 제재 조치 시행 시사.

③ 국가건설6개년계획 및 국제입찰에 우리 업체 배제: 타이베이 시정부, 8월 24일 한국기업에 대해 지하철 관련 건설 및 구매 사업에

참여 불가 통보, 국제입찰의 구미 국가 한정 시 그간 한국업체 참여 가능했으나 동 조치 철폐 예상.

④ 금융 협력: 광주은행 지점 신청 기각 시사.

⑤ 관광: 대만 관광업계, 한국 관광단 조직 당분간 자제 결의.

(2) 앞으로의 경제 제재 조치 전망

○ 대만 정부와 일부 언론은 그간 양국 간 경제교류는 한국 측에 보다 이익이 있었으며 대만 측이 각종 우대 조치를 취하여 한국 측이 무역 흑자를 기록하고 있다는 등 과장하고 있으며 경제교류 중단은 한국 측이 보다 큰 손해를 볼 것이라고 강조하고 있음.

○ 경제계 일부, 전문가 등 일각에서 대만 정부의 감정적인 대응조치는 대만 측 이익에도 결국 부합하지 않는다는 주장도 점차 대두되고 있음에 비추어 대만 측은 금후 비공식관계 교섭 진전 추이에 따라 특정 조치 시행 또는 철회 여부에 관해 구체 대응할 것으로 전망됨.

단교로 인한 양국 간 경제통상 교류에의 영향과 관련해서 경제기획원은 한중 수교 후 경제교류를 설명하는 9월 7일 자 홍보 자료에서 다음과 같이 전망하였다.[12]

○ 대만이 다양한 경제제재 조치를 취할 것으로 예상되나, 대만의 GATT 가입 추진 노력을 감안할 때, 최혜국 대우 철폐 등의 강력한 조치는 취하지 않을 전망이며 따라서 한국으로부터의 전면적 수입중단과 같은 극단적인 상황은 발생하지 않을 것이며 민간 기업의 교역은 지속될 것으로 예상됨.

○ 정부는 그간의 한·대만 간 우호 관계가 계속 지속되기 위하여 민간 차원의 협력이 원활히 되도록 지원해 나갈 방침임.

○ 미국, 일본의 경우, 일정 기간 경과 후 정상 수준으로 회복된 바와 같이 우리의 경우도 대만 정부의 직접적인 제재가 가능한

---

12 「수교 이후의 한중 경제교류 어떻게 달라질 것인가」, 경제기획원 경제교육기획국, 1992년 9월 7일.

부문에서는 다소 수출 차질이 예상되며 한·대만 간 관광객이 상당 기간 감소될 것으로 보이지만 곧 정상을 찾을 것으로 예상됨.

| 고위사절단 파견 협의 |

한국 측의 상기 8월 28일(금) 고위사절단과 실무대표단의 동시 파견 제의와 관련, 9월 1일(화) 김석우 아주국장은 두 차례 왕카이 공사와 면담하였다. 김 국장과의 오전 면담에서, 왕카이 공사는 대만 정부는 고위사절단 단장으로 민관식 민자당 고문 접수를 거부한다[13]고 하면서 고위사절단 접수에는 이의 없으나 단장 선정에 대해 최대 관심이 있다고 언급하였다.

같은 날 오후 김 국장은 왕카이 공사를 다시 초치하여, 정일권 전 국무총리를 고문으로 하고, 김재순 전 국회의장을 단장으로 하는 고위민간사절단(단원: 나웅배, 조부영, 정재문, 김영광 의원, 나중에 옥만호 전 중화민국대사 추가)과 김태지 외무부 본부대사를 실무대표로 하는 실무교섭단(단원: 관계부처 실무 과장급) 명단을 전하고 9월 7일-9일 방문 일정을 제의하였다.[14] 왕 공사는 대만 측은 고위사절단과 실무 교

---

13 진수지 주한대사는 단교 후 12월 말 타이베이를 방문한 김달중 교수와의 면담에서, 민관식 단장에 대한 반대 이유는 1992년 2월 민관식 대통령 특사의 방문 후, 방문 결과에 대해 노 대통령이 전혀 관심이 없었다고 파악되어 그가 대만에 다시 와야 할 이유가 없다고 판단되기 때문이었다고 밝혔다.

14 고위사절단 단장 선정에 한국 정부 내 어려움이 있었던 것으로 보인다. 당시 노창희 차관은 김구 선생 아들이자 중화민국 대사를 역임한 김신 전 공군 참모총장에게 전화를 걸어 "어려운 부탁입니다만 나라를 위해서 한번 수고를 해 주십시오" 했더니 "중국과 수교할 때는 우리 같은 사람 말을 들으려고도 않더니 지금 와서 그런 궂은 심부름이나 하라는 말이요"하며 역정을 내면서 한 마디로 거절했다고 한다.(노창희, 「한중 수교에 얽힌 이야기」, 『외교』 제75호 (2005.10), 80쪽) 김신 전 대사는 부친 김구 선생의 장제스 총통과의 특별한 인연과 대사 경력은 차치하더라도 불과 5년여 전 정부의 부름을 받고 타이베이에 급파되어 1987년 2월 3일 의형제로 지내 온 장징궈 총통을 만나, 북한을 탈출하여 일본 쓰루가 항에 체류 중인 김만철 일가의 대만 일시 체류를 요청하여 성사시켰다. 김만철 일가는 대만을 경유하여 2월 8일 저녁 김포공항에 도착하였다.

섭단이 분리하여 대만에 오는 것이 좋다는 입장이라고 하면서 일단 본국에 보고하겠다고 언급하였다.

대만 국내 동향

한편, 양국 간에 사절단 파견을 협의 중인 시점인 9월 1일(화) 대만 언론은, 이상옥 장관이 8월 30일 KBS TV와의 대담 프로와 『조선일보』 인터뷰 등에서 지난 4월 북경 방문, 5월 장옌스 총통 특사 방한 후부터 대만 측에 한중 수교에 관해 알려 주었다고 표명했다[15]고 보도하면서, 이에 대한 진수지 전 주한대사의 8월 31일 반박 내용을 다음과 같이 크게 보도하였다.

○ 남한 측은 한·중공 수교 과정에 대해 대만 측에 대해 일체 충분한 설명이 없었으며, 장래에 역사적인 관련 문건이 모든 사람이 볼 수 있도록 공개되어야 한다고 강조하고, 장옌스 특사 방한 시 노태우 대통령은 근대 역사상 남한은 중화민국의 매우 큰 은혜를 받았으며 이에 대해 남한은 절대로 잊을 수 없으며 북방정책이 어떻게 추진되든지 "중한우호 협력관계를 중시하여 지금 해야 할 일은 양국 관계를 강화하는 것"이라고 언급하였음.

○ "장옌스 특사가 중공과 수교하지 말 것을 요구했으나 한국이 거절하였고 한·중공 수교를 방해하는 것은 남북통일을 방해하는

---

15 이상옥 장관은 8월 30일(일) KBS TV 〈우리들의 문제〉의 대담에서 대만에 고위 민간 사절단과 실무 교섭단을 조속 파견하여 두 나라 간의 관계를 좋은 상태로 유지할 수 있도록 노력할 예정이라고 하면서 "대만 측에서 한중 수교 결정 과정에서 충분히 통보 받지 못했다는 불만이 있습니다만, 본인이 지난 4월 ESCAP 총회 참석 이후에도 대만 측에게 한중 양국이 수교가 바람직하다는 데 인식을 같이하고 이를 위해 상호 노력하기로 합의했다는 것을 알려 주면서 양국 간 수교가 필연적으로 멀지 않아 이루어질 것이라고 설명해 왔다"고 하고 "대만 측의 태도는 한중 수교 자체를 막겠다는 일념 때문에 감정적인 반응을 보이는 것으로 이해하나 그런 오해가 해소되기를 바란다"고 언급하였다.

것과 같다고 전달하였다"[16]는 이 장관의 말은 근본적으로 터무니없는 것임.[17]

한편 대만 교통부 민항국은 9월 1일 자 공한을 통해 대한항공 및 아시아나항공에 대해 "(중화민국) 외교정책에 따라 양국 간 항공협정을 오는 1992년 9월 15일 자로 중단하며 이후부터 양국 간 항공 운항이 정지되니 즉시 필요 조치 바란다"고 통보해 왔다.

타이베이에서의 교섭

9월 2일(수) 오전 민병규 공사는 이수존 영사와 함께 린수이지 아태 사장과 면담하여 고위사절단과 실무교섭단 파견 제의에 대한 대만 측 입장을 문의하였다.

린 사장은 우선 실무적으로 고위사절단과 실무교섭단으로 구성된 대규모 대표단을 접수하기에는 통역 등 인원부족으로 어려움이 있어, 고위사절단에 실무교섭단 1-2명을 포함시키고, 고위사절단 방문 시 우선 사무소 형태 등 원칙 문제를 협의한 후 문서로 남기고, 동 원칙에 따라 실무교섭단이 세부교섭을 추진함이 바람직할 것이라고 하고, 한국 측이 제의한 일정은 타이베이에서 개최 예정된 중남미 7개국 외상과의 회담(9월 7일-10일)과 중복되어 어려움이 예상된다고 하면서 최종입장을 조속 알려 주겠다고 말하였다. 고위사절단 방문 시 미래관계의 기본골격에 관해 문서 작성을 계속 제의하였다.

---

16 이상옥 장관은 회고록에서 5월 7일 장옌스 특사를 위한 만찬에서 "중국과의 관계 개선과 정상화 노력을 중단하는 것은 통일을 포기하는 것이 된다면서 한중 수교는 불가피하다고 이해시키려 노력했다"고 쓰고 있다(이상옥, 『전환기의 한국 외교』, 삶과꿈, 2002, 202쪽).

17 『중국시보』, 1992년 9월 1일, 2면; 「진수지 대사, 이상옥 '胡說八道' 지적」, 『연합보』, 1992년 9월 1일, 2면.

고위사절단 일정 협의

한국 측은 대만 측의 입장을 검토한 후, 김석우 아주국장은 9월 3일 (목) 오후 왕카이 공사를 초치하여, 대만 측의 입장을 고려하여 고위사절단의 9월 15-17일 방문, 실무대표단은 하루 늦추어 16일-18일 방문일정을 제의하고, 동사절단 방문을 위해 대만 측의 9월 15일부터의 항공 운항 중단조치를 임시 연기해 달라고 요청하였다.

9월 3일 석간인 『중시만보』는 남한 특사로서 중화민국과의 우의가 깊은 정일권, 김재순 전(前) 국회의장이 9월 중순경 방문할 예정이며, 이상옥 장관이 9월 2일 전(前) 주중화민국한국대사들을 식사에 초청하여 중화민국과의 관계 개선 문제에 관해 의견을 교환했다고 보도하였다.[18]

9월 4일(금) 『중국시보』는 김재순 전(前)국회의장과의 인터뷰와 메시지를 보도하였다. 특사로서 방문하는 김 의장은, 이번 중화민국 방문을 통해 이미 상해를 입은 양국 관계를 다시 회복하고 보완할 수 있기를 기대하며, 대만 지도자들에게 냉혹한 국제정치 현실로 빚어진 비극에 대해 성심성의껏 설명하고, 일본, 미국 등의 선례를 참고하여 더 높은 방식으로 양국 간 견실한 우정의 관계를 다시 만들 수 있기를 바란다고 말하였다고 보도하였다.[19] 9월 5일(토) 『중국시보』는 한국 측이 이미 대표기구 명칭은 '타이베이 대표부(Taipei Representative Office in the Republic of Korea)'가 가능할 것이라고 공개 표명하고 있으나, 외교부는 여러 방안 강구 중 '대표단(Mission)'을 염두에 두고 있다고 하면서 국제관례상 소위 '대표단'은 공식적 의미가 있으므로 '대표처', '대표부'보다 높은 단계라고 할 수 있다고 보도하였다.[20]

---

18 『중시만보』, 1992년 9월 3일, 1면.
19 『중국시보』, 1992년 9월 4일, 3면.
20 『중국시보』, 1992년 9월 5일, 4면. 대만 언론은 영어의 representative office 와 mission의 중국어 번역을 여기처럼 '대표부'(또는 '대표처'), '대표단'으로 구

9월 6일(일) 왕카이 공사는 김 국장과의 면담을 요청하여, 오후 1시 반 김 국장을 만난 자리에서 고위사절단의 9월 15일-17일 방문에 동의하고 실무대표단은 고위사절단 방문 후 수일 후 방문해 줄 것과 단원을 과장급에서 국장급 격상을 희망하고, 9월 15일부터의 단항 조치는 변경할 수 없다는 입장을 전달했다.

대만, 한국과의 협상 대책 마련

9월 6일(일) 연합뉴스와 KBS는 한국 정부 인사의 말을 인용하여 '사우디 방식'으로 대만과의 비공식관계 정립을 추진하며, 한중 수교 전에 상호 설치되었던 민간사무소 형식 추진에 중국도 이미 양해했다고 보도하였으며, 한국 측 고위인사가 대만 측에 한중 수교에 관해 사전 암시를 주었는데 대만 측이 못 알아 들었다는 내용의 한국 언론 보도가 전해지면서 대만 정부 내 분위기는 점점 악화되었다.[21]

9월 7일(월) 오후 3시 리덩후이 총통 주재로 한국과의 협상 대책 회의가 개최되었다. 리 총통은 엄정한 태도로 국가 존엄과 권익을 지킨다는 원칙하에 남한과의 협상에 진지하게 임할 것을 지시하였으며 외교부는 그러한 원칙을 지키기 위해 남한 측의 사절단 단장의 첫 번째 인선을 거부하였으며 남한이 제의한 9월 7일 방문일정을 단항 시작일인 15일로 연기하여 사절단이 단항의 불편함을 직접 몸으로 체험하도록 했다고 설명하였다.[22]

『연합보』는 9월 8일 자 조간에서 한국을 방문 중인 대처(Margaret

분하여 달리하고 있으나, 한국 측은 처음부터 '대표부'라는 명칭으로 제의하였으며, 영어 표현으로는 처음 제의 시에는 'representative office' 또는 수식어 있는 mission으로 상정했으나, 이후 대만 측 요청으로 수식어 없는 'mission' 표현도 검토 가능하다는 입장이었다.

21 『연합보』, 1992년 9월 7일, 1면;『중국시보』, 1992년 9월 7일, 1면.
22 『중국시보』, 1992년 9월 8일, 1면;『중앙일보』, 1992년 9월 8일, 1면;『연합보』, 1992년 9월 8일, 5면.

Hilda Thatcher) 전 영국 총리가 KBS와의 인터뷰 중 "한국과 대만과의 단교 과정에서 대만은 상처를 입었으며 한국은 이에 대해 절실히 반성해야 한다"면서 "좋은 친구에 대해서는 당연히 좋은 친구로 대우하는 방식으로 대우해야 옳다"고 말했다고 보도하였다.[23] 노창희 외무차관도 9월 초 주한영국대사 관저에 초청되어 만찬을 같이 하는 자리에서 대처 전 총리에게 "차관님, 외교에도 의리가 있다는 점을 명심하세요(Remember, Minister, even in diplomacy there is something called loyalty)"라고 들었다고 하면서 "뒤통수를 힘껏 쥐어박힌 느낌이었다"고 회고하였다.[24]

고위사절단 방문 시 문서 작성 문제

본부 지시에 따라 공관은 9월 9일(수) 오전 고위사절단 명단 전달 등 외교부 아태사 측과 업무 연락을 계속 진행하였다. 오전 10시 20분경 한중 수교교섭에 참여했던 신정승 과장이 나에게 전화했다. 한중 수교와 중화민국과의 단교 상황으로 본의 아니게 제대로 연락하지 못했다고 하면서 모두 단교 후 후속 조치가 원만히 진행되기를 바라고 있으며, 개인적으로 외교관 경력상 좋은 경험이니 잘 살려 나가기를 바란다고 격려해 주었다.

9월 10일(목) 오전 린수이지 외교부 아태사장은 민병규 공사와 면담 시, 실무교섭단은 고위사절단 방문 후 일주일 정도 준비기간을 두고 오는 것이 좋겠으며 조속한 관계 회복을 위해 단원을 과장급에서 국장급으로 격상해줄 것을 희망하였다.

같은 날 서울 오후 왕카이 공사 요청으로 김석우 국장과 면담한 자리

---

23 『연합보』, 1992년 9월 8일.
24 노창희, 앞의 책, 2007, 299-300쪽.

에서, 왕 공사는 고위사절단 방문 시 양측 간의 합의 사항을 비망록으로 작성하기를 희망하였으며, 김 국장은 고위사절단은 정치인들로 구성되므로 동 사절단이 문서화 작업을 할 수 없다고 밝히고, 다만 실무대표단은 구체적 협의를 하게 될 것이므로 문서화 작업이 필요할 것이라고 언급하였다. 아울러 실무대표단원 중 일부는 국장급으로 격상할 수 있도록 관계부처와 협의 중이라고 알렸다. 외무부로서는 고위사절단과 실무대표단의 임무와 역할을 명확히 구분하여 대만 측에 알려 주었으나 대만 측은 고위사절단 방문 시 문서 작업을 계속 희망하였다. 왕 공사는 9월 23일 대사관 정리를 마치고 열쇠를 외무부에 전달하겠으며, 23일 업무 종료에 따라 극소수 인원만 남기고 자신을 포함 대부분 직원과 가족이 귀국 예정이라고 언급하였으며, 김 국장은 공관 철수 이후에도 잔류인원이 불편이 없도록 상호주의에 입각하여 대처하겠다고 설명하였다.

김재순 단장, 정재문 의원, 왕카이 공사 만찬

같은 날 9월 10일(목) 저녁 신라호텔에서 김재순 단장과 정재문 의원은 왕카이 공사와 만찬을 같이 하였다.

왕 공사는 먼저 추석 전날 회동에 감사하며 본국 정부의 전달 사항을 설명하였다. 먼저 이번 방문 시 한국, 중화민국 양측 간에 앞으로의 관계에 대한 기본 골격에 대하여 협의하고 각서(memorandum)를 작성하여 나중에 실무협상의 근거가 되기를 희망하였다. 이에 대해 김 단장과 정 의원은 메모랜덤은 외교상 일종의 각서인데 서명 상대는 누구인지, 국민당인지, 중화민국 정부인지 어떤 구상인지 문의하였으며, 왕 공사는 회담 중에 결정될 것 같다고 답하였다. 이에 다시 김 단장은 우리는 어디까지나 고위 사절이며 이미 일정도 정해졌으니 문서 작성은 실무회담에서 하는 것이 좋겠다고 말하였다.

이어 왕 공사는 양국 관계의 기본 골격에 대해 "① 수교국 방식(사실상 외교관계를 의미)에 의한 새로운 관계가 정립되어야 한다. 대표는 대사급, 대표사무소는 '대사관'과 동등해야 하며, 중화민국의 국기게양, 외교관 여권, 외교관 특권과 면제, 외교관 명부 등재가 인정되어야 한다. 소위 사우디아라비아 방식보다 더 높은 수준이 바람직하다. ② 공관 건물 건립이 가능하도록 한국 정부는 부지 구입과 건축 허가해 주어야 한다. ③ 서울의 한성학교 존재와 운영이 보장되어야 한다. 북경 당국의 침범이 없도록 해 주어야 한다"는 입장을 표명하고 이러한 입장을 이상옥 장관에게 전달해 주기를 요청하였다. 바로 직전에 이루어진 외교채널인 김석우 아주국장과의 면담에서 먼저 직접 전달했어야 할 내용이었다. 아울러 대만 방문 시에는 대만의 존엄성을 존중하여 "대만"보다는 "중화민국" 또는 "자유중국"이라고 호칭해 줄 것과 비정부 차원을 강조하기보다는 정부와 정부 간의 대화로 인식해 줄 것을 요망하였다.

이에 대해 김 단장은, 문제는 중화민국, 중화인민공화국이 모두 '하나의 중국' 정책을 견지하는 데 기인하는 것으로서 한중 수교는 불가피한 것임을 이해하기 바라며, 아시아의 평화와 극동 지역의 새로운 질서를 위하여 양국이 우호 협력관계를 발전시키는 데 공동 노력해야 한다고 하고 이번 방문 결과로 항공노선 중단 조치의 완화를 기대한다고 언급하였다. 김 단장으로서는 고위사절단의 방문을 계기로 양국 관계가 회복된다는 상징적 조치로서 기대를 표명한 것이었으나, 이러한 희망에 대해 대만 측은 고위사절단의 방문 중 자신들의 공식적인 입장에 대해 구체적 답변을 얻지 못하게 되자 한국 측이 사절단 방문만으로 제재 조치를 해결하려 한다고 비난하면서 더욱 강한 불만과 불신을 키우게 된다.

이렇듯 김재순 고위사절단 단장도 외무부 입장과 같이, 양측 간 문서작성은 고위사절단 방문 시에는 어렵고 실무대표단 회담에서 하자는 입장을 왕 공사에게 전달하였다.

그럼에도 불구하고 상호 간 더 이상의 충분한 소통 부족과 한국 측 입장에 대한 오해 등으로 인해, 첸푸 부장은 9월 15일 고위사절단 간 면담 시, 사절단이 대만 측의 기본 구상에 대해 구체적 답변을 못 하고 문서는 작성할 수 없다는 입장을 표명한 데 대해, 전권 위임 없이 방문하였다면서 여과 없이 감정을 토로하였으며 본인 주최 만찬도 취소하였다.

대만 정부는 단교 통보 과정을 겪으면서 한국 외무부에 대한 신뢰를 전혀 가질 수 없다고 판단했으며 이에 따라 대만 측 입장을 동정하는 김재순 단장의 고위사절단에게 일말의 희망을 걸었다. 그래서 고위사절단과 실무대표단의 분리 방문을 주장하고, 먼저 김 단장에게 방문 전에 자신들의 공식 입장을 전하고 검토 결과를 갖고 오기를 기대하였으며, 고위사절단 방문 시 새로운 관계 정립의 원칙에 관해 문서화를 제기했던 것으로 보인다.

9월 14일 오후 김석우 아주국장은 왕카이 공사를 초치 면담하고, 단교 후 대사관이 철수하는 9월 23일까지 뿐만 아니라 향후 비공식관계 설정 전까지 상호주의에 의거하여 대만 잔류직원에 대해 기존의 외교특권, 면제의 계속 인정방침을 전달하였으며, 이에 따라 대만 측도 타이베이 주재 우리 공관원에 대해 동등한 수준의 특권과 면제 부여를 요망하였다. 이에 대해 왕공사는 한국 측 조치에 감사하며 본부에 보고하겠다고 하였다. 다음날 타이베이를 방문하는 고위사절단과 관련해서는 김 국장이 면담 시 기록을 위해 우리 측 수행원 배석을 요청하였으며 왕 공사는 이를 보고하겠다고 답변하였다. 고위사절단의 문서작성 문제에 관해서는 아무런 협의가 없었다.

결국 김 국장과 김재순 단장이 9월 10일 각각 왕 공사에게 고위사절단은 문서를 작성할 수 없으며, 실무대표단 방문 시 문서 작성을 하는 것이 좋겠다는 입장을 전달한 후, 이에 대해 대만 측이 더 이상 아무런 반응을 보이지 않은 상황에서 고위사절단은 9월 15일 타이베이를 방문하였다.

5. 고위사절단 방문(9월 15일-17일)

고위사절단은 대만의 단항 조치가 시작된 날인 9월 15일(화) 11시 55분 캐세이 퍼시픽(Cathay Pacific) 항공편으로 타이베이 공항에 도착하여 장샤오옌 외교부차장, 진수지 전 주한대사 및 민병규 공사의 영접을 받았다. 외무부에서는 이현주 동남아과 서기관이 수행하였다. 공항 도착 시부터 이수존 영사가 통역을 맡았다. 나는 공관에서 영접 제반 사항을 점검하고 11시경 숙소인 하얏트(Hyatt) 호텔로 가려던 차에 김석우 아주국장의 전화를 받았다. 어려운 상황에서 수고 많다고 하면서 사절단 방문 중 불편이 없도록 최선을 다해 줄 것을 당부하였다.

김재순 단장은 공항에서 "이번 한·중화민국 단교는 우리 국민도 가슴 아프게 생각하며 이러한 정서를 중화민국 지도자와 국민에게 전달하고자 부형청죄(負荊請罪)[25]의 심정으로 왔으며, 앞으로 양국 국민의 이익을 증진시키는 방안을 협의하고자 한다"는 요지의 도착성명을 발표하였다.

대만 언론은 9월 15일 석간부터 사절단 동향을 크게 보도하였다.[26] 사절단 공항 도착 시, 영접은 장 차장이 나왔으나 특별한 의전대우 없이 일반 승객과 똑같이 입국 절차를 거치면서 화물 수거, 차량 탑승 등에 불편함을 겪었다. 일부 단원이 불만을 표명하였으나 김 단장은 평정심을 잃지 않고 점잖게 대처하였다. 대만 측이 한국 측에 대한 불만 표시로 고의적으로 그렇게 영접한 것으로 보였다. 대만 측이 사절단 방문 일정 협의 과정에서 한국 측의 9월 15일 단항 전 방문 제의를 거부하여

---

25 '가시 나무를 등에 지고 때려 달라고 죄를 청한다'는 뜻으로 자신의 잘못을 인정하고 처벌해 줄 것을 자청한다는 의미다. 사기에서 유래되었다.
26 대만의 대부분 언론이 한국 고위사절단을 "한국 특사단" 또는 "남한 특사단"으로 호칭하였다.

단항 시작일 방문을 통해 사절단의 한국 국적 비행기 탑승을 어렵게 하여 불편함을 주겠다는 의도와 같은 맥락의 홀대였다.

고위사절단이 타이베이에 도착한 9월 15일(화) 공교롭게도 장팅옌 초대 중국대사가 노태우 대통령에 9월 12일 부임 3일만에 신임장을 제정하였다. 대만 언론은 15일 오후 동 소식을 전했다.[27] 재미있는 사실을 소개하면, 샤오위린(邵毓麟) 초대주한중화민국 대사 역시 1949년 7월 25일 부임하여 3일 만인 7월 28일 이승만 대통령에게 신임장을 제정하였으며 동 자리에 이시영 부통령, 이범석 국무총리, 국무위원 전원이 배석하였다.[28]

한편 동 시기에 9월 13일(일)-17(목) 이바르 고드마니스(Ivar Godmanis) 라트비아 총리가 대만을 공식방문 중이었다. 1992년 1월 대만이 중국과 수교국인 라트비아와 영사관계를 수립한 후 2월 라트비아의 수도 리가(Riga)에 총영사관을 개관한 후, 양국 협력관계와 주타이베이총영사관 설치문제 등을 협의하고 있었다. 고드마니스 총리를 비롯한 6개 장관, 중앙은행장 등 25명 사절단은 대만과의 경제협력을 크게 기대하고 있었으며 대만 측은 중국과의 수교국인 라트비아와 총영사관계 수립 후 양국 관계 발전을 위해 첸푸 부장의 공항 영접 등 극진한 대우를 하고 있었다. 당시에는 내가 16년 후에 주스웨덴 대사이자 비상주 라트비아 대사로서 2008년 10월 신임장 제정 후 고드마니스 총리를 만나 양국 관계를 협의하고, 1991년 수교 후 라트비아 정상의 최초 방한인 고드마니스 총리의 2009년 1월 18일-21일 방한을 동행하게 될 줄 몰랐다.

---

27 『중국시보』, 1992년 9월 16일, 11면.
28 샤오위린(邵毓麟), 이용빈 외 옮김, 『샤오위린 대사의 한국 외교 회고록(使韓國回憶錄): 중화민국과 한국의 근대 관계사』, 한울, 2017, 224-226쪽.

고위사절단은 9월 15일 오후 하오보춘 행정원장 면담, 첸푸 외교부장 면담, 진수지 대사주최 만찬, 16일 교민과의 조찬, 류쑹판 입법원장 면담, 위궈화 총통부자정 주최 오찬, 첸푸 외교부장 주최 만찬(취소), 17일 중정기념당 참관 후 오후 2시 귀국 등 일련의 일정을 가졌다.

| 하오보춘 행정원장 등 주요인사 면담 |

하오보춘 행정원장은 양국 간의 역사적 우호 관계를 강조하고 한국 정부가 국민 반대에도 불구하고 중화민국과 단교한 것은 노태우 정부의 역사적 과오[29]라고 강조하고, 그러나 중화민국 국민은 한국 국민과 우호 관계를 유지하기 희망한다고 말하였으며, 고위사절단은 양국 간 현실적인 관계 변화에도 불구하고 양국 국민 차원의 실질적 우호 관계는 더욱 발전할 수 있다고 언급하였다. 하오 원장이 면담 중 유일하게 웃음을 지을 때는 정일권 고문이, 자기의 비서로 수행하던 이인종 씨를 이범석 초대 총리의 아들이라고 소개할 때였다. 하오 원장은 이 비서가 아버지를 똑 닮았다고 하면서 이 장군은 중경에서 자신과 생사고락을 같이 한 오래된 친구이자 진정한 애국 군인이었다고 회고하였다.[30] 정 고문이 사절단 고문을 수락한 후 로스앤젤레스(LA)에 있는 이 씨를 일부러 불러와 동행하게 되었던 것이었다. 정재문 의원에 의하면 한국을 강력히 비난하던 하오 원장이 이범석 장군 아들을 그 자리에서 만난 후부터 분위기가 반전되었다고 한다.[31]

류쑹판 입법원장은 한중 수교가 한국 입장을 고려할 때, 이해는 할수 있겠으나 중화민국 측과 협의 없이 졸속으로 처리한 것은 정말 유감

29 『중앙일보』, 1992년 9월 16일, 1면; 『청년일보』, 1992년 9월 16일, 1면.
30 『연합보』, 1992년 9월 16일, 4면.
31 「정재문 전 의원이 말하는 한국-대만 외교 비사」, 『월간중앙』, 2009년 4월호; 「한국-대만 단교비사」, 『월간조선』, 1992년 11월호.

이며 양국 국민 간에 깊은 우정이 있고 의회 간에도 우의가 깊으므로 앞으로 양국 의회가 노력하여 민간 교류를 촉진해야 할 것이라고 언급하였다. 위궈화 총통부자정은 양국 간의 우호 친선관계의 긴 역사에 비추어, 이번 한국 정부의 태도는 양국 국민의 소망을 외면한 것이며 한국 내에서도 이번 조치를 비난하는 여론이 크다는 사실을 긍정적으로 보며 앞으로 양국 관계의 새로운 발전을 위해 진지한 협의를 기대한다고 언급하였다.

| 첸푸 외교부장 면담, 9월 15일 오후 3시 30분-6시 |

첸 부장은 먼저 20년 전 장징궈 총통이 자신을 정일권 고문에게 직접 소개해 주었다는 특별한 인연을 거론하면서 단교 후 뵙게 되어 복잡한 심정이라 하면서, 단교에 대해 다음 3가지 점을 지적하고 원래 약속에도 불구하고 새로운 친구를 만들기 위해 옛 친구를 버리지 않겠다는 종래의 한국 입장을 왜 포기했는지에 대해 한국 측의 납득할 만한 설명이 있은 후, 양국의 건설적인 관계 증진방안에 관해 의견 교환하기를 희망한다고 언급하였다.

- 한·중공 간 수교문제는 10년간이나 거론되어 온 것이고 우리도 충분히 이해하며, 북방정책이 한반도의 안전을 위한 것이기 때문에 간섭할 입장이 아님. 다만 우리는 양국 간 국교가 계속 유지되어야 한다는 입장이었으며 한국은 지금 힘이 있는 나라이며 중공이 북한과 수교하고 있다는 점에서, 한·중공 수교 시에도 중화민국과도 계속 수교가 가능하다는 것이었으며, 한국 언론도 같은 입장으로 알고 있으나 이번 한국 정부의 조치는 이러한 민의를 무시하는 것으로서 매우 큰 불만임.
- 한국 정부는 중공과 수교 과정에서 우리에게 계속 비밀로 하였으며 이러한 사실을 덮어 버리는 태도로 일관하고 있음. 실제로 (이

상옥) 외무장관은 진수지 주한대사에게 중공과 수교문제에 진전이 있을 경우 사전에 알려 주겠다고 약속하였으나 중공과 수교가 임박하였음에도 불구하고, 더욱이 우리가 그러한 정보를 입수하고 있었음에도 마지막까지 한국 정부는 이를 부인하였음. 이는 친구를 대하는 태도가 아님. 한국 정부가 왜 그러한 태도를 취했는지 이해가 불가능함.

○ 한국 측은 중화민국이 타국과의 국교 중단 경험이 있으므로 단교 후에도 당연히 일본, 사우디와 같은 형태의 관계를 유지할 수 있다고 안이한 생각을 하고 있는데, 이는 틀린 생각임.

이에 대해 김 단장은 사절단의 방문 목적은 부형청죄(負荊請罪)의 심정으로 왔다면서 이번 사태는 매우 가슴 아픈 일로서 한국 국민이 앞으로도 중화민국 국민의 진정한 친구로 남을 것임을 확약할 수 있으며 이번 방문이 전화위복의 계기가 될 수 있기를 바란다고 말하였다.

정일권 고문은 중화민국의 지난 80년간 한국 지지와 협력에 감사하며, 양국이 반공이라는 공통의 국민정신이 있으며 민주주의가 실현되면 남북통일이 될 수 있고 자유중국도 대륙 통일을 이룰 수 있으므로 장래 양국 국민의 반공 힘을 바탕으로 중공의 개방과 민주화를 촉진하기 위해 노력해 나가야 한다고 생각한다고 언급하였다.

첸 부장은 사절단의 방문이 개인 자격인지, 한국 정부 파견인지 밝혀 달라고 요청한 데 대해, 김 단장은 한국 집권당의 김영삼 총재의 임명을 받았으며 김 총재의 리덩후이 총통 앞 친서를 갖고 왔으며, 노 대통령도 자기 뜻을 전해 달라고 해서 왔다면서 노 대통령은 "자유중국 측이 몹시 자신에게 섭섭하게 생각할 것이다. 왜 약속을 어겼느냐 하는 얘기가 있는데 이제 두고 바라. 자유중국과의 관계에 대해서는 자기 뜻에 변함이 없다. 한국 대통령으로서, 통일 반대 세력인 중공과 국교를 수립하는 것이 통일을 앞당기는 것으로 생각한다. 아무리 남북

대화를 진전시키려 해도 효과가 없었다. 소련과 동구 국가가 무너져도 가장 가까운 중공이 북한과 밀착되어 있는 한 통일은 불가능하다. 자유중국과는 이런 연유로 관계가 단절되었으나 앞으로 오히려 실질관계의 진전을 위해 노력해 나갈 것이라고 전해 달라"고 말하였다고 언급하였다.

첸 부장은 양국이 그동안 외교관계를 갖고 있었음에도 좋은 관계를 갖지 못했는데 뿌리가 밑동부터 뽑힌 지금에 와서 실질관계 진전이 가능할 수 있는지 의문이며 김 단장은 "노 대통령 얘기를 믿느냐"고 반문하면서, 그간 한국 정부와의 교섭은 특명전권 대사를 통해 진행해 왔으나 한국이 파견한 대사는 한국의 국가원수나 외무장관을 대표하지 않았으며, 과거 한국 대사들과의 대화는(첸 부장은 자신의 손바닥에 주먹을 치면서) 마치 벽에다 주먹을 치는 것이었다고 말하였다. 이어 사절단이 자신의 3개 제기사항에 대해 설명할 수 있는 충분한 권한 위임을 못 받았다면 지금 양측이 얘기하는 것은 시간 낭비라고 하면서 그간 한국 정부의 대응에 대해 불만을 여과 없이 토로하였다.

이에 대해 김 단장은 첸 부장의 심정은 이해하나 이제는 긍정적인 얘기를 할 때가 되었으며 비록 외교관계는 단절되었지만, 양국 관계에 도움 되는 중요한 방안을 마련하기 위해 이 자리에 왔다고 강조하였다.

첸 부장은 김 단장과 정 고문 두 분의 원로 정치인을 믿고 두 분의 보증 아래, 다시 한번 모험한다면서 중화민국의 최고위층으로부터 재가받은 공식 입장임을 전제로 한다고 하고 앞으로 양국 간의 관계 설정에 관해 다음 4개 조건을 밝혔다.

(1) 중화민국의 국가 존엄 과 품위를 유지해야 함
  ○ 대사관과 기능과 대우와 같은 기구 설치

○ 정식 국호 사용과 국기게양

○ 양측 대표는 국가원수의 대표로서 임명에 상대방의 동의 (아그레망 의미) 필요

○ 외교관 명부 등재, 외교관 신분증 발급, 외교관 차량 번호 부여

(2) 기존 조약, 협정, 특히 우호 조약의 계속 유지

(3) 중화민국의 기존 재산권 보장

○ 연희동 화교 중학교 부지(7,939평)등 모든 비외교재산(非外交財産)의 제3자 양도 불가

○ 사우디 정부는 외교 구역에 있는 중화민국 재산을 넘겨주지 않았음.

(4) 화교의 재산과 권익 보장, 특히 재한화교학교의 국기게양과 교육의 자유 보장

○ 일본도 북한계 학교의 북한기 게양 등에 간섭하지 않음

첸 부장은 중화민국은 16개 미수교국과도 국호를 사용하고 있으므로, 한국 정부는 중화민국 측에 최고 수준의 관계를 유지하겠다고 통보[32]하였으며 대외적으로 계속해서 미수교 어느 나라보다도 수준 높은 관계를 맺을 것이라고 설명하고 있는데, 이번 사절단이 상기 4가지 사항에 대해 원칙적인 답변을 해 주기 바라며 이를 보장한다는 약속을 서면으로 해 주기를 촉구하였다. 아울러 상기 제의 내용에 대해서는 당분간 언론에 보안 유지를 요청하였다.

이에 대해 김 단장은 서면 약속은 불가능하며 양국 간 관계 수립에 관한 구체적인 문제에 관해서는 곧 방문 예정인 정부 실무대표단과 협의

---

32 이상옥 장관이 8월 21일 진수지 주한대사에게 전한 첸푸 부장 앞 공한을 통해 "한국 정부는 귀국 정부와의 오랜 우호 협력관계를 고려하여 가능한 최상의 비공식관계를 유지하고자 한다"(In consideration of our time-honored relations of friendship and cooperation, it is the intention of the Korean Government to maintain unofficial relations with your Government at the highest possible level) 입장을 전하였다. 첸푸 부장은 "비공식" 아닌 "최고 수준"에 방점을 두고 주장을 펴나간다.

할 수 있을 것이며, 이번 사절단의 방문 목적은 중화민국 측 의견을 듣고 귀국하여 가급적 중화민국 측 희망대로 이루어지도록 노력하는 것이며 정치인으로서 최대한 노력을 해 나가겠다는 입장이라고 설명하였다.

챈 부장은 사절단 방문 전에, 왕카이 전 주한공사가 중화민국 측 입장을 전달했음에도 불구하고 답변 준비 없이 온 데 대해 실망했다고 하고 김 단장이 중화민국 입장에 호의적인 반응을 보였다는 왕 공사의 보고서를 낭독하였다. 이에 대해 정재문 의원은 9월 10일 왕 공사를 만나 중화민국 입장에 대해 설명을 들었으나 정식회담이 아니었으므로 그 자리에서 어떤 결론을 내릴 성질의 만남은 아니었다고 해명하였다.

챈 부장은 자신의 회고록에서 고위사절단 방문에 대해 비교적 상세히 기술하였다.

> 사절단이 자신의 질문에 대해 제대로 대답을 못 하는 등 전권 위임을 받고 오지 않았으며, 김 단장이 노 대통령이 단교 후에도 양국 관계 강화를 희망한다고 말해서, 외교관계가 끊어졌는 데 어떻게 관계를 강화해 나갈 수 있느냐, 그런 말을 어느 누가 믿겠느냐고 언급했다.
> 아울러 새로운 기구의 국호 사용 문제와 관련, 김 단장은 '중화민국' 국호 사용은 실제로 어려울 것이나, '자유중국'이란 호칭을 쓸 수 있는지 가부에 대해서는 모르겠다고 언급하여, 챈 부장은 이를 한국 측 상부에 건의하여 서면으로 제출해 달라고 요청하였고, 김 단장은 그렇게 하기는 어렵다고 대답하였다. 그날 저녁 한국 측은 '자유중국' 명칭 사용 여부에 대해 본국 정부에 문의하였으나 불가능하다는 답변을 받았다.[33]

내가 동 면담에 참석했던 이수존 영사에게서 들은 바에 의하면, 챈푸 부장이 국호 사용을 강하게 주장하는 과정에서, 김 단장이 "국호 사

---

33 챈푸(錢復), 『회고록(回憶錄)』券三, 臺北: 天下文化, 2021, 270-272쪽.

용 문제에 대해서 언급하기 곤란하나 다만 한국에서 정치적인 색깔 없이 '자유중국'이라는 호칭이 있다"고 언급한 데 불과한 것이었다. 김 단장은 한국 측의 구체적 제의를 한 것이 아니라 국호 대신 다양한 호칭 방안이 있을 수 있음을 강조하고자 한 의도였다. 그러나 김 단장의 '자유중국'이라는 호칭 거론 자체에 첸푸 부장은 이를 놓치지 않고 협상 여지를 확보하고자 하였으며, 결과적으로는 사절단의 본국 정부에의 문의를 통해 '자유중국' 호칭은 수용할 수 없다고 통보하게 됨으로써, 중화민국 측은 사절단의 권한 부재와 한국 노태우 정부에 대한 불신을 대내외적으로 더욱더 강조하면서 한국에 대한 비난을 멈추지 않았다.

| 김재순 단장, 정일권 고문, 진수지 대사 면담, 9월 16일 오후 |

김재순 단장은 9월 16일 전 행정원장인 위궈화 자정(資政)[34] 주최 오찬 일정을 마치고 첸푸 부장 주최 만찬만 남겨 둔 상황에서, 오후 3시 반부터 숙소인 하얏트 호텔에서 진수지 대사 요청으로 정일권 고문과 함께 진 대사를 면담하였다. 16일 오후에는 장제스, 장징궈 총통 묘소 참배 일정을 고려하였으나 거리가 멀어서 가지 못하고 대신 사절단 명의의 화환을 보냈다.

진 대사는, 중화민국 측은 그간 한국 측과 교섭을 통해, 이번 사절단이 전권 위임을 받고 방문한 것으로 이해했다고 하면서 사절단은 한·중공 수교교섭내용에 대해 아무런 설명을 하지 않았으며 새로운 기구 설치에 관한 중화민국 측의 4개 요구 사항에 대해 구체적 입장 표명이 없으며 중화민국 측이 요구하는 양측 간 협의 내용에 대한 문서 작성에 아무런 권한이 없다고 거부하고 있는바, 무슨 목적으로 방문했는지 의

---

34 위궈화 자정은 1988년 2월 노태우 대통령 취임식에 당시 행정원장으로서 중화민국 경축사절단장으로 방한하였다.

심스럽다고 말하였다. 사절단 역시 중화민국 정부와 마찬가지로 한국 정부에 속았다고 생각하며 이러한 상황에서는 김영삼 총재의 리덩후이 총통 앞 친서는 받을 수 없으며[35] 사절단과 더 이상 대화를 계속할 필요가 없다고 생각한다고 부언하였다.

이에 대해 김 단장은 중화민국 측이 요구하는 문서에 서명할 수 없으며 이번 사절단은 친중화민국 정치인으로 구성되어 중화민국 측 입장을 충분히 듣고 이를 한국 정부의 대중화민국 정책에 적극적으로 반영하기 위한 것이며, 중화민국 측도 사전에 이를 충분히 이해하였을 것으로 생각한다고 언급하였다.

첸푸 외교부장의 회고록에 의하면 이 자리에서 정일권 고문이 진수지 대사에게 "이상옥 외무장관이 중공과의 수교를 달성하기 위해 심지어 바지까지 벗어 주는 등 일체 모든 것을 중공에 주었으며, 사실대로 말하면 국호, 국기 및 대사관 재산 등 문제와 관련, 중화민국의 희망에 따른 결과를 절대로 얻을 수 없을 것이라고 상상된다"고 말하고 중화민국이 김영삼 대통령 당선 후까지 기다려서 다시 협의할 것을 구체적으로 조언하였다고 한다.[36]

대만 외교부 측은 9월 16일 당일 저녁 6시 30분 예정된 첸푸 외교부장 주최 만찬을 취소한다고 30분 전인 6시경 통보해 왔다. 사절단의 타이베이 도착 후 대만 측은 바로 우리 공관을 통해 첸푸 부장의 공식 만찬 초청장을 사절단 전원과 민병규 공사에게 전달하였다. 진수지 대사의 김 단장과 정 고문 면담 결과 보고를 듣고 첸 부장이 만찬 취소를 결정한 것으로 보인다. 진수지 대사는 이후 대만 언론에 대해서는 사절단

---

35 당시 첸푸 부장과 진수지 대사는 불과 3개월 후 김영삼 총재의 대통령 당선을 예상하지 못했거나, 아니면 명분을 앞세워 한국 정부에 대한 감정적 대응이 국내 정치적으로 유리했다고 판단했을 것으로 보인다.
36 첸푸, 앞의 책, 273쪽.

측이 방문 성과가 미흡하여 스스로 만찬을 사양하였다고 설명하였다.

첸푸 부장은 저녁 7시 리퉁루이(李同瑞) 전 주한참사관을 김 단장 숙소로 보내서, 진수지 대사 발언 등이 김 단장과 정 고문에게 실례가 되었다면 죄송하다는 뜻과 이번 방문에 감사하다는 뜻을 전해왔다. 이에 대해 김 단장은 첸 부장의 뜻은 잘 알았으며 김영삼 총재의 친서를 갖고 왔는데도 이를 전달하지 못하고 돌아가는데 대해 심심한 유감의 뜻을 전달하였다.

| 고위사절단, 내부간담회 |

16일 저녁 사절단은 내부간담회를 가졌다. 민 공사와 내가 참석하였다.

김 단장은 진수지 대사와의 오후 면담 내용을 소개하면서 그간 한국 측 대응 및 이번 사절단의 임무에 대한 진수지 대사의 불만이 무척 컸으며, 특히 단교 과정에서 한국 외무부에 대한 불신이 상상을 초월할 정도로 이러한 불신이 대만 정부 고위인사들 사이에 공유하고 있음을 확인했다고 하면서, 노태우 대통령이 한중 수교로 대만이 섭섭하겠지만 자신이 절대로 섭섭하게 하지 않겠다고 말했는데 노 대통령이 실상을 제대로 알아야 한다고 말하였다.

정일권 고문은 진수지 대사가 한국 외무부에 대해서 100%가 아닌 1,000% 불신하고 있으며 그간 한국 외무부에 계속 속아왔기 때문에 고위사절단에 기대를 걸었으나 미래 양국 관계 문제 협의에 대해 아무런 권한이 없다고 하여 아무런 성과도 없었다며 매우 흥분된 어조로 강한 불만을 토로하였다고 설명하였다. 정재문 의원 등 일부 의원은 김 단장이 방중 전 서울에서 이미 사절단의 방문 목적을 대만 측(왕카이 공사)

에 설명하고 어떠한 문서작업도 가능하지 않다는 입장을 전달했음에 비추어 일부 오해가 있었던 것 같으며 사절단이 대만 측의 4개 관심 사안에 대해 최소한의 상징적인 제스처나 언질을 기대했던 것으로 보인다고 언급하였다.

배석했던 민병규 공사는 사절단 방문을 위한 외무부 김석우 아주국장과 왕카이 공사 간 협의 경위와 내용을 설명한 후 대만 측은 그간 단교 과정부터의 한국 측의 대응에 대한 강한 불신을 품고 있어 이를 충분히 감안하여 사려 깊게 접근해야 할 필요가 있다고 보고하였다.

대부분의 단원은 김영삼 총재의 친서 접수 거부와 첸 부장 주최 만찬 취소에 대해서, 유치한 행동이며 불쾌하다며 한국 내 가장 영향력 있는 친 중화민국 인사들인 자신들에 대한 이런 대접은 이해하기 어렵다는 반응을 보였다.

9월 17일(목) 대만 언론은 일제히 남한 사절단 방문을 계기로 양국 간 새로운 관계에 관해 협의했으나 관건인 대표기구 명칭 등에 아무런 결정 권한이 없어 협상이 교착상태로 빠졌다고 전하며, 장샤오옌 외교차장은 "사절단이 충분한 권한을 받고 오지 않았으며 남한 측이 낭만적인 기대를 가져서는 안 된다"로 강력히 비난하였으며, 첸푸 외교부장 주최 만찬이 취소되었다고 보도하였다.[37]

| 고위사절단 귀국 |

고위사절단은 예정대로 9월 17일(목) 오전 중정(中正)기념당 참관 후, 오후 공항에서 장샤오옌 차장과 진수지 대사 및 민병규 공사 환송을 받고, 캐세이 퍼시픽 항공편으로 귀국하였다. 사절단은 공항에서 도

---

37 『중국시보』, 1992년 9월 17일, 3면; 『연합보』 1992년 9월 17일, 5면; 『자립조보』, 1992년 9월 17일, 1-2면.

착 시와 같이, 3일간의 부형청죄의 일정을 마치고 귀국하며, 양국 외교 관계 단절하에서의 환대에 감사하며 미래지향적인 양국 관계 설정을 위해 최대한 노력해 나가겠다는 요지의 성명을 발표하였다. 애초 오후 2시 비행기가 출발 예정이었으나 연발되어 오후 5시에 출발하였다. 대만 측 의도대로 국적기(國籍機) 단항으로 인해 고위사절단은 귀국 시에도 불편을 겪었다.

| 대만 행정원, 실무대표단 방문 거부 성명 |

대만 행정원은 17일(목) 오후 고위사절단이 타이베이 공항에서 귀국 항공편 탑승을 기다리고 있던 시간에 관련 성명을 발표하였다. 한국 고위사절단 방문과 관련, "고위사절단은 양국 미래관계의 새로운 형식 문제에 관해 아무런 명확한 답변을 못 하였으며 노태우 현 정부 임기 내에는 양국 미래관계에 대해 어떠한 협의도 불가능할 것으로 생각하며, 한국 정부가 중화민국 정부의 기본 입장을 존중하지 않고 쌍방의 장래 문제에 대한 구체적 방안을 제시하지 않는 한, 한국의 실무대표단은 대만을 방문할 필요가 없다고 생각한다"고 밝혔다.

이에 대해 한국 외무부는 9월 18일(금) 외무부 당국자 논평을 통해 "한중 수교에 따라 대만과 비록 공식 관계는 단절하였으나, 앞으로 최상급의 비공식관계를 설정하여 경제, 문화 등 제반 분야에서의 실질적인 호혜 협력관계를 유지하기 위하여 노력해 왔다"고 하면서 "대만 측과 합의한 바에 따라 고위사절단이 타이베이를 방문하였고, 9월 20-23일 실무대표단이 방문하여 교섭할 예정"이라고 밝히고 "그러나 이번 고위사절단 방문 시 대만 측이 보인 반응은 이해하기 어려운 일이라 하지 않을 수 없다" 면서 대만 측이 냉정하고 건설적 자세로 교섭에

응해 오기를 촉구하였다. 이렇게 한국 외무부는 사실상 외교채널을 통해서 대만 정부와 교섭하고 있음을 대내외적으로 설명하였다.

9월 18일(금) 대만 언론은 "중한 담판 결렬" 표제하에, 고위사절단의 방문 결과에 대한 9월 17일 장샤오옌 외교차장의 하오보춘 행정원장 보고 시, 장 차장은 남한 사절단이 충분한 권한이 없어 중화민국 측이 제기한 4개 사항에 대해 답변할 수 없었다고 하고, 하오 원장은 남한과의 관계는 다른 나라와의 방식과는 비교할 수 없으므로 노태우 정부가 성의가 없는 상황에서 남한 실무단은 올 필요 없다면서, 국가의 영예와 존엄을 견지하는 기본원칙에 따라 대응해야 한다고 강조하였다고 보도하였다.[38] 아울러 『중국시보』는 남한 사절단이 대표기구 명칭으로 '자유중국' 방안을 제기하였으나 남한 정부가 받아들이지 않다고 보도하였다.[39]

결국 한국 측의 실무대표단 파견 계획이 거부되었다. 외무부 김석우 아주국장은 9월 19일(토) 오전 왕카이 공사를 초치하여 면담하였다. 고위사절단 방문 시 한국 정부를 '노태우 정권'이라고 호칭하고, 첸푸 외교부장 주최 만찬을 30분 전에 취소하는 등 대만 측 조치는 이해하기 어려우며 이에 유감을 표명하고, 대만 측의 4개 제의 사항 중 전부 수용은 어렵더라도 일부 수용 가능할 것이므로 정부 전권을 위임받은 실무대표단의 방문을 통해 협의할 수 있으니 실무대표단의 접수 여부에 대한 입장을 알려 줄 것을 요청하였다. 이에 대해 왕 공사는 면담 후 19일 당일 오후 본국 정부 지시에 따라 한국 측 실무대표단을 받을 수 없다는 입장을 전해왔다.

---

38 『연합보』, 1992년 9월 18일, 1면, 3면; 『중앙일보』 1992년 9월 18일, 1면; 『중국시보』, 1992년 9월 18일, 2면.
39 『중국시보』, 1992년 9월 18일, 2면.

| 고위사절단 파견 결과 평가 |

상기 양측의 공식 입장에서 보듯이, 고위사절단의 방문은 "완전 실패"[40]였다. 오히려 대만 측의 한국에 대한 입장이 강경 노선으로 고착화됨으로써 사실상 노태우 정부 임기 내 협상 타결은 어렵게 되었다. 물론 10월 19일-21일 한국 예비교섭단의 비공개 대만 방문을 통한 협상이 있었으나 이는 결국 대만 측이 1993년 2월 이후 한국 신정부 출범 후 협상 대비를 위한 한국 측 입장을 확인하기 위한 것이었다.

왜 고위사절단이 소기의 성과를 거두지 못하고 오히려 대만 측의 더 큰 반발을 초래하는 결과가 되었을까?

파견 배경

앞서 살펴보았듯이 양국 정부 간 및 양국 외교당국 간에 단교 과정에서 충분한 의사소통이 없었다. 중화민국 측은 8월 22일(토) "한중 수교 시점부터 한국과 단교한다"고 먼저 공식 선언하였으며, 충분한 권한 위임받은 대표단이 아니면 방문을 거부한다고 밝혔다. 그러나 양국 공히 국내 정치와 연계되어 미래관계 협상을 무작정 연기할 수는 없는 상황에서 서울 외교채널을 통해 고위사절단과 실무대표단 파견을 협의한 결과, 고위사절단을 먼저 파견하고 곧 이어서 실무대표단을 파견하기로 합의하였던 것이다.

문제는 사절단 파견 협의 과정에 있어서, 고위사절단과 실무대표단의 역할 분담, 고위사절단의 문서 작업 문제 등 핵심적인 주요 쟁점에 대해 완전한 공통 인식을 확보하지 못하고 이를 최종적으로 상호 확인하지 못한 상황에서 고위사절단이 파견되고, 양국 정부가 똑같이 고위

---

40 첸푸, 앞의 책, 273쪽.

사절단 방문이 새로운 관계 설정에 중요한 전환점이 될 것이라고 기대
했다는 데 있었다.

양국 입장

한국 측은 내부적으로 단교 후 한 달 내에 비공식관계 수립을 목표로
하고 있었으며, 더욱이 단교 후 단교 졸속 처리라는 국내 비판이 서서히
고조되고 있고 9월 27일-30일 노태우 대통령의 역사적인 방중을 앞둔
시점에서 일단 대만 측과 조속히 협상을 시작해야만 할 상황이었다.

대만 측으로서는 단교는 배은망덕하고 국제 신의와 약속을 저버린
처사이며, 더욱이 단교 직후부터 한국 측이 대내외적으로 대만 측에 한
중 수교 문제에 대해 지속해서 설명해 왔다고 왜곡 선전하고 있고, 새
로운 양국 관계의 기본 틀에 관해 교섭도 시작하기 전에 한국 측 구상
을 조금씩 언론에 흘리는 등 비우호적인 행동을 계속하고 있는데 대해
매우 불만스럽고 분노하고 있었다.

대다수 국민과 언론의 실용주의 접근 요구 주장이 커지고, 12월 입
법원 선거를 앞두고 대만독립을 주장하는 민진당 등 반정부 세력을 견
제하기 위해서는 한국 측과 교섭을 시작하지 않을 수 없었다. 다만 대만
정부는 한국 외교당국에 대한 철저한 불신을 갖고 있었기 때문에 우선
적으로 한국 정치인에 대해 기대를 걸어 본 것이며, 수세적 입장에서 할
수 있었던 것은 한국 측이 선임한 첫 번째 단장을 거부하고, 한국 측이
제의한 방문 일정을 의도적으로 연기함으로써 9월 15일 단항 개시일에
제3국 항공편을 이용할 수밖에 없는 불편을 감수토록 한 것뿐이었다.

이러한 양국 입장과 국내 사정과 함께 고위사절단이 소기의 성과를 거
두지 못한 데에는, 한국 측의 자체 준비 부족, 한국 측의 그간 양국 관계

및 미래관계에 대한 진정성 있는 입장 전달 노력 부족, '하나의 중국' 원칙의 전략적 활용 기회라는 인식 결여라는 측면에서 살펴볼 필요가 있다.

(1) 먼저 한국 측은 한중 수교로 인해, 한국과 중화민국 관계가 한국과 대만 관계로 이행되는 중간기간 중에 중화민국에 대했던 기본 태도를 첫날부터 180도 바꾸어 민간단체나 집단을 대하는 태도로 바로 바꾸어 버렸다.

당시 대만과의 관계에서 '하나의 중국' 원칙의 형식 논리에 지나치게 빠져 완전히 비공식관계로 전환되기 전인 잠정 기간 중 '민간', '비공식', '대만'을 먼저 강조하여 불필요하게 대만 측을 자극하였다. 교섭 초기에 원칙적으로 1번 언급하면 되고 '한·대만 관계'를 '양자 관계'라고 부르면 될 것을 굳이 계기마다 환기시킬 필요는 없었다. 한국 측은 8월 말 대만 측에 '민간 고위사절단' 파견을 제의하는데 굳이 명칭에 '민간'을 강조할 필요할 이유가 없었다. 민병규 공사가 린수이지 아태사장과 협의 시, 린(林) 사장이 '민간' 표현에 관심을 보여서 이를 외무부에 건의하여 '민간'을 빼고 '고위사절단'으로 하기로 하였다.

외교관계를 비공식관계로 전환하기 위해서는 정부 간 공식 협상을 통해 그 틀을 마련해야 한다. 처음부터 모든 것이 민간으로 바뀔 수 없으며 끝까지 남는 것은 결국 외교당국 간의 관계이다.

양측 간의 고위사절단 파견 문제도 처음부터 양국 간 외교채널을 통해 협의한 것이며 고위사절단은 외무부가 작성한 자료와 정부 훈령에 따라 활동하였다.

국제정치 현실상 '하나의 중국' 원칙하에 중국의 합법적인 정부가 중국이라고 인정하였음에도 불구하고, 앞으로도 당분간 어느 나라든 양자관계를 협의하기 위해서는 대만 외교당국과 접촉을 일정한 수준에서 유지할 수밖에 없다. 이 또한 국제현실의 또 다른 일면인 것이다.

(2) 우리 측은 단교 후 대만 정부와의 첫 번째 공식 접촉임에도 불구하고, 단교 이전에도 그랬듯이 이에 걸맞은 준비가 부족했다. 물론 개인적으로는 단교 전에 대통령 특사를 파견하여 대통령 친서를 전달하고, 특사를 수행하는 형식으로 외무부 차관급 대사가 대만에서 비공식관계 협상을 일단 시작했더라면 좋았을 것으로 생각한다. 뒤에서 논하기로 한다.

대외적으로 '하나의 중국' 원칙을 지키는 형식을 유지하고 중국과의 합의 내용을 염두에 두되, 먼저 한국의 최대한 국익 확보를 위해 대만 정부와 외교당국의 입장과 요구 사항을 최대한 고려하여 다양한 형식을 시도할 필요가 있었다. 물론 한국 외교당국으로서는 당시 노태우 대통령의 방중을 앞둔 상황에서 '하나의 중국' 원칙 문제로 중국과 불필요한 마찰이나 오해가 없기를 바랐을 분위기로 추정된다.

(3) 사절단이 제일 먼저 대만 정부에 공식적으로 전달해야 할 것은 노태우 대통령의 메시지였어야 한다고 생각한다. 대한민국 외교의 최고책임자인 대통령이 정중히 한국의 입장을 중화민국 총통에게 전달해서 외교관계를 비공식적 관계로 바꿀 수밖에 없는 부득이한 사정을 설명했어야 했다. 물론 나는 단교 전에 이와 같은 절차가 있었어야 한다고 생각한다. 뒤에서 다시 논한다.

대만 측은 비록 외교관계가 단절되었으나 아직 미래관계가 불투명한 상황에서는 당연히 자신들의 상대는 여전히 한국 정부이지 한국 여당 대표 김영삼 총재가 아니기 때문에 김 총재의 친서를 거부한 것이다. 물론 대만 측이 당시 현실을 보다 냉정하게 판단하고, 석 달 후 김 총재의 대통령 당선을 예상했더라면 대만 측 대응이 달라졌을 것으로 생각한다.

노 대통령은 사절단 방문 전날 9월 14일 청와대에서 사절단과 오찬을 같이 했다. 김 단장은 대만 측 인사와 면담 중에 노 대통령의 구두 전언을 전달하였으나 대만 측은 별다른 반응이 없었으며 첸푸 부장은 오히려 김 단장에게 "김 단장은 그 말을 진짜 믿느냐"고 반문하였다. 대만 측 입장으로서는 과거 대만 주요인사 면담 시 노 대통령을 비롯한 한국 측 고위인사의 상투적인 표현인 "새로운 친구를 사귀어도 옛 친구를 버리지 않는다" 는 입장에 속았다고 공식 표명하고 있는 상황에서, 거기에 "북한 때문에 중국과 수교했다, 중화민국에 대한 내 생각은 변한 것이 없다, 앞으로 실질 관계를 더욱더 발전시켜 나가겠다" 등 제대로 의전 형식을 갖추지 않고 설득력이 약한 일상 대화 수준의 노 대통령의 메시지를 전달함으로써 한국 측의 진정성을 더욱 의심하게 되고 대만 측의 한국에 대한 신뢰 회복에 오히려 역효과를 낳았다.

(4) 고위사절단에 외무부 고위인사가 포함되어야 했다.

대외 보안 유지 때문에 고위사절단이 급히 구성되고 사절 단원들이 한중 수교 및 한·중화민국 단교의 전말을 충분히 숙지할 수 없는 상황에서, 단교 과정에 극도의 불만을 표명하고 있는 대만 측의 질의와 요구 사항에 대해 일차적으로 한국 정부의 입장을 일관성 있게 명확히 전달하는 일이 무엇보다도 중요했다. 한중 수교교섭 과정은 물론, 특히 대만 측의 요구 사항을 충분히 이해하여 미래관계 교섭을 염두에 두고 일관되게 설명할 수 있는 고위 외교관이 함께 참여하여, 단장과 고문에게 조언하고 필요시 대만 측 고위인사에게 직접 설명했더라면 불필요한 오해가 불식되고 이후 실무대표단의 교섭이 보다 원만히 진행되었을 것으로 보인다. 1992년 2월 민관식 특사방문 시에는 외무부 박양천 아주국 심의관이 수행했다. 당시 민 특사의 대만 언론 기자회견 시, 민감한 질문에 대해서는 박 심의관이 대답하였다.

(5) 고위사절단에 대한 외무부의 사전브리핑은 충분치 않았던 것 같고 사절단이 외무부가 준비한 자료와 정부 훈령을 짧은 시간에 제대로 이해하고 소화할 수 없었던 것으로 보인다. 적어도 ① 한중 수교교섭 과정, ② '하나의 중국' 원칙 문제, ③ 한국 측이 공식적으로 대만 측에 전달한 소위 "최고 수준의 비공식관계"의 함의에 관해서는 충분한 이해를 바탕으로 일관된 입장을 전달할 필요가 있었다.

앞서 기술한 대로 첸푸 외교부장과의 면담에서 애초 의도와는 달리, 대만 측에 대표부 명칭에 '자유중국' 가능성에 기대를 주었다가 결국 한국 정부 입장에 따라 한국 측이 수용할 수 없다는 입장을 전달하게 되어 오히려 대만 측을 더 자극하게 된 결과가 되었다.

사실 사절단 내에서는 대표부 명칭에 국호인 '중화민국'은 물론 안된다고 하더라도 '자유중국' 정도는 가능해야, 그래도 한국 정부가 공식 표명하고 있는 "최상의 또는 최고의 비공식관계"라고 할 수 있는 것 아니냐면서 강하게 주장하는 의견도 있었다. 나중에 들은 얘기지만 당시 외무부 고위 간부 중에서도 '자유중국' 명칭에 호의적인 간부도 있었다고 한다. 물론 중국이 받아들이기 어려운 호칭이었을 것이다.

결국 고위사절단은 대만 정부와 한국 정부 양측으로부터 곤혹스러운 처지가 되었으며 나라를 위하고 중화민국과의 특별한 관계를 고려하여 사절단에 기꺼이 참여했으나 기대성과를 거두지 못했다고 아쉬워했다.

| 고위사절단 방문 후 대만 국내여론 및 대응 |

사절단 방문 후 대만 정부는 그간의 한국 입장 및 태도(한·중화민국 특수한 관계 무시, 약속과 달리 사전 통보 및 한중 수교 경과 설명 전무, 미래관계의 구체내용 제시 없이 최상의 비공식관계 수립 입장 대내외 표명 등)에 변함이 없으며, 단교 전 뿐만 아니라 단교 후에도 한국 측이 양국 관계에 무성의로 대응하고 있다고 대만 언론 및 입법원에 지속적으로 설명하였다.

대만 정부는 사절단에게 전달한 한국과의 새로운 관계 정립을 위한 소위 4개 조건을 바로 대외적으로 공개하였다. 대만 외교부 고위인사(첸푸 외교부장, 장샤오옌 차장, 진수지 전 주한대사)는 한국 고위사절단이 전권 수권도 없이 방문함으로써 남한 정부에 또 한 번 속았으며, 김재순 단장과 정일권 고문도 남한 정부에 속았으며, 정 고문은 대만 측에 노태우 정부 보다는 한국의 차기 정부와 교섭하는 것이 좋을 것이라고 조언하였다고 설명하였다.[41] 진수지 대사는 한국 사절단이 방문 성과가 없어 미안한 마음에 첸푸 부장 주최 만찬을 사양하였다고 언론에 설명하였다.[42]

대만 측이 그간 다른 나라와 단교 후 비공식관계 수립 시, 소위 4개 조건을 모두 달성한 전례가 없으며 자신들도 중국의 입장 및 한국 태도로 보아 모두 달성하기 어려울 것으로 예상했을 것이며 앞으로의 협상에 있어서 스스로 발목을 잡을 수 있음에도 불구하고 이러한 협상 조건

---

41 『중국시보』, 1992년 9월 19일, 1면, 5면; 『연합보』, 1992년 9월 19일, 1면; 『자립조보』, 1992년 9월 19일, 2면.
42 『중국시보』, 1992년 9월 18일, 2면.

을 대외적으로 공개한 것은, 사절단 방문을 계기로 한국 노태우 정부에 대한 불신이 더 커져 미래관계 정립에 기대성과를 거둘 수 없다고 판단하여 차기 한국 정부와 교섭한다는 방침을 내부적으로 확정했음을 시사하는 것이었다. 아울러 국내 정치적으로는 단교의 책임이 국민당 정부에 있는 것이 아니라 한국 노태우 정부에 있다고 강조하고, 12월 입법원 선거를 앞두고 한국과 단교를 계기로 정부의 외교를 더욱 비판하는 민진당 등 대만독립 세력을 대해 중화민국 정부가 국격과 국가 존엄성을 지키기 위해 계속 노력하고 있음을 보여주기 위한 것이었다.

사절단 방문 후 대만 외교부 담당관, 기자들과 접촉 계기 등을 통해 탐문해 보니, 정부 고위인사들, 특히 첸푸 외교부장이 단교 과정에서 한국 측으로부터 사전 통보도 제대로 못 받아 국내외적으로 어려움을 겪고 있는 가운데, 일말의 기대를 걸었던 고위사절단조차 대만 측 입장을 한국 정부에 전달하겠다는 메신저 역할 정도에 그치는 등, 계속 무성의하게 대응하는 한국 정부에 또 속았다는 분노가 극에 달했고 이후 강경 입장을 계속 고수하게 되었다고 한다.

6. 양국, 각각 대사관 철수(9월 23일)

9월 20일(일) 오후 김석우 국장은 왕카이 공사 요청으로 면담하였다.

양측은 9월 23일(수) 예정된 대사관 철수 관련, 잔류 인원의 신분, 주택, 사무실 등 모든 사안이 비엔나 협약에 따라 처리되고 상호주의를 적용시키기로 상호 양해하였다. 대만 측은 '대만관광국 서울사무소'에서 9월 21일부터 잠정 영사업무를 시작하고 한국 측은 9월 21일부터 '주타이베이코트라(KOTRA)사무소'에서 잠정 영사업무를 시작한다는 것을 확인하였다. 왕 공사는 대사관 건물 이양과 관련, 9월 23(수) 오전 대사관 열쇠를 전달하겠으며 자신은 본국 정부 지시에 따라 9월 23일 귀국할 예정이라고 밝혔고, 김 국장은 9월 23일 공관 철수 이후에도 민병규 공사가 타이베이에 잔류하므로 대만 외교부 측과 긴밀히 협의해 나가겠다고 말하였다.

양측 합의에 따라 9월 23일(수) 양국은 각각 대사관에서 철수하였다.

| 명동 대사관 철수 |

9월 23일 오전 9시 한국 외무부는 주한대만대사관 측으로부터 대사관 건물 열쇠를 수령하고, 오후 3시 주한중국대사관 측에 동 열쇠를 공한과 함께 전달하였다.

대만 측은 대사관 건물을 중국 측에 이양 시 대만 측의 사전 동의를 요청하는 서한을 왕카이 공사 명의로 김석우 아주국장 앞으로 전달하였으나, 한국 측은 대사관 건물을 중국 측에 이양하는 것은 국제법과 국제관례에 따른 것이므로 대만 측의 동의를 구할 필요는 없다는 판단이었다.

이와 관련, 대만 외교부는 9월 24일(목) 다음 요지의 성명을 발표하였다.

○ 중화민국 정부는 8월 24일 남한과의 단교 후 서울 대사관 및 부산 영사관을 폐쇄하고, 9월 23일 서울시 명동 2가 1983번지의 2974.1평의 대사관 토지 및 지상 7층 건물을 한국 정부에 보관하도록 이양하였음.

○ 남한 정부에 대해 상기 토지 및 건물이 중화민국 정부의 사전동의 전에는 남한 정부가 절대로 점용, 사용, 또는 처분할 수 없으며 남한 정부는 어느 누구도 불법 점용 또는 처분하지 못하도록 방지해야 하며, 만약에 그러한 상황이 발생한다면 중화민국 정부는 절대로 승인할 수 없으며 남한 정부가 모든 책임을 져야 할 것이며, 우리 정부는 모든 각종 방식의 배상 권리를 유보한다고 공식 통보하였음.

○ 남한 정부가 중화민국의 이러한 엄정한 입장을 고려하지 않고 중공의 압력에 굴복하여 상기 부동산을 중공이 점유 사용하도록 한 것은 부당하므로 이를 받아들일 수 없음.

○ 남한 정부의 이러한 부당한 행위로 파생된 우리에 대한 손해 및 결과에 대해서는 남한 정부는 모든 책임을 져야 하며, 우리 정부는 모든 각종 방식의 배상 권리를 유보함.

| 한국대사관 철수 |

9월 23일(수) 오후 4시 이수존 영사가 대만 외교부를 방문하여 아태사 샤광후이 전원에게 대사관 열쇠와 함께 공한을 전달하였다. 대만 외교부는 미리 기자들에게 공지하여 이 영사는 기자들에 둘러싸여 있는 상황에서 열쇠를 전달했다. 한국대사관 건물은 대한민국 정부가 대만성 정부(臺灣省 政府)와 국유대지 임대 계약에 의거하여 중화민국 정부의 동의를 받아 건축한 것이다. 즉 대지는 중화민국 소유이나 건물은 대한민국 정부의 소유인 것이다. 따라서 열쇠 전달 시 "귀측 요청에 의거, 그간 대사관 사무실로 사용하여 왔던 타이베이시(臺北市) 충효동로(忠孝東路) 4단 345번지 대사관 건물로부터 1992년 9월 23일 퇴거하며 동 건물 열쇠를 전달하나, 대한민국 정부가 동 건물 소유권을 계속 보유함을 밝힌다"는 민병규 공사 명의의 공한을 린수이지 아태사장 앞으로 전달하였다.

주한중화민국(대만)대사관의 철수는 한국 정부의 '하나의 중국' 원칙에 따른 '중국'에 대한 정통 정부 승인 변경으로 국제법과 국제관례에 따른 것인 반면, 주중화민국(대만)한국대사관의 철수는 상거래에 의한 토지 임대 계약의 만료에 따른 것임에도 불구하고, 대만 측은 마치 상호주의에 의한 보복 조치와 같은 형식으로 대만 역시 한국대사관을 회수했다는 것을 국내적으로 홍보하였다. 다음날 9월 24일 대만 언론 조간은 외교부에서 이수존 영사의 열쇠 전달 사진을 크게 보도하였다.[43]

| 왕카이 주한공사 귀임 |

9월 23일(수) 왕카이 주한공사는 윤해중 외무부 아주국심의관 전송 하에 귀국하였다. 대만 측은 서울에 외교관 2명 및 행정원 3명 등 실무 요원 극소수만 남았다. 이후 양국 간 대화 채널은 기본적으로 서울에서 타이베이로 옮겨져 민병규 공사와 린수이지 외교부 아태사장으로 자연스럽게 바뀌게 되었다.

다음날 대만 언론 조간은 공항에 마중 나온 진수지 대사와 함께 초췌하고 수심에 찬 듯한 왕카이 공사의 사진을 크게 보도하였다.[44] 무척 가슴이 아팠다. 1990년 9월 서울 부임 시 축하하고 덕담을 나누면서 각자 상대방 수도에서 양국 관계 발전을 위해 노력하자고 다짐했던 기억이 떠올랐다. 같은 외교관으로서 단교라는 동병상련을 겪으면서 그가 공적·사적으로 겪었던 심리적 고통과 좌절을 어느 정도 이해할 수 있을 것 같았다. 한편 단교 된 상황에서 한 달 만에 벗어 나 본국에 귀임한 것이 부러웠다.

---

43 『중앙일보』, 1992년 9월 24일, 3면; 『China News』, 1992년 9월 24일.
44 『연합보』, 1992년 9월 24일, 14면; 『중앙일보』, 1992년 9월 24일, 3면.

| 임시사무실 입주: 대사 관저, 9월 24일–12월 22일 |

당시 우리 공관은, 단교 한 달 안에 비공식관계를 수립한다는 정부의 황당한 구상이 실현될 것이라고 예상하지 않았다. 그러나 비공식관계 수립 여하와 관계없이, 단교 시 양국 양해 사항으로 대사관 청사를 한 달 후 대만 정부에 이양하게 되어 있었으니 당장 사무실을 구해야 했다.

단교 후 공관 내부 협의에서 박노영 대사 내외가 거주했던 관저 아파트가 계약 기간이 남아 있어 빈 상태였기 때문에 이를 마지막 선택지로 하고 시내에서 사무실을 물색하기로 하였다. 그러나 대만 현지 부동산 소개소 등을 접촉 한 결과, 대만 정부의 지시가 있었는지는 불분명하나 암묵적으로 당분간 한국대사관과 거래하지 않는다는 분위기였으며 결국 단교 후 한 달간은 사무실 물색을 제대로 할 수 없었다. 9월 23일 오전부터 대만 언론 기자들이 대사관 주변에 모여 대사관 철수 상황을 취재하였으며 오후 4시 30분경 대사관에서 우리 인원이 완전히 철수하였다. 우울한 하루였다.

9월 22일(화) 대만 영자지 『차이나포스트(China Post)』의 패트리샤 궈(Patricia Kuo) 기자는 전날 나와의 통화 내용 일부를 다음 같이 보도하였다.

> 한국대사관은 9월 23일 폐쇄할 예정이나 한국 외교관에 의하면 양국 관계 회복을 위한 노력을 계속하기 위해서 타이베이에 새로운 사무실을 찾을 것이라고 하고 "대만 정부가 진정하는데 시간이 걸릴 것이나 한국은 대만과 지속적인 관계를 원한다"며, "한·대만 간 외교관계 복원은 불가능하며, 한국의 중국과의 수교는 10여 년 노력의 결과로서 노태우 대통령 퇴임 후에도 한국의 중국, 대만에 대한 정책을 변하지 않을 것"이라고 말하였다. 대만 정부의 한국 비난에 대해서 이 한국 외교관은 "우리는 국제사회에서 중화민국을 고립화 시킨 적이 없으며 한국은 중화민국의 진짜 적(real enemy)이 아니다"라고 강조

하고 "중화민국은 왜 중화민국을 실제로 국제사회에서 고립화 시키려는 중국을 비난하지 않는가?" 라고 반문하였다.[45]

9월 24일부터 임대계약 기간이 남아 있었던 대사 관저로 쓰던 아파트에서 공관원들이 근무하기 시작했다. 비좁은 공간에 창고 등을 개조하여 사무공간을 만들었으며 나는 이수존 영사, 최민구 상무관과 함께 한 방에서 근무하기 시작했다. 책상이 들어갈 수 없어 침대를 뒤집어 3인 공동 책상으로 썼다.

---

45 Patricia Kuo, 「South Korea and ROC remain at an impasse since the breaking of ties」, 「China Post」, September 22, 1992.

7. 한국 국회 APPU 대표단 방문

9월 24일(목)-29일(화) 아시아태평양국회의원연맹(APPU: Asia Pacific Parliamentarian's Union)의 제27차 총회가 타이베이에서 17개국 100여 명의 의원이 참석한 가운데 개최됨에 따라, 이세기 의원을 단장으로 이건영, 박주천, 김원웅 의원으로 구성된 대표단이 대만을 방문했다. 24일(목) 저녁 7시부터 10시까지 숙소인 하얏트 호텔에서 저녁을 하면서 민병규 공사와 나는 단교 과정에서의 대만 정부 입장, 한중 수교 배경, 양안 관계, 대만의 국내정세 변화 등에 대해 설명하였다. 대표단은 대만 측의 입장을 이해하는 데 크게 도움이 되었다고 하면서 대만을 무시해서는 안 되며 미래관계 정립에 가능한 역할을 하겠다고 언급하였다.

대만 측은 천진랑(陳金讓) 국민대회 비서장이 한국 대표단을 위한 별도 오찬, 만찬을 주최하는 등 특별히 배려하였다. 우리 측 대표단은 단교에도 불구, 양국 의원 간 교류에는 변화가 없음을 강조함으로써 앞으로도 양국 간 실질 협력관계는 변하지 않는다는 한국 측 입장을 적절히 전달하는 기회가 되었다. 일본 등 일부 제3국 대표단은 한국 대표단에 대해, 단교로 불참할 것으로 예상했다고 표명하였다.

각국 대표단을 공동 접견하는 자리에서 9월 28일(월) 하오보춘 행정원장은 한국 대표단에게 "양국이 비록 외교관계가 중지되었더라도 민간 간 우의는 여전히 존재하므로 한국의원단의 방문을 환영한다"고 언급하였고, 9월 29일(화) 리덩후이 총통은 "아시아태평양지역에서의 군사적 위협이 상존하고 있는 바 중화민국, 한국, 일본 등 모든 관계국이 협력하여 안보를 확보해야 하며 그래야만 지속적인 경제 발전을 유지할 수 있다"고 언급하였다. 한국 대표단이 한국·중화민국 관계는 변할 수 없으며 양국 관계의 지속 발전을 위해 양국 간 현안이 조속 해결되기를 희망한 데 대해 리 총통은 "동감"이라고 표명하였다. 대만 언론은 한국 대표단의 방문을 특별히 취급하지는 않았으나 "한국" 또는 "대한민국" 대표단으로 지칭하면서 사실대로 보도하였다.

한국 대표단 귀국 후 이상옥 장관은 10월 5일(월) 오찬을 주최하였다. 이세기 단장은 대만 방문 결과를 설명하면서 단교에 대해 비판을 계속하는 대만 인사의 방한 초청을 통한 한국 측 입장 설명 노력이 필요하며, 단교 후 대만의 일부 인사가 한국 측의 조치(예: 대만학자의 한국대학 임용 취소 설[46] 등)를 사안별로 구분하여 주목하고 있다고 언급하였다.

이와 관련 엄석정 동북아2과장은 나에게 연락하여, 방한초청 대상 인사와 소위 대만 인사가 파악하고 있다는 사안별 조치 내역을 탐문, 파악해 보고해 달라고 지시하였다.

나는 10월 9일(금) 엄 과장에게 관련 내용을 다음과 같이 보고 하였다.

(1) 방한 초청을 통한 친화화 필요 대상 인사 검토

○ 현 상황에서 정부 고위인사는 반한적인 입장을 견지하고 있어 당분간 적절하지 않으며 기존 친한성향의 인사도 포함하여 고려할 때, 일단 다음 인사들이 동 대상이 될 수 있을 것임.
  - 민의 대표기관: 천진랑 국민대회 비서장, 장스량 입법위원, 왕진핑(王金平) 입법위원, 딩서우중(丁守中) 입법위원 등
  - 학계: 린비자오 국립정치대학 국제 연구소 소장, 린츄산 문화대 교수, 주쑹보(朱松柏) 정치대 교수
  - 언론계: 주리시『중국시보』주필, 외교부 출입기자단

---

46 외무부가 확인해 본 결과, 단교에 따른 불이익 조치가 아니라, 대구 서원대학에서 효성여대로 근무처를 옮기려는 대만 교수가 근무처 이동에 따른 비자 취득 등 제반 절차를 마치지 않고 자진해서 대만으로 귀국한 것으로 밝혀졌다.

- 기타: 쉐위치 전 주한대사 등

○ 그러나 양국 간 비공식관계 수립을 위한 교섭이 개시되지 않은 현단계에서는, 민의 대표들은 오는 12월 19일 입법위원 선거를 앞두고 방한 자체가 쉽지 않을 뿐더러, 앞으로 새로운 입법위원이 선출될 것도 감안해야 될 것이며, 학계 및 언론계 인사에 대해서는 우리의 설득에 한계가 있을 것임.

○ 따라서 현 상황에서 본부가 당장 직접 나서서 추진할 수 있는 사업으로 다음 추진함이 바람직할 것으로 사료됨.
- 주한대만특파원의 접촉 강화를 통한 친한화 추진(대만 언론의 한국 기사 대부분이 동 특파원들의 송고임에 비추어 동인들의 판단 및 성향이 매우 중요, 특히 『중국시보』, 『연합보』의 영향력이 큼, 외무부·공보처 간부가 특파원들과 적절한 채널 유지, 우리 입장을 수시 설명할 필요)
- 유력 화교 인사 및 한국 유학 중인 대만학계 인사들과의 접촉을 통한 친한여론 조성
- 의원 간 교류 확대(12월 입법위원 선거 후 양국 의원 방문단 교류 제의, 의원친선협회 재구성 추진, 10월 15일-17일 민진당 쉬신량 주석 방한 계기 적극 활용 등)

(2) 단교 후 우리 조치에 대한 대만 측 이의제기 문제

○ 이세기 의원이 지칭한 대만 인사는 린츄산 교수로 추정되며, 린 교수의 그간 행적으로 볼 때 린 교수는 한국 언론의 관련 동향 보도를 계속 주목하고 있는 것으로 보이며, 이를 과장하여 이세기 의원에게 강조한 것으로 보임.

○ 만약 한국 측의 조치가 양국 관계나 대만 이익에 영향이 있다면 대만 측이 어차피 문제를 제기했을 것이며, 또 제기해 올 것인바, 적어도 지금까지는 대만에 심각한 영향을 줄 만한 조치는 없었다고 사료됨. 다만 단교 후 민간 차원에서 중국대륙과의 관계 등을 고려하여 대만을 무시 또는 경시하는 처사야 어쩔 수 없는 측면이 있을 것임.

○ 이와 관련, 우리 정부가 정부 관계부처나 언론에 대해 대만과의 실질 협력관계는 아무런 변화가 없다는 원칙하에 적절한 가이드라인이 필요할 것으로 사료됨.

8. 예비교섭단 방문(10월 19일 – 21일)

9월 27일(일)–30일(수) 노태우 대통령은 중국을 공식 방문하였다. 대만 언론은 28일, 29일 연일 노 대통령의 방중을 외신 등을 인용하여 1면 및 국제면에 크게 보도하였다. 중국 외교부 대변인은 남한과 대만 간의 비공식적인 경제 무역 관계의 유지 발전에 대해서는 이의 없다고 표명하였으며 한국 외무부가 대만과 최고 수준의 비공식관계 유지를 위해 노력하고 있다는 입장이므로 노 대통령 방중 이후 한·대만 간 실무 교섭이 진행될 것으로 예상된다고 보도하였다. 이어 9월 30일 북한이 한중 수교 이후 처음으로 중공을 변절자, 배신자라고 비난했다고 보도하였다.

| 실무대표단 방문 교섭: 예비교섭단 방문 합의 |

노태우 대통령의 방중이 성공리에 마무리되면서 한국 외무부는 대만과의 교섭을 서두르기 시작했다. 9월 30일(수) 노 대통령 귀국 직후 저녁 7시 동북아2과 배재현 서기관이 나에게 전화를 하여 이제 노 대통령 방중이 끝났으니 대만과의 교섭을 조속 시행할 예정이라고 알려 왔다. 이어 다음 날 10월 1일(목) 오후 3시 엄석정 동북아2과장이 나에게 전화하여 실무대표단 조기 파견을 위해 한국 측 제의를 곧 알려주겠다고 하면서 현지에서 계속 힘써 줄 것을 요망하였다.

대만 측 역시 한국 고위사절단의 방문 이후, 양국 간 미래관계에 관한 교섭이 늦어지고 있는 상황을 국내 정치적으로 계속 한국 탓으로만 돌릴 수 없었다.

외무부는 10월 2일(금) 민병규 공사에게 한국 실무대표단 파견과 관련, '린수이지 사장 앞 하기 요지의 서한'을 전달하라고 지시하였다.

(1) 대한민국 실무대표단의 10월 12일-14일 방문 제의

(2) 김태지 외무부 본부대사를 단장으로 하는 대한민국 실무대표단
이 정부로부터 전권 위임 받고 양국 관계 설정 교섭

(3) 대표단 명단(김태지 대사, 상공부 국장, 민병규 공사, 교통부 항
공국 심의관, 최정일 외무부 국제법규과장, 오갑렬 특전담당관,
법무부 출입국 기획과장, 교통부 국제항공과장, 해운항만청 진
흥과장, 외무부 강대현 서기관, 연상모 서기관, 황승현 사무관,
상공부 사무관, 통역 이수존 영사 등 14명)

(4) 교섭 의제 안

우리 공관은 10월 2일(금) 바로 대만 외교부에 연락하여 린수이지 아
태사장과의 면담을 요청하였으나, 대만 측은 린 사장이 바쁘다고 하면서
10월 5일(월) 연락을 주겠다고 하고, 참고로 대만 측 서울 잔류 참사관
의 김석우 아주국장 면담이 이루어지지 않아 불만스럽다고 표명하였다.

10월 5일(월) 오전 대만 외교부 아태사 샤광후이 전원은 이수존 영사
에게 전화하여 대만 측 서울 잔류직원의 김석우 아주국장 면담을 먼저
요청하였으므로 동 결과에 따라 민 공사의 린 사장 면담 여부가 결정될
것이라고 언급하였다.

10월 6일(화) 대만 언론은 장샤오옌 외교차장은 남한 측으로부터 아
무런 제의를 받은 바 없으며 남한이 대만 요구에 부응한다면 남한 실무
대표단 방문을 환영한다고 언급했으며 남한 실무대표단은 '복안', '성의',
'충분 수권'의 3개 조건을 반드시 갖추어야 하며 대만 측의 접수 동의가
능 시기는 10월 하순이 될 것이라고 보도하였다.[47]

10월 7일(수) 오전 김석우 아주국장은 스딩(石定) 전 주한참사관을
면담하고 상기 '린수이지 아태사장 앞 서한' 사본을 전달하고 대만 측
입장을 통보해 줄 것을 요청하였으며, 이어서 같은 날 오후 민 공사는

---

47 『중국시보』, 1992년 10월 6일, 4면; 『연합만보』, 1992년 10월 6일, 2면.

린수이지 아태사장을 면담하고 우리 측의 서면 제의를 전달하였다. 이에 대해 린 사장은 실무대표단 전원 방문에 앞서 김태지 단장이 비밀리에 사전 방문하여 외교부 고위인사(첸푸 외교부장, 장샤오옌 차장, 진수지 전 주한대사)와 면담하여 장래 문제에 대한 공통인식 확보 후 실무대표단의 정식 방문 방안을 제의하고 김 단장의 방문 시기는 10월 19일–24일 중 편리한 시기에 2박 3일을 제의하였다.

면담 후 민 공사는 대기 중인 외교부 출입 기자에게는 "양측 미래관계를 위한 실무대표단 파견 문제를 협의하였으며 세부 사항은 계속 협의키로 하였다"고 설명하였다. 다음 날 10월 8일(목) 대만 언론 조간은 일제히 "남한이 가까운 시일 내 실무단 파견을 희망하였으며 대만 측은 남한 측이 정부 수권 서한과 대표단 명단을 전달해 와 일단 성의 있는 대응으로 평가하고 있다"고 보도하였다.[48]

한국 외무부는 대만 측 제의를 수용함으로써 10월 12일(월) 오후 민 공사는 린수이지 아태사장을 면담하고 한국 측 입장을 서면 전달하였다. 김 단장의 타이베이 방문 기간은 10월 19(월)–21일(수)이며 한국 측도 김 단장 일행이 미리 타이베이를 방문한다는 사실이 한국 언론에 보도되지 않도록 노력할 것임을 알렸다.

한편 엄석정 동북아2과장은 10월 12일(월) 리통루이 전 주한참사관과의 오찬 자리에서 한국 측은 대만 측의 요청대로 서울주재 대만 임시사무소가 외교부 관인을 자체 보유하고 화교들에 대한 영사 업무처리에 대해 동의한다고 통보하고, 앞으로 상호주의 원칙에 따라 타이베이주재 우리 임시사무소도 주홍콩총영사관 관인을 자체 보유하고 사증 발급 및 영사 업무를 처리하겠다고 설명하였다.

---

48 『연합보』, 1992년 10월 8일, 1면; 『중국시보』, 1992년 10월 8일, 6면; 『자립조보』, 1992년 10월 8일, 4면; 『중앙일보』, 1992년 10월 8일, 3면.

첸푸 외교부장은 10월 중 입법원에서 대만의 남북한 관계에 대해 다음과 같이 언급하였다.

○ 10월 7일(수) 장스량 입법위원의 질문에 대해 "남한과의 미래관계에 대해서는 전면적 공식관계를 최고 목표로 하여 가장 좋은 관계로 발전시키고자 하며, 동 목표가 달성되지 않는다면 최소한 국가 이익에 맞추어 동 관계를 설정해 나가고자 한다"고 언급하고 "북한과의 접촉은 배제하지 않으며 양측에 상호 보완적이고 상호 이익이 되는 경제통상 활동은 거부하지 않으나, 현재 북한의 국제사회에서의 처지나 행동을 감안할 때, 무실 외교의 대상으로서 관계 개선의 우선 국가에는 포함되지 않는다"고 표명하였다.

○ 10월 13일(화) 첸푸 부장은 입법원에서 한·대만 관계와 관련, "한국·중화민국 단교 문제를 처리하는 데 있어서 외교부는 절대로 고자세를 취하지 않았으며 국가 최고 이익을 추구한다는 원칙하에 대처하였으며 단교 시 외교부가 노태우 정부가 약속을 저버린 행위가 도의에 어긋난다고 표명하였는바, 이는 외교 실패를 덮기 위한 것이 아니었다"고 강조하고 "대만 측이 고자세를 취하여 단항이 되었다는 주장은 사실과 다르며 단항으로 한국 측 손실이 훨씬 큰 바, 단항 시한은 9월 15일부터 양국 간 새로운 관계정립 시까지 이므로, 이것이 한국 측이 부단히 새로운 관계 정립을 위한 협의를 희망하고 있는 주요 원인인 것"이라고 설명하였다.

| 예비교섭단 파견 교섭 중 쉬신량 민진당 주석 방한 |

한편 대만 쉬신량(許信良) 민진당 주석이 10월 15일(목)-17일(토) 방한(이후 방일)하는 계기에 16일(금) 신기복 외무부 차관보를 면담하였다.[49]

민진당으로서는 대만 정치에서 점차 부상하는 정치 세력으로서 12월 입법위원 선거를 앞두고 한국과의 단교 영향을 선거에 유리하게 활용하

---

49 『자립조보』, 1992년 10월 14일 3면; 『자립조보』, 1992년 10월 17일, 4면.

고 한국 각계와의 채널을 강화하고자 하는 목적을 갖고 있었다. 쉬 주석은 신 차관보와의 면담에서 단교에 대해 국민당 정부는 강한 불만을 표시하고 있지만 민진당은 한중 수교에 반대하지 않으며 다만 한국이 "대만은 중국의 일부분이라는 중국의 입장을 존중한다"는 데 대해서는 이의가 있다고 하면서 대만은 주권 국가로 남기를 바라며 단교 이후에도 양국 관계 강화를 희망한다고 언급하였다. 신 차관보는 한중 수교와 이에 따른 한·대만 단교는 한국의 생존과 번영을 위해 불가피했으며 양국은 향후 실질 협력관계 발전을 위해 진지하고 성의 있는 자세로 임해야 할 것이라고 강조하였다. 쉬 주석은 민진당은 "일중일대"(一中一臺)를 주장하고 있으며 대만이 독립국가로서 유엔 등의 국제기구에 가입하려고 하는 바, '대만독립'에 대한 한국 지원을 요청하였으며, 신 차관보는 이에 대해 대만독립 문제는 기본적으로 중국대륙과 관련되어 있으며, 대만 내 지지기반 및 국제사회에서의 지지기반이 있어야 할 것이라고 언급하였다.

| 김태지 예비교섭단장 방문 |

한편, 김 단장 일행 방문 준비와 관련, 대만 측은 철저한 보안 유지를 계속 강조하였으며 공식 공항 영접이 없으며 공항에서 입국사증 발급을 하겠다고 알려 왔다. 우리 측은 진수지 대사가 김 단장의 주요 교섭 상대가 아닌 것으로 이해하고 있다고 알렸음에도 불구하고 김태지 단장 도착후 첫 번째 면담 대상과 첫날 만찬 주최자로 진수지 대사라고 알려 와, 대만 측 실무대표단 단장은 진수지 대사가 맡을 것으로 예상되었다.

김태지 단장은 10월 19일(월) 정오경 캐세이퍼시픽(Cathay Pacific) 항공편으로 타이베이에 도착하였다. 외무부 최정일 국제법규 과장과 연상모 동북아2과 서기관이 수행하였다. 19일 오후 4시부터 10시까지 진수지 대사와 제1차 회담과 만찬, 20일(화) 오전 10시부터 오후 8시까지 제2차 회담, 장샤오옌 차장 주최 오찬, 제3차 회담, 21일(수) 오전 10시부터 30분간 첸푸 외교부장 면담 일정을 갖고 오후 2시 귀국하였다.

당시에는 만델라(Mandela) 남아공의 아프리카국민회의(ANC) 의장이 양상쿤 국가주석 초청으로 10월 4일-10일 중국을 공식 방문을 마친 후였다. 중화민국 정부 역시 만델라의 공식 방문 초청을 추진하고 있음에도 불구하고, 차기 남아공 대통령이 확실시되는 만델라가 외교관계가 있는 중화민국보다 중국을 먼저 방문한 데 대해 크게 긴장할 때였다.

| 1차 회담-3차 회담 결과 |

예비교섭단 숙소인 후화반점(福華飯店)에서 대만 측은 진수지 대사를 단장으로 외교부 린수이지 아태사장, 샤광후이 전원(통역) 등 4명이, 한국 측은 김 단장, 민병규 공사, 최정일 국제법규과장, 연상모 서기관, 이수존 영사(통역) 등 5명이 참석하였다.

대만 측은 지난 9월 고위사절단 방문 시, 제시한 입장(국호 국기 사용, 기존 조약 유지, 재산권 보호, 화교 보호)과 거의 동일한 입장을 표명하면서, 단교 전후하여 노태우 대통령과 이상옥 장관이 "새로운 친구를 얻기 위해 옛 친구를 버리지 않을 것이며 대만과 최상의 관계를 유지할 것"이라고 반복하여 언급했음을 상기시키면서 양국 간 특수관계에 비추어 과거 여타국과 대만 간의 관계가 양국 간 새로운 관계의 모델이 될 수 없고 국제법 등에 개의할 필요 없이 외교관계와 같은 최상의 관계가 새로 정립되어야 한다고 강조하였다. 이에 대해 한국 측은 노 대통령의 언급은 한반도 내부 및 주변 정세로 부득이 한중 수교를 하였으나, 대만과는 외교관계가 없더라도 비공식관계의 테두리 안에서 가능한 한 최상의 수준으로 관계를 맺고 발전시켜 나가겠다는 의미로 이해해야 하며 그래야만 양측이 같은 기본 인식하에서 원만한 합의를 이룰 수 있다고 지적하였다.

양측은 새로운 관계의 기본 틀, 재산처리문제, 재외국민 대우문제 등에 관해 다음과 같이 협의하였다.

(1) 대표 기구 설치

○ 대만 측은 국호, 국기 사용을 일관되게 주장하였으나, 한국 측은 불가하다는 입장을 견지함.
○ 대만 측은 한국 측의 '대표부'(representative office) 명칭 제의 에 동의하면서 영문 표기를 'mission'으로 할 것을 제의하고 한 국 측은 이에 유념하겠다고 대응함.
○ 대표 임명, 기능, 직원의 특권과 면제에 관해서는 대만 측은 대사 관과 동일한 기능과 형식 부여를 주장하였으나 한국 측은 비공식 관계이므로 직원의 외교관명부 등재 등은 불가하나 상호주의에 따라 외교공관 및 외교관에 준하는 특권과 면제를 부여할 수 있 다고 설명함.

(2) 재산 처리 문제

○ 명동 대사관: 대만 측은 명동 대사관의 중국에의 이양은 불법이므 로 배상 요청 권리가 있다고 강조하면서 한국 측이 향후 서울에 설치될 대만대표부의 토지와 건물을 제공해 주어야 한다고 주장 함. 이에 대해 한국 측은 명동 대사관을 한국 측이 소유한 것도 아 니고 국제법과 국제관례에 따라 외교관계를 새로 수립한 중국에 이전한 것이므로 대만 측 주장은 받아들일 수 없다고 표명함.
○ 부산 영사관저 및 비외교재산: 대만 측은 부산 영사관저는 1949년 10월 1일 이후 대만이 세금으로 구입한 재산이므로 대만에 소유 권이 계속 귀속되어야 하며, 대만이 1949년 10월 1일 이후 구입 한 연희동과 인천 소재 화교학교에 대한 대만 소유권도 계속 인

정되어야 한다고 주장함. 1949년 10월 1일 이전 중화민국 명의 비외교재산 역시 대부분 장기적으로 화교학교와 협회에 대여해 준 것이므로 화교사회의 안정에 중요한 비중을 차지하고 있으므로 현상을 유지해 줄 것을 주장함.

○ 한국 측 입장: 이에 대해 한국 측은 외교재산 전부와 비외교재산 중 1949년 10월1일 이전부터 중국 명의로 되어 있는 재산은 중국으로 이전되어야 한다는 입장을 표명함. 부산 영사관저는 외교재산의 일부이므로 중국으로 이전되어야 하며, 1949년 10월 1일 이후 대만이 구입한 비외교용(非外交用) 재산은 화교사회의 이해가 걸린 문제이므로 한국 정부로서는 아무런 조치를 취하지 않고 화교사회의 합의를 통한 해결이 바람직하다고 설명함.[50]

(3) 재외국민 대우 문제

○ 대만 측은 재한화교학교 구내에서의 국기게양 허용을 요청하였으며, 한국 측은 화교학교의 교육의 자율성은 계속 보장해 주는 방향으로 대응할 것이나 국기게양 문제는 외교관계와 직결되기 때문에 옥외게양은 허용할 수 없다고 설명함.

○ 아울러 한국 측은 재한화교협회의 활동을 공공 질서를 해치거나 한국 국익을 훼손하지 않는 한 보장할 것이라고 설명하고, 대만 내 한국 교민이 재한화교에 비해 불리한 대우를 받고 있으므로 이를 시정해 줄 것을 강력히 요청하였으며 대만 측은 한국 교민이 불이익을 받지 않도록 행정조치를 최근 실시하고 있으며 한국 교민의 지위와 권리를 계속 보장할 것이라고 약속함.

(4) 기존 조약 협정 효력 및 경제통상 문제

○ 양측은 기존 조약, 협정은 앞으로 민간기구간 협정을 체결하여 계속 시행하는데 합의함.

---

50 이후 1993년 2월 한국 김영삼 정부 출범 후, 정부 내부적으로 중화민국(대만) 소유의 전체 비외교재산 처리문제에 있어서는 재한화교들 간의 이해가 많이 걸려 있고 화교 사회에 직접적인 영향을 미칠 수 있으므로 한국 정부가 직접 간여하지 않는다는 입장을 정하였다. 또한 대만과의 교섭과정에서 부산 영사관저는 중국 측에 이전하되, 대만 측에 한국 측이 실질적으로 보상키로 하였다. 이에 따라 1993년 7월 27일 한·대만 간 비공식관계 설정을 합의하였다.

○ 한국 측은 단교 이후 대만 측이 취한 단항 및 기타 통상 보복 조치의 배경을 이해 못하는 것은 아니나 조속한 시일 내에 단교 이전의 상태로 환원되기를 희망한 바, 대만 측은 양국 관계의 기본 틀이 합의되면 금방이라도 해결될 수 있는 문제라고 표명함.[51]

| 장샤오옌 외교차장 면담 및 오찬 |

장샤오옌 차장은 10월 20일 정오 라이라이반점(來來飯店)에서의 면담 및 오찬에서, 먼저 진수지 대사와의 제1차, 2차 회담 시 양국의 근본적인 입장 차이를 거론하면서 한국 측이 중국 반응을 지나치게 우려하여 한국 자신의 이익을 기초한 판단을 못하고 있으며, 한국 교섭단원의 격이 낮다는 점에 불만을 표명하였다. 장 차장은 대만은 이미 16개 미수교국과 정식 국호를 사용하고 있다고 강조하고 국호, 국기 사용 문제에 관한 대만 측 입장이 수용되지 않는 한, 여타 문제에 대한 토의 진전도 불가능하므로 실무대표단도 올 필요 없다며 대만의 요청을 과소평가하지 말라고 강경한 입장을 표명하였다.

이에 대해 김 단장은 한국 정부는 스스로의 이익을 정확히 판단하여 대처하고 있으며, 교섭단은 보내는 국가가 자체 판단에 따라 적절한 대표와 인원을 선정해 보내는 것이며 이번 교섭단도 그렇게 선정되어 권한 위임을 받아서 왔으므로 교섭단원의 격이 낮다는 식의 불만을 이해하기 어렵다고 반박하였다. 대표부의 '명칭'과 '국기' 문제에 관한 한국 측 입장은 최선의 제안이라는 확신을 갖고 제의한 것이며, 대만 측의 생각대로 한다면 결국 해결을 더욱 어렵게 만드는 사태가 올 수 있다고 지적하였다. 확실시되는 중국의 반발을 암시한 것이었다. 장 차장은 오찬 중 한

---

51 단교 이후 대만 측의 경제통상 분야에서의 제재 조치에도 불구하고 양국 간 교역 확대 추세에는 큰 영향이 없는 상황이었다. 1992년 1월-10월간 한국의 대대만 수출은 19.4억 불로 전년 동기 대비 35.5% 증가하고, 한국의 대대만 수입은 9.7억 불로 전년 동기 대비 11.4% 감소하였다.

국이 대중국 수교를 너무 서두른 데 대해 심히 섭섭하게 느끼고 있다고 하면서 앞으로 교섭에 상당한 시일이 소요될 것이라고 언급하였다.

동 면담 통역으로 참석한 이수존 영사의 전언에 의하면, 장 차장이 김 단장에게 교섭단장의 격을 거론하면서, 김 단장이 중국과의 수교교섭을 담당했던 권병현 대사의 직위보다 낮다고 오해하여 불만을 여러 차례 표명한 데 대해, 김 단장은 초기에는 상기와 같이 정중하게 한국 정부가 제반 상황을 고려하여 자신을 파견하였다고 설명하였다. 그러나 김 단장은 장 차장이 다시 단장의 격을 거론하여 한국의 계속적인 대만 무시의 한 예로서 오해하고 있다고 판단하여, 이후 정색하여 자신이 권 대사보다 외무부 입부(入部) 선배이며, 외무부 경력과 직급도 앞서 있다[52]고 설명할 수밖에 없었다.

김 단장은 20일 저녁 공관직원 격려 만찬 자리에서, 우리 직원들에게 "사실 그렇게 설명할 필요도 없었고, 대만 외교부가 최소한 나를 포함한 한국 외교관 신상 정도는 제대로 파악하고 있으리라 생각했는데, 장 차장이 나에 대해 잘못 알고 있으니 내 개인 문제로 그치는 것이 아니라, 한국이 계속 대만을 무시하고 있다고 오해할까 봐서 구차하게 내가 내 이력을 설명하게 되었다" 면서 영 내키지 않은 설명을 하게 되었던 씁쓸한 경험을 소탈하게 전해 주었다.

| 첸푸 외교부장 면담 |

김태지 단장은 10월 21일(수) 10시부터 30분간 타이베이빈관(臺北

---

52 당시 김태지 대사(1935년생)는 고등고시 8회로 1959년 6월 입부(入部)하여 조약과장, 동북아과장, 아주국장, 기획관리실장(차관보급), 홍콩총영사, 뉴욕 총영사, 인도대사를 역임한 외교관 최고 등급인 특1급 대사였으며 권병현 대사(1938년생)는 고등고시 14회로 1965년 6월 입부하여 동북아2과장, 일본 담당관, 아주국장, 버마대사를 역임한 차관보급 공무원이었다.

賓館, 정부 영빈관)에서 첸푸 외교부장을 면담하였다. 진수지 전 주한 대사와 최정일 국제법규과장이 각각 배석하였다.

첸푸 부장은 단교 전후 과정, 고위사절단 방문, 이번 교섭 결과를 종합적으로 고려할 때, 대만이 주장하는 선에서 합의되지 않는 한, 새로운 관계 설정은 있을 수 없다면서 사실상 한국 노태우 정부와의 교섭을 더 이상 하지 않겠다는 강경한 입장을 표명하였다.

첸 부장은 면담 모두부터 한국의 중국과의 수교 및 중화민국과의 단교 조치를 강하게 비난하면서, 양국이 역사적으로 특수한 관계를 맺어왔으나 한국 측이 중국과의 수교교섭 진전 상황을 알려 주겠다는 여러 차례에 걸친 약속과 "새 친구를 만들면서 옛 친구는 버리지 않는다"는 약속을 지키지 않고, 수교 직전인 8월 18일에 가서야 대만 측에 수교 예정 사실을 통보하여 주었으며, 단교 후 고위사절단도 사전 통보와는 달리 새로운 관계 설정을 교섭할 권한도 없이 보내는 등 중화민국으로서는 도저히 이해할 수 없는 일들을 하고 있다고 언급하였다. 대만으로서는 국가 존엄을 가장 중시하여 대만이 주장하는 선에서 합의되지 않는 한, 달리 새로운 관계 설정은 있을 수 없으며 실무교섭단도 올 필요가 없다는 입장을 한국 정부에 보고해 달라고 언급하였다. 대만 정부로서는 한국 노태우 정부와는 더 이상 교섭하지 않겠다고 공식 선언한 것이었다.

김 단장은 첸 부장의 언급 내용에 관해 상호 깊은 오해가 있는 것으로 본다고 하고 8월 18일에 가서야 대만 측이 알게 되었다고 하지만, 지난 4월 이상옥 장관 방중 후 대만 측에 대하여 자세한 내용은 아니더라도 교섭이 진행된다는 뜻을 통보한 것으로 알고 있다고 언급하자, 첸 부장은 바로 격앙된 어조로 대만은 8월 18일에야 알게 되었다고 하면서, 만약 그렇다면 한국 측이거나 아니면 진수지 대사가 거짓말을 한 것이며, 대만 주재(박노영) 한국대사도 끝까지 아무것도 모르고 있었다고 말하였다. 김 단장이 4월 이후 한국 측의 대만 통보 내용 등 상세한 상황 전개를 충분히 숙지하지 못한 채, 단교 후 외무부가 대외적으로 설명하는 '통보 시점'에 관한 언급 요지에 따라 나름대로 설명한 것이 첸 부장의 화를 다시 한번 돋군 셈이 되었다.

김 단장이 과거사를 되풀이하면 생산적일 수 없으니 새로운 관계의 조기 설정이 양국에 도움이 될 것이라고 언급하자, 첸 부장은 새로운 관계는 대만 측 주장대로 되어야 하며 대만 측 안(案)대로 하느냐 안 하느냐의 선택뿐이라고 말하였다. 이에 김 단장이 양측이 냉철하게 거시적으로 양국 관계를 길게 보아야 하지 않겠느냐고 하자, 첸 부장은 "나는 중국인이다. 나를 가르치려고 하지 말아 달라(I am Chinese. Please don't try to lecture me)"고 하면서 입법원 일정으로 이만 끝내자고 하여 격앙된 분위기에서 면담이 끝났다.

대만 측은 단교 자체와 단교 과정에서 한국으로부터 국격과 국가 존엄이 크게 손상된 상황에서 한국 측의 입장이 자신들이 추구하는 사실상 '외교관계'에 준하는 소위 '최고의 비공식관계'와는 거리가 멀다고 분석하고 섣부른 교섭 개시는 국내 정치적으로 12월 예정인 입법위원 선거에도 좋지 않은 영향을 줄 우려가 있을 것으로 판단했던 것으로 보인다. 아울러 첸푸 부장 개인적으로는 끝까지 중국인으로서의 자존심을 보이려 했는지, 아니면 주리시『중국시보』전 주필의 표현대로 "첸 부장 개인적으로는 시종일관 대중화우월의식(大中華優越意識), 즉 종주국과 속국이라는 인식을 갖고 있어 속국으로부터의 배신은 받아들일 수 없었기 때문"에 김 단장에게 그간 쌓여 온 감정 풀이를 한 것인지 불분명하다. 다만, 확실한 것은 첸푸 부장의 이러한 입장과 태도 때문에 노태우 정부 임기 내 새로운 관계 수립을 위한 교섭이 더 이상 진행되지 못했으며, 1993년 7월 양국 간 비공식관계 수립 이후에도 양국 관계의 정상적 회복이 상당히 지연되게 된 데에 일정한 영향을 미쳤다는 사실이다.

첸푸 외교부장은 단교 이후 항공협정 체결문제에 있어서 한국 측이 "당국(authority)"과 "영토(territory)"라는 표현에 대해 대만 측과 다른 입장을 견지하여 체결이 지연되었다고 하면서, 자신이 1996년 외교부를 떠난 후 후임 외교부장들이 자신을 찾아오면 항공협정에 대한 자신의 입장을 설명해 주었으며 그들 모두 자신의 생각을 강력히 지지했다고 한다.[53] 첸푸 부장이 외교부장 재임 시는 물론 이임 후에도 양국관계의 정상적 회복에 일정한 영향을 지속적으로 행사했음을 시사하는 대목이다. 첸 부장은 1996년 6월 외교부장 이임 후 국민대회의장(1996년 7월-1999년 1월), 감찰원장(1999년 2월-2005년 1월) 역임 후 공직을 마쳤다. 양국간 민간항공협정은 비공식관계 수립 후 11년이 넘어 2004년 9월 체결되었다.

돌이켜 보면 박노영 대사는 단교 전에 첸푸 부장 및 장샤오옌 차장으로부터 한국 정부에 대한 비난이나 인신공격성 발언을 듣고도 우리 입장을 제대로 몰랐으니 원론적인 수준에서 대응하면서 참을 수밖에 없었으며 이러한 대응이 본의 아니게 대만 측을 더욱 자극한 측면이 있었다. 김태지 단장은 장샤오옌 차장, 첸푸 부장 양인으로부터 일부 발언에서 감정적이며, 불유쾌한 얘기를 들었으나 우리 입장을 갖고 차분하게 설명하고 설득하려고 노력했다. 결과적으로 김태지 단장의 방문은 그때에는 일정한 합의를 도출하지는 못했으나, 양국 외교당국 간 상대방 입장과 기대치를 상호 점검함으로써 일정 부분 공통 인식을 확보하였으며 이를 계기로 이견이 있는 문제에 대해 각각 대안을 준비하게 되었다. 특히 대만 측의 대표 사무소 명칭과 재산권에 관한 입장을 충분

---

53 첸푸, 앞의 책, 275쪽

히 이해함으로써 한국 측은 유연한 대응 방안을 모색할 수 있었으며 그러한 토대하에 1993년 7월 비공식관계 수립 합의에 기여하였다고 볼 수 있다.

| 대만 측의 철저한 보안 유지 요청 |

대만 측은 사전에도 한국 측에 수차 강조한 바와 같이, 김 단장의 방문에 관해 완벽한 대외 보안을 유지하였다. 대표단 숙소는 후화대반점(福華大飯店)이었으며, 양측 회담은 리징반점(麗晶飯店)에서, 장 차장 면담과 오찬은 라이라이반점(來來飯店)에서, 첸 부장 면담은 타이베이 영빈관(臺北賓館)에서 이루어졌다.

장샤오옌 차장은 10월 20일(화) 자신이 김태지 단장과 오찬과 면담한 날도, 대만 국내 언론에 대해서는 "제반 상황에 비추어 한국 대표단은 타이베이에 올 수 없다"고 브리핑하였으며 동 내용이 다음 날 보도되었다. 장 차장은 이후에도 언론 문의에 대해 "만약 남한이 대만 측의 제의를 수용한다면 언제라도 방문할 수 있으나 현재까지 남한 실무대표단이 빠른 시일 내에 올 수 있을 것 같은 정황은 없다"고 언급하였다.[54]

이후 대만 측은 한국 측에 김태지 단장 방문을 통한 교섭 사실에 대해 대외 보안을 꼭 지켜 달라고 수차 요청하였으며 한국 측은 양국 관계를 고려하여 이에 응했다.

10월 23일(금) 오전 린수이지 외교부 아태사장은 민병규 공사와 면담 시, 김 단장의 방문 사실이 공개되면 회담 내용을 대외적으로 설명해 주어야 하며 일부 내용이라도 공개될 경우 여론 악화가 우려되며, 이러한 여론 압력은 대만 측의 기존 입장 고수로 이어져 앞으로의 협의

---

54 『청년일보』, 1992년 10월 23일, 2면; 『중앙일보』, 1992년 10월 24일, 2면; 『중국시보』, 1992년 10월 26일, 3면.

에 불필요한 영향을 줄 우려가 있다고 솔직히 토로하면서, 양측 간 예비교섭 사실이 언론에 보도되지 않는 것이 매우 중요하며 언론 보도의 불필요한 영향 없이 착실히 협상이 진행되기를 희망하였다. 대만 외교부 담당 국장도 자신들의 주장이 현실적으로 실현되기 어렵다는 사실을 충분히 인식하고 있다는 의미였다. 이에 따라 민 공사는 이러한 대만 측 입장을 본부에 보고하면서, 대만 외교부가 단교 이후 대한국 강경 입장과 조치가 현실적으로 국내적 어려움에 부딪혀 타협점을 모색해야 하나 기존 발표한 공식 입장이 있기 때문에 예비교섭단의 방문 사실이 언론에 보도될 경우, 국내적으로 신뢰 실추 등 어려운 입장에 취해질 것으로 관측되므로, 향후 양국 간 신뢰 조성을 위해 대만 측의 요청을 당분간 수용하는 것이 좋을 것으로 판단된다고 건의하였다.

대만 측으로서는 9월 중순 한국 고위사절단 방문 이후, 한국과의 새로운 관계 수립 시 대만 정부가 대외 표명한 4개 조건 달성 여부가 국내적으로 계속 주목되고 있는 가운데, 한국과의 교섭 결과가 기대성과에 못 미친다고 알려질 경우, 12월 입법위원 선거를 앞두고 한국과의 단교를 계기로 대만독립을 더욱 강력하게 주장하는 민진당 등 재야 세력에 유리하게 작용될 가능성 등 국내 정치적 파장을 우려했기 때문으로 보였다.

| 한국 외무장관, 대만 외교부장의 각각의 입장 |

10월 21일(수) 오전 타이베이에서 김태지 단장이 첸푸 외교부장으로부터 여과 없이 단교에 대한 항의와 불만을 듣고 사실상 한국 노태우 정부와 교섭을 더 이상 할 수 없다고 통보 받은 직후 즈음에, 이상옥 외무장관은 서울에서 전경련 주최 월례 오찬회 연설을 통해 "대만과의 단교과정에서 중국과의 관계 진전 시마다 계속 알려 주었으나, 교섭 중

상황은 어쩔 수 없이 알려 줄 수 없었다"[55]고 설명하면서 "가능한 최상의 비공식관계를 유지하여 실질 협력관계를 발전시켜 나가겠다"고 언급하였다.

10월 28일(수)『중국시보』는 이상옥 장관이 27일 오전 한국 프레스센터에서의 동북아정세에 관한 강연에서 "현재 한국·대만관계의 재조정에는 일정 시간의 관찰이 필요하며 새로운 관계 정립은 빨라야 내년 신정부 수립 후가 되어야 가능할 것"이라고 지적했다고 보도하였다.[56]

10월 28일(수) 첸푸 외교부장은 입법원 외교위원회에서, 대만 정부의 무실외교(務實外交)는 2개의 중국을 추구하는 정책이 아니라고 강조하고 대만의 남북한 관계에 관한 질문에 대해, 단교 후 남한과의 협상은 반드시 국가 존엄을 지킨다는 입장을 계속 견지해 나갈 것이며 금후 남한이 국가건설6개년계획에 절대 참여할 수 없도록 할 것이라고 언급하였다.

북한과의 관계에 대해서는 북한 측 입장을 배척하지 않을 것이며 북한과의 경제적 보완 관계는 계속 고려해 나가나, 북한 금강산그룹의 타이베이 사무소[57]의 비자발급 선전은 중화민국 정부의 동의가 없는 효력이 없는 것이므로 국민이 속지 않기 바란다고 언급하였다. 한국과의 단교에도 불구하고 북한과의 관계는 여전히 한계가 있으며 적극적으로 나설 의향은 없다는 입장을 표명한 것이었다. 이러한 배경에는 대만 정부의 자체 판단도 있었으나 미국 정부가 외교채널, 즉 미국재대만협회(AIT)를 통해 대만도 북한의 핵개발 계획이 주는 위험성을 충분히 인식하여 북한 핵문제 해결 이전에 북한과의 관계 개선 또는 교역 중대가

---

55 단교 전후 과정의 통보문제와 관련, 한국 측이 이러한 기본 입장을 처음부터 중화민국 측에 전달하고 양해를 구했더라면 중화민국 측의 반발과 항의를 다소나마 완화시켰을지도 모른다고 생각한다.
56 『중국시보』, 1992년 10월 28일, 4면.
57 북한의 금강산 국제그룹의 타이베이 대표사무소는 1992년 10월 15일 개설되었다.

북한의 오판을 초래할 우려가 있으니 국제적 노력에 대만이 협력해 주기를 요청한 것이 크게 영향을 미쳤다고 할 수 있다. 내가 만난 미국재대만협회(AIT)의 미국 외교관에 의하면 미국 측은 "대만 외교부로부터 북한과의 관계는 발전시키지 않겠다는 확답(assurance)를 받았다"고 하였다.

이어 첸푸 외교부장은 11월 1일(일) 타이베이 시립도서관에서의 "정부 외교와 국민 외교" 제하의 강연에서 한국과의 관계에 대해 "단교 이후에도 양국 간 민간 교류가 여전히 지속되고 있으며 남한과 미래관계의 새로운 틀에 큰 기대를 걸고 적극적으로 교섭하고 있으나 현재 남한이 중공과 밀월기를 보내고 있으며 우리가 희망하는 국가 존엄과 국격을 유지한다는 원칙이 아직 달성되지 못 했다"고 표명하였다.[58]

한국 외무부는 김태지 단장의 방문 후, 대만 측이 새로운 관계 설정과 관련, 여전히 감정적이며 강경한 입장을 고수하고 있고 1992년 12월 대만 입법위원 선거와 한국 대선을 의식하여 당분간 강경 입장을 고수할 것으로 예상하고, 당분간 냉각기가 불가피하다고 판단하였다. 아울러 국호, 국기 사용문제 등 '하나의 중국' 원칙과 직결되는 문제는 기본입장을 견지해 나가되, 여타문제에 대해서는 대만 측 요구를 최대한 수용할 수 있는 방안을 검토해 나가기로 하였다.

---

58 『연합보』, 1992년 11월 2일, 4면.

9. 대만 관계 대응 방향 건의

이후 양국 간에는 12월 18일(금) 한국 대선, 12월 19일(토) 대만 입법원 선거를 앞두고 새로운 관계 설정을 위한 교섭의 계기를 찾지 못했다. 대만 측으로서는 더 이상 노태우 정부로부터 기대할 것이 없다는 판단하에 한국 대선 결과를 지켜보았다. 한국 측도 이미 국내적으로 대선 정국에 들어가고 대만 측이 교섭을 거부하는 상황하에서 특별히 적극적으로 취할 수 있는 조치가 없었다.

이러한 양국 관계의 진전이 보이지 않은 상황에서 우리 공관은 외무부 본부와의 협의를 통해 관저 임시사무실에서 세계무역중심으로 사무실 이전 계획을 추진하고 12월 말 이전을 목표로 내부 공사를 시작하는 등 일상 업무를 수행하면서, 각 직원들은 자신들의 그간 네트워크를 활용하여 대외적으로 크게 눈에 띄지 않게 접촉 활동을 확대해 나갔다.

대만 외교부 일부 직원은 우리 공관 직원과 직접 만나거나 식사를 같이 하는 것은 솔직히 부담스럽다면서 주저하였으나 전화통화는 대부분 가능했고, 여타 부처 공무원 접촉에는 별 지장이 없었다. 나는 부임 이래 교류해 온 대만 공무원, 학자, 전문가, 기자들, 그리고 일본교류협회 및 미국재대만협회(AIT: American Institute in Taiwan) 외교관을 지속적으로 접촉하여 대만 관계에 대한 우리 입장을 설명하고 의견교환을 하였다.

나는 대만 측 인사와 접촉 시 우리 입장을 하기 요지로 전달하면서 대만 측이 조속히 한국 측과 교섭에 임해 새로운 관계를 정립하는 것이 양국 국민 이익에 부합할 것이라고 촉구하였다.

○ 단교 이전의 한국 외교관들이 그대로 타이베이에 계속 잔류하고

있는 사실 자체가 대만과 변함없이 실질관계를 유지하려는 한국 측의 대대만 입장을 여실히 대변하고 있음을 이해해 주기 바람.

○ 대만 정부는 양국 간 민간 관계는 계속 유지 확대해 나가겠다고 하나, 정부 조치로서 민항기 단항, 한국 유학생 장학금 지급 동결, 각종 경제제재, 한국인 비자 발급 지연, 한국 교민 체류 조건 악화 등으로 민간 간 교류가 크게 위축되고 있으므로 그러한 조치는 조기 해제가 바람직함.

○ 대만의 국호, 국기 사용 주장은 2개 중국 문제로 연계되므로 대만 정부가 견지하고 있는 '하나의 중국' 원칙과 모순되며, 새로운 관계 정립 시 대만 측의 대표사무소에 "타이베이(Taipei)"와 같은 명칭은 현실적으로 대만의 주체를 국제사회에서 충분히 대변한다고 봄.

아울러 일상적인 외교활동에 따른 대만 정세와 양국 관계에 대해 본부에 지속적으로 보고하였다. 다음은 그중 1992년 8월 단교 이후 상황으로 대만 정부와의 교섭에 참고해야 할 사안 중심으로 대만 국내정세와 대외 관계 협력 현황을 정리한 11월 하순 보고서의 일부 내용이다.

국내정세

○ 1992년 하반기에 들어서서 연초부터의 세계 경기 침체와 수출 증가율 둔화, 투자 환경 악화, 토지 개혁 여론 고조, 증시 불안 등으로 1992년 경제 성장률 7%에서 6%로 하락 전망되는 등 국내 경제 문제가 대두되고, 한국과 단교 후 '하나의 중국' 원칙에 대한 비판 고조 등으로 국민당 정부 비난 여론도 있으나, 안정을 원하는 대다수 국민 성향 및 국민당 이외에 대안이 없는 국내 정치 현실에 비추어 정국에 큰 영향을 미치지 못하는 상황임.

○ 민진당은 1991년 12월 국민대회대표 선거에서 득표율 저조의 주요 요인이 급진적인 대만독립 주장이었다는 여론을 고려하여 점진적인 대만독립 주장으로 선회하고 반 국민당 여론을 부추기면서 국민당과 정책 대결 자세로 지지 세력 확보에 노력하고 있으며 쉬신량 민진당 주석의 10월 중순 한국과 일본 방문도 그러

한 노력의 일환임. 국내 정국의 가장 큰 변수는 12월 19일 예정된 제2차 입법위원 선거 결과로서 그간 선거 결과와 마찬가지로 국민당의 압승이 예상됨.

○ 그럼에도 불구하고 국민당의 금후 과제로서 ① 대만 생존 및 정국 안정을 위해서는 '하나의 중국' 원칙 견지가 절대적으로 필요한 상황하에서[59] 민주화 과정에서 분출되는 대만독립 여론 및 반독립, 반 통일 여론을 조화롭게 수용하는 방안을 마련해야 하며 ② 국제사회에서 대만의 지위를 경제 실체에서 정치 실체로 인정받기 위한 경제 발전을 통한 국력 신장을 계속 도모해야 하며 ③ 정당 정치가 점차 확립되는 추세하에 국민당의 지속 집권을 위한 당내 자체 개혁추진 문제 등이 거론되고 있음.

대외관계 현황

○ 1992년 8월 한국과의 단교는 대만 외교에 큰 타격을 줌으로써 국내적으로 '하나의 중국' 원칙 고수에 따른 결과라는 비난을 초래하여 대만독립 여론을 고조시켰으나, 대만 정부는 한국과의 단교 직후부터 기존 외교 정책에는 아무런 변화가 없으며 여타국과의 외교 성과를 강조하면서 한국과의 단교에 따른 파급 효과 확산 저지에 부심하여 옴.

○ 한국과의 단교 전에는 1월 라트비아와의 영사관계 수립, 6월 니제르와 복교, 6월 베트남과 대표사무소 교환 합의, 7월 South Pacific Forum에의 대화 대상국으로 가입 등의 외교성과가 있었으며, 한국과의 단교 이후 8월 니제르 수상 방문, 9월 중남미 7개국 외상 방문을 통한 제1차 중남미 7개국과 중화민국 간 협력위원회 개최, 러시아와 대표사무소 설치 합의, 10월 파나마 대통령 방문, 단교 이래 호주 각료(관광자원장관) 최초 방문, 11월 중미 은행에 역외회원국으로 정식 가입, 독일 부총리 겸 경제장관 방문, 11월 30일-12월 2일 미국 USTR 대표 방문(1978년 단

---

59 12월 2일 리덩후이 총통이 주재하는 국민당 중앙상임위원회는 기존 입장을 재확인하는 '하나의 중국' 정책에 대한 성명을 발표한 바, 중국 국민당은 중공이 주장하는 1국 양제를 절대로 받아들일 수 없으며 중화인민공화국이 중국을 대표한다는 것을 절대로 승인할 수 없으며, 국가 안전 및 사회 안정 확보를 위해 '대만독립' 또는 '1중 1대' 주장을 절대로 용인하지 않는다는 입장을 천명하였다.

교 이래 각료급 인사 최초 방문) 등의 성과가 있었음.

○ 그러나 상기와 같은 대외관계 발전에도 불구하고 대만 외교의 기본적 한계는 여전히 노정되고 있음. 즉 ① 국제사회에서 일반화된 '하나의 중국' 원칙으로, 주요 국가가 대중국관계를 고려하여, 고위인사 대만 방문 시 사적 방문임을 대외적으로 표명하거나, 무기 수출을 자제하는 등, 대만과의 정치적 발전에는 여전히 소극적이며 ② 양안 간 교류 확대를 통한 긴장 완화 및 국내정세 안정을 위해 중국을 과도하게 자극하지 않는다는 정책적 배려로 국제사회에서 중국과 정면 대결을 회피하고 있으며 ③ 현재 29개국 수교국은 대부분 정치적, 경제적으로 개도국으로서 정권 교체 등으로 언제라도 대외정책 변화 가능성이 높으며 국제사회에서 대만 지지 세력으로서의 역량과 역할이 미미하다는 점 등임.

| 대만 관계 대응 방향 건의 |

상기 대만 국내정세와 대외관계 현황에 대한 보고와 함께 나는 그간 접촉 교류해 온 대만 정부인사, 기자, 학계 인사 등과 자연스럽게 의견을 교환하면서 탐문하고 파악한 대만 입장 및 향후 대응 방향을 12월 1일(화) 다음 요지로 보고하였다.

(1) 대만 측 입장: 대만 정부는 다음 사항을 고려하여 한국 대선(12월 18일), 대만 입법위원 선거(12월 19일) 이후 양국 국내 정국 추이를 관망하면서 실무교섭 재개의 계기를 모색할 것으로 관측됨.

① 대만 정부는 단교 전후로, 국민들에게 대한국 강경 자세로 대처해 나갈 것이며 9월 중순 한국 고위사절단 방문 후 국호, 국기 사용 등 사실상 외교관계에 준하는 새로운 관계를 요구하는 대만 정부 입장을 공개 표명함에 따라, 동 입장이 관철될 수 없는 상황에서 한국과의 교섭 결과가 국민들의 비난 대상이 될 것을 우려하고 있음. 이에 따라 10월 김태지 단장 방문을 대외 비밀로 지켜 줄 것을 우리 측에 요청하였음.[60]

---

60 내가 접촉한 대만 외교부 일부 기자는 10월 중 예비 교섭 사실을 알고 있었으

② 한국과의 단교가 국내적으로 대만 정부의 '하나의 중국' 원칙 고수에 따른 결과라고 비난받고 있으며 '1중 1대' 등 대만독립 여론을 고조시킨 상황하에서, 대한국 교섭은 국내적으로 동 문제를 다시 제기하는 셈이 되므로 입법위원 선거를 앞두고 국민당에 불리한 영향이 예상됨.

③ 대만 정부는 한국의 대중국 수교가 노 대통령 정부의 소수에 의한 결정이라고 선전해 왔음에 비추어 한국 대선 이후에는 한국의 새로운 정부와 교섭한다는 명분이 제공됨.

④ 한·대만 간 실질 협력관계 유지를 위해 조속히 한·대만 간 새로운 관계 정립이 필요하다는 국내 여론이 상존하므로 대만 정부가 양국 간 교섭을 무한정 지연시킬 수는 없는 처지로 보임.

(2) 대만 외교부 동향: 대만 외교부는 그간 한국 측과의 교섭 내용을 바탕으로 진수지 대사, 장샤오옌 차장, 첸푸 외교부장 3인 중심으로 대책을 수립 중으로 알려짐.

① 대만 정부 내에는 고위사절단 방문을 전후한 양국 간 오해의 배경에는 대만 측 서울 잔류직원의 보고가 부정확했다는 지적이 있으며, 고위사절단에 대한 결례도 결과적으로 효과를 거두지 못했으며, 현재 서울 잔류직원의 지위가 낮아 한국 측 요로 접촉에 한계가 있다는 비판이 있다 함.

② 진수지 대사는 귀임 후 한국에 대한 강렬한 비난 자세로부터, 대만 측 실무교섭단 수석대표로 임명된 후에는 현실적으로 돌아서서 외교부 기자단 등에 대해 대만 측이 무조건 강경 자세로 대처하는 것이 아니며, 타협적인 복안을 갖고 한국 측과 교섭에 임하고 있다고 설명하고 있음. 일부에서는 조만간 설치 예정인 주러시아사무소의 대표 내정설도 있으나, 객관적인 상황으로 보아 한·대만 간 최종 합의 이전에는 보직 변경이 어려울 것으로 예상됨.[61]

③ 12월 입법위원 선거 이후 총 내각 사퇴에 따라 첸푸 부장의 거취도 주목되고 있는 바, 그간 2차례 사표 반려 경위(1990년

나 보도하지 않은바, 외교부 측 설명으로 인지한 것은 아니며 기자들이 정황상 추측하였으나 보도를 자제한 것으로 보였다.

61 진수지 대사는 1993년 7월 양국 간 비공식관계 수립 이후, 독일 사무소 대표로 부임하였다.

7월 사우디 단교, 1992년 8월 한국 단교 시) 등으로 퇴진 가능성도 있으나, 현재로서는 그간 외교 실적에 따른 평판이 좋고, 적절한 후임이 없어 유임설이 유력하며, 외교부장직을 떠난다 하더라도 정부 내 고위직으로 옮길 가능성이 커서 외교 정책에 대한 영향력을 계속 행사할 가능성이 높음.

④ 아울러 대만 외교부는 금후 양국 관계를 가능한 한 공식화 시키기 위해 우리 측과의 교섭은 공식적인 외교채널인 한국 외무부와만 계속해 나간다는 입장을 계속 견지하고 있음.

최근 한국의 모 인사가 단교 후 귀임한 대만 외교부 직원을 통해 진수지 대사에게 사무소 명칭에 관해 양국 간 중계 역할을 자청하였으나 진 대사가 이를 거절했으며, 한국 외무부를 통해 정식 제의해 달라고 회답하였다 함.

(3) 우리 측 대응방향 건의

① 대만 측은 한국 대선 이후 한국과의 기존관계 및 인맥을 최대한 활용하여, 우리의 대대만 입장 변화 가능성을 탐문하고, 자신들의 입장 수용을 촉구할 것으로 예상되는 바, 우리 측의 일관된 입장 견지 등 적절한 대처가 필요함.

② 대만 측은 양국 간 최종 합의를 위해서는 자신들의 요구 수준을 하향 조정해야 한다는 것을 인식하고 있으나, 그간 경위나 국내 사정, 협상 태도로 보아 우리 측에 대해 먼저 교섭 재개 제의를 하기는 쉽지 않을 것으로 예상됨. 12월 양국 선거 이후 적절한 시기에 우리 측이 10월 예비 교섭 회담에 대한 우리 측 검토 결과를 알리고 계속 협의하자는 명분으로 교섭 재개를 먼저 제의하는 방안도 검토함이 좋을 것이라고 사료됨.

당시 내가 접촉한 『중국시보』, 『자립조보』 등 외교부 출입 기자들에 의하면, 대만 외교부는 대표사무소 명칭에 국호 사용 및 비외교용 재산에 대해 계속 미련을 버리지 못하고 있으며 자신들의 입장을 이미 한국 측에 전달했으므로 한국 측이 호의적 태도로 대응해 와야 교섭이 진행될 것이라고 표명하고 있었다.

아울러 나는 일본교류협회 타이베이 사무소의 오가와 마사시(小
川正史) 정무과장, 야마시타 후미오(山下文夫) 경제과장 등 일본 외
교관들과 미국재대만협회(AIT: American Institute in Taiwan)의
Edward Dong 정무참사관, Charles Bennet 영사팀장, John Nay 영
사 등 미국 외교관들과 면담, 오찬 등을 통해 한 대만 관계에 관한 그들
의 관찰과 분석을 파악하였다.

그들은 이구동성으로 대만 정부가 국제사회의 대부분의 국가가 '하
나의 중국' 원칙하에 대만과의 비공식관계를 수립하여 온 국제적인 현
실을 충분히 인식하고 있을 것이므로, 결국 한국만을 예외적인 대상으
로 교섭할 수 없다는 한계를 잘 인식하고 대처할 것으로 예상하였다.

아울러 중국은 대만 문제와 관련, '하나의 중국' 등 기본 원칙에 대해
서는 모든 나라에 대해 공식적으로 강경한 입장을 고수하고 있으나 각국
의 대만과의 실질 교류에 있어서 일반 문제(예: 장관급 인사의 비공식 대
만 방문 등)에 대해서는 각국에 대한 대응 정도가 다양하므로, 중국의 예
상 반응을 과대 평가할 필요가 없다고 하면서 지엽적인 분야에서 대만
측 요구를 적절히 수용한다면 대만 측의 호의적 반응을 기대할 수 있을
것으로 보며 미국, 일본의 그간 경험상, 대만과 미래관계 정립 초기에 상
호 간 분명한 합의를 해 둠으로써 이후 대대만, 대중국과의 불필요한 마
찰을 배제하는 것이 절대적으로 필요할 것이라고 조언하였다. 또한 평소
나도 느끼고 있었지만 그들의 대만 근무 경험상, 대만 외교부는 실무진
이 약해서 하의상달(下意上達)이 제대로 이루어지지 않으므로 주요 교섭
시에는 고위인사를 직접 상대하는 것이 효과적이라고 표명하였다.

| 12월 5일 『자립조보』, 양국 관계 보도 및 대만 외교부 반박 |

그러던 중, 12월 5일(토) 『자립조보(自立早報)』는 「남한은 비관방(非官方)의 최고 수준의 틀로 한국 대만 관계를 원한다」는 제하의 기사를 크게 실었다.

평소 교류해 온 대만 언론 기자 중 한 명인 『자립조보』의 왕중팡(王忠芳) 기자가 그 전날 12월 4일(금) 나와 오찬 하는 자리에서, 내가 양국 관계 현황과 전망에 대해 설명한 내용 요지를 그대로 보도하였다. 왕 기자는 그간 대만 외교부 고위당국자들과 신뢰관계를 쌓고 한·대만 관계 등 외교 현안에 관해 객관적이고 정확하게 취재해 왔으며 대만 정부 동향 파악에 도움이 되어 왔다. 그날 오찬에서도 왕 기자는 한·대만 관계 교섭 현황에 관해서 이미 상당히 파악하고 있다는 느낌을 받았다. 동 기사의 요지는 다음과 같다.[62]

○ 전 중화민국 주재 남한 대사관의 고급 관원은, '하나의 중국' 원칙에 의거해서 한국 측은 국호가 없는 'Taipei Mission'(臺北代表團), 또는 'Taipei Representative Office'(臺北代表處) 명칭하의 대사급 관계로의 양국 관계 정립이 가장 좋은 방식이며, 대만의 한국 내 재산과 관련, 한국 측은 화교학교 및 화교가 사용하고 있는 비외교용 재산의 귀속권에 대해서는 궁극적으로 이는 "중국인" 모두의 것이므로 재한화교학교, 화교사회와 중공이 협의하여 결정하도록 하며, 한국 측은 간섭하지 않을 것이라고 표명하였음.

○ 그는 남한 실무교섭단장 김태지 대사는 이미 모든 준비를 마치고 남한 정부의 수권도 확보하여 중화민국 정부가 동의만 하면 바로 실무대표단을 이끌고 대만에 와서 양국 간 관계회복에 관해 협상할 것이라고 지적하였음.

○ 그는 (8월 24일 이후 대만의 각종 제재 조치에 관해) 대만 측의 조치가 이미 대만 주재 한국 교민들의 생활에 있어 다소 불편을

62 『자립조보』, 1992년 12월 5일, 9면.

야기시키고 있고 점진적으로 한국 교민의 대만에 대한 감정과 관점에 영향을 미치고 있으므로 장기적으로 보아 이러한 감정의 변화는 대만에게 아무런 이익이 안 된다고 생각한다고 언급하였음.

○ (대만 측이 당초 제기한 국호사용, 재산권 등 4개 요구 사항에 대해) 그는 남한은 대만 입장을 충분히 이해한다고 하면서, 다만 남한이 중공과 북한의 이중 압력을 받고 있는 상황은 대만이 '중화민국' 명칭을 사용하고 있는 미수교국 17개 국가 경우와는 완전히 다르다고 강조하였음.

○ 대만에 우호적인 김영삼 정부의 내년 초 출범 이후에도 그는 '중화민국' 명칭을 받아들일 가능성은 매우 낮다고 하면서 현재 중공이 아직 한국과 대만과의 관계 회복에 관해 간섭하고 있지 않으므로 간섭하지 않는 시기에 협상을 조속 진행하는 것이 양국 관계 수립에 도움이 될 것이라고 표명하였음.

왕 기자는 동일 자 신문에 상기 기사와는 별도로 대만 정부의 입장에 관한 기사도 같이 썼다. 대만 정부의 관계 인사를 인용하여, 대만 정부는 지난 9월 한국 고위사절단 방문 시 명칭 문제와 관련 한국 측이 '자유중국' 명칭을 거론한 바 있으며 한국 측이 계속 "최고 수준의 비공식관계" 수립을 전제하고 있기 때문에 아직도 '중화민국' 명칭에 관한 협상 여지가 있다고 보고 있으며 김영삼 대통령 취임을 기다린 후 협상의 유연한 공간을 확대해 나갈 것으로 보인다고 썼다.

이러한 배경에는 당시 왕 기자가 취재할 시기에, 아래 기술하는 양국 간 과실 교역과 관련된 김영삼 민자당 총재의 리덩후이 국민당 주석 앞 서한에서 리 총통을 "중화민국 총통"으로 호칭한 사실에 대만 외교부가 다소 고무된 측면이 있었던 것으로 보인다.

상기 기사를 통한 나의 발언이 12월 5일(토) 보도된 후, 나는 바로 민 공사에게 자초지종을 보고하였다. 민 공사는 양국 간 협상을 촉구해 나가는 일이 현지 공관이 당연히 해야 할 주요 업무라면서 각계 인사 접촉을 계속해 나가자고 격려해 주었다. 나는 12월 7일(월) 엄석정 동북아2과장에게 동 기사를 보냈으며, 엄 과장은 동 기사에 대한 대만 측 동향을 적절히 탐문해 특이 동향이 있으면 보고해 달라고 하였다. 엄 과장은 이후 동 기사에 관해 이상옥 장관에게 보고하였으며 장관의 특별한 언급은 없었다고 알려 왔다.

동 기사가 보도된 후, 평소 교류해 오던 『연합보』, 『중국시보』, 『China Post』 기자들과 리밍(李明) 대만국립정치대학 교수[63] 등으로부터 연락이 와서 나는 한국 측의 기본 입장을 전하고 양국 관계에 대해 의견교환의 기회를 계속 가졌다. 대만기자 및 학계 인사들도 대부분 대표사무소의 명칭에 가장 큰 관심을 보였으며, 나는 국호와 '자유중국' 이외에는 모든 명칭이 가능할 것이라고 하고 양국 간의 교섭의 조기 재개를 계속 촉구하였다.

그러던 중 대만 외교부는 동기사의 파장을 우려하여 12월 12일(토) 관련 성명을 발표하였다. "남한은 대만 언론매체에 사실에 부합하지 않은 내용을 알려서는 안 되며 이는 미래협상에 어려움을 초래할 것"이라는 요지였다.

12월 13일(일) 『중국시보』는 「외교부가 남한에 대해 엄중한 관심 전달」이라는 제하에 "얼마 전에 대만 한 언론의 보도와 관련, 남한의 전 중화민국대사관 고급관원이 ① 남한은 국호 없는 '타이베이 대표단' 또는 '타이베이 대표처'의 대사급 관계로의 미래관계의 틀이 가장 좋은 방식이라고 생각하고 있다는 점, ② 남한 내 대만의 비외교재산에 대한 남한의 불간섭 입장, ③ 김태지 대사의 정부 수권하에 대만 방문 준비 완료

---

63 나는 2018년 상반기 일본 교토 리츠메이칸(立命館)대학 객원연구원으로 체류하고 있었는데 당시 객원교수로 나와 있던 리밍 교수와 재회하여 친교를 계속 나눌 수 있었다.

로 언제라도 대만 방문 가능 등을 표명한 데 대해, 대만 외교부는 내용 대부분이 사실에 부합하지 않으며 이는 앞으로 양국의 미래 담판에 어려움을 초래할 것이라는 성명을 발표했다"고 보도하였다.[64] 대만 영자지 『China News』는 남한 정부가 자신들의 입장을 떠 보기 위해 대만 언론을 잘 이용하고 있으며 양국 관계 구축에 대한 책임을 피하려고 한다고 하면서 대만 정부가 이에 남한 정부에 항의하였다고 보도하였다.[65]

64 『중국시보』, 1992년 12월 13일, 7면; 『청년일보』, 1992년 12월 13일, 2면.
65 『China News』, 1992년 12월 14일, 3면.

10. 한국 대선 전후 양국 동향

12월 10일(목) 장샤오옌 외교차장은 한·대만 간 제13차 학술회의 (대만정치대학 국제관계연구중심 주관) 참가를 위해 방문 중인 이상우 교수 등 한국 학자들을 면담하는 자리에서, 양국 간 새로운 관계 정립의 관건은 대만 측이 아니라 한국 측에 달려 있으며 단교 처리 과정에 남한 정부가 분명히 잘못한 점이 있으니 한국 학계와 국민이 이해해 주기 바란다고 언급하였다.[66]

| 김영삼 대통령 당선 |

12월 11일(토) 대만 언론 석간부터 한국 언론을 인용, 김영삼 민자 당 총재가 리덩후이 국민당주석 앞으로 과일 수출금지 해제를 희망한다는 서한을 보냈으며, 이에 대해 리 주석은 양국의 전통적 우의에 따라 동 문제를 검토하겠다고 하고 다만 양국 간 새로운 관계 정립 후에 동 문제를 어떻게 해결할 것인가에 대해 교섭이 가능하다는 요지의 답신을 보냈다고 크게 보도하였다. 또한 총통부 관계자에 의하면 김 총재는 공한에서 리 총통을 "중화민국 총통"으로 호칭하는 등 매우 우호적이었으며 외교부 측은 상기 보도에 관해 논평하지 않겠다는 입장을 표명했다고 보도하였다.[67]

과실 교역과 관련하여 한국 농림수산식품수출조합의 김두만 이사장 일행이 12월 9일(수)-12일(토)간 방문하였다. 대만 농업위원회와 대만성(臺灣省)청과수출합작사(靑果輸出合作社)와 협의한 결과, 우리 측의 민간단체 간 교역 제의에 대해 소관 부처인 농업위원회는 과실교역 재

---

66 『중앙일보』 1992년 12월 11일, 2면; 『청년일보』, 1992년 12월 11일, 2면.
67 『중시만보』, 1992년 12월 11일; 『연합보』, 1992년 12월 12일, 2면.

개 필요성에 동의하나, 외교부가 새로운 관계설정 전에는 과실교역 재개에 반대하고 있다고 표명했다고 우리 공관에 알려 왔다.

12월 16일(수)『중국시보』는「남한선거 정세로 본 중한(中韓) 신 관계의 재건」제하의 사설에서 김영삼 대통령 후보 당선 후 평등 호혜 원칙하의 새로운 관계 정립을 기대한다고 논평하였다. 남한의 현재 주관적, 객관적 인수를 종합 분석 판단할 때, 민자당 김영삼 후보의 승리가 예상된다고 하면서 단교 후 대만 측은 노태우 정부에 대한 불만으로 동 정부와 교섭하지 않겠다고 하였으나 한국 신정부 수립 후 새로운 관계가 수립되기를 희망하며 김영삼 후보의 지난번 공한에 대해 리 총통이 답신을 보낸 것은 중한 신 관계를 위해 미리 투자한 것으로 매우 긍정적으로 평가하며, 양측이 이제 역사적 응어리, 개인 의리, 민족 정서 등을 다 버리고 평등 호혜 원칙하에 정상적, 제도적 양자 관계를 건립해야 한다고 촉구하였다.[68]

한편 같은 날 대만 언론은 단교 후 한국과의 무역에서 적자가 계속 확대되고 있다는 대만 세관 통계를 소개하고 1992년 1월-10월간 대만의 대한국 수입이 19.4억 불, 대한국 수출이 9.7억 불로서 9.7억 불 적자를 기록함으로써 작년도 전 기간의 무역적자 4.5억 불의 2배 이상을 이미 초과했다고 보도하였다.[69]

12월 18일(금) 김영삼 대통령 당선 이후, 대만 정부는 특별한 공식 논평은 없었으나, 12월 19일(토) 장샤오옌 외교차장은 기자 질문에 대해 "양국 간 미래관계 정립은 양국 모두에게 중요하므로 남한 신(新)정부 출범 후 보다 적극적, 실질적 태도로 대만 측과 협상이 진행되기를 바란다"고 하면서 김영삼 대통령 당선인이 대만 각계인사와의 접촉이 밀접하나, 대만 측으로서는 양국의 새로운 관계에 대해 너무 낙관할 수

68 『중국시보』, 1992년 12월 16일, 3면 사설.
69 『중국시보』, 1992년 12월 16일, 7면.

없으며 양측이 서로 노력, 협조해야 할 것이라고 언급하였다.

| 12월 17일 한·대만 관계 대응 방향 건의 |

나는 한국 대선과 대만 입법위원 선거 직전인 12월 17일(목) 엄석정 동북아2과장에게 양국 선거 이후 우리 측 대응과 관련해서 다음과 같이 업무 연락 형식으로 보고하였다.

(1) 대만 내 분위기

○ 지난 10월 양국 간 예비교섭 후 노태우 정부와 계속 교섭할 필요가 없다고 결론 내고 한국의 새로운 정부, 새로운 외무장관과 교섭하겠다는 자세를 계속 견지(대만 외교부의 인사 변동은 적을 듯싶으며, 오히려 대만 측에서 이상옥 장관 사임을 기대하는 듯).

○ 대만 측 국내사정(12월 19일 입법위원선거, 1월 중순-2월 초순 예상되는 내각 총사퇴와 구성 등) 및 우리 대선 후, 한국 정국 동향 변화 및 대대만정책 변화 가능성 탐문을 위해 교섭 재개는 내년 2월 신정부 출범 이후 가능할 것으로 상정.

○ 대표 사무소 명칭 및 한국 내 재산에 대해 계속 미련을 갖고 있는 것으로 탐문됨.

(2) 우리 측 대응 방향

○ 대대만 관계는 대중국 전체 관계의 일부이므로 우리의 대대만, 대북경 관계의 전체 이익을 위해 우리의 일관된 입장을 견지할 필요.

○ 각국의 대만과의 관계에 대한 북경의 다양한 대응조치를 고려하여 우리의 대대만 관계에서 최대 이익을 확보하고, 북경이 대북한 특수관계를 주장하듯이, 우리도 대대만 특수관계를 북경 측에 적절히 이해시킬 필요.

○ 우리 측의 신정부 출범이 교섭 재개의 계기는 될 것으로 보이나, 교섭 타결을 위해서는 대만 측 요구의 일부 수용이 불가피할 것으로 예상.

(3) 우리 측 검토 필요 사항

○ 명칭은 'Taipei Mission' 또는 'Taipei Representative Office' 선에서 타결 가능할 것으로 예상.

○ 우리 측이 수용 가능한지 검토해 볼 사항

① 합의 주체 문제: 본부에 형식적으로 꼭 민간 기구 설치가 필요한지 여부, 기술적 내부적으로 처리 가능한지를 검토해 볼 필요(최근 사우디, 싱가포르 등은 외무부가 직접 나서서 합의한 것으로 알려지고 있으며, 일본, 미국 이외 나라들도 모두 같은 형식을 취한 듯).

② 재산 문제: 1949년 10월 1일 이후 중화민국 정부가 구매한 재산 처리에 유연성이 있는지 여부를 검토(대북경관계로 쉽지 않을 것이나 가능하다면 효과는 클 것으로 예상, 국제법, 국제 관례를 감안, 가능한 방법이 있을지 연구 필요).

③ 구체 교섭 계획: 따라서 대만 측은 연말 연초에 교섭 재개를 제의해 올 가능성은 희박하며, 우리 측이 양국 선거 종료 후 적절한 시기에 "지난 10월 예비 교섭 시 대만 측 요청 사항 일부에 대한 우리 측 검토 결과를 알리고 이를 협의하자"는 명목으로 우리 측 성의를 보여주는 식으로 교섭 재개를 제의해 보는 방안도 검토 필요.

나로서는 당시 1992년 연말까지 상황을 정리해 본 것으로, 대선 후 새로운 정부 출범 전에 대만에 대한 정책 방향 정립에 참고가 되도록 현지 사정을 정확히 전달하고자 했다.

| 12월 19일 제2차 입법원 선거, 민진당 약진 |

한국의 대통령 선거 다음날 12월 19일(토) 대만에서 제2차 입법위원 선거가 실시되었다. 민진당이 1989년 정식으로 합법 정당으로 선거에 참여한 이래, 처음으로 30% 이상인 36.1% 득표율을 획득하였으며, 국민당은 1989년도 입법위원 선거 수준의 61.7%의 득표율에도 불구하

고 상대적으로 당세가 하락되었다. 총 유권자 1,341만 170명 중 966만 6,020명이 투표하여 투표율 72%를 기록하여 1991년도 제2차 국민대회 대표 선거 시 투표율 68%를 상회하였다. 29개 선거구 161명 입법위원 중 국민당 103석(64%), 민진당 58석(31%), 무소속 7석, 사민당 1석을 차지하였다.

1991년 말 종신직 민의대표의 전원 퇴직에 따라, 1991년 12월 21일 제2차 국민대회대표 선거에 이어 실시된 중앙민의대표 선출을 위한 전면 선거로서, 입법원이 대만 국민 전체 의사에 따라 최초로 구성되는 만큼, 대만 민주화의 중요한 단계로서 국민들의 높은 관심 및 과거 유례 없는 활발한 선거 운동 분위기하에서 폭력, 매수 등 부정 사례가 줄어드는 등 선거 전후 과정이 평온히 진행되어 대만 국민의 민주 역량을 과시하였다. 민진당은 국내 선거사상 최대 지지율을 명실공히 야당으로서 지위를 확보함으로써 국민당과 양당 정치 체제 기반을 마련하였다.

민진당은 1991년 국민대표 선거 시, 급격한 대만독립 주장이 저조한 득표율(24%)의 원인으로 지적됨에 따라 점진적인 대만독립 주장으로 전환하고 복지 국가 지향 등 공공 정책 중시의 선거 운동이 효과를 거두었다. 한국과의 단교를 계기로 국민당 정부의 '하나의 중국' 정책이 사실상 실패하고 있음을 지적하고 정부와의 논쟁을 지속적으로 끌고 가면서 점진적인 대만독립 당위성에 대한 국민 여론을 환기시켰다.

국민당은 60% 이상의 득표율에도 불구하고 국내 경제 문제를 둘러싼 국민당 금권 체질에 대한 비판 고조, 민진당의 '1중 1대' 주장 및 공공 정책에 대한 대응 모호, 당내 주류와 비주류간 대립 표면화 등으로 리 총통 직계 주류파 의원들이 대거 낙선하고 비주류파로 공천을 받지 못한 자오사오캉(趙少康) 전 환경서장, 왕졘쉬안(王建煊) 전 재정부장이 전국 1위(23만여 표), 2위(13만여 표)로 당선되는 등 비주류 세력이 크게 확장되어 당 지도 체제의 책임론이 대두되었다.

다만 국민당이 여전히 60% 이상 득표한 배경에는 ① 대다수 중산층이 안정과 번영 속에 점진적 개혁을 희망하고, ② 민진당의 정권 담당 능력에는 아직 회의적이며, ③ 중국대륙과의 관계로 보아 당분간 국민당 이외에는 대안이 없다는 현실적인 판단이 작용한 것으로 관측되었다. 국민당 정부는 당정지도체제 개편이 불가피하게 되었으며 하오보춘 행정원장이 퇴진을 희망하여 1월 중순 이후 총내각이 사퇴할 것으로 알려졌다.

중국은 이번 선거를 앞두고 『인민일보』 평론(12월 8일) 등을 통해 대만독립 주장은 장차 대만에 해가 된다고 강조하고 대만독립 주장 후보를 지지하지 말 것을 촉구해 왔으나, 이번 선거를 통해 사실상 국민당, 민진당 모두가 "대만 중심, 2천만 대만인 우선 정책"을 분명히 하고 있고 더욱이 민진당 지지 세력이 30% 이상 표면화됨에 따라 더욱더 의심의 눈초리로 대만의 진로를 예시 주시해 나갈 수밖에 없었다.

한국과의 단교가 4개월 후 선거에 어느 정도 영향을 미쳤는지는 알수 없으나, 민주화 과정과 단교 이후의 여론 추세로 보아 국민당 정부의 대외정책에 타격을 주었으며, 민진당의 대만독립 주장에 다소 힘을 실어 줌으로써 민진당의 약진에 일정 정도 기여했을 것이라는 분석은 크게 틀리지 않았다고 생각했다.

11. 새로운 공관사무실 입주(12월 23일)

1992년 12월 23일(수) 공관이 세계무역중심 15층 사무실에 입주하였다. 9월 23일 대사관에서 철수하고 이를 대만 외교부에 이양한 후, 9월 24일 임시사무실로 대사 관저에서 근무한 지 석 달 만이었다. 아파트에서 근무하다 사무실에 나와 근무하게 되니 직원 모두가 생기를 되찾았다. 현지 동포사회와 주재 상사들이 다같이 공관의 정상 활동 개시를 진심으로 축하해 주었다.

바로 공관 업무 정상화의 일환으로 연말임에도 불구하고 12월 29일(화) 오전 공관 회의실에서 민병규 공사 주최 1992년도 4/4분기 경제협의회를 개최하였다. 대만에 진출한 코트라, 관광공사 및 23개 상사 대표 중 대부분 대표가 참석하고 이어 오찬을 같이 하면서 현지 상황과 앞으로의 대책에 관해 협의하였다.

민 공사는 양국 간 새로운 관계 수립을 위한 그간 노력과 전망을 설명하고, 여전히 양국 간 실질 협력관계가 매우 중요하므로 한국 신정부 출범 이후 조기에 교섭이 재개되어 새로운 관계가 설정될 전망이므로, 일시적인 제재 조치에 굴하지 말고 기존 네트워크를 통한 지속적인 상사 활동 전개를 당부하였다. 아울러 공관은 단교 이후 일부 제한에도 불구하고 교민과 상사 활동에 지장이 없도록 여권, 비자, 공증 등 모든 영사업무를 정상적으로 수행해 오는 등 사실상 공관의 기본 업무를 계속 수행해 왔으며 앞으로도 똑같은 방침이므로 계속 공관과 긴밀히 교류해 줄 것을 요청하였다.

최민구 상무관은 단교 후 대만 측의 경제제재 조치를 설명하고 대만이 제재 조치를 새로운 관계 협상에 카드로 인식하고 있으므로 동 조치의 철회는 협상 타결 후에나 가능할 것으로 설명하였다. 이어 단교 후 양국 간 무역 규모가 다소 위축되고 있으나 한국의 대대만수출 증가율이 한국의 총수출 증가율과 대만의 총 수입 증가율을 모두 상회하는 호조를 보여 연말까지 대대만 수출 22.3억 불(전년 대비 39% 증가), 수입 13.3억 불(12% 감소)로 9억 불 흑자가 전망된다고 하며 단교 피해는 무역 분야보다는 항공, 관광, 해운, 건설 등 무역 외 분야가 심각하다고 보고하였다.

대부분 상사들은 단교 후 제재 조치로 수주가 불가능하며 판로 개척에 어려움을 겪고 있으나, 대부분의 대만 업계가 양국 관계의 조기 복원을 바라며, 중국대륙과 일본 시장에서 한국기업과의 경쟁 관계에 신경을 쓰고 있으나, 전반적으로 양국 경제계 간 교류와 협력을 높이 평가하는 분위기는 여전히 상존하므로 한국기업으로서는 중장기적으로는 대만 시장과 경제계와의 관계를 중시해 나가야 할 것이라는 의견이 모였다.

12. 김달중 교수 방문

연말에 즈음하여 외무부는, 외무부 외교정책자문위원회 위원인 김달중 연세대 교수가 12월 27일(일)-30일(수)간 서울-타이베이 포럼의 1993년도 개최 등 협의를 위해 대만을 방문하는 계기에 양국 간 비공식 관계 설정에 대한 대만 측 입장을 비공식적으로 타진할 예정이라고 하면서 대만 정부 고위인사의 연락처 파악 등 가능한 협조 제공을 지시하였다. 이상옥 장관은 김 교수에게 한중 수교 후 대만 내 동정과 특히 양국 간 비공식관계 설정에 대한 대만 입장을 파악하여 주도록 요청하였다.[70]

나는 12월 27일(일) 숙소인 후화반점(福華飯店)에서 저녁 9시 30분부터 자정까지 김 교수를 만나 단교 후 양국 관계와 현지 상황을 설명하였으며 양국의 특별한 역사 관계, 미래 발전 방향 등에 관해 의견을 나누었다. 김 교수는 이어 28일(월) 오전 민병규 공사와의 면담 후 첸푸 외교부장 면담, 진수지 대사 면담, 29일(화) 천리안(陳履安) 국방부장 면담, 샤오완창 경제부장 면담 등 일정을 가졌으며 평소 친분이 있는 콴중(關中) 입법위원, 린츄산 문화대 교수, 린비자오 국립 정치대 국제연구중심 주임, 장징위(張京育) 국립 정치대학 총장, 가오후이위(高惠宇)『연합보』부총편집인 등과 면담하였다. 김 교수는 12월 30일(수) 귀국 전에 오전 10시부터 1시간 동안 숙소에서 민 공사와 나에게 자신의 활동 결과를 대략 설명해 주었다.

첸푸 부장과 진수지 대사는 단교 전과 이후 고위사절단, 예비교섭단 파견 등 일련의 과정을 설명하면서 한국 입장과 대응에 선의와 진정성이 없다고 느꼈으며 "최상의 관계"를 수립하겠다는 한국의 의지와 뜻을

---

70 이상옥, 앞의 책, 290-291쪽.

도저히 이해할 수 없다고 밝혔다.

챈푸 부장은 단교 전후 한국 측이 계속 대만을 기만하였으며 단교는 대만을 국내적으로 혼란에 빠트리게 했으며 김재순 전 국회의장의 고위사절단은 권한 위임이 되어 있지 않았다는 등 그간 경위에 대한 섭섭한 감정을 전하면서 양국 간 새로운 관계 설정 교섭은 언제나 가능하며 "볼은 한국 측 코트에 있다"고 강조하고 핵심 문제는 국호 사용으로서 R.O.C.가 포함되어야 한다고 언급하였다. 첸 부장은 김재순 전 의장을 단장으로 하는 고위사절단을 위한 만찬은 자신이 취소한 것이 아니라 한국 측이 사양한 것이라고 설명하였다. 돌이켜 보니 당시 한국 내 가장 유력한 친중화민국 인사들에 대한 결례가 결과적으로 별 효과가 없었음을 자인하는 발언이었다.

진수지 대사는, 9월 방문한 고위사절단이 협의 준비가 안 되었고 친중화민국 한국 인사의 우정을 이용하여 오히려 대만을 곤경에 빠지게 하여, 한국 정부에 두 번 속았다는 인식을 하게 되었으며, 다만 고위사절단은 사무소 명칭으로 '자유중국(Free China)'을 제기한 바 있으며, 정일권 전 의장이 한국 차기 정부 수립을 기다려 협상하라고 권고하였다고 하면서, 10월 예비교섭단도 핵심인 명칭 문제에 대해 통보를 한 것이지 협상이 아니었으며, 대만 측의 'R.O.C. on Taiwan' 혹은 'R.O.C.(Taipei)' 제의에 대해 아직도 한국 측의 구체적인 반응이 없다고 설명하였다.

앞서 기술한 바와 같이, 9월 한국 고위사절단이 '자유중국(Free China)' 명칭에 관해 본국 정부와 협의 후, 수용할 수 없다는 입장을 대만 측에 전했으며, 김태지 단장 역시 10월 예비 교섭 당시, 진수지 대사에게 국호와 영문약칭 국호 사용은 수용할 수 없다는 입장을 분명히 전달했음에도 불구하고, 1992년 12월 현재 첸푸 부장과 진 대사는 여전히 국호 사용에 관한 교섭의 여지가 있다고 판단하고 있었으며 일단 한국 신정부와의 다음 교섭을 위하여 노태우 정부의 무성의한 태도가 문제라는 입장을 일관되게 한국 측에 전달하고자 했던 것으로 보인다.

진수지 대사는 단교 직전의 상황과 자신의 활동을 다음과 같이 설명하면서 한중 수교 전에 대만에 고위사절단 파견을 이상옥 장관에게 요청했다고 밝혔다.

○ 서울·북경의 수교 임박설에 대하여 중화민국대사관은 안기부로부터 인지하였으나 한국 외무부에 확인한 결과, 외무부는 이를 부인하였고 수교교섭의 진전이 있게 되면 외무부가 먼저 통보해 주겠다고 약속하였음.

○ 8월 16일-21일 예정된 양국 경제각료회담을 한국 측이 8월 10일 일방적으로 연기를 통보하자 서울·북경 수교 임박을 감지하였음.

○ 8월 18일 롯데호텔에서 이상옥 장관을 면담하였음. 면담에서 진 대사는 이 장관에게 ① 북경 정부를 중국의 유일 합법 정부로 인정하지 말고 ② 북경과 수교 전에 대만에 고위사절단을 파견하여 수교 배경을 설명하고, ③ 북경과의 수교 후에도 대만과의 관계를 유지해 줄 것을 요청하였음.

○ 8월 19일 이 장관 면담을 요청하여 8월 20일 롯데호텔에서 이 장관을 다시 만났으며 이 자리에서도 중국과 수교에 대한 이 장관의 답변은 불확실했으며 진 대사는 ① 북경의 유일 합법성을 인정하지 말 것 ② 한·대만기구의 명칭에는 R.O.C.(Republic of China의 약칭)를 사용할 것 ③ 대사관 재산을 북경 측에 넘겨 주지 말 것을 요청하였음.

○ 8월 21일 외무부 청사에서 이 장관으로부터 8월 24일 한중 수교 예정 사실과 이를 위한 이 장관의 방중 계획을 통보받았음.

이어 진 대사는 상기와 같이 한국 측이 단교사실을 한중 수교 직전에 통보해 주었음에도 불구하고, 10월 21일 김태지 예비교섭단장이 첸 푸 부장 면담 시, 올해 4월 이상옥 장관의 방중 후 서울·북경 간 수교 예정 사실은 진수지 대사에게 통보하였다고 설명[71]한 데 대해, 첸 부장은 한국 측이 거짓말을 계속 반복하여 매우 분노하였다고 설명하였다. 대만 측은 수교 사실을 몰랐기 때문에 5월에 장옌스 특사를 파견했으며 수교 예정 사실을 알았더라면 결코 특사를 파견하지 않았을 것이라고 강조하였다.

단교 후 한국 측의 민관식 전 의장의 고위사절단 단장 제의에 대해 반대한 이유는 1992년 2월 민 특사의 방문 결과에 대해 노 대통령의 관심이 전혀 없었다고 파악되었기 때문이라고 언급하였다. 진 대사는 김태지 단장에게 화교학교의 국기게양과 비외교용 재산의 중화민국 귀속권 유지를 요구했다고 설명하였다. 과실 교역에 대한 김영삼 대통령 후보의 리덩후이 총통 앞 서신에 대해서는 양국 관계 정립 후 해결하겠다는 입장의 답신을 보냈으며 김 후보의 서한은 당 대 당의 차원과 친구로서 긍정적으로 받아들였다고 설명하였다.

천리안 국방부장과 샤오완창 경제부장은 외교부 입장과는 다소 결이 달랐다. 내년 2월 이후 대만의 차기 행정부 출범 시 정부 내 고위인사 변동이 역시 예상되므로 양국 간 새로운 사람들 간 교섭이 이루어지는 것이 바람직하다는 입장을 표명하였다. 12월 19일 입법위원 선거 후 국민당 내 주류 대 비주류 간 세력 판도에 따라 대만 외교 당국자들의 변동 가능성을 시사하는 것이었다.

일부 입법위원과 학계 인사들은 한국의 국익에 입각한 외교는 이해하나, 중국과 수교 과정에서 3국(중국, 대만, 한국) 중 가장 유리한 입장이었던 한국이 대만과의 관계를 충분히 감안해 해결해 주어야 했으나

---

71 앞서 기술한 바와 같이 김태지 예비교섭단장은 10월 21일 첸푸 외교부장과 면담 시, 이 장관이 중국 방문 후 진수지 대사에게 자세한 내용은 아니더라도 교섭이 진행된다는 뜻을 통보한 것으로 알고 있다고 언급하였으며 이에 대해 첸푸 부장과 진수지 대사는 사실이 아니라고 크게 반발하였다.

대만에 지나치게 상처를 주었으며 국내 정치에 있어서 야당 입장을 유리하게 해 주었다고 하면서, 양국 간 학술, 문화 등 민간 분야에서의 교류와 협력이 지속적으로 확대되기를 기대하였다.

| 첸푸 외교부장, 1992년도 대만 외교성과 설명 |

12월 29일(화) 첸푸 외교부장은 송년 기자회견에서 1992년도 대만 외교의 주요 성과로서 GATT 옵서버 참가, 니제르 복교, 외국(미국, 프랑스 등)으로부터 무기 구입 진전 및 주요 선진국으로부터 연이은 각료급 인사의 대만 방문을 거론하였으며 가장 큰 좌절은 한국과의 단교라고 지적하였다. 첸 부장은 "지난 9월 남한 고위사절단 방문 시, 대만 입장을 명백히 전달하여 교섭의 볼은 한국 측에 넘어갔으며, 한국의 현 정부가 성의를 갖고 협의하고자 한다면 환영하나, 그렇지 않으면 한국의 신임 대통령 취임 후까지 기다릴 수 있다"고 하면서 "김영삼 대통령 당선인은 선거 전에 대만 측에 우호적인 자세를 표시했으며 당선 후 김 당선자의 주요 측근이 서울 잔류 외교부 직원과 접촉한 바 있다"고 밝혔다.

| 1992년 연말 공관업무 정리 |

12월 23일(수) 공관이 새로운 사무실로 입주한 후, 전 직원은 공관의 일상적인 연말 연초 업무에 바쁘게 돌아갔다. 나는 1992년 연말 연초에 외무부 상사, 선배, 동료 110여 명으로부터 격려와 성원 카드와 편지를 받았다. 당시 1992년 말 외무부 직원은 1,750명이었다. 본부 과장도 아직 못한 14년 차 외교관으로서는 과분한 성원이었다. "단교로 고생 많았다, 수고했다, 좋은 경험했다, 앞으로도 한국 외교에 기여하기 바란다" 등 다양한 덕담으로 연말연시 며칠간은 그간의 복잡한 심정, 외무부와 우리 외교에 대한 회의감 등을 다소 잊을 수 있었다. 나는 결코 혼자가 아니었다.

13. 대만 국내동향

| 국내 정국 |

1993년 벽두부터 대만 국내 정국은 새로운 행정부 구성을 중심으로 움직이기 시작했다.

1992년 12월 19일 제2차 입법위원 선거 결과에 따른 새로운 입법원 구성과 총내각 사퇴가 예정된 가운데, 국민당의 사실상 패배로 국민당 지도체제 개편과 정부 내 세대교체가 필요하다는 여론이 고조되는 추세하에, 리덩후이 총통은 그간 헌정 개혁 및 민주화 추진에 있어서 자신의 업적을 배경으로 직계인사의 과감한 기용 등으로 통치 후반기에 있어서 권력 기반을 공고히 해 나갈 것이라는 관측이 우세했다. 하오보춘 내각의 총사퇴는 확정적이며 신임 내각은 2월 중순 개회 예정인 입법원에서의 동의 절차를 밟을 것으로 알려졌으며, 신임 행정원장에 롄잔(連戰) 대만성 주석, 린양강 사법원장이 거론되며, 첸푸 외교부장은 행정원 부원장, 총통 비서장, 유임설이 나돌며 이임 시에는 외교부장 후임으로 츄진이(邱進益) 총통부 부비서장 겸 대변인, 샤오완창 경제부장이 거론되고 있었다.[72]

이에 따라 나는 1월 4일(월) 새해 첫 번째 업무보고로 양국 간 비공식관계 수립에 관한 대만 측 입장에 관해 다음 요지로 보고하였다.

> ○ 단교 이후 대만 정부의 '하나의 중국' 원칙에 대한 비난과 함께
> '1중 1대' 등 사실상 대만독립 지지 여론을 고조시켰으며 이러한
> 국내 동향이 대만 정부가 1992년 12월 입법위원 선거를 앞둔 상

---

72 이후 하오보춘 내각은 1993년 2월 2일 사퇴하고 롄잔 행정원장 내각이 1993년 2월 27일 출범하였으며 첸푸 외교부장은 연임됨으로써 1990년 6월부터 1996년 6월까지 6년간 재임하였다.

황에서 한국 측과 공개적인 교섭을 원하지 않았던 배경 중의 하나였음에 비추어, 대만 정부로서는 일단 입법위원 선거 종료 후, 그러한 제약 및 부담을 덜었다고 볼 수 있음.

○ 입법위원 선거 후 정부 내 전반적인 인사 개편과 세대교체가 이루어진다면 새로운 당, 정부 지도층이 국내외 관계에 보다 현실적, 실리적으로 대처해 나갈 것이므로 한국과의 비공식관계정립도 그간의 감정적 태도에서 보다 실질적인 태도로 임해 올 것으로 전망됨.

○ 다만 대만 정부 내 인사 개편이 외교부장 등의 거취와도 연계됨에 따라 외교부는 현 상황에서 한국과의 교섭을 먼저 제의하지 않을 것임. 12월 29일 첸푸 부장의 송년 기자회견에서 보듯이 그간 한국의 신정부 출범에 관심을 수시 표명했음에 비추어 한국과의 교섭을 한국 국내 정국의 흐름에 맞출 것으로 보이는바, 우리 측이 교섭 재개 제의를 하기 전에 대만 측이 2월 한국 신정부 출범 전에 교섭을 제의해 올 가능성은 희박할 것으로 사료됨.

| 대만 언론, 한·대만 관계 보도 동향 |

대만 언론은 1992년 12월 한국 대통령 선거 및 대만 입법위원 선거후 한·대만 관계에 대해 산발적으로 보도하여 오던 중, 한국 내 화교단체 및 학교에서의 청천백일기 게양 문제가 재차 거론됨에 따라 양국 관계에 대해 보도가 빈번해졌다. 단교 후 양국 관계 실상을 객관적으로 보도하며 한국의 새로운 정부에 기대를 표명하면서 대만 정부의 냉정한 대응을 촉구하였다.

단교 후 대만의 대한국 무역적자가 오히려 증대되는 등 대만 측의 소위 경제제재 조치가 한국에 큰 타격을 주지 못하고 있으며 과실 교역 중단으로 대만 소비자가 타격이 있다는 등 국내적 손실에 관해 지적하고 경제 부처들이 1993년도 주요 업무계획에 단교 이전 한국과의 협력 관계로의 회복을 상정하고 있다고 보도하였다.

1월 4일 『중시만보』는 농업위원회도 단교로 인해 한국과 과실 교역이 중단되었음에도 불구하고, 한국을 여전히 농산물 주요 수출 시장 개척 대상국으로 계속 상정하고 있으며 1993년 4월 서울 개최 국제농산식품전람회에 대만 업체 참여를 독려하고 있다고 보도하였으며 1월 5일 『중국시보』는 교통부 민항국이 1993년도 중점 업무 중 하나로 한·대만 간 항로 복항이라고 표명하고 젠유신 교통부장은 한·대만 간 복항은 국가의 외교정책에 달려 있으며 외교부가 복항 결정을 하면 교통부는 전력을 다할 것이라고 보도하였다.[73] 1월 15일 『중국시보』는 단교 이후 한국으로부터 과실 수입이 중단됨에 따라 구정의 과실 시장에서 국내 소비자 선택이 크게 줄어 들었으며 특히 고급 과실 시장에 충격이 커서 고급 과실의 가격이 상승 추세에 있다고 보도하였다.[74]

1월 6일 『청년일보』는 김영삼 차기 대통령이 대선 전에 리덩후이 국민당 주석 앞 서한을 통해 과실 교역 재개를 희망하는 등 대만에 대해 우호적인 태도를 취하여 왔음을 강조하고 새로운 관계 정립에 한국 측의 양보를 촉구하였다.[75]

1월 14일 『중국시보』는 「자신의 능력을 알고 외교를 해야 한다」는 제하 사설에서 한국이 첫 번째 단교국도 아님에도 불구하고 대한국관계 처리에 있어서 외교 기술이 졸렬한 면이 있었으며 단교 시 외교부는 강렬히 반응했고 민간의 감정을 불러 일으켰다면서 국가 이익을 위해 치욕을 감수하고 중대 임무를 수행해야 하는 자세가 결여되었다고 지적하고 감정적이 아닌 냉정한 대처를 촉구하였다.[76] 대만기 게양 문제에 있어서는 우선 재한화교의 입장을 고려하여 대처해야 할 것이며 이로 인한 양국 국민 간의 불필요한 오해가 없도록 해야 한다고 강조하였다.

---

73 『중국시보』, 1993년 1월 5일, 6면; 『중시만보』, 1993년 1월 4일, 1면.
74 『중국시보』, 1993년 1월 15일, 16면.
75 『청년일보』, 1993년 1월 6일, 2면.
76 『중국시보』, 1993년 1월 14일, 3면.

| 대만 외교부 대응 |

한편 한국 언론이 단교 후 대만 내 한국 교포사회 동향(1월 10일 MBC 대만 특집) 및 한·대만 관계 현황(1월 15자 『조선일보』「한국·대만 관계 다시 최악 상태로」)에 관해 보도한 데 대해, 대만 외교부가 민감한 반응을 보이면서 현지 코트라(KOTRA) 등 한국기관과 교민들과 접촉하여 사실 관계를 확인하였으며 외교부 출입기자단에 대해 한국 교민에 대한 불이익은 없다고 설명하였다.

아울러 대만 외교부는 한국 신정부 출범을 앞두고 학계 인사들을 통해서 양국 간 새로운 기구에의 국호 사용 문제를 지속적으로 제기하였다. 1월 15일(금) 민병규 공사와의 오찬 자리에서 린비자오 국립정치대학 국제관계연구소장은 대표부 명칭은 'Taipei Economic and Cultural Representative Office'로 영문 공식 명칭으로만 합의하고 중국어 명칭을 비공식적으로 '중화민국경제문화대표부'로 호칭하도록 양해하는 방안을 제시하였으며 이에 대해 민 공사는 편법에 따른 해결 방안은 결국 더 큰 문제를 야기시킬 우려가 있다고 답하였다.

1월 27일(수) 방한 중인 린츄산 문화대학 교수는 김석우 외무부 아주국장 면담 시, 장제스 총통의 한국 항일운동 지원, 유럽 국가들의 대대만관계 강화 추세, 한국의 일본, 중국과의 미수교 상태에서 대표부의 국호 사용 전례, 한국의 "한·대만 간 최상의 비공식관계 유지" 입장 등에 따라 대만 국기, 국호 사용 허용을 요청하였다. 이에 대해 김 국장은 린 교수에게 장제스 총통이 한국 임시정부를 지원하면서도 정부 승인을 하지 않은 것은 당시 일본의 존재라는 국제 현실을 무시하지 못했기 때문으로 보며, 한국으로서는 '하나의 중국' 원칙에 따라 대만 국기, 국호 사용이 허용되지 않는 국제 현실을 무시할 수 없으며, 이 문제에 관해 중국과 대만 간에 해결되지 않는 한, 한국이 주동적으로 해결할 수 없는 것임을 설명하고 국기, 국호 문제에 관해 타협의 여지가 없음을 강조하였다.

| 대만 외교부, 외교보고서 발표 |

그러던 중 대만 외교부는 1월 21일(일) 처음으로 외교보고서를 공표하였다. 주요 요지는 다음과 같다.

○ '하나의 중국' 원칙하에 '하나의 중국'은 주권 독립의 중화민국을 의미하며 '2개 중국' '1중 1대' '대만독립'에 반대한다는 기존 정책을 재확인하고 무실외교(務實外交)의 기본 정책하에 더 이상 중공 요인을 고려하지 않으면서 주요 외교 업무로서 ① 수교국과의 양자 관계 강화, ② 미 수교국과의 실질 관계 제고, ③ 국제 조직 및 활동에의 적극 참여(특히 국제연합에의 조기 가입)를 제시함.

○ 한국과의 관계에 대해서는 "민국 81년(1992년) 8월 남한과 중공 수교 원인을 깊게 연구하면, 물론 남한의 북방정책, 동북아 지역 정세 및 노태우 개인이 공을 세우려 했던 것과 관계가 있으나 남한이 중국대륙의 잠재적 시장 및 쌍방 간 매년 100억 불에 가까운 무역 규모를 분에 넘치게 희구했던 것도 주요 원인 중의 하나라고 할 수 있다"면서 "현재 중화민국, 한국 양국은 미래의 새로운 관계 조정 및 정식 협상을 진행하지 못하고 있으나, 정부는 앞으로 국가 이익을 수호한다는 기본 전제하에 전력을 다해 중화민국과 한국 관계의 새로운 골격이 충분히 합리적으로 운영되도록 할 것"이라고 기술함.

첸푸 외교부장 등 고위 외교당국자들이 단교 전에는 한중 수교는 중국에 달려 있다는 입장을 수시 표명한 것과는 달리, 대만 고립화를 도모한 중국에 대한 비난은 일체 없이 수교 배경에 한국의 중국시장에 대한 경제적 이익 등을 강조하였다.

14. 재한화교 대만기 계양 문제

중화민국과 단교 이후, 한국 정부는 중국과 수교 시 중화인민공화국을 중국의 유일한 합법 정부로 인정하였으므로 대만 국기의 옥외 계양과 국호 사용을 인정한다는 것은 한중 수교의 기본원칙에 위배된다는 입장에 따라, 외무부는 재한화교협회 측과 구중화민국대사관 잔류직원에게, 동시에 타이베이에서는 우리 공관이 대만 외교부에 대해, 화교단체의 대만기의 옥외 계양은 불가하다는 한국 입장을 전달하고 원만히 해결되도록 협조를 지속 요청해 왔다. 이에 대해 대만 측은 화교 단체의 대만기 계양은 정치성이 있는 행위가 아니라고 주장하였다.

1992년 8월 단교 이후 연말까지 별다른 진전이 없어 외무부는 다시 한성화교협회장 및 대만 대사관 잔류직원을 각각 초치하여 한국 측 입장을 재차 설명하고 협조를 요청하였다.

1993년 1월 7일(목) 외무부는 한성화교협회장에게 김석우 아주국장 명의 서한을 전달하고 1993년 1월 15일까지 최소한 명동 소재 화교단체 건물에 계양된 대만기를 우선적으로 내리도록 요청하였으며, 다시 1월 8일(금) 외무부는 스딩(石定) 전 주한참사관을 초치하여 한국 측 입장을 전달하고 협조를 재차 요청하였다.

이에 대해 대만 정부는 대만기 계양 문제는 향후 양국 미래관계 설정을 위한 협상 시 일괄적으로 협의해야 하며, 한국 측이 대만 측의 입장을 무시하고 강제로 하기(下旗) 조치할 경우, 화교들의 강한 반발로 미래관계 설정에 부정적 영향을 미칠 것으로 우려된다고 표명했다.

1월 8일(금) 오전 대만 외교부 덩베이인(鄧備殷) 아태사장은 민병규 공사를 초치하여 대만기 계양 문제와 관련, 상기 대만 측 입장을 표명하였다. 이에 대해 민 공사는 화교단체의 대만기 계양은 정치적 의미가 크며, 실정법상 명백한 국내법 위반 행위이며, 교섭의 대상이 될 수 없다는 입장을 전달하였다. 대만 언론은 1월 8일(금) 한국 측의 강경 조치는 양국 관계에 급속한 냉각을 조성할 뿐 아니라 새로운 양국 관계 출발에 역효과를 가져올 것이라고 지적하고, 중공은 한국과 수교 이래 화교사회의 대만기 게양에 대해 압력을 가해 왔으며, 1월 25일 명동 대사관 입주 전에 남한 외교부로 하여금 동 문제를 해결해 줄 것을 희망하였다고 보도하였다.[77]

이어 1월 9일(토) 대만 외교부의 입장을 크게 보도하면서, 첸푸 외교부장은 남한 요구는 매우 비우호적이며 엄중한 대응조치를 취할 것이며 외교부에서 민병규 공사를 초치한 것은 한국 정부에 교훈을 주기 위한 것이라고 언급하였으며, 대만 외교부 대변인은 대만기 게양은 화교의 자유 의사 표현이며 미국, 일본도 금지하고 있지 않으며 한국이 이성적으로 처리하여 더 이상 양국 관계가 악화되지 않기를 희망한다고 표명하였다고 보도하였다.[78]

한편 대만 정부는 화교 단체의 대만기 하강 조치가 강행될 경우, 이를 코트라(KOTRA) 및 관광공사 지사 설립 허가 문제와 연계시킬 가능성을 검토하고 있는 것으로 파악되었다. 1월 9일(토) 단교 전에 주한 중화민국대사관에 근무한 대만 경제부 국제무역국 직원이 김홍지 코트라 관장에게 국기 문제로 최악의 경우 코트라 지사의 존폐문제가 검토되고 있다고 알려 왔으며, 이에 따라 최민구 상무관도 동 경제부 직원에게 사실관계를 확인하였다. 같은 날 대만 교통부 관광국 과장도 최종적 결정은 안 되었으나 관광공사 철수 문제가 검토되고 있다고 김정환 관광

---

77 『중국시보』 1993년 1월 8일, 3면; 『연합보』 1993년 1월 8일, 4면; 『청년일보』, 1993년 1월 8일, 2면.
78 『중앙일보』, 1993년 1월 9일, 4면; 『자립조보』 1993년 1월 9일, 4면; 『중국시보』, 1993년 1월 9일, 4면.

공사 지사장에게 알려 왔다. 이후 대만 외교부는 코트라 지사만을 대상으로 검토를 진행하였다.

재한화교단체는 1월 12일(화) 협회이사회를 개최, 대만기를 계속 게양할 것을 결정하고 15일(금) 재한화교단체장 7인이 동 입장을 외무부 김석우 아주국장에게 전달하였다. 이에 대해 김 국장은 강한 유감 표명과 동시에 단교 후 한국 정부가 재한화교의 법적 지위를 계속 보장하겠다는 것은 화교의 출입국문제나 일반적인 상업활동을 보장하겠다는 것이지 '하나의 중국' 원칙에 반하고 한국 실정법을 위반하는 대만기 게양과 같은 정치적 의미의 행위를 보장하겠다는 것이 아니라고 설명하였다. 이어 한·대만 간 새로운 관계 설정까지의 대만기 게양 요청에 대해서는 새로운 양국 관계가 언제 정립될 지 모르는 상황에서 수락할 수 없다고 밝히고, 최소한 명동지역 소재 3개 화교단체(소학교 포함)의 대만기는 조속히 내려야 한다는 입장을 강력히 전달하였다. 대만 외교부 아태사 직원은 1월 16일(토) 김홍지 코트라 관장에게 전화로 대만기 게양 문제가 원만히 해결될 것 같다면서 코트라지사 폐쇄문제는 더 이상 검토하지 않게 될 것이라는 뜻을 전해왔다. 1월 18일(월) 『중국시보』는 남한이 대만기 하강을 강제 집행하지 않은 것은 남한이 일단 양보했다고 볼 수 있다고 보도하였다.

한국 정부 내부적으로는 관계부처 협의를 통해 재한화교단체를 계속 설득해 나가되, 강제퇴거와 같은 법적 강제수단은 최대한 자제해 나가며, 중국대사관 부근인 명동지역 소재 화교단체의 대만기는 우선적으로 내리도록 조치한다는 방침을 세웠다. 1월 28일(목) 외무부는 다시 서울 잔류 대만 외교관에게, 한국 측의 확고한 입장을 전하고 먼저 명동 지역 3개 화교단체의 대만기를 내리도록 계도해 줄 것을 요청하였으며, 1월 30일(토) 오전 민 공사도 같은 입장을 대만 외교부 덩베이인(鄧備殷) 아태사장에게 전달하였다. 대만 외교부는 2월 1일(월) 관련 성명을 발표하여 남한 정부가 대만기 게양 문제로 화교에 대해 압력을 가하고 있는 데 대해, 남한 정부는 국제 도의와 관례를 무시하고 중공 압력에 굴복하여 불합리한 요구 및 위협적인 행동을 하고 있다고 분개하며, 남한 정부가 재고할 것을 촉구한다는 요지의 입장을 대외적으로 밝혔다.

재한화교단체는 2월 1일(월) 외무부 김석우 아주국장을 면담하고 명동 소재 화교협회 및 교민복무회의 대만기는 내리겠다고 표명하고, 화교 소학교의 국기는 계속 게양을 허용해 줄 것을 요청하였다. 이에 대해 김 국장은 긍정적인 답변을 하지 않았다. 이렇게 하여 대만기 문제를 둘러싼 재한화교단체와의 문제는 점진적으로 수습의 단계로 접어 들었다.

2월 5일(금) 중국대사관이 명동 대사관에 입주하였으며 2월 8일(월) 정식 업무를 개시하였다.

장팅옌 주한중국대사는 부인과의 공동 회고록에서 당시 상황을 다음과 같이 기술하였다.

> 우리들은 가능한 한 빨리 명동 대사관으로 들어가려고 했으나 원하는 대로 되지 못했다. 대만 측이 철수할 때, 바닥을 뜯어내고, 설비를 부수고 가구를 훼손하고 물, 전기, 가스를 끊어서 크게 수리하지 않으면 들어갈 수 없었다. 나는 처음 이러한 참상을 봤을 때, 놀라움과 분노를 억제할 수 없었다. 산동성(山東省)이 파견한 수리 인원들이 엄동설한에도 밤낮 복구 작업을 해 주어 조기에 입주할 수 있었다. 입주 시 또 하나의 문제는 대만국민당 주서울총본부가 매일 대만기를 게양하는 것이었다. 한중 수교 합의에 의하면 이는 '하나의 중국' 원칙에 위배되는 것으로 허용할 수 없는 것이었다. 우리는 한국 외무부에 여러 번 문제를 제기, 교섭하여 대만 측이 결국 대만기를 게양하지 못하도록 하였다. 다만 우리가 입주하는 2월 5일 문제가 발생했는데, 우리가 오성홍기를 막 게양하려 할 때 대사관 동쪽의 화교 소학교가 대만기를 게양한 것을 발견하였다. 이는 분명히 서울 잔류 대만 측 직원이 시켜서 한 것이어서 한국 측과 교섭하여 30분 후에 대만기를 내렸다.[79]

79 옌징(延静: 장팅옌[张庭延] 부국장, 탄징[谭静] 부부의 필명), 『출사한국(出使韩国)』, 中国 济南: 山东大学出版社, 2004, 44-45쪽.

15. 이임(1993년 2월 18일)

2월 1일(월) 나는 주상해(上海)총영사관 근무 발령을 받았다. 인사회보 내용은, 현직 '구 대만주재 대사관 1등서기관' 외무서기관 조희용, 주상해총영사관 근무를 명함, 대외 직명 영사, 부임 일자는 2월 28일이었다. 총영사관 창설을 위한 선발대로 상해로 부임하라는 것이었다.

중화민국대사관 3년 근무를 정리하면서 그간 교류해 왔던 인사들에게 이임을 통보하고 면담과 오·만찬을 가졌다. 대만 외교부를 비롯한 각 부처 공무원에게는 우선 전화로 이임 사실을 알리고 그간 협조에 사의를 전하였다. 일본, 미국, 남아공 등 외교관들에게도 소식을 알렸으며 일본교류협회 오가와 마사시(小川正史) 정무과장 주최 환송만찬, 미국 재대만협회(AIT:American Institute in Taiwan)의 Edward Dong 정무참사관 주최 환송오찬 등에 참석하였다. 동포 단체임원과 상사 직원들도 따뜻한 격려로 환송해 주었다. 나는 2월 17일(수) 상기 인사들은 포함하여 대만, 제3국 및 한국 인사 120여 명에게 이임서한을 송부한 후, 2월 18일(목) 오후 1시 타이베이 공항을 떠나 귀국하였다. 1990년 2월 20일(화) 부임하여 하루 모자라는 3년 근무를 마쳤다.

나는 2월 18일(목) 서울 귀국 후 외무부 동북아2과, 기획관리실 재외공관담당관실 등과 업무 협의를 한 후, 2월 25일(목) 안내규 부영사와 함께 북경에 도착, 주중대사관과 중국 외교부와 업무 협의 후 28일(일) 상해에 부임하였다.

| 대만 근무 후 귀국 보고 |

2월 18일(목)부터 2월 24일(수)간 서울 체류 중, 주상해총영사관 창설을 위한 업무 협의를 하면서 이상옥 외무장관(22일 면담), 김태지 대사(20일 면담), 동북아2과 동료, 선배 및 상사들 면담 시 대만 관계에 대해 다음 요지로 설명하였다.

(1) 대만의 중요성

○ 시장경제와 민주주의가 성공한 대외 개방도가 높은 정치 실체로서, 미국이 사실상 대만 안보를 공약하고 있어 동아시아 정세에 계속 일정한 영향을 미칠 것이므로 실질적 관계를 계속 유지해야 함.

○ 대만의 국내 민주화가 급속히 진행되고 있어 국민당 및 민진당의 금후 동향을 주목해야 하며 우리는 대만 집권 정당과 관계없이 지도부와 적절한 관계를 가져야 함.

○ 대만 국민이 단교 직후 일부 감정적 대응이 있었으나 내심 한국 국민 과의 지속적인 교류 희망하는 분위기임.

(2) 한·대만 관계

○ 대만 국민당 정부는 단교 후 아직까지 한국과 공식, 준 공식 관계 정립을 주장하고 있으며 한국 신정부에 기대를 걸고 있음.

○ 대만에 대해 다음 논리로 지속적인 설득 노력이 필요함.

① 단교는 대만, 중국 공히 '하나의 중국' 원칙을 고수하는 현실 하에서의 불가피한 선택.

② 1987년 하반기부터 대만이 중국과 본격적으로 교류하고, 중국을 정치 실체로 인정하여 양안 간 평화 공존 추구.

③ 1992년 8월 시점, 단교가 대만의 정치, 안보, 경제 이익에 미친 불이익, 손해 미미(1972년 일본의 단교, 1979년 미국의 단교와는 성격과 영향이 완전히 다름).

④ 한중 수교는 대만 이외 모든 주변국가로부터 환영, 평가를 받고 한반도 안정과 평화 유지에 기여, 궁극적으로 양안 관계에도 도움.

⑤ 한·중화민국 관계 및 과거 국민당 정부의 항일 운동 지원을 잊지 않고 있으며 이러한 실적을 바탕으로 새로운 관계 정립 희망.

(3) 새로운 관계 정립 시 고려 사항

① 단교 전후 과정에서 형식 및 절차 측면에서 한국 측의 대만에 대한 배려 및 성의 미흡 지적에 대한 진지한 성찰과 대응이 필요함.
② '하나의 중국' 원칙을 지키면서 국익의 최대한 확보를 위해 대중국 관계와 대대만관계의 균형점을 지속적으로 모색하는 노력을 전개함.
③ 국호, 국기 사용 등 원칙적 문제 이외의 대만 요구사항에 대해서는 최대한 수용하는 방안을 검토하되, 건의한대로 1949년 10월 1일 이후 대만 정부가 구입한 재산에 대한 귀속권 문제 검토를 건의함.

제5부

한·대만 간 비공식관계 수립

(1993년 7월)

1. 양국 간 교섭 경위

이후 1993년 7월 27일(화) 한국·대만 간 비공식관계에 관한 합의서가 서명되어 공식 발표되었다. 1993년 2월 김영삼 대통령의 신정부 출범 후, 양국 간에는 국회의원(입법위원), 학계 인사 간의 교류 등을 통해 양국 간 새로운 관계 조기 정립의 필요성에 대해 공감대가 확대되면서 양국 정부의 적극적인 대응을 촉구하였다.

이에 따라 한국 측의 이현홍 본부대사와 대만 측의 진수지 전 주한대사를 단장으로 하는 실무대표단 간 교섭이 진행되었다. 첫 번째 회담은 1993년 6월 15일-16일 일본 후쿠오카(福岡)에서 개최되었다. 이어 대만 외교부 팡진옌(房金炎) 정무차장이 7월 14일-17일 방한하여 홍순영 외무차관과 협의하였으며 이를 바탕으로 7월 21일 일본 오사카(大阪)에서 실무대표단 간 교섭이 재개되었다. 교섭 중 어려움에 부딪혀 7월 24일-25일 오사카에서 홍 차관과 팡 차장이 다시 협상한 후

7월 27일(화) 실무대표단장 간에 합의문이 서명되어 공식 발표되었다. 한국 측은 당초 차관 간 서명을 추진하였으나 대만 언론의 사전 보도에 따라 대만 측에 항의하였으며 이에 따라 대만 측이 실무대표단장 간 서명을 제의하였다. 물론 중국은 한·대만 간 외무차관 간 서명에 반대하고 있었다.

합의문의 요지는 다음과 같다.

> ○ 새로운 관계의 기본 틀에 관해 상호 간 이해에 도달하고 조속 대표 기구 설치에 합의함.
> ○ 명칭은 "주타이베이한국대표부(Korean Mission in Taipei)"와 "주한국타이베이대표부(Taipei Mission in Korea)"로 함.
> ○ 대표부는 경제협력, 통상 증진, 문화 교류, 재외 국민 보호 등 제반 분야 협력을 추진함.
> ○ 기존 협정은 호혜원칙에 따라, 상호 협의 통해 기타 형식으로 대체될 때까지 잠정 유효함.
> ○ 양측 교민의 지위, 거주, 재산 및 권익은 계속 존중, 보호함.

대만 측은 재산권과 관련, 한국 측의 중화민국 명의로 되어 있는 구 대사관(舊大使館) 건물과 토지에 대한 기 조치와 구 부산영사관저에 대한 구 대사관 처리 방식에 따른 앞으로의 조치에 대해 엄정한 입장을 표명하였다. 한편 한국 측은 대만 측의 구 대한민국대사관의 건물 처리와 관련 엄정한 입장을 표명하였으며 앞으로 주한국타이베이대표부 부산지부사무실 또는 관사의 취득에 있어 필요한 모든 가능한 지원을 제공할 것에 동의하고, 대만 측은 주타이베이한국대표부 사무실 또는 관사의 취득에 있어 필요한 행정적 지원을 제공할 것을 동의한다고 표명하였다.

팡진옌 차장은 양국 합의 후 7월 28일(수) 기자회견에서 한국과의 협상에서 가장 중요한 관건은 김영삼 대통령이 1992년 후보 시절에 이어 1993년 3월 취임 이후, 2번에 걸쳐 리덩후이 총통에게 서한을 보낸 것이며, 양국 협상이 호혜평등 원칙에 기초하여 이루어져야 한다고 강조하는 등 성심껏 양국 관계 복원 희망을 전달해 와서 협상분위기가 조성되었다고 언급하였다. 아울러 교섭단장인 진수지 대사는 한국과의 새로운 관계는 그간 미 수교국과의 관계 중 최고 수준의 관계라고 평가하고 "주관적, 객관적 제한하에 제일 좋은(最好), 최고(最高), 그리고 양방 모두가 받아들일 수 있는 관계"를 도출하였다고 언급하였다.[1]

아울러 대만 언론은 대만 외교부가 양국 합의에 따라 합의 내용 전체를 공개하지 않고 있다고 하면서 양국 외교차관 간 합의문 서명이 무산되어 아쉬우나, 합의 중 '대표부'의 영문 표현과 관련, 'Representative Office'보다 'Mission' 채택을 긍정 평가하고 대표부 인원의 대우가 사우디, 싱가포르의 경우 못지않게 완전하며, 무엇보다도 전체 9필에 달하는 비외교재산을 확보하고 부산영사관저의 등가의 토지 보상 획득이 이번 양국 협상의 최대 수확이라고 평가하였다.[2]

대만 정부와 상기 합의 이후, 한국 측은 중국 측에 대해 한중 수교 시 합의한 '하나의 중국' 원칙을 충분히 고려하여 대만 측과 비공식관계를 수립하였음을 통보하였다. 사실 한중 간 수교교섭 시 중국 측은 한국 측의 '대표부' 명칭 사용에 대해 반대한다고 표명한 바 있으나 한국 측은 이를 크게 개의치 않았으며 중국 측이 기록용으로 제기했다고 판단하였다. 1992년 8월 24일 한중 수교 발표 시 노태우 대통령은 특별 담화문에서, 김종휘 청와대외교안보수석은 기자 브리핑에서, 향후 대만과는 최상의 비공식관계를 설정하고 '타이베이 대표부'를 설치할 것이라고 대외적으로 발표하였다. 이에 대해 중국 측은 그간 항의나 이의 제기가 없었기 때문이다.

---

1 『중국시보』, 1993년 7월 29일, 4면 ; 『자립조보』, 1993년 7월 29일, 4면.
2 『연합보』, 1993년 7월 29일, 4면 ; 『자립조보』, 1993년 7월 29일, 4면.

한·대만관계는 단교 된 지 11개월 만에 새로운 관계로 복원됨에 따라 주한국타이베이대표부와 주타이베이한국대표부가 바로 개설되었다.

첸푸 외교부장은 양국 간 새로운 관계 수립에 관해 회고록에서 다음과 같이 술회하였다.[3]

1992년 말 한국 대선에 당선한 김영삼 대통령은 외무부 장관에 한 승주, 청와대 외교안보수석에 정종욱을 임명하였는데, 두 사람 다 과거서부터 우리나라에 우호적이었다. 그래서 1993년 상반기부터 양국 쌍방 간 부단히 의견교환을 하여 6월 15일 진수지 대사와 이현홍 한국 외무부 본부대사가 일본 후쿠오카(福岡)에서 회담을 진행하여 실무적 문제에 공통인식을 확보했다. 다만 비교적 중요한 쌍방 기구 명칭과 재산문제에 관해서는 아직 협상이 필요했다.

부산영사관저는 우리나라가 대만으로 정부를 옮긴 후 구입한 것으로서, 한국 측은 중공과 수교교섭 시 이를 중공에 넘기겠다고 약속하였다. 만약 그렇게 되면 우리 정부는 국내 민의기관과 여론에 도저히 설명할 수 없기 때문에 교섭 담당 동료(팡진옌 차장, 진수지 대사를 의미)에게 우리 입장을 견지하라고 말했다.

7월 14일 외교부 팡진옌 정무차장은 서울을 방문하여 한국 외무부 홍순영 차관과 2번에 걸친 회담을 통해 결국 결론에 도달하였다.[4] 즉 우리의 재한 재산을 외교용과 비외교용으로 구분하고, 전자는 중공에게 주고 후자는 계속 우리나라에 속하되, 우리 정부의 대만 이전 전과 후에 따라 분류하지는 않는다. 다만 부산영사관저는 우리 정부의 대만 이전 후 구입한 것이기 때문에, 한국 정부는 앞으로 실질보상방식으로 우리의 요구에 응하기로 하였다.

7월 19일 진수지 대사와 이현홍 대사가 다시 일본 오사카에서 4일간 협상을 이어 가서 마침내 합의에 이르렀다. 양측은 조속히 대표기구를 설치하기로 하였다.[5]

---

3 첸푸(錢復), 『회고록(回憶錄)』 券三, 臺北: 天下文化, 2021, 274-275쪽.
4 홍순영 차관과 팡진옌 차장은 서울에서 첫 번째 회담한 후, 7월 21일부터의 진수지 대사와 이현홍 대사 간의 실무대표단 회담기간 중에 다시 오사카에서 7월 24일-25일 두번째로 회담하였다.
5 회담 개시일을 첸푸 부장이 잘못 기재하고 있다. 진수지 대사와 이현홍 대사는 7월 21일-27일간 오사카에서 실무대표단 간 회담을 개최하였으며 7월 27일

7월 23일 입법원의 여야 주요 위원들에게 교섭 내용을 상세히 설명하였으며 각 위원들은 교섭 결과에 대해 대부분 만족하였다. 다만 민진당 위원은 대표 기구 명칭 중 '타이베이(臺北)'를 '대만(臺灣)'으로 바꾸는 것이 더 이상적[6]이라고 생각하였다.

합의문에 서명하였다.

6 민진당은 대만독립을 주장하고 있었으므로 '대만(타이완)' 명칭을 선호하였다. 중국은 '2개의 중국' 또는 '1중 1대'는 대만독립을 의미하므로 강력 반대한다는 입장을 견지하고 있다.

2. 합의 평가

대만 측은 1992년 9월 고위사절단 방문, 10월 예비교섭단 방문 시 강력하게 주장했던 소위 4대 조건 중 국호, 국기 사용 이외는, 전반적으로 대표부 명칭, 부산영사관저, 비외교용재산 문제에 있어서 대만 측 요구가 수용된 만족한 수준으로 평가하였다.

대만 외교부로서는 '하나의 중국' 원칙하에 소위 무실 외교를 추진하는 과정에서 국내 정치적으로 국호, 국기 사용 문제는 교섭 결과에 관계없이 일정 기간 주장할 수밖에 없는 딜레마가 있었다. 더욱이 단교 전후 한국의 대응 방식으로 국가적 존엄과 국격이 손상 받았다는 국민적 감정이 널리 확산되었으며, 한국 고위사절단과 예비교섭단장 방문 이후 한국 노태우 정부 이후의 다음 정부와 교섭하기로 결정함으로써 계속 국기 국호 사용 입장을 견지하면서 한국의 대응을 관망하고 있었다.

| 대표부 명칭 문제 |

한국의 신정부 출범 이후, 국호 국기 사용 문제에 대한 한국 측의 입장을 최종 확인한 후, 대표부의 명칭 표현에 주력하여 영문 명칭을 'Representative Office'보다 포괄적인 'Mission'으로 합의함으로써 미수교국과의 관계 중 최고수준이라고 해석할 수 있었다.

| 재산권 문제 |

아울러 재산권 문제에 대해 대만 측 입장이 상당히 반영되었다.

먼저 부산영사관저의 재산권에 관해서는 1992년 10월 예비교섭단 방문 시 김태지 단장은 진수지 대사에게 외교용 재산의 중국 이양 원칙에 따라 동 재산도 중국 측에의 이양 입장을 전한 바 있으나, 결국 교섭을 통해 한국 측이 동 관저를 중국 측에 이양하겠다고 통보하면서, 실질적 보상을 약속함으로써 사실상 대만 측의 입장을 관철하였다.

그간 경위를 살펴보면, 부산영사관저에 대한 한국 측의 입장은 당초 '대만 귀속' 입장에서, '중국 귀속', '중국에 귀속하되 대만 보상' 입장으로 바뀌었다.

한중 수교 전날인 1992년 8월 23일 북경에서 개최된 한중 외교장관회담에서 이상옥 장관은 첸치천 외교부장에게 "명동 대사관과 건물은 대만 측의 반발에도 불구하고 수교 후 중국 측에 인도한다는 합의 사항을 이행할 것이라고 하고, 그러나 부산 소재 영사관저는 1979년 구입한 것으로 77평 밖에 되지 않는 작은 재산임을 감안, 실무자 간에 별도 합의할 것을 제의하였다"[7]고 한다. 이 장관은 당시 부산영사관저에 대한 한국 입장을 불분명하게 기술하였다. 이후 9월 28일 노태우 대통령 방중 기간 중 개최된 한중 아주국장회의에서 한국 측은 중국 측에 구 대만영사관저는 대만 측에 소유권을 그대로 귀속시키는 것이 좋겠다는 입장을 전달하였다.

그러나 1992년 10월 19일-21일 대만 측과의 회담에서 김태지 예비교섭단장은 진수지 대사에게 외교재산의 중국에의 이양 입장에 따라 부산영사관저도 이에 해당된다고 설명하였다. 중국 측의 항의로 한국 측의 당초 입장을 바꾼 것으로 추측된다.

대만의 비외교용 재산에 관해서는, 한국 측은 10월 김태지 예비교섭단장은 대만 측에 1949년 10월 1일 이전 중화민국 명의의 모든 재산(외교용, 비외교용 불문)의 중국에의 이양 및 1949년 10월 1일 이후 중화민국이 구입한 비외교용 재산에 대한 불간섭 입장을 전달한 바 있으

---

7 이상옥, 『전환기의 한국 외교』, 삶과꿈, 2002, 242-243쪽.

나, 1993년 2월 김영삼 정부 출범 이후 정부내 검토를 거쳐, 1993년 7월 양국 합의 시에는 중화민국 명의의 모든 비외교재산에 대해 한국 정부의 불간섭 입장을 표명하였다.

중국 측은 수교 이후 한국 측에 지속적으로 한국 내 '중화민국' 또는 '중화민국대사관' 명의로 등기된 일체의 구 대만 정부의 재산을 중국 측으로 이전해 줄 것을 요구하였으나, 한국 측은 김영삼 정부 출범이후 최종적으로 대만의 비외교재산 처리 문제에 있어서는 재한화교 간의 이해도 많이 걸려 있고 화교사회에 직접적인 영향을 미칠 수 있으므로 한국 정부가 직접 간여하는 것은 바람직하지 않다는 입장을 전달하였다.

| 외무차관 간 회담 실현 |

아울러 대만 정부는 한국 측이 단교 이후 그간 기피해 온 양국 외교당국의 고위인사 간 접촉을 실현하였다. 실무대표단 간의 교섭이 난항에 봉착했을 때, 팡 차장의 방한을 통한 외교차관 회담 개최와 오사카에서의 2차 차관 회담이 개최되었다. 정부 고위급인사 간 접촉을 통한 관계 구축을 희망하는 대만 측의 입장이 만족할 만한 수준은 아니나 어느 정도 반영되었다고 볼 수 있다. 대만 측은 그 후 일관되게 양국 정부 간 최소한 차관급 인사 교류와 접촉을 주장해 나간다.

만약 노태우 대통령 재임 시 한국과 대만 간에 지속적으로 교섭이 진행되더라면 과연 1993년 7월 수립된 비공식관계의 수준으로 타결될 수 있었을지는 이미 지난 일로써 판단하기 어렵다. 다만 노태우 대통령 시절의 한국 정부에 대한 강한 불신으로 대만 측이 협상을 미루어 결과적으로 김영삼 정부가 취임하고 나서, 외교차관 간 회담, 대표부

Mission 명칭 확보, 비외교재산 및 부산영사관저의 실질 보상 확보를 통해 공식적으로 '비공식 관계'를 수립하였으며 대만 측 스스로가 "미수교국관계 중에 최고 수준의 관계"로 평가하는 관계를 구축하게 되었다.

노태우 정부가 표명했으나 구체적 함의가 모호했던 소위 "최고 수준의 비공식 관계" 내용과 관련하여 김영삼 정부가 대만 측 입장을 좀 더 헤아리면서 보다 구체적으로 대응하여 협상을 타결할 수 있었던 것으로 평가한다.

지금 와서 부질없는 시나리오이기는 하나, 중국 측도 한국과 수교 협상 시, 한·대만 간의 특수한 관계를 감안하여 당초 수교 협상 기간을 6개월로 잡을 정도로 한국의 대만 관계를 어느 정도 이해하고 있었기 때문에 단교 전후가 오히려 한국의 대만과의 협상 여건이 상대적으로 양호한 상황임을 최대한 살려서, 대만 측에 단교를 정중히 통보하고 최종 합의 시 한국 입장에 따라 처음부터 대만 측과 교섭했더라면, 대만 국민 감정을 완화하고 명실공히 "최고 수준의 비공식 관계"를 조기에 수립할 수 있었을지도 모른다고 상상해 본다.

3. 비공식관계 수립 후 양국 관계

국내 정치적으로 한국 측과 합의 내용이 받아들일 수 있는 수준으로 평가되었으며 한국 측과 경제통상 등 제반 분야에 걸친 협력과 교류를 조속히 재개한다고 합의했음에도 불구하고, 대만 측은 경제통상 등 실질적 분야에서의 기본 틀 정립에 있어서, '양국 정부 간 접촉과 교류' 및 단교 전 개최해 온 '정기 경제각료회담' 재개를 지속적으로 요청하였다. 한국 측은 중국과 수교 시 양해 사항인 '하나의 중국' 원칙을 고려하면서 대만 요구 사항 대응에 부심하였다.

단교 후 취해 온 대만 측의 대한국 경제 제재가 점진적으로 해제되어 갔다. 그중 1992년 9월 양국 간 중단된 항공 노선은 우여곡절 끝에 민진당 출신 천수이볜(陳水扁) 총통 정권하에서 2004년 9월 양측 민간 대표 간 항공협정에 서명함으로써 재개되었다. 결국 복항은 단교 된 지 12년이 걸렸다.

그 과정에서 1991년 8월에 부임 이래 나와 함께 단교를 겪고 계속 대만에 남아 근무하던 이수존 영사가 신상 불명의 대만인한테 테러를 당해 죽을 고비를 넘겼다. 단교 후 1993년 11월 주타이베이한국대표부가 설립되었고 다시 1년 4개월 후인 1995년 3월 타이베이에서 대만과의 비밀 항공회담이 단교 후 2년 반 만에 처음으로 개최되었다.[8] 회담은 단교를 당한 대만의 미묘한 감정과 협정 용어 등에 대한 입장 차이로 결렬되었다. 이 영사는 대표부 사무실에서 회담 보고서를 작성한 후 귀가 중 새벽 3시경 자신의 아파트 앞에서 하차할 때 기다리고 있던 테러범에게 바로 목을 찔렸다. 깊이 2센티, 길이 7센티의 상당한 중상이

---

8 한국 측으로서는 먼저 수교국인 된 중국과 1994년 10월 31일 항공협정 조인 후에 대만과 항공회담을 추진하게 된다.

었다. 마침 이 영사를 기다리던 부인이 발견하고 바로 인근 병원으로 옮겨 긴급 수술 받아 살아났다. 이 영사가 들어오는 칼을 양손으로 잡아 기적적으로 목동맥을 건드리지 않아 생명을 건질 수 있었으며 다행히 성대도 다치지 않아 목소리도 유지할 수 있었다.[9] 대만 경찰청이 수사 했으나 범인은 끝내 잡히지 않았다. 사건 정황으로 보아 누가 봐도 일반인의 우발적 단순 범행이 아니었다. 나는 당시 주중국대사관에 근무 중이었는데 소식을 듣고 바로 한국에 대한 기획된 보복이라고 생각했다. 단교 후 대만인들의 반한 감정의 일면을 보여주는 사건이었다.

한국 측은 단교 시 대만 측 입장을 오판하여 단교 후 1개월 내 비공식관계 수립 목표를 상정했듯이, 1993년 7월 양국 간 비공식관계 수립 합의 후에도 양국 경제통상 교류와 협력 복원이 한국 측의 당초 예상보다 매우 더딘 속도로 진전되었다. 대만 측으로서는 단교과정에서 한국 측이 준 국격 손상에 대한 국민 감정이 계속 남아 있었다. 대만 측이 항공회담에서 보듯이 경제적 이익보다는 정치적 고려를 우선함으로써 주권 사항과 관련되는 주장을 계속하며 정부 간 공식적 접촉을 지속적으로 요청해 옴에 따라 한국 측의 관련 인사들의 대만 정부에 대한 실망감과 좌절감도 커졌다.

1993년 7월 양국 간 협상 타결을 위해 대만 팡진옌 외교부 정무차장과 2회에 걸쳐 협상한 바 있는 홍순영 외무차관은 1998년 8월 4일(화) 외교통상부장관으로 취임하였다. 동북아2과장이었던 나는 문봉주 아주국장과 함께 8월 7일(금) 오후 중국·대만 업무를 보고하였다. 홍 장관은 '하나의 중국' 원칙하에 대만과의 실질 협력관계 확대는 중요하다고 하면서 자신이 5년 전 대만과 새로운 관계 수립을 위한 1993년 7월 팡진옌 외교차장과 협상 시, 대만 측 입장을 최대한 고려하여 대표기구 명칭

---

9 이수존, 「죽음의 문턱을 넘어」, 『외교의 현장에서』, 외교통상부, 2004, 90-96쪽.

'Mission'을 받아들이고 부산영사관저 문제도 해결하였다고 하면서 앞으로 양국 간 실질 협력관계 확대를 위해 군 장성 대신 직업외교관 출신 공관장을 보내겠다고 언급하였다. 다만 당시 자신과 팡 차장 합의 시 약속과 달리, 대만 측이 아직도 복항에 수용하기 어려운 조건을 내거는 등 관계 발전을 질질 끌고 있어 섭섭한 마음을 금할 수 없다고 하면서 대만 관계에 있어서 당분간 더 이상 나서지 말라고 지시하였다.

홍 장관은 1999년 2월 주타이베이한국대표부에 부임하는 윤해중 대사에게 "복항 문제 등 현안 타결을 위해 최선을 다하라. 대만 사람들이 해도 너무 한다. 1993년 관계 복원을 합의할 때 빠른 속도로 관계를 회복하자고 약속했는데 6년이 지난 지금까지 그 약속을 어기고 있다"면서 불쾌한 심정을 토로했다.[10] 복항은 그 이후 5년 반 이상이 더 걸려 2004년 9월에 합의하였다.

1999년 현재 외무부는 양국 관계와 관련, "한국의 정부 수립과 한국전쟁 등 어려운 시기에 아시아에서 가장 긴밀한 우방이었던 중화민국과 단교하고 한때 한국의 적이었던 중화인민공화국과 수교하게 된 것은 국제정세의 변화라는 냉혹한 현실을 반영하는 것이었으나 중화민국은 격렬하게 반발하였다. 특히 중화민국은 단교 과정과 절차에 있어 한국 정부가 과거의 신뢰를 배반하였다는 인식을 갖고 있으며, 양측 간에 민간 차원의 통상, 항공관계 등에서 아직도 후유증이 가시지 않은 채로 있어 이의 조속한 해소가 과제로 남아 있다"고 분석하였다.[11] 2004년 9월 양국 간 항공 노선이 복원된 후 양국 간 교류 협력관계가 확대되면서 2008년 현재 외교통상부는 양국 관계와 관련, "대만과는 단교 과정의 후유증으로 인해 상당 기간 동안 민간 차원의 통상, 항공 관계 등을 회

---

10 윤해중, 『한중 수교 밑뿌리 이야기』, 이지출판, 2012, 183쪽.
11 『한국 외교 50년 1948-1998』, 외교통상부, 1999, 52쪽.

복하는 데 어려움을 겪었으나, 현재는 실질 분야에서의 협력관계를 계속해서 발전시켜 나가고 있다"고 분석하였다.[12] 2019년 현재 양자 간 교역규모는 313.8억 불(한국의 대만 수출: 156.6억 불, 수입: 157.1억 불)로서 대만은 한국의 6대, 한국은 대만의 5대 교역 상대 자리를 유지하고 있으며 인적교류는 250만 명(대만 방문: 124만 명, 한국 방문: 129만 명)을 넘어섰다.[13]

---

12 『한국 외교 60년 1948-2008』, 외교통상부, 2019, 68쪽.
13 『2020 대만 개황』, 외교부, 2020, 114-115쪽.

제6부

단교를 둘러싼
주요 쟁점 검토

한국은 중화민국과 중국이 공히 '하나의 중국' 원칙을 공식적으로 견지하고 있는 상황하에서 중화민국과 43년간 외교관계를 유지하여 왔다. 한중 간 관계 개선은 1983년 5월 5일 중국 민항기 납치사건부터 중국과의 관계 개선을 계속 추진하면서 관계 정상화를 조속 실현시키겠다고 공개 표명하여 왔다.

특히 1988년 2월 노태우 대통령 취임 후 적극적인 북방정책 추진으로 동구 모든 나라와 수교하고, 1990년 9월 한·소련 수교와 1991년 9월 남북한 유엔 동시가입 후에는 한반도에서의 냉전 구조 해체에 일정한 진전이 있었으며 동아시아 국제정세가 한중 수교에 유리한 방향으로 전개되었다.

한중 수교는 한국이 중국과의 관계 정상화를 계속 추진하던 중, 중국이 1992년 4월 한국에 수교교섭을 제의하고 양국 간 협상 결과로 이루어진 것이다. 국제정치 현실상, 한국이 1992년 당시 중국과 수교 협상 시 '하나의 중국' 원칙을 받아들이지 않았다면 수교는 이루어지지 못했을 것이다.

당시 이러한 객관적 현실하에, 한중 간 수교 협상 시 '하나의 중국' 원칙 협의 과정 및 결과, 이에 따른 한·중화민국 간 단교 통보 과정에 관해 검토해 본다.

1. 한중 수교 협상 시 '하나의 중국' 원칙 협의

| 한중 수교 협상 경과 |

1992년 4월 북경에서 개최된 ESCAP 총회 계기에 첸치천 외교부장은 4월 13일 이상옥 외무장관에게 수교교섭 개시를 제의하였으며, 이에 따라 5월 14일부터 6월 21일에 걸쳐 3차에 걸친 예비회담, 7월 29일 본회담, 8월 24일 한중 외무장관간 수교 공동성명 서명 및 발표를 통해 수교에 이른다. 이어서 9월 27일-30일 노태우 대통령이 방중하였다.

수교교섭은 시작부터 일사천리로 진행되어 5주 만에 사실상 마무리되었고 실제 대면 협상 기간은 6일이었다. 한국 측은 협상 처음부터 조기 수교와 대통령 방중을 제의하고 가능하면 정상회담을 통한 수교 발표를 염두에 두고 교섭에 임했으며, 중국 측은 한국 측의 이러한 제의에 대해 확답을 주지 않으면서, 최종 합의에 이르는 제3차 예비회담(6월 20일-21일)에 이르기까지 한국 측의 최대한 양보를 확보하고 자신들의 주장을 관철시켰다. 6월 21일 예비회담 수석대표 간 수교 공동성명안에 대한 가서명이 끝났다. 양국은 외무부 차관보급 협상에서 미결 사안 없이 사실상 수교 협상을 마무리했다. 이제는 수교발표에 관한 절차만 남았다.

7월 초 한국 측은 정상회담을 통한 조기 수교 발표를 중국에 다시 제의하였다. 이에 대해 중국 측은 북한과의 관계와 자신들의 외교 관례 등을 이유로 한국 측의 정상회담을 통한 수교 발표 제의는 받아들일 수 없으며, 7월 말 수석대표 간 본회담, 8월 하순 외교장관 간 공동성명 서명을 통한 수교 발표, 이후 노 대통령의 방중 방안을 제의하였다. 한국 측은 중국 측 제의를 그대로 받아들일 수밖에 없었으며 이후 관련 일정이 차례대로 확정되었다.

| '하나의 중국' 원칙 협의 |

앞서 서술한 바와 같이, 중국은 수교교섭 처음부터 일관되게 '하나의 중국' 정책을 강하게 주장하였다. 한국 측이 이를 수락하지 않으면 다른 문제에 관해 협상할 필요 없다는 입장을 견지하였다. 한국 측 관계자 대부분이 명백히 밝히지 않는 가운데, 중국 측 관계자가 회고록 등에서 밝힌 바에 따르면, 1차 예비회담(5월 14일-15일) 시 한국 측은 대만과의 역사적 특수성을 강조하고 최대한의 한·대만 관계 유지를 희망한 것으로 보인다. 중국 측이 한국에 대만과의 단교를 요구한다면, 중국도 북한과 단교해야 한다고 언급했으며, 이에 대해 중국 측은 남북한 관계와 양안 관계는 사정이 다르다고 설명하였다.

1차 회담 시, 한국 측의 복안은 무엇이었을까? 노창희 외무차관, 첸치천 외교부장, 장팅옌 부국장 등의 기술로 볼 때 한국 측은 처음부터 '하나의 중국' 원칙에 따라 대만과 비공식관계를 갖겠다고 한 것은 아니었으며 대만과의 특수한 관계를 강조하면서 중국 측 의향을 타진했을 것으로 보인다. 한국 측은 처음부터 '하나의 중국' 원칙에 따라 중화민국과의 단교는 불가피하다는 입장이었으나 1차 회담에서는 협상 전략상 중국과 수교, 중화민국과 단교 사이에서 여러 선택지의 가능성을 탐색한 것으로 보인다.

그러나 바로 2차 회담(6월 2일-3일) 시, 한국 측은 '하나의 중국' 원칙에 관한 중국 측 입장을 전반적으로 수용하였다. '하나의 중국' 정책을 수락하며 '하나의 중국' 원칙의 주요 함의인 정부 승인, 대사관 철수, 외교재산 이전에 원칙적으로 동의하였다. 장팅옌 부국장은 한국 측 대표단이 회담 결과에 만족한 듯 보였다고 기억하고 있으며, 첸치천 외교부장은 2차 회담 후 한국 측의 마지막 패를 다 읽을 수 있었다고 회고한다. 그래서 중국 측은 2차 회담 종료 후 교섭내용을 검토하여 중국 측 입장이 상당히 반영되었다고 판단하여, 3차 회담의 서울 개최를 제의하였다고 한다.

중국 측은 수교교섭 기간을 당초에 6개월로 상정하였다. 중국으로서는 대만 문제, 한국으로서는 북한 문제로 협상이 조속 타결되지 않을 경우 최종적으로 1992년 10월 유엔에서 양국 외무장관 회담을 통해 타결하고자 했다. 그런데 한국 측이 첫 회담부터 조기 수교와 노 대통령의 방중에 중점을 두면서 대만에 관한 중국 입장을 파악한 후 2차 회담에서 '하나의 중국' 원칙을 전반적으로 수용하였다. 북한 문제에 대해서도 중국 측이 받아들이기 어려운 특별한 요구가 없었던 것으로 보인다. 중국은 주도권을 잡고 수교 협상 마무리는 물론, 수교 발표 절차와 노 대통령 방중 일정을 정할 수 있었다.

중국 측이 만약 한국 측이 대만관계에 있어서 계속 강한 입장을 견지할 경우, 어느 정도 유연한 대안을 갖고 있었는지는 알 수가 없다. 물론 중국과 수교교섭을 하면서 중국의 원칙적 입장과 국제현실을 고려할 때, 한국 측이 '하나의 중국' 정책을 거부하고 소위 이중승인을 추구하는 것은 전혀 현실적인 대응이라고 할 수 없었다. 다만 '하나의 중국' 원칙을 지키면서 중화민국과의 공식관계에서 비공식관계로의 전환 과정 및 비공식관계의 내용에는 다양한 선택지가 존재할 수 있다.

| '하나의 중국' 원칙의 내용 및 대만과의 최상의 비공식관계 |

문제는 중국의 '하나의 중국' 원칙을 수용하면서도 결과적으로 한국

측은 '하나의 중국' 원칙하의 중국 측 요구를 대부분 수용한 것으로 보인다는 점이다.

한국 측은 중국 측으로부터 대만과 최고 수준의 비공식관계를 수립하는 데 양해를 얻었다고 한다. 제3차 예비회담에서 한국 측이 대만과 가능한 최상의 관계를 유지하기를 희망한 데 대해 중국 측은 "컵이라는 프레임만 합의해 주면 한국이 얼마만큼 물을 채울지는 한국 재량으로 할 사안이다. 민간형식이라고 하면 한국이 원하는 것은 그 어떤 것도 좋다"라는 입장을 표명하였다.[1] 한국 측은 중국 측으로부터 "대만과 가능한 최상의 관계"라는 표현에 대해 중국 측의 동의를 얻었으나, 그 함의에 대해서는 아무런 합의를 얻지 못했다. 한국 측이 그 내용에 관해 스스로 정의해 놓은 것도 없었다. 대만과 어디까지 할 수 있는 것이 최상의 관계인지 불분명했다.

결과적으로 대표부의 영어 명칭을 다른 나라의 경우와 같이 'Representative Office'가 아닌 'Mission'으로 합의했으며, 중화민국 소유의 비외교재산에 대한 불간섭 입장을 견지함으로써 사실상 중화민국의 기존 소유권을 인정하고 1949년 10월 1일 이후 중화민국이 구매한 부산영사관저를 중국에 이양하되, 한국 측이 대만 측에 실질 보상한 것이 다른 나라 사례와 다르다고 할 수 있으며, 이에 따라 대만 측은 미수교국과의 관계 중 최고 수준의 관계라고 평가하였다.

앞서 기술했듯이 1949년 이후 중화민국이 구입한 외교재산인 부산영사관저와 관련, 한국 측 입장이 당초 대만 소유 인정에서, 중국 소유 인정으로 바뀌고 결국 대만과 협상 마지막 단계에서 다시 대만 주장을 받아들여, 중국 이양과 동시에 대만에 실제 보상 형식으로 해결되었다. 한국 측이 단교 직후부터 재산권에 대한 그러한 입장을 일관되게 견지

1 신정승, 『한중 수교』, 국립외교원 외교사연구센터, 2020, 163쪽.

하였다면 대만 측과 초기 협상과 미래관계 정립이 분명히 원만하게 진행됐을 것으로 생각한다.

1993년 7월 한·대만 간 비공식관계에 관해 합의한 후, 대만 측은 기자회견에서 미수교국과의 관계 중 '최고 수준의 관계'라고 공개 표명한 반면, 한국 측은 오히려 중국 측에게는 '합의된 한·대만 간 관계'가 대만과 다른 나라와의 비공식관계에 비해 높은 수준이 아니라고 설명하는 촌극이 벌어지기도 했다. 한중 수교교섭 시 중국 측으로부터 양해 받았다고 하며 1992년 8월 중화민국과 단교 시 한국 정부가 대외적으로 표명하고 중화민국 정부에게도 공식 통보했던 대만과의 '최고 수준의 비공식관계' 수립 입장은 어느새 실종되어 버리고 이를 대외적으로 당당하게 설명하지도 못했다.

2. 중화민국에의 통보 과정

1) 한중 수교교섭 중 합의사항

한국은 중국과 국교정상화를 추진하는 과정에서 중화민국과 중국이 공히 '하나의 중국' 원칙을 견지하고 있으며, 국제정치의 현실 등으로 보아 소위 이중승인은 가능하지 않으며, 한국의 대북한 정책과 1991년 9월 남북한 유엔 동시가입 등으로 중국에게 북한과의 단교를 요구하지 않는다는 입장에 따라 수교교섭에 임하였다.

따라서 한중 수교 시에는 중국은 북한과의 기본관계에 아무런 변화 없이 남북한과 동시에 외교관계를 갖게 되면서 북한에 한국과의 수교 사실을 통보하면 되는 반면, 한국은 중국과 수교하는 대신 중화민국에는 단교 통보와 함께 미래 관계 정립을 위해 교섭해야 하는 과제를 갖게 된다.

한중 양국은 수교교섭 개시 시 교섭에 관한 비밀 유지의 중요성에 인식을 같이하였다. 1992년 4월 13일 첸치천 외교부장이 이상옥 외무장관에게 수교교섭 개시를 제의할 때, 첸 부장은 수교교섭 사실이 외부에 알려지면 국제 관계가 매우 불편하게 되므로 그 같은 장애가 생기지 않도록 하기 위해서는 수교교섭에 극도의 비밀 유지가 필요하다고 말하였다. 이에 이 장관은 동의하였으며, 이후 회담 후 보안 유지를 위해 관련 전문으로 보고 하지 않고 인편(人便)으로 보고문서를 휴대하여 귀국시켜 외무부 및 청와대에 보고하였다.[2] 이후 협상 장소에 관해서는 첸 부장은 4월 13일 교섭 개시 제의 시 교섭 장소는 중국과 한국, 또는 제3국도

---

2 이상옥, 『전환기의 한국 외교』, 삶과꿈, 2002, 168-169쪽.

좋으며 어느 한 장소로 고정시키지 않아도 좋을 것이라고 말하였으나,[3] 첸 부장의 회고록에 의하면 한국 측이 5월 협상 개시 시 비밀 보호를 위해 먼저 북경에서 개최하자고 제의하였으며, 서울에서는 사람 눈이 너무 많아 외부로 노출되는 것을 피하기 어렵다고 말했다.[4] 이에 따라 수교교섭 개시 때부터 수교 발표에 이르는 5회에 걸친 회담 중 4회가 북경에서, 1회가 서울에서 개최되었다.

중화민국과 북한에 대한 통보문제에 관해서는 한중 간 수교교섭 개시 시, 양측은 수교 추진 과정에서 수교교섭을 극비리에 진행하여 수교교섭이 끝난 후 중화민국과 북한에 통보하기로 합의하였으며, 그 후에 외교 경로를 통해 수교 발표가 임박한 시점에서 각각 공식 통보하기로 양해가 되었다.[5] 양측이 수교교섭 과정에서 중화민국과 북한으로부터 예상되는 반발과 방해 때문에 수교교섭이 끝날 때까지 비밀을 유지하는 것은 매우 중요하다는 데에는 이론의 여지가 없었다.

중국 측은 북한에 7월 15일(수) 공식 통보하였으며, 한국은 중국이 이미 한 달여 전에 북한에 통보한 사실을 전혀 인지하지 못한 채, 중화민국에 8월 18일(화), 20일(목), 21일(금)에 걸쳐 단계적으로 공식 통보하였다.

2) 단교 통보 사례: 일본, 미국, 사우디아라비아

| 일본 사례 |

일본 정부는 1972년 9월 25일−30일 다나카 가쿠에이(田中角榮) 수상의 중국과의 수교교섭을 위한 방중에 앞서 9월 17일−19일 시이나

---

3 위의 책, 168쪽.
4 첸치천(錢其琛), 『외교십기(外交十记)』, 中国 北京: 世界知识出版社, 2003, 156쪽.
5 이상옥, 앞의 책, 221쪽.

세츠사부로(惟名悅三郎) 자민당 부총재를 단장으로 16명 고문(중의원, 참의원)의 특사단과 외무성 아주국참사관 등 수행원을 파견하였다. 다나카 수상은 은퇴 중인 시이나 전 외상에 특사직을 요청하고 이를 위해 자민당 부총재로 복귀시켰다. 시이나 특사는 다나카 수상의 장제스 총통 앞 친서를 휴대하였다. 친서 내용은 적어도 외무성 내에서 5회 이상 수정되었으며 그 과정에서 외교에 관한 문서라기보다는 "될 수 있는 대로 예를 갖추고자 하는" 매우 동양적인 취지로 변하였다.[6] 외무성이 작성한 친서안을 보고받은 다나카 수상은 한학자 야스오카 마사히로(安岡正篤)에게 검토를 의뢰하라고 지시하였으며 친서 내용이 한문체로 바뀌었으며 중화민국 입장을 고려하여 "공식관계 단절" 같은 직접적 표현 등이 삭제되었다.[7]

시이나 특사 방문 중에는 학생들의 시위가 있었으며 정부, 언론은 일본의 "신의 배반"과 자유 진영 포기 처사를 격렬하게 비난하였다.

시이나 특사는 선창환(沈昌煥) 외교부장과 2차례 3시간에 걸친 회담, 허잉친(何應欽) 장군(중일 전쟁 시 중국군 총사령관), 장쥔(張群) 총통부 고문(전 행정원장), 옌쟈간(嚴家淦) 부총통, 장징궈(蔣經國) 행정원장을 면담하고 일중 간 국교 정상화에 관해 설명하고 앞으로 일본과 대만 간에는 외교관계도 포함한 '종래의 관계'를 유지할 것이라는 견해를 표명하는 등 노회한 자세로 대응하였다. 시이나 특사는 와병 중인 장제스 총통과의 면담은 이루지지 않았으며, 친서는 옌 부총통에게 전달하였다. 장제스 총통은 친서를 본 후 일중 수교를 재고할 것을 요청하는 친서를 다나카 수상에게 보냈다. 1972년 9월 29일 당일 10시 20분

---

6 소에야 요시히데(添谷芳秀), 『일중 관계사(日中関係史)』, 東京: 有斐閣, 2013, 125쪽.
7 핫토리 류지(服部龍二), 『일중국교정상화(日中國交正常化)』, 東京: 中公新書, 2011, 105-112쪽.

북경에서 일중수교공동성명 서명 전, 아침 일찍 우야마(宇山厚) 주중화민국일본대사가 다나카 수상의 장제스 총통 앞 친전을 중화민국 정부 측에 전달하였으며, 9시에 동경에서 호간(法眼晉作) 외무성 사무차관이 펑멍지(彭孟緝) 주일본중화민국대사에게 일중공동성명 내용과 다나카 수상 친전 전달 사실을 통보하였다.[8] 중화민국 외교부는 당일 바로 대일단교선언을 하였다. 동 선언에서 장제스 총통이 카이로 회담에서 천황제 유지를 강력히 주장하였고 일본군 포로 2백여만 명을 안전하게 송환했으며, 전쟁 손해배상 요구 및 일본 점령 권리를 포기하여 일본의 영토 분할을 면하게 해 줌으로써 신속한 국가 재건의 기회를 주었다고 강조하면서 일본을 강력하게 비난하였다.[9]

이렇듯 일본 정부가 일중 수교를 추진하는 과정에서 중화민국을 최대한 배려하려는 노력은 바로 1945년 패전 전후, 장제스 총통의 관대한 대일본 정책에 대해 일본 내 높은 평가와 감사 분위기가 지속되었기 때문이다. 특히 자민당 내 우파 세력은 장 총통의 은혜와 의리(恩義)를 잊어서는 안 된다는 의견이 뿌리 깊었다. 대표적인 인사가 동경 재판에서 A급 전범으로 종신형을 받고 가석방으로 풀려나 중의원, 자민당 정조 회장, 이케다(池田) 내각에서 법무상을 지낸 가야 아키노리(賀屋興宣)였다. 그 역시 장제스 총통에게 갚아야 할 은혜와 의리로서, 장 총통이 소련의 일본 분할 점령을 막기 위해 중국의 일본 점령을 포기하였고, 배상 청구를 포기하였으며, 일본의 천황제를 유지했으며, 중국에 주둔하던 2백수십만의 일본군을 무사히 귀국시켰다고 강조하였고 많은 의원이 이에 동조하였다.[10]

---

8 위의 책, 183-186쪽.
9 린진칭(林金莖, Lin Chin Ching), 『전후의 일화관계와 국제법(戰後の日華関係と国際法)』, 東京: 有斐閣, 1987, 116-117쪽.
10 핫토리 류지, 앞의 책, 89-90쪽.

대만 정부는 일본과의 관계 중요성에 비추어 "반 다나카 정권, 친 일본 국민"이라는 슬로건을 내세워 일본 교섭 제의에 응함으로써 3달 만에 1972년 12월 26일 타이베이에 일본의 교류협회, 동경에 대만의 아동관계협회가 설립되어 단교 후에도 양국 간 실질 협력관계를 지속할 수 있는 구조가 만들어졌다. 일본 방식은 미중 수교 후 미국·대만 관계 수립에 참고가 되었다. 대만은 일중 수교 후 일본 선박 입항 제한, 일본 기계류 수입 중지 등 보복 조치를 취하였으나 대부분 해제되어 3년 내에 관계가 정상화되었다.

| 미국 사례 |

미국과 중국은 1979년 1월 1일 중국과의 공식외교관계를 정식 수립한다고 1978년 12월 16일 발표하였다. 동시에 미국은 중화민국과는 1979년 1월 1일 자로 단교하고 문화, 상업 및 그 밖의 비공식관계를 유지할 것이며 4월 1일까지 대만에 주둔하고 있는 미군을 완전 철수한다고 밝혔다.

미국은 중국과 수교 발표 7시간 전인 1978년 12월 16일 새벽 2시에 웅거(Leonard Unger) 미국대사가 장징궈 총통을 예방하여 동 사실과 중화민국과의 단교 입장을 통보하였다. 단교 15일 전에 통보한 것이다. 장 총통은 16일 10시 유감의 뜻과 미국에 대한 강력한 항의 성명을 발표하고 국민의 대동 단결과 정부에의 신뢰를 호소하였다. 미국은 12월 27일-29일 워렌 크리스토퍼(Warren Christopher) 국무차관을 대만에 파견하여 장징궈 총통 면담, 외교부와 미래관계 협상 후 귀국하였다.

12월 27일 타이베이 도착 후, 반미감정이 절정에 달해 군중 데모로 크리스토퍼 차관이 찰과상을 입고 웅거 대사는 안경이 망가지기도 했다. 크리스토퍼 차관은 28일 오전 예정된 회담을 불참하고 항의를 겸

하여 일정에 없던 장징궈 총통을 예방했다. 이어 데모대가 진치고 있는 외교부에서 회담장을 옮겨 28일 15시-18시, 29일 9시-10시 반 숙소인 위안산대반점(圓山大飯店)에서 회담을 개최하였다. 중화민국 측은 장옌스 외교부장을 수석대표로 첸푸 외교차장 등 각 부처 차관급 인사, 진수지 외교부 대변인, 왕카이 전문관[11] 등이, 미국 측에서는 크리스토퍼 국무차관을 수석대표로 웅거 대사, 와이스너(Weisner) 태평양사령부 사령관, 국무부, 국방부, 상무부 부차관보 등이 참석하였다. 2차 회의 후 12월 29일 10시 반에 장징궈 총통과 면담한 후 오후 2시 반에 3차 회의를 개최하여 해결은 도모했으나 결렬된 채 종료됨에 따라, 미국 대표단은 예정보다 빨리 오후 3시 반에 귀국하였다.

이후 양국은 1979년 1월 8일부터 중화민국 양시쿤(楊西崑) 외교부 정무차장과 홀브르크(Richard Holbrooke) 국무부 아태부차관보 간에 비공식관계에 대한 협상이 워싱턴에서 재개되어 지속적으로 진행되었다. 1979년 2월 15일 중화민국 정부는 미국과 '북미사무협조위원회(Coordination Council for North America Affairs)'와 '미국재대만협회(American Institute in Taiwan)' 설치에 관해 합의하였다고 발표하였다. 중화민국은 2월 23일 행정원 명령에 의거, '북미사무협조위원회'를 설치하였으며, 이후 워싱턴 등 주미 사무소 11개를 설치하였다.

일본은 수교 발표 12일 전에 타이베이에 특사를 보내, 다나카 수상 명의의 장제스 총통 앞으로 사전에 정중한 친서를 보내고, 중국과 9월 29일 수교 공동성명 서명 직전에 다나카 수상은 다시 친전을 장 총통 앞으로 보냈다.

---

11 중화민국 측의 대표단 대부분 인사가 한국과 중화민국 단교 과정에 다시 참여하게 된다.

미국은 중국과의 수교 및 중화민국과의 단교 시점 15일 전이며, 이에 관한 공식 발표 7시간 전에 현지 미국 대사가 장징궈 총통에게 알려주었으며, 이어 정식 단교 5일 전에 국무차관을 타이베이에 보내서 경위 설명과 미래관계에 관한 공식적인 교섭을 시작했다.

일본, 미국의 경우 모두 중화민국 정부와 국민의 강력한 반발을 무릅쓰고 현지에서의 데모대와의 조우 등 불미스러운 사태를 예상하고, 특사 또는 국무차관을 타이베이에 파견하여 중화민국의 최고 지도자에게 친서 등을 통해 단교의 뜻을 직접 전했다. 미국은 단교전에 미래관계에 대한 공식 협상를 시작했다.

| 사우디아라비아 사례 |

앞서 서술한 바와 같이, 한국에 비해 2년 앞서 중화민국과 단교한 사우디아라비아의 경우, 1990년 7월 17일 자밀(Zamil) 공업전력 장관이 7월 21일 단교 4일전에 사우디 국왕 친서를 휴대하고 타이베이를 방문하여 단교 계획을 통보하였다.[12]

3) 중국의 대북한 통보

중국은 1980년대부터 한중 관계가 점진적으로 진전되는 과정에서 북한과의 특별한 관계를 고려하여 주요 진전 사항에 대해서는 주동적으로 북한 측에 설명하고 이해를 구해 왔다.

1983년 중국이 1990년 북경 아시아경기대회 유치를 신청할 때 한국의 참여에 동의한다는 사실을 북한에 사전 통보하는 등 북한 측의 민감한 반응을 고려하여 대응해 왔다. 1986년 서울 아시아경기대회를 계기로 한

---

12 본서 72페이지를 참고바란다.

중 관계가 점진적으로 발전하기 시작할 때부터는 북한과의 정상급 인사 교류를 매년 지속적으로 추진하면서 한중 관계 개선 내용을 알려 주면서 주변정세의 변화로 부득이한 조치라고 설명하고 마오쩌둥, 저우언라이, 덩샤오핑 등 혁명 1세대가 김일성과 함께 구축해 온 양국 간 전통적 우의와 혈맹 관계를 더욱 발전시켜 나갈 것이라는 입장을 표명해왔다.

1986년 10월 리셴녠 국가주석, 1988년 9월 양상쿤 국가주석, 1989년 4월 자오즈양 공산당 총서기, 1990년 3월 장쩌민 총서기, 1991년 5월 리펑 총리, 1992년 4월 양상쿤 국가주석의 방북이 이어졌으며, 1987년 5월 김일성, 1989년 11월 김일성, 1990년 9월 김일성(선양, 비밀 방문), 1990년 11월 연형묵 총리, 1991년 10월 김일성의 방중이 이루어졌다.

적어도 1989년 11월 김일성 방중까지는 공식적으로나 비공식적으로 덩샤오핑이 김일성을 직접 상대하거나 면담하였다. 덩샤오핑과 김일성은 보통 일반적인 관계가 아니었다. 1982년 4월 덩샤오핑은 78세 고령에도 불구, 김일성 초청으로 비밀 방북한 바 있고, 덩샤오핑 초청으로 1982년 9월 김일성이 중국 공식방문 시에는 쓰촨성(四川省) 청두(成都)까지 동행했다. 1983년 9월 김일성의 비밀 방중 시에는 다롄(大連)에서 회담하였다. 1987년 5월 김일성 공식 방중 시에 김일성이 서울올림픽 문제를 제기할 때, 덩샤오핑은 중국이 서울올림픽에 참가하지 않을 이유가 없으며 중국은 경제적으로나 정치적으로 개방해야 한다고 설명하였으며 이에 김일성도 동의하였다고 한다.[13]

앞서 기술한 바와 같이 1990년 10월 20일 한중 무역사무소 설치 합의 관련, 장팅옌(张庭延) 부국장에 의하면, 1988년 11월 김영남 외교

---

13 옌징(延静: 장팅옌[张庭延] 부국장, 탄징[谭静] 부부의 필명), 『영원한 기억(永远的记忆)』, 中国 济南: 山东大学出版社, 2007, 37쪽.

부장 방중 시 첸치천 외교부장과 리펑 총리가 한중 간 무역관계가 부단히 발전하여 무역사무소 설치를 피할 수 없을 것이라고 설명하여 양해를 구하였고 이후 한중 간 민간 무역사무소 상호 설치문제에 관해서는 중국·북한 양국의 최고 영도자 간에 여러 번 의견을 교환하였다고 하면서, 장쩌민 총서기가 1990년 3월 방북한 이래 1990년 가을(9월 11일) 김일성이 비밀리 선양(瀋陽)을 방문했을 때 두 지도자 간 의견 일치를 보았으며 그 이후 한중 간 합의가 이루어졌다고 한다.[14] 한중 무역사무소 설치도 합의 발표전에 최소한 한 달 열흘 전에 정상회담을 통해 북한 김일성 주석의 양해를 얻었다는 것이다.[15]

이어 알려진 대로 1991년 5월 리펑 총리 방북을 통해 한국의 유엔 가입에 거부권 불행사 입장을 통보함으로써 북한 측의 남북한 동시가입 불반대 입장을 유도하고 이어 6월 첸치천 외교부장의 방북을 통해 북한의 우려를 해소해 줌으로써 남북한 유엔 동시가입 실현에 결정적 역할을 수행했다. 김일성은 1991년 9월 17일 남북한 유엔 동시가입 이후 10월 2일부터 10일간 중국을 방문했다.

앞서 기술한 바와 같이, 중국은 한국과의 수교 진행 과정에서 남북한 각각과의 관계를 고려하여 외교 일정을 주도하는 방식을 통해 중국 입장을 최대한 유리하게 확보해 나간다. 중국 측이 한국 측에 2일 전에 통보하여 성사된 10월 2일 유엔에서의 한국과의 첫 번째 외무장관 회담이 10월 4일 김일성 방중 직전에 개최된 것은 우연이라고 볼 수 없다. 김일성 방북 직전에 첫 번째 한중 외무장관회담 개최를 통해 한국 측의 사의와 높은 평가를 확보하고 북한 측의 항의를 최소화하려는 의

---

14 위의 책, 2007, 38쪽.
15 첸치천 외교부장이 1992년 7월 15일 김일성 주석에게 한중 수교계획을 통보한 것도 한 달 열흘 전이었다.

도로 보인다.

중국이 1991년 11월 서울 개최 APEC 각료회의 참석 이후, 1991년 말 1992년 초에 한국과 수교 추진을 내부적으로 확정하였다. 장팅옌 부국장에 의하면 1992년 2월 어느 날, 첸치천 외교부장 사무실에서 첸 부장이 "각 방면의 정황을 분석해 보니 한국과의 수교 조건이 이미 기본적으로 성숙되었다고 판단하며, 점차 전향적으로 추진해도 될 것으로 본다"고 표명하였다.[16] 첸 부장은 자신의 회고록에서 3월 중순 전국인민대표대회 기간 중 기자회견에서, 중국과 한국관계에 변화가 있는지에 대한 질문에 대해 "나의 대답은 그간에는 중국의 입장에는 변화가 없으며, 우리는 한국과 어떠한 관방(官方)관계도 일어날 수 없다는 것이었다. 지난 1년 나의 대답에 변화가 생겼다. 나는 우리와 한국과의 수교에는 시간표가 없다고 말하였다. 민감한 기자라면 내 말에서 무언가 깨우치고 느낄 수 있어야 했다"고 썼다.[17] 자신이 사실상 한국과의 관계 변화를 의도적으로 알렸다는 설명이었다. 한국, 북한, 대만 측에게 알렸다는 의미이기도 하다.

1992년 4월 북경 개최 ESCAP 총회 참석 차 방중한 이상옥 장관에게 4월 13일 수교교섭 개시 제의한 날, 바로 양상쿤 국가주석은 김일성 주석 80세 생일 계기에 방북하여, 김 주석에게 수교 추진 계획을 알렸다. 양 주석은 김 주석에게 중국은 현재 한국과의 수교문제를 고려하고 있으며 동시에 장래에도 과거와 같이 북한의 통일 사업을 지지한다고 강조하였다. 김 주석은 현재 한반도가 미묘한 시기에 처해있으므로 중국이 중한관계와 북미관계를 조정할 수 있기를 희망하며 재고해줄 것을

---

16 옌징, 앞의 책, 2007, 46쪽.
17 첸치천(錢其琛), 『외교십기(外交十记)』, 中国 北京: 世界知识出版社, 2003, 155쪽.

요청하였다.[18] 양 주석 방북을 수행했던 장팅옌 부국장에 의하면, 김 주석은 한국과의 수교를 1년 늦추어 줄 것을 희망하였으나, 중앙 방침이 정해져서 이를 수락할 수 없었다고 한다.[19]

앞서 기술한 바와 같이, 이렇게 이상옥 장관이 방중하는 4월 12일-17일 일정 전후에 중국은 한국, 북한, 일본과 각각의 양자 관계에 있어서 의미 있는 외교를 전개하였다. 장쩌민 공산당 총서기가 4월 4일-10일 간 일본을 방문하여 양국 관계 개선에 주력하면서 일본 천황의 방중을 제의하였으며, 한국에는 수교교섭 제의와 함께, 양상쿤 국가 주석은 4월 13일-17일간 김일성 80세 생일(4월 15일)에 맞추어 북한을 공식 방문하였던 것이다.

| 첸치천 외교부장, 1992년 7월 15일 북한 통보 |

이어 중국은 한국과 3차에 걸친 예비회담을 통해 1992년 6월 21일 수교 공동성명안과 양해각서안을 가서명한 이후, 7월 15일 첸치천 외교부장이 북한을 방문하여 김일성 주석에게 한중 수교 계획을 통보하였다. 당시 중국은 여러 방안을 검토했으나 사안이 중대하고 중·북한 우호 관계를 고려하여 김 주석에 대한 존중을 표시하고 북한과의 업무를 잘 하는데 도움이 되기 위하여, 장쩌민 주석의 구두 메시지를 전달하기로 하고 첸치천 국무위원 겸 외교부장을 평양에 파견하여 김 주석에게 직접 통보하기로 결정하였다.[20] 7월 12일 양상쿤 국가주석의 아프리카 순방 후 귀국한 날, 장쩌민 총서기가 인민대회당에서의 환영식을 종료한 다음, 양 주석과 첸치천 외교부장과 협의한 결과 중국의 한국과의

---

18 위의 책, 157쪽.
19 옌징(延静: 장팅옌[张庭延] 부국장, 탄징[谭静] 부부의 필명),『출사한국(出使韩国)』, 中国 济南: 山东大学出版社, 2004, 3쪽.
20 위의 책, 3쪽.

수교 결정을 북한에 통보하기로 결정하였다.[21] 그다음 날인 13일 장쩌민 총서기가 특별기 편으로 지방에 체류하고 있는 덩샤오핑에게 보고하여 동의를 받았다고 한다.

7월 15일(수) 아침 첸치천 외교부장은 쉬둔신 외교 부부장[22], 장팅옌 부국장 등을 대동하고 특별기 편으로 평양에 도착하여 김영남 외교부장 영접을 받은 후 헬기로 이동하여 11시경 묘향산 별장에서 김일성 주석을 만났다. 한중 수교 계획을 통보하고 당일 오후 5시경 귀국하였다.

첸 부장은 장쩌민 총서기의 구두 메시지를 전하면서 "장쩌민 총서기는 덩샤오핑 동지와 중공중앙의 동지를 대표하여 김일성 주석에게 최고의 경의와 축원을 전하고 양국 관계 발전을 높이 평가한다"고 한 후, "최근 일련의 국제정세와 한반도 정세변화로 중국은 한국과 수교 담판을 진행할 시기가 이미 성숙되었다고 판단하고 있으며 중국의 검토와 결정에 대해서 김 주석의 이해와 지지를 얻을 수 있을 것이라고 믿는다"고 하며 "중국은 앞으로도 지금까지와 같이 중국·북한 양당과 양국이 장기간 투쟁하여 결성된 전통 우의를 발전시키는 데 노력하며, 북한의 사회주의 건설과 자주평화통일을 지지하며, 한반도정세의 진일보한 정세 완화를 추진하며, 북한·미국 관계, 북한·일본 관계 개선 및 발전을 추진해 나가겠다"고 말하였다.

이에 대해 김 주석은 잠시 침묵 후에 "중국과 남조선 문제에 대해서는 중국이 이미 결정을 했으니, 그럼 그렇게 하라"고 하면서 "중국이 독립, 평등, 자주적으로 자신의 외교정책을 결정하는 것을 이해하며 우

---

21 첸치천, 앞의 책, 157쪽.
22 쉬둔신 외교부부장은 2주 후인 7월 29일 한중 수교 본회담의 중국 측 수석대표로서 노창희 외무차관과 함께 한중 수교 공동성명안에 가서명하였다. 본회담에서는 6월 21일 제3차 예비회담에서 예비회담 수석대표 간 합의하여 가서명한 문안을 다시 서명하였다.

리는 여전히 중국과의 우호 관계를 증진하기 위해 계속 노력할 것이며, 장래 일체의 곤란을 극복하면서 계속하여 자주적으로 사회주의를 견지하며 건설할 것"이라고 하면서 "덩샤오핑과 기타 중앙영도동지에게 안부를 전해달라"고 말하였다.

첸치천 외교부장의 기억으로는 동 회담이 김 주석이 그간 중국 대표단과의 회견 중 가장 짧은 회견이었으며 회견 후 관례적인 연회 초대도 없었다.[23] 첸치천 부장은 귀국 후 중남해(中南海)로 바로 직행하여 장쩌민 총서기와 리펑 총리에게 북한 방문 결과를 직접 보고하였으며 모두 방문 결과에 만족했다고 한다.

장팅옌 부국장의 회고에 의하면, 평양 방문은 비록 짧은 시간의 왕래였으나 한중 수교를 위해 최후의 걱정을 제거해 주었으며 이는 고위층에서의 구두 메시지 전달 방안이 매우 합당하고 정확한 결정이었음을 보여주는 것이라고 평가하였다. 반면 한국은 한중 수교 후 대만으로부터 "망은부의(忘恩負義)라고 비난을 받았다"고 이어 기술하였다.[24]

첸치천 부장의 회고록에서 흥미로운 것은 덩샤오핑에 대한 언급이다. 첸치천 부장은 장쩌민 국가주석의 구두 메시지가 "덩샤오핑 동지와 중공중앙 동지를 대표"한 것임을 분명히 함으로써, 한국과의 수교가 덩샤오핑의 뜻임을 전하였고, 김일성 역시 마지막 인사를 전하면서 장쩌민 국가주석의 메시지를 전달받았음에도 불구하고, 장쩌민 국가 주석을 구체적으로 언급하지 않고, "덩샤오핑과 기타 동지"(장쩌민 국가주석은 기타에 포함)에게 안부를 전해 달라고 함으로써, 자신의 상대는 덩샤오핑임을 시사하였다. 오버도퍼(Don Oberdorfer)에 의하면 "첸치천 외교부장은 한국과의 관계 정상화가 중국 최고지도자 덩샤오핑의 지시에 의

---

23 첸치천, 앞의 책, 157–159쪽; 옌징, 앞의 책, 2004, 3–7쪽.
24 옌징, 위의 책, 2004, 8쪽.

해 취해진 조치라고 강조함으로써, 북한에게 논쟁의 여지를 남기지 않았다"고 한다.[25]

앞서 기술한 바와 같이, 첸치천 외교부장의 회고록에 의하면 한국과의 관계 개선 및 수교과정에 덩샤오핑이 1985년 4월부터 깊은 관심을 갖고, 중국 입장에서는 첫 번째 장사를 할 수 있어 경제상으로 좋은 점이 있고, 두 번째로는 한국으로 하여금 대만과의 관계를 단절시킬 수 있다고 말하였으며, 1988년 5월-9월간 수차에 걸쳐, 한국과의 관계 발전은 해가 없으며 이익만 있을 뿐이며 경제상 양국 발전에 유리하며, 정치상 중국 통일에 유리하다고 강조하였다. 또한 한국과 적극적으로 관계 개선을 하되, 동시에 동 문제는 매우 미묘하니 신중하게 처리하고 북한의 양해를 구해야 한다고 강조하였다고 하면서 덩샤오핑의 지도하에 다년간의 금기를 깨면서 한국과 관계 개선을 추진했으며, 그 과정에 양국 최고 영도자들 간의 소통과 대화가 지속적으로 있었다고 설명하였다.[26]

김일성은 건국 이래 마오쩌둥, 저우언라이와 혁명 1세대로서의 유대로 특별한 관계를 유지해 왔으며 1975년 4월 중국 공식 방문 시, 마오쩌둥 주석 회견 후, 입원 중인 저우언라이 총리를 문병한 자리에서 저우 총리로부터 자신의 병환이 심각하니 이후에는 덩샤오핑을 찾으라고 마지막 말을 들은 이래,[27] 덩샤오핑과 노령임에도 불구하고 서로 마오타이주를 나누는 등 특별한 관계를 유지하면서 상대해 왔다.[28] 아울러 덩샤오핑은 1987년 5월 김일성 방중 시, 중국의 1988년 서울올림픽 참가 계획을 통보하였으며 1991년 9월 남북한 유엔 동시가입 후인 1991년 10월 김일성 방중 시에도 비공개로 면담하였다. 앞서 기술한 바와 같

---

25 Don Oberdorfer, *The Two Koreas*, Basic Books, 2001, p.247.
26 첸치천, 앞의 책, 151-154쪽.
27 옌징, 앞의 책, 2007, 21쪽.
28 위의 책, 2007, 192-193쪽.

이 김일성은 북한의 미국, 일본과의 미수교 상태임을 들어 중국이 한국과 공식 관계를 수립하는 일이 없도록 요청하였으며, 중국 측은 남한과의 관계로 북한을 해치지 않도록 할 것이며 남한과의 공식관계 수립은 시기와 방법을 심사숙고하여 정할 것이라는 입장을 설명하였다. 덩샤오핑은 난징(南京)에서의 김일성과의 비밀회담에서 "남북 회담에서의 유연한 대응을 통한 진전"과 "부시 미국대통령의 핵감축선언(9월 27일)을 호기로 활용하여 핵사찰문제 해결"을 제안했던 것으로 알려졌다. 김일성은 덩샤오핑의 조언에 동의를 표시하였고 이에 따라 남북관계 및 미국과 일본과의 관계 개선에 적극적으로 나선 바 있다.

이렇듯 덩샤오핑과 특별한 관계를 유지해 온 김일성으로서는 한중 수교에 관한 장쩌민 주석의 구두 메시지만으로는 중국의 조치를 완전히 납득할 수 없었을 지 모른다. 그래서 중국 측 또한 7월 15일 첸치천 외교부장의 김일성 주석 면담 시 한중 수교 계획 통보에 대한 김 주석의 담담한 반응만으로 북한 측의 반발이 끝났다고 보기는 어렵다는 판단이었을 것이다. 따라서 이미 6월 21일 한중 간 수교 공동성명안에 대한 합의가 끝났음에도 불구하고, 앞서 기술한 바와 같이 북한 설득을 이유로 시간을 어느 정도 확보하면서 본회담 개최(7월 29일), 외무장관 회담 시 서명 및 발표(8월 24일), 노태우 대통령 방중(9월 27일-30일) 일정을 순차적으로 제기한 것으로 보인다. 중국 외교부 내에서는 당시, 북한 반응에 대해 여러 예측이 있었으며, 노동신문 등을 통한 공개적인 중국 비난, 또는 비공개로 엄중 항의, 또는 담담하게 현실로 받아들일 가능성 등을 상정하였다고 한다. 결과적으로 북한이 크게 반발하지 않고 외형상 담담하게 현실로서 수용한 형식으로 마무리되었다.

그간에 덩샤오핑이 김일성과의 메시지 교환 등 어떠한 형태로든 접촉했을 가능성이 있으며 당시 일부 대만 언론의 1992년 10월 말 김일성의 비밀 북경 방문설[29]에도 보듯이 김일성이 한중 수교 계기로 덩샤오핑의 입장을 다시 확인하고 김정일로의 권력 이양 등 북한정권 유지를 위해 중국의 지지와 협력을 확약 받는 노력을 했을 것으로 짐작된다.

다만 외형상 평온한 중국·북한관계와는 달리, 황장엽에 의하면 "김정일은 중국과 베트남이 한국과 수교하고 왕래가 잦아지면서 신경질이 극에 달했으며, 북한 주민들이 중국의 개방도시인 선전(深圳), 주하이(珠海) 등을 참관하지 못하도록 할 뿐만 아니라 만리장성의 견학까지 금지했다고 하면서 중국에 대한 사대주의가 싹틀까 두려워하는 것 같았다"고 한다.[30]

중국은 7월 15일 첸치천 외교부장 방북 시, 한중 수교 계획은 통보하였으나, 당시 한국 측과 구체적인 수교 일정에 최종 합의하지 않은 상황이었으므로 수교 발표 일정을 알려 주지 못했다. 이어서 중국 우쉐첸(吳學謙) 부총리가 8월 18일(화) 주창준 주중북한대사에게, 한중 수교가 가까운 시일 내에 발표될 것이라고 통보하였다고 한다.[31] 이상옥 외무장관이 진수지 주한중화민국대사에게 처음으로 한중 수교교섭에 "실질적인 진전이 있었다"고 통보한 날이며 구체 수교일정은 3일 후인 8월 21일(금) 오후 5시에 통보하였다.

결국 중국은 한국 측과의 약속을 위배한 것이다. 이상옥 장관은 회고록에서 "한중 양측은 수교 추진 과정에서 수교교섭을 극비리에 진행하여 수교교섭이 끝난 후 중화민국과 북한에 통보하기로 합의하였으나, 그 후에 외교 경로를 통해 수교 발표가 임박한 시점에서 각각 공식 통보하기로 양해가 되었다"고 썼다.[32]

---

29 『연합보』, 1992년 10월 15일, 10면.
30 황장엽, 『나는 역사의 진리를 보았다』, 한울, 1999, 252−253쪽.
31 이성일(李成日), 『중국의 조선반도 정책(中國の朝鮮半島政策)』, 慶應大學出版, 2010, 261쪽.
32 이상옥, 앞의 책, 221쪽.

신정승 과장은 "북경(중국)이 약속을 어긴 것이며 북한에 통보하겠다는 얘기를 한국에 한 후 평양에 알려야 했다"며 "자신한테는 중국에 대한 첫경험 비슷한 일이며 이후에도 중국 관계 일을 하면서 '중국과는 이런 일이 비일비재하겠구나' 하는 생각이 들었다"고 한다.[33] 이어 "중국이 우리한테 알려 주지 않은 부분에 관해서는 바람직하지 않았던 일이며 서로 간에 있었던 양해 사항과는 거리가 있었던 것"이라고 한다.[34] 수교 이후 한국 측이 이에 대해 문제를 제기했거나, 중국 측이 자신들이 당초 한국 측과의 양해 사항을 어긴 데 대해 한국 측에 유감이나 양해를 표명했다는 얘기를 들어본 적이 없다.

4) 한국의 대중화민국 통보

한국은 1983년 5월 중국 민항기 납치 사건 이후, 한중 관계 개선을 공개적으로 주요 외교 목표로 설정한 이후 중화민국과의 관계는 현상 유지에 중점을 두면서 한중 관계에 대해서는 일정한 진전이 있을 때마다 이를 중화민국 측에 외교채널 등을 통해 계속 통보해 왔다.

앞서 기술한 바와 같이 1980년대에는 중국대륙과의 관계 개선 과정에서 한국이 중국을 계속 호의적으로 대하면서 중화민국 국민과 정부의 입장을 충분히 배려하지 못한 면도 있었으며, 중화민국은 한국이 일제시대부터의 중화민국의 전폭적 협력과 지원을 잊고 있다는 섭섭함과 잠재적인 중화사상에 의한 한국 경시의식이 남아 있으며, 국제사회에서 경제면에서의 경쟁 구도 등으로 양국 관계는 보통 국가 관계로 발전하는 과정에 일정이 계속되었다. 특히 1988년 2월 노태우 대통령 취임 후 북방외교를 적극 추진하며 임기 내 중국과의 수교를 공약으로 내걸은

33 신정승, 「특별기획 한중 수교 25주년」, 『신동아』, 2017년 8월호, 148-159쪽.
34 신정승, 앞의 책, 2020, 124쪽.

만큼 중화민국은 이에 크게 긴장하지 않을 수 없었다.

한국과 중화민국 관계에 있어서 가장 중요한 외교문제가 한국의 중국과의 관계가 되었으며, 중화민국과 중국이 공히 '하나의 중국' 원칙을 고수하고 있는 상황하에서, 한국은 중국과의 관계에 있어서는 적극적으로 접근하여 관계 진전을 만들어 나가면서, 중화민국과는 그들의 관심사항에 어느 정도 부응하면서 안정적 관리를 추구하였다.

한국 정부는 노태우 대통령 임기 중에 중국과 가능한 조기에 수교를 추진한다는 방침을 대내외적으로 지속적으로 천명하면서, 중화민국 측에 대해서는 단교 직전까지 한국은 중국과의 관계 개선은 계속 추진하되 중화민국과의 관계는 계속 유지 발전시킨다는 입장을 전달하였으며, 중화민국 측은 한국의 중국과의 관계 개선에는 반대하지 않으며, 한국과 중국 간 어떠한 관계 발전에도 한국과 중화민국 간 외교관계는 계속 유지되어야 한다는 입장이었다.

돌이켜 보면 당시 객관적인 한반도 및 주변정세의 변화와 한중 관계의 진전 추세를 주의 깊게 살펴보면, 양국 외교당국은 공히 상대방 입장이 결코 합리적이며 현실적인 입장이 아님을 충분히 인식할 수 있었을 것이라고 생각한다. 그럼에도 불구하고 ① 양국 각각의 국내 정치적인 현실, ② 양국 외무장관, 차관 간 교류 부재를 비롯한 외교당국 간 정기적인 고위협의 채널 가동이 전무한 가운데, 결국 외교당국 간 신뢰 부족 상태가 지속되고 ③ 한국 측의 중화민국에 대한 전략적 접근 정책 부재와 합당한 대우 및 배려 자세 결여 ④ 중화민국 측의 중국·북한관계에 대한 오판 및 한중 수교 조기 실현 가능성에 대한 유보적 판단에 따른 정세 오판 등으로 양국은 상기 공식 입장을 견지해 나간 것으로 보인다.

한국 측의 단교 전후 통보과정에서 중화민국 측의 강한 불신과 불만으로 새로운 양국 관계 수립은 진전이 없었으며, 한국의 신정부가 들어

서면서 교섭이 진행되어 단교 11개월 만인 1993년 7월 새로운 관계가 수립되었으나, 외교관계를 제외한 전반적인 정상 관계를 회복하는 데는 2004년 9월 항공협정이 체결될 때까지 12년이 걸렸다.

한국 측의 한중 관계 진전 및 단교에 대한 통보는 3단계로 살펴볼 필요가 있다. 주요 분기점은 1992년 4월 13일 첸치천 외교부장이 이상옥 의무장관에게 수교교섭 개시를 제의한 날과 8월 18일 이 장관이 진수지 주한 중화민국 대사에게 한중 수교교섭에 "실질적 진전이 있다"고 통보한 날이라고 할 수 있다.

1단계: 1988년부터 1992년 4월 12일까지

앞서 살펴본 바와 같이, 한국이 1988년 서울 올림픽을 계기로 헝가리를 시작으로 전 동구권 국가와 수교과정에 이루어진 1990년 6월 노태우 대통령의 고르바초프 대통령과의 한·소 정상회담에 대해서 첸푸 외교부장이 높이 평가하는 등 중화민국은 다소 여유 있는 입장이었으나, 1990년 북경 아시아경기대회를 계기로 한중 민간사무소 설치 합의 등 가시적인 성과가 나오기 시작하고, 한중 관계가 단순한 민간 교류차원에서 조금씩 정부 간 관계로 발전되는 과정으로 진입하면서 중화민국은 주요 계기 때마다 한국 정부, 주로 외무부 및 중화민국 방문 고위인사에게 깊은 관심과 우려를 전하였다.

이 기간 중에는 중화민국 측은 한국의 북방정책에 대해 일관되게 이해를 표명하면서 한중 관계와 관계없이 한·중화민국 관계가 유지 발전되기를 바라며 한중 관계에 진전이 있으면 사전에 알려 줄 것을 지속적으로 요청했으며, 이에 대해 한국 측은 노 대통령의 "새로운 친구를 사귀어도 옛 친구를 버리지 않는다"는 언급을 비롯해 우호 협력관계를 유지해 나갈 것이며 한중 관계 진전 시 사전에 알려 주겠다고 약속해 왔다. 1990년 10월 한중 간 민간 무역사무소 설치 합의에 관해서 한국 측은 발표 전후에 외무부 김정기 아주국장이 왕카이 주한공사에게, 이정빈 제1차관보가 진수지 주한대사에게 관련 내용을 통보하였다.

평상시에는 외무부(국장, 심의관, 과장)와 주한 중화민국대사관(공사, 참사관) 간의 면담 등을 통해 실무적인 소통과 대화는 긴밀히 이루어졌으며 양국 간 고위인사 방문 교류 시 노태우 대통령과 리덩후이 총통은 각각 상대국 인사를 접견하여 기본적 입장을 확인하고 상대국 원수에 안부를 전하였다.

이 기간 중 양국 고위인사 간 면담 실적을 살펴보면 노 대통령은 샤오완창 경제부장(1990년 8월), 량쑤룽 입법원장(1991년 1월), 노재봉 총리는 천선링 참모총장(1991년 1월), 정원식 총리는 우보슝 내정부장(1991년 7월), 예창둥 해군 참모총장(1991년 7월), 샤오완창 경제부장(1991년 11월)을 면담하였다. 노 대통령은 김종인 청와대 경제수석(1992년 1월) 방문, 민관식 특사 파견(1992년 2월) 계기에 친서를 연이어 보내 양국 관계 발전의 의지를 전달하였다.

노 대통령은 1992년 2월 친서에서 "급변하는 현 국제정세하에서 한·중화민국 양국이 국가 발전을 성공적으로 추진하고 나아가 아태지역의 평화와 번영에 기여할 수 있도록 상호 협력해 나가야 할 것"이라는 입장을 전달하였다.

리덩후이 총통은 김재순 국회의장((1990년 2월), 이어령 문화부장관(1990년 5월), 권영각 건설부장관(1990년 7월), 이진삼 육군총사령관(1990년 10월), 정호근 합참의장(1991년 4월), 이용만 재무장관(1991년 8월), 박준규 국회의장, 최병렬 노동부장관(1991년 10월), 김종인 청와대경제수석비서관(1992년 1월), 민관식 대통령 특사(1992년

2월)와 면담하였다.

이상옥 장관은 1991년 중 6월, 8월 진수지 주한대사 2회 면담, 1991년 11월 APEC 각료회의 계기 샤오완창 경제부장 면담, 1992년 1월 진수지 대사 면담을 통해 한중 관계 개선 동향과 한국 입장을 전달하였다. 첸푸 외교부장은 1991년 5월, 8월 한철수 대사 면담, 장샤오옌 외교차장은 1991년 9월, 11월(2회), 1992년 1월, 3월 박노영 대사를 면담하였다.

한중 관계 동향 및 언론 보도에 대한 대응은 기본적으로 외무부 본부에서 주한중화민국대사관 채널을 통해 이루어졌으며, 주중화민국대사관은 본부로부터 면담 기록이나 언론 대응 지침을 받아 중화민국 정부와 현지 언론에 대응하였다. "한반도의 평화와 안전 및 평화적 통일을 위해서는 중국과의 관계 개선이 불가피하다, 한중 간 수교에 관한 시간표는 없다, 한중 관계 발전에도 불구하고 한·중화민국 관계에는 아무런 변화가 없다, 한중 관계 진전 시에는 서울에서 외교채널을 통해 주한 중화민국대사관에 사전에 알려 줄 것이다"라는 기본 입장에 따라 대응하였으며 대만 언론의 한중 관계 진전 사항 보도에 관한 문의에 대해서는 "본부에서 통보받은 바 없으며, 인지하지 못하고 있으며 사실이 아닐 것으로 생각한다"는 선에서 대답하였다.

2단계: 1992년 4월 13일부터 8월 17일까지

1992년 4월 13일 중국 측의 한중 수교교섭 개시 제의 시 양측은 수교교섭의 대외 보안의 중요성에 인식을 같이하고 수교교섭이 끝난 후 중화민국과 북한에게 적절히 통보하기로 합의하였다.

이에 따라 보안 유지를 위해 첸치천 외교부장과의 회담 후 이상옥 장관은 현지 공관을 통한 전문 보고 형식 대신 인편으로 보고서를 본국 외무부와 청와대에 전달하여 보고하였다. 이 장관 귀국 후 4월 22일(수) 청와대 보고에서 노 대통령은 외무부의 보안 유지를 염려하면서 김종휘 외교안보수석비서관을 수석대표로 수교 회담을 진행하는 것이 좋겠다고 말하였다.[35]

노 대통령은 회고록에서 수교교섭의 보안 문제에 대해 다음 기술하였다.

> 중국과 수교하면서 왜 의리 없이 대만 측에 사전 설명을 해 주지 않았느냐?고 비난하는 이도 있지만 그것은 사정을 모르는 말이다. 중국은 북한과의 관계를 내세우며 보안을 유지해 달라고 강력히 요구했다. 때문에 대만 측에 이야기해 주고 싶어도 할 수 없었다. 김종휘 외교안보수석은 서울 워커힐호텔에서 열린 비밀협상(제3차 예비회담)에서 중국 측이 '북한에 사전 통보하지 않을 테니 한국도 어느 나라에건 알리지 말아 달라'고 강력하게 요청했다고 내게 보고했다.[36]

노태우 대통령으로서는 임기가 1년도 안 남은 상황에서 자신의 공약이자 북방정책의 마지막 과제인 중국과의 수교를 임기 내 마무리하는 것이 절대적 과제였기 때문에 중국 측이 요구하는 수교교섭의 보안 유지는 반드시 지켜야 했을 것이다. 물론 앞서 기술한 바와 같이 결국 중국 측은 당초 약속을 지키지 않았다. 이러한 노 대통령의 지시를 이행하는 외무부로서는 최대한 보안을 유지하기 위해 교섭단 구성 등 관련 준비를 철저히 비밀리에 진행하였다.[37]

이러한 상황에서 국내 언론이나 중화민국에 대해서는 한중 관계에 대한 설명이 더욱 신중하지 않을 수 없었다. 한국 측으로서는 중국과 수교교섭이 끝나기 전에 이를 중화민국 측에 통보하는 것은 수교교섭에

---

35 이상옥, 앞의 책, 205쪽.
36 노태우, 『노태우 회고록 -下券 전환기의 大戰略』, 조선뉴스프레스, 2011, 255쪽.
37 이상옥, 앞의 책, 205-207쪽.

엄청난 장애를 조성하여 교섭의 파탄을 초래할 가능성이 있다고 판단했으며 따라서 비밀 유지는 곧 수교교섭 성과의 성패에 관계되는 중요한 문제였다.[38] 이상옥 장관은 중국과 수교교섭 개시쯤에, 그간의 중화민국과의 관계를 감안하여 통보 문제를 제기한 김석우 아주국장에게 "우리와 대만과의 관계를 생각하면 과거 우리가 대만과 그러한 교류를 해온 것은 바람직했고 우리 정부에게 많은 도움을 준 것도 사실이나 지금은 국익을 우선 생각하지 않을 수 없고, 이번에는 특히 중국 요구가 있다"면서 수교교섭에 관한 통보 시점이 아주 중요하며 고도의 판단이 필요하다고 강조하였다.[39] 한중 수교교섭의 책임자로서 당시 2개의 중국 사이에서의 고뇌를 엿볼 수 있는 대목이다.

1991년 8월 부임 이후 처음으로 첸푸 부장이 박노영 대사를 1992년 4월 15일 초치하여 요청한, 이상옥 장관의 진수지 주한대사와의 4월 24일 면담에서, 이 장관은 북경 방문 중 "진수지 대사가 수교교섭에 관한 협의가 있었는지를 캐물었으나 이를 부인하지 않을 수 없었다"고 하면서, 그러나 자신의 그날 언급은 종전까지의 내용과는 다른 것으로서 한중 관계 정상화를 위한 구체적인 움직임이 있다는 것을 감지할 수 있게 하는 것이었다고 한다.[40] 단교 후 한국 측이 1992년 4월 동 면담 시에 한중 관계 진전에 대해 중화민국 측에 통보했다고 대외적으로 설명한 데 대해, 중화민국 측이 완전히 사실과 다르다고 강력히 반발한 사실은 앞서 기술한 바와 같다.

---

38 위의 책, 199쪽.
39 김석우, 『남북이 만난다 세계가 만난다』, 고려원, 1995, 253쪽.
40 이상옥, 앞의 책, 200쪽. 이 장관은 4월 24일 진수지 대사와의 면담에서 "한중 관계 정상화를 위한 구체적 움직임을 감지할 수 있게 했다"고 쓰고 있는데, 바로 2일 전인 22일 청와대 보고에서 노 대통령이 외무부 보안유지를 염려하면서 수석대표를 청와대 외교안보수석비서관으로 하자고 언급했음에 비추어, 대외 보안의 최고 요주의 대상인 중화민국의 진수지 대사와의 면담 시 과연 어느 정도의 암시를 주었는지는 당사자들만 알 수 있을 것이다.

1992년 4월 이후 5월 초부터 양국 간 본격적인 수교교섭이 시작되면서 한국 정부 인사가 주요 계기에 표명하는 중화민국과의 관계에 대한 한국 측 입장이나 표현이 조금씩 변하기 시작했다.

5월 6일-9일 장옌스 특사 방한 시, 노태우 대통령과 이상옥 장관은 북방정책의 기본 취지를 설명하고 한중 관계 발전에도 불구하고, 중화민국과는 우호 협력관계, 좋은 관계를 계속 유지 발전시켜 나가겠다고 언급하였다. 노 대통령은 그간 중화민국 인사 접견 시 즐겨 언급했던 "새로운 친구를 사귄다고 해서 옛 친구를 버리지 않는다"는 말을 하지 않았다. 이 장관은 앞으로도 중화민국과 관계에 있어서 "좋은" 관계를 갖기 위해 노력할 것이라고 언급하였다. 이때부터 한국 측은 "좋은" 관계라는 표현을 쓰기 시작했다.

동 계기에 노창희 외무차관은 장 특사를 수행한 장샤오옌 외교차장과의 5월 9일 별도 면담에서, "한·중공관계에 진전이 있다"(첸푸 부장도 회고록에서 언급)고 설명했으며 장 차장이 한국 측이 얘기하는 중화민국과의 "실질적인 우호 관계"의 의미를 문의한 데 대해, 노 차관은 한국으로서는 중화민국과 정식 관계를 계속 유지하기를 바라나 앞으로 상황이 어떻게 변화될지를 현시점에서 예측하기 어렵다고 답변하였으며, 장 차장의 이중승인 문제 제기에 대해 분명한 답을 주지 않았다.

이어 5월 30일(토) 노 차관은 장스량 입법원 외교위원장과 배석한 진수지 주한대사에게, 우리는 북경과의 관계 개선을 추진하면서도 중화민국과의 우호 관계 유지를 바라지만, 만약 북경과 외교관계를 수립한다면, 현재의 중화민국 관계에 전혀 변화가 없을 것이라고는 생각하지 않으며 그러나 일부 우려와 같이 한·중화민국이 우호 관계를 유지할 수 없을 정도의 상황까지 갈 것이라고는 보지 않는다고 설명하였다. 장 위원장은 한·중공 간 접촉과 진전 상황에 대하여 진수지 대사에 가능한 사전에 상세히 알려 주어 중화민국이 놀라지 않고 손을 쓸 수 없는 상황에 처하지 않도록 해 주기 바란다고 요청하였다. 노 차관은 사실상 이중승인은 어렵다는 입장을 통보하였다. 앞서 기술한 바와 같이, 더욱이 주한중화민국대사관의 노 차관의 발언 내용 재확인 요청에 따라 김석우 아주국장과 엄석정 동북아2과장이 동 내용이 정확한 발언임을 재차 확인해 주었다.

이러한 노창희 차관의 중화민국 측에의 직접적인 한국 입장 전달과 함께, 이상옥 장관은 대외 연설을 통해 한중 관계 정상화가 다가오고 있음을 설명하였다. 5월 20일 도산아카데미연구원 조찬세미나 참석 시, "한중 간 실질관계 발전이 자연스럽게 한중 관계 정상화로 이어질 것"이라고 언급했으며 6월 8일 고려대학교 국제대학원에서의 특강 중 질의 답변 과정에서 "한국과 중국 간의 관계 정상화는 멀지 않은 장래에 이루어질 것으로 전망되며 일국의 외교관계는 국제법과 관례를 감안하여야 할 것으로 보며, 한국과 중국 수교 후에도 한국과 중화민국 간의 '좋은 관계'가 유지되도록 노력할 것"이라고 언급하였다.

이어 7월 10일 김석우 외무부 아주국장은 방한한 대만기자단과의 인터뷰 중 한국의 이중승인 가능성에 대한 질문에 대해, "현재 남북한은 각각 동시수교를 추진해 와서 현재 112개국과 동시수교 관계에 있다"고 전제하고 "두 개 중국에 대한 '이중승인'이 실현되기 위해서는 선결 요건으로서 두 개 중국이 이를 양해해야 하며, 제3국이 이를 추진할지 여부는 그다음의 문제라고 생각한다"고 답하고, 한중 수교 시, 한국·중화민국 관계 전망에 대해서는, '좋은 관계'를 유지해 나갈 것이며, '좋은 관계'에 외교관계가 포함되는 지 여부에 대해서는, 김 국장은 "구체적 사항은 실제 상황에 처하여 검토, 결정되어야 할 것"이라고 답하였다. 사실상 다시 이중승인 가능성을 부인했다.

이렇듯 한국 측은 한중 간 수교교섭 진행 기간 중, 특히 5월 14일-15일 한중 간 제1차 예비회담 종료 후부터는 대외적으로 '하나의 중국' 원칙에 따라 이중승인은 어려우므로 한중 수교 시 한·중화민국 관계 변화가 불가피할 것임을 표명하였으며, 중화민국 측에도 5월 30일 노창희 차관의 장스량 입법원 외교위원장과 진수지 주한대사 면담 시부터 그러한 입장을 직접, 간접적으로 전하였다.

그러나 문제는 중화민국 측이 재차 문의하여 한중 수교 시 한·중화민국 관계의 미래 복안에 대한 문의에 대해서는 "그때 가봐야 안다"고 하면서 즉답을 피하였으며, 연이은 중화민국과 언론의 질문 가운데 한중 간 수교교섭 여부에 대해서는 여전히 일체 부인하는 입장을 표명해 왔다는 것이었다. 외무부 본부는 물론 현지에서도 박노영 대사를 비롯한 우리 외교관은 노태우 대통령이 중화민국 고위인사에게 언급한대로 "새로운 친구를 사귀어도 옛 친구를 버리지 않는다", "언론의 추측 보도다", "한중 관계에 진전 있으면 사전에 알려 준다"는 몇 개의 정해진 답변만 계속 반복하고 있었다.

중화민국 측도 한중 수교는 결국 시간문제임을 인식하고, 한중 간에 꾸준한 진전 동향이 있을 것으로 짐작하고 있었으나 한국 측에 주한대사관의 문의 이상의 구체적인 행동으로 나오지 않았으며 더욱이 국내 정치상 단교 후 미래관계에 대한 자신들의 구상을 한국 측에 먼저 제기할 상황이 아니었던 것이다. 그 배경에는 중화민국 정부 내부적으로는 앞서 기술한 바와 같이 한중 수교가 1992년 하반기에는 이루어지지 않을 것이라는 정세 판단이 있었기 때문이라고 보인다. 1992년 5월 6일-9일 장옌스 특사 방한 후 양국 관계에 대한 비교적 낙관적인 자체 보고서의 영향인지 모르겠으나, 진수지 주한대사는 5월 30일 장스량 입법원 외교위원장의 노창희 차관 면담 시 동석 이후, 7월 26일 노 차

관과의 골프 회동 이외에는 특별히 외무부와의 접촉 활동은 없었던 것
으로 보인다.

한중 관계의 진전 사항이 한·중화민국 양국의 언론에 보도되면 중
화민국 측은 반드시 서울과 타이베이에서 우리 관계자에게 사실 여부
를 확인 했으며 우리 측은 일관되게 예외없이 한중 관계의 진전 사실에
대해 부인하는 답변을 했다. 1992년 8월 10일 한국 측은 제25차 경제
각료회담 개최 연기를 제의하면서, 중화민국 후의 문의에 대해 한중 간
관계 정상화에 별 진전이 없다고 언급하였다. 중화민국 측은 한국 측의
부인 사실을 대만 언론에 다시 브리핑하는 상황이 반복되었다.

단교 후 한국 고위관계자가 언론 브리핑 과정에서, 그간 중화민국과
의 협의 과정에서 한중 관계 진전 상황에 대한 설명을 나름대로 진행했
으며 외교관 간에 그 정도는 알아들었어야 했으며 사실상 알려 주었다
는 취지로 설명한 내용이 한국 언론을 통해 대만 언론에 보도됨으로써
대만 정부 고위관계자들의 감정을 더욱 악화시켜 비공식관계 수립 교섭
을 더욱 어렵게 하였다.

3단계: 한국 측의 공식 통보(8월 18일, 20일, 21일)

한중 간 양해 사항

앞서 기술한 바와 같이 한중 양국은 수교 추진 과정에서 수교교섭을
극비리에 진행하여 수교교섭이 끝난 후 중화민국과 북한에 통보하기로
합의하였으며, 그 후에 외교 경로를 통해 수교 발표가 임박한 시점에서
각각 공식 통보하기로 양해가 되었다.[41]

중국은 1992년 7월 15일(수) 첸치천 외교부장이 방북하여 김일성

---

41 이상옥, 앞의 책, 221쪽.

주석에게 직접 장쩌민 국가주석의 구두 메시지를 전달하고 한중 수교 계획을 통보하였다. 이후 2주일 후 7월 29일 개최된 북경에서 개최된 본회담에서 수교 공동성명안을 가서명하였고 8월 24일 양국 외무장관 간 수교공동성명 서명과 발표에 합의하였다. 수교교섭이 공식적으로 끝난 것이다. 앞서 기술한 바와 같이 그 계기에 노창희 외무차관은 쉬둔신 외교부 부부장에게 북한에 대해 언제 어떻게 통보할 것인지에 대해 문의한 바 있다.[42] 한국 측은 중국 측이 당초 양측 간 양해와는 달리 이미 2주 전에 북한에 수교 계획을 통보하였다는 사실을 전혀 모른 채, 중화민국에의 적절한 통보 방안을 강구하고 있었다.

특사 파견 검토

한국 정부도 내부적으로 1990년도부터 내부검토를 통한 여러 차례의 정책보고서에는 중화민국과의 특별한 관계, 중화민국의 위상과 대외관계 등을 최대한 존중하고 반발을 최소화하기 위해 한중 수교 시 통보를 위해 중화민국에의 특사 파견 계획이 빠짐없이 포함되었으나 실제로는 동 계획은 실현되지 못했다.

한국 수교팀은 6월 21일 수교 예비회담 교섭이 완료된 이후 7월 29일 본회담 개최 전까지 본회담 이후 앞으로 중국과의 수교와 중화민국과의 단교 과정에 필요한 조치를 위한 행동 계획을 미리 수립하였다. 이러한 과정에서 단교 통보를 위한 중화민국 특사 파견을 검토했을 것으로 보인다.

이상옥 장관은 "중국과의 수교 발표 전에 특사를 타이베이에 파견하는 방안을 신중히 검토하였으나, 일본과는 달리 대만에 대해 큰 대응

---

42 노창희, 「한중 수교에 얽힌 이야기」, 『외교』 제75호(2005.10), 82쪽.

수단(leverage)을 갖지 못한 형편에서 대만 측을 무마하는데 별반 효과가 없을 것이라고 결론지었고, 중국과 수교 후 빠른 시일 안에 별도로 고위사절단을 타이베이에 파견하기로 하였다"고 한다.[43]

노태우 대통령은 회고록에서 "대만의 입장에서는 단교 자체보다도 사전에 알려 주지 않은 데 대한 서운함이 더 컸을 것으로 생각된다. 하지만 사전에 알려 주었을 경우 대만은 가만히 있지 않았을 것이다. 아마도 한중 수교를 막기 위한 공작을 했을 것"이라고 썼다.[44] 임기 내 반드시 한중 수교를 달성해야 하는 노 대통령의 이러한 인식도 특사 파견 문제 검토에 상당한 영향을 미쳤을 것으로 보인다.

중화민국 정부에 대한 공식 통보

중화민국에 특사를 파견하지 않기로 방침이 정해짐에 따라 이상옥 외무장관이 진수지 주한 중화민국 대사에게 공식 통보하는 방식을 택하였다. 앞서 상세히 기술한 대로 한국 측이 계획한 대로 8월 18일(화) 11시 롯데호텔, 21일(금) 오후 5시 외무부에서 면담이 이루어지고, 그사이에 진 대사의 요청으로 8월 20일(목) 오후 4시 롯데호텔에서 한 번 더 면담이 이루어져 결국 3회에 걸친 면담을 통해 단교를 통보하였다.

중화민국 측은 앞서 장샤오옌 외교차장이 박노영 대사에게 8월 19일, 21일 2차례 표명한 바와 같이 면담이 호텔에서 연이어 이루어진 데 대해 항의와 불만을 전했으며 이상옥 장관은 8월 21일(금) 마지막 면담에서 진수지 대사에게 "민감한 외교 사안의 보안 유지를 위한 것이며 외교적 대화에는 필요에 따라 사무실이 아닌 곳도 이용할 수 있다"고 설

---

43 이상옥, 앞의 책, 222쪽.
44 노태우, 앞의 책, 256쪽.

명하였다.[45] 보안 유지를 위해서라면 굳이 호텔이 아니더라도 한남동 외무장관 공관이나 그 밖의 공공기관 사무실도 있을 수 있었을 것이다. 아울러 중국 정부가 주중국북한대사를 북경 내 호텔에 불러 한중 수교 사실을 알릴 것이라고 예상하지는 않았을 것이다. 8월 19일 중화민국 측이 8월 18일 호텔 면담에 대해 항의했음에도 불구하고 8월 20일 다시 호텔 면담을 시행한 것을 보면 단교 통보 과정에 중화민국에 대한 존중과 배려는 그리 중요하지 않았던 것으로 보인다.

통보 시점에 관해서는 중화민국 측의 대사관 부지에 관한 재산권 행사 가능성에 대한 일부 우려도 고려된 것으로 알려졌다. 노창희 차관에 의하면, 한중 수교 발표를 앞두고 마지막 단계에서 가장 많이 신경을 쓴 것은 중국의 재산권 문제였다고 하면서 만약 한중 수교 전에 중화민국 측이 부동산을 처분해 버린다면 중국 측에 약속한 재산권 이전에 차질이 생기고 복잡한 문제가 발생하기 때문에 수교 발표 전에 상당한 시간을 두고 대만 측에 통보한다는 당초의 내부 방침을 그대로 실행하지 못하게 되었다고 한다. 아울러 그러한 우려는 지나고 보니 지나친 기우(杞憂)였으며 한국 측이 미리 겁을 먹고 차분하게 필요한 절차를 밟는데 소홀히 했다고 지적하였다.[46]

정식 공한 전달을 통한 '8월 24일 단교'에 관한 공식 통보는 8월 21일(금) 오후 5시 외무부에서 이 장관과 진수지 주한대사 간 45분 면담 시 이루어졌다. 그레그(Donald Gregg) 주한미국대사와 가와시마 준(川島純) 주한일본대사 대리에게 한중 수교와 한·중화민국 단교 사실을 알려주기 1시간 전이었다.

그러나 8월 18일(화) 오전 이상옥 장관이 진수지 대사에게 한중 수교

45 이상옥, 앞의 책, 230쪽.
46 노창희, 『어느 외교관의 이야기』, 기파랑, 2007, 299쪽.

교섭에 "실질적 진전이 있다"고 통보한 이후 중화민국 정부가 8월 19일 이를 바로 입법원과 언론에 설명함으로써, 8월 19일부터 양국 언론은 한중 수교와 한·중화민국 단교에 대해 대대적을 보도하기 시작하였다. 특히, 대만 언론은 북경 특파원 취재로 중국 측 인사의 관련 사실 확인 소식을 지속적으로 전하였으며 양국 언론의 뜨거운 취재 열기와 한국 당국자들의 배후 브리핑 및 누설 등으로 8월 20일 오후부터 "8월 24일 한중 수교" 사실이 양국 및 국제사회에 널리 퍼져 있었다.

8월 21일(금) 양국 언론 조간에는 "이상옥 장관의 8월 23일 방중 및 8월 24일 한중 수교 발표 예정"이 1면 톱으로 보도되었다.

결국 세상이 "8월 24일 한중 수교 발표 계획"을 알게 되었던 시점 이후인, 8월 21일 오후 5시에 한국 측은 중화민국 측에 한중 수교와 중화민국과의 단교를 공식 통보하게 되었던 것이다.

중화민국 측은 앞서 기술한 바와 같이 8월 18일 전까지 한중 수교교섭상의 진전, 나아가서는 조기 수교 가능성을 전혀 예상하지 못한 것으로 보인다. 따라서 8월 18일 한중 수교교섭에 실질적 진전이 있다는 이 장관의 통보를 받고, 중화민국 측은 "1992년 하반기 내 한중 수교가 가능하지 않을 것"이라는 외교당국의 예측이 완전히 틀렸다는 현실에 상당히 당황했을 것이며 국내 정치적으로도 국민당 정부는 상당한 부담을 안게 된 어려운 상황이 되었다.

이에 따라 첸푸 외교부장은 8월 19일부터 입법원과 언론에 이러한 사실을 알리면서 한국 정부를 비난하기 시작했으며 한국 측이 한·중화민국의 특수한 관계를 무시하고 그간 사전 통보와 우호 협력관계 유지 약속을 지키지 않았으며, 한국 측의 통보 방식이 부적절하고, 더욱이 통보 내용도 부실하여 미래관계에 대해 구체적 언급이 없는 불성실한 대응에 대해 강력한 항의와 불만을 표명하게 되었다.

결과적으로 1992년 5월 장옌스 총통특사가 방한한 이래, 양국 외교 당국 간 충분한 의사소통이 이루어지지 않은 상황하에서, 한국 측이 예비 통보로 상정했던 8월 18일 통보를 중화민국 측이 바로 공개함으로써 사실상의 단교 통보가 되었다. 8월 19일부터 양국 언론의 경쟁적 취재와 한중 관계자들의 언론에 대한 누설(leak) 등으로 바로 "8월 24일 한중 수교 계획"이 세상에 알려지면서 한국이 단교를 정식 통보하는 8월 21일까지 중화민국 측의 비난과 불신을 더욱 자초하여 양국 간 신뢰관계가 크게 손상되며 비공식관계 교섭이 난항을 겪는 상황이 초래되었다.

한·중화민국관계의 역사적 배경과 특수성으로 불과 얼마 전까지도 형제의 나라, 맹방이었던 나라와의 외교관계 단절에 있어서, 한국 측의 공식 통보 방식과 절차는 결코 적절했다고 볼 수는 없을 것이다.

3. 대안 검토

이미 지나간 역사는 이미 벌어지고 행해진 것으로서 다시 되돌릴 수 없다. 이제 와서 별 의미 없는 시나리오이기는 하나, 돌이켜 보면 단교 전에 최소한 특사 파견, 대통령 친서 전달, 미래관계 협상 개시 등 3개 방안이 추진되었어야 한다고 생각한다.

중화민국 정부가 한국 측에게 기대했던 최저선은 중국과의 관계 개선 과정에 있어서 자신들의 국격과 위신을 지켜 달라는 것이었다. 20세기 대한민국의 역사는 중화민국과의 관계를 빼놓고 논할 수 없다. 대한민국 헌법 전문에 나오는 대한민국임시정부에 대한 최대 지원국이자 43년간의 우방국에 대해, 국제관례에 따른 최소한 도리이자 우호의 표현으로서 단교 전에 대통령 특사를 파견하여 대통령 친서 전달과 함께 한중 수교와 한·중화민국 단교에 관해 정중히 설명했어야 했다. 아울러 동 기회에 미래관계 협상을 담당할 전권 위임을 받은 외무부 고위인사를 공식적으로 소개하고 양국 간 교섭을 일단 시작했더라면 바람직하지 않았을까 생각한다.

노창희 외무차관은 통보 문제와 특사 파견 문제를 다음과 같이 회고했다.

> 그때 우리가 어떤 말을 하고 어떤 행동을 했어도 당시 대만의 불만과 비난을 피하기 어려운 일이었다. 그러나 돌이켜 보면 대만으로 하여금 그렇게까지 깊은 배신감을 느끼게 해서 그 후 오랜 세월이 지나서도 원만한 관계를 회복하지 못하게 된 데 대해서는 우리의 입장에서도 반성의 여지가 없지는 않다. 문제는 우리가 좀 더 일찍이 대만 측에 사전 통보하고 좀 더 진지하게 장래 문제에 대해서 협의하는 자세를 보이지 못한 데 있었다. 우리의 대만에 대한 영향력이 중국의 북

한에 대한 영향력과 같지 않아서 어려움은 있었겠지만 우리도 충분한 시일을 두고 미리 대만 지도층과 친분 있는 유력 인사를 조용히 특사로 파견해서 성의 있고 정중하게 설득했더라면 대만 측의 반발을 어느 정도는 무마하지 않았을까 생각된다.[47]

신정승 과장 역시 한중 수교 협상을 복기하면서 노 차관과 비슷한 의견을 다음과 같이 표명하였다.[48]

> 대만에 대한 특사 파견 문제에 대해서 아쉬운 부분이 있다. 공개되어서 문제가 생기더라도 이미 그 시점에서 한중 수교가 되돌릴 수 없는 단계에 와 있었다면 특사를 8월 초쯤에서 대만에 보냈으면 어땠을까 하는 생각을 한다. 당장의 어려움보다 긴 안목에서, 대만과의 관계를 생각해 보면 그렇다. 결국 복구하는데 12년이라는 세월이 걸린 것을 보면 그런 부분이 아쉬웠다.

1) 특사 파견

7월 29일 한중 본회담(수교 공동성명안 가서명) 후 8월 24일 단교 사이에 특사 파견이 가능했을 것으로 본다.

한중 수교교섭을 주도했던 중국처럼 7월 15일 중화민국에 특사를 파견할 수는 없었겠으나 7월 29일 본회담에서 수교 공동성명을 가서명하였고 수교 서명과 발표 일정이 확정되고 이어서 8월 10일 노태우 대통령 방중 일정이 확정된 상황에서는 중화민국에 정중히 공식 통보할 수 있었을 것으로 생각한다.

특사를 파견하지 않은 이유로 우리가 특별한 레버리지(leverage)도 없고 특사 파견 여부와 관계없이 중화민국의 반발이 클 것으로 예상했

---

47 노창희, 앞의 책, 2007, 298-299쪽.
48 신정승, 앞의 책, 2020, 172쪽.

다고 한다. 일부 맞는 말이라고 생각한다.

어찌하든 반발이 클 것이므로 오히려 의례와 격식을 중시하는 중국인들에게 한국인들이 끝까지 할 수 있는 것은 한다는 것을 보여주었어야 한다고 생각한다. 단교 후 중화민국 정부와 국민이 한국이 배은망덕하다고 비난하였다. 거기에 첸치천 외교부장, 장팅옌 부국장은 회고록에서 한중 수교 후 한국은 대만으로부터 "망은부의(忘恩負義)"라고 비난받았다고 썼다.[49] 같은 중국인으로서 그들 언어의 함의를 음미해 볼 필요가 있다.

단교 전후에 나를 포함한 현지 외교관들이 느낀 바로는, 중화민국 정부와 여론이 한국을 강력하게 비난한 가장 큰 원인은 한중 수교와 중화민국과의 단교 그 자체보다는 단교 전후 과정의 한국 대응이었다.

양국 관계는 1983년 5월 5일 중국 민항기납치사건 이후 한국이 중국과의 관계 개선을 공식적으로 추진한 이래 여러 고비를 겪어 왔으며 특히 1988년 2월 노 대통령 취임 이래 임기 내 중국과의 수교를 공약으로 내걸고 공개적으로 추진하여 왔다. 1991년 남북한 유엔 동시가입, APEC 각료회의 시 노 대통령의 첸치천 외교부장 접견 등 일련의 과정을 거치면서 1992년 초부터는 중화민국 정부 및 대만 언론은 한중 수교는 시간문제로 인식하고 있었으며 문제는 얼마나 이를 늦출 수 있느냐에 주목하고 있었다. 국가건설6개년계획에의 한국기업 우대방안 등을 검토하면서 노태우 정부 임기만 넘기면 상황이 달라질 것이라는 기대를 갖고 있었다.

중화민국 정부와 국민들은 또한 1971년 이후 이미 주요국과의 단교 사례를 지속적으로 겪어 왔으며 단교 이후에도 미국, 일본 등 주요국과의 실질 협력관계를 확대 발전시켜 온 경험을 쌓아 와 실용적인 자세

---

49 첸치천, 앞의 책, 160쪽; 옌징, 앞의 책, 2004, 20쪽.

를 견지하고 있었다. 1990년까지의 3대 수교국인 사우디, 남아공, 한국 중, 사우디가 1990년 7월 중국과 수교하고, 남아공과 한국 모두 중국과 관계 개선을 적극 추진하고 있음을 충분히 인식하고 내심으로는 한국과의 관계도 결국 다른 미수교국과 유사한 형식으로 발전될 것으로 예상하였다. 다만 정부 내 일부에서는 남북한 관계, 한·중화민국 간의 역사적 특수 관계로 이중승인은 어렵더라도 완전한 비공식관계가 아닌 소위 '준공식관계'라 할 수 있는 관계 수립을 기대했던 것으로 보인다.

앞서 기술한 바와 같이 1992년 초부터 대만 언론이 외교당국자들의 한국관계에 대한 배경 설명에 대한 보도나 1992년 8월 17일 보도된 외교백서 초안을 보면, 당국자들이 "한중 수교는 시간 문제", "이중승인이 바람직하나 현실적으로 어려울 것", "현 단계에서는 한국과 외교관계 유지에 최선을 다하는 수밖에 없다", "한중 수교는 중국에게 달려 있으며, 중국은 북한과의 특별한 관계를 고려하여 결정할 것" 등 가능한 객관적 정세 분석을 국민들에게 전하려는 노력이 엿보이며 언제라도 한국과의 외교관계 변화에 나름대로 대비하고 있었다.

이렇듯 중화민국 정부와 국민은 1983년 이래 10년 가까이 한국의 중국 관계 개선 노력과 중화민국에 대한 기본 입장과 태도에 이미 익숙해진 상황이었다고 할 수 있다.

따라서 국민 감정상 여론 악화는 불가피하나 전반적으로 중화민국 정부와 국민의 조직적 반발을 크게 우려할 상황이 아니었다. 결과적으로 한국 측이 단교 직전에 주한대사를 통해 단교를 통보했음에도 불구하고 대만 언론과 일반 국민의 반응은 얼마 안 가 바로 냉정을 찾아 정부에 대해 실용적인 대응을 촉구하였다. 일본이나 미국과의 사례에 보듯이 대규모 시위도 없었다. 다만 한국 측의 통보 방식과 태도에 강한 불만을 품은 대륙 출신의 정부 고위인사(하오보춘 행정원장, 첸푸 외교부장, 장샤오옌 외교차장 등) 주도의 강경한 보복 조치를 시행하였으며 양국 외교당국 간 신뢰관계가 깨져 그 후 비공식관계 수립을 위한 교섭이 지연되었다.

돌이켜 보면 중화민국 정부 입장과 민심을 제대로 헤아렸다면 어느 정도 위험을 감수하더라도 그간 한국 정부 내에서 수차에 걸친 보고서의 건의대로 단교 전 특사 파견을 결정할 수 있었을 것으로 보인다. 특사 파견을 통한 한국 대통령의 중화민국 총통에 대한 공식 통보와 한국에서 외무장관의 주한중화민국대사에 대한 통보 중 어느 방안이 중화민국 국민과 정부의 반발을 더 살지는 누구라도 짐작할 수 있었을 것이다.

한중 수교 통보문제와 관련, 한국도 중국의 북한 통보 방식과 시기를 계속 주목하고 탐문했을 것이나, 최소한 중국이 주중북한대사를 북경 내 호텔에 불러 한중 수교 계획을 통보할 것이라고 예상하지는 않았을 것 같다. 노창희 차관이 지적했듯이 중화민국 측의 재산권 처분 가능성에 대한 우려와 함께, 한국 정부 내 일부 인사들이 지나친 중국 눈치 보기와 9월 하순 예정된 노 대통령의 방중에 행여라도 부정적 영향을 미칠지 모른다고 주장했을 수 있으며 이러한 분위기가 결국 특사 파견문제에 부정적 영향을 미쳤을지도 모른다. 단교 전의 외무부 고위인사의 중화민국 방문 자제 분위기나 앞서 기술한 바와 같이 1991년 11월 APEC 각료회의 전에 농림수산부 장관의 중화민국 방문 취소 등에서 보듯이 중국과 수교 전부터 이미 한국 내 일부에서는 지나친 중국 눈치 보기가 시작되었다.

더욱이 통보시점과 관련하여 8월 10일 우리 측은 8월 16일부터 서울에서 개최 예정인 제25차 한·중화민국 경제각료회담 연기를 제의하면서 10월 개최를 제의하였으며 8월 13일 이용만 재무부장관이 진수지 대사와 면담하여 같은 취지를 전달하였다. 불과 며칠 후에 단교 사실을 통보하게 되는 상황에서 이렇게 직전까지 중화민국을 기만할 필요가 있었나 싶다.

결국 단교 통보의 일정과 형식에 따라 단교 이후의 상황 전개, 즉 새로운 관계 수립과 실질 협력관계의 전개 양상도 달라졌을 것이다.

예를 들어 단교 후 9월 중순 파견한 고위사절단의 정일권 고문과 김재순 단장을 8월 10일부터 8월 18일 사이에 당일 일정으로 특사(외무부 고위인사 동행)로 파견했다면, 한국 외교사의 일부가 달라졌을 것이며 한국·대만과의 관계 발전이 좀더 원만하게 전개될 수 있었을 것이라고 상상해 본다.

2) 대통령 친서 전달

중화민국과의 특수한 관계를 고려하여 대통령이 친서를 통해 중화민국 총통에게 단교에 관해 설명함이 마땅했다. 단교 전에 특사 파견을 통하거나, 특사를 파견하지 않았더라도 단교 통보 시 함께 친서를 전할 수 있었다.

한국 측은 8월 21일 이상옥 외무장관이, 진수지 주한대사를 통해 첸푸 외교부장 앞 공한을 통해 단교를 통보하였다. 앞서 기술한 대로 동공한은 43년간의 외교관계와 그 이전의 관계를 4줄-5줄로 설명하고 단교 배경과 최상의 비공식관계 유지 희망 등을 담은 사무적인 내용으로 구성되었다.

단교와 관련된 공식 문서는 동 공한이 유일하다.

노 대통령은 단교 전인 1992년 1월 김종인 경제수석비서관 방문 및 2월 민관식 특사 파견 시에 친서를 리덩후이 총통에게 2번 연속 전달하면서 양국 우호 협력관계 발전을 기약하였으며 5월에 장옌스 특사를 통해 리덩후이 총통의 친서를 받았다. 노태우 대통령이 장옌스 특사에게 양국 관계가 계속 발전되기를 바란다며 리덩후이 총통에게 안부를 전했다.

그런 상황에서 바로 3개월 후 외무장관이 단교 직전에 주한대사에게 첸푸 외교부장 앞 공한을 통해 단교를 통보하는 절차만으로 양국 관계를 정리하는 것은 적절치 못했다. 앞서 기술한 바와 같이 단교 후에는 고위사절단이 방문 시 대만 측에 노 대통령의 구두 메시지를 어정쩡하게 전달하는 과정에서 오히려 첸푸 부장의 빈축을 삼으로써 오히려 그들의 감정을 악화시키는 결과를 낳았다. 단교 전후 과정에 결국 대통령이 등장하지 않을 수 없었던 것인데 결과적으로 단교 후 노 대통령 구두 메시지는 안 한만 못한 것이 되었다. 8월 24일 한중 수교 시 대통령 특별 담화문은 중국이 중심인 만큼, 그간 특별한 관계를 가졌던 수교국이었던 중화민국 정부와 국민에 대한 정중한 메시지가 필요했다.

노 대통령은 단교 3일 후인 1992년 8월 27일 방한한 과테말라의 세라노 엘리아스(Jorge Antonio Serrano Elias) 대통령과의 정상회담 자리에서 "나나 한국민이나 새로운 친구를 얻기 위해 옛 친구를 버리는 것은 도덕적으로 옳지 못한 일이라고 생각하나 중국과의 수교는 불가피한 일이었다"고 설명하고 "우리 정부는 앞으로 민간 차원에서 대만과의 실질적인 협력관계를 강화해 나갈 것"이라고 하면서 "각하의 대만 방문 시에 한국 국민이 결코 친구를 잊지 않고 있다는 것을 이해시켜 주기 바라며 한·대만 양국은 형식적으로 관계가 단절되었으나 실제 내용에 있어서는 양국 관계를 가일층 발전시켜 나갈 수 있다고 생각한다"고 말하였다.[50] 세라노 대통령은 8월 29일 대만을 방문하였으며 리덩후이 총통과 정상회담을 가졌다. 당시 대만 측이 단교 전후의 통보 과정에 대해 강력히 비난하고 있는 상황에서, 대만 지도자와의 직접적인 소통과

---

50 노태우, 앞의 책, 2011, 259쪽.

대화를 피하면서, 형식을 제대로 갖추지 않은 메시지를 제3자를 통해 간접적으로 전하는 것이 과연 대만 측을 진정시키는데 효과가 있을 것으로 생각했는지가 의문이다.

한중 관계 개선과 수교 과정에 일정한 진전이 있을 때마다 중국은 북한을 배려하여 정상급 인사 방북 또는 김일성 방중 초청을 통해 정상 회담 계기에 한국과의 관계 진전 사항을 통보하면서 외교관계를 계속 유지해 나감에도 불구하고 북한의 반발을 무마해 나갔다.

한·중화민국 관계 조정과정에서 단교라는 마지막 단계에 들어서서 한국 측으로서 한·중화민국 간 정상회담은 현실적으로 어렵다고 하더라도, 불과 3달 전에 장옌스 총통 특사에게 전달한 한국 정부의 입장이 3개월 후에 어떻게, 왜 달라졌는지에 대한 설명과 함께 43년간의 외교 관계와 그 이전의 관계를 총괄적으로 평가하고 미래관계 구상을 어떠한 형태로든 정상 차원에서 전달하는 것이 전통적인 우호국 간의 정상적인 외교 활동이었을 것이다.

한국은 동아시아 국제 관계의 전환기에 대한민국 외교의 최고 책임 자인 대통령으로서 중국과 수교에 따른 중화민국과의 단교에 관한 설명 과 앞으로의 양국 관계 구상을 중화민국 정부와 국민에게 전달할 수 있 는 역사적 기회를 스스로 포기하였다. 결국 중화민국과의 단교라는 역 사적인 계기에 한국은 이상옥 외무장관의 첸푸 외교부장 앞 단교 통보 공한 1통으로 외교관계 단절의 절차를 모두 끝냈다. 대한민국 대통령의 중화민국 정부와 국민에 대해 친서든, 메시지든, 어떠한 공식 입장 표 명도 없었다.

일본의 경우, 앞서 기술한 바와 같이 1972년 9월 중화민국과 단교 시, 다나카 수상은 방중 전인 9월 17일-19일 시이나 특사를 파견하여 장제스 총통 앞 친서를 전달하였으며 9월 29일 일중 수교 공동성명 서명 직전에도 다시 자신의 친전을 공식적으로 주중화민국일본대사를 통해 장제스 총통에게 전달했다. 중화민국과 특별한 역사적 관계도 없는 사우디아라비아도 1990년 7월 단교 4일 전에 특사를 파견하고 국왕의 친서를 리덩후이 총통에게 전달하였다.

3) 단교 전 미래관계 교섭 개시

단교 전에 미래관계 수립을 위한 교섭과정을 공식적으로 시작함이 바람직했다.

한중 수교 시, 중국은 북한에 통보만 하면 되는 상황과는 달리, 한국은 단교와 함께 미래관계 수립을 위한 교섭을 진행해야 했다. 즉 단교와 미래관계 수립은 분리할 수 없는 사안이었다.

외교관계를 비공식관계로 전환시키기 위해서는 정부 간 협상을 통해 그 틀을 마련해야 한다. 단교 통보만으로 단교 시점부터 모든 것이 민간으로 바뀔 수 없으며 정부 간에 비공식관계 수립에 합의해야 하며 이후에도 비공식관계를 안정적으로 유지발전 시키기 위해서는 양국 외교당국 간의 일정한 수준의 접촉과 관계 유지는 불가피하다. 국제정치 현실상 '하나의 중국' 원칙하에 중국의 합법적인 정부가 중국이라고 인정하였음에도 불구하고, 앞으로도 어느 나라든 대만과 비공식 양자관계를 협의하기 위해서는 대만 외교당국과 접촉을 피할 수가 없다. 이 것이 국제사회 현실의 또 다른 일면인 것이다.

대만 측은 한국 측으로부터 8월 18일 한중 수교교섭에 실질적 진전이 있다고 통보 받은 후, 8월 20일 진수지 대사 요청으로 이루어진 면담에서 이상옥 장관으로부터 한중 관계 정상화 시 중화민국과 "최고 수준의 비공식관계"가 되도록 노력할 것이라는 입장을 전해 들었으며 8월

21일 한국 측으로부터 단교 입장을 통보 받으면서 "가능한 최상의 비공식관계 유지"라는 기본 입장 외에 구체적 내용에 관해 제의 받지 못하였다.

이후 8월 24일 단교 당일부터 양국 간 비공식관계에 대해 한국 측 구상에 관한 다양한 내용이 한국 언론에 계속 보도됨에 따라, 중화민국 측은 한국 측의 일방적이며 무성의한 태도에 자신들의 국격과 국가 위신이 크게 손상되었다고 보고 한국에 대한 비판 수위를 높였으며 국내적으로는 국민 설득에 부심하였다. 첸푸 외교부장은 8월 28일 민주당 대표단 면담 시, 단교 후 5일이 지났는 데도 미래관계에 대해 한국 측 입장 표명이 없다고 강한 불만을 전하였다.

한국 측은 한중 수교교섭 시 중국 측으로부터 한국이 대만과 비공식관계를 협의하여 수립하는데 이의를 제기하지 않는다는 양해를 받았음에도 불구하고 8월 24일 단교 후 중화민국과의 관계가 대만과의 관계로 비공식관계로 전환되는 잠정적 과정에서 대만에 대한 세심한 배려 없이 '하나의 중국' 원칙의 형식 논리에 지나치게 빠져 '민간', '비공식', '대만'을 먼저 강조하여 불필요하게 대만 측을 자극하였다.

대만 측은 최소한 잠정 기간에는 한국 측으로부터 존중받고 싶었으며, 국내 정치적으로 단교 상황이 당장 적응이 되지 않은 민감한 상황인 만큼, 고위사절단 방문 전에 왕카이 공사가 김재순 단장에게 방문 중에는 꼭 자신들을 '대만'이 아니라 '중화민국' 또는 '자유중국'으로 불러 달라고 요청했던 것이다. 단교 후 교섭 초기에 원칙적으로 '비공식관계'라고 한번 언급하면 될 것을 굳이 계기마다 환기할 필요는 없었다.

더욱이 한국 측이 대만 측에 공식 통보한 소위 "최고 수준의 비공식관계"는 단교 이전에 "새로운 친구를 사귀어도 옛 친구는 버리지 않는다"는 말과 같이 그저 듣기 좋은 수사에 그쳤을 뿐이며 구체적 함의나 내용에 없었으며, 이에 따라 대만 측에 구체적으로 설명하지 못하였다. 더욱이 양국 외교채널을 통한 합의하에 방문한 9월 중순 고위사절단은 정부 파견이냐, 민간 자격이냐는 형식 논리에 빠졌으며 대만 측 관심사항에 대해 제대로 대응하지 못해 더욱 신뢰를 잃게 되고 결국 기대성과를 거두지 못했던 것이다.

따라서 단교 전에 단교 통보와 동시에 바로 비공식관계 교섭을 공식적으로 시작함으로써 단교 시점 이후에도 자연스럽게 이어 나가는 것이 바람직했다고 생각한다. 이 경우, 당시 중국 측에게도 충분히 설명할 수 있었을 것이며, 당초 한국 측의 단교 후 1개월 내 비공식관계 수립 목표는 애초부터 달성하기 어려웠던 희망 사항이었으나, 적어도 단교 과정 전후의 중화민국 측의 반발과 비판을 어느 정도 완화할 수 있으며 노태우 대통령 정부 임기 중 협상도 이어 갈 수 있었을지도 모른다.

결론

| 한중 수교시 중화민국과의 단교 불가피 |

1992년 8월 24일 한국은 중국과 수교와 동시에 중화민국과 외교관계를 단절하였다.

한중 수교는 당시 국제정치 현실하에서 한반도 평화 정착과 평화적 통일의 전기를 마련하고 한국의 국제적 위상 제고와 한국경제의 영역 확대를 목표로 하는 북방정책의 마지막 단계의 목표였으며 이로써 한반도 주변 4강과의 관계 정상화가 완결되었다. 한중 수교는 중화민국 이외의 모든 나라로부터 환영받았으며, 남북한 관계 발전과 미국, 일본의 북한과의 관계 개선에도 도움을 줌으로써 동북아 지역 내 냉전 체제의 잔재가 해소될 수 있을 것이라는 기대를 높여 주었다. 중국이 공식적으로 2개의 한국 정책을 채택하게 됨에 따라 한국 측은 최소한 그간 북한과 혈맹관계였던 중국에 남북한의 동등 대우를 요구할 근거를 갖게 되었다.

중국은 단기적으로는 1989년 6월 천안문사태 이후의 국제적 고립 상황을 탈피하고 개혁개방의 가속화라는 국가적 과업을 추진하는 과정에서, 주변국과의 관계 개선과 대만 고립 및 북한 길들이기를 위한 전면적 외교를 수행하면서 아시아에서 대만과의 마지막 수교국인 한국과의 수교를 조기에 마무리함으로써 최대한의 전략적 이익을 도출하였다. 중장기적으로는 대만 고립과 일본, 미국 견제와 함께 경제적 이익을 확보하고 한반도와의 역사적, 전략적 관계로 볼 때 일종의 분할 관리(divide and manage) 적용을 도모해 나갈 수 있었다. 특히 수교를 위한 한국과의 첫 번째 공식협상 과정에서 한국의 중국에 대한 기본 입장과 태도를 단기간에 경험하면서 한국을 어떻게 다루어야 할지 나름의 접근법을 정립할 수 있었으며, 수교 전후 과정에 있어서 중국의 북한에 대한 지속적인 조치와는 비교되는 한국의 대만에 대한 사려 깊지 못한 대응으로 단교에 따른 대만의 고립화는 물론, 한국의 대만과의 관계를 최악의 상태로 만드는 데 성공하였다.

한중 수교에 대한 평가는 그 후 지금까지의 양국 관계 발전 과정, 한반도와 주변 정세의 변화 속에서 양국이 취한 입장과 태도에 따라 그때마다 다를 수 있겠으나, 1992년 8월 당시 한중 수교에 대한 평가는 국제사회의 지지와 함께 한국으로서 올바른 전략적 선택이었다는 데는 큰 이견이 없는 것 같다. 따라서 중화민국과 중국이 공히 '하나의 중국' 원칙을 표방하고 있는 상황에서 한국이 중국과 수교 시에는 중화민국과의 단교는 불가피했다.

| 노태우 정부, 대만과 비공식관계 수립 실패 |

한국 정부로서는 중국과의 관계 개선 추진 과정에서 처음부터 중국과 수교할 때 중화민국과 단교가 불가피하다고 판단하고 단교 전후의 대응조치와 단교 후 비공식관계 수립 방안에 대해서도 사례 조사 등 준비 작업을 해 왔다.

다만 이러한 과정에서 최우선 순위는 항상 중국과의 수교였기 때문에, 노태우 대통령의 지시 등으로 그간 중화민국의 위상을 존중하고 외교적 충격을 극소화하는 대책을 수차 마련했음에도 불구하고 결국 마지막 단계인 한중 수교 통보 과정에서 제대로 실현이 되지 못했다. 중국은 노 대통령 임기가 채 1년도 남지 않은 상황에서 한국 측이 조기 수교와 노 대통령 방중을 강력히 희망하고 있음을 간파하여 수교 협상을 주도하였다. 한국은 조기 수교와 노 대통령 방중 실현에 총력을 기울이면서 중국 측의 주도에 따라가게 되면서 중화민국에 대한 관심과 배려가 자연스럽게 더욱더 줄어들고 결국 중화민국과의 관계는 한중 수교의 후속 조치의 일환으로 행정내지 실무 업무로 간주하였다.

중화민국은 1992년 현재 한국의 안보나 경제 이익에 결코 해를 끼치는 나라가 아니었으며 더욱이 20세기 내내 국제사회에서 그 어느 나라보다도 한국을 일관되게 지지하고 지원해 온 나라였다. 한국이 '하나의 중국' 원칙에 따라 지난 43년간 중국의 유일한 합법 정부로 인정했던 나라였다. 국제정치 현실과 '하나의 중국' 원칙에 따라 우리의 국익을 위해 단교는 불가피했더라도 단교 전후 과정에 중화민국 정부와 국민을 성의를 다해 최대한 대우하고 세심하게 배려해야 했다.

중국과 수교하고 중화민국과 단교하는 과정에서 그 어느 나라도 중국과 실제 수교교섭 중에 중화민국에 중국과 수교교섭 중이라고 통보한 나라는 없었을 것이다. 한중 관계 개선과 수교는 1980년대부터의 자연스러운 진화 과정이었던 만큼 중화민국도 한중 수교가 시간문제임을 알고 대비하고 있었다. 한국이 한중 수교교섭이 완료되고 이를 되돌릴 수 없다고 판단되는 시점에 중화민국 측에 최대한 정중하게 통보해야 했다. 중국과 수교를 이룬 노태우 정부는 결국 임기 내 중화민국과의 공식 관계로부터 비공식관계로의 전환에 실패하였으며 숙제를 다음 정부에 넘겼다.

| 노태우 정부, 중화민국에 진정성있는 외교를 전개했어야 |

노태우 정부는 중화민국과의 43년간의 외교관계 및 그 이전의 역사적 관계에 대한 총체적 평가나 국내 여론, 그리고 양자관계의 전략적 의미 등을 바탕으로 단교 후에도 유지해야 하는 실질 협력관계에 대한

종합적인 분석이나 방안을 강구하는 아무런 시도가 없었다. 특히 대한민국임시정부 시대부터 그간의 관계로 축적된 기록, 기억과 경험을 점검하여 관계 전환기에 중화민국 주요 인사와 소통과 대화가 가능한 국내 인적 네트워크를 체계적으로 활용하려는 노력이 크게 부족하였다.

1992년 4월 중순부터 중국과 수교교섭 개시 이후 대외 보안 유지를 위해 극소수 인원 참여는 불가피했겠으나 한국 교섭대표단에는 대만 근무 경력 외교관이나 국제법 전문가조차 포함되지 않았다. 중국 측은 처음부터 외교부 대만사무판공실(臺灣事務辦公室) 부처장과 조약법률국 부처장이 참석하였다. 앞서 기술한 대로 주중화민국 대한민국대사관은 철저히 배제되었다. 외무부의 고질적인 행태이기도 하나 현지 공관의 활동 보고나 정세 분석을 경시하고 제대로 활용을 못 하며 부서 간 신뢰도가 매우 낮다는 것도 문제였다. 우리 대사관은 사실상 단교를 충분히 대비하지 못했으며 단교 일주일 전부터 그나마 알아서 관련 조치를 취해 나갔는데, 결과적으로 교민사회와 한국 상사들의 평소 좋은 평판 등으로 현지에서 심각한 사태가 벌어지지 않은 것은 단지 운이 좋았을 뿐이었다.

물론 한국 정부가 그렇게 철저하게 보안을 지켰기 때문에, 중화민국 정부는 1992년 8월 18일 제1차 통보 전까지 한중 수교가 임박했음을 전혀 눈치채지 못했으며, 순조롭게 8월 24일 한중 수교 발표, 9월 27일-30일 노태우 대통령 방중이 실현될 수 있었는지도 모른다. 당시 국내외 상황이나 중국 입장 등을 이제 와서 재현할 수 없어 한국 정부의 대응을 함부로 판단할 수 없다. 당시에는 대부분의 결정이 나름대로 합리적이라고 판단했을 것이다.

다만 당시 타이베이에서 외교 업무를 수행하면서 느꼈던 것은, 한국 정부 내 분위기가 북방정책의 눈에 띄는 연이은 성과로 한국의 국력과 외교역량을 과대평가하는 경향이 생겼으며, 북방정책으로 평화통일이

20세기 내 실현 가능한 목표로 다가오게 되었다[1]고 전망하는 등 낙관적인 기대에 젖어 있지 않았나 하는 점이다. 아울러 한국 정부가 남북한 관계에 있어서의 중국 역할, 북한에 대한 영향력 및 중국 시장의 잠재력 등을 고려하여, 중국은 지나치게 크게 보고 있었으며 중화민국을 지나치게 작게 취급하고 있었다. 이런 국내 분위기에서 1980년대 중반부터 한국과 중화민국은 상대방을 무시하고 경시하는 분위기가 있었기 때문에, 더더욱이 단교 전에 중화민국을 충분히 배려해야 한다는 주장이 통할 수 없었는지도 모른다.

그러나 앞서 살펴본 바와 같이 중국과 수교하면서도 '하나의 중국' 원칙을 지켜가면서 중화민국과의 단교 전후 과정에 실행 가능했던 여러 방안이 있었다고 생각한다. 외교는 결국 상대국과 공통 기반(common ground)을 확대하면서 현안을 해결하는 작업이며 그 과정에 상대방에 대한 입장을 역지사지(易地思之)하고 최대한 존중하고 세심히 배려하는 자세가 필수적이다. 외교는 추진 과정에서 실체와 형식이 합쳐져 비로소 성과를 거두게 되는 작업이다. 한국 측은 중화민국과의 단교 과정에 단교라는 선택보다는 중화민국에 대한 존중과 배려가 크게 결여되어 오히려 그간 쌓아 온 공통 기반을 무너뜨렸다.

'하나의 중국' 원칙에 따라 중국과 수교함으로써 중화민국과 단교하게 되었으니, 마치 제로섬 게임(zero-sum game)처럼 보이지만 실제 국제 관계는 절대 그러하지 않다. 단교 후에도 중국·대만 양안 간 실질 관계와

---

1 1992년 11월 24일 대통령 주재 북방정책보고회의 중, 외무부의 "북방정책의 외교적 성과와 전망" 보고 내용의 일부이다. 동 회의에서 노태우 대통령은 북방정책의 향후 과제에 대해 "이번 세기 안에 적어도 남북 연합이 실현될 것으로 확신한다"고 하면서 "북한의 핵 개발 의혹이나 북한이 세계사의 큰 흐름에 저항하는 데에는 한계가 있을 것인 만큼, 우리는 이미 민족통일 과정에 진입했다고 할 수 있다"고 언급하였다(『제6공화국 실록 노태우대통령 정부 5년』 5권, 공보처, 1992, 428쪽).

중국·북한 관계가 단교 전과 마찬가지로 아무 일 없었다는 듯이 진행된 것처럼 우리 역시 중화민국(대만)과 계속 관계를 갖지 않을 수 없었다.

남북한 분단하에서 중국의 2개 한국 정책이 공식화되는 시점에, 중국과 대만 간의 특수한 상황과 대만과 제3국 간의 어떠한 비공식 관계 사례도 모범 답안이 될 수 없는 현실임을 감안하여, 우리는 당연히 국제법과 국제관례에 따르되 창의적으로 "최고 수준의 비공식 관계"의 함의와 내용을 규정하여 중국과 교섭하고 대만과 협의하여야 했다.

한국 정부가 대만을 위해서만이 아니라 그간 축적된 대만(중화민국)과의 교류 협력 실적을 바탕으로 '하나의 중국' 원칙에 따르되, 대만에 대해 최선을 다하는 모습을 보여주고 충분히 배려하고 진정성 있는 외교를 했더라면 궁극적으로 우리의 국익과 국격을 제고하고 우리 외교 수준을 제대로 보여주는 결과가 되었을 것이다. 특히 중국과의 수교로 이제는 유엔 안전보장이사회의 5개 상임이사국을 비롯한 대부분 국가와 외교관계를 갖게 되면서, 국제무대에서 명실공히 전방위외교(全方位外交)를 전개해 나가야 하는 역사적인 시점에 한국의 대외 신뢰도에 손상이 가지 않도록, 더욱 현명한 대응이 필요했다고 생각한다.

| 한국 외교의 과제 |

그 이후에도 우리 외교의 고질적인 문제로서, 국제사회에서 우리 국력과 외교 역량을 과대평가하는 경향이 지속되고, 매 정권마다의 단기적 성과 지향에 외교당국이 매달리면서, 대국 몇 나라와 북한 중심의 외교를 하다 보니, 여타 주요 국가와 중·소국과의 그간 축적된 교류와 협력 실적을 충분히 활용하지 못하고 상대국에 대한 시의적절한 배려와 투자를 소홀히 하여 결과적으로 대국과의 관계는 물론 대부분의 양자

관계에서 질적 변화를 제대로 실현하지 못하고 있다. 우리나라가 1948년 정부 수립 후, 어려운 국내외 환경에서 주요 우방국과 국제사회의 지원으로 성장 발전하는 과정에서 경험하고 축적해 온 외교 자산과 외교사를 잊어버리고, 더욱이 불과 몇 년 전의 관계나 약속을 저버리고, 그때그때 정치권의 단기적인 계산에 영합하여 대외관계를 처리하는 것은 궁극적으로 국익을 해치고 국위를 손상하는 일이다. 외교당국은 정치권과 여론을 설득하면서 현재의 외교 역량과 주어진 자원을 효율적으로 배분하여 항상 대국과의 관계는 물론 중·소국과의 관계를 총체적으로 관리하면서 끊임없는 교류를 통해 우리의 국익과 국가 위상을 점진적으로 제고해 나가야 한다.

아무리 세상이 변하고 국제정세가 바뀌어도 이웃 나라들과의 지정학적 관계와 상호의존 관계는 변하지 않는다. 한 나라의 외교 수준은 서로 이사 갈 수도 없고 오랜 기간 밀접히 교류해 온 인근국과 인근 지역과의 관계에서부터 출발한다. 중화민국과의 단교 전후 과정의 한국 외교는 유감스럽게도 그 시대가 "보통 사람의 시대"라는 구호와는 달리 사실상 권위주의 체제였기 때문에 그러한 영향에서 벗어날 수 없었겠으나, 역사와 전략에 대한 진지한 성찰을 바탕으로 한 정교하고 진정성 있는 외교활동을 실행하지 못함으로써 상대국에 대한 존중과 대우를 소홀히 하여 국민 감정을 악화시켜 결과적으로 양국 간 실질관계 회복이 상당히 늦어졌으며 우리 국익과 국가 이미지에 바람직하지 않은 영향을 미쳤다. 앞으로도 한국 국민에게 계속 교훈으로 남을 것이다.

맺음말

　이 책은 내가 36년간 외교관 생활을 마치고 2015년 퇴직한 후 외교부 본부에서 16년, 해외 8개 공관 근무 20년 생활에서, 보직을 마칠 때마다 늘어난 잡동사니를 정리하다가 1990년부터 3년간의 중화민국 근무 시절을 되돌아보면서 당시 상황과 활동을 재구성한 것이다.

　오랜 기간 창고에 있던 여러 상자 속에서 30년 전 당시 기록, 일지, 명함, 신문 스크랩 등을 꺼내면서 풍기는 퀴퀴한 냄새가 나의 30대 후반 인생의 자취를 제대로 되돌아보라고 재촉하는 것 같았다. 먼저 타이베이 근무 전반기에 모신 한철수 대사, 경창헌 공사와 단교 전후에 모신 고 박노영 대사, 고 민병규 공사의 따뜻한 가르침과 변함없는 격려를 다시 확인할 수 있었다. 그분들께 감사할 뿐이다. 당시 타이베이 근무 중 양국 관계 발전을 위해 함께 노력했던 기간이나 단교 후 어려운 시간 중에도 대만 친구들의 친절한 대우와 변함없는 진정성을 다시 느낄 수 있었다. 단교 시 현장에서 역사적 시간을 함께 견디어 낸 공관 동료와 선배, 그리고 교민, 상사원과 유학생은 물론, 외무부와 해외공관에 근무 중이었던 많은 외교관 동료, 선배들의 따뜻한 격려와 성원이 항상 있었다는 사실도 다시금 깨우쳤다.

　당시의 상황을 30년 후에 완벽히 재구성한다는 것은 결코 쉬운 일이 아니며 가능하지도 않다. 나는 당시 한국의 주요 외교정책 결정에 참여할 수도, 참여한 적도 없는 외교 일선에 나가 있는 실무 외교관에 불과했다. 더욱이 외무부 본부가 단교 전(前) 과정에서 사실상 현지 대사관을 완전히 배제했기 때문에 주요 정책 결정 과정의 전모 파악에 한계가 있을 수밖에 없다.

다만 나는 대만 현장이 아니면 알 수 없는 당시 분위기와 상황을 전달하기 위해 현지 외교활동 등을 통한 개인 기록과 직접 접했던 신문 등 공개 자료, 그리고 당시 파악했던 외교 동향에 우선 근거하여 객관적으로 기술하려고 노력하였다. 여러 보고서를 실은 이유는 비록 유치한 수준이지만 당시 상황을 좀 더 생생하게 전하고 외교관이 현지에서 나름대로 정보 수집, 분석, 정책 건의하는 일상 활동의 일면을 소개하고 싶었기 때문이다. 또한 공무원 생활을 통해 상부 보고를 위해 현안의 '요약(gist) 보고'에 익숙해졌으나 어떤 문제나 현안의 배경, 경위, 대응방안은 요약만으로는 접근하기 어렵다는 인식을 늘 갖고 있었기 때문에 보통 사람들이 작은 문제라고 여길 수 있는 사안들도 여러 각도에서 기술하였다. 해석은 독자의 몫이다.

당시 상황을 종합적으로 이해하는 데, 한국, 중국, 중화민국 외교관의 회고록, 기고, 구술사(口述史), 인터뷰 등이 크게 도움이 되었다. 외교 업무를 수행하고 이해하는 과정에서 외교관의 회고문헌은 필독 자료이다. 외교사안을 종합적으로 파악하는 데 크게 도움이 된다. 다만 각국 또는 각자의 입장에서 기록하다 보니 항상 수정주의(revisionism)의 흐름이 있다. 역시 한국, 중화민국, 중국 3국 입장과 개인 입장에 따라, 그들의 여러 증언과 기술이 사후에 이루어지는 만큼 기억과 사료가 선택적으로 취합되다 보니 일부에서 자기 합리화, 정당화를 위해 표현이나 순서를 바꾸거나 비틀어 사실을 왜곡하는 경우들을 발견하면서 사실(史實)속에 진실(眞實)을 찾으려면 부단한 검증이 필요하다는 생각을 했다.

이러한 노력에도 불구하고 아무래도 당시 상황을 내 시각에서 기술하는 과정에 당연히 오류가 있을 수 있으며 여러 관계자와 관련 사실을 인용하는 과정에서도 부족함과 의도치 않은 실수가 있을 수 있을 것 같다. 누구를 비난하고자 하는 의도는 추호도 없으므로 혹시 이러한 부분이 있다면 미리 양해를 구하고자 한다.

아울러 당시 상황에 관해 몰랐던 사실에 관해 전해주고, 거친 원고를 꼼꼼히 읽고 여러 면에서 깨우침을 주신 선배, 동료 외교관들과 특히 단교 전후에 타이베이에서 동고동락한 이수존 총영사(전 칭다오 총영사)가 나의 짧은 중국어로 회고록을 인용, 번역한 내용을 일일이 점검하여 교정해 준 데 대해 감사의 마음을 전한다. 또한 졸고를 책으로 만드는 데 여러모로 수고해 주신 선인 출판사 윤관백 대표를 비롯한 여러분들께 감사드린다.

2022년 한중 수교 30주년을 기념하기 위해 2021년 일찍부터 한중 양국 간에 다양한 행사가 계획하고 추진되고 있다. 당연한 일이다. 다만 이 과정에서 중화민국과의 단교 역시 30주년이라는 역사적 사실을 잊어서는 안 된다고 생각한다. 중국에서 살든, 대만에서 살든, 그들 모두가 우리 한국인이 계속 상대해야 하는 중국이자 중국인이다. 한국과 중화민국 단교 30주년에 즈음하여, 국제정치 현실하에서 한중 관계 발전과 함께, '하나의 중국' 원칙을 염두에 두면서 한국과 대만 간의 실질적 교류와 협력관계가 지속적으로 발전되기를 기원하면서 글을 마친다.

〈국내 문헌〉

『Korea Herald』, 『동아일보』, 『서울신문』, 『조선일보』, 『한겨레』, 『한국경제신문』

「인터뷰 반평생 동안 한국에 근무한 대만의 경제 외교관 申文廉 상무관」, 『월간조선』,
    1998년 11월호.
「정재문 전 의원이 말하는 한국-대만 외교 비사」, 『월간중앙』, 2009년 4월호.
「한중 수교 막후 비화-동해 작전을 완수하라」, 『월간조선』, 1992년 10월호.
「한국-대만 단교비사」, 『월간조선』, 1992년 11월호.

「수교 이후의 한중 경제교류 어떻게 달라질 것인가」, 경제기획원 경제교육기획국,
    1992년 9월 7일.
『2020 대만 개황』, 외교부, 2020.
『제6공화국 실록 노태우대통령 정부 5년』 5권, 공보처, 1992.
『한국외교의 20년』, 외무부 외교연구원, 1967.
『한국 외교 30년 1948-1978』, 외무부, 1979.
『한국 외교 50년 1948-1998』, 외교통상부, 1999.
『한국 외교 60년 1948-2008』, 외교통상부, 2019.

김 구, 『백범일지』, 광문사, 1979.
김동조, 『냉전 시대의 우리 외교』, 문화일보, 2000.
김석우, 『남북이 만난다 세계가 만난다』, 고려원, 1995.
김용식, 『희망과 도전』, 동아일보사, 1987.
김하중, 『한국 외교와 외교관-한·중 수교와 청와대 시기』 외교사연구센터 오랄히
    스토리 총서 17(상권), 국립외교원 외교사연구센터, 2018.
김학준, 『북한 50년사』, 동아출판사, 1995.
노진환, 『외교가의 사람들』, 서울미디어, 1993.
노창희, 「한중 수교에 얽힌 이야기」, 『외교』 제75호(2005.10).
노창희, 『어느 외교관의 이야기』, 기파랑, 2007.
노태우, 『노태우 회고록 -下券 전환기의 大戰略』, 조선뉴스프레스, 2011.
박수길, 『박수길 대사가 들려주는 그동안 우리가 몰랐던 대한민국 외교 이야기』, 비전
    코리아, 2014.
박수길, 『한국 외교와 외교관』, 국립외교원 외교사연구센터, 2014.
사오위린(邵毓麟), 이용빈 외 옮김, 『사오위린 대사의 한국 외교 회고록(使韓國回憶
    錄): 중화민국과 한국의 근대 관계사』, 한울, 2017.
신정승, 「특별기획 한중 수교 25주년」, 『신동아』, 2017년 8월호.
신정승·윤해중·정상기, 『한중 수교』, 국립외교원 외교사연구센터, 2020.
윤해중, 『한중 수교 밑뿌리 이야기』, 이지출판, 2012.

이상옥, 『전환기의 한국 외교』, 삶과꿈, 2002.
이수존, 「죽음의 문턱을 넘어」, 『외교의 현장에서』, 외교통상부, 2004.
최호중, 『빛바랜 영광 속에 후회는 없다』, 삼화 출판사, 1999.
황장엽, 『나는 역사의 진리를 보았다』, 한울, 1999.

〈국외 문헌〉

『China News』, 『China Post』, 『경제일보(經濟日報)』, 『공상시보(工商時報)』, 『민중일보(民衆日報)』, 『연합만보(聯合晚報)』, 『연합보(聯合報)』, 『자립만보(自立晚報)』, 『자립조보(自立早報)』, 『중국시보(中國時報)』, 『중시만보(中時晚報)』, 『중앙일보(中央日報)』, 『청년일보(靑年日報)』

『아국 대외정책 및 행동취향(我國對外政策及行動取向)』, 臺北: 國家政策研究中心, 1991년 9월.
첸푸(錢復), 『회고록(回憶錄)』 券三, 臺北: 天下文化, 2021.

『중국의 조선과 한국정책 문건 편(中国对朝鲜和韩国政策文件汇编)』 5권, 中国 北京: 中国社会科学出版社, 1994.
옌징(延静: 장팅옌[张庭延] 부국장, 탄징[谭静] 부부의 필명), 『영원한 기억(永远的记忆)』, 中国 济南: 山东大学出版社, 2007.
옌징(延静: 장팅옌[张庭延] 부국장, 탄징[谭静] 부부의 필명), 『출사한국(出使韩国)』, 中国 济南: 山东大学出版社, 2004.
첸치천(錢其琛), 『외교십기(外交十记)』, 中国 北京: 世界知识出版社, 2003.

다카기 세이치로(高木誠一郎), 「포스트 냉전구조와 중국외교의 신단계(ポスト冷戦構造と中国外交の新段階)」, 『국제문제(國際問題)』, 1993年 1월.
린진칭(林金莖, Lin Chin Ching), 『전후의 일화관계와 국제법(戰後の日華関係と国際法)』, 東京: 有斐閣, 1987.
소에야 요시히데(添谷芳秀), 『일중 관계사(日中関係史)』, 東京: 有斐閣, 2013.
이성일(李成日), 『중국의 조선반도 정책(中国の朝鮮半島政策)』, 慶應大學出版, 2010.
핫토리 류지(服部龍二), 『일중국교정상화(日中國交正常化)』, 東京: 中公新書, 2011.

Fredrick F. Chien(첸푸 외교부장의 영어이름), "A View From Taipei", *Foreign Affairs*, Winter 1991/1992.
Don Oberdorfer, *The Two Koreas*, Basic Books, 2001.

조희용 曹喜庸

1955	서울 출생
1979	서울대학교 경제학과 졸업
1979	외무부 입부, 일본, 중화민국(대만),
	중국(상해, 북경), 미국, 필리핀 대사관 근무
2005-2006	고려대학교 겸임교수
2006	외교통상부 동아시아지역협력 대사
2007-2008	외교통상부 대변인
2008-2011	주스웨덴 대사 겸 라트비아 대사
2011-2012	서울핵안보정상회의 준비기획단 부단장
2012-2015	주캐나다 대사
2015	외교부 퇴직
2015-2017	국립외교원 일본연구센터 소장
2018-2019	일본 리츠메이칸(立命館)대학 객원연구원, 객원교수